**Ulysses de Oliveira**

# Introdução à Programação

## Aprendendo a Programar
## Usando Pseudolinguagem e C

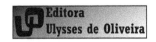

**Editora**
**Ulysses de Oliveira**

*Introdução à Programação: Aprendendo a Programar Usando Pseudolinguagem e C*

**Editor:** Ulysses de Oliveira

**Supervisor Editorial:** Ulysses de Oliveira

**Copidesque:** Ulysses de Oliveira e centenas de alunos dos cursos de Bacharelado em Ciência da Computação e de Engenharia da Computação da Universidade Federal da Paraíba

**Diagramação:** Ulysses de Oliveira

**Assistentes Editoriais:** Adobe InDesign™ & Illustrator™

**Capa:** *Triângulo Impossível* inspirado na obra de Roger Penrose e criado pelo autor usando Adobe Illustrator™.

**O48i   Oliveira, Ulysses de.**

> **Introdução à Programação: Aprendendo a Programar Usando Pseudolinguagem e C / Ulysses de Oliveira. João Pessoa: Edição do Autor, 2012.**
>
> **780 p.: il.**
>
> **ISBN:** 978-85-921213-0-3
>
> 1. Linguagem de Programação C. 2. Programação (Ciência da Computação) I. Título. II. Autor.
>
> **CDD:** 005.133
>
> **CDU:** 004.43

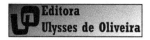

Editora Ulysses de Oliveira

R. Juvenal Mário da Silva, 314
João Pessoa, PB – Brasil – CEP 50038–510
Telefone: +55 (83) 3246 6524
*ulysses@ulysseso.com*
*www.ulysseso.com*

# Dedicatória

# Conteúdo Resumido

# CONTEÚDO COMPLETO

# 1

## Introdução às Linguagens de Programação 45

# 2

## Introdução à Construção de Algoritmos 73

# 3

## Introdução à Linguagem C      109

# 4

## Fluxo de Execução        171

# 5

## Subprogramas                                                     249

# 6

## Estilo de Programação     327

# 7

## Reúso de Código e Depuração de Programas     343

# 8

## Arrays 373

# 9

## Caracteres e Strings                                                    437

# 10

## Estruturas, Uniões e Enumerações                                     509

# 11

## Processamento de Arquivos     555

# 12

## Alocação Dinâmica de Memória      649

# A

## Precedência e Associatividade de Operadores      683

# B

## A Biblioteca LeituraFacil      685

# C

## Respostas para os Exercícios de Revisão      699

# D

(*) O Apêndice D é disponível apenas online no site: *www.ulysseso.com/ip*.

# LISTA DE FIGURAS

# LISTA DE TABELAS

# LISTA DE ALGORITMOS

# PREFÁCIO

## Ao Leitor

### *O Desafio de Ensinar e Aprender a Programar*

Programação requer conhecimentos que podem ser separados em três áreas que devem ser dominadas ao mesmo tempo:

[1] **Metodologia de construção de algoritmos.** Normalmente, um iniciante em programação não domina esse conhecimento. Por exemplo, ele é certamente capaz de decidir se um número é primo, mas talvez seja incapaz de descrever os passos necessários para resolver esse problema. O domínio desse conhecimento deve ser o foco de um curso introdutório em programação.

[2] **Linguagem de programação.** Poucas coisas frustram mais um aprendiz do que não obter opinião que o permita verificar o progresso de seus esforços em resolução de problemas em uma dada disciplina. Apesar de se apregoar que um algoritmo deve ser testado à mão, convenhamos que o modo mais simples e gratificante de testar um algoritmo é construindo um programa que o realize e observando os resultados. Assim, o foco de um curso de programação não deve ser uma linguagem em si, mas o uso de uma linguagem de programação para demonstrações práticas parece ser inexorável.

[3] **Ambiente de desenvolvimento.** A justificativa para a necessidade de um ambiente de desenvolvimento segue a mesma linha de argumentação anterior, pois ele permite que o aprendiz realize sua aspiração de obter um programa executável, o que é gratificante e motivador. Aqui, a dificuldade para um iniciante é o fato de esses programas não serem tão lenientes com o usuário quanto aqueles aplicativos que o aprendiz costuma usar cotidianamente. Apesar de tudo, esse é o problema mais ameno com o qual se depara um iniciante em programação.

Para aliviar a sobrecarga cognitiva a que estarão submetidos os iniciantes em programação, alguns textos introdutórios usam linguagens criadas especificamente para ensino de programação e, provavelmente, a mais famosa delas seja Pascal. Contudo, além da notória carência de expressividade, essas linguagens incorporam pelo menos mais um contratempo que é difícil de ser superado: o que o aprendiz faz com tal linguagem depois que ela cumpre sua missão pedagógica?

A linguagem C tornou-se ao longo dos anos língua franca em programação, de modo que dominá-la é vital na formação de qualquer programador, mesmo que ele não pretenda se tornar especialista nessa linguagem, pois, entre outras razões, a sintaxe de C serve como base para a maioria das linguagens populares em uso corrente (p. ex., C++, Java, PHP, Perl e C#). Entretanto, um dos aspectos negativos de C é exatamente o fato de ela não ser muito palatável para ensino introdutório de programação. Diante desse arrazoado, o maior desafio deste livro consistiu em tentar simplificar o uso da linguagem C sem comprometer sua expressividade, de sorte que ela possa ser usada para demonstrar um número conveniente de técnicas de programação.

## Objetivos

O objetivo maior de um curso de introdução à programação deve ser ensinar o aprendiz a progredir desde o enunciado de um problema até sua resolução por meio de um programa. Tendo isso em consideração, este livro foi elaborado com o objetivo principal de ensinar programação utilizando uma pseudolinguagem para desenvolvimento de raciocínio algorítmico e a linguagem de programação C para concretização de algoritmos.

Os seguintes objetivos secundários também foram perseguidos na construção deste livro:

- ❐ Permitir acesso ao maior número possível de leitores, requerendo conhecimento mínimo de organização de computadores e nenhum conhecimento prévio de programação.

- ❐ Possibilitar a formação de programadores de competências medianas e capazes de resolver uma razoável gama de problemas de programação.

- ❐ Ensinar boas práticas de estilo de programação de modo que o aprendiz se torne capaz de construir programas que atendem critérios de legibilidade, manutenibilidade, robustez e portabilidade.

- ❐ Treinar programadores na frequente tarefa de encontrar e corrigir erros comuns de programação por meio de exposição de exemplos e exercícios sobre esses erros.

## Características do Livro

Este livro possui as seguintes características:

- ❐ Logo no primeiro capítulo, ele descreve passo a passo como construir programas monoarquivos simples em C utilizando o compilador GCC e o ambiente de desenvolvimento CodeBlocks, possibilitando que o leitor comece a programar desde cedo.

- ❐ Ensina construção de algoritmos usando uma pseudolinguagem simples e flexível e codificação usando as construções essenciais da linguagem C.

- ❐ Utiliza uma biblioteca, denominada LeituraFacil, que torna leitura de dados em C tão fácil quanto em uma linguagem algorítmica. Paulatinamente, o livro ensina como implementar essa biblioteca, que é 100% portável.

- ❐ A discussão sobre leitura de dados usando funções da biblioteca padrão, como **getchar**() e **scanf**(), que tanto frustram os iniciantes em programação em C, é adiada para um dos capítulos finais.

- ❐ Contém, distribuídos ao final de cada capítulo, cerca de 850 exercícios de revisão e 150 exercícios de programação. Os exercícios de revisão são separados por seções para facilitar a localização das respectivas respostas no texto. Além disso, são apresentadas respostas para a maioria dos exercícios de revisão bem como sugestões sobre como resolver a maioria dos exercícios de programação.

- ❐ Contém mais de 450 exemplos de programação exaustivamente comentados e devidamente testados.

- ❐ Enfatiza, desde o primeiro capítulo, o uso de um bom estilo de programação baseado em legibilidade, robustez, manutenibilidade e portabilidade.

- ❐ Discute princípios básicos de interação com usuário, notadamente interação dirigida por menu.

- ❐ Ressalta a prática de reúso de software, de modo que o leitor sinta-se motivado sabendo que o esforço despendido em seus primeiros programas será recompensado.

- ❐ Contém um índice que facilita sobremaneira a localização de informação distribuída no livro. Essa característica é especialmente importante na resolução de exercícios de revisão e programação.

Apesar de este livro ser aderente aos padrões C99 e C11, poucas novas características (p. ex., iniciadores designados) introduzidas por esses padrões mais recentes são usadas, pois a maioria delas (p. ex., suporte a programação concorrente) é considerada avançada demais para um iniciante.

### Público Alvo

Este livro destina-se primariamente a alunos de cursos da área de computação e informática que precisam aprender a programar como uma exigência fundamental em cursos de Ciência da Computação, Engenharia de Computação, Licenciatura em Computação, Engenharia de Software, Sistemas de Informação e cursos de graduação tecnológica dessa área, segundo recomendam as diretrizes curriculares do MEC em vigor. Este livro pode ainda ser utilizado por alunos de outros cursos de engenharia, como, por exemplo, Engenharia Eletrônica.

O material contido neste livro foi elaborado para um curso de um semestre de nível básico de programação e, naturalmente, requer como pré-requisito (ou co-requisito) conhecimentos básicos de organização de computadores. Idealmente, a carga horária recomendada é de 75 horas, mas o material dos Capítulos 10 e 11 pode ser criteriosamente podado e o Capítulo 12 pode ser refreado, de maneira que o material a ser exposto possa ser contido em uma disciplina com carga de 60 horas. Esse último capítulo é uma gentil introdução às estruturas de dados e pode ser adiado para uma disciplina de idêntica denominação. Por outro lado, o estudo completo de processamento de arquivos, apresentado no Capítulos 10 e 11, pode ser protelado para um curso mais avançado de programação.

Em virtude da facilidade de leitura, ao pouco conhecimento prévio requerido e aos inúmeros exemplos de programação, este livro também é adequado para autodidatas em programação.

## Organização do Livro

### Capítulos

O Capítulo 1 começa com um histórico muito breve de linguagens de programação e prossegue apresentando uma visão geral de tradutores dessas linguagens. Em seguida, são discutidas as boas qualidades que devem nortear a construção de qualquer programa. O restante do capítulo tem caráter prático, pois é dedicado à instalação de um ambiente de trabalho. Aqui, descrevem-se as ferramentas utilizadas na construção de programas e ainda como funciona o processo de criação de um programa de console utilizando um ambiente integrado de desenvolvimento. Enfim, o Capítulo 1 provê os fundamentos necessários para o acompanhamento do restante do texto.

O Capítulo 2 é fundamental para uma disciplina introdutória, pois introduz o leitor à construção de algoritmos e à abordagem dividir e conquistar (ou de refinamentos sucessivos). Esse capítulo apresenta convenções de uma linguagem para construção de algoritmos e discute os operadores usados nessa linguagem e suas propriedades. O capítulo ainda descreve os conceitos de estrutura de controle e bloco de instruções e mostra a importância do uso de endentações e comentários na legibilidade de algoritmos. Finalmente, as etapas envolvidas na construção de um programa são descritas, com ênfase no papel desempenhado pelo algoritmo que representa o projeto do programa.

O Capítulo 3 introduz a linguagem C e suas construções mais elementares, bem como expõe o conceito de código de caracteres. Nesse capítulo, são apresentados os tipos de dados primitivos **int**, **char** e **double** e as constantes que podem ser encontradas em um programa. Aqui, são descritos os operadores aritméticos, relacionais, lógicos, de incremento, de decremento e de atribuição. Os tipos de conversões que podem ocorrer em uma expressão também são discutidos. Além disso, esse capítulo expõe as regras sintáticas usadas na construção de identificadores, definições de variáveis, constantes simbólicas e comentários. Esse capítulo mostra quais são e como executar as etapas envolvidas na construção de um programa monoarquivo simples em C a partir de seu algoritmo e introduz as bibliotecas padrão e LeituraFacil, que permitirão ao leitor criar programas interativos. As ferramentas usadas com esse propósito são o IDE CodeBlocks e o compilador GCC. O capítulo termina mostrando como o programador iniciante deve lidar com erros de sintaxe e advertências emitidas pelo compilador.

O Capítulo 4 descreve o fluxo natural de execução de um programa e como ele pode ser alterado com o uso de estruturas de controle. Esse capítulo expõe os conceitos de sequências de instruções e instruções vazias e examina os operadores condicional e vírgula. O Capítulo 4 acentua a distinção entre expressões condicionais e condições de parada em laços de repetição bem como apresenta uma discussão básica sobre geração de números aleatórios.

O Capítulo 5 enfoca definições, chamadas e alusões de funções. Esse capítulo começa introduzindo os conceitos básicos de endereços e ponteiros, que são essenciais para entender como se simula passagem de parâmetros por referência em C. Dois tópicos de grande importância expostos nesse capítulo são a classificação de parâmetros de acordo com seus modos e o que ocorre quando eles são passados durante uma chamada de função. Uma notação para representação de subprogramas em linguagem algorítmica também é proposta nesse capítulo, que encerra discutindo duração de variáveis e escopo de identificadores.

O Capítulo 6 discute várias práticas de estilo de programação que, se adotadas, evitarão vários dissabores decorrentes de erros de programação e da dificuldade de manutenção dos programas que o leitor irá construir. Esse capítulo explica a importância da documentação de funções e o uso prático de comentários com essa finalidade. Além disso, são discutidos alguns princípios básicos de interação com o usuário, em particular, interação dirigida por menus.

O Capítulo 7 é de natureza bastante pragmática, visto que discute erros de programação e apresenta duas técnicas elementares de depuração. Outro tópico de grande importância prática abordado nesse capítulo é o reúso de código e vários exemplos de reúso são apresentados aqui. Finalmente, esse capítulo lida com um tópico raramente visto em livros introdutórios, que é a imprecisão com que números reais são representados em computador.

O Capítulo 8 lida com o uso de arrays unidimensionais e ponteiros, bem como as relações existentes entre eles. Mas, antes disso, aritmética de ponteiros é cuidadosamente examinada. Definições e iniciações de arrays bem como o acesso a seus elementos são explorados nesse capítulo. Além disso, são apresentadas recomendações importantes sobre cuidados que devem ser adotados quando arrays são usados como parâmetros e retornos de funções e sobre o uso preventivo da palavra-chave **const**. Arrays multidimensionais são estudados apenas superficialmente, pois esse tópico pode ser adiado para um curso de programação mais avançado. Outros tópicos explorados nesse capítulo são o operador **sizeof** e os ameaçadores zumbis, que são variáveis de duração automática ou parâmetros que têm seus endereços retornados por funções.

O tema central do Capítulo 9 são caracteres e strings. Esse capítulo tenta antecipar e dirimir dúvidas comuns relativas ao uso de ponteiros, strings (constantes ou variáveis) e caracteres, que constituem fontes potenciais de confusão entre programadores iniciantes. As funções da biblioteca padrão de C para processamento de strings mais frequentemente utilizadas são aqui apresentadas. Esse capítulo mostra ainda como definir a função **main**(), de tal modo que um programa possa receber parâmetros quando ele for executado. O Capítulo 9 também descreve o módulo ctype dedicado à classificação e transformação de caracteres. Em virtude da importância dos temas abordados nesse capítulo, o material apresentado nele é bastante vasto e alguns exemplos são relativamente longos. Portanto espera-se que, se for o caso, o leitor ou instrutor seja capaz de discernir quais são os tópicos e exemplos mais relevantes a serem explorados.

Estruturas, uniões e enumerações são apresentadas no Capítulo 10, que também examina como o programador pode criar tipos de dados. Mais precisamente, esse capítulo mostra como definir e iniciar estruturas e uniões e como acessar os componentes dessas variáveis estruturadas. Os operadores de acesso são formalmente apresentados nesse capítulo, que mostra ainda como estruturas e uniões são usados como parâmetros e retornos de funções. Além disso, esse capítulo examina o uso prático de uniões na construção de registros variantes. Enumerações são discutidas nesse capítulo, mas salienta-se que, ao contrário de estruturas e uniões, enumerações não são variáveis estruturadas. Além disso, esse capítulo discute iniciadores designados, que foram introduzidos pelo padrão C99.

O Capítulo 11 define o conceito de *arquivo* tal qual ele é utilizado em C e discute o conceito e a implementação de streams nessa linguagem. Esse capítulo expõe os dois formatos básicos de streams: streams de texto e streams binários. Os significados de abertura e fechamento de arquivo e como essas operações são implementadas são discutidos nesse capítulo, que também descreve conceitos de entrada e saída comuns em programação, como buffers e streams padrão. Do ponto de vista mais prático, esse capítulo examina em profundidade leitura de dados via teclado utilizando funções da biblioteca padrão de C. Nesse capítulo, são ainda apresentadas as funções da biblioteca padrão de C mais frequentemente usadas em processamento de arquivos, bem como exemplos de uso de cada uma delas nas diversas formas de manejo de arquivos.

No Capítulo 12, os conceitos de alocação estática e dinâmica de memória são apresentados. Esse capítulo mostra como alocar e liberar memória dinamicamente por meio de chamadas de funções da biblioteca padrão de C. Esse capítulo também explora o tipo **void** * e a divisão em partições do espaço de execução de um programa. Em virtude de relativa exiguidade de tempo em uma disciplina introdutória, os tópicos desse capítulo podem ser estudados seletivamente ou adiados para uma disciplina mais avançada.

### Apêndices

O Apêndice A contém uma tabela com precedências e associatividades dos operadores da linguagem C usados neste livro, enquanto o Apêndice B é uma referência completa para a biblioteca LeituraFacil, mostrando como ela pode ser implementada e integrada nos ambientes de desenvolvimento suportados por esta obra. O Apêndice C apresenta respostas para a maioria dos Exercícios de Revisão de cada capítulo. O Apêndice D discute erros que são comuns em programação usando a linguagem C e é esncontrado exclusivamente online no site dedicado a este livro na internet (*www.ulysseso.com/ip*).

### Programas Minimalistas

Programas minimalistas são pequenos programas usados quando se pretende ilustrar uma característica específica de uma linguagem de programação. Mesmo que pareçam artificiais demais e corram o risco de não motivar o leitor, eles são inevitáveis em livros de programação.

Tentou-se testar por meio de programas minimalistas todas as construções da linguagem C, mas nem todos aspectos de uma dada construção foram testados. Assim, é importante usar o compilador como uma ferramenta de aprendizagem. Quer dizer, se uma determinada característica de alguma construção discutida neste livro não foi completamente compreendida, construa um pequeno programa que a teste e tire suas conclusões.

Programas minimalistas não são dirigidos para usuários comuns; i.e., eles devem ser usados exclusivamente por programadores (ou aprendizes de programação). Por isso, eles não seguem as recomendações de interação com o usuário preconizadas neste livro.

### Exemplos de Programação

Cada capítulo deste livro contém uma seção intitulada *Exemplos de Programação* na qual se pretendem demonstrar aplicações bem mais realistas e pragmáticas do que ocorre com programas minimalistas.

Programas de natureza prática são tipicamente longos demais para serem incluídos em um livro sem que o leitor esteja sujeito a perder o rumo. A abordagem adotada neste livro para inclusão dessa natureza é baseada em um princípio pedagógico (construtivismo) e em outro de engenharia de software (reúso de código). Isto é, usando esses dois princípios, é possível apresentar programas longos e razoavelmente complexos. Mais exatamente, acredita-se que o uso de exemplos que usam parte de solução de outro problema e são desenvolvidos paulatinamente não apenas estimulam o aprendiz a valorizar o conceito de reúso de código, como ajudam a manter os programas relativamente curtos. Usando essa abordagem, é possível apresentar como exemplo um programa razoavelmente grande enfocando poucos conceitos e construções específicas da linguagem.

Alguns poucos exemplos de programação requerem conhecimentos específicos de uma determinada área de conhecimento e, quando isso ocorre, ao leitor é oferecido um preâmbulo cujo objetivo é prover definições e conceitos necessários para o completo entendimento do problema que será resolvido.

A maioria dos exemplos de programação é de natureza interativa, mas alguns são voltados para programadores e não para usuários comuns.

Alguns exemplos de programação são explicados em níveis de detalhes que talvez não sejam necessários para todos os leitores, mas aqueles menos experientes talvez precisem. Logo, o aprendiz pode ser seletivo na leitura das análises desses programas.

Comentários incluídos em programas foram escritos de modo informal em editores de programas (que, obviamente, não incluem corretores ortográficos) e não passaram pela competente revisão da editoria deste livro. Mesmo assim, nesses comentários, tentou-se ser o mais realista possível sem voluntariamente ofender o bom português.

## Exercícios

Ao final de cada capítulo são incluídos exercícios que servem para reforçar e ajudar a fixar o material exposto no respectivo capítulo. Esses exercícios estão divididos em duas categorias: Exercícios de Revisão e Exercícios de Programação.

☐ **Exercícios de Revisão.** Esses exercícios objetivam a verificação de aprendizagem de cada capítulo. Resolvendo os exercícios de revisão, o leitor pode fazer uma autoavaliação e, então, rever aquilo que ficou mal entendido. As respostas para a maioria das questões relacionadas a esses exercícios são encontradas no Apêndice C. Exercícios de revisão não requerem a escrita de programas, embora algumas questões possam ser respondidas prontamente desse modo. Exercícios sobre erros de programação devem merecer atenção especial por parte do leitor (v. adiante).

☐ **Exercícios de programação.** O objetivo desses exercícios é estritamente prático e eles requerem o uso de um computador e um ambiente de desenvolvimento adequados. A maioria dos exercícios de programação é acompanhada de sugestões que podem ser usadas para guiar as soluções para os problemas propostos. Deve-se salientar que não há solução única para cada problema e, além disso, pode-se constatar facilmente se uma proposta de solução é correta executando-se o programa (i.e., a solução) e verificando-se se os resultados são compatíveis com o enunciado do respectivo problema. O leitor deve tentar o maior número possível de exercícios de programação para aumentar sua confiança e motivação.

## Rodapés

Notas de rodapé referem-se a assuntos relacionados ao corpo principal do texto que não são de interesse de todos os leitores ou consistem de discussões adicionais que ajudam a clarificar os assuntos a que se referem. Quer dizer, essas notas podem ser consideradas conhecimento adicional e, se o leitor preferir, podem ser ignoradas sem prejuízo do conhecimento essencial que se pretende transmitir.

*Projetos de Programação*

Ao final dos dois últimos capítulos são incluídos problemas classificados como *projetos de programação*. Esses problemas verificam a aprendizagem de boa parte do material apresentado neste livro e incorporam complexidades que demandam um tempo razoável para serem resolvidos. A solução de cada um desses problemas deve resultar em um programa de razoável dimensão.

Alguns problemas incluídos em seções intituladas *Exercícios de Programação*, notadamente nos capítulos de 8 a 12, também podem ser classificados como projetos de programação dependendo da discrição de um instrutor experiente.

## Sequência de Estudo

A sequência de leitura deste livro é importante porque o material coberto em um capítulo depende do entendimento de capítulos anteriores, o material apresentado em uma seção pode depender do entendimento de uma seção anterior e assim por diante. Até mesmo um exemplo de programação pode depender de outro exemplo apresentado anteriormente no mesmo capítulo ou em um capítulo anterior.

Uma alternativa de estudo consiste em ler o material de cada capítulo sem se deter muito em cada tópico, estudar com atenção os exemplos e tentar resolver cada exercício proposto nas seções intituladas *Exercícios de Revisão* e *Exercícios de Programação*. Então, caso surjam dúvidas na resolução de algum exercício, o leitor deve retornar ao tópico referente ao exercício com o objetivo de dirimir suas dúvidas.

Em um livro sobre programação, é virtualmente impossível a apresentação de material de modo sequencial sem recorrer a assuntos que estão dispostos à frente na organização do livro. Assim, eventualmente, remete-se o leitor a uma seção mais adiante, mas isso não significa que conhecimento sobre o aludido assunto seja estritamente necessário para entendimento daquilo que está sendo correntemente exposto. Na maioria das vezes, uma simples leitura superficial do material mencionado é suficiente. Uma tal referência serve ainda para tranquilizar o leitor, pois ele terá nova oportunidade para esclarecer aquilo que está sendo discutido. Assim, será necessário interromper o fluxo de leitura para consultar tais seções, apenas se houver dificuldade para acompanhar aquilo que está sendo discutido, o que se espera que não ocorra com frequência.

## Material Complementar

*Hardware e Software*

Este livro precisa ser complementado com um ambiente de laboratório. Praticamente, qualquer computador pessoal serve como hardware e o software é gratuito e facilmente encontrado na internet.

GCC é o compilador recomendado em qualquer plataforma e suportado por este livro, pois, além de produzir código de ótima qualidade, é gratuito. No sistema Mac OS X, também se pode usar GCC, mas, nesse caso, é mais recomendável usar o compilador Clang, que é mais moderno, oferece mensagens de erro mais compreensíveis e funciona de modo semelhante ao GCC. Sugestões de software de desenvolvimento para a plataforma Windows são apresentadas no Capítulo 1.

*A Biblioteca LeituraFacil*

A biblioteca LeituraFacil foi desenvolvida pelo autor deste livro para o ensino introdutório de programação usando a linguagem C. Ela evita as dificuldades e frustrações com que se depara um iniciante em programação em C quando ele usa funções da biblioteca padrão de C para leitura de dados via teclado. A biblioteca LeituraFacil provê funções que tornam a leitura de dados via teclado tão simples quanto ela é numa linguagem algorítmica. Essas funções são 100% portáveis e, paulatinamente, o livro ensina como implementá-las.

No site dedicado ao livro na internet (v. adiante), são encontradas informações sobre instalação bem como o código-fonte dessa biblioteca, enquanto o Apêndice B discute essa biblioteca em detalhes.

### Códigos-fonte

Quase todos os exemplos de programas apresentados neste livro foram compilados usando o compilador GCC–MinGW versão 4.6.1 e testados nos sistemas operacionais Windows XP Service Pack 3 e Windows 7. Alguns poucos programas foram compilados com Borland C++ versão 5.0.2 (Windows XP), GCC 4.1.2 na distribuição Ubuntu 6.10 do sistema operacional Linux e Clang (Mac OS X) versão 4.0. Na ausência de informação explícita em contrário, o leitor deve assumir o uso do compilador GCC–MinGW e as respectivas versões de sistema Windows mencionados.

No site do livro na internet (v. adiante) encontram-se os códigos-fonte de todos os exemplos apresentados no texto, além de outros programas não inseridos nele. Esse material é classificado de acordo com os capítulos correspondentes no livro e encontra-se comprimido em formato *zip*. Enfim, você provavelmente não terá dificuldades para efetuar download utilizando qualquer navegador de web.

### Site Dedicado ao Livro

Este livro possui um site dedicado a si na internet que pode ser acessado no endereço: *www.ulysseso.com/ip*. Esse site disponibiliza o seguinte material complementar:

- ❏ Código-fonte de todos os exemplos de programação apresentados neste livro bem como da biblioteca LeituraFacil
- ❏ Recomendações para instalação de ambientes de trabalho em plataformas que não são completamente cobertas pelo livro
- ❏ Links para importantes (e fidedignos) sites sobre programação na internet, onde se podem encontrar ferramentas de programação, códigos-fonte, artigos e outras referências úteis para aprender e aprimorar seu conhecimento sobre programação
- ❏ Errata
- ❏ Seção dedicada a críticas, sugestões e comentários

## Convenções Adotadas no Livro

### Convenções Tipográficas

Este livro utiliza *itálico* nas seguintes situações:

- ❏ Para enfatizar determinada expressão.
- ❏ Para representar componentes de construções da linguagem C ou de comandos de sistemas operacionais, compiladores ou linkers que devem ser substituídos por aquilo que realmente representam. Por exemplo, no comando do compilador GCC:

```
gcc -c nome-do-arquivo
```

*nome-do-arquivo* é um guardador de lugar que deve ser substituído por um verdadeiro nome do arquivo quando o comando for utilizado.

- ❏ Em palavras que representam estrangeirismos, exceto aquelas usadas intensamente em textos sobre programação ou computação em geral (p. ex., string, stream, linker).

Este livro utiliza **negrito** quando:

- ❏ Conceitos são definidos.
- ❏ Palavras-chaves e identificadores reservados da linguagem C aparecem no corpo do texto, mas esse não é o caso quando eles aparecem em programas ou trechos de programas.
- ❏ Operadores da linguagem C são mencionados fora de programas ou trechos de programas.

Fonte `monoespaçada` é utilizada nos seguintes casos:

- ❏ Na apresentação de programa ou trechos (fragmentos) de programas.
- ❏ Na apresentação de comandos que aparecem em um console (terminal).
- ❏ Em nomes de arquivos e diretórios.
- ❏ Na representação de constantes numéricas, caracteres e strings.
- ❏ Na representação de identificadores que não são palavras-chave ou identificadores reservados.
- ❏ Na representação gráfica de teclas ou combinações de teclas. Nesse caso as teclas são escritas em maiúsculas e são colocadas entre colchetes. Por exemplo, `[CTRL]+[Z]` significa o pressionamento simultâneo das teclas rotuladas como *Ctrl* e *Z* num teclado convencional.

Fonte `monoespaçada em negrito` é utilizada para representar dados introduzidos por um usuário em exemplos de interação entre um programa e um usuário, enquanto a fonte `monoespaçada suave (light)` é utilizada para representar informações exibidas pelos programas.

A linguagem algorítmica usa a fonte Acumin Pro, sendo que as palavras-chaves dessa linguagem são sublinhadas.

Arquivos de cabeçalho que fazem parte da biblioteca padrão de C são colocados entre os símbolos `<` e `>` e escritos em **fonte monoespaçada**, como, por exemplo, `<stdio.h>`.

## Construções Sintáticas

Na descrição de construções sintáticas da linguagem C, as palavras em itálico representam guardadores de lugares. Por exemplo, no seguinte modelo sintático:

> **while** *(expressão)*
> *instrução;*

*expressão* e *instrução* representam, respectivamente, uma expressão e uma instrução válidas da linguagem C, enquanto **while** é uma palavra-chave de C.

## Acentuação

O uso de acentuação infelizmente ainda é problemático em alguns consoles, notadamente naqueles da família Windows/DOS. Assim, para evitar que caracteres bizarros sejam exibidos na tela, foi decidido que os exemplos de programação não apresentassem palavras acentuadas no meio de saída padrão. Mas, é importante salientar que esse problema não é inerente à linguagem C. Por exemplo, mesmo empregando essa linguagem, programadores que usem um sistema operacional da família Unix que tenha sido devidamente localizado para a língua portuguesa não enfrentarão problemas dessa natureza.

Como é usual na maioria das linguagens de programação, identificadores são escritos sem acentuação ou cedilha. Novamente, essa não é uma limitação de C, pois, de acordo com os padrões C99 e C11, é permitido (mas bem complicado) criar identificadores acentuados. De qualquer modo, é aconselhável que o programador não se habitue a essa prática porque, como foi dito, a maioria das linguagens de programação não aceitam identificadores acentuados.

## Nomenclatura de Identificadores

As nomenclaturas utilizadas na escrita de cada categoria de identificadores (p. ex., variáveis, funções, tipos etc.) são descritas oportunamente ao longo do texto e reproduzidas aqui para facilidade de referência:

- ☐ Nomes de variáveis começam com letra minúscula; quando o nome da variável é composto, utiliza-se letra maiúscula no início de cada palavra seguinte, incluindo palavras de ligação. Exemplo: `notaDoAluno`.

- ☐ Nomes de parâmetros formais seguem as mesmas recomendações para nomes de variáveis.

- ☐ Nomes de rótulos de instruções seguem as mesmas convenções para escrita de variáveis, pois é praticamente impossível confundir um rótulo com uma variável.

- ☐ Nomes de tipos seguem as mesmas regras para nomes de variáveis, mas começam sempre com a letra *t*. Exemplo: `tPessoa`.

- ☐ Nomes de funções começam com letra maiúscula e seguem as demais regras para nomes de variáveis. Exemplo: `OrdenaLista`.

- ☐ Nomes de constantes simbólicas utilizam apenas letras maiúsculas; se um nome de constante simbólica for composto, utilizam-se subtraços para separar os componentes. Exemplos: `PI`, `TAMANHO_CPF`.

A principal vantagem da notação descrita acima é que ela requer o uso de subtraço apenas no caso de constantes simbólicas. Essa notação possui uma imensa legião de programadores que a seguem. Ela adota várias denominações e, talvez, a mais comum seja notação de camelo (as letras maiúsculas constituem as *corcovas do camelo*).

## Funções e Arrays

Como é comum em livros sobre programação em C e algumas outras linguagens, todas as referências a funções são seguidas de um par de parênteses [p. ex., **printf()**]. Essa convenção é adotada para evitar qualquer eventual ambiguidade, pois o nome de uma função considerado isoladamente representa seu endereço. Por uma razão semelhante, um array é referido usando-se seu nome seguido por colchetes (p. ex., `ar[]`).

## Três Pontos

Raramente, três pontos (`...`) são usados em fragmentos de programa para representar declarações e instruções omitidas por não serem relevantes na discussão em tela. Caso seja necessário usar algum desses fragmentos em um programa, os três pontos devem ser convenientemente substituídos (às vezes, pode-se simplesmente removê-los). Deve-se ressaltar, entretanto, que, quando três pontos são usados em protótipos e cabeçalhos de função com parâmetros variantes [p. ex., **scanf()**, **printf()**], eles assumem papel sintático.

## Simplificações

Para facilitar o ensino e a aprendizagem, a prática pedagógica precisa contar com simplificações. Aqui, essas simplificações não devem comprometer uma casual expansão futura de conhecimento em programação. Elas são descritas a seguir.

- ☐ **Tipos de dados primitivos.** Este livro usa apenas os tipos primitivos: **int**, **char**, **double** e **void**. De acordo com o padrão ISO C11, existem nove tipos inteiros primitivos, três tipos de ponto flutuante reais e seis três tipos de ponto flutuante complexos. Apesar dessa abundância de tipos, raramente, na prática, eles são usados em um programa, seja por falta de portabilidade (p. ex., **int**), seja por falta de necessidade (p. ex., **long double _Complex**). Assim, a escolha dos tipos usados neste livro introdutório parece adequada, pois evita a discussão sobre um assunto relativamente supérfluo.

- ☐ **Número real versus número de ponto flutuante.** Não existem números reais em computação e esse fato deve ser aprendido em qualquer curso básico de organização de computadores. Alguns textos tentam chamar atenção para esse fato denominando números que representam aproximadamente números reais como números de ponto flutuante. Mas, há dois problemas com essa consideração: um conceitual e outro pedagógico. Do ponto de vista conceitual, não é verdade que números reais sempre são representados como números de ponto flutuante, apesar de essa ser a forma mais moderna e comum de representação desses números. Além disso, essa denominação confunde abstração (número real) com implementação (ponto flutuante). Do ponto de vista pedagógico, a denominação número de ponto flutuante requer o esclarecimento de conceitos que não são essenciais num texto introdutório de programação.

☐ **Compilação versus construção de programa executável.** Compilar um arquivo-fonte não é o mesmo que transformá-lo em programa executável. Essa distinção é claramente apresentada no Capítulo 3. Mesmo assim, como é comum no jargão de programação, algumas vezes, *compilar um programa* é utilizado com o significado de *construir um programa executável*. Espera-se que o leitor seja capaz de deduzir do contexto o real significado de *compilação*.

☐ **Stream versus arquivo.** Stream é um conceito utilizado por C e outras linguagens de programação que permite que se processem arquivos sem dar atenção ao dispositivo usado como origem ou destino de dados. Arquivo, por sua vez, representa qualquer dispositivo do qual se podem ler dados ou no qual se podem depositá-los. Apesar de muitos leitores estarem familiarizados com o conceito mais usual de arquivo (p. ex., uma coleção de bytes armazenada em disco rígido), eles não aparentam ter dificuldade em entender esse conceito generalizado de arquivo. Enfim, o termo *arquivo* é muitas vezes utilizado onde o termo mais adequado deveria ser *stream*. O Capítulo 10 esclarece melhor essa aparente ambiguidade.

☐ **Unix versus Linux.** *Linux não é Unix* é uma frase proferida *ad nauseum* na internet, mas, do ponto de vista das menções apresentadas neste livro não há nenhuma diferença entre esses sistemas.

☐ **Indireção.** Essa palavra inexiste no vernáculo, mas, mesmo assim, é usada para representar o ato de acessar o conteúdo de um bloco de memória utilizando um ponteiro. Isto é, indireção significa acesso *indireto* a um conteúdo em memória por meio de um ponteiro, em vez de via acesso direto promovido por nomes de variáveis.

☐ **Subtraço.** Na língua portuguesa, esqueceram de rotular o traço que aparece em teclados convencionais acima do traço usado em hifenação e como sinal de menos em Matemática. Em inglês, este caractere é denominado *underscore* ou *underline*. Neste livro, este símbolo será denominado *subtraço*, mas esse vocábulo não existe oficialmente no vernáculo.

☐ **Parâmetro versus argumento.** No jargão da linguagem C, *parâmetro* é o termo utilizado para representar o conceito que, neste livro, é denominado *parâmetro formal*, enquanto *argumento* nesse jargão é aqui chamado *parâmetro real*. Várias outras linguagens de programação usam a terminologia adotada aqui. Neste texto, *argumento* é usado apenas como referência a um string recebido por um programa via linha de comando.

☐ **Parâmetro qualificado com const.** Só faz sentido qualificar um parâmetro com **const** quando ele é um ponteiro e, nesse caso, a qualificação se refere ao conteúdo para o qual o parâmetro aponta e não ao parâmetro em si. Do ponto de vista pragmático, não faz sentido qualificar com **const** um parâmetro que não é ponteiro.

☐ **Array como parâmetro e retorno de funções.** Rigorosamente, em C, funções não recebem nem retornam arrays. Portanto quando se fala no texto que uma função *recebe um array como parâmetro* ou *retorna um array*, o que se quer dizer é, respectivamente, que a função *recebe o endereço de um array* ou *retorna o endereço de um array*. A mesma simplificação aplica-se a strings, que, a propósito, também são arrays.

- **Leitura de strings.** Nenhuma função, quer ela faça parte da biblioteca padrão ou LeituraFacil, é capaz de ler um string introduzido pelo usuário por uma singela razão: é impossível para um usuário digitar o caractere nulo que faz parte de qualquer string em C. Assim, neste texto, *ler um string* significa ler caracteres, armazená-los num array e acrescentar o caractere nulo, de modo que o resultado armazenado seja um string.

- **Leitura de valores inteiros e reais via teclado.** A única informação que pode ser lida via teclado são caracteres, pois o stream padrão que o representa é um stream de texto. Portanto *ler um inteiro* significa precisamente ler caracteres que possam eventualmente ser convertido num número inteiro. O mesmo raciocínio aplica-se a leitura de valores reais.

- **Precedência dos operadores de incremento/decremento sufixos.** De acordo com os padrões ISO C99 e C11, a precedência dos operadores de incremento e decremento sufixos é a mesma precedência dos operadores binários de acesso, que fazem parte do grupo de operadores com a maior precedência da linguagem C. Neste livro, todos os operadores unários (incluindo os operadores de incremento/decremento sufixos) são considerados integrantes de um mesmo grupo de precedência, como na especificação original da linguagem C. Essa simplificação não compromete o raciocínio que norteia o uso desses operadores. Por exemplo, na expressão:

  ```
  *p++
  ```

  de acordo com o padrão C11, o operador ++ é aplicado primeiro porque ele tem precedência maior do que do o operador de indireção. Neste livro, chega-se à mesma conclusão, mas ela é fundamentada na associatividade dos operadores unários, que é à direita (e o operador ++ está à direita do operador *).

- **Reúso de Código.** Neste livro, reúso de código é usado no sentido literal e não como em disciplinas de engenharia de software, nas quais reúso de software refere-se ao design de componentes de modo a facilitar o reúso deles. Neste livro introdutório, funções não são projetadas levando a possibilidade de reúso em consideração. Aqui, reúso de código refere-se apenas ao uso de programas ou algoritmos eventualmente já existentes na construção de novos programas ou algoritmos.

## Práticas Inimitáveis

Este livro adota práticas que o programador deve evitar em sua profissão, mas que em um livro didático são justificáveis, como se alega a seguir:

- **Comentários didáticos.** Na prática, comentários devem ser escritos para programadores que conhecem a linguagem utilizada e não têm caráter didático, como a maioria dos comentários apresentados no texto. Naturalmente, os comentários apresentados aqui são didáticos porque estão inseridos num *livro didático*.

- **Números mágicos.** Em vários trechos deste livro recomenda-se que números mágicos sejam substituídos por constantes simbólicas. Mesmo assim, números mágicos abundam em exemplos de expressões e definições de arrays. A justificativa para esse procedimento é que esses exemplos não constituem programas completos e, sendo assim, não existe contexto suficiente para que se encontrem nomes significativos para associar a esses números mágicos.

- **Verificação de valores retornados por funções.** Muitas funções da biblioteca padrão de C retornam valores que indicam se uma dada operação foi bem sucedida ou não. Na prática, o programador deve sempre testar esses valores, em vez de assumir que uma determinada operação sempre obtém êxito (v. *Lei de Murphy* no Capítulo 11). Em alguns poucos exemplos apresentados no texto, esses valores não são testados apenas para não desviar atenção daquilo que um exemplo pretende enfocar. Outras vezes, esses valores não são testados exatamente para mostrar consequências danosas decorrentes dessa prática.

## Organizadores Prévios

No início de cada capítulo é incluído um quadro contendo as competências que o leitor deverá adquirir após o estudo desse capítulo. Esses quasdros são denominados organizadores prévios e foram criados pelo psicólogo educacional americano David Ausubel (v. Bibliografia). Segundo seu criado, um organizador prévio facilita o entendimento do novo material que será apresentado no capítulo.

## Críticas, Sugestões e Comentários

Apesar de a maior parte do material já ter sido utilizada durante muitos anos em forma de notas de aula e, consequentemente, ter sido submetida a inúmeras correções, sua expansão inevitavelmente introduziu erros ou imperfeições que não puderam ser detectadas e corrigidas em tempo. Desse modo, o autor se desculpa por qualquer deslize e aceita qualquer crítica ou indicação de erros encontrados no livro.

Se, porventura, algum programa encontrado no livro ou no site dedicado a ele apresentar um comportamento inesperado e o leitor acreditar tratar-se de um erro de programação, pode entrar em contato com o autor. Também, qualquer questão de natureza técnica ou comentário útil pode ser enviado usando formulário próprio no site do livro.

## Agradecimentos

Este livro é oriundo de notas de aula continuamente refinadas durante vários semestres de ensino da disciplina Introdução à Programação no curso de Ciência da Computação da Universidade Federal da Paraíba. Desse modo, o autor gostaria de agradecer a alunos, monitores e professores do Departamento de Informática da UFPB que indicaram falhas em versões anteriores do texto e apresentaram sugestões para sua melhoria.

*Ulysses de Oliveira*

*Abril de 2014*

**CAPÍTULO** **1**

# Introdução às Linguagens de Programação

Após estudar este capítulo, você deverá ser capaz de:

➤ Definir os seguintes conceitos:

| | | |
|---|---|---|
| ☐ Linguagem de máquina | ☐ Tradutor | ☐ Programa executável |
| ☐ Linguagem assembly | ☐ Assembler | ☐ Programa interativo |
| ☐ Linguagem de baixo nível | ☐ Compilador | ☐ Programa de console |
| ☐ Linguagem de alto nível | ☐ Interpretador | ☐ IDE |
| ☐ Variável | ☐ Programa-fonte | ☐ Editor de programas |
| ☐ Variável simbólica | ☐ Programa-objeto | ☐ Biblioteca |

➤ Descrever as seguintes propriedades desejáveis de um programa de boa qualidade:

| | | | |
|---|---|---|---|
| ☐ Legibilidade | ☐ Portabilidade | ☐ Reusabilidade | ☐ Usabilidade |
| ☐ Manutenibilidade | ☐ Eficiência | ☐ Robustez | ☐ Confiabilidade |

➤ Descrever as tecnologias representadas por MinGW, GCC e CodeBlocks

➤ Explicar o processo de criação de um programa executável e os papéis desempenhados por compilador e linker nesse processo

➤ Comparar compilação e interpretação

➤ Explicar por que um programa interpretado leva mais tempo para ser executado do que um programa compilado equivalente

➤ Identificar quando dois programas são considerados funcionalmente equivalentes

➤ Expor o conceito de cadeia de ferramentas de desenvolvimento (*toolchain*)

➤ Justificar o uso de um bom estilo de programação

➤ Seguir recomendações para melhorar o aprendizado de programação

**OBJETIVOS**

# 1.1 Um Breve Histórico de Linguagens de Programação

 ARA UM COMPUTADOR executar uma dada tarefa é necessário que ele seja informado, de uma maneira clara, *como* deve executá-la. Em outras palavras, para cada tarefa a ser executada, o computador deve ser programado. Infelizmente, a linguagem nativa ou linguagem de máquina de um computador (i.e., a linguagem com a qual ele é dotado durante sua fabricação) é muito limitada em dois aspectos:

❑ Qualquer instrução em linguagem de máquina deve ser representada por números binários formados apenas com sequências de zeros e uns.

❑ Computadores entendem apenas um conjunto relativamente pequeno de instruções simples como, por exemplo, *mova tal número de uma posição para outra em memória* ou *some dois números inteiros*. Cada tipo de computador (i.e., processador) possui um conjunto de instruções específico dessa natureza.

A memória de um computador é dividida em unidades, cada uma das quais possui um endereço único. Em programação, variável consiste numa unidade ou num agrupamento de duas ou mais dessas unidades contíguas. Uma variável é caracterizada por seu endereço e seu conteúdo, sendo que o endereço de uma variável constituída de várias unidades de memória corresponde ao endereço de sua primeira unidade. Variáveis servem para armazenar os dados que serão processados por um programa.

Agora, considere, por exemplo, uma operação que soma dois números inteiros armazenados em duas variáveis e guarda o resultado numa terceira variável. Uma hipotética instrução capaz de realizar essa tarefa na linguagem de máquina de um determinado computador poderia ser representada como é visto na Figura 1–1.

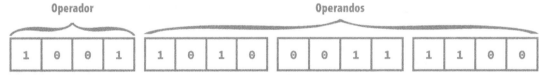

FIGURA 1–1: INSTRUÇÃO HIPOTÉTICA EM LINGUAGEM DE MÁQUINA

Nessa instrução, *operador* representa a operação que será efetuada. Ou seja, na hipotética instrução do exemplo, o número binário `1001` está associado à operação de soma. Por outro lado, os operandos representam os dados sobre os quais essa operação incide. No presente exemplo, a instrução deve somar dois valores que se encontram em memória e armazenar o resultado numa variável. Em programação em linguagem de máquina, variáveis são referenciadas por meio de seus endereços. Logo os dois primeiros operandos (`1010` e `0011`) são os endereços dos valores que serão somados e o terceiro operando (`1100`) é o endereço da variável na qual o resultado será armazenado.

A instrução ilustrada na Figura 1–1 é hipotética, mas é plausível. Quer dizer, provavelmente, não existe nenhum processador que possua uma instrução igual a essa, mas várias instruções em linguagem de máquina real contêm um operador representado por uma sequência de bits e os operandos (variáveis) são referenciados por seus endereços, cada um dos quais também é uma sequência de bits.

Apesar de a operação ilustrada no exemplo acima ser muito comum em computadores, é possível que dois tipos diferentes de processadores a representem de modos diferentes em linguagem de máquina. Assim, a instrução em linguagem de máquina que pode ser usada para somar dois números num determinado processador pode não ser reconhecida como válida em outro processador.

Como você já deve ter desconfiado, programas escritos em linguagem de máquina são difíceis de escrever, ler, modificar e portar de um tipo de tipo de computador para outro. Programação em linguagem de máquina é considerada programação de baixo nível porque está muito próxima à máquina, mas bem distante da linguagem humana.

Uma sensível evolução em relação à linguagem de máquina foi o surgimento da linguagem assembly, no final da década de 1940, que introduziu os seguintes melhoramentos:

- ❒ Uso de palavras mnemônicas para representar operações escritas como códigos binários em linguagem de máquina. *Mnemônico* refere-se a artifícios que auxiliam a memorização. Em assembly, palavras mnemônicas deveriam lembrar as operações que representam, mas elas não são tão mnemônicas para muitos programadores que não dominam a língua inglesa. Por exemplo, o operador `1001` usado para adicionar números do exemplo acima poderia ser identificado como `ADD` em assembly.

- ❒ Uso de variáveis simbólicas em vez de endereços para representar espaços na memória do computador. Por exemplo, o operando (variável) do exemplo acima referenciado pelo endereço `1100` em linguagem de máquina poderia ser identificado em assembly por, digamos, `X`.

Utilizando assembly, a instrução hipotética do exemplo anterior (v. Figura 1–1) poderia ser escrita como na Figura 1–2.

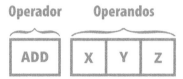

**FIGURA 1–2:** INSTRUÇÃO HIPOTÉTICA EM LINGUAGEM ASSEMBLY

Apesar de assembly constituir um melhoramento considerável para o programador em relação à linguagem de máquina, programas em assembly ainda são difíceis de escrever, ler, modificar e portar. Assim, programação em assembly também é considerada de baixo nível.

Até meados da década de 1950, todos os programas de computador eram de baixo nível (i.e., escritos em linguagem de máquina ou assembly). Facilidades para o programador bem maiores do que aquelas introduzidas por assembly foram incorporadas pelas linguagens de alto nível, que permitem que programas sejam escritos usando uma linguagem *mais* próxima da linguagem humana. Essas linguagens permitem que o programador escreva programas sem ter que preocupar-se com detalhes da máquina que irá executá-los. Hoje em dia, a maioria dos programas é escrita em linguagens de alto nível, mas muitos programadores ainda usam assembly por questões de eficiência (v. Seção 1.3).

## 1.2 Tradutores

Todo programa escrito numa linguagem de programação que não seja a linguagem de máquina de um computador requer uma tradução para essa linguagem antes que ele possa ser executado nesse computador. Tradutor é um programa de computador que aceita como entrada um programa escrito em assembly ou numa linguagem de alto nível e produz como saída um programa escrito em linguagem de máquina. Há três tipos de tradutores que serão examinados a seguir.

### 1.2.1 Assembler

Apesar de ser uma linguagem de baixo nível, assembly é estranha a qualquer computador, pois ele só entende sua própria linguagem nativa. Assim programas escritos em assembly requerem um programa especial, chamado assembler (ou montador), que traduz programas escritos em assembly em programas escritos em linguagem de máquina.

Conforme foi visto antes, a linguagem assembly permite que o programador escreva programas usando palavras mnemônicas e nomes de variáveis, em vez de sequências de bits de uma linguagem de máquina. Cada palavra mnemônica na linguagem assembly de um determinado processador corresponde exatamente a uma operação na linguagem de máquina desse processador e vice-versa. Portanto, para cada instrução escrita em assembly, existe uma única instrução na linguagem de máquina correspondente. Mais precisamente, a única decisão que um tradutor assembler precisa tomar, quando for necessário, diz respeito aos operandos de uma instrução (p. ex., onde armazená-los). Mas, esse não é o caso com relação a operadores. Por isso, o assembler é o tipo de tradutor mais simples que existe.

## 1.2.2 Compiladores

Linguagens de alto nível requerem tradutores mais complexos, pois, frequentemente, uma única instrução em linguagem de alto nível pode corresponder a várias instruções em linguagem de máquina. Existem dois tipos de tradutores para linguagens de alto nível: compiladores e interpretadores.

Compilador é um programa que traduz um programa escrito numa linguagem de alto nível (programa-fonte) num programa escrito numa linguagem de máquina (programa-objeto). Um compilador depende não apenas da linguagem-fonte para a qual ele foi especificado, como também do processador em cuja linguagem de máquina os programas-fonte são traduzidos. Assim, é comum fazer-se referência a um compilador da linguagem X (p. ex., C) para o processador Y (p. ex., Intel Pentium).

Usualmente, um programa escrito numa linguagem de alto nível possui partes que são compiladas separadamente. Para reunir as partes (arquivos) compiladas de um programa de modo a constituir um programa executável, utiliza-se um programa chamado linker (ou link editor ou editor de ligações). Isto é, linker é um programa que recebe como entrada um conjunto de arquivos compilados, faz as devidas ligações entre eles e produz um programa pronto para ser executado.

Pode-se fazer uma analogia entre um compilador e um tradutor humano contratado para ler um texto numa língua desconhecida (texto-fonte) e produzir, por escrito, sua tradução numa língua conhecida (texto-objeto). Uma vez que o texto-objeto tenha sido concluído e entregue ao interessado, o tradutor pode ser dispensado, porque seu serviço não é mais necessário. O mesmo ocorre com um programa executável; i.e., após a conclusão dos processos de compilação e ligação, ele torna-se independente (programa standalone) e pode ser executado sem precisar contar com um compilador ou linker.

## 1.2.3 Interpretadores

Diferentemente de um compilador, um interpretador não produz programas-objeto. Em vez disso, ele simula um computador cuja linguagem de máquina seria aquela do programa-fonte que está sendo traduzido. Assim, cada instrução do programa-fonte é traduzida exatamente antes de ser executada e de acordo com o fluxo de execução do programa. Isso significa que instruções que são executadas mais de uma vez, também são traduzidas o mesmo número de vezes antes de serem executadas; instruções que não são executadas não são traduzidas. Em contraste, um compilador traduz cada instrução de um programa-fonte exatamente uma vez.

Outra diferença importante entre compiladores e interpretadores é que, uma vez compilado, um programa torna-se independente do compilador, enquanto um programa interpretado depende sempre de um interpretador para ser executado. Além disso, programas compilados são executados mais rapidamente do que programas equivalentes interpretados (você seria capaz de explicar por quê?).

Pode-se fazer uma analogia entre um interpretador e um tradutor humano contratado para ler um texto numa língua desconhecida para o contratante e produzir oralmente sua tradução numa língua conhecida pelo mesmo interessado. Nesse caso, o tradutor precisará ser convocado novamente sempre que outra tradução do mesmo texto for necessária.

Pelo que foi exposto, parece que compiladores são sempre mais vantajosos que interpretadores. Mas, interpretadores apresentam duas vantagens em relação a compiladores:

☐ Durante a fase de desenvolvimento de um programa, alterações realizadas no programa são testadas mais rapidamente usando um interpretador do que usando um compilador. Isso ocorre porque, no caso de compilação, o programador tem que esperar que o programa executável seja reconstruído, o que não ocorre no caso de uso de interpretação. Essa diferença, entretanto, só é relevante no caso de grandes projetos de programação.

☐ No corrente contexto, plataforma é uma combinação de processador com sistema operacional. Por exemplo, Intel em conjunto com Windows constituem uma plataforma. Assim, um programa interpretado pode ser distribuído em forma de programa-fonte, desde que haja disponibilidade de interpretador para a plataforma para a qual o programa é destinado. Logo, um programa interpretado pode ser relativamente mais portável que um programa compilado.

Essa última vantagem dos interpretadores é um tanto quanto sutil. Afinal, você pode raciocinar do seguinte modo: se houver um compilador disponível numa determinada plataforma, também é possível distribuir o programa-fonte para um usuário dessa plataforma. Mas esse raciocínio é equivocado porque compilar e efetuar as devidas ligações de um programa-fonte requerem conhecimento técnico especializado, enquanto traduzir e executar um programa interpretado não requer praticamente nenhum conhecimento específico por parte do usuário. Por exemplo, muitas páginas da web incorporam programas-fontes (p. ex., *applets* Java) que são interpretados no computador do usuário sem que ele sequer tome conhecimento desse fato.

## 1.3 Qualidades de um Bom Programa

Linguagens de alto nível podem ser comparadas com linguagens de baixo nível levando-se em consideração as seguintes propriedades desejáveis de um programa:

☐ **Legibilidade.** Um programa que tem boa legibilidade é um programa fácil de ler e entender. O uso de uma linguagem de alto nível na escrita de um programa não garante, em princípio, que ele terá boa legibilidade. Porém, em virtude das características das linguagens de baixo nível, é praticamente impossível, mesmo para os melhores programadores, a escrita de programas legíveis com o uso de tais linguagens.

☐ **Manutenibilidade.** A facilidade de modificação (i.e., manutenção) que um programa apresenta é denominada *manutenibilidade*. Evidentemente, essa propriedade está intimamente relacionada com a legibilidade, pois quanto mais fácil de ser compreendido um programa é, mais fácil será modificá-lo. Assim um programa com má legibilidade provavelmente também terá má manutenibilidade. Entretanto, um programa pode apresentar boa legibilidade e, mesmo assim, não ser fácil de modificar. Novamente, o uso de uma linguagem de alto nível não garante que um programa tenha essa propriedade satisfeita, mas um programa escrito numa linguagem de baixo nível dificilmente terá boa manutenibilidade.

☐ **Portabilidade.** Um programa portável é aquele que pode ser transportado de uma plataforma para outra com pouca ou, idealmente, nenhuma alteração do programa-fonte. Um programa escrito numa linguagem de baixo nível é específico para um tipo de processador; i.e., se o programador desejar executar esse programa em outro tipo de processador, ele terá que ser substancialmente reescrito. Por outro lado, programas escritos para uma dada plataforma usando uma linguagem de alto nível podem ser transportados para outra plataforma com relativa facilidade. O grau de portabilidade de um programa depende da habilidade do programador, bem como das plataformas em questão e da natureza do programa. Por exemplo, tipicamente, um programa que apresenta interface gráfica é bem mais difícil de portar de uma plataforma para outra do que um programa cuja interface é baseada em console.

☐ **Eficiência**. A eficiência de um programa é medida pelo espaço que ele ocupa em memória e pela rapidez com que é executado. Um programa eficiente ocupa apenas o espaço estritamente necessário e tem uma execução relativamente rápida. Em linguagem de máquina, diferentes sequências de instruções podem resultar em programas que são funcionalmente equivalentes (i.e., que produzem os mesmos resultados), mas algumas sequências de instruções funcionalmente equivalentes podem ser mais eficientes do que outras. Escrevendo um programa em linguagem de baixo nível, um bom programador pode decidir qual sequência de instruções é a mais eficiente. Por outro lado, escrevendo um programa numa linguagem de alto nível, o programador tem pouco controle sobre como um compilador ou interpretador traduz o programa para linguagem de máquina. Infelizmente, a realidade é que mesmo compiladores ou interpretadores sofisticados podem produzir programas executáveis ineficientes.

☐ **Reusabilidade** é a facilidade com que um programa permite que suas partes sejam reutilizadas em outros programas. Linguagens modernas de alto nível, notadamente aquelas orientadas a objetos, favorecem essa propriedade, mas, novamente, é responsabilidade do programador garantir que seus programas satisfazem adequadamente essa propriedade. Reusabilidade é uma propriedade de crucial importância no ensino de programação que merece atenção especial neste livro. A Seção 7.2 discutirá este tópico em maiores detalhes e diversas outras seções mostram como ela é aplicada na prática.

Outras qualidades de um bom programa que merecem ser mencionadas são:

☐ **Robustez**. Um programa robusto é capaz de lidar adequadamente com situações que não são consideradas normais (condições de exceção). Como exemplos de condições comuns de exceções podem ser citados: dados inconvenientes introduzidos pelo usuário, impossibilidade de abertura de um arquivo, ocorrência de erro na leitura de um arquivo e esgotamento de memória. Dotar um programa de completa robustez requer um estudo aprofundado de tratamento de exceção que está além do escopo deste livro. Mesmo assim, tenta-se dotar os programas apresentados neste livro de robustez aceitável para o nível de aprendizagem pretendido.

☐ **Usabilidade** é a facilidade de uso apresentada por um programa executável. Diferentemente das demais propriedades, essa propriedade diz respeito ao usuário final do programa. Devido à simplicidade dos programas considerados neste livro, o melhor que eles podem oferecer são prompts (v. Seção 3.14.3) que facilitem o entendimento daquilo que o programa espera que o usuário introduza e a exibição de resultados que facilitem a interpretação do usuário.

☐ **Confiabilidade**. Idealmente, os resultados de um programa devem estar sempre corretos e, em virtude da simplicidade dos programas discutidos neste livro, esse deve ser o caso a ser levado em consideração. Mas, em determinadas circunstâncias, um programa mais complexo comete erros e, mesmo assim, é aceitável. Por exemplo, muitos programas comercialmente disponíveis são repletos de erros de programação (bugs), mas, apesar disso, podem alcançar milhões de usuários (portanto, são aceitáveis).

Resumindo, todo bom programador deve saber construir programas que atendam adequadamente as propriedades descritas acima. Um dos objetivos deste livro é ajudar o programador a adquirir um estilo de programação em linguagem C que o capacite a escrever programas que apresentem as boas qualidades descritas nesta seção, com exceção de eficiência. A justificativa para a não inclusão de eficiência como tópico prioritário num livro introdutório deve-se ao conhecimento requerido para sua completa compreensão. Ou seja, para um programador de linguagem de alto nível ser capaz de criar programas eficientes, ele deve possuir muito conhecimento sobre como um programa é compilado, ligado, carregado em memória e, finalmente, executado.

# 1.4 Programas Interativos Baseados em Console

Um dos principais objetivos deste livro é ensinar a construir programas interativos baseados em console (ou terminal). Um programa interativo é aquele que dialoga com o usuário. Ou seja, ele permite que o usuário introduza dados e lhe apresenta o resultado do processamento desses dados. Nem todo programa é interativo. Por exemplo, existem programas, denominados controladores (*device drivers*), que se comunicam com sistemas operacionais (e não com usuários). A maioria dos vírus de computador também não se comunica com usuários (infelizmente...).

Programas baseados em console (ou terminal) usam apenas teclado como dispositivo de entrada (leitura) de dados e a tela do computador (ou monitor de vídeo) como dispositivo de saída (escrita) de dados. Programas dessa natureza são baseados apenas em texto e não usam entrada via mouse ou interfaces gráficas, como aquelas características de sistemas Microsoft Windows ou Gnome e KDE (Linux).

Os programas enfocados neste livro podem causar alguma frustração ao leitor, visto que a maioria dos programas em uso nos dias atuais é de natureza gráfica. Contudo, programação usando interfaces gráficas envolve conceitos e técnicas que, além de acrescentarem muita complexidade, pouco têm a ver com programação em si. Estar envolvido simultaneamente com esses conceitos enquanto se aprende a programar é um fator de distração do objetivo principal. Além disso, programas baseados em texto ainda são usados em profusão.

# 1.5 Ambientes Integrados de Desenvolvimento

Um ambiente integrado de desenvolvimento (ou IDE) é um programa que coordena a execução de vários outros programas dedicados ao desenvolvimento de programas. Tipicamente, um IDE está associado a pelo menos os seguintes programas de desenvolvimento[1]:

☐ **Editor de programas.** Um editor de programas é semelhante a um editor de texto comum, mas possui a vantagem adicional de, pelo menos, conhecer a sintaxe de uma linguagem de programação. A vantagem de usar um editor de programas em vez de um simples editor de texto em desenvolvimento é que um editor de programas não apenas é capaz de facilitar bastante a edição de programas como também de indicar possíveis erros de sintaxe antes mesmo de o programa ser compilado. Todo IDE decente possui um editor de programas associado (v. adiante).

☐ **Compilador.** Esse programa evidentemente é imprescindível, pois é o responsável pela tradução de programas-fonte em programas-objeto. Nesse caso, a tarefa de um IDE é executar o compilador sem que seja necessário abandoná-lo. Qualquer IDE possui a capacidade de integrar esse componente.

☐ **Editor de Ligações (Linker).** Esse programa também é imprescindível num IDE, pois é ele quem realmente cria os programas executáveis. Aqui, novamente, a tarefa do IDE é permitir a execução do linker sem que seja necessário abandoná-lo. Qualquer IDE é capaz de integrar esse componente.

☐ **Carregador (Loader).** Antes que um programa seja executado, ele é carregado em memória e, então, preparado para execução. Essas tarefas são efetuadas por um programa denominado loader, que faz parte do sistema operacional utilizado como hospedeiro do programa. Logo após a conclusão dessa etapa preparatória, o sistema operacional inicia a execução do programa. Um IDE capaz de executar um *loader* permite que o programador execute seus próprios programas sem ter que abandonar o IDE. A maioria dos IDEs inclui essa capacidade.

☐ **Depurador (Debugger).** Esse programa ajuda o programador a encontrar e corrigir erros de programação e não é imprescindível como os demais, mas é bem desejável.

---

[1] IDE é derivado de *Integrated Development Environment*, em inglês. IDEs que usam interpretadores não são abordados neste livro.

Seja paciente quando lidar com ambientes de desenvolvimento, pois eles não são tão tolerantes a erros do usuário como ocorre com programas aplicativos modernos.

A maior parte do tempo de um programador é dedicado a edição de programas. Qualquer editor de texto (não confunda com *processador* de texto) pode ser utilizado na digitação de um programa, mas o mais indicado para essa tarefa é um editor de programas, que é um editor de texto que *entende* pelo menos uma linguagem de programação e oferece, no mínimo, as seguintes vantagens:

❑ Coloração de sintaxe. Essa característica facilita a identificação visual dos diversos componentes de um programa. Alguns editores de programas já vêm com uma configuração de coloração padrão que agrada a maioria dos programadores. Outros editores de programas, por outro lado, vêm com uma configuração de coloração exagerada e de gosto bastante duvidoso. Em qualquer caso, a maioria dos editores de programas permite que o usuário altere a configuração do padrão de cores. Utilize essa facilidade com coerência e parcimônia e não transforme a visualização de seu programa num maracatu.

❑ Endentação automática. Endentação é o espaçamento horizontal que algumas instruções de um programa apresentam com relação a outras. As vantagens obtidas com o uso de endentação adequada são enfatizadas em vários pontos deste livro. A facilidade de endentação automática permite que o programador não tenha que fazer endentação manualmente, economizando, assim, tempo e esforço físico despendidos em digitação. Como no caso de coloração de sintaxe, os espaços de endentação automática também podem ser configurados. Três ou quatro espaços em branco são considerados a configuração ideal de endentação.

A maioria dos editores de programas oferecem outras características úteis, tais como complementação de código e emparelhamento de parênteses, chaves e colchetes, mas aquelas descritas acima são suficientes para começar a programar.

## 1.6 Instalação de um Ambiente de Trabalho

Como se afirma insistentemente neste livro, não é possível aprender a programar sem praticar programação. Se você adquiriu este livro com a expectativa de que irá aprender a programar apenas lendo-o, desperdiçou seu investimento e, se insistir com essa visão, também desperdiçará seu tempo. Logo comece a praticar a partir deste instante instalando um ambiente de trabalho que servirá como seu laboratório de aprendizado de programação.

O ambiente de trabalho com o qual lida este livro diz respeito a sistemas operacionais da família Microsoft Windows, visto que, provavelmente, esse sistema é o mais utilizado entre aprendizes de programação. Leitores que já utilizam algum sistema da família Unix (notadamente aqueles que usam Linux e Mac OS X) encontrarão informações sobre instalação e uso de outros ambientes de trabalho no site dedicado ao livro na internet.

A criação de um ambiente adequado de aprendizagem levará algum tempo, mas, em compensação, você só precisará fazer isso uma vez e, acredite, será bem recompensado. Siga as recomendações apresentadas a seguir na ordem que se encontram.

### 1.6.1 Organização

Antes de instalar um ambiente de desenvolvimento, se estiver usando Windows, crie um diretório (pasta) de trabalho, idealmente na raiz do disco C, com um nome curto e sem espaços em branco (p. ex., `Programas` é um bom nome). Para facilitar ainda mais, crie um atalho para essa pasta e coloque-o num local de fácil acesso (p. ex., na área de trabalho). Não é necessário armazenar os arquivos executáveis correspondentes aos exercícios, pois eles podem ser facilmente obtidos novamente, como você logo descobrirá. Uma boa ideia é fazer download dos exemplos deste livro, que se encontram no site *www.ulysseso.com/ip*, e armazená-los nesse diretório.

## 1.6.2 Ferramentas de Desenvolvimento MinGW

Conforme foi discutido na Seção 1.2, todo programa escrito numa linguagem de alto nível requer um compilador ou interpretador. Para a linguagem C, que será utilizada para ensino de programação no presente livro, usa-se apenas compilador.

Todo compilador de C deve vir acompanhado de uma biblioteca padrão de componentes que o programador usa para construir seus programas. Essa biblioteca dota a linguagem de um caráter mais pragmático, facilitando a escrita de programas.

De acordo com o que foi visto na Seção 1.2.2, quando um programa usa partes que são compiladas separadamente, como é o caso dos componentes da biblioteca mencionada, é necessário um linker para fazer as devidas ligações entre o programa e os componentes que ele usa.

Diante do exposto, pode-se concluir que um compilador deve vir acompanhado de uma biblioteca e de um linker. De fato, normalmente, um fabricante de compilador raramente distribui apenas esses três componentes. Isto é, mais comumente, os fabricantes de compiladores de C distribuem outros componentes que auxiliam o desenvolvimento de programas. Excluindo-se a biblioteca, os demais componentes (que são programas) são denominados ferramentas de desenvolvimento (*toolchain*, em inglês). Entretanto, é largamente difundido o uso da palavra *compilador* como significado genérico para esse conjunto de ferramentas de desenvolvimento.

MinGW consiste numa coleção de ferramentas de desenvolvimento para Microsoft Windows, dentre as quais interessam sobretudo para o programador de C: compilador (GCC), linker (g++) e depurador (GDB). O pacote MinGW oferece as seguintes vantagens para o programador de C:

- ❏ O compilador GCC produz programas executáveis bastante eficientes.
- ❏ O depurador de GDB é uma excelente ferramenta de aprendizagem e depuração e pode ser usado com programas escritos em diversas linguagens.
- ❏ As ferramentas funcionam de modo equivalente nos sistemas Windows, Unix, Linux e Mac OS X.
- ❏ Ocorrem atualizações relativamente frequentes do pacote.
- ❏ Possui uma enorme rede de usuários, o que facilita a obtenção de ajuda via internet.
- ❏ É gratuito.

Se você for usar o ambiente de desenvolvimento CodeBlocks (o que é mais recomendável para aprender a programar), passe adiante para a Seção 1.6.3. Se você for familiarizado com outro ambiente de desenvolvimento (p. ex., DevC++) e preferir utilizá-lo ou se desejar utilizar compilação e ligação em linha de comando, busque informações para instalação do pacote mais recente de MinGW no site do livro. Essa última opção não é recomendada para quem realmente é iniciante em programação.

## 1.6.3 Ambiente de Desenvolvimento CodeBlocks

O ambiente de desenvolvimento (IDE) recomendado neste livro é CodeBlocks e as razões para essa recomendação são as seguintes:

- ❏ Esse IDE é facilmente encontrado na internet.
- ❏ Ele possui um ótimo editor de programas.
- ❏ Ele é capaz de incorporar simultaneamente vários compiladores e linguagens.
- ❏ Pode ser utilizado em desenvolvimento profissional (i.e., ele não serve apenas para aprendizagem de programação, como, por exemplo, o IDE DevC++).
- ❏ É muito fácil de usar.
- ❏ É gratuito.

Enfim, CodeBlocks é um excelente ambiente de desenvolvimento (IDE), desde que o iniciante não se assuste com ele. Esse IDE constitui a opção mais recomendável para usuário de Windows e, para instalá-lo, siga os seguintes passos:

1. Visite o site dedicado ao CodeBlocks, navegue até a página de downloads e obtenha o respectivo arquivo binário.

2. Se você usa Windows e ainda não instalou o pacote de desenvolvimento MinGW (v. Seção 1.6.2), faça download do arquivo que inclui *mingw* em seu nome. Se você possui MinGW instalado em seu computador, é melhor removê-lo antes de instalar CodeBlocks.

3. Para instalar o IDE CodeBlocks no Windows, aplique um clique duplo sobre o ícone do arquivo obtido no passo anterior e siga todas as sugestões de instalação oferecidas.

Após instalação, você deverá ser capaz de encontrar e executar esse programa no menu *Iniciar* do sistema operacional Windows. Mas, para facilitar ainda mais o acesso ao programa, crie um ou mais atalhos dele e copie-os para locais de fácil acesso (p. ex., a área de trabalho e a pasta sugerida na Seção 1.6.1).

### 1.6.4 Biblioteca LeituraFacil

A biblioteca LeituraFacil foi desenvolvida para o ensino de disciplinas introdutórias de programação usando a linguagem C. Ela evita as dificuldades e frustrações com que se depara um iniciante em programação em C, tornando leitura de dados via teclado tão simples quanto ela aparece numa linguagem algorítmica, como aquela que será apresentada no Capítulo 2.

Essa biblioteca é composta por dois arquivos:

❑ **Arquivo-objeto.** Esse arquivo contém o código compilado da biblioteca para uso com MinGW (Windows)[2]. O nome desse arquivo é `libleitura.a`.

❑ **Arquivo de cabeçalho.** Esse é um arquivo de texto, denominado `leitura.h`, que possui o mesmo conteúdo para qualquer compilador e sistema operacional.

Para fazer download da biblioteca LeituraFacil, visite o site dedicado ao livro na internet (*www.ulysseso.com/ip*) e siga o respectivo link.

Para utilizar a biblioteca LeituraFacil, é necessário armazenar o arquivo de cabeçalho e o arquivo-objeto de modo que o compilador e o linker possam encontrá-los. O procedimento para instalação e uso da referido biblioteca para ferramentas de desenvolvimento MinGW deve acompanhar os seguintes passos:

1. Copie o arquivo `libleitura.a` para a pasta `...\MinGW32\lib`, sendo que os três pontos representam o caminho até a pasta de instalação de MinGW.

2. Copie o arquivo `leitura.h` para a pasta `...\MinGW32\include`, sendo que os três pontos representam o caminho até a pasta de instalação de MinGW.

Para descobrir onde se encontra a pasta MinGW, use a ferramenta de busca do Windows.

**Importante:** Depois de instalar os arquivos da biblioteca LeituraFacil em suas devidas pastas, é necessário configurar o IDE CodeBlocks para que eles possam ser usados, conforme será mostrado na Seção 1.7.2.

### 1.6.5 Facilitando a Execução de Programas no Windows

Os programas que você irá criar como parte do treinamento proposto neste livro devem ser executados em linha de comando (console). Isso significa que você precisará abrir uma janela do DOS sempre que for executar um

---

[2]  No site do livro (*www.ulysseso.com/ip*), existem outras versões desse arquivo que dependem do compilador e do sistema operacional utilizados. Consulte também o Apêndice B.

programa sob supervisão de um sistema operacional da família Windows. Ambientes de desenvolvimento, como CodeBlocks, permitem que o programador execute seus programas sem precisar abandoná-los. Mas, agindo sempre assim, você não entenderá completamente o processo de desenvolvimento e execução de programas e poderá adquirir um mau hábito.

Frequentemente, programadores que são usuários do sistema Windows precisam abrir janelas do DOS, o que não é uma tarefa das mais fáceis em versões antigas desse sistema (p. ex., Windows XP). Para facilitar o trabalho daqueles que usam esses sistemas antigos, existe uma extensão de interface denominada *Open command window here* ou *Abrir janela de comando aqui* (dependendo da versão de Windows à qual essa extensão se destina). Esse pequeno programa da Microsoft permite que se abra uma janela de console em qualquer pasta de maneira bem simples. Se você utiliza Windows Vista, Windows 7 ou Windows 8, não precisa instalar esse programa porque ele já faz parte das interfaces desses sistemas. Caso contrário, é preciso fazer download do programa e instalá-lo.

Uma vez que o referido programa esteja instalado, para abrir uma janela do DOS em qualquer pasta, basta clicar sobre a pasta com o botão direito do mouse e escolher, no menu que aparece, a opção *Open command window here* ou *Abrir janela de comando aqui*, como mostra a Figura 1–3. Nos sistemas Windows Vista, Windows 7 e Windows 8, o clique do mouse deve ser acompanhado do pressionamento da tecla [SHIFT]. Nesses sistemas, o comando em discussão é identificado como *Abrir janela de comando aqui*.

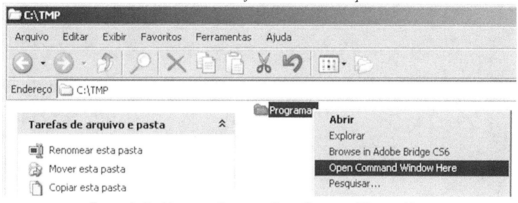

**FIGURA 1–3:** USANDO A EXTENSÃO OPEN COMMAND WINDOW HERE

# 1.7 Utilizando CodeBlocks

### 1.7.1 O Ambiente CodeBlocks

Quando você executa CodeBlocks[3], obtém uma janela semelhante àquela mostrada na Figura 1–4.

Essa janela contém três painéis:

[1] **Painel da esquerda.** Esse painel, que não aparece na figura, é utilizado em gerenciamento de projetos de programas mais complexos do que aqueles que serão desenvolvidos neste livro. Enquanto aprende a programar, o melhor a fazer é fechar esse painel, de modo a aumentar as dimensões dos demais painéis. Para fechá-lo, clique no botão no topo do painel ou utilize o menu View e desmarque a opção Manager.

[2] **Painel da direita.** Esse é o maior painel e é usado pelo editor de programas. Ele deve ser o principal foco de atenção enquanto você estiver editando um programa.

[3] **Painel inferior.** Nesse painel, são apresentadas mensagens geradas pelas ferramentas de desenvolvimento usadas pelo IDE CodeBlocks. Esse painel possui cinco abas, denominadas *CodeBlocks, Search Results* etc. A aba denominada *Build messages* é a mais importante de todas, pois é nela que são apresentadas

---

[3] Aqui, assume-se o uso de CodeBlocks versão 10.05 e MingGW-GCC versão 4.6.1.

mensagens de erro e advertência emitidas pelo compilador ou linker durante o processo de construção de um programa (v. Seção 3.18).

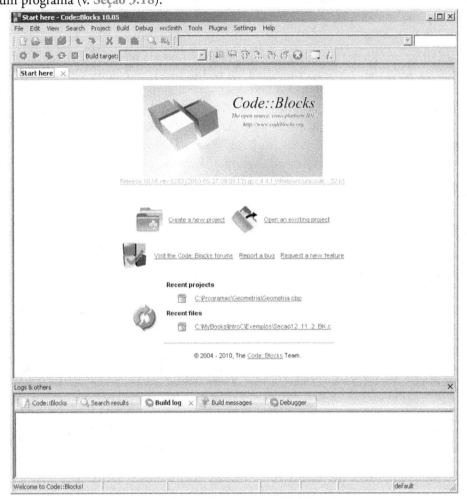

FIGURA 1–4: JANELA PRINCIPAL DO IDE CODEBLOCKS

Não se deixe assustar com a aparente complexidade do IDE CodeBlocks. Esse programa é realmente poderoso e, por isso, apresenta certa complexidade, mas ela não irá atrapalhá-lo enquanto aprende a programar. Outras características interessantes do editor do CodeBlocks que facilitam o trabalho do programador serão apresentadas oportunamente no decorrer do texto.

## 1.7.2 Configurando CodeBlocks com GCC (MinGW) e LeituraFacil

Antes de construir qualquer programa, você precisará configurar algumas poucas opções de compilação e ligação. Para tal, siga os seguintes passos:

1. Clique no menu *Settings* e escolha a opção *Compiler and debugger...*, como mostra a Figura 1–5.

2. A caixa de seleção no topo da janela que surge em seguida deve conter *GNU GCC compiler* e o botão abaixo, denominado *Set as default*, deve estar esmaecido, indicando que GCC é o compilador padrão que será utilizado. Se esse for o caso, passe para o passo a seguir. Em caso contrário, provavelmente, as ferramentas MinGW (que incluem o compilador GCC) não foram corretamente instaladas e sua melhor chance antes de instalar tudo novamente é tentar encontrar o diretório dessa instalação. Para tal, clique na aba *Toolchain executables* e, em seguida, clique no botão contendo três pontos. Então, procure

o diretório em que você instalou MinGW. Se não conseguir localizar o diretório, volte à Seção 1.6.2 ou 1.6.3, revise o processo de instalação de MinGW e retorne a este ponto apenas quando CodeBlocks conseguir localizar a referida instalação.

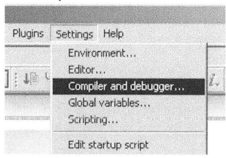

**Figura 1–5: Configurando CodeBlocks 1**

3. Na aba *Compiler flags*, selecione a opção que começa com *Enable all compiler warnings*. Essa opção faz com que o compilador apresente todas as mensagens de advertência possíveis e protege o programador contra surpresas desagradáveis quando o programa for executado (v.Seção 3.18). Nenhuma outra opção deve ser selecionada, como mostra a Figura 1–6.

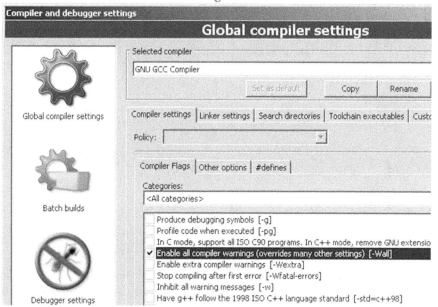

**Figura 1–6: Configurando CodeBlocks 2**

4. Clique na aba *Other options* e digite no painel de edição:

```
-std=c99 -pedantic
```

(exatamente assim e não esqueça o traço antes de **std** e **pedantic**). Essas opções informam o compilador que ele deve usar o padrão ISO mais recente da linguagem C para o qual o compilador GCC oferece suporte. A Figura 1–7 mostra o resultado desse passo.

5. Clique na aba *Linker settings* (acima da aba do passo anterior) e digite o seguinte no painel de edição *Other link options*: **-lleitura** (exatamente assim e não esqueça o traço no início). Essa opção permite ao linker fazer as devidas ligações entre seus programas e a biblioteca LeituraFacil descrita na Seção 1.6.4. Além disso, alguns linkers antigos que acompanham GCC precisam ser informados sobre o uso do módulo de biblioteca responsável por operações com números reais, tais como raiz quadrada, seno,

logaritmo etc. Portanto, para evitar surpresas desagradáveis, inclua também a seguinte opção: `-lm`. Ao final desse passo, você deverá obter a janela de configuração mostrada na Figura 1–8.

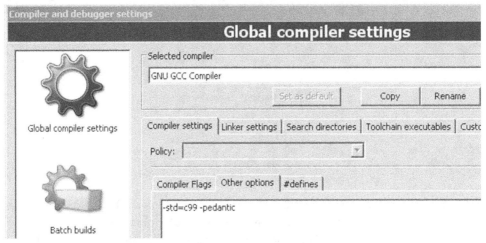

**FIGURA 1–7: CONFIGURANDO CODEBLOCKS 3**

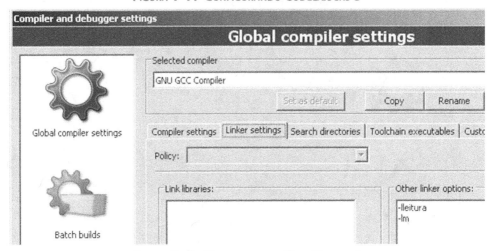

**FIGURA 1–8: CONFIGURANDO CODEBLOCKS 4**

Provavelmente, você não precisará alterar mais nenhuma outra opção de configuração e, se você estiver utilizando CodeBlocks num computador pessoal, não precisará mais repetir essas recomendações de configuração.

### 1.7.3 Criando e Editando um Programa-fonte com CodeBlocks

Para criar um programa-fonte simples usando CodeBlocks, siga os seguintes passos:

1. No menu *File*, escolha o submenu *New* e, em seguida, a opção *File...*
2. Na caixa de diálogo que aparece em seguida, clique sobre o ícone denominado *C/C++ source*, como mostra a Figura 1–9.
3. Clique sobre o botão *Go* na janela apresentada na Figura 1–9 e você será apresentado à janela visualizada na Figura 1–10.
4. Nessa última janela, escolha a linguagem, que, obviamente, deve ser C e, então, clique em *Next*. Infelizmente, nem todo iniciante em programação acha isso tão óbvio e escolhe C++, que é outra linguagem (v. Seção 3.18.1). Este livro usa C, e não C++, como linguagem de programação. Assim nunca escolha C++ nessa janela.

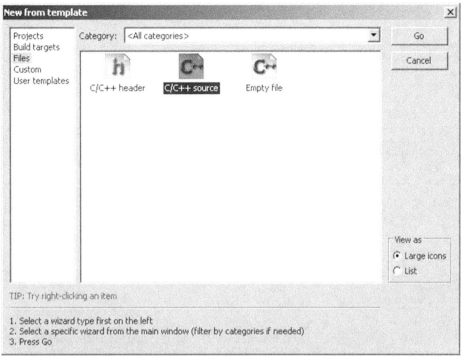

FIGURA 1–9: CRIANDO UM PROGRAMA-FONTE COM CODEBLOCKS 1

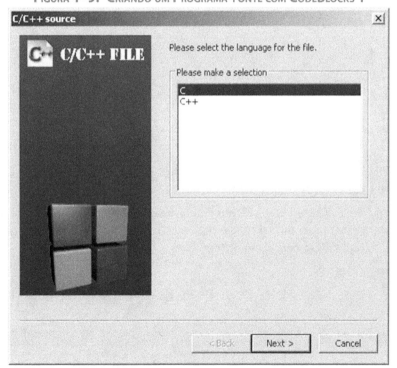

FIGURA 1–10: CRIANDO UM PROGRAMA-FONTE COM CODEBLOCKS 2

5. Na próxima janela apresentada na sequência, você será instado a escolher o nome do programa e o local em que ele será salvo. Proceda normalmente como em qualquer outro programa, mas certifique-se de satisfazer os seguintes requisitos: não inclua espaços em branco no nome do arquivo; utilize `.c` (e não `.cpp`) como extensão do arquivo e salve o arquivo no diretório (pasta) sugerido na Seção 1.6.1.

6. Após selecionar o nome do arquivo e o local onde ele será salvo, clique em *Finish* e você obterá uma janela como aquela mostrada na Figura 1–11.

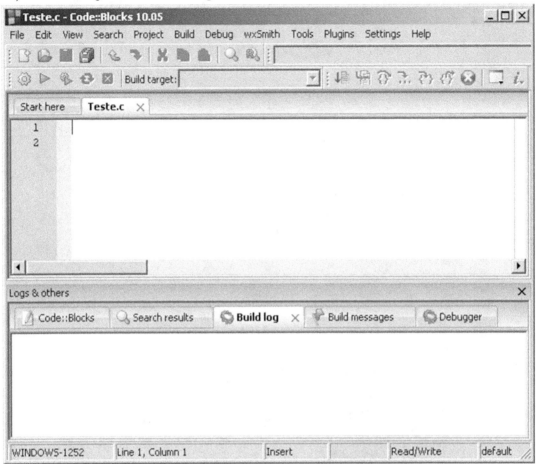

**FIGURA 1–11:** CRIANDO UM PROGRAMA-FONTE COM CODEBLOCKS 3

O painel maior na Figura 1–11 é dedicado à edição do programa-fonte que você acaba de criar. O programa responsável por isso é o editor de programas do CodeBlocks.

Conforme descrito na Seção 1.5, um editor de programas é um editor de texto com características especiais dirigidas a facilitar a escrita de programas. Para conhecer algumas destas características, digite o seguinte programa no painel de edição e salve-o com o nome **Teste.c**:

```
/* Meu primeiro programa */

#include <stdio.h>

int main(void)
{
    printf("Este e' meu primeiro programa em C");

    return 0;
}
```

Se você digitar o programa acima exatamente como ele se apresenta, notará que esse editor não é um editor de texto comum como, por exemplo, o bloco de notas do Windows. Quer dizer, em vez de apresentar o texto como ele é, esse editor usa cores diferentes para alguns componentes diferentes. Essa característica é chamada coloração de sintaxe e tem como objetivo facilitar a identificação visual de componentes de um programa que pertencem a categorias distintas. Contudo, o produto resultante de um editor de programas é o mesmo produzido por um editor de texto comum. Ou seja, se você abrir com um editor de texto comum o arquivo que você acaba de criar, vê-lo-á exatamente como ele é: texto puro; i.e., sem nenhuma formatação.

Para admirar um pouco mais o potencial de um editor de programas execute as seguintes tarefas:

❑ Logo após a linha contendo um abre-chaves, digite [ENTER]. Observe que o cursor de edição não passa para a primeira coluna da próxima linha, como seria o caso se você executasse a mesma ação num editor de texto comum. Ele procede dessa maneira porque ele sabe que o que você irá digitar em seguida estará subordinado à função main() e, por isso, ele cria uma endentação para indicar essa subordinação. Parece que, por enquanto, o editor de programas do CodeBlocks entende mais de programação em C do que você. Mas não se preocupe, pois essa situação logo se reverterá.

❑ Agora clique numa posição imediatamente antes ou depois do abre-chaves. Você verá que ele e o correspondente fecha-chaves tornam-se simultaneamente sombreados. Se você clicar próximo ao abre-parênteses após *main* ou *printf*, algo equivalente ocorre. Essa facilidade ajuda você a descobrir se existem chaves, parênteses ou colchetes que foram abertos e não foram devidamente fechados ou vice-versa.

❑ Para concluir essa excitante experiência inicial com um editor de programas, clique no traço que aparece logo após a linha contendo main() na faixa estreita acinzentada à esquerda. Quando você faz isso, parte do texto que era visível desaparece da vista. Mas isso não significa que ele foi removido do arquivo. Esse texto foi apenas encolhido e poderá ser acessado novamente clicando-se no sinal de mais que apareceu em substituição ao sinal de menos que havia antes de o texto ser encolhido. Essa característica é importante quando o programa ora sendo editado é bem grande e você precisa manter o foco temporariamente em apenas algumas partes dele.

Existem outras particularidades do editor de programas do CodeBlocks que podem facilitar sobremaneira a edição de um programa. Entre elas, merecem destaque: complementação de código e uso de abreviações. Outras características interessantes do editor de programas do IDE CodeBlocks serão apresentadas nos Capítulos 3 e 7.

### 1.7.4 Criando um Programa Executável com CodeBlocks

Para transformar um programa-fonte, como aquele digitado na Seção 1.7.3, em programa executável, escolha a opção *Build* no menu também denominado *Build*. Alternativamente, você pode pressionar o botão cujo ícone tem forma de engrenagem amarela e que aparece mais à esquerda na barra de ferramentas, como mostra a Figura 1–12.

Se você digitou corretamente o programa sugerido na Seção 1.7.3, ele será compilado e ligado sem problemas e você será informado sobre isso na aba *Build log* do painel inferior do ambiente CodeBlocks, como mostra a Figura 1–13.

Na Figura 1–13, as duas primeiras linhas mostram como o compilador (denominado `gcc.exe`) e o linker (também denominado `gcc.exe`) foram executados. Se você configurou o compilador e o linker conforme foi recomendado na Seção 1.7.2, as opções de compilação (`-Wall`, `-std=c99` e `-pedantic`) e ligação (`-lleitura` e `-lm`) aparecem nas linhas de comando com as quais essas ferramentas foram executadas.

Se a construção do programa executável foi bem sucedida, você deverá perceber que dois arquivos foram criados no diretório onde se encontra o programa-fonte, como mostra a Figura 1–14. Nessa figura, o nome do programa-fonte é `Teste.c`, ele foi compilado no sistema Windows XP e salvo no diretório (pasta) `C:\Programas`.

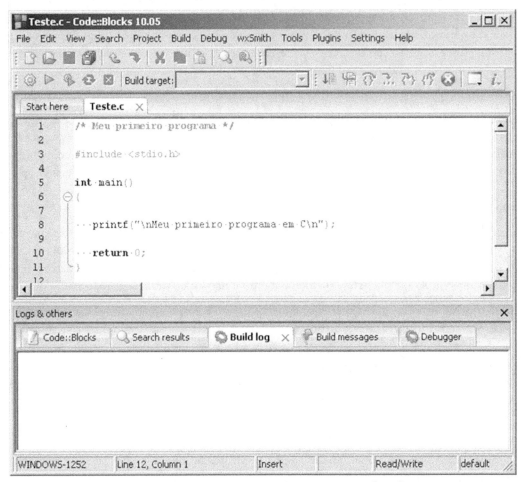

**FIGURA 1–12:** CRIANDO UM PROGRAMA EXECUTÁVEL COM CODEBLOCKS 1

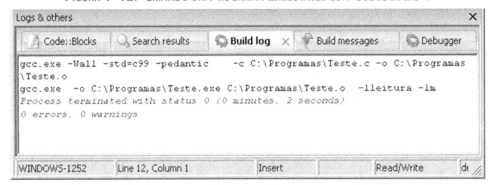

**FIGURA 1–13:** CRIANDO UM PROGRAMA EXECUTÁVEL COM CODEBLOCKS 2

Um dos arquivos resultantes do processo de construção do programa executável mostrado na Figura 1–14 tem o mesmo nome principal do arquivo-fonte e a extensão `.o`. Esse é o arquivo resultante da compilação e, conforme foi discutido na Seção 1.2.2, ele contém instruções em linguagem de máquina, mas não é executável. Esse arquivo é usado pelo linker para construir o programa executável, que é o arquivo que tem o mesmo nome principal do arquivo-fonte e a extensão `.exe`. Em sistemas da família Unix (p. ex., Linux), esse arquivo pode ou não ter extensão. Após a criação do programa executável, o arquivo com extensão `.o` não é mais necessário e pode ser removido.

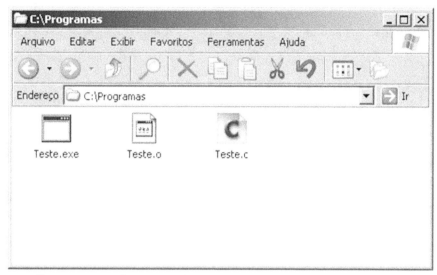

**FIGURA 1–14:** CRIANDO UM PROGRAMA EXECUTÁVEL COM CODEBLOCKS 3

Se você cometeu algum erro na digitação do programa-fonte mencionado, seu programa não será compilado e, nesse caso, você obterá uma ou mais mensagens de erro no painel inferior do CodeBlocks, como mostra a Figura 1–15.

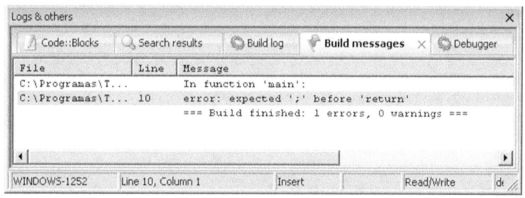

**FIGURA 1–15:** CRIANDO UM PROGRAMA EXECUTÁVEL COM CODEBLOCKS 4

O erro ao qual se refere a mensagem apresentada na linha escurecida na Figura 1–15 foi intencionalmente provocado pela remoção do ponto e vírgula que acompanha a linha contendo return no aludido programa. Esse tipo de erro é denominado *erro de sintaxe* ou *erro de compilação* e será discutido na Seção 3.18.

Antes de concluir esta apresentação do IDE CodeBlocks, deve-se observar que, quando um programa consiste em apenas um arquivo-fonte, como é o caso de todos aqueles apresentados neste livro, a opção *Compile current file* do menu *Build*, na realidade, corresponde a compilação e ligação com a consequente obtenção de um arquivo executável. Ou seja, essa opção é equivalente à opção *Build* mencionada.

Do ponto-de-vista prático, não faz sentido apenas compilar (literalmente) um programa constituído por um único arquivo-fonte. Mas, quando um programa é constituído por vários arquivos-fonte, essa operação faz bastante sentido. Por exemplo, suponha que um programa seja constituído por centenas de arquivos-fonte e que compilá-los todos leve um tempo considerável. Utilizando a opção *Compile current file*, você poderá compilar apenas um arquivo-fonte que tenha sido alterado e invocar o linker por meio do comando *Build*; i.e., não será preciso recompilar os demais arquivos antes de efetuar as ligações do programa executável.

O uso da palavra *compilação* em substituição a *compilação e ligação* também ocorre em linguajar cotidiano entre programadores. Quer dizer, quando um programador fala em compilar um programa, na maioria das vezes, na realidade, ele se refere a compilar e efetuar as devidas ligações de modo a obter um programa executável.

# 1.8 Executando um Programa de Console

Executar um programa baseado em console, como aqueles que se ensinam a desenvolver neste livro, é fácil em sistemas da família Unix/Linux, desde que, evidentemente, você tenha ciência do sistema que está usando, e não apenas de sua interface gráfica. Entretanto, executar um programa baseado em console em sistemas operacionais da família Microsoft Windows não é tão simples quanto parece.

Localize um programa executável construído de acordo com as recomendações encontradas na Seção 1.7.4 e tente executá-lo como se fosse um programa qualquer do Windows (p. ex., usando um clique duplo sobre o ícone do programa). Se você fizer isso, talvez, você tenha uma desagradável surpresa, pois não verá o resultado esperado, mas apenas observará um breve piscado na tela. Isso não significa que seu programa está incorreto; quer dizer apenas que você não sabe ainda como executá-lo.

Conforme foi visto na Seção 1.4, os programas abordados neste livro não se destinam a sistemas da família Microsoft Windows. Em vez disso, eles são dirigidos ao DOS, um antigo sistema operacional que se tornou obsoleto após a introdução do sistema Windows95. Em sistemas operacionais da família Windows, existe emulação do sistema operacional DOS. Isto é, o sistema DOS não mais existe, mas o Windows permite que programas do DOS sejam executados num ambiente que simula o funcionamento desse antigo sistema. Assim, quando você executa um programa do DOS sob Windows, esse sistema age como agiria como se estivesse executando qualquer outro programa: uma janela é aberta (nesse caso uma janela de emulação do DOS), o programa é executado e, finalmente, a janela é fechada quando o programa encerra. Portanto, para que você visualize algum resultado da execução de um programa dirigido ao DOS nessas circunstâncias, é necessário que o programa seja executado por um longo período ou que sua execução seja interrompida (sem ser encerrada).

Essa situação parece ter propagado a ideia de que qualquer programa escrito em C deve conter uma instrução tal como:

```
getchar(); /* Essa opção é ruim */
```

ou

```
system("PAUSE"); /* Essa opção é pior: PAUSE não é portável */
```

Não há mal nenhum em, circunstancialmente, utilizar, por exemplo, getchar() com o objetivo de evitar que a janela de console desapareça antes que se tenha oportunidade de examinar o que um programa escreve. O mal é achar que incluir tal instrução é essencial num programa em C em qualquer situação.

Programadores que usam consistentemente tais instruções com o objetivo de *parar a tela* acham que, sem uma delas, seria impossível ler no terminal aquilo que o programa escreve. Todavia, a incapacidade de visualização de resultados escritos na tela pelo programa nessas circunstâncias é em virtude do simples fato de o sistema Windows fechar a janela de console DOS quando a execução do programa é encerrada, se essa janela foi aberta apenas para a execução do programa. Uma forma de contornar esse problema consiste em executar o prompt do DOS, navegar até o diretório onde se encontra seu programa e, na linha de comando, digitar o nome do programa executável. Assim, você verá o resultado do programa, como mostrado na Figura 1–16, sem que a janela na qual ele é executado seja fechada automaticamente.

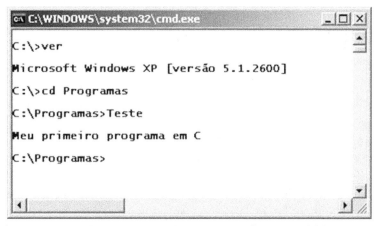

**FIGURA 1–16:** EXECUÇÃO DE UM PROGRAMA NO SISTEMA DOS/WINDOWS

Uma dica que lhe livra do incômodo de ter que digitar o nome do programa no prompt do DOS é seguir os seguintes passos:

1. Abra a pasta que contém o arquivo executável que você deseja executar e clique sobre o ícone desse arquivo (cuja extensão deve ser `.exe`).
2. Pressione `[F2]`, para selecionar o nome desse arquivo.
3. Pressione `[CTRL]`+`[C]` para copiar o nome do arquivo.
4. Passe para a janela de prompt do DOS, que deverá estar aberta no diretório que contém o referido arquivo executável.
5. Clique sobre a janela do DOS com o botão direito do mouse e, no menu que aparece, escolha a opção colar. Executando essa operação, você terá copiado o nome do programa executável no prompt do DOS.
6. Pressione `[ENTER]` e seu programa será executado.

Após executar seu programa e estar satisfeito com os resultados que ele apresenta, você poderá remover o arquivo executável, pois, afinal, você já sabe como construí-lo novamente sem muito trabalho. Em resumo, os únicos arquivos que você *não deve* apagar são os arquivos-fonte. Isto é, ao contrário, você deve efetuar frequentemente cópias (backups) desses arquivos e mantê-las em segurança.

# 1.9 Como Aprender a Programar

Nenhuma linguagem de programação pode ser aprendida apenas estudando-se material escrito ou assistindo-se aulas. Isto é, um bom livro de programação ou um bom expositor pode ajudar o aprendiz a entender as construções de uma determinada linguagem e a convencê-lo a adotar boas práticas de programação. Mas, nem um nem outro podem ser diretamente responsabilizados pela formação de um bom ou mau programador. Programação é algo que se aprende apenas com muita prática, perseverança e durante um período considerável de tempo. Portanto seja paciente porque esse processo requer muito tempo de aprendizagem e, por favor, nunca acredite em livros que prometem ensiná-lo a programar em 24 horas!

A seguir, serão apresentadas sugestões para uma melhor assimilação das técnicas de programação apresentadas neste livro[4].

☐ **Estude os programas minimalistas.** Esses programas são curtos e procuram enfocar apenas uma construção comum em programação ou uma característica da linguagem C. Em virtude da sua relativa simplicidade, provavelmente, você não deverá ter dificuldade em entender cada um desses programas.

[4]   Alguns desses ensinamentos são inspirados no magnífico trabalho de George Pólya: *How to Solve It* (v. Bibliografia).

Mas, se for o caso, releia a parte do texto que antecede o programa e procure entender aquilo que o programa pretende demonstrar. Então, observe atentamente o resultado do programa e tente compreender como ele é produzido. Se ainda não conseguir entendê-lo, explore-o ativamente conforme descrito a seguir. Não esqueça que os arquivos-fonte desses programas estão disponíveis para download no site *www.ulysseso.com/ip*.

❑ **Explore ativamente os exemplos de programação.** Os programas que fazem partes das seções intituladas Exemplos de Programação são relativamente complexos, visto que podem enfocar várias técnicas de programação ao mesmo tempo. Para entender cada um deles, sua primeira atitude deve ser obter uma clara compreensão do problema que o programa sob escrutínio resolve. Se você não conseguir entender o enunciado de um dado problema, não adianta insistir e tentar compreender o programa que o soluciona. Para entender bem o que um programa faz, compile-o e, então, execute-o como um usuário comum. Então, leia o programa apresentado no livro e estude sua análise. Se não assimilar algum segmento do programa, abra o respectivo arquivo-fonte, altere esse segmento, compile o programa e veja como ele se comporta (i.e., verifique qual é o novo resultado que ele produz). Se um programa deixar de funcionar após tê-lo modificado, tente entender o porquê. Testando suas próprias ideias a respeito de um dado programa, você poderá obterá um melhor entendimento sobre como ele funciona. Lembre-se que os arquivos-fonte desses programas estão disponíveis para download no site *www.ulysseso.com/ip*.

❑ **Use auxílio visual para acompanhar algoritmos e programas.** Alguns algoritmos são difíceis de ser acompanhados mentalmente, de forma que representações gráficas de variáveis envolvidas nesses algoritmos podem ajudar bastante o entendimento deles. Esse artifício funciona do seguinte modo: usando-se lápis, papel e borracha desenham-se retângulos representando as variáveis de interesse; o interior de cada retângulo representa o conteúdo de uma variável, que tem seu nome escrito em algum local próximo ao retângulo; então, quando uma variável tem seu valor alterado, o retângulo associado a ela tem seu interior atualizado de modo a refletir essa mudança de valor. Valores assumidos por parâmetros também podem ser acompanhados da mesma forma (v. exemplo na Seção 5.5). Outrossim, esse recurso visual é particularmente importante no caso de algoritmos seguidos por programas que lidam com arrays (v. exemplos no Capítulo 8) e strings (v. exemplo na Seção 9.5.9).

❑ **Resolva os exercícios de revisão.** Muitos exercícios de revisão solicitam que você encontre falhas em pequenos programas. Dedique algum tempo a esses programas até descobrir por que eles não funcionam. Alguns deles incorporam erros sutis e difíceis de serem descobertos. Em tal caso, digite o programa e tente compilá-lo. Se o erro for de sintaxe, evidentemente, o compilador o indicará. Se o programa for compilado, talvez o compilador apresente uma ou mais mensagens de advertência, que o ajudarão a descobrir o erro. Se o compilador não apresentar nenhuma mensagem de erro ou advertência, execute o programa e o erro certamente manifestar-se-á em algum instante. Exercícios que requerem que você identifique erros em programas provêm um importante treinamento, pois, mais adiante, quando você se deparar com erros similares em programas mais complexos, estará habilitado a corrigi-los com mais facilidade.

❑ **Tente resolver todos os exercícios de programação.** Para resolver os exercícios de programação propostos ao final de cada unidade, siga rigorosamente os roteiros propostos para construção de algoritmos e programas apresentados nos Capítulos 2 e 3, principalmente quando estiver lidando com problemas mais complexos. Um bom programa reflete um bom projeto de solução para o respectivo problema. Portanto pense bastante sobre a linha de solução (algoritmo) a ser seguida antes de começar a codificar seu programa. Se você não for capaz de escrever um algoritmo que resolve um determinado problema, é provável que você não saiba como resolvê-lo, ou saiba como resolvê-lo mas é incapaz de descrever sua solução.

☐ **Abstenha-se de problemas que requerem conhecimento que você não possui.** Programação abrange virtualmente todas as áreas de conhecimento. Ensinar a programar consiste em educar alguém a exprimir seu conhecimento sobre a resolução de um problema por meio de instruções que serão convertidas num programa. Logo um curso de introdução à programação não deve ser encarado como um curso sobre resolução de problemas aleatoriamente extraídos de qualquer domínio. Assim, por exemplo, se um aprendiz não sabe criar um algoritmo que verifica se três números reais constituem os lados de um triângulo, isso não significa que ele não sabe construir um algoritmo que expresse seu conhecimento. Isso pode apenas exprimir que ele não tem conhecimento específico sobre o problema para resolvê-lo (nesse exemplo, conhecimento sobre desigualdade triangular). Portanto, se você não possui conhecimento prévio para acompanhar um dado exemplo ou resolver um exercício proposto de programação não deve insistir nem desanimar. Neste livro, existem inúmeros exemplos e exercícios envolvendo diversas áreas de conhecimento, de forma que se alguns forem saltados não haverá prejuízo considerável para o aprendiz.

☐ **Entenda o enunciado ou desista.** Antes de abordar um problema que você julga que entendeu claramente o enunciado, certifique-se que sua suposição realmente é legítima. Quando estiver convencido disso e, mesmo assim, não conseguir encontrar uma solução para o problema original, tente resolver um modelo simples desse problema. Por exemplo, suponha que o problema em questão consiste em resolver equações de segundo grau; então, antes de tentar resolver o problema por completo, tente resolver um caso particular de equação do segundo grau (p. ex., usando coeficientes constantes e sem entrada de dados). Assim procedendo, você poderá adquirir insight para resolver o problema completo.

☐ **Não seja ansioso ou apressado.** Resista à tentação de querer resolver todos os problemas diretamente no computador. Aos poucos, você estará apto a proceder assim com a maioria dos problemas do nível daqueles propostos neste livro introdutório, mas mesmo programadores experientes precisam afastar-se do computador e debruçar-se manualmente sobre alguns problemas para planejar suas soluções. Muitos aprendizes de programação não resistem à ansiedade e costumam começar a codificar tão logo se deparam com um problema para resolver. Quer dizer, para eles, resolução de problemas via computador significa criar programas e corrigir erros indicados pelo compilador ou que se manifestam durante a execução do programa. Se você se habituar a essa abordagem de construir e consertar (ou tentativa e erro), terá sérias dificuldades quando tiver que lidar com problemas mais complexos.

☐ **Adote um estilo de programação coerente e bem fundamentado.** Normas de estilo não se referem apenas a questões estéticas; elas podem lhe livrar de erros de programação que poderiam ser evitados, como mostra o Capítulo 4. Logo tente resolver todos os exercícios de programação usando um bom estilo de programação, que é alcançado por meio de experiência e prática de programação. Enquanto não adquire experiência e capacidade de discernir entre o que é certo e o que não é recomendado, evite examinar material sobre programação encontrado na internet. Democrática como é, a internet permite a qualquer um submeter qualquer coisa e, infelizmente, a maior parte do material sobre programação publicado na internet é de má qualidade. Mas, se você aderir aos conselhos básicos de estilo de programação apresentados neste livro, seu estilo estará bem fundamentado. Se você estudar sob supervisão, pode adotar outro estilo desde que o submeta à apreciação de seu supervisor. Mas, se você estiver estudando sem supervisão, é aconselhável adotar o estilo apresentado aqui, pois ele reflete muitos anos de experiência de programação em C. Em qualquer caso, existe apenas uma regra em estilo que deve ser rigorosamente observada:

> **Recomendação** *Mantenha seus programas claros, concisos e simples.*

☐ **Comente, comente, comente...** Comentar programas ajuda a organizar o raciocínio que norteia a construção de cada programa e a manter esse salutar hábito. Mesmo que um programa seja usado apenas por você, se ele não tiver boa legibilidade ou não for bem documentado, talvez você tenha dificuldade de entendê-lo mais adiante. Pode parece estranho, mas isso ocorre com mais frequência do que você possa imaginar. Logo, você verá que muitos programas sem comentários que pareciam óbvios quando você os escreveu deixarão de ser evidentes algum tempo depois. Portanto sempre comente seus programas, mesmo que você seja a única pessoa que os lerá.

☐ **Pratique, pratique, pratique...** A principal diferença entre um programador experiente e um iniciante é que o primeiro reúne um grande repertório de problemas resolvidos que podem ser recobrados de sua memória quando ele se depara com um novo problema similar a algum problema conhecido. Por isso, muito raramente, um programador experiente começa a escrever algum programa a partir de nada, como fazem os iniciantes. Para um programador experiente, sempre há um programa que ele há já escreveu que pode servir de base para um novo programa, seja por meio de alterações, acréscimos ou subtrações de código. Concluindo, quanto mais você praticar, mais estará apto a beneficiar-se com o conhecimento adquirido na construção de novos programas. Logo pratique, pratique, pratique...

☐ **Não reinvente a roda.** Como foi visto no último parágrafo, em programação, muitos problemas são recorrentes, de modo que, com alguma experiência, um programador é capaz de identificar semelhanças entre um novo problema de programação e um problema já resolvido e incorporar partes da solução do problema conhecido na solução do novo problema. Mesmo quando dois programas parecem ser completamente diferentes, sempre há algo de um programa que se pode usar em outro por meio de técnicas simples, como se demonstra no Capítulo 7.

# 1.10 Exemplo de Programação

### 1.10.1 Testando a Instalação de LeituraFacil

**Problema:** Teste a instalação da biblioteca LEITURAFACIL prescrita na Seção 1.6.4 digitando o programa a seguir conforme foi descrito na Seção 1.7.3. Então, crie um programa executável conforme foi ensinado na Seção 1.7.4, execute-o conforme sugerido na Seção 1.8 e, finalmente, utilize-o como um usuário comum o faria.

**Solução:**

```c
#include <stdio.h>
#include "leitura.h"

int main(void)
{
    int    i, c;
    double f;

    printf("\nDigite um caractere > ");
    c = LeCaractere();

    printf("\n>> Caractere digitado: %c\n", c);

    printf("\nDigite um numero inteiro > ");
    i = LeInteiro();
```

```
    printf("\n>> Numero inteiro digitado: %d\n", i);
    printf("\nDigite um numero real > ");

    f = LeReal();
    printf("\n>> Numero real digitado: %f\n", f);

    return 0;
}
```

**Exemplo de execução do programa:**

```
Digite um caractere > A
>> Caractere digitado: A

Digite um numero inteiro > 21
>> Numero inteiro digitado: 21

Digite um numero real > 2.5
>> Numero real digitado: 2.500000
```

**Análise:** O exemplo acima foi construído para que você teste sua instalação da biblioteca LeituraFacil, bem como para situá-lo no contexto de programação oferecendo uma noção daquilo que você deverá aprender. Portanto considere esse exemplo como cenas dos próximos capítulos.

# 1.11 Exercícios de Revisão

## Um Breve Histórico de Linguagens de Programação (Seção 1.1)

1. O que é linguagem de máquina?

2. Por que programas escritos em linguagem de máquina não são portáveis?

3. Quais foram as facilidades introduzidas em programação com o surgimento da linguagem assembly?

4. O que é uma linguagem de baixo nível?

5. (a) O que é uma linguagem de alto nível? (b) Cite três exemplos de linguagens de alto nível.

6. Em que aspectos linguagens de baixo nível diferem de linguagens de alto nível?

7. Em que aspectos linguagens de máquina assemelham-se à linguagens assembly?

8. (a) O que é uma variável em programação? (b) O que é uma variável simbólica?

9. Cite vantagens obtidas com o uso de linguagens de alto nível em relação a linguagens de baixo nível.

10. Por que a linguagem assembly ainda é usada em programação nos dias atuais?

## Tradutores (Seção 1.2)

11. Por que assembler é o tipo de tradutor mais simples que existe?

12. Um tradutor assembler para um dado processador pode ser melhor do que outro assembler para o mesmo processador? Explique.

13. (a) Um computador pode entender um programa escrito em C? (b) O que é necessário para traduzir um programa escrito em C num programa escrito em linguagem de máquina (código binário)?

14. (a) O que é compilação? (b) O que é interpretação? (c) Em que diferem esses conceitos?

15. O que é um compilador?

16. (a) O que é um programa-fonte? (b) O que é um programa-objeto? (c) O que é um programa executável?

17. Quem é responsável pela criação de cada tipo de arquivo a seguir?

    (a) Programa-fonte

   (b)  Programa-objeto

   (c)  Programa executável

18. Suponha que você tem dois compiladores que traduzem programas escritos na linguagem de alto nível X para a linguagem de máquina do processador Y. É possível que um deles seja melhor do que o outro? Explique.

19. Um programa compilado é necessariamente executável? Explique.

20. Qual é o papel de um linker no processo de desenvolvimento de um programa?

21. O que é um interpretador e como ele funciona?

22. Por que um programa interpretado leva mais tempo para ser executado do que um programa compilado equivalente?

23. Compare compiladores e interpretadores em termos de vantagens e desvantagens de cada tipo de tradutor.

## Qualidades de um Bom Programa (Seção 1.3)

24. Defina as seguintes propriedades desejáveis de um programa de boa qualidade:

   (a)  Legibilidade

   (b)  Manutenibilidade

   (c)  Portabilidade

   (d)  Eficiência

   (e)  Reusabilidade

   (f)  Robustez

   (g)  Usabilidade

   (h)  Confiabilidade

25. Um programa escrito numa linguagem de baixo nível tem sempre pouca legibilidade? Explique.

26. Um programa escrito numa linguagem de alto nível tem necessariamente boa legibilidade? Explique.

27. O que influencia a portabilidade de um programa?

28. O que significa um bom estilo de programação?

29. Por que muitas vezes é tão difícil, ou mesmo impossível, criar um programa que apresente a máxima eficiência possível utilizando uma linguagem de alto nível?

30. Na Seção 1.2.3, afirma-se que o uso de interpretadores facilita a portabilidade de programas-fonte. Por que o mesmo raciocínio não se aplica a compiladores?

31. Quando dois programas são considerados funcionalmente equivalentes?

32. Por que programadores em estágio inicial de aprendizagem não devem se preocupar em obter programas com a máxima eficiência possível?

## Programas Interativos Baseados em Console (Seção 1.4)

33. (a) O que é um programa interativo? (b) Cite três exemplos de programas interativos. (c) Cite dois exemplos de programas que não são interativos.

34. (a) O que é um console (ou terminal)? (b) Que dispositivos periféricos constituem um console?

35. O que é um programa baseado em console?

## Ambientes Integrados de Desenvolvimento (Seção 1.5)

36. O que é um ambiente integrado de desenvolvimento (IDE)?

37. Quais são as vantagens obtidas com o uso de um editor de programas em detrimento ao uso de um editor de texto comum na construção de programas.

38. (a) O que é coloração de sintaxe? (b) Qual é sua utilidade na construção de um programa?

39. Por que o programador deve evitar alterações frequentes na configuração de coloração de sintaxe de um editor de programas?

40. Qual é o papel desempenhado por um programa carregador (*loader*)?

41. O que é um depurador?

## Instalação de um Ambiente de Trabalho (Seção 1.6)

42. O que é uma cadeia de ferramentas de desenvolvimento (*toolchain*)?

43. Qual é a diferença entre IDE e *toolchain*? [Sugestão: A diferença é um pouco sutil e alguns consideram os dois conceitos iguais. Mas, de acordo com as definições apresentadas neste capítulo há diferenças.]

44. (a) O que é um carregador de programas? (b) O IDE CodeBlocks utiliza carregador de programas?

45. Como é denominado o depurador que acompanha o pacote MinGW?

46. O que é uma biblioteca de componentes e qual é sua importância para o programador?

47. Quais são as vantagens oferecidas pelo pacote MinGW?

48. Que opção do compilador GCC é utilizada para a geração do maior número possível de mensagens de erro?

49. Qual é o papel de um linker (editor de ligações) no processo de desenvolvimento de um programa?

50. (a) O que é ligação no processo de construção de um programa executável? (b) Qual é a diferença entre compilação e ligação?

51. (a) O que é a biblioteca LeituraFacil? (b) Que vantagens ela oferece ao aprendiz de programação?

## Utilizando CodeBlocks (Seção 1.7)

52. (a) O que é CodeBlocks? (b) Que vantagens ele oferece ao programador?

53. Como se cria um programa-fonte no IDE CodeBlocks?

54. Tendo disponível um programa-fonte, como se cria um programa executável correspondente no IDE CodeBlocks?

55. Se as opções *Compile current file* e *Build* do menu *Build* do IDE CodeBlocks funcionam do mesmo modo, por que, afinal, existem essas duas opções (e não apenas uma delas)?

## Executando um Programa de Console (Seção 1.8)

56. Qual é a utilidade da extensão de interface denominada *Abrir janela de comando aqui* (ou *Open command window here*) dos sistemas da família Windows? [Esta questão diz respeito a Windows XP e a versões de Windows anteriores a esse sistema. Se você não usa tal sistema, não precisa preocupar-se com esta questão.]

57. Por que maus programadores de C sempre incluem `getchar()` ou `system("PAUSE")` em seus programas?

## Como Aprender a Programar (Seção 1.9)

58. Descreva as sugestões para melhorar o aprendizado de programação apresentadas neste capítulo.

59. O que são programas minimalistas?

60. O que significa *explorar ativamente exercícios de programação*?

61. Como se pode obter auxílio visual para facilitar o acompanhamento de algoritmos e programas?

62. Por que o iniciante em programação deve evitar a tentação de resolver problemas diretamente no computador?

63. Qual é a importância da prática de programação para o iniciante nessa atividade?

# 1.12 Exercícios de Programação

EP1.1    Execute o CodeBlocks e selecione a opção *Editor* no menu *Settings*. Então, assegure que o editor é configurado com as opções mostradas na figura a seguir.

```
┌─ TAB options ──────────────────────┐
│  ☐ Use TAB character               │
│  ☑ TAB indents                     │
│  TAB size in spaces:   [3      ] ▲▼│
│                                    │
│                                    │
├─ Indent options ───────────────────┤
│  ☑ Auto indent                     │
│  ☑ Smart indent                    │
│  ☑ Brace completion                │
│  ☑ Backspace unindents             │
│  ☐ Show indentation guides         │
│  Show spaces:   [Always        ▼]  │
└────────────────────────────────────┘
```

EP1.2    Execute o CodeBlocks e selecione a opção *Editor* no menu *Settings*. Em seguida, clique no ícone intitulado *Margins and caret*. Então, assegure que o editor é configurado com as opções mostradas na figura a seguir.

```
┌─ Left margin ─────────────────────────────────────────────────┐
│  Width for line numbers (in chars):  [4        ] ▲▼  ☐ Dynamic setting │
│  ☑ Add/remove breakpoints by left-clicking                     │
│  ☐ Use changebar                                               │
└────────────────────────────────────────────────────────────────┘
```

**CAPÍTULO** **2**

# INTRODUÇÃO À CONSTRUÇÃO DE ALGORITMOS

Após estudar este capítulo, você deverá ser capaz de:

➤ Definir e usar a seguinte terminologia referente a construção de algoritmos:

| | | |
|---|---|---|
| ☐ Algoritmo | ☐ Operando | ☐ Tabela-verdade |
| ☐ Caso de entrada | ☐ Expressão | ☐ Instrução de entrada |
| ☐ Equivalência funcional | ☐ Operador aritmético | ☐ Instrução de saída |
| ☐ Refinamentos sucessivos | ☐ Operador relacional | ☐ Fluxo de execução |
| ☐ Pseudolinguagem | ☐ Operador lógico | ☐ Bloco de instruções |
| ☐ Pseudocódigo | ☐ Negação | ☐ Endentação |
| ☐ Atribuição | ☐ Conjunção | ☐ Cadeia de caracteres |
| ☐ Operador | ☐ Disjunção | ☐ Comentário |

➤ Descrever as seguintes propriedades de operadores:

    ☐ Aridade    ☐ Resultado    ☐ Precedência    ☐ Associatividade

➤ Apresentar diferenças e semelhanças entre algoritmo e receita culinária

➤ Pormenorizar a abordagem dividir e conquistar usada na construção de algoritmos

➤ Representar graficamente uma variável e seus atributos

➤ Discorrer sobre as vantagens do uso de linguagem algorítmica em detrimento de outras linguagens na construção de algoritmos

➤ Explicar como os operadores são agrupados de acordo com suas precedências

➤ Esclarecer como são obtidos os resultados dos operadores relacionais e lógicos

➤ Descrever as etapas envolvidas na escrita de um algoritmo

➤ Seguir práticas recomendáveis que favoreçam a legibilidade de algoritmos

➤ Classificar estruturas de controle em laços de repetição e desvios

➤ Analisar um problema cuja solução algorítmica é desejada

➤ Usar exemplos de execução de um algoritmo como auxílio no processo de desenvolvimento do respectivo programa

➤ Testar um algoritmo

**OBJETIVOS**

# 2.1 Conceito de Algoritmo

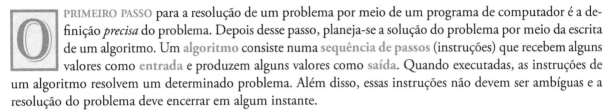

PRIMEIRO PASSO para a resolução de um problema por meio de um programa de computador é a definição *precisa* do problema. Depois desse passo, planeja-se a solução do problema por meio da escrita de um algoritmo. Um algoritmo consiste numa sequência de passos (instruções) que recebem alguns valores como entrada e produzem alguns valores como saída. Quando executadas, as instruções de um algoritmo resolvem um determinado problema. Além disso, essas instruções não devem ser ambíguas e a resolução do problema deve encerrar em algum instante.

Uma analogia bastante comum que ajuda no entendimento do conceito de algoritmo é aquela entre algoritmo e receita culinária. Numa receita culinária, os ingredientes e utensílios utilizados (p. ex., ovos, farinha de trigo, assadeira) compõem a entrada e o produto final (p. ex., um bolo) é a saída. O modo de preparo da receita especifica uma sequência de passos que informam como processar a entrada a fim de produzir a saída desejada. Apesar de a analogia entre algoritmo e receita culinária ser válida, dificilmente uma receita pode ser considerada um algoritmo de fato, pois, tipicamente, receitas culinárias são imprecisas na especificação de ingredientes (entrada) e na descrição do modo de preparo (processamento). Além disso, receitas culinárias, na maioria das vezes, requerem inferências e tomadas de decisões por parte de quem as implementam e um algoritmo não deve requerer nenhum tipo de inferência ou tomada de decisão por parte do computador que, em última instância, o executará. Computadores não possuem tais aptidões.

Raramente, um algoritmo é concebido com o objetivo de receber um conjunto limitado de valores. Isto é, mais comumente, um algoritmo é desenvolvido para lidar com vários casos de entrada. Por exemplo, um algoritmo criado para resolver equações do segundo grau pode receber como entrada a equação $x^2 - 5x + 6$ e produzir como saída as raízes *2* e *3*. Esse mesmo algoritmo serviria para resolver a equação $x^2 - 4x + 4$, produzindo *2* como saída. Nesse exemplo, as referidas equações são casos de entrada do algoritmo exemplificado. Em linguagem cotidiana, um caso de entrada é referido apenas como entrada.

Um algoritmo é correto quando, para cada caso de entrada, ele encerra após produzir a saída correta. Um algoritmo incorreto pode não encerrar quando ele recebe um determinado caso de entrada ou pode parar apresentando um resultado que não é correto.

Pode haver vários algoritmos funcionalmente equivalentes que resolvem um mesmo problema. Algoritmos funcionalmente equivalentes podem usar mais ou menos recursos, ter um número maior ou menor de instruções e assim por diante. Novamente, a analogia entre algoritmo e receita culinária é válida aqui: algumas receitas requerem menos esforços e ingredientes do que outras que resultam na mesma iguaria.

É importante ressaltar ainda que nem todo problema possui algoritmo. Por exemplo, não existe algoritmo para o problema de enriquecimento financeiro (lícito ou ilícito). Esse problema não possui algoritmo porque sequer é bem definido. Mas, existem problemas que, apesar de serem bem definidos, não possuem algoritmos completos como, por exemplo, jogo de xadrez. É interessante notar ainda que problemas que são resolvidos trivialmente por seres humanos, como falar uma língua natural ou reconhecer um rosto, também não possuem solução algorítmica. Por outro lado, problemas relativamente difíceis para seres humanos, como multiplicar dois números inteiros com mais de dez dígitos, possuem algoritmos relativamente triviais.

A etapa mais difícil na escrita de um programa é o desenvolvimento de um algoritmo que resolve o problema que o programa se propõe a solucionar. Quer dizer, uma vez que um algoritmo tenha sido corretamente criado, codificá-lo é relativamente fácil, mesmo quando você não tem ainda bom conhecimento sobre a linguagem usada na codificação. Muitas vezes, encontrar um algoritmo adequado é uma tarefa difícil até mesmo para os melhores programadores. Portanto dedique bastante atenção a este capítulo, que descreve o processo de desenvolvimento de algoritmos.

# 2.2 Abordagem Dividir e Conquistar

A abordagem mais comum utilizada na construção de algoritmos é denominada dividir e conquistar. Utilizando essa abordagem, divide-se sucessivamente um problema em subproblemas cada vez menores até que eles possam ser resolvidos trivialmente. As soluções para os subproblemas são então combinadas de modo a resultar na solução para o problema original. Essa técnica de resolução de problemas também é conhecida como método de refinamentos sucessivos.

A abordagem dividir e conquistar não é usada especificamente na área de programação ou computação. Ou seja, ela é genérica e frequentemente utilizada até mesmo na resolução de problemas cotidianos. Por isso, seu uso será exemplificado a seguir por meio da resolução de um problema não computacional.

Suponha que você esteja recebendo amigos íntimos para um almoço e deseja servi-los um delicioso camarão ao molho de coco. Então, o algoritmo a ser seguido para resolver esse problema pode ser descrito como na Figura 2–1[1].

| INGREDIENTES E EQUIPAMENTOS (ENTRADA) |
| --- |
| ☐ 1 kg de camarão sem casca |
| ☐ 2 cocos ralados |
| ☐ 1 cebola média |
| ☐ 2 tomates |
| ☐ ½ pimentão verde médio |
| ☐ 1 molho de coentro amarrado |
| ☐ 4 colheres de sopa de azeite |
| ☐ 2 colheres de sopa de colorau |
| ☐ Frigideira |
| ☐ Panela |
| ☐ Colher de pau ou polipropileno |
| ☐ etc (para encurtar o exemplo) |

| RESULTADO (SAÍDA) |
| --- |
| ☐ Camarão ao molho de coco |

| PREPARO (PASSOS OU INSTRUÇÕES) |
| --- |
| 1. Pique a cebola em pedaços miúdos |
| 2. Remova a pele dos tomates e pique-os |
| 3. Corte o pimentão em pedaços graúdos que facilitem sua remoção após o cozimento |
| 4. Obtenha o leite de coco (1 litro) |
| 5. Faça o azeite colorado |
| 6. Salteie o camarão e reserve |
| 7. Refogue a cebola, o pimentão e o tomate |
| 8. Acrescente o leite de coco e o azeite colorado ao refogado |
| 9. Quando a mistura ferver, acrescente o camarão |
| 10. Deixe cozinhar em fogo baixo por cerca de 10 minutos |
| 11. Remova o coentro e os pedaços de pimentão |

FIGURA 2–1: ALGORITMO CAMARÃO AO MOLHO DE COCO PRELIMINAR

---

[1] O autor agradece a nutricionista e chef Suzana Brindeiro pela receita e pelos segredos de preparo que não são revelados aqui.

Como está na moda recepções na cozinha e seus amigos são íntimos, você convida-os para ajudá-lo na preparação do prato. Agora, suponha que você atribua o passo 1 do preparo a um de seus amigos e que ele não saiba como executá-la (i.e., a tarefa não é *trivial* para esse amigo). Então, você terá que especificar esse passo em maiores detalhes para que ele seja capaz de executá-lo. Em outras palavras, você terá que refinar o passo em subpassos de tal modo que seu amigo saiba como executar cada um deles. Em programação, a analogia correspondente a esse refinamento de tarefas é que o programador deve refinar (i.e., dividir) os passos de um algoritmo até que cada passo resultante de sucessivas divisões possa ser representado por uma única instrução numa linguagem de alto nível.

O passo 1 do algoritmo (i.e., preparo) apresentado na Figura 2–1 pode ser refinado para resultar na sequência apresentada na Figura 2–2.

O passo 1.4.2 (v. Figura 2–2) apresenta duas ações condicionadas ao formato da cebola (i.e., à entrada do problema) e apenas uma dessas ações deverá ser executada. A condição do passo 1.4.2 é o fato que imediatamente segue a palavra *se* e as ações aparecem após as palavras *então* e *senão*. Ações condicionais são muito comuns em programação e linguagens de alto-nível provêm facilidades para codificação delas.

Os passos 1.4 e 1.4.5 apresentados na Figura 2–2 envolvem ações repetitivas que possuem instruções análogas em programação. Por exemplo, o passo 1.4.5 representa uma estrutura de repetição do tipo: **enquanto** *uma dada condição for satisfeita execute repetidamente uma determinada ação*. No exemplo dado, a condição que deve ser satisfeita para que ocorra repetição é o fato de a cebola não estar ainda cortada até a proximidade do talo e a ação a ser repetida é o corte da cebola.

| PASSO 1: PIQUE A CEBOLA EM PEDAÇOS MIÚDOS |
|---|
| 1.1 Apare a ponta da cebola. |
| 1.2 Divida a cebola ao meio no sentido do talo. |
| 1.3 Remova a casca da cebola, deixando o talo. |
| 1.4 Para cada metade de cebola faça o seguinte: |
|     1.4.1 Deite a face plana da metade da cebola sobre a tábua de corte. |
|     1.4.2 Se a metade da cebola for alta, então, com a faca na horizontal, aplique dois cortes longitudinais desde a extremidade oposta ao talo até próximo a este, de modo a dividir a metade da cebola em três partes; senão, aplique apenas um corte, de modo a dividir a metade da cebola em duas partes. |
|     1.4.3 Iniciando com a faca próxima à posição vertical, aplique cortes verticais à metade da cebola da extremidade oposta ao talo até próximo a este, obtendo, assim, tiras finas. |
|     1.4.4 Segure a metade de cebola com quatro dedos voltados para dentro, sem incluir o polegar e de modo que o talo da cebola esteja voltado para a palma da mão. |
|     1.4.5 Com a faca próxima aos dedos e em posição inclinada, enquanto a metade de cebola não estiver cortada em cubinhos até próximo ao talo, aplique cortes transversais. |

FIGURA 2–2: ALGORITMO CAMARÃO AO MOLHO DE COCO — REFINO DO PASSO 1

Os demais passos do modo de preparo podem ser refinados de acordo com a habilidade culinária de quem irá executá-los. No melhor dos casos, o amigo que irá executar um dos passos é um *chef de cuisine* experiente e não precisa de maiores detalhes para executar a tarefa. Por outro lado, outro amigo que nunca ferveu uma água requer que a tarefa a ser executada seja minuciosamente detalhada. Esses fatos têm correspondência em programação: assim como o *chef*, para criar um programa, um programador experiente precisa de poucos detalhes na descrição de um algoritmo, enquanto um programador iniciante precisa ter um algoritmo bem mais refinado em detalhes.

Antes de encerrar esta aventura culinária, deve-se notar ainda que os passos sugeridos para o corte de cebola constituem em si um algoritmo; ou, mais precisamente, um subalgoritmo, já que ele está subordinado a um algoritmo maior. Nesse subalgoritmo, a entrada consiste em cebola, faca e tábua de corte, e a saída é a cebola picada. Evidentemente, esse subalgoritmo pode ser incorporado sem alteração em outras receitas sempre que cebola picada se fizer necessária. Em programação, funções ou procedimentos desempenham o papel de subalgoritmos.

Neste ponto, é oportuno apresentar outra importante analogia entre culinária e programação. Suponha que um dos seus convidados padece de alergia a camarão. Então, você decide que servirá peixe ao molho de coco a esse amigo. Acontece que a receita desse prato é semelhante à receita de camarão apresentada acima, exceto pelos seguintes fatos:

- Ingredientes (entrada): em vez de camarão, deve-se usar um peixe de textura firme (p. ex., dourado ou cavala).
- Resultado (saída): peixe ao molho de coco, em vez de camarão ao molho de coco.
- Preparo — os passos 5 e 8 devem ser substituídos por:

  5'. Frite o peixe e reserve.

  e

  8'. Quando a mistura ferver, acrescente o peixe.

Sabiamente, em virtude da proximidade das duas receitas, você não repetirá os passos que são comuns a elas. Isto é, a melhor maneira de resolver esse novo problema é aproveitar parte do que foi realizado no problema anterior. Nesse caso específico, levando em consideração as alterações descritas acima, os demais ingredientes e passos usados na confecção do molho de camarão podem ser reutilizados na criação do novo prato. Portanto as duas melhores alternativas para o cozinheiro são: reduzir a quantidade de camarão ou aumentar a quantidade de ingredientes usados no molho de coco, para que sobre molho suficiente para ele criar a nova receita. Em qualquer dos casos, o cozinheiro reutilizará parte do trabalho que já foi realizado e isso tem um análogo em programação que, infelizmente, não tem sido devidamente explorado no ensino dessa disciplina: reúso de código.

Um programador experiente muito raramente começa a escrever um programa a partir do zero. Ou seja, na maioria das vezes, ele sempre encontra um programa que ele já escreveu que pode ter partes reutilizadas na construção de um novo programa.

## 2.3 Linguagem Algorítmica

Um algoritmo pode ser escrito em qualquer linguagem, como uma língua natural (p. ex., português) ou uma linguagem de programação (p. ex., C). Aliás, um programa de computador consiste exatamente de um algoritmo (ou coleção de algoritmos) escrito numa linguagem de programação. Linguagem natural pura raramente é usada na escrita de algoritmos, pois ela apresenta problemas inerentes, tais como prolixidade, imprecisão, ambiguidade e dependência de contexto. O uso de uma linguagem de programação de alto nível também não é conveniente para a escrita de um algoritmo, pois o programador precisa dividir sua atenção entre essa tarefa e detalhes sobre construções da linguagem na qual o algoritmo será escrito.

O objetivo aqui é a escrita de algoritmos que, em última instância, possam tornar-se programas. Mas, a escrita de algoritmos numa linguagem de programação impõe sérias dificuldades para aqueles que ainda não adquiriram prática na construção de algoritmos nem conhecem bem a linguagem de programação utilizada. Assim, ao tentar escrever um algoritmo numa linguagem de programação, o aprendiz estaria envolvido em duas tarefas simultâneas: a resolução do problema em questão (i.e., a construção do algoritmo em si) e o uso de uma linguagem que ele ainda não domina. Uma ideia que facilita a vida do programador consiste em usar, na construção de algoritmos, uma linguagem próxima à linguagem natural do programador, mas que incorpore construções semelhantes àquelas encontradas comumente em linguagens de programação. Uma linguagem com essas características é denominada linguagem algorítmica ou pseudolinguagem[2]. Para atender à finalidade a que se destina, uma linguagem algorítmica precisa ainda ser bem mais fácil de usar do que qualquer linguagem de programação.

Pseudocódigo é um algoritmo escrito numa linguagem algorítmica (pseudolinguagem). Pseudocódigo é usado não apenas por programadores iniciantes, mas também por programadores experientes, embora estes sejam capazes de escrever programas relativamente simples sem o auxílio de pseudocódigo. Deve-se notar que pseudocódigo é dirigido para pessoas, e não para máquinas. Portanto não existe tradutor de pseudocódigo para linguagem de máquina.

Utilizando uma linguagem algorítmica, o desenvolvimento de um programa é dividido em duas grandes fases, cada uma das quais será detalhada mais adiante:

1. **Construção do algoritmo usando linguagem algorítmica.** Nessa fase, o programador deverá estar envolvido essencialmente com o raciocínio que norteia a escrita do algoritmo, visto que, idealmente, a linguagem usada na escrita do algoritmo não deverá impor nenhuma dificuldade para o programador. Por exemplo, se um determinado passo do algoritmo requer a exibição na tela do valor de uma variável inteira x, o programador deverá incluir a seguinte instrução em seu algoritmo:

   ```
   escreva(x)
   ```

2. **Tradução do algoritmo para uma linguagem de programação.** Aqui, a preocupação do programador não deverá mais ser o raciocínio envolvido na construção do algoritmo. Ou seja, nessa fase, o programador utilizará apenas seu conhecimento sobre uma linguagem de programação para transformar um algoritmo em programa. Por exemplo, nessa fase, a instrução de escrita apresentada acima seria traduzida em C como:

   ```
   printf("%d", x);
   ```

Note como seria bem mais complicado para o programador se ele tivesse que escrever o algoritmo em C desde o início do processo de desenvolvimento. Claramente, nesse exemplo, a instrução escreva(x) é bem mais simples do que `printf("%d", x)`.

As próximas seções deste capítulo descrevem uma linguagem algorítmica que leva em consideração o que foi exposto na presente seção. O leitor deve notar que não precisa seguir rigorosamente as especificações dessa linguagem, pois, conforme foi exposto, ela é uma linguagem artificial que tem como propósitos ajudá-lo na escrita de algoritmos e na posterior tradução de cada algoritmo usando uma linguagem de programação. Assim, por exemplo, você pode, se desejar, substituir a instrução de saída:

```
escreva(x)
```

por:

```
imprima(x)
```

sem nenhum distúrbio. Mas, cuidado com suas personalizações da linguagem algorítmica para que elas não prejudiquem os propósitos da linguagem nem criem inconsistências.

---

[2]   Um recurso alternativo para o uso de pseudolinguagem são os **fluxogramas**. Essa alternativa já foi bastante utilizada, mas está em desuso hoje em dia e não será estudada neste livro.

# 2.4 Variáveis e Atribuições

Uma **variável** (**simbólica**) em programação representa por meio de um nome o conteúdo de um espaço contínuo em memória (i.e., um conjunto de unidades vizinhas). Assim, uma variável é caracterizada por três atributos: **endereço**, **conteúdo** (ou **valor**) e **nome** (ou **identificador**), como ilustra a Figura 2–3.

Como ilustra a Figura 2–3, quando uma variável ocupa mais de uma unidade de memória, seu endereço corresponde ao endereço da primeira unidade.

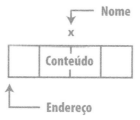

FIGURA 2–3: VARIÁVEL COM QUATRO UNIDADES DE MEMÓRIA

Em programação, o nome de uma variável representa seu conteúdo. Assim, por exemplo, quando uma variável aparece numa expressão como em:

    y + 5

entende-se que é o seu valor corrente que está sendo adicionado a 5.

Informalmente, uma **expressão simples** é uma combinação de um **operador**, que representa uma operação a ser efetuada, e **operandos** sobre os quais a operação atua. Um operando pode ser representado por um valor constante ou uma variável. Considerando o último exemplo, o operador é representado pelo símbolo + e os operandos são y (uma variável) e 5 (uma constante).

Numa expressão mais complexa, os operandos de um operador podem ser também expressões. Por exemplo, na expressão:

    x + y * 2

os operandos do operador + são a variável x e a expressão y * 2. Na Seção 2.5, expressões e operadores serão explorados em maiores detalhes.

Uma instrução de **atribuição** representa o ato de uma variável receber o valor de uma constante, o conteúdo de outra variável ou o resultado da avaliação de uma expressão. Uma atribuição em linguagem algorítmica será representada pelo símbolo $\leftarrow$, com a variável sobre a qual incide a atribuição à esquerda da seta e o valor atribuído a ela (representado por uma constante, variável ou expressão) à direita. Por exemplo, se for desejado expressar a ideia de que uma variável x recebe o valor resultante da soma y + 2, sendo y outra variável, escreve-se em linguagem algorítmica:

    x $\leftarrow$ y + 2

Essa instrução de atribuição é lida como: *x recebe o valor de y mais dois*.

Considere, agora, o seguinte exemplo de atribuição:

    x $\leftarrow$ x + 2

Nesse caso, a variável x recebe o valor que tinha *antes* de a atribuição ocorrer acrescido de 2. Isso ocorre porque, numa atribuição na qual uma variável recebe o valor resultante da avaliação de uma expressão, a expressão deve ser avaliada *antes* de a atribuição ocorrer.

A maioria das linguagens de programação de alto nível requer que qualquer variável seja declarada antes de seu primeiro uso. Declarar uma variável significa informar qual é o seu tipo. Isto é realizado precedendo-se o nome da variável com seu respectivo tipo.

Na linguagem algorítmica apresentada aqui, são utilizados três tipos:

- ❑ inteiro (v. Seção 2.5.2)
- ❑ real (v. Seção 2.5.2)
- ❑ booleano (v. Seção 2.5.4)

Quando o tipo de uma variável não é facilmente deduzido do contexto, é recomendado incluir sua declaração no início do algoritmo no qual a variável é usada. Declarar variáveis num algoritmo também é vantajoso durante a tradução do algoritmo em programa porque evita que o programador esqueça de fazê-lo.

Alguns exemplos de declarações de variáveis num algoritmo são apresentados abaixo:

```
booleano b
inteiro   x
real      y, z
```

Quando duas ou mais variáveis são de um mesmo tipo, como as variáveis y e z do exemplo acima, elas podem ser declaradas de modo resumido separando-as por vírgulas e precedendo-as pelo nome do tipo comum.

## 2.5 Operadores e Expressões

Existem três tipos básicos de expressões em programação:

- ❑ **Expressões aritméticas**. Os operadores representam operações aritméticas usuais e os operandos e resultados de suas avaliações são valores numéricos inteiros ou reais.
- ❑ **Expressões relacionais**. Os operadores representam operações de comparação entre valores numéricos e que resultam num valor verdadeiro ou falso. Esses valores são denominados constantes ou valores lógicos ou booleanos.
- ❑ **Expressões lógicas**. Os operadores representam conectivos lógicos. Os operandos são constantes, variáveis ou expressões lógicas. O resultado de uma expressão lógica é uma constante lógica.

### 2.5.1 Propriedades de Operadores

Antes de explorar em detalhes os três tipos de expressão mencionados acima, serão descritas propriedades que são comuns a todos os operadores.

#### Aridade

A aridade de um operador é o número de operandos que o operador admite. Em linguagem algorítmica, os operadores são divididos em duas categorias de aridade:

- ❑ **Operadores unários** são operadores de aridade um (i.e., eles requerem apenas um operando).
- ❑ **Operadores binários** são operadores de aridade dois (i.e., que requerem dois operandos)

Por exemplo, o operador de soma é um operador binário (i.e., ele possui aridade dois).

#### Resultado

Todo operador, quando aplicado a seus operandos, resulta num valor. Esse valor é o resultado do operador. Por exemplo, o resultado do operador de soma é o valor obtido quando seus dois operandos são somados.

## *Precedência*

A precedência de um operador determina a ordem relativa com que ele é aplicado numa expressão contendo operadores considerados distintos no que diz respeito a essa propriedade. Ou seja, quando numa expressão, um operador tem maior precedência que outro, o operador de maior precedência é aplicado antes do operador de menor precedência.

Operadores são agrupados em grupos de precedências, de tal modo que, em cada grupo de precedência, os operadores têm a mesma precedência. Por outro lado, operadores que fazem parte de grupos de precedência diferentes possuem precedências diferentes. Por exemplo, os operadores de soma e subtração fazem parte de um mesmo grupo de precedência e o mesmo ocorre com os operadores de multiplicação e divisão. Mas, o grupo de precedência que contém multiplicação e divisão possui precedência maior do que o grupo de precedência de soma e subtração. Assim, na expressão:

```
2*5 + 4
```

o operador de multiplicação (representado por *) é aplicado antes do operador de soma (representado por +).

## *Associatividade*

Assim como a propriedade de precedência, associatividade é usada para decidir a ordem de aplicação de operadores numa expressão. Mas, enquanto precedência é usada com operadores de precedências diferentes, a associatividade é utilizada com operadores de mesma precedência ou com ocorrências de um mesmo operador. Existem dois tipos de associatividade:

❑ Associatividade à esquerda — o operador da esquerda é aplicado antes do operador da direita.

❑ Associatividade à direita — o operador da direita é aplicado antes do operador da esquerda.

Por exemplo, na expressão 8/2/2 o primeiro operador de divisão é aplicado antes do segundo, pois o operador de divisão tem associatividade à esquerda. Nesse caso, o resultado da expressão é 2. (Se o operador de divisão tivesse associatividade à direita, o resultado seria 8.)

### 2.5.2 Operadores e Expressões Aritméticos

Os operadores aritméticos usados em programação correspondem às operações usuais em matemática (p. ex., soma, subtração, multiplicação etc.). Entretanto, nem sempre eles utilizam a mesma notação vista em matemática. Por exemplo, em matemática, o operador de multiplicação pode ser representado por um ponto (p. ex., $a \cdot b$) ou pela simples justaposição de operandos (p. ex., $ab$), enquanto em programação, esse operador é usualmente representado por * (asterisco).

Os operadores aritméticos mais comuns em programação são apresentados na Tabela 2–1 com seus respectivos significados.

| OPERADOR | SIGNIFICADO |
|:---:|:---|
| – | Menos unário (i.e., inversão de sinal) |
| + | Soma |
| – | Subtração |
| * | Multiplicação |
| / | Divisão |
| % | Resto da divisão inteira |

TABELA 2–1: OPERADORES ARITMÉTICOS DA LINGUAGEM ALGORÍTMICA

Os operandos de qualquer operador aritmético devem ser numéricos. Existem dois tipos básicos de números em programação: inteiros e reais. Com exceção do operador de resto de divisão (%), cujos operandos devem sempre ser inteiros, os operandos de qualquer outro operador aritmético podem ser inteiros ou reais. Quando os operandos de um operador aritmético são de um mesmo tipo, o resultado será desse mesmo tipo. Se um dos operandos for real, o resultado também será desse tipo, como exemplificado abaixo.

| Expressão | Resultado |
|-----------|-----------|
| 2.5 + 4 | 6.5 |
| 2.5 + 4.0 | 6.5 |
| 2 + 4 | 6 |
| 5 % 2 | 1 |
| 5 / 2 | 2 |
| 5.0 / 2 | 2.5 |

A Tabela 2–2 apresenta as propriedades de precedência e associatividade dos operadores aritméticos:

| Operador | Precedência | Associatividade |
|----------|-------------|-----------------|
| – (unário) | Alta (aplicado primeiro) | À direita |
| *, /, % | | À esquerda |
| +, – (binários) | Baixa (aplicado por último) | À esquerda |

TABELA 2–2: PRECEDÊNCIAS E ASSOCIATIVIDADES DOS OPERADORES ARITMÉTICOS

Na Tabela 2–2, operadores numa mesma linha têm a mesma precedência. Portanto, quando tais operadores são encontrados juntos numa mesma expressão aritmética, o operador mais à esquerda é aplicado primeiro, exceto no caso do operador de inversão de sinal que tem associatividade à direita.

O uso de parênteses altera as propriedades de precedência e associatividade dos operadores. Por exemplo, na expressão (2 + 3)*4 os parênteses fazem com que a operação de soma seja aplicada antes da multiplicação (i.e., a precedência da soma torna-se maior do que a precedência da multiplicação). Outro exemplo: 8/(2/2) resulta em 8 porque os parênteses aumentam a precedência do segundo operador de divisão.

Existem funções (v. Seção 2.5.5) que podem ser utilizadas para compor expressões aritméticas. Por exemplo, a função sqrt resulta na raiz quadrada de seu único operando. Quando uma função aparece numa expressão, ela é avaliada antes da aplicação de qualquer operador.

### 2.5.3 Operadores e Expressões Relacionais

Expressões relacionais são constituídas por operadores relacionais e operandos numéricos e resultam num valor lógico (ou booleano), que pode ser verdadeiro ou falso. Um operando de um operador relacional pode ser uma constante numérica, uma variável com conteúdo numérico ou uma expressão aritmética.

Os operadores relacionais comumente usados em programação e como as expressões que eles constituem são interpretadas aparecem na Tabela 2–3.

| Expressão | Interpretação |
|-----------|---------------|
| A = B | A é igual a B? |
| A ≠ B | A é diferente de B? |
| A > B | A é maior do que B? |
| A ≥ B | A é maior do que ou igual a B? |
| A < B | A é menor do que B? |
| A ≤ B | A é menor do que ou igual a B? |

**TABELA 2-3: OPERADORES RELACIONAIS DA LINGUAGEM ALGORÍTMICA**

Cada expressão relacional corresponde a uma questão cuja resposta é *sim* ou *não*. Quando a resposta a essa questão é *sim*, o resultado da expressão é verdadeiro; quando a resposta a essa pergunta é *não*, o resultado da expressão é falso. Por exemplo, 2 > 3 corresponde à questão: *Dois é maior do que três?* cuja resposta é, obviamente, *não* e, portanto, a expressão 2 > 3 resulta em falso.

Conforme foi mencionado antes, um operando de uma expressão relacional pode ser uma expressão aritmética. Isso significa que se podem ter expressões contendo operadores aritméticos e relacionais. Por exemplo, 2 + 3 > 4 * 6 é uma expressão contendo dois operadores aritméticos (representados por + e *) e um operador relacional (representado por >) e é interpretada como: *dois mais três é maior do que quatro vezes seis?* Para essa expressão ter essa interpretação, está implícito que as operações de soma e multiplicação devem ser efetuadas antes da operação relacional *maior do que*. Isto é, os operadores de soma e multiplicação devem ter maior precedência do que o operador maior do que.

Em linguagem algorítmica e em muitas linguagens de programação, todos os operadores relacionais fazem parte de um mesmo grupo de precedência e a precedência deles é menor do que a precedência de qualquer operador aritmético. Isso significa que numa expressão contendo operadores aritméticos e relacionais, os operadores aritméticos são sempre aplicados antes dos operadores relacionais.

### 2.5.4 Operadores e Expressões Lógicos

Expressões contendo operadores relacionais constituem exemplos de expressões lógicas. Uma expressão lógica (também conhecida como expressão booleana) é uma expressão que resulta num valor lógico (i.e., verdadeiro ou falso).

Uma variável lógica (ou variável booleana) é uma variável que pode assumir apenas um valor lógico. A uma variável booleana pode-se atribuir diretamente uma constante lógica ou o valor resultante da avaliação de uma expressão booleana, como mostram os exemplos a seguir.

```
booleano bol1, bol2

bol1 ← falso
bol2 ← 2 > 3
```

Constantes, variáveis e expressões booleanas podem ser combinadas entre si por meio de operadores lógicos. Existem três operadores lógicos mais comumente usados em programação:

- ❏ **Negação** — operador unário representado por não em pseudolinguagem
- ❏ **Conjunção** — operador binário representado por e em pseudolinguagem
- ❏ **Disjunção** — operador binário representado por ou em pseudolinguagem

Os possíveis resultados das aplicações desses operadores são tipicamente apresentados em tabelas denominadas tabelas-verdade. As tabelas-verdade para os operadores não, e e ou são apresentadas a seguir.

| operando₁ | não operando₁ |
|---|---|
| verdadeiro | falso |
| falso | verdadeiro |

TABELA 2–4: TABELA-VERDADE DA NEGAÇÃO LÓGICA EM LINGUAGEM ALGORÍTMICA

| operando₁ | operando₂ | operando₁ e operando₂ |
|---|---|---|
| verdadeiro | verdadeiro | verdadeiro |
| verdadeiro | falso | falso |
| falso | verdadeiro | falso |
| falso | falso | falso |

TABELA 2–5: TABELA-VERDADE DA CONJUNÇÃO LÓGICA EM LINGUAGEM ALGORÍTMICA

| operando₁ | operando₂ | operando₁ ou operando₂ |
|---|---|---|
| verdadeiro | verdadeiro | verdadeiro |
| verdadeiro | falso | verdadeiro |
| falso | verdadeiro | verdadeiro |
| falso | falso | falso |

TABELA 2–6: TABELA-VERDADE DA DISJUNÇÃO LÓGICA EM LINGUAGEM ALGORÍTMICA

As seguintes conclusões podem ser derivadas de observações das tabelas-verdade acima:

❐ O resultado da negação de um operando é verdadeiro quando o operando é falso e vice-versa.

❐ Em vez de memorizar toda a tabela-verdade do operador e, é necessário apenas lembrar que o resultado de operando1 e operando2 é verdadeiro somente quando cada um dos operandos é verdadeiro; em qualquer outra situação a aplicação desse operador resulta em falso.

❐ Em vez de decorar toda a tabela do operador ou, é necessário somente lembrar que sua aplicação resulta em falso apenas quando seus dois operandos resultam em falso.

A seguir, alguns exemplos de expressões lógicas:

```
booleano bol1, bol2, bol3, bol4, bol5, bol6

bol1 ← 2 = 5
bol2 ← falso
bol3 ← 10 ≤ 2*5
bol4 ← não bol1
bol5 ← bol2 e bol3
bol6 ← bol2 ou bol3
```

**Exercício:** Quais são os valores assumidos pelas variáveis lógicas bol1, bol2, bol3, bol4, bol5 e bol6 do último exemplo?

Um operando de uma expressão lógica pode ser uma expressão relacional, pois o resultado de tal expressão é sempre verdadeiro ou falso. Por outro lado, uma expressão relacional pode ter uma expressão aritmética como operando. Portanto é possível que se tenham, numa mesma expressão, operadores aritméticos, relacionais e lógicos. Por exemplo:

2 + 4 < 7 e não x = 10

é uma expressão perfeitamente legal. Assim, é necessário que se defina uma tabela de precedência que leve em consideração todos esses operadores. Essa precedência geral de operadores da linguagem algorítmica é apresentada na Tabela 2–7.

| OPERADOR | PRECEDÊNCIA |
|---|---|
| – (unário) | Alta (aplicado primeiro) |
| *, /, % | |
| +, - (binários) | |
| operadores relacionais (=, ≠, ≤ etc.) | |
| não | |
| e | |
| ou | Baixa (aplicado por último) |

TABELA 2–7: PRECEDÊNCIA GERAL DE OPERADORES DA LINGUAGEM ALGORÍTMICA

**Exercício:** Se o valor da variável x for 5 no instante da avaliação da expressão:

2 + 4 < 7 e não x = 10

o resultado dessa expressão será verdadeiro. Mostre, passo-a-passo, como esse resultado é obtido.

## 2.5.5 Funções

Além das operações elementares apresentadas, linguagens de alto nível tipicamente oferecem inúmeras funções que efetuam operações mais elaboradas. Os operandos sobre os quais essas funções atuam são comumente denominados **parâmetros**.

Algumas funções com suas denominações mais comumente utilizadas em programação são:

- ❑ sqrt(x) — calcula a raiz quadrada do operando (parâmetro) x
- ❑ pow(x, y) — calcula a exponencial do primeiro parâmetro elevado ao segundo parâmetro; i.e., essa função calcula $x^y$
- ❑ rand — resulta num número escolhido ao acaso (**número aleatório**) e não tem nenhum parâmetro
- ❑ srand — alimenta o gerador de números aleatórios e não tem nenhum parâmetro (v. Seção 4.10)

Quando uma função aparece numa expressão, sua avaliação tem prioridade maior do que a aplicação de qualquer operador apresentado antes. Além disso, quando há ocorrência de mais de uma função numa expressão, funções são avaliadas da esquerda para a direita. Por exemplo:

sqrt(4)*pow(2, 3) → 2*pow(2, 3) → 2*8 → 16

Nesse exemplo, as setas indicam a sequência de avaliação dos termos da expressão aritmética.

Linguagens de programação usualmente provêm o programador com uma vasta coleção de tais funções que incluem, por exemplo, funções trigonométricas, exponenciais etc.

### 2.5.6 Uso de Parênteses

Pode-se modificar precedência e associatividade de operadores por meio do uso de parênteses. Às vezes, o uso de parênteses é obrigatório para dar à expressão o significado que se pretende que ela tenha. Por exemplo, se você pretende que a expressão:

> bol1 **ou** bol2 **e** bol3 **ou** bol4

seja interpretada como uma conjunção de duas disjunções; i.e., tenha o significado:

> (bol1 **ou** bol2) **e** (bol3 **ou** bol4)

você tem que escrevê-la exatamente como na linha anterior (i.e., com os parênteses); caso contrário, a expressão original seria interpretada como:

> bol1 **ou** (bol2 **e** bol3) **ou** bol4

visto que o operador **e** tem precedência maior do que a precedência do operador **ou**.

O uso de parênteses também é recomendado nos seguintes casos:

- ❏ Quando o programador não tem certeza quanto à precedência relativa de dois ou mais operadores.
- ❏ Para facilitar a leitura de expressões complexas.

Expressões envolvendo operadores relacionais e lógicos são particularmente vulneráveis e susceptíveis a erros em programação. Assim, o uso judicioso de parênteses para melhorar a legibilidade dessas expressões é uma arma preventiva contra erros.

Como conselho final, lembre-se que o uso redundante (mas não excessivo) de parênteses não prejudica o entendimento de uma expressão, mas a falta de parênteses pode resultar numa interpretação que não corresponde àquela pretendida. Em outras palavras, é melhor ser redundante e ter um algoritmo funcionando do que tentar ser sucinto e ter um algoritmo defeituoso.

## 2.6 Entrada e Saída

Frequentemente, um programa de computador precisa obter dados usando algum meio de entrada (p. ex., teclado, disco). Em linguagem algorítmica, utiliza-se a instrução leia para a obtenção de dados para um algoritmo. Essa instrução sempre vem acompanhada de uma lista de variáveis que representam os locais em memória onde os dados lidos serão armazenados. Assim, uma instrução como:

$$\underline{\text{leia}}(x_1, x_2, ..., x_n)$$

indica que n dados serão lidos e então armazenados como conteúdos das variáveis $x_1, x_2, ..., x_n$.

Uma instrução para saída de dados de um algoritmo em algum meio de saída (p. ex., tela, impressora) tem o seguinte formato em linguagem algorítmica:

$$\underline{\text{escreva}}(e_1, e_2, ..., e_n)$$

Nessa instrução, $e_1, e_2, ..., e_n$ representam a informação que será escrita no meio de saída e cada $e_i$ pode ser:

- ❏ Um valor constante, que será escrito exatamente como ele é.
- ❏ Uma variável cujo conteúdo será exibido.
- ❏ Uma expressão que será avaliada e cujo valor resultante será escrito.
- ❏ Uma cadeia de caracteres (v. abaixo).

Uma cadeia de caracteres (ou string) consiste numa sequência de caracteres entre aspas. Por exemplo, "Boa Sorte" é uma cadeia de caracteres. Quando uma cadeia de caracteres aparece numa instrução escreva, todos os seus caracteres, exceto as aspas que delimitam a cadeia, são escritos na ordem em que aparecem.

## 2.7 Estruturas de Controle

O fluxo de execução de um algoritmo consiste na sequência (i.e., ordem) e na frequência (i.e., número de vezes) com que suas instruções são executadas. No fluxo natural de execução de um algoritmo, cada instrução é executada exatamente uma vez e na ordem em que aparece no algoritmo.

Estruturas de controle são instruções que permitem que o programador altere o fluxo natural de execução de um algoritmo. Elas são divididas em três categorias:

- ❑ **Desvios condicionais** alteram a sequência de execução de um algoritmo causando o desvio do fluxo de execução do algoritmo para uma determinada instrução. Esse desvio é condicionado ao valor resultante da avaliação de uma expressão lógica denominada, neste contexto, expressão condicional.

- ❑ **Desvios incondicionais** também alteram a sequência de execução de um algoritmo, mas os desvios causados por eles independem da avaliação de qualquer expressão.

- ❑ **Repetições** (ou laços de repetição) alteram a frequência com que uma ou mais instruções de um algoritmo são executadas.

Algumas estruturas de controle já foram apresentadas informalmente no exemplo de algoritmo da Seção 2.2. A seguir, serão apresentadas duas instruções de desvio condicional, duas instruções de repetição e uma instrução de desvio incondicional usadas pela linguagem algorítmica usada neste livro.

### 2.7.1 Desvio Condicional se-então-senão

A instrução se-então-senão possui o seguinte formato:

> **se** (*condição*) **então** *instruções*₁ **senão** *instruções*₂

Nesse formato:

- ❑ *condição* representa uma expressão lógica (i.e., condicional) que determina para qual instrução o desvio será realizado.

- ❑ *instruções*₁ representa um conjunto de uma ou mais instruções para o qual o desvio será efetuado se o valor resultante da avaliação da expressão *condição* for verdadeiro.

- ❑ *instruções*₂ representa um conjunto de uma ou mais instruções para o qual o desvio será efetuado se o valor resultante da avaliação da expressão *condição* for falso.

É importante salientar que a parte senão da instrução condicional é opcional. Quando essa parte da instrução estiver ausente, ocorrerá desvio apenas se o resultado da expressão condicional for verdadeiro.

Considere o seguinte exemplo de instrução se-então-senão:

```
leia(x)

se (x < 0) então
  escreva("O número é negativo")
senão
  escreva("O número é positivo ou zero")
```

Nesse exemplo, se o valor lido para x for -5, a instrução:

```
escreva("O número é negativo")
```

será executada, mas não será o caso da instrução:

```
escreva("O número é positivo ou zero")
```

Uma instrução se-então-senão é aninhada em uma segunda instrução desse tipo quando ela é uma instrução incluída na parte então ou senão da segunda instrução. No exemplo a seguir, a instrução se-então-senão que tem b2 como expressão condicional é aninhada naquela que tem b1 como expressão condicional.

```
booleano b1, b2
inteiro    i

...

se (b1) então
  se (b2) então
   i ← 1
  senão
   i ← 0
```

### 2.7.2 Desvio Condicional selecione-caso

A instrução selecione-caso é uma instrução que permite **desvios condicionais múltiplos** e é útil quando existem várias ramificações possíveis a ser seguidas num algoritmo. Nesse caso, o uso de instruções se-então--senão aninhadas torna o algoritmo difícil de ser lido.

A sintaxe da instrução selecione-caso é:

```
selecione (expressão inteira)
  caso constante₁
    instruções₁
  caso constante₂
    instruções₂
  ...
  caso constanteₙ
    instruçõesₙ
  padrão
    instruçõesₚ
```

A expressão entre parênteses que segue imediatamente a palavra *selecione* deve resultar num valor inteiro. Então, quando o valor resultante da avaliação dessa expressão coincide com o valor de uma das constantes que acompanham as palavras *caso*, as instruções correspondentes à respectiva constante são executadas.

A parte da instrução selecione-caso que inicia com a palavra *padrão* é opcional e suas instruções são executadas quando o valor resultante da avaliação da expressão não coincidir com o valor de nenhuma constante precedida por *caso*.

Um exemplo de uso de instrução selecione-caso é apresentado abaixo:

```
inteiro opção

escreva("Escolha uma das cinco opções: ")
leia(opção)

selecione (opção)
  caso 1
    escreva("Você escolheu a opção 1")
  caso 2
    escreva("Você escolheu a opção 2")
  caso 3
    escreva("Você escolheu a opção 3")
  caso 4
    escreva("Você escolheu a opção 4")
  caso 5
    escreva("Você escolheu a opção 5")
  padrão
    escreva("Você não escolheu uma opção válida")
```

### 2.7.3 Estrutura de Repetição enquanto-faça

A instrução enquanto-faça tem o seguinte formato:

> enquanto (*condição*) faça *instruções*

Nesse formato:

- ☐ *condição* representa uma expressão lógica que controla a repetição.
- ☐ *instruções* representa um conjunto constituído por uma ou mais instruções, denominado **corpo do laço**, que poderá ser executado várias vezes.

O laço enquanto-faça funciona da seguinte maneira:

1. A expressão *condição* é avaliada
2. Se o resultado dessa avaliação for verdadeiro, o corpo do laço é executado
3. Se o resultado da avaliação for falso, o laço é encerrado.

Esse procedimento é repetido até que o resultado da expressão condicional seja falso.

É importante observar o seguinte com respeito à instrução enquanto-faça:

- ☐ Se a primeira avaliação da expressão *condição* resultar em falso, o corpo do laço não é executado nenhuma vez.
- ☐ Se a expressão *condição* nunca resultar em falso, o laço nunca terminará e a estrutura de controle é considerada um **laço infinito**.

A seguir, um exemplo de instrução enquanto-faça:

```
leia(x)

enquanto (x < 10) faça
  x ← x + 1
```

**Exercício:** O que ocorreria se o corpo do laço desse exemplo fosse x ← x - 1 e o valor lido fosse menor do que 10?

Outro exemplo de instrução enquanto-faça é apresentado abaixo:

```
inteiro soma, cont

soma ← 0
cont ← 1

enquanto (cont < 10) faça
  soma ← soma + cont
  cont ← cont + 1

escreva("Resultado: ", soma)
```

**Exercício:** O que escreve o algoritmo do último exemplo?

### 2.7.4 Estrutura de Repetição faça-enquanto

O laço faça-enquanto tem o seguinte formato:

> faça *instruções* enquanto (condição)

A única diferença entre os laços faça-enquanto e enquanto-faça diz respeito a *quando* a expressão condicional é avaliada. Na instrução enquanto-faça, a expressão condicional é avaliada *antes* do corpo do laço; na instrução faça-enquanto, a expressão condicional é avaliada *depois* do corpo do laço. Como consequência, o corpo de um laço enquanto-faça pode não ser executado nenhuma vez, mas o corpo de um laço faça-enquanto sempre é executado pelo menos uma vez.

Um exemplo de instrução faça-enquanto é o seguinte:

```
leia(x)

faça
  x ← x + 1
enquanto (x < 10)
```

Compare esse último exemplo com o primeiro exemplo da Seção 2.7.3. Observe que a única diferença entre eles é que aquele exemplo usa um laço enquanto-faça e esse exemplo utiliza um laço faça-enquanto. Agora, supondo que o valor lido e armazenado na variável x fosse 12 nos dois casos, o corpo do laço enquanto-faça do primeiro exemplo da Seção 2.7.3 não seria executado nenhuma vez, mas o corpo do laço faça-enquanto do presente exemplo seria executado exatamente uma vez.

### 2.7.5 Desvio Incondicional pare

A instrução pare é usada para encerrar um laço de repetição, fazendo com que o fluxo de execução seja desviado para a próxima instrução que segue o respectivo laço. Por exemplo, o algoritmo a seguir calcula a soma dos valores numéricos lidos até que o valor lido seja igual a zero:

```
soma ← 0

enquanto (verdadeiro) faça
  leia(x)

  se (x = 0) então
    pare

  soma ← soma + x

escreva("Soma dos valores: ", soma)
```

Note que a expressão condicional que acompanha a instrução enquanto-faça do último exemplo é representada pelo valor constante verdadeiro. Portanto a única maneira de encerrar esse laço é por meio de uma instrução pare.

### 2.7.6 Blocos e Endentações

Em programação, endentação é um pequeno espaço em branco horizontal que indica subordinação de uma instrução em relação a outra. Todos os exemplos de estruturas de controle apresentados usam endentação para indicar subordinação de instruções às estruturas de controle a que pertencem.

Num algoritmo, um bloco é uma sequência de instruções que não apresentam dependências entre si. Assim, instruções que pertencem a um mesmo bloco não apresentam endentações entre si. Por exemplo, no trecho de algoritmo a seguir:

```
x ← 1

enquanto (x < 10) faça
  x ← x + 1
  escreva(x)

escreva("Bye, bye")
```

as instruções x ← x + 1 e escreva(x) estão num mesmo nível de endentação e, portanto, fazem parte de um mesmo bloco. Esse bloco está subordinado ao laço enquanto (x < 10) faça e, por isso, ele está endentado em relação a esse laço. A instrução escreva("Bye, bye"), que não está endentada, não pertence ao bloco que constitui o corpo do referido laço.

Exercício: Quantos blocos existem no último exemplo e quais são as instruções que fazem parte de cada bloco?

Linguagens de programação modernas consideram espaços em branco múltiplos, como aqueles usados em endentações, como um único espaço. Portanto, nessas linguagens, outros mecanismos são usados para indicar os limites de um bloco. Em C, por exemplo, um bloco é delimitado pelos símbolos { (abre-chaves) e } (fecha-chaves). Contudo, na linguagem algorítmica usada aqui, que será lida apenas por pessoas, endentação e alinhamento são suficientes para delimitar blocos.

## 2.8 Legibilidade de Algoritmos

Assim como ocorre com programas (v. Seção 1.3), legibilidade é uma qualidade altamente desejável de algoritmos. Um algoritmo bem legível é mais fácil de entender, refinar, testar e codificar do que um algoritmo com legibilidade sofrível.

As seguintes recomendações devem ser seguida na construção de algoritmos legíveis:

❏ **Incorpore no algoritmo comentários em português claro.** Comentários são inseridos num algoritmo entre os delimitadores /* (abertura) e */ (fechamento). O objetivo que se espera alcançar ao comentar um algoritmo é torná-lo mais legível e o melhor momento para comentar um algoritmo é durante sua concepção (e não uma semana depois de criá-lo, por exemplo). Comentários devem acrescentar alguma coisa além daquilo que pode ser facilmente apreendido. Por exemplo, na instrução:

```
x ← 2  /* x recebe o valor 2 */
```

o comentário é completamente redundante e irrelevante, pois um programador com um mínimo de conhecimentos básicos sobre algoritmos conhece o significado dessa instrução sem a necessidade de qualquer comentário.

☐ **Utilize nomes de variáveis que sejam representativos.** Em outras palavras, o nome de uma variável deve sugerir o tipo de informação armazenado nela. Por exemplo, num algoritmo para calcular médias de alunos numa disciplina, os nomes de variáveis nome, nota1, nota2 e média serão certamente muito mais significativos do que x, y, w e z.

☐ **Grife todas as palavras-chave** (p. ex., leia, se, então) utilizadas no algoritmo. (Palavras-chave são realçadas muitas vezes em negrito em materiais impressos, mas esse recurso não está disponível, ou pelo menos não é muito prático, em algoritmos manuscritos.)

☐ **Use endentação coerentemente.** Não existe nenhum formato considerado mais correto para endentação, embora alguns formatos de endentação sejam mais recomendados do que outros. Por exemplo, alguns programadores preferem alinhar as partes de uma instrução se-então-senão como:

```
se (condição) então
    instruções₁
senão
    instruções₂
```

enquanto outros podem preferir:

```
se (condição)
    então
        instruções₁
    senão
        instruções2
```

Nenhuma das duas formas de endentação acima é mais correta ou mais legível do que a outra. Isto é, usar um ou outro formato é uma questão de gosto pessoal. Mas, uma vez que um formato de endentação tenha sido escolhido, ele deve ser consistentemente mantido na escrita dos algoritmos.

☐ **Use espaços em branco verticais judiciosamente.** O uso de espaços verticais pode melhorar a legibilidade de algoritmos da mesma forma que espaços em branco entre parágrafos melhoram a legibilidade de textos comuns. Em especial, use espaços em branco verticais para separar declarações de variáveis e o corpo do algoritmo. Separe também grupos de instruções que têm finalidades diferentes. Como com endentação, o uso de espaços em branco para melhorar a legibilidade de um algoritmo não possui regras fixas: use o bom senso e não exagere nem para mais nem para menos.

☐ **Use espaços em branco horizontais para enfatizar precedência de operadores.** Por exemplo:

```
5*3 + 4
```

é melhor do que:

```
5 * 3 + 4
```

ou:

```
5*3+4
```

☐ **Use parênteses em expressões para torná-las mais legíveis** (v. Seção 2.5.6). Não se preocupe em ser redundante e lembre-se que para cada parêntese aberto deve haver um parêntese de fecho. Isso significa que o número de parênteses de abertura deve ser igual ao número de parênteses de fechamento. Uma forma de checar as correspondências entre parênteses numa expressão contendo muitos parênteses consiste em traçar linhas conectando cada par de parênteses, como mostra o exemplo a seguir.

```
( (3 + 4) / (5*2) ) * (4 - 7*(3 + 8) )
```

**FIGURA 2–4: EXPRESSÃO MAIS LEGÍVEL COM O USO DE PARÊNTESES**

Esse modo de checar expressões parentéticas é muito mais eficiente do que contar o número de parênteses abertos e comparar para ver se ele casa com o número de parênteses fechados.

☐ **Nunca escreva mais de uma instrução por linha.** O que separa instruções da linguagem algorítmica utilizada aqui é quebra de linha. Isso significa que, mesmo que você tenha algumas instruções suficientemente pequenas, não as escreva numa mesma linha para não prejudicar a legibilidade do algoritmo.

☐ **Quebre linhas de instrução muito extensas.** Quando uma instrução for muito extensa para caber numa única linha, quebre a linha e use endentação na linha seguinte para indicar a *continuação* da instrução. Por exemplo, é melhor escrever a instrução:

```
escreva("Esta é uma instrução muito looooooooooooooooooooooooooooooooooooonga")
```

assim:

```
escreva("Esta é uma instrução muito
          looooooooooooooooooooooooooooooooooooonga")
```

# 2.9  Como Construir um Programa 1: Projeto

A construção de um programa *de pequeno porte* em qualquer linguagem algorítmica convencional segue, normalmente, a sequência de etapas mencionada a seguir:

1. Análise do problema (v. Seção 2.9.1)
2. Refinamento do algoritmo (v. Seção 2.9.2)
3. Teste do algoritmo (v. Seção 2.9.3)
4. Codificação do algoritmo (v. Seção 3.16.1)
5. Construção do programa executável (v. Seção 3.16.2)
6. Teste do programa (v. Seção 3.16.3)

As três primeiras etapas, que correspondem ao projeto do programa, serão exploradas em profundidade a seguir, enquanto as demais serão estudadas no Capítulo 3.

Antes de prosseguir, é importante salientar que um computador faz apenas aquilo que você é capaz de instruí-lo a fazer. Assim, a principal premissa de programação pode ser enunciada como:

| **Recomendação** | *O computador faz apenas aquilo que é instruído a fazer (o que nem sempre corresponde àquilo que você deseja que ele faça).* |
|---|---|

Portanto, quando escrever um algoritmo, tente *pensar* como o computador irá executá-lo; i.e., sem fazer nenhuma inferência, conjectura ou suposição, pois o computador não possui essa capacidade.

## 2.9.1  Etapa 1: Análise do Problema

O primeiro passo a ser seguido na construção de um algoritmo consiste na análise precisa do problema. Esse passo é fundamental e, portanto, não deve ser negligenciado.

Nessa etapa, o enunciado do problema deve ser analisado minuciosamente até que os dados de entrada e saída possam ser devidamente identificados. Feito isso, tenta-se descrever um procedimento em língua portuguesa que mostre como obter o resultado desejado (saída) usando os dados disponíveis (entrada). O quadro a seguir resume essa etapa.

> **1 Leia e reflita cuidadosamente sobre o problema e responda as seguintes questões:**
>
> **1.1 Que dados iniciais do problema estarão disponíveis (entrada)? Escreva a resposta a essa questão precedida pela palavra Entrada.**
>
> **1.2 Qual é o resultado esperado (saída)? Escreva a resposta precedendo-a por Saída.**
>
> **1.3 Que tipo de processamento (algoritmo) é necessário para obter o resultado esperado a partir dos dados de entrada? Escreva um algoritmo que faça isso. Não se preocupe, por enquanto, com que o algoritmo seja bem detalhado. Inicialmente, você pode, inclusive, escrevê-lo em português, em vez de usar a linguagem algorítmica.**

As respostas às questões 1.1 e 1.2 apresentadas no quadro acima são necessárias para identificar os dados de entrada e saída do problema. Ao responder essas questões, use nomes significativos (não necessariamente em português) para representar dados de entrada e saída (p. ex., *matriculaDoAluno*). Certifique-se de que essas respostas são bem precisas antes de prosseguir para a Etapa 1.3.

Na Etapa 1.3, você deve encontrar uma conexão entre os dados de entrada e o resultado desejado que permita determinar quais são os passos do algoritmo que conduzem a esse resultado. A seguir são apresentadas algumas recomendações para ser bem sucedido na escrita de um esboço de algoritmo:

- ☐ Construa (pelo menos) um exemplo previsto de execução do programa resultante e use-o até o final do processo de desenvolvimento. Um exemplo de execução é útil não apenas na fase de construção do algoritmo como também serve como caso de teste do próprio algoritmo e do programa que resultará ao final do processo de desenvolvimento (v. exemplo adiante).

- ☐ Desenhe diagramas que auxiliem seu raciocínio. Em particular, use um retângulo para representar cada variável e acompanhar eventuais alterações de seu conteúdo representado pelo interior do retângulo, como mostram vários exemplos apresentados neste livro (v. Seção 1.9).

- ☐ Se encontrar dificuldades para criar um algoritmo preliminar nessa etapa, procure um problema mais simples que seja parecido com aquele em questão, mas que seja considerado mais fácil. Resolver um problema análogo mais simples pode fornecer pistas para resolução de um problema mais complexo.

Como exemplo de realização dessa etapa, suponha que seu algoritmo se propõe a resolver equações de segundo grau (i.e., equações do tipo: $ax^2 + bx + c = 0$). Então, nessa etapa de construção do algoritmo, você deverá obter o algoritmo mostrado na Figura 2–5.

---

ALGORITMO EQUAÇÃODESEGUNDOGRAU

ENTRADA: a, b, c (valores reais que representam os coeficientes da equação)

SAÍDA:

- ▪ "Os coeficientes não constituem uma equação do segundo grau" (ou, equivalentemente, "O valor de 'a' não pode ser zero")
- ▪ "Não há raízes reais"
- ▪ x1, x2 (as raízes reais da equação, se elas existirem)

1. Leia os valores dos coeficientes e armazene-os nas variáveis a, b, c
2. Se os coeficientes não constituírem uma equação do segundo grau, relate o fato e encerre
3. Calcule o discriminante (delta) da equação

CONTINUA

---

FIGURA 2–5: ALGORITMO PRELIMINAR DE EQUAÇÃO DE SEGUNDO GRAU

---

### Algoritmo EquaçãoDeSegundoGrau (Continuação)

4. Se o valor do discriminante for menor do que zero, informe que não há raízes reais e encerre
5. Calcule os valores das raízes
6. Apresente as raízes

---

Figura 2-5 (Cont.): Algoritmo Preliminar de Equação de Segundo Grau

**Exemplo previsto de execução 1:**

```
Coeficiente quadrático (a): 0
Resultado: O valor de a não pode ser zero
```

**Exemplo previsto de execução 2:**

```
Coeficiente quadrático (a): 1
Coeficiente linear (b): -2
Coeficiente constante (c): 4

Resultado: Não há raízes reais
```

**Exemplo previsto de execução 3:**

```
Coeficiente quadrático (a): 1
Coeficiente linear (b): -5
Coeficiente constante (c): 6

Resultado: As raízes são: 3 e 2
```

**Exemplo previsto de execução 4:**

```
Coeficiente quadrático (a): 1
Coeficiente linear (b): -2
Coeficiente constante (c): 1

Resultado: As raízes são: 1 e 1
```

Apesar da relativa simplicidade do problema exemplificado, dificilmente um programador iniciante consegue, na primeira tentativa, ser bem sucedido nessa etapa. No algoritmo em questão, o erro mais comum entre iniciantes é supor que a única saída do algoritmo são as raízes da equação. Ou seja, frequentemente, os iniciantes esquecem que pode ser que não haja raízes ou mesmo que os coeficientes lidos sequer constituem uma equação do segundo grau. Por isso, é importante que haja uma profunda reflexão sobre o problema para que se determinem com exatidão quais são os dados de entrada e saída de um algoritmo antes de prosseguir com sua escrita. É impossível que um algoritmo seja escrito corretamente quando suas entradas e saídas não são bem especificadas.

### 2.9.2 Etapa 2: Refinamento do Algoritmo

A segunda etapa de construção de um programa consiste no refinamento do algoritmo preliminar obtido na primeira etapa:

> **2 Subdivida cada passo do algoritmo esboçado na Etapa 1.3 que não tenha solução trivial.**

Nessa etapa, a abordagem dividir e conquistar (v. Seção 2.2) deve ser aplicada sucessivamente até que cada subproblema possa ser considerado trivial. O nível de detalhamento de cada instrução resultante depende do grau de conhecimento do programador relativo ao problema e à linguagem de programação para a qual o algoritmo será traduzido. Tipicamente, programadores novatos precisam de muito mais detalhes do que programadores experientes. Se o pseudocódigo resultante dessa etapa for difícil de ler ou traduzir numa linguagem de programação, deve haver algo errado com o nível de detalhamento adotado.

O algoritmo preliminar para resolução de equações do segundo grau apresentado na Seção 2.9.1 seria refinado nessa etapa como é visto na Figura 2–6.

---

**Algoritmo EquaçãoDeSegundoGrau (Refinado)**

<u>real</u> a, b, c, x1, x2, delta

<u>escreva</u>("Introduza o valor de 'a'")
<u>leia</u>(a)

<u>se</u> (a = 0) <u>então</u>
  <u>escreva</u>("O valor de 'a' não pode ser zero")
<u>senão</u>
  <u>escreva</u>("Introduza o valores de 'b' e 'c'")
  <u>leia</u>(b, c)

  delta ← b*b – 4*a*c

  <u>se</u> (delta < 0)
    <u>escreva</u>("Não há raízes reais")
  <u>senão</u>
    x1 ← (-b + sqrt(delta))/(2*a)
    x2 ← (-b - sqrt(delta))/(2*a)
    <u>escreva</u>("As raízes são: ", x1, x2)

---

**FIGURA 2–6: ALGORITMO REFINADO DE EQUAÇÃO DE SEGUNDO GRAU**

**Observações:**

- ❐ A variável delta no algoritmo acima não representa nem entrada nem saída dele; i.e., ela é usada como variável auxiliar no processamento.

- ❐ O algoritmo apresentado acima não é a *única* solução para o problema proposto. Normalmente, existem muitos algoritmos *funcionalmente equivalentes* (v. Seção 1.3) que resolvem um determinado problema. Talvez, nem todos eles sejam equivalentes em termos de eficiência, mas, por enquanto, não se preocupe com esse aspecto.

- ❐ Não espere obter rapidamente um refinamento como aquele apresentado acima. Isto é, pode ser que você precise fazer vários refinamentos intermediários antes de obter um algoritmo satisfatório (i.e., um algoritmo no qual todos os passos são considerados *triviais*). Como exercício, refine o esboço de algoritmo apresentado na Seção 2.9.1 e tente obter um algoritmo equivalente ao apresentado acima. O resultado que você obterá não precisa ser igual ao último algoritmo apresentado, mas deve ser funcionalmente equivalente a ele.

### 2.9.3 Etapa 3: Teste do Algoritmo

Após obter um algoritmo refinado, você deve testá-lo:

> **3 Verifique se o algoritmo realmente funciona conforme o esperado. Ou melhor, teste o algoritmo com alguns casos de entrada que sejam qualitativamente diferentes e verifique se ele produz a saída desejada para cada um desses casos. Se o algoritmo produz respostas indesejáveis, volte à Etapa 1.**

Considerando o exemplo de equações de segundo grau apresentado acima, se você testar seu algoritmo apenas com casos de entrada que resultem sempre em delta maior do que 0, independentemente da quantidade de testes, eles não serão qualitativamente diferentes e, portanto, não serão suficientes para testar seu algoritmo. Testes qualitativamente diferentes devem verificar todas as saídas possíveis de um algoritmo.

Caso você tenha que voltar à Etapa 1, como recomendado no último quadro, não precisa desfazer tudo que já fez até aqui. Pode ser, por exemplo, que você tenha apenas esquecido de levar em consideração algum dado de entrada (Etapa 1.1) ou um dos passos do algoritmo preliminar (Etapa 1.3) ou seu refinamento (Etapa 2) seja inadequado.

Para testar um algoritmo, você deve fazer papel tanto de computador quanto de usuário. Isto é, você deverá executar o algoritmo manualmente, como se fosse um computador, e também deverá fornecer dados de entrada para o algoritmo, como se fosse um usuário. Por exemplo, considere o algoritmo para resolução de equações do segundo grau apresentado na seção anterior. O segundo passo desse algoritmo é a instrução:

```
leia(a)
```

Durante os testes, você deverá introduzir um valor para a variável a, exercendo, assim, o papel de usuário, e ler o respectivo valor, fazendo o papel de computador. Suponha que você introduz (como usuário) e lê (como computador) o valor zero. Então, após a execução manual dessa instrução o valor da variável a passa a ser zero.

O início da próxima instrução do algoritmo em questão é:

```
se (a = 0) então
  escreva("O valor de a não pode ser zero")
```

Como o valor da variável a neste instante da execução do algoritmo é zero, de acordo com a interpretação da instrução se-então-senão, a instrução:

```
escreva("O valor de a não pode ser zero")
```

será executada. Assim, o resultado é a escrita de:

```
O valor de a não pode ser zero
```

Após a escrita dessa frase, o algoritmo encerra porque a parte senão da referida instrução se-então-senão não é executada e não há mais nenhuma outra instrução que possa ser executada no algoritmo. Agora, observando o primeiro exemplo previsto de execução, esse era realmente o resultado esperado do algoritmo. Portanto o algoritmo é aprovado no teste do caso de entrada no qual o coeficiente a é igual a zero.

Os quatro exemplos previstos de execução apresentados na Seção 2.9.1 representam casos de entrada qualitativamente diferentes. Portanto todos eles devem ser testados. Acima, foi mostrado como testar o algoritmo com o primeiro caso de entrada (i.e., quando a é igual a zero). É deixado como exercício para o leitor testar os demais casos usando o mesmo raciocínio empregado acima.

### 2.9.4 Implementação

Comumente, as *últimas* etapas de construção de um programa são coletivamente denominadas implementação (de programa) e consistem em edição do programa-fonte, construção do programa executável e subsequentes testes do programa obtido. Na realidade, essas etapas só podem ser consideradas *derradeiras* se o programa resultante for absolutamente correto, o que raramente ocorre. O mais comum é que ele contenha falhas e, consequentemente, seja necessário repetir o processo de construção a partir de alguma das etapas anteriores.

O que ocorre a partir da Etapa 4 de construção de um programa é objeto de estudo do próximo capítulo. Mas, apenas a título de ilustração e para não deixar incompleto o exemplo de equações do segundo grau já iniciado, a codificação em C do algoritmo que resolve esse problema é apresentada a seguir.

```c
   /* Permite usar funções de biblioteca */
#include "leitura.h" /* Função LeReal() */
#include <stdio.h>    /* Função printf() */
#include <math.h>     /* Função sqrt()   */

int main(void)
{
   /* >>> A tradução do algoritmo começa a seguir <<< */

      /* double é o equivalente em C ao tipo real da linguagem algorítmica */
   double a, b, c, /* Coeficientes da equação */
         x1, x2,   /* As raízes */
         delta;    /* Discriminante da equação */

      /* Solicita ao usuário e lê o coeficiente 'a' */
   printf("\nDigite o coeficiente quadratico (a): ");
   a = LeReal();

      /* Se o valor de 'a' for igual a zero, não */
      /* se terá uma equação do segundo grau      */
   if (a == 0) {
        /* Apresenta o resultado do programa */
      printf("\nO valor de a nao pode ser zero\n");
   } else {
        /* Solicita ao usuário e lê o coeficiente 'b' */
      printf("\nDigite o coeficiente linear (b): ");
      b = LeReal();

        /* Solicita ao usuário e lê o coeficiente 'c' */
      printf("\nDigite o coeficiente constante (c): ");
      c = LeReal();

      delta = b*b - 4*a*c; /* Calcula o discriminante */

        /* Verifica se há raízes reais */
      if (delta < 0) { /* Não há raízes reais */
           /* Informa o resultado do programa */
         printf("\nNao ha' raizes reais\n");
      } else { /* Há raízes reais */
           /* Calcula as raízes da equação */
         x1 = (-b + sqrt(delta))/(2*a);
         x2 = (-b - sqrt(delta))/(2*a);

           /* Exibe as raízes da equação */
         printf("\nAs raizes da equacao sao: %f e %f\n", x1, x2);
      }
   }

      /* Encerra o programa informando o sistema */
      /* operacional que não houve erro          */
   return 0;
}
```

**Exemplo de execução do programa 1:**

```
Digite o coeficiente quadratico (a): 0
O valor de a nao pode ser zero
```

**Exemplo de execução do programa 2:**

```
Digite o coeficiente quadratico (a): 1
Digite o coeficiente linear (b): -2
Digite o coeficiente constante (c): 4
Nao ha' raizes reais
```

**Exemplo de execução do programa 3:**

```
Digite o coeficiente quadratico (a): 1
Digite o coeficiente linear (b): -5
Digite o coeficiente constante (c): 6
As raizes da equacao sao: 3.000000 e 2.000000
```

Mesmo que você ainda não tenha sido formalmente apresentado à linguagem C, leia o programa e tente encontrar correspondências entre ele e o algoritmo apresentado na Seção 2.9.2.

## 2.10 Exemplos de Programação

### 2.10.1 Troca de Valores entre Variáveis

**Problema:** Escreva um algoritmo que lê valores para duas variáveis, troca os valores dessas variáveis e exibe seus conteúdos antes e depois da troca. Em outras palavras, se as variáveis são x e y, ao final x terá o valor lido para y e y terá o valor lido para x.

**Solução:** O algoritmo preliminar é mostrado na Figura 2–7 e o algoritmo refinado é visto na Figura 2–8.

---

ALGORITMO TROCAVARIÁVEIS

ENTRADA: x, y

SAÍDA: x, y

1. Leia os valores de x e y
2. Escreva os valores de x e y
3. Guarde o valor de x numa variável auxiliar
4. Atribua o valor de y a x
5. Atribua o valor da variável auxiliar a y
6. Escreva os valores de x e y

---

**FIGURA 2–7: ALGORITMO PRELIMINAR DE TROCA DE VARIÁVEIS**

---

ALGORITMO TROCAVARIÁVEIS (REFINADO)

leia(x, y)

escreva("Valores de x e y antes da troca", x, y)

```
   /* Se o valor de x não for guardado, ele será perdido */
auxiliar ← x
x ← y
y ← auxiliar
```

escreva("Valores de x e y depois da troca", x, y)

---

**FIGURA 2–8: ALGORITMO REFINADO DE TROCA DE VARIÁVEIS**

## 2.10.2 Tabela de Potências

**Problema:** Escreva um algoritmo que calcule e apresente uma tabela apresentando as primeiras 100 potências de 2 (i.e., $2^n$). (NB: Seu algoritmo não deve conter 100 instruções <u>escreva</u>!)

**Solução:** O algoritmo preliminar é mostrado na Figura 2–9 e o algoritmo refinado aparece na Figura 2–10.

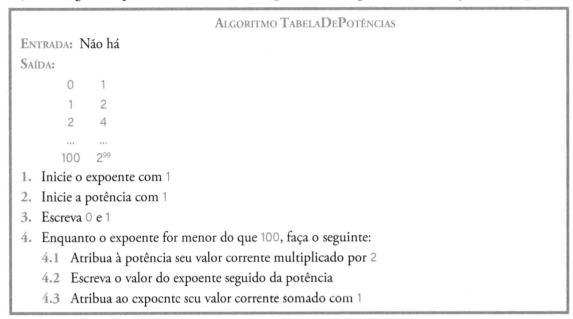

ALGORITMO TABELADEPOTÊNCIAS

ENTRADA: Não há

SAÍDA:

|     |        |
|-----|--------|
| 0   | 1      |
| 1   | 2      |
| 2   | 4      |
| ... | ...    |
| 100 | $2^{99}$ |

1. Inicie o expoente com 1
2. Inicie a potência com 1
3. Escreva 0 e 1
4. Enquanto o expoente for menor do que 100, faça o seguinte:
   4.1 Atribua à potência seu valor corrente multiplicado por 2
   4.2 Escreva o valor do expoente seguido da potência
   4.3 Atribua ao expoente seu valor corrente somado com 1

FIGURA 2–9: ALGORITMO PRELIMINAR DE TABELA DE POTÊNCIAS

ALGORITMO TABELADEPOTÊNCIAS (REFINADO)

```
expoente ← 1
potência ← 1

 /* Exibe a primeira linha da tabela */
escreva("0 1")

 /* Apresenta as demais linhas da tabela */
enquanto (expoente < 100) faça
  potência ← potência * 2
  escreva(expoente, potência)
  expoente ← expoente + 1
```

FIGURA 2–10: ALGORITMO REFINADO DE TABELA DE POTÊNCIAS

## 2.10.3 Soma de um Número Indeterminado de Valores

**Problema:** Escreva um algoritmo que calcule e escreva a soma de um conjunto de valores. O algoritmo deve terminar quando for lido o valor zero.

**Solução:** Os algoritmos preliminar e refinado são exibidos, respectivamente, na Figura 2–11 e na Figura 2–12.

---

ALGORITMO SOMADEVALORES

ENTRADA: conjunto de valores

SAÍDA: a soma dos valores

1. Leia o primeiro valor
2. Atribua o primeiro valor à variável que acumulará a soma
3. Enquanto o valor lido for diferente de zero, faça o seguinte:
   3.1 Leia um valor
   3.2 Atribua à variável soma seu valor corrente somado ao valor lido
4. Escreva a soma dos valores lidos

---

FIGURA 2–11: ALGORITMO PRELIMINAR DE SOMA DE DE VALORES

---

ALGORITMO SOMADEVALORES (REFINADO)

```
leia(valor) /* Lê o primeiro valor */

soma ← valor /* Inicia a soma com o valor lido */

 /* Enquanto o valor lido for diferente  de zero faça o seguinte */
enquanto (valor ≠ 0) faça
  leia(valor)
  soma ← soma + valor

escreva(soma)
```

---

FIGURA 2–12: ALGORITMO REFINADO DE SOMA DE DE VALORES

### 2.10.4 Sequência de Fibonacci

**Preâmbulo:** Uma **sequência de Fibonacci** é uma sequência de números naturais, cujos dois primeiros termos são iguais a 1, e tal que cada número (exceto os dois primeiros) na sequência é igual a soma de seus dois antecedentes mais próximos. Isto é, a sequência de Fibonacci é constituída da seguinte forma:

*1, 1, 2, 3, 5, 8, 13, 21, 34, 55, ...*

**Problema:** Escreva um algoritmo que gera a sequência de Fibonacci até o enésimo termo.

**Solução:** Os algoritmos preliminar e refinado são exibidos, respectivamente, na Figura 2–13 e na Figura 2–14.

---

ALGORITMO SEQUÊNCIADEFIBONACCI

ENTRADA: Número de termos da sequência

SAÍDA:
   ■ Os termos da sequência, se o número de termos for maior do que ou igual a 2
   ■ Relato de irregularidade se o número de termos for menor do que 2

1. Leia o número de termos da sequência
2. Se o número de termos introduzido for menor do que dois, informe que a sequência não existe e encerre
3. Escreva os dois primeiros termos da sequência
4. Gere e apresente os termos da sequência a partir do terceiro termo até o enésimo termo
   4.1 Enquanto o enésimo termo não for gerado e escrito:

CONTINUA

---

FIGURA 2–13: ALGORITMO PRELIMINAR DE SEQUÊNCIA DE FIBONACCI

---

ALGORITMO SEQUÊNCIADEFIBONACCI (CONTINUAÇÃO)

4.1.1 Calcule o termo atual como sendo a soma dos dois termos antecedentes

4.1.2 Escreva o termo atual

4.1.3 Atualize os termos antecedentes

    4.1.3.1 O primeiro antecedente passa a ser o segundo

    4.1.3.2 O segundo antecedente passa a ser o atual

---

FIGURA 2-12 (CONT.): ALGORITMO PRELIMINAR DE SEQUÊNCIA DE FIBONACCI

---

ALGORITMO SEQUÊNCIADEFIBONACCI (REFINADO)

```
inteiro nTermos, antecedente1, antecedente2, atual, i

leia(nTermos)

se (nTermos < 2) então
  escreva("O numero de termos não pode ser menor do que 2")
senão
  antecedente1 ← 1
  antecedente2 ← 1

    /* Exibe os dois primeiros termos da série */
  escreva(antecedente1, antecedente2)
    /* Gera e Exibe os termos da sequência a partir */
    /* do terceiro termo até o enésimo termo       */

    /* i é o índice do próximo termo */
  i ← 3

  enquanto (i <= nTermos) faça
    atual ←  antecedente1 + antecedente2
    escreva(atual)

      /* Atualiza os termos antecedentes */
    antecedente1 ←  antecedente2
    antecedente2 ←  atual

      /* Incrementa o índice do próximo termo */
    i ←  i + 1
```

---

FIGURA 2-14: ALGORITMO REFINADO DE SEQUÊNCIA DE FIBONACCI

Em C, o algoritmo da Figura 2-14 poderia ser codificado assim:

```c
    /* Permite usar funções de biblioteca */
#include <stdio.h>   /* Função printf()    */
#include "leitura.h" /* Função LeInteiro() */

int main(void) /* Aqui começa a execução do programa */
{
    /* Declarações de variáveis */
  int antecedente1, antecedente2,
    atual, nTermos, i;

    /* Lê o número de termos da sequência */
  printf( "\nDigite o numero de termos da sequencia (pelo menos 2): " );
```

```
nTermos = LeInteiro();

    /* Verifica se o número de termos é menor do que 2 */
if(nTermos < 2) {
    printf( "O numero de termos nao pode ser menor do que 2" );
} else {
        /* Inicia os dois primeiros termos da série */
    antecedente1 = 1;
    antecedente2 = 1;

        /* Exibe os dois primeiros termos da série */
    printf("\n%d, %d", antecedente1, antecedente2);

        /* Gera e exibe os termos da sequência a  */
        /* partir do terceiro até o enésimo termo */

        /* Inicia o índice do próximo termo da sequência */
    i = 3;

    while (i <= nTermos) {
        /* Atualiza o termo corrente com a soma dos seus dois antecedentes */
        atual = antecedente1 + antecedente2;

        printf(", %d", atual); /* Exibe o termo corrente */

            /* Atualiza os termos antecedentes */
        antecedente1 = antecedente2;
        antecedente2 = atual;

        i =  i + 1; /* Incrementa índice do próximo termo */
    }
}

    /* Encerra o programa informando o sistema operacional que não houve erro */
    return 0;
}
```

**Exemplo de execução do programa:**

```
Digite o numero de termos da sequencia (pelo menos 2): 5
1, 1, 2, 3, 5
```

Novamente, mesmo que você ainda não tenha sido apresentado à linguagem C, leia o programa e tente encontrar alguma correlação entre ele e o algoritmo correspondente.

# 2.11 Exercícios de Revisão

**Conceito de Algoritmo (Seção 2.1)**

1. O que é um algoritmo?
2. (a) Em que aspectos o conceito de algoritmo é análogo ao conceito de receita culinária? (b) Quando essa analogia deixa de ser válida?
3. O que é um caso de entrada?
4. (a) O que é um algoritmo correto? (b) O que é um algoritmo incorreto?
5. O que são algoritmos funcionalmente equivalentes?
6. Cite três exemplos de problemas que não possuem algoritmos.

**Abordagem Dividir e Conquistar (Seção 2.2)**

7. Descreva a abordagem dividir e conquistar utilizada na construção de algoritmos.

8. De que depende o grau de detalhamento das instruções de um algoritmo obtidas por meio de refinamentos sucessivos?

9. O que é reúso de código?

## Linguagem Algorítmica (Seção 2.3)

10. (a) O que é linguagem algorítmica? (b) Por que linguagem algorítmica também é denominada *pseudolinguagem*?

11. Qual é a vantagem do uso de pseudolinguagem na construção de algoritmos em detrimento ao uso de uma linguagem natural (p. ex., português)?

12. Por que uma linguagem de programação de alto nível não é conveniente para um iniciante em programação escrever algoritmos?

13. (a) O que é pseudocódigo? (b) Existe tradutor, como aqueles descritos no Capítulo 1, para algoritmos escritos em pseudocódigo?

## Variáveis e Atribuições (Seção 2.4)

14. Quais são os atributos que caracterizam uma variável?

15. O que é uma instrução de atribuição?

16. Qual é o significado da seguinte instrução:

   $x \leftarrow x + 2$

17. É sempre necessário declarar as variáveis de um algoritmo?

## Operadores e Expressões (Seção 2.5)

18. Descreva as seguintes propriedades de operadores:
    (a) Aridade
    (b) Resultado
    (c) Precedência
    (d) Associatividade

19. (a) O que é um operador unário? (b) O que é um operador binário?

20. O que é um grupo de precedência?

21. (a) O que é associatividade à esquerda? (b) O que é associatividade à direita?

22. Como os operadores aritméticos são agrupados de acordo com suas precedências?

23. (a) Para que servem os operadores relacionais? (b) Quais são os operadores relacionais?

24. Quais são os possíveis valores resultantes da avaliação de uma expressão relacional?

25. O que é um operador lógico?

26. Descreva os operadores lógicos de negação, conjunção e disjunção.

27. O que é tabela-verdade?

28. Para que servem parênteses numa expressão?

29. Escreva a tabela-verdade correspondente à expressão booleana: A ou B e C, sendo A, B e C variáveis lógicas. (**Dica:** Lembre-se que o operador e possui precedência maior do que o operador ou.)

30. Se A = 150, B = 21, C = 6, L1 = falso e L2 = verdadeiro, qual será o valor produzido por cada uma das seguintes expressões lógicas?
    (a) não L1 e L2
    (b) não L1 ou L2
    (c) não (L1 e L2)
    (d) L1 ou não L2
    (e) (A > B) e L1

(f) (L1 <u>ou</u> L2) <u>e</u> (A < B + C)

## Entrada e Saída (Seção 2.6)

31. Para que serve uma instrução de entrada de dados?

32. Descreva o funcionamento da instrução <u>leia</u>.

33. Para que serve uma instrução para saída de dados?

34. Descreva o funcionamento da instrução <u>escreva</u>.

35. Uma instrução <u>escreva</u> pode incluir expressões. Por que o mesmo não é permitido para uma instrução <u>leia</u>?

36. O que é uma cadeia de caracteres?

## Estruturas de Controle (Seção 2.7)

37. (a) O que é fluxo de execução de um algoritmo? (b) O que é fluxo natural de execução de um algoritmo?

38. O que são estruturas de controle?

39. Como estruturas de controle são classificadas?

40. Descreva o funcionamento da instrução <u>se-então-senão</u>.

41. Qual é a diferença entre as instruções <u>enquanto-faça</u> e <u>faça-enquanto</u> em termos de funcionamento?

42. (a) O que é bloco? (b) O que é endentação? (c) Qual é a relação entre bloco e endentação em pseudolinguagem?

43. Considere o seguinte algoritmo, no qual i1, i2, i3, i4 e i5 representam instruções:

```
booleano b1, b2, b3

se (b1) então
  i1
senão
  se (b2) então
    se (b3) então
      i2
    senão
      i3
    i4
i5
```

Agora, supondo que <u>V</u> representa <u>verdadeiro</u> e <u>F</u> representa <u>falso</u>, responda as seguintes questões:

(a) Que instruções serão executadas quando b1 é <u>V</u>, b2 é <u>V</u> e b3 é <u>F</u>?

(b) Que instruções serão executadas quando b1 é <u>F</u>, b2 é <u>V</u> e b3 é <u>F</u>?

(c) Que instruções serão executadas quando b1 é <u>F</u>, b2 é <u>V</u> e b3 é <u>V</u>?

(d) Que valores devem assumir b1, b2 e b3 para que apenas a instrução i5 seja executada?

44. Duas instruções são funcionalmente equivalentes se elas produzem o mesmo efeito em quaisquer circunstâncias. Verifique se as instruções 1 e 2 abaixo são funcionalmente equivalentes:

Instrução 1:

```
L ← X = Y
```

Instrução 2:

```
se (X = Y)
  então L ← verdadeiro
  senão L ← falso
```

45. Qual será o valor da variável resultado após a execução do algoritmo a seguir?

```
booleano b1, b2, b3
real x, y
inteiro resultado

b1 ← falso
b2 ← verdadeiro
b3 ← falso

x ← 1.5
y ← 3.5
x ← x + 1

se (b3 ou ((x + y > 5) ou (não b1 e b2))) então
  resultado ← 0
senão
  resultado ← 1
```

## Legibilidade de Algoritmos (Seção 2.8)

46. Cite cinco práticas recomendáveis na construção de algoritmos que favoreçam a legibilidade.

47. O que é um nome de variável representativo?

48. (a) O que é comentário em construção de algoritmos? (b) Qual é a importância da incorporação de comentários num algoritmo?

49. (a) O que é endentação coerente? (b) Por que é aconselhável usar endentação coerentemente na construção de algoritmos?

## Como Construir um Programa 1: Projeto de Algoritmo (Seção 2.9)

50. Quais são as etapas envolvidas na escrita de um algoritmo?

51. Como um problema cuja solução algorítmica é desejada deve ser analisado?

52. (a) Como um algoritmo deve ser testado? (b) Como um programa deve ser testado?

53. (a) O que são casos de entrada qualitativamente diferentes? (b) Qual é a importância do uso de casos de entrada qualitativamente diferentes em testes de algoritmos?

54. Como exemplos de execução de um algoritmo auxiliam em seu processo de desenvolvimento?

55. Por que, mesmo que um algoritmo tenha sido testado e considerado correto, é necessário testar um programa derivado dele?

56. Por que a última etapa de construção de um programa nem sempre é *exatamente* a *última*?

# 2.12 Exercícios de Programação

## 2.12.1 Fácil

EP2.1 Escreva um algoritmo que recebe o raio de um círculo como entrada, calcula sua área e exibe o resultado. Dado: área de um círculo = $\pi \cdot r^2$, sendo $r$ o raio do círculo. [Sugestão: Para obter $r^2$, calcule $r \times r$.]

EP2.2 Escreva um algoritmo que lê um valor supostamente representando uma medida em polegadas e converte-o em centímetros. [Dado: 1 polegada corresponde a 2.54cm.]

EP2.3 Escreva um algoritmo que leia três valores inteiros que serão armazenados nas variáveis x, y e z. Então, o algoritmo calcula e exibe a soma e o produto desses valores.

EP2.4 Escreva um algoritmo que recebe dois números como entrada e exibe o menor deles. Se os números forem iguais, não haverá diferença em relação a qual deles será apresentado.

EP2.5   Escreva um algoritmo ligeiramente diferente daquele do exercício anterior que apresente uma mensagem (por exemplo, *Os números são iguais*) quando os números forem iguais.

EP2.6   Escreva um algoritmo que lê três inteiros e informa qual deles é o maior.

## 2.12.2 Moderado

EP2.7   Escreva um algoritmo que, repetidamente, lê valores reais que representam raios de círculos. Então, para cada valor lido, o algoritmo deve calcular a área do círculo respectivo e exibir o resultado. O algoritmo deve encerrar quando for lido um valor igual a zero.

EP2.8   Escreva um algoritmo que lê uma quantidade indeterminada de valores e exibe o menor deles. A entrada de valores encerra quando zero for lido. [Sugestão: Use uma variável para armazenar o menor valor lido. Inicialmente atribua a essa variável o primeiro valor lido. Então, a cada valor lido, compare-o com o valor da variável que deverá conter o menor. Se um novo valor lido for menor do que aquele correntemente armazenado nessa variável, atribua esse valor à variável.]

EP2.9   Escreva um algoritmo que calcule e apresente o fatorial de um dado número inteiro não negativo. O fatorial de um número inteiro $n \neq 0$ é dado por:

$$n! = \begin{cases} 1 & se\ n = 0 \\ n \cdot (n-1) \cdot (n-2) \cdot\ ...\ \cdot 2 \cdot 1 & se\ n > 0 \end{cases}$$

EP2.10  Edite o programa apresentado na Seção 2.9.4 usando o conhecimento obtido na Seção 1.7.3. Então, construa um programa executável, conforme foi ensinado na Seção 1.7.4, e execute-o, conforme você aprendeu na Seção 1.9.

EP2.11  Repita o exercício EP2.10 utilizando o programa apresentado na Seção 2.10.4, em lugar do programa da Seção 2.9.4.

# CAPÍTULO 3

# INTRODUÇÃO À LINGUAGEM C

Após estudar este capítulo, você deverá ser capaz de:

➤ Definir e usar a seguinte terminologia associada à linguagem C:

| | | |
|---|---|---|
| ☐ Padrão ISO | ☐ Definição de variável | ☐ Especificador de formato |
| ☐ Tipo de dado | ☐ Iniciação de variável | ☐ Diretivas #include e #define |
| ☐ Tipo primitivo | ☐ Comentário | ☐ Caractere constante |
| ☐ Palavra-chave | ☐ Constante simbólica | ☐ Sequência de escape |
| ☐ Palavra reservada | ☐ Instrução portável | ☐ String constante |
| ☐ Efeito colateral | ☐ Programa de console | ☐ Especificador de formato |
| ☐ Ordem de avaliação | ☐ Hospedeiro | ☐ String de formatação |
| ☐ Biblioteca padrão | ☐ Sistema livre | ☐ Mensagem de erro |
| ☐ Cabeçalho | ☐ Conversão explícita | ☐ Mensagem de advertência |
| ☐ Programa robusto | ☐ Prompt | ☐ Teste de programa |
| ☐ Programa interativo | ☐ Terminal de instrução | ☐ Depuração de programa |
| ☐ Curto-circuito | ☐ Código de caracteres | |

➤ Detalhar as regras para formação de identificadores da linguagem C
➤ Identificar formatos de escrita de constantes de C
➤ Justificar o uso de nomenclaturas diferentes na escrita de identificadores que pertencem a categorias diferentes
➤ Descrever e usar os seguintes operadores da linguagem C:

   ☐ Aritméticos  ☐ Lógicos  ☐ Relacionais  ☐ De incremento  ☐ De decremento

➤ Explicar diferenças entre os operadores prefixo e sufixo de incremento e decremento
➤ Empregar os tipos **int**, **char** e **double** da linguagem C
➤ Usar **printf()** para escrita na tela
➤ Apresentar situações nas quais um compilador efetua conversões implícitas e quais são suas consequências
➤ Explicar todas as propriedades dos operadores da linguagem C
➤ Classificar erros de programação
➤ Desenvolver as etapas de construção de um programa de pequeno porte em linguagem algorítmica

**OBJETIVOS**

# 3.1 A Linguagem C

LINGUAGEM C foi desenvolvida no início da década de 1970 num laboratório da AT&T por Dennis Ritchie como uma linguagem de alto nível dispondo de facilidades de baixo nível, de modo que fosse possível contemplar satisfatoriamente todas as qualidades desejáveis de um bom programa (v. Seção 1.3).

Com o ganho de popularidade a partir dos anos 1980, a linguagem C passou a contar com vários compiladores que apresentavam características diferentes daquelas que faziam parte da especificação original da linguagem. Essas discrepâncias comprometiam uma das principais características desejáveis em programas escritos em linguagens de alto nível: a portabilidade. Para que houvesse compatibilidade entre compiladores, foi necessário criar uma padronização da linguagem que fosse seguida pelos fabricantes de compiladores.

A padronização da linguagem C foi inicialmente realizada por um comitê do *American National Standards Institute* (ANSI) em 1989 e, por causa disso, foi denominada de ANSI C. Posteriormente, essa padronização passou a ser conhecida como C89. Em 1990, um comitê ISO assumiu a responsabilidade pela padronização de C e aprovou o padrão ANSI. Popularmente, esse padrão é denominado C90, que é, essencialmente, o mesmo padrão C89. Em 1999, o comitê ISO responsável pela padronização de C aprovou o padrão de C popularmente conhecido como C99 e, finalmente, em dezembro de 2011, ratificou o mais recente padrão da linguagem, conhecido como C11. Entretanto, até o final da escrita deste livro, este último padrão ainda recebia pouco suporte por parte dos fabricantes de compiladores.

Apesar de muitos fabricantes de compiladores de C desenvolverem suas próprias versões dessa linguagem, eles oferecem a opção ANSI C (ou ISO C) que pode ser escolhida pelo programador, por exemplo, por meio de uma opção de compilação. Em nome da portabilidade, é sempre recomendado utilizar uma opção ANSI/ISO C (v. Seção 1.7.2).

Não obstante todos os esforços de padronização, muitas construções da linguagem C ainda têm interpretações que variam de compilador para compilador. Isso ocorre em virtude de ambiguidades e omissões ora na definição original da linguagem ora em antigas versões de padronização. Esses problemas, apesar de reconhecidos, são perpetuados a cada novo padrão para garantir compatibilidade histórica; isto é, para garantir que programas antigos continuem podendo ser compilados num padrão mais recente. Ao longo do texto, cada característica de C que pode ter mais de uma interpretação é identificada como dependente de implementação. Esse termo é mais preciso do que *dependente de compilador*, pois diferentes versões (i.e., implementações de C) de um mesmo compilador podem ter interpretações diferentes para uma dada construção da linguagem.

# 3.2 Identificadores

Um identificador serve para nomear um componente utilizado num programa escrito numa dada linguagem de programação.

### 3.2.1 Regras para Criação de Identificadores

Cada linguagem de programação possui regras próprias para formação de seus identificadores. As regras para criação de identificadores em C são as seguintes:

- ❑ **Caracteres permitidos**. Um identificador em C deve ser constituído apenas de letras, dígitos e _ (subtraço). Aqui, letra não inclui, por exemplo, cedilha ou caracteres acentuados de português.

- ❑ **Restrição**. O primeiro caractere de um identificador não pode ser um dígito.

☐ **Tamanho**. O número de caracteres permitido num identificador depende da versão do padrão de C utilizada. O padrão ISO C90 requer que compiladores de C aceitem, pelo menos, 31 caracteres; nos padrões mais recentes (C99 e C11), esse número passou a ser 63. Normalmente, compiladores modernos dão liberdade para programadores *sensatos* escreverem identificadores do tamanho desejado, de modo que não é necessário memorizar esses números.

Uma característica importante da linguagem C é que ela, diferentemente de algumas outras linguagens (p. ex., Pascal), faz distinção entre letras maiúsculas e minúsculas. Por exemplo, as variáveis denominadas `umaVar` e `UmaVar` são consideradas diferentes.

### 3.2.2 Palavras-chaves

Palavras que possuem significado especial numa linguagem de programação (p. ex., **while** e **for** em C) são denominadas palavras-chaves da linguagem. Essas palavras *não podem* ser redefinidas pelo programador. Por exemplo, não é permitido ter uma variável denominada *while* em C.

### 3.2.3 Palavras Reservadas

Identificadores associados a componentes disponibilizados pela biblioteca padrão de C (v. Seção 3.13) são conhecidos como palavras reservadas (p. ex., *printf*) e o programador deve evitar redefini-los em seus programas. Identificadores que começam por subtraço também são reservados pela linguagem C e, portanto, também devem ser evitados.

## 3.3 Códigos de Caracteres

Os caracteres que devem fazer parte de uma implementação de C são denominados coletivamente conjunto básico de caracteres. Cada conjunto básico de caracteres deve conter um subconjunto mínimo de 96 caracteres especificado pelo padrão de C e o valor inteiro atribuído a cada caractere deve caber em um byte. Devem fazer parte do conjunto básico de caracteres os caracteres que aparecem na Tabela 3–1. Nessa tabela, caractere gráfico é o termo usado pelo padrão ISO de C para denominar um caractere com representação gráfica que não se enquadra em nenhuma das demais categorias de caracteres.

| Categoria | Caracteres |
|---|---|
| Letras Maiúsculas | A B C D E F G H I J K L M N O P Q R S T U V W X Y Z |
| Letras Minúsculas | a b c d e f g h i j k l m n o p q r s t u v w x y z |
| Dígitos | 0 1 2 3 4 5 6 7 8 9 |
| Caracteres Gráficos | ! " # % & ' ( ) * + , - . / : ; < = > ? [ \ ] ^ _ { \| } ~ |
| Espaços em Branco | ☐ espaço (' ')<br>☐ tabulação horizontal ('\t')<br>☐ tabulação vertical ('\v')<br>☐ quebra de linha ('\n')<br>☐ quebra de página ('\f') |

**TABELA 3–1: CONJUNTO BÁSICO DE CARACTERES DE C**

Um código de caracteres consiste num mapeamento entre um conjunto de caracteres e um conjunto de inteiros. Como exemplos de código de caracteres bem conhecidos têm-se: ASCII, EBCDIC e ISO 8859-1.

O código ASCII é um dos mais antigos e conhecidos códigos de caracteres. Esse código de caracteres usa apenas 7 bits (e não 8 como muitos pensam), de modo que o número total de caracteres no código ASCII original é *128* (i.e., $2^7$) e eles são mapeados em inteiros no intervalo de *0* a *127*.

Outro antigo código de caracteres é EBCDIC, que contém todos os caracteres que constam no código ASCII. Porém, os mapeamentos desses dois códigos de caracteres não são equivalentes. Além disso, os valores inteiros que mapeiam as letras do código EBCDIC não são consecutivos. Por exemplo, os valores inteiros associados às letras *i* e *j* no código EBCDIC são, respectivamente, *137* e *145*. No código ASCII, essas mesmas letras são representadas por *105* e *106*, respectivamente.

Apesar de o padrão ISO de C não especificar um código de caracteres que deva ser usado com a linguagem, a maioria dos códigos de caracteres em uso atualmente em implementações de C pode ser considerada extensão do código ASCII. Ou seja, os códigos de caracteres mais usados correntemente preservam os caracteres do código ASCII e seus mapeamentos. Exemplos de tais códigos de caracteres são aqueles especificados pelo padrão ISO 8859.

Em resumo, como nenhum padrão de C requer o uso de qualquer código de caracteres específico, o programador *jamais* deve fazer qualquer suposição sobre o código de caracteres utilizado por uma dada implementação de C.

## 3.4 Tipos de Dados Primitivos

Um **tipo de dado** (ou, simplesmente, **tipo**) consiste num conjunto de valores munido de uma coleção de operações permitidas sobre eles. Um tipo **primitivo** (ou **embutido**) é um tipo incorporado numa linguagem de programação e representado por uma palavra-chave. A linguagem C oferece ainda a possibilidade de criação de inúmeros outros tipos. Esses tipos, denominados **tipos derivados**, podem ser criados pelo próprio programador (v. Seção 10.2) ou providos pela biblioteca padrão de C (v. Seção 3.13).

Existem muitos tipos de dados primitivos em C, mas, em virtude da natureza introdutória deste livro, apenas dois tipos inteiros (**int** e **char**) e um real (**double**) serão discutidos aqui.

### 3.4.1 int

Existem diversos tipos inteiros primitivos em C. Neste livro, o tipo **int** foi escolhido para representar essa categoria porque ele é o tipo inteiro mais largamente usado e, principalmente, porque é fácil de lembrar (i.e., *int* corresponde às três primeiras letras de *int*eiro). O tipo **int**, por outro lado, herda um grave defeito desde os primórdios da criação da linguagem C: sua largura (i.e., o número de bytes ocupados por um valor desse tipo) não é precisamente especificada. Portanto esse tipo pode ser usado sem problemas com objetivos didáticos (como é o caso aqui), mas *nunca* deve ser usado na prática.

### 3.4.2 char

O espaço ocupado em memória por valores do tipo **char** é sempre um byte. Esse tipo é comumente usado para representar caracteres, mas ele pode representar quaisquer inteiros que requerem apenas um byte de memória. Isto é, uma variável do tipo **char** pode representar tanto um caractere quanto um inteiro que não está associado a um caractere, desde que esse inteiro caiba em um byte. Neste livro, esse tipo será usado apenas em processamento de caracteres.

### 3.4.3 double

Existem três tipos reais em C, mas, neste livro introdutório, apenas o tipo **double** será utilizado.

É importante salientar que, assim como alguns números reais não podem ser exatamente representados em base decimal (p. ex., `1/3`), o mesmo ocorre com representação na base binária, que é usada por computadores para representar números reais. Portanto muitos valores reais que possuem representação exata em base decimal são representados de modo aproximado em base binária. Por exemplo, o valor `0.1` pode ser representado exatamente em base decimal, mas esse não é o caso em base binária.

# 3.5 Constantes

Existem cinco tipos de constantes em C: inteiras, reais, caracteres, strings e de enumerações. Constantes desse último tipo serão vistas no Capítulo 10, enquanto as demais serão apresentadas a seguir.

### 3.5.1 Constantes Inteiras

Constantes inteiras em C podem ser classificadas de acordo com a base numérica utilizada em: decimais, octais e hexadecimais. Em programação de alto nível, apenas constantes em base decimal são usadas. Por isso, este livro só usa constantes dessa categoria.

Constantes inteiras em base decimal são escritas utilizando-se os dígitos de `0` a `9`, sendo que o primeiro dígito não pode ser zero, a não ser quando o próprio valor é zero. Exemplos válidos de constantes inteiras decimais são: `0`, `12004`, `-67`. Um exemplo inválido seria `06`, pois o número começa com zero e seria interpretado como uma constante na base octal.

### 3.5.2 Constantes Reais

Constantes reais podem ser escritas em duas notações:

- Notação convencional. Nessa notação, um ponto decimal separa as partes inteira e fracionária do número, como, por exemplo:

  `3.1415`

  `.5` [a parte inteira é zero]

  `7.` [a parte fracionária é zero]

- Notação científica. Nessa notação, um número real consiste em duas partes: (1) mantissa e (2) expoente. Essas partes são separadas por `e` ou `E` e a segunda parte representa uma potência de *10*. Por exemplo, o número `2E4` deve ser interpretado como $2 \times 10^4$ e lido como *dois vezes dez elevado à quarta potência*. A mantissa de um número real pode ser inteira ou fracionária, enquanto o expoente pode ser positivo ou negativo, mas deve ser inteiro. Por exemplo, `2.5E-3` representa o número $2.5 \times 10^{-3}$; ou seja, *0.0025*.

### 3.5.3 Caracteres Constantes

Existem duas formas básicas de representação de caracteres constantes em C:

- Escrevendo-se o caractere entre apóstrofos (p. ex., `'A'`). Apesar de essa forma de representação ser a mais legível e portável, ela é factível apenas quando o caractere possui representação gráfica e o programador possui meios para introduzi-lo (p. ex., uma configuração adequada de teclado).

- Por meio de uma sequência de escape, que consiste do caractere \ (barra inversa) seguido por um caractere com significado especial, sendo ambos envolvidos entre apóstrofos. Sequências de escape devem ser usadas para representar certos caracteres que não possuem representação gráfica (p. ex., quebra de linha) ou que têm significados especiais em C (p. ex., apóstrofo). Essa forma de representação de caracteres também é portável, apesar de ser menos legível do que a forma de representação anterior. A Tabela 3–2 apresenta as sequências de escape mais comuns que podem ser utilizadas num programa escrito em C.

| SEQUÊNCIA DE ESCAPE | DESCRIÇÃO | FREQUÊNCIA DE USO |
|---|---|---|
| '\a' | Campainha (alerta) | Raramente usada |
| '\t' | Tabulação | Frequentemente usada |
| '\n' | Quebra de linha | Muito usada |
| '\r' | Retorno (início da linha) | Raramente usada |
| '\b' | Retrocede um caractere | Raramente usada |
| '\0' | Caractere nulo | Muito usada |
| '\\' | Barra invertida | Eventualmente usada |
| '\'' | Apóstrofo | Eventualmente usada |
| '\"' | Aspas | Eventualmente usada |

TABELA 3–2: SEQUÊNCIAS DE ESCAPE E SEUS SIGNIFICADOS

As sequências de escape '\t' e '\n' são usadas com muita frequência em formatação de dados na tela usando **printf()** (v. Seção 3.14.1). Em instruções de saída na tela, '\r' faz o cursor mover-se para o início da linha corrente, enquanto '\b' faz o cursor mover-se uma posição para trás. A sequência de escape '\0' é usada em processamento de strings (v. Capítulo 9).

É importante salientar que um caractere constante pode ser representado tanto em um dos formatos descritos quanto por um número inteiro capaz de ser contido em um byte. Isto é, uma constante composta de um caractere ou uma sequência de escape entre apóstrofos apenas informa o compilador que ele deve considerar o valor correspondente ao caractere ou à sequência de escape no código de caracteres que ele usa. Por exemplo, se o código de caracteres utilizado for ASCII, quando o compilador encontra a constante 'A', ele a interpreta como 65 (esse valor corresponde ao mapeamento do caractere 'A' no código ASCII).

Em resumo, qualquer que seja o formato de caractere constante utilizado, o compilador interpreta-o como o valor inteiro correspondente ao caractere no código de caracteres utilizado na respectiva implementação de C. Entretanto, não é uma boa ideia representar caracteres num programa por constantes inteiras por duas razões. A primeira razão é legibilidade (por exemplo, será que alguém vai entender o que significa 65 quando ler seu programa?). Requerer que alguém use uma tabela de caracteres para entender seu programa não é sensato. A segunda razão é que o programa pode ter sua portabilidade comprometida, pois o padrão de C não especifica que o código de caracteres utilizado por um compilador deva ser ASCII ou qualquer outro (v. Seção 3.3).

### 3.5.4 Strings Constantes

Um string constante consiste numa sequência de caracteres constantes. Em C, um string constante pode conter caracteres constantes em qualquer dos formatos apresentados e deve ser envolvido entre aspas. Exemplos de strings constantes são:

```
"bola"
"Dia\tMes\tAno\n"
```

Strings constantes separados por um ou mais espaços em branco (incluindo tabulação horizontal e quebra de linha) são automaticamente concatenados pelo compilador. Isso é útil quando se tem um string constante muito grande e deseja-se escrevê-lo em duas linhas. Por exemplo:

```
"Este e' um string constante muito grande para "
"ser contido numa unica linha do meu programa"
```

Os dois strings constantes do último exemplo serão concatenados pelo compilador para formar um único string constante:

```
"Este e' um string constante muito grande para ser contido numa unica linha do meu
programa"
```

# 3.6 Propriedades dos Operadores da Linguagem C

Informalmente, um operador representa uma operação elementar da linguagem C. Essa operação é, dependendo dela, aplicada a um ou mais valores denominados operandos.

C é uma linguagem intensivamente baseada no uso de operadores. Portanto o entendimento das propriedades dos operadores da linguagem é fundamental para a aprendizagem da própria linguagem.

As propriedades dos operadores são divididas em duas categorias:

[1] **Propriedades que todos os operadores possuem.** Essas propriedades correspondem exatamente àquelas vistas na Seção 2.5.1 e serão revistas aqui para facilitar a retenção.

[2] **Propriedades que alguns operadores possuem.** Essas propriedades ainda não foram estudadas e, portanto, requerem maior atenção do leitor.

### 3.6.1 Propriedades que Todos os Operadores Possuem

Qualquer operador de C possui as propriedades apresentadas a seguir.

*Resultado*

O **resultado** de um operador é o valor resultante da aplicação do operador sobre seus operandos. Por exemplo: a aplicação do operador + na expressão 2 + 3 resulta em 5.

*Aridade*

A **aridade** de um operador é o número de operandos sobre os quais o operador atua. De acordo com essa propriedade, os operadores de C são divididos em três categorias:

- **Operadores unários** — são operadores que requerem um operando
- **Operadores binários** — são operadores que requerem dois operandos
- **Operador ternário** — é um operador que requer três operandos

Por exemplo, o operador de soma, representado por +, tem aridade dois (i.e., ele é um operador binário).

*Precedência*

A **precedência** de um operador determina sua ordem de aplicação com relação a outros operadores. Isto é, um operador de maior precedência é aplicado antes de um operador de menor precedência. Em C, operadores são agrupados em **grupos de precedência** que satisfazem as seguintes propriedades:

- Todos os operadores que fazem parte de um mesmo grupo de precedência possuem a mesma precedência.
- Operadores que pertencem a diferentes grupos de precedência possuem precedências diferentes.

Essa propriedade foi discutida em detalhes na Seção 2.5.1. Refira-se àquela seção em caso de dúvidas.

## Associatividade

**Associatividade** é um conceito semelhante ao de precedência no sentido de que ambos são utilizados para decidir a ordem de aplicação de operadores numa expressão. Entretanto, diferentemente do que ocorre com precedência, a associatividade é utilizada com operadores de mesma precedência. Existem dois tipos de associatividade em C:

- ❏ Associatividade à esquerda: o operador da esquerda é aplicado antes do operador da direita.

- ❏ Associatividade à direita: o operador da direita é aplicado antes do operador da esquerda.

Essa propriedade também foi discutida em maior profundidade na Seção 2.5.1. Portanto refira-se a essa seção em caso de dúvidas.

### 3.6.2 Propriedades que Alguns Operadores Possuem

Além das propriedades já apresentadas, *alguns operadores* da linguagem C possuem as propriedades adicionais apresentadas a seguir.

## Efeito Colateral

Essa propriedade é análoga ao efeito colateral (muitas vezes indesejável) provocado por um medicamento. Nessa analogia, o efeito principal do medicamento corresponde ao resultado produzido pelo operador e o efeito colateral é a alteração de valor produzida pelo operador em um de seus operandos. Entretanto, no caso de operadores com efeito colateral, muitas vezes, o efeito colateral produzido pelo operador é o único proveito desejado. Em resumo, o efeito colateral de um operador consiste em alterar o valor de um de seus operandos e, portanto, o operando sujeito a esse efeito colateral deve ser uma variável. Um exemplo de operador com efeito colateral é o operador de atribuição (v. Seção 3.9).

## Ordem de Avaliação

A ordem de avaliação de um operador indica qual dos operandos sobre os quais ele atua é avaliado primeiro. Logo essa propriedade só faz sentido para operadores com aridade maior do que um (i.e., operadores binários e ternários). Apenas quatro operadores de C possuem essa propriedade e esse fato frequentemente acarreta em expressões capazes de produzir dois resultados válidos possíveis (v. exemplos nas Seções 3.9 e 3.11). Os operadores de conjunção && e disjunção lógicas ||, que serão apresentados na Seção 3.7.3, são dois operadores que possuem ordem de avaliação definida.

## Curto-circuito

Essa propriedade faz com que, às vezes, apenas um dos operandos de um operador binário seja avaliado. Apenas os operadores lógicos binários de conjunção e disjunção possuem essa propriedade (v. Seção 3.7.3).

### 3.6.3 Uso de Parênteses

Conforme foi enfatizado na Seção 2.5.6, o uso de parênteses influencia as propriedades de precedência, associatividade e, por conseguinte, resultado. Nenhuma outra propriedade de operadores sofre influência do uso de parênteses.

# 3.7 Operadores e Expressões

Uma expressão é uma combinação legal de operadores e operandos. Aquilo que constitui uma combinação *legal* de operadores e operandos é precisamente definido para cada operador da linguagem C.

### 3.7.1 Operadores Aritméticos

Uma **expressão aritmética** é uma combinação de operadores aritméticos e operandos numéricos que, quando avaliada, resulta num valor numérico. Os operandos de uma expressão aritmética podem incluir variáveis, constantes ou chamadas de funções, que resultem em valores numéricos. Os operadores aritméticos básicos de C são apresentados na Tabela 3–3.

| Símbolo | Operador |
|---|---|
| - | Menos unário (inversão de sinal) |
| + | Adição |
| - | Subtração |
| * | Multiplicação |
| / | Divisão |
| % | Resto de divisão inteira |

Tabela 3–3: Operadores Aritméticos de C

A maioria dos operadores da Tabela 3–3 funciona como em aritmética convencional e em outras linguagens de programação, mas, em C, existem algumas diferenças.

Usando um compilador que segue um padrão anterior a C99, quando um ou ambos os operandos envolvidos numa divisão inteira são negativos, existem dois possíveis resultados e o mesmo ocorre com resto de divisão inteira. Em compiladores que seguem os padrões mais recentes da linguagem C (C99 e C11), a divisão inteira tem sempre um resultado único possível, que é obtido como se o quociente da divisão real dos respectivos operandos tivesse sua parte fracionária descartada. Por exemplo, o quociente da divisão real de **-17** por **5** é **-3.4**; desprezando-se a parte fracionária desse resultado, obtém-se **-3**, que é o quociente da divisão inteira **-17/5**.

Tendo calculado o resultado de uma divisão inteira, o resto dessa mesma divisão pode ser obtido por meio da fórmula:

$$resto = numerador - quociente \times denominador$$

Por exemplo, utilizando essa fórmula e o resultado obtido para **-17/5**, tem-se que:

$$-17\%5 = -17 - -3 \times 5$$
$$= -17 + 15$$
$$= -2$$

Operadores aritméticos são agrupados em grupos de precedência conforme mostra a Tabela 3–4. Operadores de um mesmo grupo nesta tabela têm a mesma precedência. Dentre os operadores apresentados nessa tabela, apenas o operador unário é associativo à direita; os demais são associativos à esquerda. Por exemplo, a expressão:

$$- \ -2$$

seria interpretada como -(-2), visto que o operador - (unário) é associativo à direita. Note que, na expressão acima, há um espaço em branco entre os dois traços. Isso evita que o compilador interprete-os como operador de decremento (v. Seção 3.11).

| Grupo de Operadores | Precedência |
|:---:|:---:|
| – (unário) | Mais alta |
| *, /, % | ⬇ |
| +, – (binários) | Mais baixa |

Tabela 3–4: Precedências de Operadores Aritméticos de C

É importante salientar que divisão inteira ou resto de divisão inteira por zero é uma operação ilegal que causa o término abrupto (**aborto**) da execução de um programa que tenta realizar tal operação. Por outro lado, divisão real por zero não causa aborto de programa, mas não produz um número real como resultado. Portanto antes de efetuar qualquer operação de divisão ou resto de divisão, deve-se verificar, por meio de uma instrução **if** (v. Seção 4.6.1), se o divisor da operação é zero.

### 3.7.2 Operadores Relacionais

**Operadores relacionais** são operadores binários utilizados em expressões de comparação. Os operandos de um operador relacional podem ser de qualquer tipo numérico. Os operadores relacionais de C são apresentados, com seus possíveis resultados, na Tabela 3–5, enquanto a Tabela 3–6 exibe seus grupos de precedência. Os quatro primeiros operadores na Tabela 3–5 têm a mesma precedência, que é menor do que as precedências dos operadores aritméticos vistos antes. Os dois últimos operadores estão uma classe de precedência abaixo dos quatro primeiros operadores.

| Símbolo | Operador | Aplicação | Resultado |
|:---:|:---|:---:|:---|
| > | maior do que | a > b | 1 se a é maior do b; 0, caso contrário |
| >= | maior ou igual | a >= b | 1 se a é maior do que ou igual a b; 0, caso contrário |
| < | menor do que | a < b | 1 se a é menor do b; 0, caso contrário |
| <= | menor ou igual | a <= b | 1 se a é menor do que ou igual a b; 0, caso contrário |
| == | igualdade | a == b | 1 se a é igual a b; 0, caso contrário |
| != | diferente | a != b | 1 se a é diferente de b; 0, caso contrário |

Tabela 3–5: Operadores Relacionais de C

| Grupo de Operadores | Precedência |
|:---|:---|
| >, >=, <, <= | Mais alta |
| ==, != | Mais baixa |

Tabela 3–6: Precedências dos Operadores Relacionais de C

A linguagem C e a linguagem algorítmica apresentada no Capítulo 2 possuem operadores relacionais equivalentes. Entretanto, uma diferença fundamental é que a linguagem algorítmica possui o tipo de dados booleano e expressões de comparação resultam em <u>verdadeiro</u> ou <u>falso</u>. Em C, o resultado de qualquer expressão relacional corresponde a um valor inteiro (**0** ou **1**). Além disso, alguns operadores relacionais correspondentes nessas linguagens usam símbolos diferentes.

O programador deve tomar cuidado para não usar inadvertidamente o símbolo =, que representa o operador de igualdade em linguagem algorítmica, em substituição ao símbolo ==, que representa esse operador em C. Esse tipo de erro, muito comum em programação em C, é muitas vezes difícil de ser localizado, pois o uso por engano do símbolo = em vez de == é, na maioria das vezes, *sintaticamente* legal, embora, frequentemente, resulte numa interpretação diferente da pretendida. Um exemplo concreto dessa situação será apresentado na Seção 4.6.1.

Conforme foi visto na Seção 3.4.3, números reais podem ser representados aproximadamente no computador. Por isso, operadores relacionais não devem ser usados para comparar números reais da mesma maneira que eles são usados para comparar números inteiros. Na Seção 5.11.6, será mostrado como números reais podem ser comparados.

### 3.7.3 Operadores Lógicos

Operadores lógicos em C correspondem aos operadores de negação, conjunção e disjunção da linguagem algorítmica (v. Seção 2.5.4). Entretanto, diferentemente do que ocorre na linguagem algorítmica, os operadores lógicos em C podem receber como operandos quaisquer valores numéricos. Os operadores lógicos de C são apresentados em ordem decrescente de precedência na Tabela 3–7.

| Operador | Símbolo | Precedência |
|----------|---------|-------------|
| Negação | ! | Mais alta |
| Conjunção | && | ⬇ |
| Disjunção | \|\| | Mais baixa |

TABELA 3–7: OPERADORES LÓGICOS DE C EM ORDEM DECRESCENTE DE PRECEDÊNCIA

A aplicação de um operador lógico sempre resulta em 0 ou 1, dependendo dos valores dos seus operandos. Os valores resultantes da aplicação desses operadores de acordo com os valores de seus operandos são resumidos na Tabela 3–8 e na Tabela 3–9.

| X | !X |
|---|----|
| 0 | 1 |
| diferente de 0 | 0 |

TABELA 3–8: RESULTADOS DO OPERADOR DE NEGAÇÃO (!) DE C

| X | Y | X && Y | X \|\| Y |
|---|---|--------|----------|
| 0 | 0 | 0 | 0 |
| 0 | diferente de 0 | 0 | 1 |
| diferente de 0 | 0 | 0 | 1 |
| diferente de 0 | diferente de 0 | 1 | 1 |

TABELA 3–9: RESULTADOS DOS OPERADORES DE CONJUNÇÃO (&&) E DISJUNÇÃO (\|\|) DE C

Para memorizar a Tabela 3–9, você precisa apenas considerar que a aplicação de && resulta em 1 apenas quando os dois operandos são diferentes de zero; caso contrário, o resultado é 0. De modo semelhante, X || Y resulta em 0 apenas quando ambos os operandos são iguais a 0.

O operador lógico ! tem a mesma precedência do operador aritmético unário, (representado por –), visto na Seção 3.7.1. Os operadores lógicos && e || têm precedências mais baixas do que operadores aritméticos e relacionais, mas não fazem parte de um mesmo grupo de precedência: o operador && tem precedência mais alta do que o operador ||. A Tabela 3–10 apresenta as precedências relativas entre todos os operadores vistos até aqui.

A propósito, uma informação importante que merece ser memorizada é a seguinte:

| Recomendação | *Todos os operadores unários de C fazem parte de um mesmo grupo de precedência. Os operadores desse grupo possuem a segunda maior precedência dentre todos os operadores da linguagem C e a associatividade deles é à direita.* |
|---|---|

Apenas os operadores de acesso, que serão apresentados no Capítulo 10, possuem maior precedência do que os operadores unários.

Os operadores **&&** e **||** têm ordem de avaliação de operandos especificada como sendo da esquerda para a direita. Isto é, o primeiro operando é sempre avaliado em primeiro lugar.

| Grupo de Operadores | Precedência |
|---|---|
| !, – (unários) | Mais alta |
| *, /, % | |
| +, – (binários) | |
| >, >=, <, <= | |
| ==, != | |
| && | |
| \|\| | Mais baixa |

TABELA 3–10: PRECEDÊNCIAS DE OPERADORES ARITMÉTICOS, RELACIONAIS E LÓGICOS DE C

### Curto-circuito do Operador de Conjunção (&&)

Quando o primeiro operando do operador **&&** é zero, seu segundo operando não é avaliado e o resultado da operação é zero. Por exemplo, quando o valor de **a** for zero na expressão:

```
(a != 0) && (b/a > 4)
```

o operando a != 0 resulta em 0 e o operando b/a > 4 não é avaliado, pois considera-se que, para que toda a expressão resulte em 0, basta que um dos operandos seja 0.

### Curto-circuito do Operador de Disjunção (||)

Quando o primeiro operando do operador **||** é diferente de zero, seu segundo operando não é avaliado e o resultado da operação é **1**. Por exemplo, se o valor de **x** for **5** na expressão:

```
(x > 0) || (y < 0)
```

o operando x > 0 resulta em 1 e o operando y < 0 não é avaliado.

## 3.8 Definições de Variáveis

Em programação, uma definição de variável tem três objetivos: (1) prover uma interpretação para o espaço em memória ocupado pela variável, (2) fazer com que seja alocado espaço suficiente para conter a variável e (3) associar esse espaço a um identificador (i.e., o nome da variável).

Em C, toda variável precisa ser definida antes de ser usada. Uma definição de variável em C consiste num identificador representando o tipo da variável seguido do nome da variável. Variáveis de um mesmo tipo podem ainda ser definidas juntas e separadas por vírgulas. Por exemplo, a definição:

```
int minhaVar, i, j;
```

é responsável pela alocação em memória das variáveis `minhaVar`, `i` e `j` como sendo do tipo **int**.

É recomendado que identificadores que representem categorias diferentes de componentes de um programa sigam notações diferentes de composição para facilitar a identificação visual de cada componente. No caso de variáveis, as recomendações são as seguintes:

- ❏ Inicie o nome de uma variável com letra minúscula.
- ❏ Se o nome da variável for composto, utilize letra maiúscula no início de cada palavra seguinte, inclusive palavras de ligação (p. ex., preposições e conjunções)
- ❏ Não utilize subtraço.

Seguem mais algumas recomendações para a escolha de identificadores para variáveis:

- ❏ Escolha nomes que sejam significativos (p. ex., `matricula` é mais significativo do que `x` ou `m`).
- ❏ Evite utilizar nomes de variáveis que sejam muito parecidos ou que difiram em apenas um caractere (p. ex., `primeiraNota` e `segundaNota` são melhores do que `nota1` e `nota2`).
- ❏ Evite utilizar `l` (*ele*) e `o` (*ó*) como nomes de variáveis pois são facilmente confundidos com `1` (*um*) e `0` (*zero*). Esse problema também pode ser evitado com uma escolha adequada de fonte para edição de programas, como aquela usada neste livro. (A propósito, o nome dessa fonte é *Adobe Source Code Pro*.)

Outra recomendação que melhora a legibilidade de programas é o uso de espaços horizontais para alinhar identificadores de variáveis numa seção de declaração. Por exemplo:

```
int        umaVariavel;
static int  outraVariavel;
```

# 3.9 Operador de Atribuição

Uma das instruções mais simples em C é a instrução de atribuição. Uma instrução desse tipo preenche o espaço em memória representado por uma variável com um valor determinado e sua sintaxe tem a seguinte forma geral:

> *variável = expressão;*

A interpretação para uma instrução de atribuição é a seguinte: a expressão (lado direito) é avaliada e o valor resultante é armazenado no espaço de memória representado pela variável (lado esquerdo).

Quando um espaço em memória é alocado para conter uma variável, o conteúdo desse espaço (i.e., o valor da própria variável) *pode ser* indeterminado (v. Seção 5.9.3). Isso significa que não se deve fazer nenhuma suposição sobre o valor de uma variável antes que ela assuma um valor *explicitamente* atribuído. Às vezes, é desejável que uma variável assuma certo valor no instante de sua definição. Essa iniciação pode ser feita em C combinando-se a definição da variável com a atribuição do valor desejado. Por exemplo, suponha que se deseje atribuir o valor inicial `0` a uma variável inteira denominada `minhaVar`. Então, isso poderia ser feito por meio da seguinte iniciação:

```
int  minhaVar = 0;
```

Uma instrução de atribuição é uma expressão e o sinal de igualdade utilizado em atribuição representa o operador principal dessa expressão. Esse operador faz parte de um grupo de operadores que têm uma das mais baixas precedências dentre todos os operadores de C. De fato, apenas o operador vírgula (v. Seção 4.9) possui precedência menor do que esse grupo de operadores.

O operador de atribuição possui efeito colateral, que consiste exatamente na alteração de valor causada na variável (operando) que ocupa o lado esquerdo da expressão. Esse operador possui associatividade à direita e o resultado da aplicação desse operador é o valor recebido pela variável no lado esquerdo da expressão de atribuição. Em virtude das suas propriedades, o operador de atribuição pode ser utilizado para a execução de múltiplas atribuições numa única linha de instrução. Por exemplo, se x, y e z são variáveis do tipo **int**, a atribuição composta:

```
x = y = z = 1;
```

resulta na atribuição de 1 a z, z a y e y a x, nessa ordem. Nesse caso, x, y e z terão, no final da execução da instrução, o mesmo valor, mas isso nem sempre acontece numa atribuição múltipla, pois podem ocorrer conversões implícitas, como mostra o seguinte exemplo:

```
int    i;
double d;
i = d = 2.5;
```

Nesse exemplo, **d** recebe o valor **2.5**, mas **i** recebe o valor **2** (o valor de **d** convertido em **int**).

**Exercício:** Que valores receberiam i e d na atribuição d = i = 2.5?

Como ocorre com a maioria dos operadores de C, o operador de atribuição não possui ordem de avaliação de operandos definida. Isso, aliado ao fato de o operador de atribuição possuir efeito colateral, pode dar origem a expressões capazes de produzir dois resultados diferentes, mas aceitáveis. Por exemplo, no trecho de programa:

```
int x = 0, y = 0;
(x = 1)*(x + 2);
```

a última expressão pode produzir dois resultados diferentes, dependendo de qual dos operandos [(x = 1) ou (x + 2)] é avaliado primeiro. Isto é, se o primeiro operando for avaliado antes do segundo, o resultado será 3 (1 vezes 3); enquanto, se o segundo operando for avaliado antes do primeiro, o resultado será 2 (1 vezes 2). Qualquer dos dois resultados é válido porque a padrão da linguagem C não especifica qual dos dois operandos deve ser avaliado primeiro. Portanto a expressão (x = 1)*(x + 2) não é portável em C.

Examinando detalhadamente a expressão do último exemplo, podem-se descobrir quais são os ingredientes de uma expressão capaz de produzir dois resultados distintos e legítimos:

- ☐ Uso de operador sem ordem de avaliação de operandos especificada. No último exemplo, o operador de multiplicação não tem ordem de avaliação de operandos definida, mas se esse operador for substituído, por exemplo, pelo operador **&&**, a expressão resultante (x = 1) && (x + 2) será portável.
- ☐ Uso de um operador com efeito colateral. No exemplo em questão, o operador de atribuição possui efeito colateral; se esse operador for substituído, por exemplo, pelo operador de subtração, a expressão resultante (x - 1)*(x + 2) será portável.
- ☐ Uma variável que sofre efeito colateral faz parte dos dois operandos de um operador sem ordem de avaliação de operandos definida. No exemplo em questão, a variável x aparece nos dois operandos do operador *. Se uma das ocorrências dessa variável for substituída por outra variável, a expressão resultante torna-se portável. Por exemplo, (x = 1)*(y + 2) é portável.

# 3.10 Conversões de Tipos

## 3.10.1 Conversões Implícitas

C permite que operandos de tipos aritméticos diferentes sejam misturados em expressões. Entretanto, para que tais expressões façam sentido, o compilador executa conversões implícitas (ou automáticas). Essas conversões não incluem arredondamento e muitas vezes são responsáveis por resultados inesperados. Portanto o programador deve estar absolutamente ciente das transformações feitas implicitamente pelo compilador antes de misturar valores de tipos diferentes numa expressão; caso contrário, é melhor evitar definitivamente essa mistura.

Diz-se que dois tipos são compatíveis entre si quando eles são iguais ou quando qualquer valor de um tipo pode ser convertido implicitamente num valor do outro tipo. Assim, todos os tipos aritméticos discutidos neste livro são compatíveis entre si. Entretanto, isso não significa que não ocorre perda de informação durante tal conversão (v. adiante).

Existem cinco situações nas quais conversões são feitas implicitamente por um compilador de C. Três delas serão discutidas a seguir, enquanto as demais serão discutidas no Capítulo 5.

### Conversão de Atribuição

Nesse tipo de conversão, o valor do lado direito de uma atribuição é convertido no tipo da variável do lado esquerdo. Um problema que pode ocorrer com esse tipo de conversão surge quando o tipo do lado esquerdo é *mais curto* do que o tipo do lado direito da atribuição. Por exemplo, se **c** é uma variável do tipo **char**, a atribuição:

```
c = 936;
```

pode resultar, na realidade, na atribuição do valor **168** a **c**. Por que isso ocorre? Primeiro, o valor **936** é grande demais para caber numa variável do tipo **char** (que, relembrando, ocupa apenas um byte). Segundo, pode-se observar que **936** é representado em 16 bits pela sequência:

```
00000011  10101000
```

Mas, como valores do tipo **char** devem ser contido em apenas 8 bits, o compilador *pode* considerar apenas os 8 bits de menor ordem:

```
10101000
```

que correspondem a **168** em base decimal.

Conversões entre números reais e inteiros também podem ser problemáticas. Claramente, a atribuição de um número real a uma variável inteira pode causar perda de informação, pois números reais são usualmente capazes de acomodar valores bem maiores do que o maior valor permitido para uma variável inteira. Por exemplo, se **i** é uma variável do tipo **int**, a seguinte atribuição:

```
i = 1.85E100;
```

faz com que a **i** seja atribuído o valor **2147483647** numa dada implementação de C. O estranho valor atribuído à variável **i** surgiu em virtude da ocorrência de overflow (v. Seção 4.11.7); i.e., uma variável do tipo **int** não é capaz de armazenar um valor tão grande quanto aquele que lhe foi atribuído.

Os erros decorrentes de overflow nos exemplos apresentados acima são fáceis de entender. Mas, numa atribuição de um valor real a uma variável inteira podem ocorrer erros decorrentes de truncamento que são bem mais difíceis de detectar e corrigir.

Truncar um número significa desprezar alguns de seus algarismos e, quando um número real é convertido em número inteiro, sua parte fracionária é truncada. Em virtude da relativa complexidade envolvida com erros de truncamento, a esse tópico será dedicada uma seção especial (Seção 7.5 do Capítulo 7).

Apesar de os tipos reais serem usualmente capazes de incluir valores maiores do que os tipos inteiros em termos de ordem de grandeza, a atribuição de um número inteiro a uma variável de um tipo real pode causar perda de precisão, pois o tipo real poderá não ser capaz de representar todos os algarismos significativos do número inteiro, que, nesse caso, será arredondado. Entretanto, problemas dessa natureza são improváveis com os tipos **double** e **int** usados neste livro.

## Conversão Aritmética Usual

Quando um operador que não é de atribuição possui operandos de tipos diferentes, um deles é convertido no tipo do outro, de modo que eles passem a ter o mesmo tipo. Essa categoria de conversão é denominada con- versão aritmética usual, porque ela afeta operandos aritméticos, mas ela se aplica a operadores de qualquer natureza (com exceção de atribuição) e obedece as seguintes regras:

❑ Quando um operando é um valor inteiro (i.e., do tipo **int** ou **char**) e outro operando do mesmo ope- rador é do tipo **double**, o operando inteiro é convertido em **double** antes de a expressão ser avaliada. Precisamente, isso significa que o valor inteiro usado pelo programador será substituído por um valor do tipo **double** quando o programa for compilado.

❑ Quando um operando é do tipo **int** e o outro operando do mesmo operador é **char**, o operando do tipo **char** é convertido em **int** antes de a expressão ser avaliada.

## Conversão de Alargamento

Mesmo quando uma variável do tipo **char** (ou parâmetro ou retorno de função desse tipo — v. Capítulo 5) não é misturada com operandos de outros tipos, por uma questão de eficiência, seu valor é convertido, num valor do tipo **int**. Essa categoria de conversão é denominada conversão de alargamento e nunca traz nenhum dano para um programa. É por causa dela que programadores conscientes usam o tipo **int** em declarações de variáveis e parâmetros mesmo que eles armazenem apenas valores que caberiam numa variável do tipo **char**.

### 3.10.2 Conversão Explícita

O programador pode especificar conversões explicitamente em C antepondo ao valor que deseja transformar o nome do tipo desejado entre parênteses. Por exemplo, suponha que se tenham as seguintes linhas de progra- ma em C:

```
int    i1 = 3, i2 = 2;
double d;

d = i1/i2;
```

Nesse caso, em virtude de conversões implícitas, **d** receberá o valor **1.0**, o que talvez não seja o esperado. Entretanto, se um dos inteiros for promovido explicitamente a **double** o resultado será **1.5**, o que pode ser obtido do seguinte modo:

```
d = (double) i1/i2;
```

A construção (*tipo*), como (**double**), trata-se de mais um operador da linguagem C, denominado operador de conversão explícita. Esse operador tem a mesma precedência e associatividade dos outros operadores unários. Logo a expressão anterior é interpretada como:

```
((double) i1)/i2
```

Se a expressão **i1/i2** for colocada entre parênteses, a conversão será feita, de forma redundante, sobre o resul- tado dessa expressão e o valor atribuído a **d** será novamente **1.0**.

O uso do operador de conversão explícita, mesmo quando ele é desnecessário, é capaz de melhorar a legibi- lidade de programas. Por exemplo, suponha que **d** é do tipo **double** e **i** é do tipo **int**. Então, na atribuição:

```
i = (int) d;
```

o operador **(int)** é utilizado apenas para indicar que o programador está ciente de que ocorre uma conversão para **int**. Funcionalmente, esse operador é redundante, uma vez que essa transformação ocorreria implicitamente se o operador não fosse incluído. No entanto, o uso do operador **(int)** torna clara essa conversão.

# 3.11 Incremento e Decremento

Os operadores de incremento e decremento são operadores unários que, quando aplicados a uma variável, adicionam-lhe ou subtraem-lhe **1**, respectivamente. Esses operadores aplicam-se a variáveis numéricas ou ponteiros (v. Seção 8.6). Os operadores de incremento e decremento são representados respectivamente pelos símbolos ++ e --. Eles têm a mesma precedência e associatividade de todos os operadores unários.

Existem duas versões para cada um desses operadores: (1) prefixa e (2) sufixa. Sintaticamente, essa classificação refere-se à posição do operador em relação ao seu operando. Se o operador aparece antes do operando (p. ex., ++x), ele é um operador prefixo; caso contrário (p. ex., x++), ele é sufixo. Todos esses operadores produzem efeitos colaterais nas variáveis sobre as quais atuam. Esses efeitos colaterais correspondem exatamente ao incremento (i.e., acréscimo de **1** ao valor) ou decremento (i.e., subtração de **1** do valor) da variável.

Com relação a efeitos colaterais, não existe diferença quanto ao uso da forma prefixa ou sufixa de cada um desses operadores. Isto é, qualquer versão do operador de incremento produz o mesmo efeito de incremento e qualquer versão do operador de decremento produz o mesmo efeito de decremento.

A diferença entre as versões prefixa e sufixa de cada um desses operadores está no resultado da operação. Os operadores sufixos produzem como resultado o *próprio valor da variável* sobre a qual atuam; por outro lado, operadores prefixos resultam no valor da variável *após o efeito colateral* (i.e., incremento ou decremento) ter ocorrido. Portanto se o resultado de uma operação de incremento ou de decremento não for utilizado, não faz nenhuma diferença se o operador utilizado é prefixo ou sufixo. Por exemplo, no trecho de programa a seguir:

```
int  y, x = 2;
y = 5*x++;
```

y recebe o valor **10**, enquanto se a instrução contendo incremento fosse escrita como:

```
y = 5*++x;
```

y receberia o valor **15**. Em ambos os casos, entretanto, a variável x seria incrementada para **3** (i.e., o efeito colateral seria o mesmo).

Supondo que x é uma variável numérica ou um ponteiro, os resultados e efeitos colaterais dos operadores de incremento e decremento são resumidos na Tabela 3–11.

| OPERAÇÃO | DENOMINAÇÃO | VALOR DA EXPRESSÃO | EFEITO COLATERAL |
|----------|-------------|--------------------|--------------------|
| x++ | incremento sufixo | o mesmo de x | adiciona 1 a x |
| ++x | incremento prefixo | o valor de x mais 1 | adiciona 1 a x |
| x-- | decremento sufixo | o mesmo de x | subtrai 1 de x |
| --x | decremento prefixo | o valor de x menos 1 | subtrai 1 de x |

TABELA 3–11: OPERADORES DE INCREMENTO E DECREMENTO

Muitas vezes, o programador está interessado apenas no efeito colateral do operador de incremento ou decremento. Nesse caso, a escolha da versão de operador utilizada é absolutamente irrelevante. Ou seja, o programador deve preocupar-se com a diferença entre as versões desses operadores apenas quando os valores resultantes de expressões formadas por esses operadores forem utilizados.

Do mesmo modo como ocorre com o operador de atribuição (v. Seção 3.9), não é recomendado o uso de uma variável afetada por um operador de incremento ou decremento na mesma expressão em que ocorre tal incremento ou decremento. Por exemplo, considere o seguinte trecho de programa:

```
int  i, j = 4;
i = j * j++;
```

Conforme já foi visto, a linguagem C não especifica qual dos operandos da multiplicação é avaliado primeiro e, portanto o resultado a ser atribuído a i irá depender da livre interpretação do compilador. Nesse caso, há dois resultados possíveis: **16** ou **20** (verifique isso).

O programador também deve evitar (ou, pelo menos, tomar bastante cuidado com) o uso de operadores com efeitos colaterais, como os operadores de incremento e decremento, com os operadores lógicos **&&** e **||**. O problema agora é que, conforme visto na Seção 3.7.3, algumas expressões lógicas nem sempre são completamente avaliadas. Como exemplo, considere a expressão:

```
(a > b) && (c == d++)
```

Nessa situação, a variável **d** seria incrementada apenas quando **a** fosse maior do que **b** e, talvez, o programador desejasse que ela fosse incrementada *sempre* que essa expressão fosse avaliada.

## 3.12 Comentários

Comentários em C são quaisquer sequências de caracteres colocadas entre os delimitadores de comentários /* e */. Caracteres entre delimitadores de comentários são totalmente ignorados por um compilador de C e, portanto, não existe nenhuma restrição em relação a esses caracteres. Por exemplo:

```
/* Isto é um comentário acentuado em bom português */
```

De acordo com o padrão ISO não é permitido o uso aninhado de comentários desse tipo; i.e., um comentário no interior de outro comentário. Entretanto, algumas implementações de C aceitam isso, o que pode ser bastante útil na depuração de programas, pois permite excluir, por meio de comentários, trechos de programa que já contenham comentários (v. Seção 7.4.3).

O padrão C99 introduz o delimitador de comentário //. Caracteres que seguem esse delimitador até o final da linha que o contém são ignorados pelo compilador. Exemplo:

```
// Outro comentário acentuado em bom português
```

Esse tipo de comentário pode ser aninhado em comentários do tipo anterior:

```
/*
x = 10; // Isto é um comentário
*/
```

E vice-versa:

```
x = 10; // Isto /* é outro */ comentário
```

O objetivo principal de comentários é explicar o programa para outros programadores e para você mesmo quando for lê-lo algum tempo após sua escrita. Um programa sem comentários força o leitor a fazer inferências para tentar entender o que e como o programa faz. Aqui, serão apresentados alguns conselhos sobre *quando*, *como* e *onde* comentar um programa a fim de clarificá-lo.

O melhor momento para comentar um trecho de um programa ou algoritmo é exatamente quando esse trecho está sendo escrito. Isso se aplica especialmente àqueles trechos de programa contendo sutilezas, inspirações momentâneas ou coisas do gênero, que o próprio programador terá dificuldade em entender algum tempo depois. Alguns comentários passíveis de ser esquecidos (p. ex., a data de início da escrita do programa) também devem ser acrescentados no momento da escrita do programa. Outros comentários podem ser acrescentados quando o programa estiver pronto, embora o ideal continue sendo comentar todo o programa à medida que ele é escrito. Se você deixar para comentar um programa algum tempo após tê-lo concluído, pode ser que não seja capaz de descrever tudo que fez. Ou seja, o que provavelmente era óbvio quando você escreveu o programa pode ter se tornado indecifrável quando estiver escrevendo os comentários algum tempo depois.

Comentários devem ser claros e dirigidos para programadores com alguma experiência na linguagem de programação utilizada. Isto é, comentários devem incluir tudo aquilo que um programador precisa saber sobre um programa e nada mais. Eles não têm que ser didáticos como muitos comentários apresentados aqui e em outros textos de ensino de programação. Esses comentários didáticos são úteis nesses textos que têm exatamente o objetivo de ensinar, mas comentários num programa real têm o objetivo de explicar o programa para programadores e não o de ensinar a um leigo na linguagem o que está sendo feito. Por exemplo, o comentário na seguinte linha de instrução

```
x = 2; /* O conteúdo de x passa a ser 2 */
```

é aceitável num texto que se propõe a ensinar programação, mas não faz sentido num programa real.

A melhor forma de adquirir prática na escrita de comentários é lendo programas escritos por programadores profissionais e observando os vários estilos de comentários utilizados.

Existem dois formatos básicos de comentários: comentário de bloco e comentário de linha, que devem ser utilizados conforme é sugerido aqui ou de acordo com a necessidade. Em qualquer caso, você não precisa seguir os *formatos* dos modelos sugeridos. Isto é, você é livre para usar sua criatividade para criar seu próprio estilo de comentário; o que se espera é que o *conteúdo* corresponda àquele sugerido nos formatos de comentários apresentados a seguir.

**Blocos de comentário** são utilizados no início do programa [i.e., no início do arquivo contendo a função **main()**] com o objetivo informativo de apresentar o propósito geral do programa, data de início do projeto, nome do programador, versão do programa, nota de direitos autorais (*copyright*) e qualquer outra informação pertinente. Por exemplo:

```
/****
 *
 * Título do Programa: MeuPrograma
 *
 * Autor: José da Silva
 *
 * Data de Início do Projeto: 10/11/2012
 * Última modificação: 19/11/2012
 *
 * Versão: 2.01b
 *
 * Descrição: Este programa faz isto e aquilo.
```

```
*
* Dados de Entrada: Este programa espera os seguintes dados...
*
* Dados de Saída: Este programa produz como saída o seguinte...
*
* Uso: Este programa deve ser usado assim...
*
* Copyright © 2012 José da Silva Software Ltda.
*
****/
```

Outros itens comumente usados em comentários iniciais de programas incluem:

- ❑ Propósito do programa (i.e., para que o programa foi construído?).
- ❑ Crédito para alguma porção do programa desenvolvido por outrem.
- ❑ Como devem ser os formatos dos arquivos que seu programa lê ou escreve.
- ❑ Restrições que se aplicam ao programa (p. ex., *Este programa não checa erros de entrada de dados*).
- ❑ Histórico de revisões: alterações efetuadas no programa, quem as fez e quando.
- ❑ Tratamento de erros: quando o programa detecta um erro, o que ele faz?
- ❑ Observações: inclua qualquer comentário relevante sobre o programa que ainda não tenha sido apresentado.

Comentários de bloco dessa natureza fazem parte dos exemplos de programação obtidos via download no site do livro (*www.ulysseso.com/ip*).

# 3.13 Bibliotecas

Em programação, biblioteca é uma coleção de componentes que o programador pode incluir em seus programas. Em C, tais componentes incluem, por exemplo, constantes simbólicas (v. Seção 3.15), tipos de dados derivados (v. Seção 10.2) e funções. Função é o nome que se dá a um subprograma na linguagem C e é assunto a ser discutido em profundidade no Capítulo 5. O uso de componentes prontos para ser incorporados em programas facilita sobremaneira o trabalho dos programadores.

## 3.13.1 A Biblioteca Padrão de C

A biblioteca padrão de C é aquela preconizada pelo padrão ISO dessa linguagem. Isso significa que todo compilador de C que adere ao padrão ISO deve ser distribuído acompanhado dessa biblioteca. A biblioteca que acompanha um compilador pode incluir componentes adicionais além daqueles recomendados pelo padrão de C. O uso de componentes específicos de uma determinada biblioteca num programa prejudica sua portabilidade.

A biblioteca padrão de C é dividida em grupos de componentes que têm alguma afinidade entre si. Por exemplo, existem componentes para entrada e saída, processamento de strings, operações matemáticas etc. Cada grupo de componentes, denominado módulo, possui dois arquivos associados:

- ❑ Um arquivo-objeto que contém as implementações dos componentes do módulo previamente compiladas.
- ❑ Um arquivo de texto, denominado cabeçalho, que contém *definições parciais* (alusões) legíveis das funções implementadas no arquivo-objeto correspondente. Um arquivo de cabeçalho pode ainda conter, entre outros componentes, definições de tipos (v. Seção 10.2) e constantes simbólicas (v. Seção 3.15). Arquivos de cabeçalho normalmente têm a extensão .h (que é derivada de *header*; i.e., cabeçalho em inglês).

Para utilizar algum componente de um módulo de biblioteca num programa, deve-se incluir o arquivo de cabeçalho desse módulo usando uma diretiva **#include** (usualmente, no início do programa) com o formato:

```
#include <nome do arquivo>
```

ou:

```
#include "nome do arquivo"
```

Normalmente, o primeiro formato de inclusão é usado para cabeçalhos da biblioteca padrão, enquanto o segundo formato é usado para cabeçalhos de outras bibliotecas.

Linhas de um programa em C que começam com o símbolo # são denominadas diretivas. Elas são processadas por um programa, denominado pré-processador, cuja execução antecede o processo de compilação propriamente dito. Diretivas possuem sintaxe própria. Por exemplo, diretivas não terminam com ponto e vírgula, como instruções da linguagem C.

Como foi afirmado, um arquivo de cabeçalho contém informações incompletas sobre funções. Mas, apesar de incompletas, essas informações são suficientes para o compilador checar se um determinado uso (chamada) de função é correto. As definições completas das funções aludidas num cabeçalho estão contidas no arquivo-objeto associado ao cabeçalho. Para que um programa-fonte que usa uma função de biblioteca possa ser transformado em programa executável, é necessário que o arquivo-objeto resultante de sua compilação seja ligado ao arquivo-objeto que contém o código compilado da função. Essa ligação é feita por um linker (v. Seção 3.16.2).

Atualmente, 29 cabeçalhos fazem parte da biblioteca padrão de C. A Tabela 3–12 apresenta os cabeçalhos mais comumente utilizados e seus propósitos. Apenas alguns dos vários componentes da biblioteca padrão de C serão apresentados neste livro devido à sua natureza introdutória.

| CABEÇALHO | USADO COM... |
|---|---|
| `<stdio.h>` | Entrada e saída em geral, incluindo leitura de dados via teclado (v. Capítulo 11), escrita de dados na tela (v. Seção 3.14.1) e processamento de arquivos (v. Capítulo 11) |
| `<stdlib.h>` | ☐ Funções **srand()** e **rand()** usadas em geração de números aleatórios (v. Seção 4.10)<br>☐ Alocação dinâmica de memória (Capítulo 12) |
| `<time.h>` | Função **time()** usada com **srand()** em geração de números aleatórios (v. Seção 4.10). |
| `<string.h>` | Processamento de strings (v. Capítulo 8) |
| `<ctype.h>` | Classificação e transformação de caracteres (v. Capítulo 8) |
| `<math.h>` | Operações matemáticas com números reais [p. ex., **sqrt()**, **pow()**] |

TABELA 3–12: PRINCIPAIS CABEÇALHOS DA BIBLIOTECA PADRÃO DE C

### 3.13.2 A Biblioteca LEITURAFACIL

A biblioteca LEITURAFACIL foi desenvolvida com o objetivo de facilitar o aprendizado de programação removendo parte da complexidade inerente à linguagem C com respeito a leitura de dados via teclado. O processo de instalação dessa biblioteca foi descrito no Capítulo 1. Na Seção 3.14.2, será mostrado como utilizar alguns de seus componentes.

### 3.13.3 Outras Bibliotecas

Um compilador pode vir acompanhado de outras bibliotecas além da biblioteca padrão de C. Essas bibliotecas facilitam ainda mais a criação de programas, mas têm como grande desvantagem o fato de não serem portáveis. A falta de portabilidade aflige particularmente bibliotecas dedicadas à construção de interfaces gráficas aderentes a uma plataforma. Por exemplo, uma biblioteca específica para construção de interfaces gráficas para sistemas da família Windows não tem nenhuma utilidade para construção de interfaces gráficas (p. ex., KDE, Gnome) para o sistema Linux.

# 3.14 Entrada via Teclado e Saída via Tela

As funções responsáveis pelas operações de entrada e saída em C fazem parte de um módulo da biblioteca padrão de C denominado *stdio*[1]. Para utilizar essas funções deve-se incluir o cabeçalho **stdio.h**, que contém informações sobre elas, por meio da diretiva:

```
#include <stdio.h>
```

Quando encontra uma diretiva **#include**, o pré-processador de C a substitui pelo conteúdo do arquivo que se deseja incluir. Por exemplo, quando a diretiva acima é processada, o conteúdo do arquivo **stdio.h** é inserido no local do programa onde ela se encontra. Assim, quando encontrar uma chamada de uma função referenciada no arquivo **stdio.h**, o compilador será capaz de verificar se a chamada é correta. Se você não incluir o respectivo arquivo de cabeçalho para uma função de biblioteca que deseja utilizar em seu programa, o nome dela será considerado pelo compilador como, por exemplo, identificador não declarado, visto que nem ele faz parte da linguagem C em si nem você o declarou explicitamente. (Chamar uma função significa fazer com que ela seja executada, como será visto no Capítulo 5. Cada item entre parênteses numa chamada de função é denominado parâmetro. Parâmetros são separados por vírgulas.)

## 3.14.1 Escrita de Dados na Tela

A função **printf()** é equivalente em C à instrução escreva da linguagem algorítmica apresentada no Capítulo 2. Isto é, ela permite a escrita de constantes, variáveis ou expressões de quaisquer tipos na tela do computador. A função **printf()** também permite a escrita de strings. No entanto, diferentemente da instrução escreva da linguagem algorítmica, a função **printf()** requer que seja especificado o formato de cada item que ela escreve. Essa especificação é feita por meio de um string (tipicamente constante), denominado string de formatação, de modo que uma chamada da função **printf()** assume o seguinte formato:

$$\text{printf}(\textit{string de formatação}, e_1, e_2, ..., e_n);$$

Nesse formato, cada $e_i$ pode ser uma constante, variável, expressão ou um string. Para cada item $e_i$ a ser escrito na tela, deve haver um especificador de formato no interior do string de formatação que indica como esse item deve ser escrito.

A Tabela 3–13 enumera os especificadores de formato mais comuns utilizados pela função **printf()**.

| ESPECIFICADOR DE FORMATO | O ITEM SERÁ APRESENTADO COMO... |
|---|---|
| **%c** | Caractere |
| **%s** | Cadeia de caracteres (string) |
| **%d** ou **%i** | Inteiro em base decimal |
| **%f** | Número real em notação convencional |
| **%e** (**%E**) ou **%g** (**%G**) | Número real em notação científica |

TABELA 3–13: ESPECIFICADORES DE FORMATO COMUNS UTILIZADOS POR PRINTF()

---

[1] Esse nome vem de *standard input/output*; i.e., entrada/saída padrão.

Além de especificadores de formato, um string de formatação pode ainda conter outros caracteres. Quando um caractere de um string de formatação não faz parte de um especificador de formato, ele é escrito exatamente como ele é. Por exemplo, ao final da execução do trecho de programa a seguir:

```
int    n = 3;
printf("O quadrado de %d e' %d.", n, n*n);
```

será escrito o seguinte na tela:

```
O quadrado de 3 e' 9.
```

Na chamada de **printf()** do último exemplo, o string de formatação contém dois especificadores de formato do mesmo tipo: **%d**. Eles indicam que há dois parâmetros além do string de formatação que devem ser escritos em formato de inteiro na base decimal. Esses parâmetros são a variável **n** e a expressão **n*n**.

Especificadores de formato podem ser ainda mais específicos ao indicar como os parâmetros finais de **printf()** devem ser escritos. Por exemplo, pode-se indicar que um número real deve ser exibido com um mínimo de cinco casas, sendo duas delas decimais, por meio do especificador **%5.2f**. O seguinte programa e o respectivo resultado apresentado na tela demonstram os efeitos de alguns especificadores de formato.

```c
#include <stdio.h>

int main(void)
{
   int    i1 = 40, i2 = 123;
   double x1 = 123.45, x2 = 123.456789;

   printf("\n\t>>> Especificador %%d: |%d|", i1);
   printf("\n\t>>> Especificador %%5d: |%5d|", i1);
   printf("\n\t>>> Especificador %%-5d: |%-5d|", i1);
   printf("\n\t>>> Especificador %%5.3d: |%5.3d|\n", i1);

   printf("\n\t>>> Especificador %%10.3f: |%10.3f|", x1);
   printf("\n\t>>> Especificador %%10.3e: |%10.3e|", x1);
   printf("\n\t>>> Especificador %%-10g: |%-10g|\n", x1);

   printf("\n\t>>> Formato padrao int (%%d): %d\n", i2);
   printf( "\t>>> Com especificador de precisao (%%2.8d): %2.8d\n", i2 );

   printf("\n\t>>> Formato padrao double (%%f): %f\n", x2);
   printf( "\t>>> Com especificador de precisao (%%-10.2f): %-10.2f\n", x2 );
   return 0;
}
```

Esse programa apresenta o seguinte resultado:

```
>>> Especificador %d: |40|
>>> Especificador %5d: |   40|
>>> Especificador %-5d: |40   |
>>> Especificador %5.3d: |  040|

>>> Especificador %10.3f: |   123.450|
>>> Especificador %10.3e: |1.235e+002|
>>> Especificador %-10g: |123.45    |

>>> Formato padrao int (%d): 123
>>> Com especificador de precisao (%2.8d): 00000123

>>> Formato padrao double (%f): 123.456789
>>> Com especificador de precisao (%-10.2f): 123.46
```

Um estudo mais aprofundado de formatação de saída está além do escopo deste livro, mas vários exemplos no decorrer do texto mostram formas alternativas de uso dos especificadores apresentados na Tabela 3–13 (v. exemplo apresentado na Seção 3.19.4). Entretanto, o aprendiz não deve dar muita importância a especificadores de formato. É verdade que seus programas poderão apresentar saídas de dados mais elegantes se você conhecê-los bem. Mas, por outro lado, você não será considerado um bom programador apenas por conhecer uma grande quantidade de especificadores de formato.

Outra função de saída da biblioteca padrão de C, que é menos frequentemente usada do que **printf**(), é a função **putchar**(). Essa função recebe como entrada um valor do tipo **int** e escreve na tela o caractere correspondente a esse valor. Por exemplo, a instrução:

```
putchar('A');
```

resultaria na escrita de A na tela.

### 3.14.2 Leitura de Dados via Teclado Usando LeituraFacil

Leitura de dados introduzidos via teclado é um dos aspectos mais difíceis de programação. Escrever um programa robusto capaz de responder a quaisquer caracteres digitados pelo usuário é uma tarefa que poucos programadores são capazes de realizar. Em particular, dominar completamente as funções de entrada de dados via teclado da biblioteca padrão de C é uma missão complicada para alunos de introdução à programação (v. Seção 11.9).

Para facilitar o aprendizado, este livro usa a biblioteca Leitura Facil desenvolvida com o objetivo de lidar com as complexidades inerentes às funções de entrada via teclado da biblioteca padrão de C, que serão apresentadas no Capítulo 11.

Para utilizar as funções da biblioteca Leitura Facil, você deverá tê-la instalado de acordo com as recomendações da Seção 1.6.4. Se você utilizar CodeBlocks, deverá também ter configurado esse IDE conforme preconizado na Seção 1.7.2. É necessário ainda incluir o arquivo de cabeçalho dessa biblioteca em cada programa que usa qualquer de suas funções por meio da diretiva:

```
#include "leitura.h"
```

As funções da biblioteca Leitura Facil são apresentadas na Tabela 3–14.

| Função | O que faz | Exemplo |
|---|---|---|
| LeCaractere() | Lê um caractere | int c;<br>c = LeCaractere(); |
| LeInteiro() | Lê um número inteiro | int i;<br>i = LeInteiro(); |
| LeReal() | Lê um número real | double d;<br>d = LeReal(); |
| LeString() | Lê um string (v. Seção 9.5.1) | char ar[5];<br>LeString(ar, 5); |
| LeOpcao() | Lê um caractere que satisfaz certo critério (v. Seção 5.8.2) | int c;<br>c = LeOpcao("ABCabc"); |

TABELA 3–14: FUNÇÕES DA BIBLIOTECA LEITURAFACIL

As três primeiras funções apresentadas na Tabela 3–14 são muito fáceis de usar, conforme mostram os exemplos. As demais funções serão discutidas à medida que seus usos se fizerem necessários.

Além de serem fáceis de usar, as funções da biblioteca Leitura Fácil são capazes de tornar um programa robusto do ponto de vista de entrada de dados. Por exemplo, se um programa contém o seguinte fragmento:

```
#include <stdio.h>
#include "leitura.h"
...
int numero;

printf("Digite um numero inteiro: ");
numero = LeInteiro();
```

e, quando esse trecho de programa for executado, o usuário digitar, digamos, **abc**, o programa informará o usuário sobre o erro cometido e solicitará a introdução de um novo valor, como mostrado a seguir:

```
Digite um numero inteiro: abc
>>> O valor digitado e' invalido. Tente novamente
>
```

Obter os mesmos resultados apresentados pelas funções da biblioteca Leitura Fácil usando as funções de leitura via teclado da biblioteca padrão de C não é tão trivial, conforme será visto no Capítulo 11.

### 3.14.3 Uso de Prompts

Se o programador deseja obter algum tipo de informação de um usuário de seu programa, o primeiro passo é descrever precisamente para o usuário que tipo de informação o programa espera obter dele. Assim, toda instrução de entrada de dados deve ser precedida por uma informação dirigida ao usuário sobre aquilo que o programa espera que ele introduza. Essa solicitação de dados apresentada ao usuário é denominada prompt e deve preceder *qualquer* instrução de entrada de dados via teclado. Normalmente, utiliza-se a função **printf()** para essa finalidade.

Para apresentar o prompt mais adequado ao usuário do programa, o programador deve, com a devida antecedência, conhecer o perfil de usuário de seu programa para ser capaz de comunicar-se na *língua* dele. Quer dizer, se o programa destina-se a usuários de certa área de conhecimento específica, não há problema em usar jargões dessa área, mas, se os usuários podem apresentar níveis diversos de conhecimento, jargões devem ser evitados.

Um engano frequente entre programadores iniciantes é assumir que os usuários de seus programas são versados em computação. Assim, um uso de jargão, que muitas vezes é imperceptível para o programador, diz respeito àqueles jargões usados em sua própria área de conhecimento. Tendo isso em mente, ele usa em prompts jargões típicos de profissionais dessa área, como, por exemplo: *digite um string*. Hoje em dia, *digitar* já se tornou uma expressão comum, mas, provavelmente, um usuário comum não faz a menor ideia do significado de string. Portanto revise seus prompts e substitua ou elimine qualquer jargão exclusivo de sua área.

## 3.15 Constantes Simbólicas

A linguagem C permite que se associe um identificador a um valor constante. Esse identificador é denominado constante simbólica e pode ser definido em C por meio de uma diretiva **#define**. Por exemplo, suponha que se deseje denominar **PI** o valor **3.14**, então a seguinte diretiva seria utilizada:

```
#define  PI  3.14
```

Quando o programa contendo essa definição é compilado, o compilador substitui todas as ocorrências de **PI** por seu valor (i.e., **3.14**).

O uso de constantes simbólicas em um programa tem dois objetivos principais:

[1] **Tornar o programa mais legível**. Por exemplo, **PI** é mais legível do que o valor **3.14**.

[2] **Tornar o programa mais fácil de ser modificado.** Por exemplo, suponha que o valor constante `3.14` aparece em vários pontos de seu programa. Se você desejasse modificar esse valor (digamos para `3.14159`) você teria de encontrar todos os valores antigos e substituí-los. Entretanto se esse valor fosse representado por uma constante simbólica definida no início do programa, você precisaria fazer apenas uma modificação na própria definição da constante.

O uso prático de constantes simbólicas será discutido em maiores detalhes na Seção 6.5.

A linguagem algorítmica apresentada no Capítulo 2 pode ser expandida para permitir o uso de constantes simbólicas. Nesse caso, para declarar uma constante simbólica, precede-se seu nome com <u>constante</u> e termina-se a declaração com o símbolo = seguido do valor que a constante representa, como mostra o seguinte exemplo:

```
constante PI = 3.14
```

# 3.16 Como Construir um Programa 2: Implementação

A construção de um programa é um processo cíclico no sentido de que se pode retornar a uma etapa anterior quando a etapa corrente não apresenta um resultado satisfatório. A Figura 3–1 ilustra graficamente o processo cíclico de construção de um programa de pequeno porte. Programas mais complexos do que aqueles discutidos neste texto requerem projetos bem mais sofisticados que constituem assunto de disciplinas da área de Engenharia de Software.

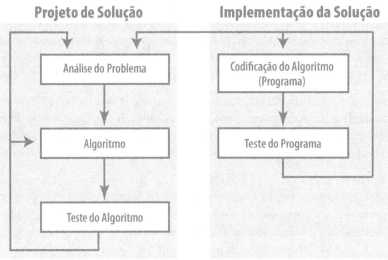

**FIGURA 3–1: PROCESSO DE CRIAÇÃO DE UM PROGRAMA**

A Seção 2.9 descreveu em detalhes como deve ser o projeto de solução de um problema simples por meio de um programa. Em resumo, as etapas envolvidas num projeto dessa natureza são:

1. Análise do problema (v. Seção 2.9.1)
2. Refinamento do algoritmo (v. Seção 2.9.2)
3. Teste do algoritmo (v. Seção 2.9.3)

Nas seções a seguir, serão exploradas as etapas implicadas na implementação da solução do problema, que são:

4. Codificação do algoritmo (v. Seção 3.16.1)
5. Construção do programa executável (v. Seção 3.16.2)
6. Teste do programa (v. Seção 3.16.3)

Normalmente, a Etapa 5 de construção de um programa executável é tão simples para programadores com alguma experiência (v. Seção 3.16.2) que não é considerada separada da etapa de codificação. Por isso, a Etapa 5 não aparece na Figura 3–1.

### 3.16.1 Etapa 4: Codificação do Algoritmo

Após completa a etapa final de projeto, a etapa seguinte consiste em codificar o algoritmo de modo a obter um programa-fonte. Essa última etapa é resumida no seguinte quadro:

> **4 Escreva o programa-fonte usando um editor de programas.**
>
> **4.1 Traduza cada instrução do algoritmo numa instrução equivalente seguindo as convenções da linguagem de programação escolhida.**
>
> **4.2 Edite a tradução resultante do passo anterior. A execução desse passo resulta num programa-fonte.**

Se a linguagem algorítmica utilizada na fase de projeto for próxima à linguagem de programação escolhida para codificação, a Etapa 4.1 não deve oferecer nenhuma dificuldade. Além disso, as Etapas 4.1 e 4.2 podem ser executadas como uma unidade. Isto é, com um pouco de experiência, pode-se traduzir um algoritmo e editar o programa traduzido num único passo, sem que se tenha que fazer uma tradução manuscrita. A Seção 3.17 mostra como realizar a Etapa 4 na prática.

### 3.16.2 Etapa 5: Construção do Programa Executável

O quadro a seguir resume o que deve ser realizado na Etapa 5:

> **5 Utilize um compilador e linker compatíveis com a linguagem de programação e o sistema operacional utilizados e construa um programa executável.**

Conforme foi visto no Capítulo 1, o processo de compilação resulta num arquivo-objeto, mas esse arquivo não é necessariamente um programa executável. O arquivo-objeto resultante da compilação precisa ser ligado a outros arquivos-objeto que porventura contenham funções ou variáveis utilizadas pelo programa. Essa tarefa é realizada por meio de um linker, conforme foi mencionado na Seção 1.2.2. A Figura 3–2 ilustra, de modo simplificado, o processo de transformação de um programa constituído de um único arquivo-fonte em programa executável.

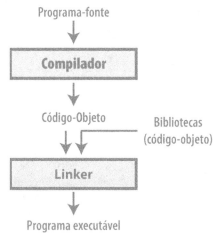

**FIGURA 3–2: PROCESSO DE CONSTRUÇÃO DE UM PROGRAMA EXECUTÁVEL**

A efetivação dessa etapa pode resumir-se a único clique de mouse ou pode levar algum tempo em virtude de necessárias correções de erros de compilação ou ligação. A Seção 3.17 apresenta algumas opções disponíveis para concretização dessa etapa e a Seção 3.18 ensina como lidar com erros de compilação e ligação que são comuns nessa fase.

### 3.16.3 Etapa 6: Teste do Programa

O fato de não ter ocorrido erro de compilação ou ligação na Etapa 5 não significa que o programa executável obtido naquela etapa esteja correto. É preciso testá-lo com casos de entrada qualitativamente diferentes (v. Seção 2.9.3). Portanto, na Etapa 6, o programa deve ser executado para verificar se ele funciona conforme o esperado (i.e., conforme foi especificado na definição do problema). Assim, deve-se examinar o programa sob várias circunstâncias (casos de entrada) e verificar se, em cada uma delas, o programa funciona adequadamente.

Normalmente, qualquer programa não trivial possui erros de programação. Assim o objetivo maior quando se testa um programa é encontrar erros que impeçam o seu funcionamento normal.

Técnicas utilizadas para testes de programas complexos constituem uma disciplina à parte e uma apresentação completa dessas técnicas está além do escopo deste livro. Logo apenas duas das técnicas mais comuns e fáceis de ser implementadas serão descritas.

A primeira técnica é conhecida como inspeção de programa e consiste em ler atenciosamente o programa e responder uma lista de verificação contendo questões referentes a erros comuns em programação na linguagem de codificação do programa.

A segunda técnica comum de verificação de programas é conhecida como teste exaustivo e consiste em utilizar dados típicos de entrada e simular manualmente a execução do programa, do mesmo modo que é simulada a execução de um algoritmo (v. Seção 2.9.3). Num teste exaustivo, é importante que sejam utilizados casos de entrada qualitativamente diferentes. Também, é igualmente importante que sejam testadas não apenas dados de entrada válidos, mas também algumas entradas inválidas.

Se o programa apresenta um comportamento considerado anormal, ele deve ser depurado. Isto é, as instruções responsáveis pelos erros devem ser encontradas e corrigidas. A Seção 7.4 apresenta algumas técnicas elementares de depuração.

### 3.16.4 Saltando Etapas

É bastante tentador, mesmo para programadores mais experientes, apressar-se em iniciar a escrita de um programa no computador tão logo se tenha uma ideia daquilo que seria a solução para o problema em questão. Mas, do mesmo modo, também é comum gastar-se muito mais tempo removendo erros de um programa do que escrevendo-o.

Parece humanamente impossível construir-se um programa não trivial que não contenha erros (*bugs*), mas um programa escrito às pressas é muito mais susceptível a erros do que um programa que implementa a solução de um problema bem estudado previamente conforme foi preconizado na Seção 2.9. Portanto o conselho a ser seguido é:

> **Recomendação** *Resista à tentação de escrever um programa no computador tão logo você tenha uma vaga ideia de como deve ser a solução do problema que ele resolve.*

Enquanto não adquire experiência suficiente para saltar etapas, siga os procedimentos prescritos na Seção 2.9 e no presente capítulo. Programadores experientes são capazes de escrever programas-fonte de relativa simplicidade diretamente num editor de programas e, com muito treinamento, você também será capaz de realizar isso. Mas, enquanto não atingir a plenitude de conhecimento em programação, resista a essa tentação.

Se você ainda não consegue saltar etapas do processo de desenvolvimento de um programa, não se sinta frustrado: siga todas as etapas prescritas, pois, com a prática adquirida, você conseguirá escrever cada vez mais um número maior de programas sem ter que escrever previamente seus algoritmos em pseudolinguagem. Nunca esqueça, entretanto, que não se devem escrever programas mais complexos sem planejá-los previamente (Etapas 1–3 da Seção 2.9). O tempo gasto no planejamento de um programa é recuperado em sua depuração. Ou seja, frequentemente, a depuração de um programa mal planejado leva muito mais tempo do que a escrita do programa em si.

# 3.17 Programas Monoarquivos em C

Existem dois tipos de sistemas de execução de programas escritos em C:

[1] **Sistemas com hospedeiro.** Programas executados em sistemas com hospedeiro são, tipicamente, sujeitos à supervisão e ao suporte de um sistema operacional. Esses programas devem conter uma função **main**(), que é a primeira função chamada quando começa a execução do programa. Todas as características de C discutidas neste livro são voltadas para programas dessa natureza.

[2] **Sistemas livres.** Programas executados em sistemas livres não possuem hospedeiro ou sistema de arquivos e uma implementação de C para tais sistemas não precisa atender a todas as recomendações impostas para sistemas com hospedeiro. Num programa desse tipo, o nome e o tipo da primeira função chamada quando o programa é executado são determinados pela implementação. Este livro não lida com esse tipo de programa.

Este livro dedica-se a ensinar como construir programas simples executados em linha comando (console) de um sistema operacional. Esses programas são denominados monoarquivos, pois eles consistem de um único arquivo-fonte. A seguir, mostrar-se-á como editar um programa-fonte e construir um programa executável em C.

## 3.17.1 Estrutura de um Programa Simples em C

Um programa simples em C, consistindo de um único arquivo-fonte e que usa a biblioteca LeituraFacil, possui o formato apresentado esquematicamente na Figura 3–3.

```c
#include <stdio.h> /* Para usar printf() */

/* Inclua aqui outros cabeçalhos padrão utilizados no programa */

#include "leitura.h"  /* Para usar LeituraFacil */

/* Inclua aqui definições de constantes */
/* simbólicas utilizadas no programa     */

int main(void)
{
    /* Inclua aqui definições de variáveis    */
    /* que serão necessárias no seu programa */

    /* Inclua aqui instruções que executem as ações    */
    /* necessárias para funcionamento do seu programa. */
    /* I.e., traduza em C cada passo de seu algoritmo. */

    return 0;  /* Informa o sistema operacional que */
               /* o programa terminou normalmente    */
}
```

FIGURA 3–3: PROGRAMA MONOARQUIVO SIMPLES EM C

A instrução:

```
return 0;
```

que aparece ao final da maioria dos programas escritos em C indica que o programa foi executado sem anormalidades. Em geral, o valor usado com **return** no interior de **main**() indica para o sistema operacional ou outro programa que cause a execução do programa em questão se a execução desse programa foi bem sucedida ou não. Assim, quando o programador prevê algum problema que impeça a execução normal do programa, ele usa um valor diferente de zero. Por exemplo, quando o IDE CodeBlocks invoca o compilador GCC para compilar um programa, ele é capaz de saber se a compilação foi bem sucedida ou não checando o valor retornado pelo GCC.

O uso de zero para representar sucesso na execução de um programa pode parecer um contrassenso. Afinal, quando uma ação é bem sucedida não se costuma lhe atribuir zero. Porém, suponha, por exemplo, que um programa para ser bem sucedido precisa processar um arquivo que deve ter um formato específico. Então, pelo menos, dois fatos podem impedir que o programa seja bem sucedido: (1) o arquivo não é encontrado e (2) o arquivo não tem o formato esperado. Quando um desses fatos ocorre, se o programa desejar indicar por que não foi bem sucedido, ele pode usar um valor diferente para cada categoria de erro. Portanto, se zero indicasse que o programa não foi bem sucedido, ele não poderia discriminar os dois tipos de erro. Por isso, convencionou-se que zero indicaria sucesso e valores diferentes de zero indicariam a ocorrência de alguma anormalidade.

### 3.17.2 Como Criar um Programa-fonte

Se você estiver usando um editor de texto comum (o que não é recomendado) ou um editor de programas, crie um programa-fonte do mesmo modo como você procede na criação de um arquivo de texto qualquer. Se você estiver usando CodeBlocks, siga o procedimento descrito na Seção 1.7.3.

### 3.17.3 Configurando o Editor do IDE CodeBlocks

Se você usar as recomendações de endentação apresentadas neste livro, provavelmente, seus programas serão legíveis e esteticamente agradáveis de ler. Infelizmente, editores de texto e de programas incorporam um vilão que pode destruir a estética de um programa. Esse vilão é a tabulação.

Se você usar tabulação (i.e., a tecla [TAB] na parte superior esquerda do teclado), sofrerá uma grande decepção quando seu programa-fonte for aberto num outro editor de texto e você verificar que parte do seu trabalho em prol do bom estilo de programação foi por água abaixo. E a decepção será ainda maior se você misturar tabulações com espaços em branco obtidos com a barra de espaços. Por exemplo, no trecho de programa a seguir, a definição de variável **int x** e a instrução **x = 10** foram endentadas de maneiras diferentes: a referida definição foi endentada usando quatro espaços (com a barra do teclado), enquanto a instrução foi endentada por meio da tecla [TAB] configurada com quatro espaços. Apesar de estas duas linhas aparecem perfeitamente alinhadas no editor de programas no qual o programa-fonte foi editado, aqui (e em outros editores de texto) elas aparecem desalinhadas.

```
int main(void)
{
    int x; /* Endentado com quatro espaços */
      x = 10; /* Tabulação de quatro espaços */

    return 0;
}
```

Bons editores de texto podem ser configurados para usar espaços em branco em vez de tabulações, mas, mesmo assim, são necessários alguns cuidados extras. Para evitar o uso de tabulações no editor do CodeBlocks, siga o seguinte procedimento:

1. Clique na opção *Editor...* do menu *Settings*.
2. Localize a seção denominada *TAB options*.
3. Desmarque a opção *Use TAB charactere*.
4. Marque a opção *TAB indents*.
5. Digite 3 ou 4 na caixa precedida por *TAB size in spaces*.

A Figura 3–4 mostra o resultado final do último procedimento.

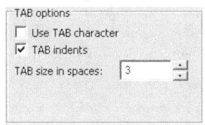

FIGURA 3–4: CONFIGURANDO OPÇÕES DE TABULAÇÃO EM CODEBLOCKS

Para certificar-se que tabulação realmente não é usada na edição de programas, configure as opções de endentação seguindo os seguintes passos:

1. Clique na opção *Editor...* do menu *Settings*.
2. Localize a seção denominada *Indent options*.
3. Marque a opção *Auto indent*. Usando essa opção, quando ocorre uma quebra de linha, a linha seguinte será alinhada com a linha precedente, a não ser que a opção *Smart indent* (a seguir) esteja selecionada.
4. Marque a opção *Smart indent*. Fazendo uso dessa opção o editor reconhece que algumas instruções precisam ser endentadas em relação a outras e efetua endentação levando isso em consideração. Por exemplo, se você não usar essa opção e quebrar a linha após o abre-chaves da função **main**(), a próxima linha será alinhada com o abre-chaves. Usando essa opção, a próxima linha será endentada em relação ao abre-chaves.
5. Se desejar, marque a opção *Brace Completion*. Empregando essa opção, todos os símbolos que têm abertura e fechamento aparecem automaticamente aos pares. Por exemplo, quando você digita abre-parênteses, o fecha-parênteses aparece automaticamente e o mesmo ocorre com chaves, apóstrofos, aspas etc. Essa opção pode ser incômoda para quem está acostumado com editores que não a possuem. De qualquer modo, selecione essa opção e experimente-a; se não a apreciar, desmarque-a novamente.
6. Se desejar, marque a opção *Backspace unindents*. Usando essa opção, quando você pressiona a tecla [BACKSPACE] antes do primeiro caractere de uma linha que não é espaço em branco, são apagados tantos espaços quanto forem os espaços de endentação. Se essa opção não estiver selecionada, apenas um espaço é excluído. Normalmente, essa opção é útil.
7. Se você enfrenta problemas com a visualização da estrutura de um programa, marque a opção *Show indentation guides*. Experimente-a e veja como seu programa aparece na janela de edição. Se gostar, permaneça com ela; caso contrário, desmarque-a.
8. Na caixa de seleção identificada por *Show spaces*, selecione (temporariamente) a opção *Always*. Com essa opção, o editor apresenta espaços em branco como pontos e as abomináveis tabulações como setas (→). Use essa opção temporariamente até certificar-se que o editor não está lhe traindo e detonando a formatação de seu programa.

Ao final da execução desse último procedimento, a seção de configuração do editor intitulada *Indent options* deverá apresentar-se como mostrado na Figura 3–5.

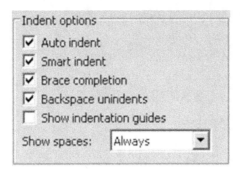

FIGURA 3-5: CONFIGURANDO OPÇÕES DE ENDENTAÇÃO EM CODEBLOCKS

### 3.17.4 Usando um Molde de Programa em CodeBlocks

Em breve, você irá notar que a maioria dos programas apresentados neste livro compartilham muitos trechos iguais ou semelhantes. Por exemplo:

- ❏ Todo programa precisa incluir um cabeçalho de apresentação, como aquele visto como exemplo na Seção 3.12.

- ❏ Todo programa hospedado escrito em C possui uma função **main()** que, na maioria das vezes, começa e termina do mesmo modo.

- ❏ Todo programa escreve algo na tela. Portanto é sempre necessário incluir o arquivo **stdio.h** que possibilita usar a função **printf()**.

- ❏ A maioria dos programas leem dados via teclado. Portanto, na maioria das vezes, é necessário incluir o arquivo **leitura.h**.

- ❏ Também, é uma boa ideia incluir um exemplo de execução do programa colocado entre comentários após o final do programa.

Não seria bom começar um programa com todos esses itens comuns já incluídos, em vez de começar com um arquivo vazio? O editor do IDE CodeBlocks permite que se especifique o conteúdo de cada arquivo criado. Por exemplo, suponha que você deseja que cada arquivo-fonte novo contenha o seguinte:

```
/****
 *
 * Título:
 *
 * Autor:
 *
 * Data de Criação: //2014
 * Última modificação: //2014
 *
 * Descrição:
 *
 * Entrada:
 *
 * Saída:
 *
 ****/

#include <stdio.h>   /* printf()    */
#include "leitura.h" /* LeituraFacil */
```

```
int main(void)
{
    return 0;
}

/****************** Exemplo de Execução ******************

*************************************************************/
```

Para obter o resultado desejado, siga o seguinte procedimento:

1. No menu *Settings*, escolha a opção *Editor...*
2. No painel da esquerda da janela que surge em seguida, clique sobre o ícone denominado *Default code*.
3. Certifique-se que, na caixa de seleção intitulada *Type of file* no topo da janela, está selecionada a opção *C/C++ Source File*.
4. No painel da direita da referida janela digite o conteúdo com o qual você deseja iniciar cada arquivo criado pelo editor do CodeBlocks, como mostra a **Figura 3–6**.
5. Para concluir a operação, clique sobre o botão *OK*.

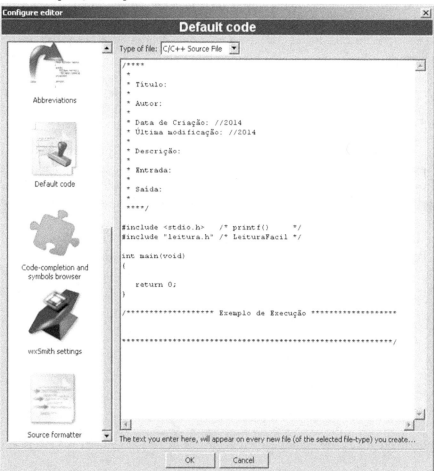

**FIGURA 3–6: DEFAULT CODE EM CODEBLOCKS**

Existe um atalho mais rápido e prático para a tarefa descrita acima, que consiste em copiar o conteúdo do arquivo **Molde.c**, que se encontra no site do livro (*www.ulysseso.com/ip*) e colá-lo no espaço mencionado. O conteúdo desse arquivo é o mesmo que aparece nesta seção.

Para experimentar o efeito do procedimento descrito, crie um arquivo-fonte conforme foi visto na Seção 1.7.3 e observe o resultado.

### 3.17.5 Criando um Programa Executável

Na Seção 1.7.4, mostrou-se como obter um programa executável a partir de um programa-fonte usando o IDE CodeBlocks. Essa é a opção mais rápida e fácil de se obter o resultado desejado.

Uma opção mais trabalhosa e que requer alguma intimidade com o sistema operacional utilizado é por meio da invocação do compilador e do linker via linha de comando. Nesse caso, em uma janela de terminal aberta no diretório onde se encontra o programa-fonte, deve-se emitir o seguinte comando:

```
gcc -Wall -std=c99 -pedantic arq-fonte -lleitura -o arq-executável
```

Emitindo esse comando, você invocará o compilador e o linker simultaneamente com as opções recomenda-das para compilar e ligar o programa-fonte denominado **arq-fonte** e o resultado será um arquivo executável denominado **arq-executável**. Se, eventualmente, você digitar o comando esquematizado acima de modo incorreto e conhecer razoavelmente a interface utilizada pelo sistema operacional, saberá corrigir os erros sem ter que digitar todo o comando novamente. Caso contrário, você desperdiçará muito tempo com essa opção de compilação e é mais recomendado que você use o programa denominado **compile** que se encontra no site dedicado a este livro.

## 3.18 Lidando com Erros de Sintaxe e Advertências

### 3.18.1 É C ou C++?

Provavelmente, a primeira frustração com que se depara um iniciante em programação em C é decorrente do uso de compilador errado. Esse problema é oriundo do fato de a maioria dos compiladores de C também se-rem compiladores de C++ e essas linguagens, apesar de compartilharem diversas semelhanças, são diferentes e seus padrões seguem caminhos independentes. De fato, esses compiladores incorporam dois tradutores: um para C e outro para C++. Além disso, como padrão, esses compiladores assumem que, a priori, arquivos-fonte que representam programas em C usam a extensão **.c** e aqueles que representam programas em C++ possuem extensão **.cpp**. Portanto, para evitar problemas, não use esta última extensão em seus programas-fonte. Por exemplo, usando GCC, o seguinte programa é compilado normalmente se a extensão do arquivo-fonte for **.c**:

```
#include <stdio.h>

int main(void)
{
    const int  x = 5;
    int        *p = &x;

    *p = 10;

    return 0;
}
```

Entretanto, o mesmo programa não é compilado (em virtude de erro de sintaxe) se a extensão do arquivo-fon-te for **.cpp**.

Mesmo quando um programa consegue ser compilado por compiladores de C e C++ providos por um mesmo fabricante, os resultados apresentados pelos programas executáveis obtidos podem ser diferentes. Por exemplo, quando o seguinte programa:

```
#include <stdio.h>
```

```
int main(void)
{
    printf("sizeof('A') = %d", sizeof('A'));
    return 0;
}
```

é compilado com GCC e, em seguida, executado, ele apresenta como resultado:

```
sizeof('A') = 4
```

quando a extensão do arquivo-fonte é `.c`[2]. Mas, se a extensão desse arquivo for trocada para `.cpp`, o resultado será:

```
sizeof('A') = 1
```

Concluindo, siga sempre o seguinte conselho quando compilar um programa em C:

| **Recomendação** | *Certifique-se que está realmente usando um compilador de C quando compilar seus programas escritos nessa linguagem. Além disso, não use a extensão .cpp para nomes de programas-fonte escritos em C.* |
|---|---|

### 3.18.2 Erros de Compilação

Sintaxe refere-se às regras de uma linguagem de programação que regem a construção de programas escritos nessa linguagem. Um erro de compilação (também denominado erro de sintaxe) ocorre em virtude de uma violação das regras de sintaxe da linguagem ora em uso e um compilador é capaz de traduzir um programa apenas quando ele está livre de qualquer erro de sintaxe. Isto é, um programa contendo erros de sintaxe não pode ser nem compilado nem executado.

Quando um compilador tenta traduzir um programa e, durante o processo, descobre algum erro de sintaxe, ele apresenta uma ou mais mensagens de diagnóstico que explicam a causa do erro (ou, pelo menos, tentam explicar...).

Qualquer programador, independentemente de sua experiência, comete erros de sintaxe. Programadores inexperientes provavelmente comentem erros dessa natureza por falta de familiaridade com a linguagem de programação utilizada. Por outro lado, programadores mais experientes os comentem em virtude da rapidez com que produzem código ou por mera distração. Nesse aspecto, uma diferença entre programadores experientes e iniciantes é que, para os primeiros, erros dessa natureza não causam preocupação e são corrigidos fácil e rapidamente. Para programadores iniciantes, corrigir erros de compilação pode demandar muito tempo e constituir uma experiência martirizante, principalmente por causa da falta de precisão com que compiladores apontam os erros e à linguagem enigmática que muitas vezes usam.

Erros de sintaxe podem ser provocados por deslizes de digitação decorrentes do pressionamento acidental de uma tecla em vez de outra. Exemplos de erros de digitação corriqueiros decorrentes da proximidade de teclas são descritos abaixo:

- ☐ Trocar ' por " ou vice-versa.
- ☐ Trocar as teclas {, [, }, ] entre si.
- ☐ Trocar as teclas ponto, vírgula e ponto e vírgula entre si.
- ☐ Uso das teclas de acento agudo (´) ou grave (`) em substituição a apóstrofos. Nem acento agudo nem acento grave são usados em programação (a não ser em comentário, o que é raro).

[2]  O valor **4** obtido corresponde à largura do tipo **int** na implementação utilizada para testar o programa..

Outros erros de sintaxe frequentemente cometidos são enumerados a seguir:

- ☐ Omissão de parênteses depois de **main()**.
- ☐ Omissão de abre-chaves ou fecha-chaves.
- ☐ Digitação incorreta de uma palavra-chave (p. ex., *doble* em vez de **double**) ou um nome de função (p. ex., *print* em vez de *printf*). No caso de erro de digitação incorreta de palavra-chave, se você estiver usando um editor de programas com coloração de sintaxe, o erro pode ser percebido imediatamente, pois palavras-chaves são dispostas com uma formatação destacada (p. ex., em negrito).
- ☐ Não envolver strings constantes entre aspas. Novamente, se você estiver usando um editor com coloração de sintaxe, esse erro é facilmente visualizado porque strings constantes têm um colorido destacado.
- ☐ Omissão de ponto e vírgula ao final de uma instrução ou declaração.
- ☐ Inclusão de ponto e vírgula ao final de diretivas (i.e., linhas do programa que começam com #). Iniciantes em programação muitas vezes adotam duas abordagens extremas em relação ao uso de ponto e vírgula: ou esquecem com frequência de usá-lo ou o usam em locais em que não são necessários ou são indevidos.
- ☐ Esquecer-se de incluir o cabeçalho referente a uma função de biblioteca. Os cabeçalhos mais comumente usados aqui são aqueles apresentados na Tabela 3–12 (v. Seção 3.13.1).
- ☐ Usar variáveis que não foram previamente declaradas.
- ☐ Chamar uma função com um número errado de parâmetros ou com parâmetros de tipos incompatíveis com a definição da função (v. Seção 5.5).
- ☐ Aplicação de incremento ou decremento sobre uma expressão. Por exemplo:

```
(x - 2)++ /* Não compila */
```

### 3.18.3 Mensagens de Erros

Mensagens de erro emitidas por um compilador indicam que seu programa está sintaticamente incorreto e, portanto, não pode ser compilado (e muito menos executado). Uma instrução ou declaração é considerada ilegal quando não consegue ser compilada devido a erro de sintaxe.

É importante observar que um único erro pode originar duas ou mais mensagens de erro. Portanto, enquanto você não adquire experiência suficiente para perceber isso, dê atenção a cada mensagem de erro individualmente e na ordem em que elas são apresentadas. Isto é, tente resolver uma mensagem de erro de cada vez e re-compile o programa depois de cada tentativa de correção.

Considere como exemplo o seguinte programa-fonte e suponha que o nome do arquivo que o contém seja Erro1.c.

```
#include <stdio.h>

int main(void)
{
    int  i = 10;

    printf( "i = %d\n", i)

    return 0;
}
```

Esse programa contém um erro de sintaxe proposital e, como o programa é diminuto, esse erro é facilmente enxergado por qualquer programador com alguma experiência em C. Mas, um iniciante pode ter alguma dificuldade para perceber que o erro é a falta ponto e vírgula ao final da instrução **printf()**. Se você tentar compilar o programa acima usando GCC por meio de qualquer método descrito na Seção 3.17.5, receberá como resposta a seguinte mensagem de erro:

```
C:\Programas\Erro1.c In function 'main':
C:\Programas\Erro1.c 9 error: expected ';' before 'return'
```

Se você estiver usando CodeBlocks, essa mensagem será apresentada no painel inferior da janela com algum embelezamento para facilitar o entendimento, mas, em essência, o conteúdo das mensagens de erro obtidas com o compilador GCC executado em linha de comando ou por intermédio de CodeBlocks é o mesmo.

Mensagens de erro apresentadas pelo GCC começam com o nome completo do arquivo (i.e., incluindo seu caminho desde a raiz do sistema de arquivos até o diretório onde ele se encontra) seguido do nome da função na qual a instrução que originou a mensagem de erro se encontra. Por exemplo, a linha:

```
C:\Programas\Erro1.c In function 'main':
```

indica que ocorreu erro na função **main**() do arquivo `Erro1.c` encontrado no diretório (pasta) `C:\Programas`. As linhas seguintes descrevem os erros encontrados nessa função. Essas linhas começam (novamente) com o nome completo do arquivo seguido por *error*, dois pontos e o número da linha em que o erro foi detectado. No exemplo em questão, há apenas um erro e uma linha correspondente a esse erro:

```
C:\Programas\Erro1.c 9 error: expected ';' before 'return'
```

O que essa mensagem de erro quer dizer é que o compilador esperava encontrar um ponto e vírgula antes da instrução **return** que se encontra na linha 9. Talvez, o compilador não tenha indicado o erro no local que você esperava, que seria a linha 7, que contém a instrução **printf**() que não foi devidamente terminada com ponto e vírgula. Mas, embora pareça estranho à primeira vista, o compilador está absolutamente correto na indicação do erro e a raciocínio empregado por ele é o seguinte:

1. É necessário um ponto e vírgula para encerrar a instrução **printf**() antes do início da próxima instrução.
2. Como, nesse caso, o uso de espaços em branco não faz a menor diferença para o compilador, o ponto e vírgula ausente pode ser colocado em qualquer local entre **printf**() e **return**, e não necessariamente ao final da linha contendo **printf**(). Ou seja, embora, do ponto de vista de estilo, seja recomendado que o ponto e vírgula seja colocado realmente nessa posição, para o compilador, isso é irrelevante.
3. O compilador encontra a instrução **return** sem antes ter encontrado o referido ponto e vírgula. Assim, ele indica que houve erro na linha contendo essa última instrução. Portanto o compilador está absolutamente correto quando informa que esperava um ponto e vírgula antes dessa instrução. Para comprovar isso, coloque ponto e vírgula em qualquer local entre **printf**() e **return** e você verá que a mensagem de erro não mais aparecerá.

Diante do que foi exposto, pode-se enunciar a seguinte afirmação em relação a mensagens de erro emitidas por um compilador:

**Recomendação** — *Raramente, uma mensagem de erro indica a linha onde o programador esperava que o erro fosse indicado. Isto é, o erro pode ter ocorrido algumas linhas antes daquela à qual a mensagem de erro faz referência.*

Mas, se serve de consolo, a seguinte afirmação também é verdadeira:

**Recomendação** — *Um erro de sintaxe nunca ocorre numa linha posterior àquela referida numa mensagem de erro.*

Apesar de o compilador muitas vezes apresentar mensagens de erro vagas e difíceis de compreender, com a experiência adquirida após encontrar várias situações semelhantes, em pouco tempo, você será capaz de facilmente encontrar e corrigir erros apontados pelo compilador.

### 3.18.4 Mensagens de Advertência

Mensagens de advertência não impedem que um programa executável seja criado. No entanto, elas indicam situações que podem causar o mau funcionamento do programa. Portanto nunca ignore completamente uma mensagem de advertência. Em vez disso, leia e entenda por que cada mensagem de advertência foi gerada. Se, eventualmente, você decidir desprezar uma dada mensagem de advertência, convença-se de que isso não trará consequências danosas ao seu programa. A observância desse conselho pode lhe resguardar de muita dor de cabeça na depuração de seus programas.

*Exemplos de Mensagens de Advertência*

A seguir, serão apresentados alguns exemplos de mensagens de advertência com sugestões sobre como lidar com elas.

**Exemplo 3.1** Considere o seguinte programa como exemplo e suponha que seu arquivo-fonte é denominado **Advertencia1.c**:

```c
#include <stdio.h>

int main(void)
{
    int i;

    printf( "i = %d\n", i);

    return 0;
}
```

Esse último programa é absolutamente correto do ponto de vista sintático. Em outras palavras, ele é compilado sem problemas por qualquer compilador aderente a algum padrão ISO de C. Entretanto, um compilador decente que tenha sido invocado com a opção de apresentação do maior número possível de advertências (p. ex., **-Wall** no GCC) apresentará uma mensagem de advertência após compilar esse programa. Por exemplo, o compilador GCC emitirá a seguinte mensagem:

```
C:\Programas\Advertencia1.c: In function 'main':
C:\Programas\Advertencia1.c 7 warning: 'i' is used uninitialized in this
function [-Wuninitialized]
```

Compare essa mensagem de advertência com a mensagem de erro apresentada como exemplo na Seção 3.18.3 e note que, em termos de formato e conteúdo, a diferença entre as duas mensagens é a presença da palavra *warning* nessa última mensagem. A última expressão entre colchetes que acompanha uma mensagem de advertência indica a razão pela qual a mensagem de advertência foi emitida. Nesse exemplo específico, a expressão: **-Wuninitialized** indica que a mensagem foi apresentada por causa do uso dessa opção de compilação que foi, implicitamente, incluída em virtude do uso da opção **-Wall**, que incorpora todas as opções de advertência.

Nessa situação, o compilador não detectou nenhum erro no seu programa, mas emitiu uma mensagem de advertência que prenuncia que algo grave pode acontecer quando o programa for executado. No caso específico do último exemplo, o compilador informa que o conteúdo da variável i é usado sem que lhe tenha sido atribuído nenhum valor. Esse tipo de mensagem está sempre associado a um problema que se manifestará quando o programa for executado. Para constatar o que foi afirmado, execute o programa e veja o que acontece.

Numa sessão de execução do programa em discussão o resultado obtido foi:

```
i = 2147332096
```

Mas, o resultado poderia ter sido qualquer outro, visto que, como a variável **i** não foi iniciada, o espaço em memória que ela representa é indefinido.

---

**Exemplo 3.2** Nem toda mensagem de advertência antecipa um problema grave que possa ocorrer durante a execução de um programa, como foi o caso no exemplo precedente. Por exemplo, considere agora o seguinte arquivo-fonte cujo nome é **Advertencia2.c**.

```c
#include <stdio.h>

int main(void)
{
    int i = 10, j;
    printf( "i = %d\n", i);
    return 0;
}
```

Esse último programa é semelhante ao anterior, mas a fonte da mensagem de advertência anterior foi corrigida com a iniciação da variável **i** e foi acrescentada mais uma variável denominada **j**. Quando esse último programa é compilado com o compilador GCC usando a opção **-Wall**, ele emite a seguinte mensagem de advertência:

```
C:\Programas\Advertencia2.c: In function 'main':
C:\Programas\Advertencia2.c 5 warning: unused variable 'j'
[-Wunused-variable]
```

Essa mensagem de advertência alerta o programador para o fato de a variável **j** ter sido definida, mas não ter sido usada. Diferentemente do problema indicado pela mensagem de advertência anterior, o problema indicado por meio da última mensagem de advertência não causa danos graves durante a execução do programa (mas, causa um pequeno desperdício de memória).

---

**Exemplo 3.3** Algumas versões antigas do compilador GCC podem apresentar a seguinte mensagem de advertência:

```
no newline at end of file
```

Essa mensagem é rara e significa que o arquivo-fonte não termina com uma linha em branco. Você pode resolver essa peitica acrescentando uma linha em branco ao final do arquivo ou apenas ignorá-la.

---

*Interpretando Mensagens de Advertência*

Resumindo o que foi discutido nesta seção, uma mensagem de advertência pode alertar o programador em relação a:

- ❑ Um erro grave que ocorrerá quando o programa for executado (primeiro exemplo).
- ❑ Uma má utilização de recursos computacionais (segundo exemplo).
- ❑ Um fato absolutamente irrelevante (terceiro exemplo).
- ❑ Uma situação normal, mas que pode constituir um erro grave num contexto diferente. Por exemplo, o uso de um operador de atribuição num local onde, tipicamente, deveria ser utilizado um operador de igualdade (exemplos concretos dessa natureza serão apresentados no Capítulo 9).

Como se pode ver, há várias interpretações para mensagens de advertências, mas, independentemente desse fato, as recomendações a seguir devem ser seguidas rigorosamente:

| Recomendações | ☐ *Use sempre a opção que faz com que o compilador emita o maior número possível de mensagens de advertência. No caso do compilador GCC, essa opção é –Wall.* <br><br> ☐ *Nunca deixe de dar a devida atenção a uma mensagem de advertência.* |
|---|---|

### 3.18.5 Mensagens de Erro e Advertência Combinadas

Existem mais quatro observações importantes em relação a mensagens de erro e advertência:

| Recomendações | ☐ *Um único erro de sintaxe pode originar mais de uma mensagem de erro.* <br><br> ☐ *Um erro de sintaxe pode originar, além de uma mensagem de erro, uma mensagem de advertência.* <br><br> ☐ *Uma instrução sintaticamente correta que pode originar uma mensagem de advertência nunca é capaz de dar origem a uma mensagem de erro.* <br><br> ☐ *O primeiro erro apontado pelo compilador é sempre um erro real, mas mensagens de erro subsequentes podem não corresponder a outros erros legítimos. Isto é, esses eventuais erros podem ser apontados em consequência da ocorrência do primeiro erro detectado pelo compilador.* |
|---|---|

Portanto, baseado nessas premissas, quando deparado com uma combinação de mensagens de erro, o programador deve primeiro tentar corrigir a instrução que deu origem à primeira mensagem de erro. Então, em vez de tentar resolver as demais mensagens de erro, ele deve recompilar o programa para verificar se as demais mensagens de erro ainda persistem. Se ocorrerem combinações de mensagens de erro e advertência, deve-se empregar o mesmo raciocínio, sempre dando atenção a mensagens de erro antes das mensagens de advertência.

Considere o seguinte programa como mais um exemplo:

```
#include <stdio.h>

int main(void)
{
    int i = 10

    printf( "i = %d\n", i);

    return 0;
}
```

Esse programa contém apenas um erro de sintaxe, que é a ausência de ponto e vírgula ao final da definição da variável **i**. Quando se tenta compilar esse programa usando GCC com a opção **-Wall**, esse compilador apresenta as seguintes mensagens (o nome do programa-fonte é **Erro2.c**):

```
C:\Programas\Erro2.c: In function 'main':
C:\Programas\Erro2.c 7 error: expected ',' or ';' before 'printf'|
C:\Programas\Erro2.c 5 warning: unused variable 'i' [-Wunused-variable]
```

Assim, de acordo com o diagnóstico apresentado pelo compilador há uma mensagem de erro e outra de advertência. A mensagem de erro assinala corretamente o erro de sintaxe, mas a mensagem de advertência não faz jus ao programa, pois ela informa que a variável **i** foi definida, mas não foi usada. Porém, o que ocorreu na realidade foi que a instrução **printf()**, que usa a variável **i**, não foi compilada em virtude do erro de sintaxe. Se for efetuada a correção da instrução que originou a mensagem de erro, quando o programa for recompilado, nenhuma das duas mensagens será emitida.

### 3.18.6 Erros de Ligação

Erros de ligação são frequentemente confundidos com erros de compilação. Mas, um erro de ligação é apontado pelo linker e não pelo compilador. Os erros de ligação mais comuns são causados pelas seguintes situações:

[1] O linker conseguiu efetuar todas as ligações necessárias, mas, em virtude de alguma restrição imposta pelo sistema operacional, não conseguiu criar o arquivo executável que deveria resultar do processo de ligação.

[2] Um programa usa uma função de biblioteca que o linker não consegue encontrar porque o programador não lhe informou onde encontrá-la.

*Impossibilidade de Criação de Programa Executável*

O primeiro tipo de erro de ligação mencionado é o mais comum e mais fácil de ser resolvido. Ele ocorre principalmente durante a fase de testes de um programa quando se realiza alguma alteração necessária no programa e tenta-se reconstruir o programa executável esquecendo-se que ele ainda está sendo executado. Nesse caso, o linker GCC emite a seguinte mensagem:

```
Permission denied
ld returned 1 exit status
```

Observe que o formato dessa mensagem de erro é bem diferente daquelas apresentadas quando o compilador encontra um erro de sintaxe (v. Seção 3.18.3). A primeira linha dessa mensagem:

```
Permission denied
```

informa o programador que o linker não obteve permissão para criar o arquivo executável, muito provavelmente porque um arquivo executável com o mesmo nome daquele que se tenta criar encontra-se correntemente em uso. A ocorrência desse tipo de erro é pouco provável quando se usa ligação via linha de comando, mas é muito comum quando se utiliza um IDE. Para simular esse tipo de erro, abra o arquivo-fonte a seguir usando CodeBlocks:

```c
#include <stdio.h>      /* printf()    */
#include "leitura.h"  /* LeituraFacil */

int main(void)
{
   int i;

   printf("\nDigite um inteiro: ");
   i = LeInteiro();

   printf("\nNumero inteiro digitado: %d", i);

   return 0;
}
```

Então, construa um programa executável (v. Seção 3.17.5), abra uma janela de terminal no diretório onde se encontra o programa e comece a executá-lo. Suponha que, no instante em que o programa apresenta o prompt:

```
Digite um inteiro:
```

você decide que seria melhor que o prompt incluísse a palavra *numero* antes de *inteiro*. Então, você retorna ao editor de programas, altera a primeira instrução **printf()** que contém esse prompt, salva o arquivo e tenta reconstruir o programa executável. Acontece que você esqueceu que a última versão do arquivo executável está em execução e, quando o linker tenta sobrescrevê-lo, o sistema operacional impede que isso aconteça. Enfim, você é presenteado com a referida mensagem de erro.

A segunda linha da aludida mensagem:

```
ld returned 1 exit status
```

pode ser um tanto redundante, mas é bastante instrutiva em virtude dos seguintes aspectos:

- ❏ Essa mensagem começa com *ld*, que é o nome oficial do linker GCC. Assim habitue-se ao fato de toda mensagem de erro contendo *ld* estar associada ao uso do linker e ser, assim, um erro de ligação, e não de compilação.

- ❏ O restante da linha informa que *ld* (i.e., o linker) retornou **1**. Conforme foi visto na Seção 3.17.1, um programa retorna um valor diferente de zero quando ocorre algum problema que impede seu funcionamento normal. Nesse caso específico, o funcionamento normal de um linker é produzir um programa executável.

### *Linker Não Encontra Biblioteca*

**Observação**: Se você configurou seu ambiente de desenvolvimento conforme recomendado no Capítulo 1 e usa as prescrições para obtenção de um arquivo executável apresentadas naquele e no presente capítulo, o tipo de erro descrito nesta seção provavelmente não ocorrerá. Portanto continue lendo esta seção apenas se estiver interessado em conhecer o funcionamento de um linker em maior profundidade.

Para ilustrar o segundo tipo de erro comum de ligação mencionado, considere o seguinte programa, cujo nome do arquivo-fonte é **ErroLigacao.c**:

```c
#include <stdio.h>     /* printf()     */
#include "leitura.h"  /* LeituraFacil */

int main(void)
{
   int  i;

   printf("\nDigite um numero inteiro: ");
   i = LeInteiro();

   printf("\nNumero inteiro digitado: %d", i);

   return 0;
}
```

Do ponto de vista sintático, esse programa está perfeitamente correto e você poderá comprovar essa afirmação compilando-o (literalmente) com a seguinte invocação do compilador GCC digitada na linha de comando do sistema operacional:

```
gcc -c ErroLigacao.c
```

Invocado com a opção **-c**, o compilador GCC apenas compila (literalmente) o programa-fonte, criando o respectivo arquivo-objeto, mas não invoca o linker para efetuar as devidas ligações e, assim, criar o arquivo executável correspondente. Como o programa não contém nenhum erro sintático, com a invocação acima, o compilador é bem sucedido em sua tarefa e cria o arquivo-objeto **ErroLigacao.o**.

Quando o compilador GCC é invocado com a opção **-o**, ele entende que a intenção do programador é criar um programa executável. Nesse caso, se o arquivo a ser processado for um arquivo-fonte, ele será compilado e, em seguida, terá suas ligações efetuadas. Por outro lado, se o arquivo a ser processado for um arquivo-objeto, apenas as ligações necessárias serão efetuadas. Assim, quando o linker GCC é invocado com a opção **-o**, como a seguir, para efetuar as ligações do arquivo-objeto **ErroLigacao.o**:

```
gcc ErroLigacao.o -o ErroLigacao.exe
```

ele apresenta as seguintes mensagens de erro:

```
ErroLigacao.o:ErroLigacao.c:(.text+0x1b): undefined reference to 'LeInteiro'
collect2: ld returned 1 exit status
```

A primeira dessas mensagens informa que, no código objeto **ErroLigacao.o**, que teve origem no arquivo-fonte **ErroLigacao.c**, foi encontrada uma chamada da função **LeInteiro()**. Entretanto, o linker não conseguiu encontrar a biblioteca (arquivo-objeto) que contém tal função nem ele foi programado com essa informação. Quer dizer, o linker não precisa ser informado sobre o local onde se encontram os arquivos-objeto que fazem parte da biblioteca padrão, desde que tanto essa biblioteca quanto o compilador e o linker façam parte de uma mesma cadeia de ferramentas de desenvolvimento (v. Seção 1.6.2). Em qualquer outra circunstância, o linker precisa ser informado sobre o paradeiro das bibliotecas necessárias. A forma mais fácil de prover essa informação é por meio da opção **-l** seguida do nome do arquivo-objeto de biblioteca sem extensão, como no seguinte comando:

```
gcc ErroLigacao.c -lleitura -o ErroLigacao.exe
```

Entretanto, para esse último comando funcionar, as seguintes regras devem ser satisfeitas:

- ☐ O nome da biblioteca deve começar com **lib** e ter extensão **.a**, como, por exemplo, **libleitura.a**.
- ☐ O arquivo de biblioteca deve jazer num diretório onde o linker costuma encontrar arquivos de biblioteca (p. ex., o diretório **/usr/local/lib/** no Linux).

Existem outras maneiras de fazer com que um linker encontre uma biblioteca necessária para a construção de um programa executável. Mas, esse tópico está além do escopo deste livro.

### 3.18.7 Prática: Cometendo Erros Voluntariamente

Uma ótima maneira de aprender a lidar com erros de programação é cometê-los intencionalmente e, para cada erro, verificar como o compilador responde. Para tal aprendizado, use programas bem simples, como os exemplificados a seguir e acrescente erros um-a-um. Familiarizando-se desse modo com erros, você estará mais apto a lidar com eles na vida real; i.e., quando eles forem acidentais e não propositais.

*Prática de Erros 1*

Considere o seguinte programa:

```
#include <stdio.h>
int main(void)
{
    int x = 10, y = 2;
    printf("x/y = %d", x/y);
}
```

Esse programa é bastante simples e livre de erros de sintaxe. Assim, a prática consistirá em introduzir erros nesse programa e, para cada erro inserido, preencher as seguintes informações:

- ☐ **Erro**: [descreva aqui o erro introduzido voluntariamente no programa]
- ☐ **Mensagem**: [copie aqui a mensagem de erro ou advertência apresentada pelo compilador. Para melhorar o entendimento acrescente (E) se a mensagem for de erro e (A) se a mensagem for de advertência]

❑ **Consequência**: [apresente aqui qual é a consequência do erro. Evidentemente, se o erro introduzido no programa for de sintaxe, a consequência é que ele não compila. Se a mensagem emitida pelo compilador for de advertência execute o programa e verifique qual é o resultado.]

Por exemplo, usando o programa acima e o modelo de experimento proposto, pode-se inserir um ponto e vírgula indevido ao final da diretiva `#include` e preencher as respectivas informações como:

❑ **Erro**: Ponto e vírgula ao final da diretiva `#include`.

❑ **Mensagem**: (A):

```
C:\Programas\Erros1.c 1 warning: extra tokens at end of
#include directive [enabled by default]
```

❑ **Consequência**: nenhuma

Depois de satisfeitos os propósitos da introdução de um erro e antes de passar para o erro seguinte, o programa deve ser corrigido de volta ao seu estado inicial.

**Exercícios**. Seguindo o modelo de atividade prática proposta, introduza os erros descritos a seguir e faça as devidas anotações.

1. Remova os parênteses da função **main**().
2. Remova o ponto e vírgula que acompanha a definição de variáveis.
3. Substitua vírgula por ponto e vírgula na definição de variáveis.
4. Remova as aspas da direita do string de **printf**().
5. Remova as duas aspas do string de **printf**().
6. Substitua as aspas do string de **printf**() por apóstrofos.
7. Substitua **%d** por **%f** em **printf**().
8. Remova o abre-chaves na linha seguinte àquela contendo **main**().
9. Substitua { por } na linha seguinte àquela contendo **main**().
10. Remova o fecha-chaves ao final da função **main**().
11. Remova a linha contendo **return**.

## Prática de Erros 2

Para uma segunda atividade prática, considere o seguinte programa:

```c
#include <stdio.h>

#define PI 3.14

int main(void)
{
    double raio = 1.0, area;

    /* Calcula a área do círculo */
    area = 2*PI*raio;

    printf("Area = %f", area);

    return 0;
}
```

**Exercício**: Siga o modelo da atividade prática anterior e introduza nesse programa os erros descritos a seguir:

1. Remova o fechamento de comentário (i.e., */).
2. Acrescente ponto e vírgula ao final da diretiva **#define**.

3. Coloque um fecha-parênteses adicional na chamada de **printf()**.
4. Coloque um abre-parênteses adicional na chamada de **printf()**.
5. Troque o especificador de formato **%f** por **%d** em **printf()**.
6. Troque o especificador de formato **%f** por **%s** em **printf()**.
7. Remova a iniciação da variável `raio`.

Desafio: O último programa, em seu estado original, não contém erro de sintaxe, visto que ele é compilado normalmente, nem erro de execução, pois ele é executado normalmente sem ser abortado. No entanto, esse programa contém um erro de lógica. Isto é, ele apresenta um resultado que não satisfaz o bom senso. Qual é esse erro?

# 3.19 Exemplos de Programação

### 3.19.1 Um Programa Robusto

**Problema:** Escreva um programa que lê um número inteiro, um número real e um caractere, nessa ordem, usando as funções da biblioteca LEITURAFACIL. Após cada leitura, o programa deve exibir o valor lido na tela.

**Solução:** O algoritmo aparece na Figura 3–7 e o programa bem logo em seguida.

---

ALGORITMO LÊEESCREVENÚMEROS

inteiro i, c
real f

escreva("Digite um numero inteiro:")
leia(i)

escreva("Numero inteiro digitado:", i)

escreva("Digite um numero real:")
leia(f)

escreva("Numero real digitado:", f)

escreva("Digite um caractere")
leia(c)

escreva("Caractere digitado:", c)

---

FIGURA 3–7: ALGORITMO DE LEITURA E ESCRITA DE NÚMEROS

```c
#include <stdio.h>    /* Entrada e saída */
#include "leitura.h"  /* LeituraFacil    */

/****
 * main(): Lê corretamente um número inteiro, um número real
 *         e um caractere e apresenta-os na tela.
 *
 * Parâmetros: Nenhum
 *
 * Retorno: Zero
 ****/
int main(void)
{
    int    i, c;
    double f;
```

```
    /* Apresenta o programa */
printf( "\n\t>>> Este programa mostra como deve ser um programa robusto.\n" );

printf("\n\t>>> Digite um numero inteiro > ");
i = LeInteiro();

printf("\n>> Numero inteiro digitado: %d\n", i);

printf("\n\t>>> Digite um numero real > ");
f = LeReal();
printf("\n>> Numero real digitado: %f\n", f);

printf("\n\t>>> Digite um caractere > ");
c = LeCaractere();

printf("\n>> Caractere digitado: %c\n", c);

    /* Despede-se do usuário */
printf( "\n\t>>> Obrigado por usar este programa.\n");

    return 0;
}
```

**Exemplo de execução do programa:**

```
        >>> Este programa mostra como deve ser um programa robusto.

        >>> Digite um numero inteiro > abc

        >>> O valor digitado e' invalido. Tente novamente
        > -12

>> Numero inteiro digitado: -12

        >>> Digite um numero real > x2.5
        >>> O valor digitado e' invalido. Tente novamente
        > 2.5x
        >>> 1 caractere foi descartado

>> Numero real digitado: 2.500000

        >>> Digite um caractere > xyz
        >>> 2 caracteres foram descartados

>> Caractere digitado: x

        >>> Obrigado por usar este programa.
```

### 3.19.2 Um Programa Melindroso

**Problema:** Escreva um programa que lê um número inteiro, um número real e um caractere, nessa ordem, usando as funções do módulo stdio da biblioteca padrão de C. Após cada leitura, o programa deve apresentar o valor lido na tela.

**Solução:** A solução para esse problema segue o mesmo algoritmo do exemplo apresentado na Seção 3.19.1.

*Programa*

```
#include <stdio.h>  /* Entrada e saída */

/****
 *
 * main(): Tenta ler usando scanf() um número inteiro,
 *         um número real e um caractere e apresenta
 *         o resultado da leitura na tela.
 *
```

```
 * Parâmetros: Nenhum
 *
 * Retorno: Zero
 *
 ****/
int main(void)
{
   int    i, c;
   double f;

     /* Apresenta o programa */
   printf( "\n\t>>> Este programa e' fragil como alfeni. Trate-o com carinho.\n" );

   printf("\n\t>>> Digite um numero inteiro > ");
   scanf("%d", &i);

   printf("\n>> Numero inteiro digitado: %d\n", i);

   printf("\n\t>>> Digite um numero real > ");
   scanf("%lf", &f);

   printf("\n>> Numero real digitado: %f\n", f);

   printf("\n\t>>> Digite um caractere > ");
   c = getchar();

   printf("\n>> Caractere digitado: %c\n", c);

     /* Despede-se do usuário */
   printf( "\n\t>>> Obrigado por usar este programa.\n");

   return 0;
}
```

Exemplo de execução do programa 1 [*o usuário é mal comportado ou deficiente cognitivo*]:

```
        >>> Este programa e' fragil como alfeni. Trate-o com carinho.

        >>> Digite um numero inteiro > abc

>> Numero inteiro digitado: 0

        >>> Digite um numero real >
>> Numero real digitado: 0.000000

        >>> Digite um caractere >
>> Caractere digitado: a

        >>> Obrigado por usar este programa.
```

Exemplo de execução do programa 2 [*o usuário é bem comportado e esperto*]:

```
        >>> Este programa e' fragil como alfeni. Trate-o com carinho.

        >>> Digite um numero inteiro > -12

>> Numero inteiro digitado: -12

        >>> Digite um numero real > 2.54

>> Numero real digitado: 2.540000

        >>> Digite um caractere >
>> Caractere digitado:

        >>> Obrigado por usar este programa.
```

**Análise:** Compare esse programa com aquele apresentado na Seção 3.19.1 e note que esse programa não funciona adequadamente nem quando o usuário é bem comportado. Você entenderá melhor os problemas do programa acima na Seção 11.9.

### 3.19.3 Separando um Inteiro em Centena, Dezena e Unidade

**Problema:** Escreva um programa que lê um número inteiro de três dígitos e separa-o em centena, dezena e unidade.

**Solução:** O algoritmo aparece na Figura 3–8 e o programa vem logo em seguida.

---

ALGORITMO SeparaInteiro

inteiro n, resto

escreva("Digite um numero inteiro de três dígitos:")
leia(n)

escreva("Centena:", n/100)

resto ← n%100

escreva("Dezena:", resto/10)

escreva("Unidade:", resto%10)

---

FIGURA 3–8: ALGORITMO DE SEPARAÇÃO DE INTEIRO EM CENTENA, DEZENA E UNIDADE

```c
#include <stdio.h>     /* printf()    */
#include "leitura.h"  /* LeituraFacil */

/****
 * main(): Separa um número inteiro introduzido via
 *         teclado em centena, dezena e unidade
 *
 * Parâmetros: Nenhum
 *
 * Retorno: Zero
 ****/
int main(void)
{
   int n, resto;

      /* Apresenta o programa */
   printf( "\n\t>>> Este programa le um numero inteiro de tres digitos e"
           "\n\t>>> separa-o em centena, dezena e unidade.\n" );

      /* Lê o número */
   printf("\nDigite um numero inteiro de tres digitos: ");
   n = LeInteiro();

   printf("\n\t>>> Centena: %d", n/100); /* Exibe a centena */

      /* Descarta a centena */
   resto = n%100;

      /* Exibe a dezena */
   printf("\n\t>>> Dezena: %d", resto/10);

      /* Exibe a unidade */
   printf("\n\t>>> Unidade: %d\n", resto%10);

   return 0;
}
```

**Análise:** Os comentários inseridos no programa devem ser suficientes para seu entendimento.

**Exemplo de execução do programa:**

```
        >>> Este programa le um numero inteiro de tres digitos e
        >>> separa-o em centena, dezena e unidade.
Digite um numero inteiro de tres digitos: 543
        >>> Centena: 5
        >>> Dezena: 4
        >>> Unidade: 3
```

### 3.19.4 Alinhamento de Inteiros na Tela

**Problema:** Escreva um programa que mostra como alinhar inteiros à direita ou à esquerda na tela usando **printf()** com os especificadores de formato **%nd** e **%–nd**, sendo **n** um valor inteiro positivo.

**Solução:** A solução desse problema envolve apenas chamadas da função **printf()**. Assim o algoritmo a ser seguido é tão trivial que torna-se desnecessário apresentá-lo. O programa é apresentado a seguir.

```c
#include <stdio.h> /* Entrada e saída */

/****
 * main(): Alinha inteiros à esquerda e à direita na tela
 *         usando os especificadores %nd e %-nd de printf()
 *
 * Parâmetros: Nenhum
 *
 * Retorno: Zero
 ****/
int main(void)
{
   int n1 = 1,
       n2 = 12,
       n3 = 123,
       n4 = 1234;

     /* Apresenta o programa */
   printf( "\n\t>>> Este programa alinha numeros inteiros na tela\n" );

     /* Alinhamento à direita */
   printf("\n%5d\n", n1);
   printf("%5d\n", n2);
   printf("%5d\n", n3);
   printf("%5d\n", n4);

     /* Alinhamento à esquerda */
   printf("\n%-5d\n", n1);
   printf("%-5d\n", n2);
   printf("%-5d\n", n3);
   printf("%-5d\n", n4);

     /* Alinhamento à direita e à esquerda */
   printf("\n%5d\t%-5d\n", n1, n1);
   printf("%5d\t%-5d\n", n2, n2);
   printf("%5d\t%-5d\n", n3, n3);
   printf("%5d\t%-5d\n", n4, n4);

   return 0;
}
```

Quando executado o programa apresenta o seguinte na tela:

```
      >>> Este programa alinha numeros inteiros na tela

   1
  12
 123
1234

1
12
123
1234

   1   1
  12  12
 123  123
1234  1234
```

**Análise:** O alinhamento de números apresentado pelo programa é obtido por meio do especificador **%nd**, sendo **n** um inteiro positivo ou negativo. Quando o valor de **n** é positivo, o alinhamento é à direita; quando **n** é negativo, o alinhamento dá-se à esquerda.

### 3.19.5 Multiplicando Duas Frações

**Problema:** Escreva um programa que multiplica duas frações. Cada fração é lida como dois números inteiros: o primeiro representa o numerador e o segundo o denominador da função. Então, o programa calcula o produto e apresenta o resultado.

**Solução:** O algoritmo aparece na Figura 3–9 e o programa bem logo em seguida.

---

ALGORITMO MULTIPLICAFRAÇÕES

inteiro n1, d1, n2, d2

escreva("Digite o numerador da primeira fração:")
leia(n1)

escreva("Digite o denominador da primeira fração:")
leia(d1)

escreva("Digite o numerador da segunda fração:")
leia(n2)

escreva("Digite o denominador da segunda fração:")
leia(d2)

escreva("Resultado:", n1, "/", d1, " * ", n2, "/", d2, "=",
    n1*n2, "/", d1*d2, "=", (n1*n2)/(d1*d2) );

---

FIGURA 3–9: ALGORITMO DE MULTIPLICAÇÃO DE FRAÇÕES

```
/****
 * main(): Lê e multiplica duas frações
 *
 *
 * Parâmetros: Nenhum
 *
 * Retorno: Zero
 *
 ****/
```

```
int main(void)
{
   int n1, d1, /* Numerador e denominador da   */
       n2, d2; /* primeira e da segunda frações */

     /* Apresenta o programa */
   printf("\n\t>>> Este programa multiplica duas fracoes.\n");

   printf("\nDigite o numerador da primeira fracao: ");
   n1 = LeInteiro();

   printf("\nDigite o denominador da primeira fracao: ");
   d1 = LeInteiro();

   printf("\nDigite o numerador da segunda fracao: ");
   n2 = LeInteiro();

   printf("\nDigite o denominador da segunda fracao: ");
   d2 = LeInteiro();

   printf( "\nResultado: %d/%d * %d/%d = %d/%d = %3.2f\n",
           n1, d1,  n2, d2,  n1*n2, d1*d2,
           (double) (n1*n2)/(d1*d2) );

   return 0;
}
```

**Exemplo de execução do programa:**

```
        >>> Este programa multiplica duas fracoes

Digite o numerador da primeira fracao: 2

Digite o denominador da primeira fracao: 3

Digite o numerador da segunda fracao: 5

Digite o denominador da segunda fracao: 7

Resultado: 2/3 * 5/7 = 10/21 = 0.48
```

**Análise:** O último programa é bastante simples, mas merece um comentário importante. Se qualquer dos números que representam os denominadores das frações for zero, o programa será abortado. No próximo capítulo, você aprenderá como precaver-se contra esse percalço.

# 3.20 Exercícios de Revisão

**A Linguagem C (Seção 3.1)**

1. (a) O que é padronização de uma linguagem de programação? (b) Por que um padrão de linguagem de programação é desejável?

2. (a) O que é o padrão ISO da linguagem C? (b) Como é popularmente conhecido o padrão corrente da linguagem C?

3. O significa dizer que uma característica de C é *dependente de implementação*?

4. Uma questão de reconhecimento de valor: quem criou a linguagem C?

**Identificadores (Seção 3.2)**

5. Quais são as regras para formação de identificadores da linguagem C?

6. (a) O que são palavras-chave? (b) Uma variável pode ter o nome de uma palavra-chave?

7. (a) O que são palavras reservadas da linguagem C? (b) Uma variável usada num programa escrito em C pode ter o mesmo nome de uma palavra reservada?

8. Um programa em C pode ser escrito usando apenas letras maiúsculas?

9. Quais dos seguintes nomes não podem ser utilizados como identificadores em C? Explique por que.

   (a) var       (c) int       (d) $a       e) a$

   (g) double     (i) VOID     (j) void     (l) _10

## Códigos de Caracteres (Seção 3.3)

10. Em linhas gerais, qual é o conteúdo do conjunto básico de caracteres da linguagem C?

11. (a) O que é um código de caracteres? (b) Apresente três exemplos de códigos de caracteres.

12. Como caracteres são representados na memória de um computador?

13. Seja **a** uma variável do tipo **char**. Suponha que o código de caracteres ASCII seja utilizado. Que valor inteiro (em base decimal) será armazenado em **a** após a execução de cada uma das seguintes instruções:

    (a) `a = 'G';`    (b) `a = 9;`    (c) `a = '9';`    (d) `a = '1' + '9';`

    [Sugestão: Consulte uma tabela do código ASCII, que é fartamente encontrada na internet.]

14. Suponha que **c** seja uma variável do tipo **char**. As atribuições `c = 'A'` e `c = 65` são equivalentes?

## Tipos de Dados Primitivos (Seção 3.4)

15. (a) O que é um tipo de dado? (b) O que é um tipo de dado primitivo de uma linguagem de programação?

16. Descreva os seguintes tipos primitivos da linguagem C:

    (a) **int**

    (b) **char**

    (c) **double**

## Constantes (Seção 3.5)

17. Quais são os dois formatos de escrita de constantes reais?

18. (a) O que é uma sequência de escape? (b) Em que situações sequências de escape se fazem necessárias? (c) Apresente três exemplos de sequências de escape.

19. As sequências de escape `'\n'` e `'\t'` são as mais usadas em escrita na tela. Qual é o efeito de cada uma delas?

20. (a) O que é um string constante? (b) Qual é a diferença entre string constante e caractere constante?

21. (a) Quando um string constante é muito extenso, como ele pode ser separado em partes? (b) Qual é a vantagem que essa facilidade oferece para o programador?

22. Uma sequência de escape pode ser inserida num string constante?

23. (a) A expressão `'A' + 'B'` é legal? Explique. (b) Em caso afirmativo, essa expressão tem algum significado prático? (c) Pegadinha: qual é o resultado dessa expressão?

24. Outra pegadinha: qual é o resultado de `'Z' - 'A'`? [Dica: Há garantia de que todas as letras sejam contíguas num código de caracteres?]

25. (a) Qual é o resultado de `'9' - '0'` (não é pegadinha)? (b) Qual é o resultado de `'2' - '0'`? (c) Em geral, o que significa uma expressão do tipo `dígito - '0'`?

26. Como é classificada cada uma das seguintes constantes:

    (a) `10`      (b) `3.14`      (c) `1.6e10`      (d) `'\n'`      (e) `"A"`

## Propriedades dos Operadores da Linguagem C (Seção 3.6)

27. (a) Dentre os operadores apresentados neste capítulo, qual deles tem a maior precedência? (b) Qual deles tem a menor precedência?

28. (a) O que é efeito colateral de um operador? (b) Quais são os operadores que possuem efeito colateral apresentados neste capítulo?

29. Dentre os operadores apresentados neste capítulo, quais deles possuem ordem de avaliação de operandos definida?

30. A ordem de avaliação de um operador pode ser alterada por meio de parênteses?

31. Suponha que i e j sejam variáveis do tipo **int**. Explique por que a instrução abaixo não é portável (apesar de ser sintaticamente legal em C):

```
j = (i + 1) * (i = 1);
```

32. Quais são as precedências relativas entre os operadores aritméticos, relacionais e lógicos? Em outras palavras, considerando cada categoria de operadores como uma unidade, qual dessas categorias tem maior, intermediária e menor precedência?

## Operadores e Expressões (Seção 3.7)

33. (a) O que é um operador? (b) O que é um operando? (c) O que é uma expressão?

34. Calcule o resultado de cada uma das seguintes operações inteiras:

   (a) `-20/3`

   (b) `-20%3`

   (c) `-20/-3`

   (d) `-20%-3`

   (e) `20/-3`

   (f) `20%-3`

35. (a) O que é um operador relacional? (b) Quais são os operadores relacionais de C?

36. Em que diferem os operadores relacionais apresentados no Capítulo 2 e os operadores relacionais de C?

37. Quais são os possíveis resultados de aplicação de um operador relacional?

38. Os operadores relacionais de C têm a mesma precedência?

39. Assuma a existência das seguintes definições de variáveis num programa em C:

```
int     m = 5, n = 4;
double  x = 2.5, y = 1.0;
```

   Quais serão os valores das seguintes expressões?

   (a) `m + n + x - y`

   (b) `m + x - (n + y)`

   (c) `x - y + m + y / n`

40. Aplique parênteses nas expressões abaixo que indiquem o modo como um programa executável traduzido por um compilador de C efetuaria cada operação:

   (a) `a = b*c == 2`

   (b) `a = b && x != y`

   (c) `a = b = c + a`

41. (a) Quais são os operadores lógicos de C? (b) Quais são os possíveis resultados da aplicação de um operador lógico?

42. (a) Quais são as semelhanças entre os operadores lógicos da pseudolinguagem apresentada no Capítulo 2 e os operadores lógicos de C? (b) Quais são as diferenças entre essas categorias de operadores?

43. (a) O que é curto-circuito de um operador? (b) Que operadores apresentam essa propriedade?

44. Sejam x e y duas variáveis do tipo **int** previamente definidas. As expressões (1) e (2) a seguir são equivalentes? Explique seu raciocínio.

    (1) `x > 0 || ++y < 10`
    (2) `++y < 10 || x > 0`

45. Sejam x e y duas variáveis do tipo **int** previamente definidas. Por que um programa contendo a expressão (1) a seguir pode ser abortado em decorrência de sua avaliação, mas o mesmo não ocorre se essa expressão for substituída pela expressão (2) abaixo?

    (1) `y%x && x > 0`
    (2) `x > 0 && y%x`

46. (a) Por que a expressão `1/3 + 1/3 + 1/3` não resulta em 1? (b) Qual é o resultado dessa expressão?

47. Suponha que x seja uma variável do tipo **int**. Escreva expressões lógicas em C que denotem as seguintes situações:

    (a) x é maior do que 2, mas menor do que 10
    (b) x é divisível por 2 ou 3
    (c) x é par, mas é diferente de 6
    (d) x é igual a 2 ou 3 ou 5

48. Suponha que x e y sejam variáveis do tipo **int**. (a) É possível determinar o resultado da expressão `(x = 0) && (y = 10)` sem saber quais são os valores correntes de x e y? (b) Se for possível calcular esse resultado, qual é ele?

49. Por que o programa a seguir escreve na tela: `O valor de 2/3 e' 0.000000`?

```
#include <stdio.h>

int main(void)
{
    double produto = 2/3;
    printf("O valor de 2/3 e' %f\n", produto);
    return 0;
}
```

## Definições de Variáveis (Seção 3.8)

50. O que é uma definição de variável?

51. Que informação é provida para o compilador por uma definição de variável?

52. Por que é importante usar nomenclaturas diferentes para escrita de identificadores que pertencem a categorias diferentes?

## Operador de Atribuição (Seção 3.9)

53. Em que diferem os operadores = e ==?

54. Qual é o valor atribuído à variável z na instrução de atribuição abaixo?

```
int x = 2, y = 5, z = 0;
z = x*y == 10;
```

55. Suponha que **i** seja uma variável do tipo **int** e **d** seja uma variável do tipo **double**. Que valores serão atribuídos a **i** e **d** nas instruções a seguir:

    (a) `d = i = 2.5;`

    (b) `i = d = 2.5;`

## Conversões de Tipos (Seção 3.10)

56. (a) O que é conversão implícita? (b) Por que às vezes ela é necessária?

57. Em que situações um compilador efetua conversões implícitas?

58. Cite alguns problemas decorrentes de conversões implícitas.

59. (a) Um computador é capaz de realizar a operação **2 + 2.5** (i.e, a soma de um número inteiro com um número real)? (b) É permitido a escrita dessa expressão num programa em C? (c) O resultado dessa operação é inteira ou real?

60. (a) Para que serve o operador **(double)** na instrução de atribuição abaixo? (b) Ele é estritamente necessário? (c) Existe alguma justificativa para seu uso?

    ```
    double x;
    x = (double)2;
    ```

61. Suponha que **x** seja uma variável do tipo **double**. Que valor é atribuído a **x** em cada uma das seguintes atribuições:

    (a) `x = 5/2;`

    (b) `x = (double)5/2;`

    (c) `x = (double)5/(double)2;`

    (d) `x = (double)(5/2);`

## Incremento e Decremento (Seção 3.11)

62. (a) O que é incremento? (b) O que é decremento? (c) Quais são os operadores de incremento e decremento?

63. Explique a diferença entre os operadores prefixo e sufixo de incremento.

64. Dadas as seguintes iniciações:

    ```
    int  j = 0, m = 1, n = -1;
    ```

    Quais serão os resultados de avaliação das seguintes expressões em C?

    (a) `m++ - --j`

    (b) `m * m++` [O resultado dessa expressão é dependente do compilador; apresente os dois resultados possíveis.]

65. O que exibe na tela cada um dos seguintes trechos de programa?

    (a)
    ```
    int x = 1;
    printf("x++ = %d", x++);
    ```

    (b)
    ```
    int x = 1;
    printf("++x = %d", ++x);
    ```

66. Seja **x** uma variável do tipo **int**. O que há de errado com a expressão: `++(x + 1)`?

67. Considere o seguinte trecho de programa:

    ```
    int  i, j = 4;
    i = j * j++;
    ```

    Mostre que, se a variável **j** for avaliada primeiro, a expressão `j * j++` resultará em **16** e, se a expressão `j++` for avaliada primeiro, o resultado será **20**.

68. Suponha que **soma** e **x** sejam variáveis do tipo **int** iniciadas com **0**. A instrução a seguir é portável? Explique.

```
soma = (x = 2) + (++x);
```

## Comentários (Seção 3.12)

69. (a) Como comentários podem ser inseridos num programa? (b) Como um compilador lida com comentários encontrados num programa?

70. Por que comentários são necessários num programa?

71. Por que um programa sem comentários compromete seu entendimento?

72. Qual é o melhor momento para comentar um programa? Por quê?

73. Em que sentido comentários num programa escrito por um programador profissional não devem imitar comentários encontrados em livros de ensino de programação?

74. Por que comentários redundantes são quase tão prejudiciais a um programa quanto a ausência de comentários?

75. Que informações mínimas deve conter um comentário de bloco incluído no início de um programa?

## Bibliotecas (Seção 3.13)

76. No contexto de programação, o que é uma biblioteca?

77. É possível programar utilizando uma linguagem de programação que não possui biblioteca?

78. Como a biblioteca de uma linguagem de programação auxilia o programador?

79. (a) O que é a biblioteca padrão de C? (b) Por que funções dessa biblioteca não são estritamente consideradas partes integrantes da linguagem C?

80. Por que se diz que a biblioteca padrão de C é um apêndice dessa linguagem?

81. O que é um arquivo de cabeçalho?

82. (a) Para que serve uma diretiva **#include**? (b) Como uma diretiva **#include** é processada?

83. Quando se faz necessário incluir cada um dos seguintes cabeçalhos?

    (a) **stdio.h**

    (b) **math.h**

    (c) **string.h**

    (d) **leitura.h**

84. Por que a inclusão do cabeçalho **stdio.h** da biblioteca padrão de C é escrita como:

```
#include <stdio.h>
```

enquanto a inclusão do cabeçalho **leitura.h** da biblioteca LEITURAFACIL é escrita como:

```
#include "leitura.h"
```

## Entrada via Teclado e Saída via Tela (Seção 3.14)

85. Teste seu conhecimento sobre a língua portuguesa: qual é a diferença entre os significados de *interação* e *iteração*?

86. O que é um programa robusto do ponto de vista de entrada de dados?

87. Descreva o funcionamento da função **printf()**.

88. O que é um especificador de formato?

89. (a) O que é string de formatação? (b) O que pode conter um string de formatação da função **printf()**?

90. A que deve corresponder um especificador de formato encontrado num string de formatação numa chamada de **printf()**?

91. Suponha que você tenha num programa a seguinte iniciação de variável:

```
int c = 'A';
```

Usando a variável **c**, como você exibiria na tela: (a) o caractere **'A'** e (b) o inteiro associado a esse caractere no código de caracteres utilizado.

92. Descreva o efeito de cada um dos seguintes especificadores de formato de **printf()**:

(a) **%f**

(b) **%5.2f**

(c) **%5d**

(d) **%-5d**

(e) **%d**

(f) **%c**

(g) **%s**

93. Como você produziria na tela: (a) uma quebra de linha e (b) um espaço de tabulação?

94. Quando um número real é escrito na tela com o uso de **printf()** com o especificador **%f** quantas casas decimais aparecem?

95. Suponha que o conteúdo de uma variável **x** do tipo **double** seja **2.4569**. O que será apresentado na tela quando cada uma das seguintes chamadas de **printf()** for executada?

(a) `printf("%f", x);`

(b) `printf("%d", x);` [Pense bem antes de responder esse item]

(c) `printf("%3.2f", x);`

(d) `printf("%4.2f", x);`

96. O que apresenta na tela o seguinte programa?

```
#include <stdio.h>

int main(void)
{
    int i = 43;
    printf("%d\n", printf("%d", printf("%d",i)));
    return 0;
}
```

97. Por que o programa a seguir não exibe o resultado esperado?

```
#include <stdio.h>

int main(void)
{
    int resultado = 2 + 2;
    printf("O resultado e': %d\n");
    return 0;
}
```

98. O que programa a seguir exibe na tela?

```c
#include <stdio.h>

int main(void)
{
    int i = 6, j;

    j = ++i < 7 && i++/6 || ++i <= 9;

    printf("\ni = %d, j = %d\n", i, j);

    return 0;
}
```

99. O que programa a seguir escreve na tela?

```c
#include <stdio.h>

int main(void)
{
    printf("1/3 = %f\n", 1/3);
    return 0;
}
```

100. O que é prompt e qual é sua importância num programa interativo?

101. Critique os seguintes prompts apresentados para um usuário comum de um programa:
    (a) *Digite um string*
    (b) *Tecle ^C para encerrar o programa*

102. Por que a ausência de prompt ou a apresentação de um prompt impreciso pode ser responsável por erros num programa?

103. Por que o programa a seguir não exibe o resultado esperado?

```c
#include <stdio.h>

int main(void)
{
    double resultado;

    resultado = 21.0 / 7.0;

    printf("Resultado da divisao: %d\n", resultado);

    return 0;
}
```

## Constantes Simbólicas (Seção 3.15)

104. (a) O que é uma constante simbólica? (b) Como uma constante simbólica é definida?

105. (a) Por que não se deve terminar uma definição de constante simbólica com ponto e vírgula? (b) Por que um programador iniciante tem dificuldade em detectar esse tipo de erro? (c) Como o uso de convenções diferentes para escrita de identificadores que pertencem a categorias diferentes facilita a detecção desse tipo de erro?

106. Que vantagens são obtidas com o uso de constantes simbólicas num programa?

107. Como se declara uma constante simbólica em linguagem algorítmica?

## Como Construir um Programa 2: Implementação (Seção 3.16)

108. Quais são os passos envolvidos na construção de um programa de pequeno porte numa linguagem algorítmica?

109. Qual é a diferença entre teste e depuração de um programa?

## Programas Monoarquivos em C (Seção 3.17)

110. É verdade que todo programa em C deve necessariamente ter uma função denominada *main*?

111. (a) O que é um sistema de execução com hospedeiro? (b) O que é um sistema livre?

112. O que é um programa de console?

113. Como é o esboço de um programa monoarquivo simples em C?

114. (a) O que significa *main* num programa em C? (b) Por que todo programa com hospedeiro em C precisa incluir uma função **main()**? (c) Esse nome pode ser alterado?

115. Qual é o significado da instrução `return 0;` encontrada em programas escritos em C?

## Lidando com Erros de Sintaxe e Advertências (Seção 3.18)

116. Qual é a diferença entre mensagem de erro e mensagem de advertência emitida por um compilador?

117. (a) O que é um erro sintático ou de compilação? (b) O que é um erro de execução? (c) O que é um erro lógico? (d) Qual deles é o mais fácil de ser consertado? (e) Qual deles é o mais difícil de ser corrigido? [Você aprenderá mais sobre esse tópico no Capítulo 7.]

118. Apresente cinco erros sintáticos comuns.

119. Por que não é recomendado ignorar uma mensagem de advertência?

120. O que há de errado com o seguinte programa?

```c
#include <stdio.h>
#include "leitura.h"

int main(void)
{
    int x;

    printf("\nDigite um numero inteiro: ");
    x = LeInteiro();

    printf("\n100/%d = %d\n", x, 100/x);

    return 0;
}
```

# 3.21 Exercícios de Programação

## 3.21.1 Fácil

EP3.1    Escreva um programa em C que exibe o seguinte na tela:

```
Meu nome e' [apresente aqui seu nome]
Sou [aluno ou aluna] do curso [nome do curso]
Digite um caractere seguido de ENTER para encerrar o programa:
```

Esse programa deverá apresentar os conteúdos entre colchetes substituídos adequadamente e só deverá ter sua execução encerrada quando o usuário digitar algum caractere seguido de `[ENTER]`. [Sugestão: Use a função `LeCaractere()` para ler o caractere que corresponde à tecla digitada pelo usuário.]

EP3.2    Escreva um programa que leia valores inteiros representando numeradores e denominadores de duas funções, calcula a soma das duas frações e apresenta o resultado na tela. [Sugestão: v. exemplo apresentado na Seção 3.19.5.]

EP3.3    Escreva um programa que lê dois valores reais representando os lados de um retângulo numa dada unidade de comprimento e exibe na tela a área, o perímetro e a diagonal do retângulo. [Sugestão:

O perímetro é dado por $P = 2 \cdot (L_1 + L_2)$; a área é dada por $A = L_1 L_2$ e a diagonal é dada por $D = sqrt(L_1 \cdot L_1 + L_2 \cdot L_2)$, sendo que $L_1$ e $L_2$ são os lados do retângulo.]

**EP3.4** Escreva um programa que lê três números inteiros digitados pelo usuário. Então, o programa apresenta na tela a soma, o produto e a média dos números introduzidos.

**EP3.5** Escreva um programa que lê um número inteiro com quatro dígitos introduzido pelo usuário e apresenta na tela, em linhas separadas, a milhar, a centena, a dezena e a unidade do número. [Sugestão: v. exemplo apresentado na Seção 3.19.3.]

**EP3.6** Escreva um programa que calcula o gasto mensal de gasolina do usuário e apresenta o resultado. A interação desse programa com o usuário é exemplificada a seguir:

```
Quantos quilometros por dia voce dirige? 35
Quantos dias por semana voce dirige? 6
Quantos quilometros por litro seu carro faz? 10
Qual e' o preco do litro da gasolina (R$)? 2.71

>>> Gasto mensal de gasolina: R$227.64
```

**EP3.7** Escreva um programa que calcula o volume de um cone circular reto de acordo com a fórmula:

$$V = \frac{\pi \cdot r^2 \cdot h}{3}$$

Nessa fórmula, $V$ é o volume, $r$ é o raio e $h$ é a altura do cone. A seguir, um exemplo de execução desse programa:

```
Este programa calcula o volume de um cone circular reto

Introduza o raio (cm): 2.5
Introduza a altura (cm): 9.2

>>> Volume do cone: 60,18 cm3
```

### 3.21.2 Moderado

**EP3.8** O programa a seguir contém erros sintáticos e resulta em mensagens de advertência quando se tenta compilá-lo com o compilador GCC ou no ambiente CodeBlocks usando a opção **-Wall**:

```c
#include <stdio.h>
#include "leitura.h"

int main(void)
{
    int x, y, z;  /* Declaração das variáveis inteiras x, y e z */

    x = 10;  /* Atribui 10 à variável x */
    Y = 0;   /* Atribui 0 à variável y  */

    z = LeInteiro();  /* Lê um valor para a variável z */
    PRINTF("%d", y);  /* Escreve o valor da variável y */

    return 0
}
```

Sua tarefa consistirá do seguinte:

(a) Usando o ambiente CodeBlocks, edite o programa acima *exatamente* como ele é apresentado aqui e salve o arquivo.

(b) Compile o programa conforme descrito na Seção 1.7.4. Você deverá obter como resultado no painel inferior do CodeBlocks três mensagens de erro e três mensagens de advertência.

(c) Descreva o significado e a causa de cada mensagem de erro e de advertência.

(d)  Para cada mensagem de erro, descreva uma forma de contornar o respectivo problema.

(e)  Para cada mensagem de advertência, descreva uma forma de evitar que o compilador continue a emitir a referida advertência.

(f)  Implemente no programa as alterações sugeridas em (d) e (e) e certifique-se de que o programa obtido realmente é compilado sem nenhuma mensagem de erro ou advertência.

# CAPÍTULO 4

# FLUXO DE EXECUÇÃO

Após estudar este capítulo, você deverá ser capaz de:

➤ Definir e usar a seguinte terminologia relacionada à linguagem C:

☐ Instrução
☐ Bloco de instruções
☐ Instrução vazia
☐ Fluxo de execução
☐ Estrutura de controle

☐ Laço de repetição
☐ Laço de contagem
☐ Terminal de instrução
☐ Desvio condicional
☐ Desvio incondicional

☐ Expressão condicional
☐ Condição de parada
☐ Leis de De Morgan
☐ Operador condicional
☐ Operador vírgula

➤ Descrever e usar as seguintes palavras-chave da linguagem C:

☐ **while**   ☐ **for**   ☐ **else**   ☐ **case**   ☐ **break**   ☐ **goto**
☐ **do**   ☐ **if**   ☐ **switch**   ☐ **default**   ☐ **continue**

➤ Identificar as construções que são consideradas instruções em C
➤ Descrever fluxo natural de execução de um programa e como ele pode ser alterado
➤ Dizer quando uma instrução constituída por uma expressão faz sentido prático
➤ Classificar estruturas de controle
➤ Determinar a condição de parada de um laço de repetição
➤ Implementar laço de contagem
➤ Esclarecer por que o uso de desvios incondicionais deve ser comedido
➤ Explicar como uma instrução for pode ser substituída por uma sequência de instruções equivalente
➤ Citar os operadores da linguagem C que possuem ordem de avaliação de operandos definida
➤ Descrever o funcionamento das funções **rand()**, **srand()** e **time()**

**OBJETIVOS**

# 4.1 Introdução

LUXO DE EXECUÇÃO de um programa diz respeito à ordem e ao número de vezes com que instruções do programa são executadas. Um programa que segue seu fluxo natural de execução é executado sequencialmente da primeira à última instrução, sendo cada uma delas executada uma única vez.

O fluxo natural de execução de um programa pode ser alterado por meio de estruturas de controle, que são instruções capazes de alterar a sequência e a frequência com que outras instruções são executadas. Estruturas de controle que alteram a frequência (i.e., o número de vezes) com que outras instruções são executadas são denominadas laços de repetição, enquanto aquelas que alteram a sequência (i.e., a ordem) de execução de outras instruções são denominadas desvios. Esses desvios podem ainda ser classificados em desvios condicionais e desvios incondicionais.

O estudo das estruturas de controle da linguagem C é o tópico principal deste capítulo. Mas, antes de apresentar as estruturas de controle de C, serão apresentadas algumas considerações importantes sobre instruções dessa linguagem.

# 4.2 Sequências de Instruções

Em C, uma instrução pode consistir de qualquer uma das alternativas abaixo:

- ❏ Expressão
- ❏ Instrução **return** (que será estudada no Capítulo 5)
- ❏ Estrutura de controle
- ❏ Chamada de função[1] (que será estudada em detalhes no Capítulo 5)

Quando uma instrução consiste numa expressão, ela só fará sentido se a expressão contiver operadores com efeito colateral. Como exemplo, considere o seguinte programa:

```c
#include <stdio.h>

int main(void)
{
    int x = 0, y = 0;

    /* A seguinte instrução é legal, mas não faz sentido */
    2*(x + 1);

    /* A seguinte instrução é legal e faz sentido */
    y = 2*(y + 1);

    printf("\nx = %d, y = %d\n", x, y);

    return 0;
}
```

Nesse programa, que é perfeitamente correto em C, a instrução constituída pela expressão:

```c
2*(x + 1);
```

não tem absolutamente nenhum efeito sobre o resultado do programa. Aliás, se você compilar esse programa no compilador GCC (ou outro bom compilador), ele apresentará uma mensagem de advertência alertando o programador sobre esse fato.

---

[1]   Na realidade, chamadas de função são consideradas expressões. Mas, para manter a simplicidade deste texto introdutório, elas não serão consideradas como tais no presente contexto.

Por outro lado, se você substituir a expressão `2*(x + 1)` por uma expressão contendo um operador com efeito colateral, como, por exemplo, `x++;` ou `x = 10;` o programa não apenas continuará sendo legal, como também fará sentido.

Em C, uma instrução pode aparecer apenas dentro de uma função (v. Capítulo 5). Quer dizer, fora de uma função podem existir definições de variáveis, constantes simbólicas e outros componentes de um programa que ainda serão discutidos, mas nunca pode existir uma instrução fora de uma função. Por exemplo, você não será capaz de compilar o seguinte programa:

```c
#include <stdio.h>

int x = 0; /* Definições de variáveis podem aparecer fora de funções */

x = 2*x; /* Mas, uma instrução NÃO pode aparecer fora de uma função */

int main(void)
{
    printf("x = %d", x);

    return 0;
}
```

Toda instrução em C deve conter um ponto e vírgula ao final. Isto é, ponto e vírgula é considerado terminal de instrução. Declarações e definições também devem ser encerradas com ponto e vírgula. Mas, as seguintes linhas de programa não requerem ponto e vírgula e sua inclusão pode causar erro de sintaxe ou de lógica:

- ❐ Diretivas de pré-processamento (i.e., linhas começando com #), como **#include** e **#define**.
- ❐ Comentários.
- ❐ Uma linha que continua na linha seguinte.
- ❐ Instruções ou declarações que terminam com fecha-chaves.

Uma sequência (ou bloco) de instruções consiste em uma ou mais instruções confinadas entre chaves (i.e., entre { e }) e pode ser inserida em qualquer local de um programa onde uma única instrução é permitida. Uma sequência de instruções pode conter ainda definições de variáveis e não deve terminar com ponto e vírgula.

Variáveis definidas dentro de um bloco de instruções são conhecidas como variáveis locais e têm validade apenas no interior do bloco. Além disso, conforme já foi visto (v. Seção 3.8), cada variável deve ser definida antes de ser utilizada pela primeira vez. Ou seja, pode-se colocar uma definição em qualquer local de um bloco, desde que seja antes da primeira instrução que use a variável. Mas, por uma questão de estilo de programação, recomenda-se que todas variáveis locais a um bloco sejam definidas no início do bloco (i.e., na linha seguinte ao abre-chaves do bloco).

Blocos de instruções podem ser aninhados dentro de outros blocos, como mostrado esquematicamente abaixo:

```c
{
    ... /* Primeiro bloco */
    {
        ... /* Segundo bloco aninhado dentro do primeiro */
        {
            ... /* Terceiro bloco aninhado dentro do segundo */
        }
        ...
    }
    ...
}
```

O número de níveis de aninho de blocos permitido por um compilador aderente ao padrão ISO de C vai além da imaginação de qualquer programador equilibrado. Porém, o aninho de mais de um nível (como esquematizado acima) não é recomendado, pois tal construção tem sua legibilidade comprometida.

## 4.3 Instruções Vazias

Um aspecto interessante da linguagem C é que ela permite a escrita de instruções vazias (i.e., que não executam nenhuma tarefa) em qualquer local onde se pode colocar uma instrução normal. Uma instrução vazia em C é representada por um ponto e vírgula, desde que ele não seja considerado terminal de instrução ou declaração. Por exemplo, se um programa contém a linha:

```
x = 2*y;;
```

o primeiro ponto e vírgula é considerado terminal de instrução, enquanto o segundo ponto e vírgula é uma instrução vazia. Isso ocorre porque, depois do primeiro ponto e vírgula era esperada outra instrução ou um fecho de bloco (i.e., }).

Ainda considerando o último exemplo, o ponto e vírgula que representa instrução vazia provavelmente é decorrente de um acidente de trabalho. Ou seja, talvez, o programador tenha se distraído ou o teclado utilizado estivesse defeituoso. Como, isoladamente, ponto e vírgula representa uma instrução vazia, a inserção acidental desse símbolo num local onde se espera uma instrução normal é interpretada pelo compilador como uma construção válida.

Instruções vazias acidentais podem ser deletérias ou não. No exemplo em questão, a instrução vazia acidental é inócua (i.e., ela não causa nenhum dano ao programa). Mas, por mais surpreendente que possa parecer neste instante, uma instrução vazia pode corresponder exatamente àquilo que o programador deseja obter. Quando uma instrução vazia é proposital, recomenda-se que o programador coloque-a numa linha separada e acompanhada de comentário explicativo para deixar claro que essa instrução é realmente proposital (e não acidental).

Mais adiante, neste capítulo, serão apresentados exemplos de instruções vazias acidentais e sugestões para o programador prevenir-se de efeitos danosos decorrentes dessas instruções. Serão apresentados ainda exemplos de situações que requerem instruções vazias propositais.

## 4.4 Estruturas de Controle

As estruturas de controle de C podem ser classificados em três categorias:

- ☐ Repetições (ou iterações) que permitem a execução de uma ou mais instruções repetidamente.
- ☐ Desvios condicionais que permitem decidir, com base no resultado da avaliação de uma expressão, qual trecho de um programa será executado.
- ☐ Desvios incondicionais que indicam, incondicionalmente, qual instrução será executada em seguida.

As próximas seções explorarão detalhadamente as estruturas de controle da linguagem C.

## 4.5 Laços de Repetição

Laços de repetição permitem controlar o número de vezes que uma instrução ou sequência de instruções é executada. A linguagem C possui três laços de repetição: **while**, **do-while** e **for**. Essas estruturas serão detalhadas em seguida.

### 4.5.1 while

A instrução **while** (ou laço **while**) é uma estrutura de repetição que tem o seguinte formato:

> **while (*expressão*)**
> *instrução*;

A expressão entre parênteses pode ser aritmética, relacional ou lógica, mas, tipicamente, esses dois últimos tipos de expressões predominam. Uma constante ou variável também pode ocupar o lugar da expressão. A instrução endentada na linha seguinte no esquema acima é denominada corpo do laço e pode ser representada por uma sequência de instruções entre chaves. Em geral, qualquer instrução cuja execução está subordinada a uma estrutura de controle constitui o corpo dessa estrutura.

A instrução **while** é interpretada conforme descrito a seguir.

1. A expressão entre parênteses é avaliada.
2. Se o resultado da avaliação da expressão for diferente de zero, o corpo do laço é executado. Então, o fluxo de execução retorna ao passo 1.
3. Se o resultado da avaliação da expressão for igual a zero, a instrução **while** é encerrada e a execução do programa continua na próxima instrução que segue o laço **while**.

O diagrama da Figura 4–1 ilustra o funcionamento do laço de repetição **while**. Note, nessa figura, a formação de um laço quando o resultado da expressão é diferente de zero. É esse laço que dá origem à expressão *laço de repetição*. Note ainda que, se inicialmente a expressão resultar em zero, o corpo do laço não será executado nenhuma vez.

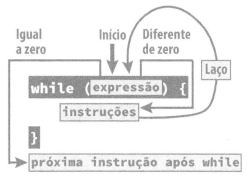

FIGURA 4–1: DIAGRAMA DE FUNCIONAMENTO DO LAÇO WHILE

Como exemplo de uso da instrução **while** considere o seguinte programa:

```c
#include <stdio.h>

int main(void)
{
    int x = 0, y = 10;

    while (x < y) {
        x++;
        y--;
    }

    printf("x = %d, y = %d", x, y);

    return 0;
}
```

No laço **while** desse exemplo, a expressão é x < y e o corpo do laço é constituído pela sequência de instruções composta por x++ e y--. Como o corpo do laço é uma sequência de instruções, essas instruções estão envolvidas por chaves. Além disso, o abre-chaves do bloco que constitui o corpo do laço aparece na primeira linha da instrução **while**, e não na linha seguinte como talvez fosse mais esperado. A adoção dessa prática tem justificativa, que será exposta mais adiante.

**Exercício:** Antes de prosseguir, responda às seguintes questões referentes ao último exemplo:

[1] Quantas vezes o corpo do laço **while** é executado?

[2] Quais serão os valores das variáveis **x** e **y** ao final do laço?

[3] Se as versões sufixas dos operadores de incremento e decremento (i.e., **x++** e **y--**) forem substituídas por versões prefixas (i.e., **++x** e **--y**) , as respostas às questões 1 e 2 serão diferentes?

Depois de tentar responder analiticamente (i.e., sem o auxílio do computador) às questões acima, você pode obter as respostas das questões 1 e 2, compilando e, então, executando o programa. A resposta da questão 2 é exatamente aquilo que a função **printf**() exibe na tela. Para responder à primeira questão, note que a variável **x** funciona como uma variável de contagem, pois ela é iniciada com zero e, a cada passagem do laço, seu valor é acrescido de um. Portanto o valor final dessa variável corresponde exatamente ao número de vezes que o corpo do laço é executado. Para responder a questão 3, você não precisará alterar o programa, basta notar que nas duas expressões em que aparecem os operadores de incremento e decremento, apenas os efeitos colaterais desses operadores são utilizados (i.e., os resultados das expressões são desprezados). Se você ainda não consegue responder a questão 3, mesmo após essa dica, estude novamente a Seção 3.11.

Esquecer de colocar as chaves em torno de uma sequência de instruções faz com que apenas a primeira delas seja considerada como corpo de um laço **while**. Por exemplo, remova as chaves em torno das instruções que fazem parte do laço **while** do último programa, de modo a obter o seguinte programa resultante:

```
#include <stdio.h>

int main(void)
{
    int x = 0, y = 10;

    while (x < y)
        x++; /* Esta instrução faz parte do while */
        y--; /* Apesar da endentação, esta instrução não faz parte do while */

    printf("x = %d, y = %d", x, y);

    return 0;
}
```

Se você editar, compilar e executar os dois programas anteriores, verá que eles apresentam resultados distintos[2]. Isso ocorre porque, diferentemente do programa anterior que tinha duas instruções no corpo do laço **while**, aqui o corpo do laço contém apenas uma instrução, que é **x++**. Ou seja, apesar de a endentação da instrução **y--** sugerir que ela faz parte do corpo do **while**, na realidade, ela é considerada a instrução que segue a instrução **while**. Isso ocorre porque, em programação moderna, endentação faz sentido apenas entre programadores. Ou seja, ela é completamente ignorada por compiladores, que desprezam quaisquer espaços em branco adicionais.

Para prevenir o esquecimento de chaves em torno de sequências de instruções, recomenda-se que elas sejam sempre usadas, mesmo quando o corpo da instrução **while** é constituído por uma única instrução. Isso evita que você esqueça de inserir as chaves se, por acaso, quiser acrescentar mais alguma instrução ao corpo do **while**.

Deve-se ainda tomar cuidado para não escrever ponto e vírgula após a primeira linha de uma instrução **while**, pois, assim, o corpo do laço será interpretado como uma instrução vazia. Como exemplo, considere o seguinte programa:

---

[2]   O resultado escrito na tela pelo primeiro programa é: x = 5, y = 5, enquanto o segundo programa escreve: x = 10, y = 9.

```
#include <stdio.h>

int main(void)
{
    int x = 10;

    while (x);
        x--;

    printf("x = %d", x);

    return 0;
}
```

Nesse exemplo, o programador, muito provavelmente, pretendia que o corpo do laço fosse x-- (conforme sugerido pela endentação), mas na realidade o corpo será a instrução vazia (i.e., o ponto e vírgula ao final da primeira linha). Se você editar, compilar e executar esse programa, verá que ele nunca termina nem apresenta nada na tela. Isso ocorre porque o programa contém um laço de repetição infinito, acidentalmente causado pelo ponto e vírgula ao final da primeira linha do laço **while**. Analisando mais detalhadamente essa situação, observa-se que o valor inicial de x é 10 e que essa variável deve eventualmente assumir zero para que o laço **while** termine. Acontece que o corpo do laço é uma instrução vazia que, obviamente, não altera o valor de x. Assim, o laço nunca encerra. (Se você deseja executar esse programa para confirmar o que se está afirmando aqui, poderá encerrá-lo com a combinação de teclas [CTRL]+[C].)

Novamente, o uso de chaves envolvendo o corpo de um laço **while**, mesmo quando o corpo é constituído de apenas uma instrução, previne o efeito nocivo de instruções vazias acidentais. Mas, o uso de chaves só é eficiente se o abre-chaves for colocado após os parênteses da expressão de uma instrução **while**. Por exemplo, suponha que um programador segue apenas parcialmente essa recomendação e escreve o seguinte programa:

```
#include <stdio.h>

int main(void)
{
    int x = 10;

    while (x);
    {
        x--;
    }

    printf("x = %d", x);

    return 0;
}
```

O código em linguagem de máquina gerado pelo compilador para esse programa é exatamente igual àquele gerado para o programa anterior. Ou seja, esse último programa apresenta o mesmo defeito do programa anterior causado pelo ponto e vírgula na linha contendo **while**. Se o programador tivesse seguido à risca a recomendação sugerida no parágrafo anterior, mesmo que ele tivesse digitado um ponto e vírgula acidental, seu programa apareceria assim:

```
#include <stdio.h>

int main(void)
{
    int x = 10;

    while (x) {;
        x--;
    }
```

```
    printf("x = %d", x);
    return 0;
}
```

Nesse último programa, assim como nos dois programas anteriores, há um ponto e vírgula acidental que representa uma instrução vazia. A diferença é que, aqui, a instrução vazia não causa nenhum dano ao programa. Se ainda não o fez, edite, compile e execute os três últimos programas para confirmar o que foi afirmado.

### 4.5.2 do-while

Um laço de repetição **do-while** tem o seguinte formato:

> **do**
>      *instrução;*
> **while** (*expressão*);

Como na instrução **while** vista antes, *instrução* representa o corpo do laço e *expressão* é uma expressão que, quando resulta em zero, encerra o laço. Em termos de interpretação, a única diferença entre as instruções **while** e **do-while** é o ponto onde cada instrução inicia, como mostra a Figura 4–2, que ilustra o funcionamento da instrução **do-while**:

FIGURA 4–2: DIAGRAMA DE FUNCIONAMENTO DO LAÇO DO-WHILE

Se você comparar detidamente a Figura 4–1, que mostra o funcionamento de uma instrução **while**, com a Figura 4–2, referente ao funcionamento de um laço **do-while**, poderá concluir que o que diferencia essas duas instruções é como cada uma começa. Ou seja, uma instrução **while** começa com a avaliação da expressão que a acompanha, enquanto uma instrução **do-while** começa com a execução do corpo do respectivo laço. Como consequência, é assegurado que o corpo do laço de uma instrução **do-while** é executado pelo menos uma vez. Assim, a instrução **do-while** é indicada para situações nas quais se deseja que o corpo do laço seja sempre executado.

Considere o seguinte programa como exemplo de uso da instrução **do-while**:

```
#include <stdio.h>

int main(void)
{
    int x = 0, y = 10;

    do {
        x++;
        y--;
    } while (x < y);
    printf("x = %d, y = %d", x, y);

    return 0;
}
```

Se você comparar o primeiro exemplo apresentado na Seção 4.5.1 como esse último exemplo, concluirá que a única diferença entre eles é o tipo de laço de repetição usado por cada um deles. Além disso, os dois programas apresentam os mesmos resultados e, por isso, são considerados funcionalmente equivalentes. Quer dizer, se você considerar para esse último exemplo, as mesmas questões formuladas para o primeiro exemplo da Seção 4.5.1,concluirá que as respostas às respectivas questões são as mesmas.

Nem sempre os laços **while** e **do-while** são equivalentes. Por exemplo, considere os dois programas a seguir:

| PROGRAMA 1 | PROGRAMA 2 |
|---|---|
| ```c
#include <stdio.h>
int main(void)
{
   int x = 0, y = 0;
   while (x < y) {
      x++;
      y--;
   }
   printf("x=%d, y=%d", x, y);
   return 0;
}
``` | ```c
#include <stdio.h>
int main(void)
{
   int x = 0, y = 0;
   do {
      x++;
      y--;
   } while (x < y);
   printf("x=%d, y=%d", x, y);
   return 0;
}
``` |

Apesar das semelhanças entre os dois últimos programas, o primeiro programa exibe x = 0, y = 0 na tela, enquanto o segundo escreve: x = 1, y = -1. Além disso, o laço **while** do primeiro programa não é executado nenhuma vez, mas o laço **do-while** do segundo programa é executado uma vez.

As mesmas recomendações de uso e posicionamento de chaves apresentadas para o laço **while** (v. Seção 4.5.1) são válidas aqui.

### 4.5.3 for

O laço **for** é um pouco mais complicado do que os outros dois laços de repetição de C e sua sintaxe segue o seguinte esquema:

$$\textbf{for } (expressão_1; \ expressão_2; \ expressão_3)$$
$$instrução;$$

Qualquer das expressões entre parênteses é opcional, mas, usualmente, todas as três são utilizadas. Uma instrução **for** é interpretada conforme a seguinte sequência de passos:

1. $expressão_1$ é avaliada. Tipicamente, essa é uma expressão de atribuição.
2. $expressão_2$, que é a expressão condicional da estrutura **for**, é avaliada.
3. Se $expressão_2$ resultar em zero, a instrução **for** é encerrada e o controle do programa passa para a próxima instrução que segue o laço **for**. Se $expressão_2$ resultar num valor diferente de zero, o corpo do laço (representado por *instrução* no quadro esquemático) é executado.
4. Após a execução do corpo do laço, $expressão_3$ é avaliada e retorna-se ao passo 2.

A Figura 4-3 ilustra o funcionamento da instrução **for**.

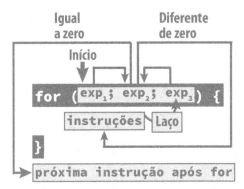

FIGURA 4–3: DIAGRAMA DE FUNCIONAMENTO DO LAÇO for

Considere o seguinte programa como exemplo de uso de laço **for**:

```c
#include <stdio.h>

int main(void)
{
    int i;

    for (i = 1; i <= 10; ++i) {
        printf("C e C++ sao linguagens diferentes\n");
    }
    return 0;
}
```

Esse programa escreve dez vezes na tela a frase:

```
C e C++ sao linguagens diferentes
```

Comparando-se os diagramas que ilustram os funcionamentos das estruturas **while** e **for**, pode-se facilmente concluir que a instrução **for** é equivalente em termos funcionais à seguinte sequência de instruções (existe uma exceção para essa equivalência que será explorada na Seção 4.7.2):

> *expressão1;*
>
> while (*expressão₂*) {
>    *instrução;*
>    *expressão₃;*
> }

Utilizando-se desse conhecimento, o programa do último exemplo poderia ser reescrito como:

```c
#include <stdio.h>

int main(void)
{
    int i;

    i = 1;

    while (i <= 10) {
        printf("C e C++ sao linguagens diferentes\n");
        ++i;
    }

    return 0;
}
```

Apesar da mencionada equivalência entre um laço **for** e um conjunto de instruções envolvendo **while**, por questões de legibilidade e concisão, esse conjunto de instruções não é indicado para substituir instruções **for** em situações nas quais o uso dessa instrução parece ser a escolha mais natural.

A instrução **for** é mais frequentemente utilizada em laços de contagem; i.e., quando se deseja executar uma instrução ou sequência de instruções um número específico de vezes. Um laço de contagem é caracterizado por:

❑ Uma variável de contagem ou contador, tipicamente iniciada com 1 ou 0 na primeira expressão de um laço **for**. Alguns poucos programadores gostam de denominar essa variável como contador ou cont, mas é mais comum que ela seja denominada como i, j ou k.

❑ Uma expressão relacional, usada como segunda expressão do aludido laço **for**, que indica implicitamente quantas vezes o corpo do laço será executado. Por exemplo, se variável de contagem i for iniciada com 1 e deseja-se executar o corpo do laço n vezes, essa expressão relacional deve ser i <= n. Se a variável i for iniciada com zero, a expressão relacional deve ser i < n ou i <= n - 1.

❑ Um incremento da variável de contagem na terceira expressão do mesmo laço **for** usado como laço de contagem.

A instrução **for** do primeiro programa apresentado na corrente subseção constitui um exemplo de laço de contagem:

```
for (i = 1; i <= 10; ++i) {
    printf("C e C++ sao linguagens diferentes\n");
}
```

Um erro comum em laços de contagem é executar o corpo do laço **for** um número de vezes diferente do pretendido em virtude do uso de um operador relacional inadequado (p. ex., < em vez de <= ou vice-versa). Por exemplo, se a condição de teste utilizada no exemplo anterior fosse i < 10, em vez de i <= 10, o corpo do **for** seria executado apenas 9 vezes (e não 10 vezes, como é o caso). Esse tipo de erro não é indicado pelo compilador e é, muitas vezes, difícil de ser detectado. A melhor forma de prevenir esse tipo de erro é testar cada laço de contagem até convencer-se de que ele realmente funciona conforme o esperado. Enfim, para certificar-se que o corpo de um laço de contagem é executado o número desejado de vezes, o conselho básico a ser seguido é:

> **Recomendação** *Num laço de contagem for, dedique atenção redobrada ao valor inicial e ao maior valor assumido pela variável de contagem.*

Conforme foi discutido na Seção 3.4.3, números reais são armazenados de modo aproximado. Portanto deve-se evitar o uso de variáveis do tipo **double** para controlar laços de contagem.

É importante ainda salientar que programadores de C apresentam grande predileção por iniciar contagens com zero por uma razão exposta no Capítulo 8, mas pessoas normais não começam a contar a partir de zero. Por isso, é muito frequente errar a escrita da expressão relacional que indica quantas vezes o corpo de um laço de contagem será executado quando a contagem começa em zero.

Conforme foi mencionado acima, qualquer das expressões entre parênteses pode ser omitida numa instrução **for**. Entretanto, os dois pontos e vírgulas devem sempre ser incluídos. Na prática, é comum omitir-se *expressão₁* ou *expressão₃*, mas não ambas ao mesmo tempo porque, omitir simultaneamente *expressão₁* e *expressão₃* torna a expressão **for** equivalente a uma única instrução **while** (v. relação entre **for** e **while** apresentada acima). Normalmente, *expressão₂* é incluída, pois trata-se da condição de teste. Quando essa condição de teste é omitida, ela é considerada igual a 1 e o laço **for** é considerado um laço infinito (v. Seção 4.5.6). Em termos de estilo de programação, se você precisa omitir alguma expressão de um laço **for**, é melhor usar um laço **while** em substituição ao laço **for**.

É relativamente comum utilizar uma instrução vazia como corpo de um laço **for** quando a tarefa desejada é executada pelas expressões entre parênteses do laço, como mostra o seguinte exemplo:

```c
#include <stdio.h>

int main(void)
{
    int x = 0, y = 10;

    for ( ; x < y; x++, y--) {
        ; /* Instrução vazia */
    }

    printf("x = %d, y = %d", x, y);

    return 0;
}
```

Esse último programa é funcionalmente equivalente àquele apresentado no início da Seção 4.5.1. Compare os dois programas e observe que o corpo do laço **while** do programa da Seção 4.5.1 é constituído pelas instruções x++ e y--, que são expressões. No presente exemplo, essas expressões são reunidas numa única expressão por meio do operador vírgula, que será formalmente apresentado na Seção 4.9. Portanto, se a intenção do programador é apenas incrementar a variável x e decrementar a variável y, isso é realizado na terceira expressão do laço **for** e nada mais precisa ser feito no corpo desse laço. Por isso, o corpo do laço é representado por uma instrução vazia.

De acordo com o padrão C99, é permitido o uso de iniciações de variáveis no lugar da primeira expressão de um laço **for**. Variáveis declaradas dessa maneira têm validade apenas no laço **for** correspondente. Por exemplo, considere o programa a seguir:

```c
#include <stdio.h>

int main(void)
{
    for (int i = 1; i <= 10; ++i) {
        printf("Como e' divertido programar em C\n");
    }

    /* A instrução a seguir impede o programa de ser */
    /* compilado pois a variável i não é válida aqui */
    printf("\nValor de i = %d", i);

    return 0;
}
```

Esse programa não consegue ser compilado porque a função **printf**() faz referência à variável i num local em que ela é inválida.

### 4.5.4 Laços Aninhados

Quando um laço de repetição faz parte do corpo de outro laço, diz-se que ele é aninhado. O exemplo a seguir mostra o uso de dois laços de repetição **for**, sendo o segundo laço aninhado no primeiro.

```c
#include <stdio.h>

int main(void)
{
    int i, j;

    /* Laço externo */
    for (i = 1; i <= 2; ++i) {
```

```
    printf( "\nIteracao do laco for externo no. %d\n", i );

        /* Laço interno (aninhado) */
    for (j = 1; j <= 3; ++j) {
        printf( "\tIteracao do laco for interno no. %d\n", j );
    }
  }

  return 0;
}
```

Nesse programa, laço externo é executado duas vezes, enquanto o laço interno é executado três vezes cada vez que o corpo do laço externo é executado. Portanto, no total, o corpo do laço interno é executado seis vezes e o resultado desse programa é o seguinte:

```
Iteracao do laco for externo no. 1
        Iteracao do laco for interno no. 1
        Iteracao do laco for interno no. 2
        Iteracao do laco for interno no. 3
Iteracao do laco for externo no. 2
        Iteracao do laco for interno no. 1
        Iteracao do laco for interno no. 2
        Iteracao do laco for interno no. 3
```

### 4.5.5 Expressões Condicionais e Condições de Parada

Uma condição de parada de um laço de repetição é uma expressão tal que, quando ela resulta num valor diferente de zero, o laço é encerrado. Quando uma condição de parada resulta num valor diferente de zero, diz-se que ela foi satisfeita ou atingida.

De acordo com o que foi visto em relação aos três laços de repetição de C, cada um deles possui uma expressão condicional que controla a execução do corpo do laço, de modo que o corpo do laço é executado quando ela é diferente de zero e encerra em caso contrário. Portanto pode-se concluir que uma expressão que controla a execução de um laço de repetição deve ser a negação da condição de parada do respectivo laço e vice-versa. Por exemplo, no laço **while**:

```
while (x < y) {
    x++;
    y--;
}
```

a expressão que controla o laço é x < y e sua negação e condição de parada do laço é !(x < y) ou (x >= y).

Uma discussão sobre condições de parada é importante porque, enquanto planeja escrever um laço de repetição, muitas vezes, o programador pensa em termos de condição de parada e, baseado nela, escreve a expressão de controle do laço. Infelizmente, essa passagem de condição de parada para expressão de controle causa muita confusão entre programadores iniciantes e esse é especialmente o caso quando uma condição de parada consiste numa conjunção ou disjunção de subexpressões.

Suponha, por exemplo, que um programador deseja escrever um laço **while** que termine quando x é maior do que 5 e y é menor do que ou igual a 10, sendo x e y variáveis inteiras devidamente definidas. Então, a condição de parada que ele deseja que seja satisfeita pode ser escrita como[3]: (x > 5) && (y <= 10). Como foi salientado, a expressão condicional que deve acompanhar o laço **while** desejado pelo programador deve ser a negação dessa última expressão. Agora, o problema é que programadores que não são proficientes em Lógica

---

[3] Devido às precedências dos operadores envolvidos nessa expressão, não há necessidade de uso de parênteses, mas eles facilitam a leitura da expressão.

Matemática são compelidos a escrever a negação dessa última expressão como: `!(x > 5) && !(y <= 10)`, o que não é correto. Isto é, de acordo com uma lei de equivalência, denominada **Lei de De Morgan**, a negação de uma conjunção é a disjunção das negações dos operandos da conjunção. Essa lei parece complicada, mas não é.

Suponha que **A** e **B** são operandos de uma conjunção, então a referida lei de De Morgan afirma que:

`!(A && B)` *é equivalente a* `!A || !B`

Ciente dessa lei, o programador saberia que a negação da condição de parada:

```
(x > 5) && (y <= 10)
```

é a expressão:

```
!(x > 5) || !(y <= 10)
```

ou a expressão equivalente:

```
(x <= 5) || (y > 10)
```

Existe outra lei de De Morgan que trata da negação de disjunções, que afirma que:

`!(A || B)` *é equivalente a* `!A && !B`

Em palavras, essa segunda lei de De Morgan assegura que a negação de uma disjunção é a conjunção das negações dos operandos da disjunção.

As leis de De Morgan podem ser generalizadas para conjunções e disjunções de um número arbitrário de operandos como:

`!(A1 && A2 && ... && An)` *é equivalente a* `!A1 || !A2 || ... || !An`
`!(A1 || A2 || ... || An)` *é equivalente a* `!A1 && !A2 && ... && !An`

Outro ponto importante que causa certa confusão entre programadores iniciantes e que precisa ser ressaltado é que expressões condicionais que comparam valores com zero não precisam usar explicitamente os operadores relacionais `==` e `!=`. Por exemplo, suponha que `x` seja uma variável que se deseja verificar se é igual a ou diferente de zero. Então, é fácil verificar que as seguintes equivalências são válidas:

`x != 0` *é equivalente a* `x`
`x == 0` *é equivalente a* `!x`

### 4.5.6 Laços de Repetição Infinitos

Um **laço de repetição infinito** é aquele cuja condição de parada nunca é atingida ou é atingida apenas em decorrência de overflow (v. **Seção 4.11.7**). Mais precisamente, apesar de a denominação sugerir que um laço infinito nunca termina, ele pode terminar. Isto é, o que a definição afirma é que um laço infinito não termina em decorrência da avaliação *normal* da expressão de controle do laço (i.e., sem levar em conta overflow), mas há outros meios de encerrar a execução de um laço de repetição, como será visto adiante.

Algumas vezes, um laço de repetição infinito é aquilo que realmente o programador deseja, mas, outras vezes, tal instrução é decorrente de um erro de programação que a impede de terminar apropriadamente.

Laços de repetição infinitos podem ser divididos em duas categorias:

[1] Laço de repetição que **não contém uma condição de parada** (ou, equivalentemente, que contém uma **condição de parada que é sempre zero**).

[2] Laço de repetição que contém uma condição de parada que nunca é atingida (sem ocorrência de overflow).

Como exemplos de laços de repetição infinitos da primeira categoria, têm-se, os laços **while** e **for** dos seguintes programas:

| PROGRAMA 1 | PROGRAMA 2 |
|---|---|
| ```c
#include <stdio.h>

int main(void)
{
    int x = 0, y = 10;

    while (1) {
        if (x >= y) {
            break;
        }

        x++;
        y--;
    }
    printf("x = %d, y = %d", x, y);

    return 0;
}
``` | ```c
#include <stdio.h>

int main(void)
{
    int x = 0, y = 10;

    for ( ; ; ) {
        if (x >= y) {
            break;
        }

        x++;
        y--;
    }
    printf("x = %d, y = %d", x, y);

    return 0;
}
``` |

Os dois programas apresentados acima são funcionalmente equivalentes entre si e são também equivalentes ao primeiro exemplo apresentado na Seção 4.5.1, sendo que, em termos de estilo, aquele da Seção 4.5.1 é o melhor deles.

Nos dois últimos programas, as linhas:

```c
while (1) {
```
e
```c
for ( ; ; ) {
```

constituem jargões comumente utilizados para indicar repetição infinita intencional.

Os laços **while** e **for** dos programas do último exemplo encerram quando a instrução **break** é executada e isso ocorre quando a expressão x >= y da instrução **if** resulta em 1. As instruções **if** e **break** serão respectivamente examinadas nas Seções 4.6.1 e 4.7.1. Se você sentir alguma dificuldade para entender os dois últimos programas, retorne à presente seção após estudar essas duas seções.

Como exemplo de laço de repetição infinito do segundo tipo mencionado acima, considere o seguinte programa:

```c
#include <stdio.h>

int main(void)
{
    int i;

    for (i = 1; i <= 10; i++) {
        printf("Valor de i: %d\n", i);

            /* Algumas instruções que impedem o programador de enxergar o erro */
        /* ... */

        i = 2;
    }

    return 0;
}
```

Certamente, a instrução **for** do último exemplo contém um erro de programação porque ela possui uma expressão condicional (`i <= 10`) que *sempre* resulta em **1**, pois, sempre que essa condição é testada, o valor de `i` é diferente de zero (i.e., na primeira avaliação dessa expressão, `i` vale **1** e, nas demais avaliações, `i` vale **3**). Portanto a condição de parada (`i > 10`) jamais será atingida.

## 4.6 Desvios Condicionais

Instruções de desvios condicionais permitem desviar o fluxo de execução de um programa dependendo do resultado da avaliação de uma expressão (condição). Essas instruções serão examinadas a seguir.

### 4.6.1 if-else

A principal instrução condicional em C é **if-else**, que tem a seguinte sintaxe:

> **if** *(expressão)*
> 　　*instrução₁;*
> **else**
> 　　*instrução₂;*

A interpretação de uma instrução **if** é a seguinte: a expressão entre parênteses é avaliada; se o resultado dessa avaliação for diferente de zero, *instrução₁* será executada; caso contrário, *instrução₂* será executada. As instruções *instrução₁* e *instrução₂* podem, naturalmente, ser substituídas por sequências de instruções. A Figura 4–4 ilustra o funcionamento da instrução **if-else**:

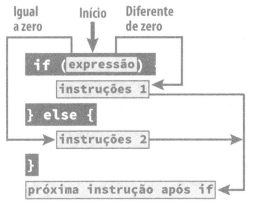

FIGURA 4–4: DIAGRAMA DE FUNCIONAMENTO DA INSTRUÇÃO if-else

O seguinte programa contém um exemplo de uso de um desvio **if-else**:

```c
#include <stdio.h>
#include "leitura.h"

int main(void)
{
    int x = 0;

    printf("Digite um numero inteiro: ");
    x = LeInteiro();

    if (x % 2 == 0) {
        printf("\nO numero introduzido e' par\n");
    } else {
        printf("\nO numero introduzido e' impar\n");
    }
```

```
    printf("\nPrograma encerrado\n");

    return 0;
}
```

A parte **else** é opcional e, quando ela é omitida, não há desvio quando o resultado da expressão é igual a zero e o fluxo de execução é resumido na próxima instrução após **if**. A Figura 4–5 ilustra o funcionamento da instrução **if-else** com a parte **else** omitida.

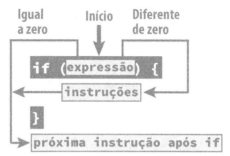

FIGURA 4–5: DIAGRAMA DE FUNCIONAMENTO DA INSTRUÇÃO IF SEM ELSE

O programa abaixo contém um exemplo de uso de um desvio **if-else** sem a parte **else**:

```c
#include <stdio.h>
#include <math.h>
#include "leitura.h"

int main(void)
{
    double x;

    printf("Digite um valor real: ");
    x = LeReal();

        /* Calcula a raiz quadrada do número se ele não for negativo */
    if (x >= 0) {
        printf("\nA raiz quadrada do numero e' %f", sqrt(x));
    }

    printf("\n\nPrograma encerrado");

    return 0;
}
```

As endentações das instruções subordinadas aos desvios **if** nesses exemplos refletem relações de dependência entre instruções. Por exemplo, no último programa, a instrução **printf()** que segue **if** pertencem ao **if** e é endentada em relação a essa última instrução, enquanto a última instrução **printf()** é independente do **if** e é escrita no mesmo nível dessa instrução. Endentação serve ao único propósito de melhorar a legibilidade do programa e não faz a menor diferença para o compilador. Para ilustrar esse ponto, suponha, por exemplo, que você deseja executar as instruções x++ e `printf("x = %d", x)` apenas quando x for diferente de zero na seguinte instrução **if**:

```c
if (x)
    x++;  /* Executada quando x != 0 */
    printf("x = %d", x); /* Executada sempre  */
```

Apesar de a endentação indicar uma ilusória dependência da instrução **printf()** com a instrução **if**, na realidade, a instrução **printf()** será sempre executada, independentemente do valor de x. Para executar ambas as instruções quando x for diferente de zero, você terá que uni-las numa sequência de instruções como:

```
if (x) {
   x++;  /* Executada quando x != 0 */
   printf("x = %d", x); /* Idem   */
}
```

Deve-se ainda chamar a atenção para o perigo representado pela troca, por engano, do operador relacional de igualdade (representado por ==) pelo operador de atribuição (representado por =). Como exemplo, considere o seguinte trecho de programa:

```
int x = 0;

...

if  (x = 10) /* O resultado da expressão é sempre 10 */
   y = 2*x;   /* Esta instrução será sempre executada */
```

Essa instrução **if** contém com certeza um erro de programação, pois, como a expressão x = 10 resulta sempre em 10 (v. Seção 3.9), a instrução y = 2*x será sempre executada. Assim, se essa fosse realmente a intenção do programador, não faria sentido o uso de uma instrução **if**.

Para precaverem-se contra esse tipo de erro, alguns programadores adotam a disciplina de escreverem sempre expressões de igualdade, como aquela do último exemplo, com a constante do lado esquerdo. Logo, se o operador de igualdade for acidentalmente trocado pelo operador de atribuição, o compilador indicará o erro. Por exemplo:

```
int x = 0;

...

if (10 = x)  /* O compilador indicará um erro nesta expressão */
   y = 2*x;
```

### 4.6.2 Instruções if Aninhadas

Instruções **if** podem ser aninhadas de modo a representar desvios múltiplos. Uma instrução **if** é aninhada quando ela compõe o corpo de uma parte **if** ou **else** de um desvio **if-else**. Por exemplo, o programa adiante, que exibe na tela o menor dentre três números inteiros introduzidos pelo usuário, contém duas instruções **if** aninhadas:

```
#include <stdio.h>
#include "leitura.h"

int main(void)
{
   int x, y, z, menor;

   printf("\nDigite um numero inteiro: ");
   x = LeInteiro();

   printf("\nDigite outro numero inteiro: ");
   y = LeInteiro();

   printf("\nDigite mais um numero inteiro: ");
   z = LeInteiro();

   if (x <= y)
      if (x <= z)
         menor = x;
      else
         menor = z;
   else
      if (y <= z)
         menor = y;
```

```
    else
        menor = z;
  printf("\nO menor numero e': %d\n", menor);
  return 0;
}
```

Esse programa funciona perfeitamente bem (verifique isso), mas quando uma instrução **if** segue imediatamente a parte **else** de um desvio **if-else**, é recomendado colocar o **if** aninhado na mesma linha do **else** (i.e., nesse caso, não há endentação como no programa acima). Obviamente, adotar essa recomendação não é obrigatório, mas segui-la facilita a leitura de instruções **if** aninhadas. Usando essa recomendação, os desvios **if-else** do programa anterior seriam formatados como:

```
if (x <= y)
    if (x <= z)
        menor = x;
    else
        menor = z;
else if (y <= z)
    menor = y;
else
    menor = z;
```

Um aspecto importante em instruções aninhadas e que acarreta algumas vezes em erro de programação é o casamento de cada **else** com o respectivo **if**. Especificamente, no último exemplo, o primeiro **else** casa com o segundo **if**, o segundo **else** casa com o primeiro **if** e o terceiro **else** casa com o terceiro **if**, conforme ilustrado na Figura 4–6.

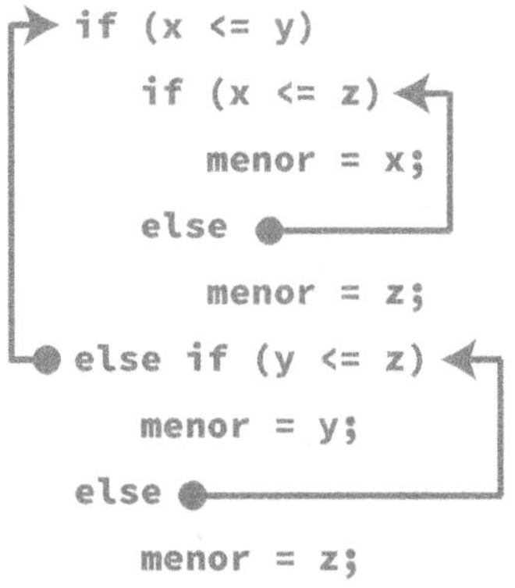

FIGURA 4–6: CASAMENTO DE ELSE COM IF 1

Em geral, deve-se adotar a seguinte regra de casamento entre partes **if** e partes **else** aninhadas:

> *Um else está sempre associado ao if mais próximo que não tenha ainda um else associado.*

Essa regra deixa de ser válida se o **if** mais próximo do **else** estiver isolado entre chaves. Os trechos de programa na Figura 4–7 ilustram esse ponto.

Na ilustração da esquerda, **else** refere-se ao segundo **if**, enquanto, na ilustração da direita, **else** refere-se ao primeiro **if**. A instrução da direita também poderia ser escrita colocando-se uma instrução vazia num **else** pertencente ao **if** mais interno, como ilustrado na Figura 4–8.

Na ilustração da esquerda, **else** refere-se ao segundo **if**, enquanto, na ilustração da direita, **else** refere-se ao primeiro **if**. A instrução da direita também poderia ser escrita colocando-se uma instrução vazia num **else** pertencente ao **if** mais interno, como ilustrado na Figura 4–8.

```
if (x)                    if (x) {
    if (y) ←                  if (y) ←
        y = x;                    y = x;
    else ●                    } else ●
        x = y;                    x = y;
```

**FIGURA 4–7: CASAMENTO DE ELSE COM IF 2**

```
    if (x)
        if (y) ←
            y = x;
        else ●
            ; /* Vazia */
    else
        x = y;
```

**FIGURA 4–8: CASAMENTO DE ELSE COM IF 3**

Lembre-se que é sempre boa prática de programação indicar por meio de comentários quando uma instrução vazia está sendo deliberadamente utilizada, como no último exemplo. Além disso, a colocação da parte **else** no mesmo nível de endentação de sua parte **if** associada, como nos exemplos acima, ajuda a identificar possíveis casamentos equivocados entre essas partes.

### 4.6.3 switch-case

A instrução **switch-case** é uma instrução de desvios múltiplos (ou instrução de seleção) que é útil quando existem várias ramificações possíveis a ser seguidas num trecho de programa. Nesse caso, o uso de instruções **if** aninhadas poderia tornar o programa mais difícil de ser lido. O uso de instruções **switch-case** em tal situação não apenas melhora a legibilidade, como também a eficiência do programa. Infelizmente, nem sempre uma instrução **switch-case** pode substituir instruções **if** aninhadas. Mas, quando é possível ser utilizada, uma instrução **switch-case** permite que caminhos múltiplos sejam escolhidos com base no valor de uma expressão.

A sintaxe que deve ser seguida por uma instrução **switch-case** é:

```
switch (expressão) {
    case expressão-constante₁:
        instrução₁;
    case expressão-constante₂:
        instrução₂;
    ...
    case expressão-constanten:
        instruçãoₙ;
    default:
        instruçãoₐ;
}
```

A expressão entre parênteses que segue imediatamente a palavra **switch** deve resultar num valor inteiro (**char** ou **int**); essa expressão não pode resultar num valor do tipo **double**, por exemplo. As expressões constantes que acompanham cada palavra-chave **case** devem resultar em valores inteiros. Tipicamente, em vez de uma expressão, uma simples constante acompanha cada **case**.

A instrução **switch** é interpretada da seguinte maneira:

1. *expressão* é avaliada.
2. Se o resultado da avaliação de *expressão* for igual a alguma expressão constante seguindo uma ramificação **case**, *todas* as instruções que seguem essa expressão serão executadas.
3. Se o resultado da avaliação de *expressão* não for igual a nenhuma instrução constante seguindo um **case** e houver uma parte **default**, a instrução seguindo essa parte será executada.

A Figura 4–9 ilustra o funcionamento da instrução **switch-case**.

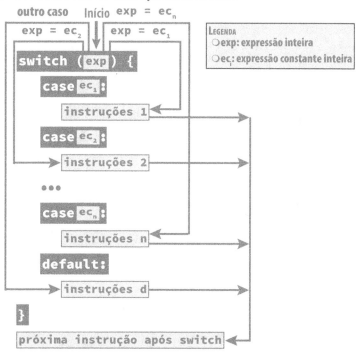

FIGURA 4–9: DIAGRAMA DE FUNCIONAMENTO DA INSTRUÇÃO SWITCH-CASE

A parte **default** de uma instrução **switch** é opcional e, quando ela é omitida e não ocorre casamento do resultado da expressão com nenhuma expressão constante que acompanha cada **case**, não ocorre desvio. Quando a parte **default** está presente, recomenda-se que ela seja a última parte de uma instrução **switch**, pois a adoção dessa prática melhora a legibilidade da instrução.

Uma diferença importante entre a instrução **switch** de C e instruções análogas em outras linguagens é que, na instrução **switch**, *todas* as instruções seguindo a ramificação **case** selecionada são executadas, mesmo que algumas dessas instruções façam parte de outras ramificações **case**. Esse comportamento é evitado (e usualmente é o que se deseja) por meio do uso de desvios incondicionais: **break**, **goto** ou **return**. Comumente, instruções **break** são utilizadas para fazer com que uma instrução **switch** seja encerrada e o controle passe para a instrução seguinte a essa instrução. Portanto, na grande maioria das vezes, deve-se utilizar **break** no final de cada instrução (ou sequência de instruções) seguindo cada **case**.

Para compreender melhor o que foi exposto no último parágrafo, considere o seguinte programa:

```c
#include <stdio.h>
#include "leitura.h"

int main(void)
{
   char opcao;

   printf( "\nA - Opcao A"
           "\nB - Opcao B"
           "\nC - Opcao C"
           "\nD - Opcao D" );

   printf("\n\nEscolha uma das opcoes disponiveis: ");
   opcao = LeCaractere();

   switch (opcao) {
      case 'A':
         printf("\nVoce escolheu a opcao A");
      case 'B':
         printf("\nVoce escolheu a opcao B");
      case 'C':
         printf("\nVoce escolheu a opcao C");
      case 'D':
         printf("\nVoce escolheu a opcao D");
      default:
         printf("\nVoce nao escolheu uma opcao valida");
   }
   return 0;
}
```

Esse último programa apresenta um menu de opções para o usuário e solicita que ele escolha uma das opções válidas. Suponha que, quando instado, o usuário escolhe a opção **A**. Então, o resultado da execução do programa apresenta-se como:

```
A - Opcao A
B - Opcao B
C - Opcao C
D - Opcao D

Escolha uma das opcoes disponiveis: A

Voce escolheu a opcao A
Voce escolheu a opcao B
Voce escolheu a opcao C
Voce escolheu a opcao D
Voce nao escolheu uma opcao valida
```

Evidentemente, esse não é o resultado esperado pelo programador, mas ele é decorrente do efeito cascata inerente à instrução **switch-case**, que pode ser suprimido usando-se instruções **break** (v. Seção 4.7.1), como demonstra o seguinte programa.

```c
#include <stdio.h>
#include "leitura.h"

int main(void)
{
   char opcao;

   printf( "\nA - Opcao A"
           "\nB - Opcao B"
```

```
              "\nC - Opcao C"
              "\nD - Opcao D" );

   printf("\n\nEscolha uma das opcoes disponiveis: ");
   opcao = LeCaractere();

   switch (opcao) {
      case 'A':
         printf("\nVoce escolheu a opcao A");
         break;
      case 'B':
         printf("\nVoce escolheu a opcao B");
         break;
      case 'C':
         printf("\nVoce escolheu a opcao C");
         break;
      case 'D':
         printf("\nVoce escolheu a opcao D");
         break;
      default:
         printf("\nVoce nao escolheu uma opcao valida");
         break;
   }

   return 0;
}
```

Se o último programa for executado e, novamente, o usuário escolher a opção A, o resultado da execução desse programa será:

```
A - Opcao A
B - Opcao B
C - Opcao C
D - Opcao D

Escolha uma das opcoes disponiveis: A

Voce escolheu a opcao A
```

Nesse exemplo, existe a possibilidade de execução de cinco sequências de instruções referentes ao valor correntemente assumido pela variável **opcao**: uma para cada um dos valores `'A'`, `'B'`, `'C'` e `'D'` e a última para um valor de **opcao** diferente desses valores (representado pela parte **default**). A instrução **break** seguindo a instrução associada à parte **default** não é realmente necessária, pois não existe mais nenhuma instrução que segue a parte **default**; entretanto, o uso dessa instrução **break** constitui boa prática de programação porque previne o esquecimento quando ela é estritamente necessária.

Agora, o último programa apresenta um resultado que agrada ao programador. Entretanto, esse último programa não deverá agradar muito ao usuário que se sentirá frustrado ao perceber que a entrada esperada pelo programa é sensível ao uso de letras maiúsculas e minúsculas. Por exemplo, se o usuário tivesse digitado `'a'` na última interação apresentada, o programa exibiria na tela: `Voce nao escolheu uma opcao valida`. Quer dizer, seria bem mais razoável que o programa permitisse que o usuário tivesse liberdade para escolher **A** ou **a**, **B** ou **b** etc.

Quando mais de uma opção **case** num **switch** corresponde a uma mesma instrução, pode-se colocar essas opções juntas e seguidas pela instrução comum, como mostra o programa abaixo:

```
#include <stdio.h>
#include "leitura.h"

int main(void)
```

```c
{
    char opcao;

    printf( "\nA - Opcao A"
            "\nB - Opcao B"
            "\nC - Opcao C"
            "\nD - Opcao D" );

    printf("\n\nEscolha uma das opcoes disponiveis: ");
    opcao = LeCaractere();

    switch (opcao) {
        case 'A':
        case 'a':
            printf("\nVoce escolheu a opcao A");
            break;
        case 'B':
        case 'b':
            printf("\nVoce escolheu a opcao B");
            break;
        case 'C':
        case 'c':
            printf("\nVoce escolheu a opcao C");
            break;
        case 'D':
        case 'd':
            printf("\nVoce escolheu a opcao D");
            break;
        default:
            printf("\nVoce nao escolheu uma opcao valida");
            break;
    }

    return 0;
}
```

O último programa é mais amigável ao usuário, pois permite-lhe digitar sua opção sem preocupar-se com o uso de letras maiúsculas ou minúsculas.

# 4.7 Desvios Incondicionais

Desvios incondicionais permitem o desvio do fluxo de execução de um programa independentemente da avaliação de qualquer condição (como ocorre com os desvios condicionais). Essas instruções serão examinadas a seguir.

### 4.7.1 break

A instrução **break** foi apresentada na Seção 4.6.3 como um meio de impedir a passagem de uma instrução referente a uma ramificação **case** para outras instruções pertencentes a outras ramificações **case** de uma instrução **switch**. Pode-se, entretanto, interpretar o comportamento de **break** mais genericamente como uma forma de causar o término imediato de uma estrutura de controle. Além de **switch**, as demais estruturas de controle afetadas pela instrução **break** são os laços de repetição (i.e., **while**, **do-while** e **for**). Considere como exemplo prático de uso de **break** o seguinte programa.

```c
#include <stdio.h>
#include "leitura.h"

int main(void)
{
```

```c
char opcao;

while (1) {
   printf( "\n\n*** Opcoes ***\n"
           "\nA - Opcao A"
           "\nB - Opcao B"
           "\nC - Opcao C"
           "\nD - Opcao D"
           "\nE - Encerra o programa" );

   printf("\n\nEscolha uma das opcoes disponiveis: ");
   opcao = LeCaractere();

      /* Se o usuário escolher a opção E, encerra o laço */
   if (opcao == 'E' || opcao == 'e') {
      break; /* Encerra o laço while */
   }

   switch (opcao) {
      case 'A':
      case 'a':
         printf("\nVoce escolheu a opcao A");
         break;
      case 'B':
      case 'b':
         printf("\nVoce escolheu a opcao B");
         break;
      case 'C':
      case 'c':
         printf("\nVoce escolheu a opcao C");
         break;
      case 'D':
      case 'd':
         printf("\nVoce escolheu a opcao D");
         break;
      default:
         printf("\nVoce nao escolheu uma opcao valida");
         break;
   } /* switch */
} /* while */

   /* Despede-se do usuário */
printf( "\n\t>>> Obrigado por usar este programa.\n");

return 0;
}
```

O programa acima representa o esboço de um programa que implementa uma clássica interação dirigida por menus (v. Seção 5.8. Em linhas gerais, esse programa funciona da seguinte maneira:

1. Um menu de opções é apresentado ao usuário. Essa apresentação do menu de opções é implementada no programa pela instrução **printf()** que segue imediatamente a linha contendo `while (1)`. Não é necessário usar várias instruções **printf()** para apresentar as várias linhas do menu. Isto é, os caracteres `'\n'` que aparecem no string da única instrução **printf()** garantem as quebras de linha necessárias na apresentação do menu. Essa instrução **printf()** contém um único string que é dividido em várias linhas para facilitar a visualização.

2. O programa solicita ao usuário que escolha uma das opções oferecidas. Isso é realizado pelo prompt representado pela instrução **printf()** que segue a apresentação do menu.

3. O programa lê a opção escolhida pelo usuário. A função `LeCaractere()` que segue o prompt mencionado no passo anterior realiza essa tarefa.

4. Se a opção escolhida pelo usuário corresponder àquela especificada como saída do programa, o programa apresenta uma mensagem de despedida e o programa é encerrado. Isso é representado no programa pela instrução **if** que segue a leitura da opção do usuário. Na realidade, a instrução **break** no corpo da instrução **if** não encerra imediatamente o programa. O que **break** faz é encerrar o laço (infinito) **while**, mas, como a instrução que segue **while** é `return 0`, o programa será encerrado logo em seguida.

5. Se a opção escolhida pelo usuário não for aquela que representa saída do programa, verifica-se se ela corresponde a alguma outra opção oferecida pelo programa. A instrução **switch** do programa é responsável por essa tarefa. Ou seja, as partes **case** da instrução **switch** correspondem às opções válidas do programa, enquanto a parte **default** representa a escolha de uma opção inválida. Na prática, quando a opção escolhida pelo usuário é válida as instruções correspondentes à parte **case** com a qual a opção casa são responsáveis pela realização da operação correspondente à opção. Esse exemplo simulado apenas apresenta na tela a opção escolhida pelo usuário.

O uso indiscriminado de desvios incondicionais, como **break**, pode tornar os programas difíceis de ser lidos. Assim esses desvios devem ser usados com cautela. Usualmente, sempre existe uma maneira mais elegante de se escrever um trecho de programa sem o uso de **break**. Exceções a essa regra são o uso de **break** em instruções **switch-case**, conforme visto na Seção 4.6.3, e para encerrar laços de repetição infinitos, como foi visto na Seção 4.5.6 e na presente seção.

### 4.7.2 continue

Instruções **continue** provocam desvios incondicionais apenas em laços de repetição. Uma instrução **continue** faz com que as instruções que a seguem num laço de repetição sejam saltadas. Mais especificamente, o efeito de uma instrução **continue** em cada laço de repetição é o seguinte:

- ❑ Laço **while**. O fluxo de execução continua com a avaliação da expressão condicional do laço **while** e prossegue conforme descrito na Seção 4.5.1 e ilustrado na Figura 4–1.
- ❑ Laço **do-while**. O fluxo de execução continua com a avaliação da expressão condicional do laço **do-while** e prossegue conforme descrito na Seção 4.5.2 e ilustrado na Figura 4–2.
- ❑ Laço **for**. O fluxo de execução continua com a avaliação da terceira expressão do laço **for** e prossegue conforme descrito na Seção 4.5.3 e ilustrado na Figura 4–3.

Considere o seguinte programa como exemplo da instrução **continue**:

```c
#include <stdio.h>

int main(void)
{
   int cont = 0;

   while (cont < 5) {
     cont++;

     if (cont == 3)
        continue;

     printf( "\nExecucao numero %d do corpo do laco", cont );
   }

   return 0;
}
```

O programa acima exibe uma mensagem na tela a cada execução do corpo do laço, exceto na terceira passagem pelo corpo do laço. Isto é, quando o valor da variável **cont** é **3**, a instrução **continue** é executada, o que faz com que a chamada da função **printf()** seja saltada. Assim, o resultado da execução do programa é:

```
Execucao numero 1 do corpo do laco
Execucao numero 2 do corpo do laco
Execucao numero 4 do corpo do laco
Execucao numero 5 do corpo do laco
```

No caso do laço **for**, a instrução **continue** causa o desvio para a avaliação da terceira expressão do laço (e não para a segunda, como se poderia supor). Por exemplo, considere o programa a seguir:

```c
#include <stdio.h>

int main(void)
{
    int i;

    for (i = 1; printf("\nExpressao 2"); printf("\nExpressao 3")){
        /* Na primeira avaliação, i++ vale 1; */
        /* na segunda avaliação, i++ vale  2  */
        if (i++ < 2) {
            continue;
        } else {
            break;
        }
    }
    return 0;
}
```

Quando é executado, esse programa exibe o seguinte na tela:

```
Expressao 2
Expressao 3
Expressao 2
```

Note que a segunda e terceira expressões do laço **for** são chamadas da função **printf()**. Essa função foi apresentada na Seção 3.14.1, mas, naquela ocasião, não foi informado que cada chamada de **printf()** resulta num valor inteiro que representa o número de caracteres escritos na tela. Entretanto, esse valor resultante de uma chamada de **printf()** muito raramente é usado. No último programa, não é necessário saber exatamente qual é o valor resultante de cada chamada de **printf()**, mas, nos dois casos, claramente os valores resultantes são diferentes de zero. Portanto o laço **for** é um laço infinito (pois a segunda expressão é sempre diferente de zero) e seu encerramento ocorre por meio da instrução **break**.

Na Seção 4.5.3, apresentou-se uma sequência de instruções que poderia ser usada em substituição a uma instrução **for**. Naquela ocasião, também alertou-se para o fato de aquela equivalência não ser válida quando o corpo do laço **for** contivesse uma instrução **continue**. Para comprovar o que foi afirmado naquela seção, considere o seguinte programa que foi obtido convertendo-se a instrução **for** do programa anterior de acordo com as recomendações da Seção 4.5.3.

```c
#include <stdio.h>

int main(void)
{
    int i;

    i = 1;
    while ( printf("\nExpressao 2") ) {
```

```
        /* Na primeira avaliação, i++ vale 1, na segunda avaliação, i++ vale  2 */
    if (i++ < 2) {
        continue;
    } else {
        break;
    }
    printf("\nExpressao 3");
    }
    return 0;
}
```

Quando o último programa é executado, ele produz como resultado:

```
Expressao 2
Expressao 2
```

Note que os dois programas anteriores produzem resultados diferentes, o que confirma a referida afirmação apresentada na Seção 4.5.3.

A mesma recomendação sugerida ao final da Seção 4.7.1 com relação à instrução **break** é válida para a instrução **continue**: seja comedido no uso dessa instrução, pois seu uso excessivo tende a prejudicar a legibilidade de um programa.

### 4.7.3 goto

A instrução **goto** é um desvio incondicional mais poderoso do que os demais e assume a seguinte forma:

> **goto *rótulo;***

Nessa representação esquemática, *rótulo* é um identificador que indica a instrução para a qual o fluxo do programa será desviado. Em outras palavras, para usar **goto**, é necessário ter uma instrução rotulada para onde o desvio será efetuado.

Rotular uma instrução consiste em precedê-la por um identificador seguido de dois pontos. Por exemplo:

```
umRotulo: x = 2*y + 1; /* Esta instrução é rotulada */
```

Em termos de estilo de programação, as convenções usadas para criação de rótulos são as mesmas usadas para nomes de variáveis (v. Seção 3.8). Além disso, recomenda-se manter a endentação da instrução rotulada e retroceder a endentação do rótulo colocando-o na linha anterior à instrução. Por exemplo:

```
while  (x) {
    --x;
    ...
umRotulo: /* O rótulo é recuado em relação à instrução */
    x = 2*y + 1; /* A endentação da instrução é mantida */
    ...
}
```

Qualquer instrução pode ser rotulada, mas só faz sentido rotular uma instrução se ela for usada como alvo de uma instrução **goto**. Outrossim, as seguintes regras devem ser obedecidas:

- ❑ Duas instruções não podem possuir o mesmo rótulo numa mesma função (v. Seção 5.10).
- ❑ Uma instrução rotulada deve fazer parte do corpo da mesma função que contém a instrução **goto** que a referencia. Em outras palavras, uma instrução **goto**, não pode causar desvio de uma função para outra.

Do mesmo modo que ocorre com os demais desvios incondicionais, o uso abusivo de **goto** é considerado uma má prática de programação (v. Seção 6.7).

### 4.7.4 Uso de break e continue em Laços Aninhados

Um laço de repetição é aninhado quando ele faz parte do corpo de outro laço de repetição. No caso de laços aninhados, as instruções **break** e **continue** têm efeito apenas no laço que *imediatamente* as contém. Isso que dizer que, se um laço interno contém uma instrução **break** (ou **continue**), essa instrução não tem nenhum efeito sobre o laço externo. Considere, por exemplo, o seguinte trecho de programa:

```
while (x > 10) {
   do {
      ...
      if (z == 0)
         break;
      ...
   } while (y <= 15);
   ...
}
```

Nesse exemplo, a execução da instrução **break** termina o laço **do-while** interno, mas não encerra o laço **while** externo. Raciocínio análogo aplica-se ao uso de **continue** em laços aninhados. Idem para aninho entre laços de repetição e **switch-case**, no caso de **break**.

A instrução **goto** não sofre influência de aninhos de quaisquer estruturas de controle em qualquer profundidade. Isto é, mesmo que uma instrução **goto** faça parte do corpo de uma estrutura de controle aninhada, pode-se desviar para qualquer instrução que esteja na mesma função que contém a instrução **goto**. Não custa ainda repetir que nenhuma instrução é capaz de causar desvio entre funções.

### 4.7.5 Instruções Inacessíveis

Por definição, um desvio incondicional causa alteração na ordem de execução de instruções *independentemente* da avaliação de qualquer expressão. Entretanto, na prática, desvios incondicionais devem sempre fazer parte do corpo de um desvio condicional. Além disso, um desvio incondicional não deve ser seguido por nenhuma instrução que tenha o mesmo nível de subordinação do mesmo desvio (ou, visualmente, nenhuma instrução com a mesma endentação de um desvio incondicional deve segui-lo). Se essas duas regras não forem seguidas, as instruções que seguem um desvio incondicional nunca serão executadas e, portanto, podem ser removidas do programa que as contém. Considere, por exemplo, o seguinte programa:

```
#include <stdio.h>
#include "leitura.h"

int main(void)
{
   int opcao;

   while (1) {
      printf("\nDigite 'E' para encerrar o programa");
      opcao = LeCaractere();

      if (opcao == 'E' || opcao == 'e') {
         break;
         printf("\nAdeus"); /* Instrução inacessível */
      }

      printf("\nO programa continua");
   }

   return 0;
}
```

Se você compilar esse programa, o compilador poderá emitir a seguinte mensagem de advertência:

```
Warning: Unreachable code in function main
```

e indicar a instrução:

```
printf("\nAdeus");
```

como fonte dessa mensagem.

Essa mensagem de advertência significa que a instrução `printf("\nAdeus")` jamais será executada, sendo, assim, considerada código morto. Alguns compiladores até mesmo assumem a liberdade de não incluir a tradução de instruções que nunca serão executadas no programa-objeto resultante de uma compilação.

A discussão apresentada nesta seção também se aplica ao caso de instruções **return**, que serão estudadas no Capítulo 5.

# 4.8 Operador Condicional

O operador condicional é o único operador ternário da linguagem C e é representado pelos símbolos ? e :. Esse operador aparece no seguinte formato:

$$\textit{operando}_1 \textit{ ? operando}_2 : \textit{operando}_3$$

O primeiro operando representa tipicamente uma expressão condicional, enquanto o segundo ou o terceiro operando representa o resultado do operador condicional, dependendo do valor do primeiro operando. Mais precisamente, o resultado da expressão será $operando_2$ quando $operando_1$ for diferente de zero e $operando_3$ quando $operando_1$ for zero.

O operador condicional representa uma abreviação para instruções **if-else** de um formato específico, como mostrado no seguinte exemplo:

```
if (x)
    w = y;
else
    w = z;
```

A instrução **if** desse exemplo pode ser substituída por:

```
w = x ? y : z;
```

Existem muitos exemplos de uso prático do operador condicional neste livro — o primeiro deles é apresentado na Seção 4.11.8.

Assim como os operadores **&&** e **||**, a ordem de avaliação de operandos do operador condicional é bem definida: o primeiro operando é *sempre* avaliado em primeiro lugar, em seguida é avaliado o segundo ou o terceiro operando, de acordo com o resultado da avaliação do primeiro operando.

A precedência do operador condicional é maior apenas do que a do operador de atribuição (v. Seção 3.9) e do operador vírgula (v. Seção 4.9) e sua associatividade é à direita. Como esse é o único operador em seu grupo de precedência, associatividade só é utilizada quando existe mais de uma ocorrência desse operador numa mesma expressão. Nesse caso, a expressão torna-se difícil de ser compreendida. Por exemplo, você seria capaz descobrir qual é o valor atribuído à variável x no trecho de programa a seguir?

```
int i = 5, j = 1, k = 2, x;
x = i < j ? k >= i ? j - 1 : j : i ? j : k;
```

Se você não for capaz de responder a questão acima, deve se convencer que é melhor evitar mais de um uso do operador condicional numa mesma expressão. (A propósito, o valor assumido por x no trecho de programa em questão é 1.)

# 4.9 Operador Vírgula

O operador vírgula é um operador que permite a inclusão de mais de uma expressão em locais onde uma única expressão seria naturalmente permitida. O resultado desse operador é o operando da direita; i.e., o operando esquerdo não contribui para o resultado. Por causa disso, o uso desse operador só faz sentido quando o primeiro operando é uma expressão contendo um operador que causa efeito colateral. Vírgulas também podem ser usadas em chamadas de funções e em declarações e definições de componentes de um programa em C. Mas, nesses casos, a vírgula é considerada um separador, e não um operador.

O operador vírgula tem a mais baixa precedência dentre todos os operadores de C e sua associatividade é à esquerda. Esse operador possui ordem de avaliação de operandos bem definida: primeiro o operando da esquerda é avaliado e, em seguida, o mesmo ocorre com o operando da direita.

O uso mais comum do operador vírgula ocorre quando se precisa utilizar mais de uma expressão no lugar da primeira ou terceira expressões de um laço **for** (v. Seção 4.5.3). Por exemplo:

```
#include <stdio.h>

int main(void)
{
   int x, y;

   for (x = 0, y = 10; x < y; x++, y--) {
      ; /* Instrução vazia */
   }

   printf("x = %d, y = %d", x, y);

   return 0;
}
```

A primeira expressão do laço **for** desse programa é constituída pelas subexpressões x = 0 e y = 10 unidas pelo operador vírgula. Nesse mesmo programa, o operador vírgula também une as subexpressões x++ e y-- para formar a terceira expressão do laço **for**. Nos dois casos de uso do operador vírgula no último exemplo, os resultados das aplicações desse operador são desprezadas. Tipicamente, na prática, o resultado de aplicação desse operador é abandonado.

Uma dúvida que pode afligir alguns leitores nesse instante é a seguinte: *se o resultado da expressão não interessa na maioria das vezes, por que não usar outro operador qualquer?* Existem duas justificativas principais para uso do operador vírgula nessas situações:

[1] O fato de o operador vírgula possuir a menor precedência da linguagem C implica em raramente haver necessidade de uso de parênteses.

[2] O fato de o operador vírgula ter ordem de avaliação de operandos definida permite que ele seja usado com operandos que sofrem efeitos colaterais sem o risco de incorrer numa expressão com resultado dependente de implementação (v. Seção 3.9). Por exemplo, após a avaliação da expressão

(i = 1) , (j = ++i), sendo i e j variáveis do tipo **int**, ambas as variáveis receberão **2** como valor (e não há outro resultado possível).

Em situações diferentes daquela sugerida acima, é melhor evitar o uso do operador vírgula e, ao invés disso, escrever as expressões em instruções separadas. O uso desse operador muitas vezes prejudica a legibilidade do programa e seu uso deve ser evitado na maioria dos casos.

# 4.10 Geração de Números Aleatórios

Números aleatórios são valores gerados ao acaso, tais como os números de um sorteio. Geração de números aleatórios é útil em diversas situações práticas de programação, conforme será visto em vários exemplos apresentados ao longo deste livro (o primeiro deles é apresentado na Seção 4.11.8).

Em C, números aleatórios são gerados utilizando-se a função **rand()**, que faz parte do módulo stdlib da biblioteca padrão. Portanto, para usar essa função, é necessário incluir o cabeçalho **<stdlib.h>**.

A função **rand()** gera números aleatórios inteiros entre zero e um valor definido pela implementação da biblioteca de C utilizada. Para geração de números aleatórios entre M e N, sendo M < N, deve-se usar a fórmula:

```
rand()%(N - M + 1) + M
```

Um gerador de número aleatório, como é o caso da função **rand()**, usa um valor inicial, denominado semente, do qual dependem todos os valores gerados. Assim, se uma mesma semente for usada em duas ocasiões, os mesmos números serão gerados em cada ocasião e, por isso, os valores gerados deixam de ser aleatórios. Logo, para gerar sequências diferentes de números em diferentes ocasiões, o gerador de números aleatórios precisa usar sementes diferentes.

A função **srand()** é usada para alimentar o gerador de números aleatórios atribuindo-lhe uma semente diferente daquela usada como padrão. A maneira mais comum de alimentar o gerador com um valor que dificilmente é repetido e, consequentemente, garantir que uma nova sequência de números aleatórios é sempre gerada, é por meio de uso da função **time()**.

A função **time()** é declarada no cabeçalho **<time.h>** da biblioteca padrão e retorna o número de segundos decorridos desde uma época de referência, que, usualmente, é 00:00:00 (GMT) do dia 1º de janeiro de 1970.

Para alimentar o gerador de números aleatórios com o valor retornado pela função **time()**, a função **srand()** é chamada como:

```
srand(time(NULL));
```

Na Seção 4.11.8, será apresentado um exemplo de uso das funções **rand()** e **srand()**.

# 4.11 Exemplos de Programação

### 4.11.1 Inteiros Divisíveis por 2 ou 3

**Problema:** Escreva um programa que exibe na tela os números inteiros entre **1** e **20** que são divisíveis por **2** ou **3**.

**Solução:** O algoritmo aparece na Figura 4–10 e o programa bem logo em seguida.

---

ALGORITMO DivisíveisPor2Ou3

ENTRADA: Não há

SAÍDA: Mensagem informando se um número inteiro é par ou ímpar

inteiro i

i ← 1

enquanto (i ≤ 20) faça
  se (i%2 = 0 ou i%3 = 0) então
    escreva(i)

  i ← i + 1

---

FIGURA 4–10: ALGORITMO DE DIVISÃO POR 2 OU 3

```c
#include <stdio.h>

/****
 *
 * main():Exibe na tela os valores entre 1 e 20 que são divisíveis por 2 ou 3
 *
 * Parâmetros: Nenhum
 *
 * Retorno: Zero
 *
 ****/
int main(void)
{
   int i;

    /* Apresenta o programa */
   printf( "\n\t>>> Este programa exibe os valores entre 1 e"
        "\n\t>>> 20 que sao divisiveis por 2 ou 3.\n\n" );

    /* Verifica se cada valor entre 1 e 20 é divisível por 2 ou por 3 */
   for (i = 1; i <= 20; ++i) {
     if ( i%2 == 0 || i%3 == 0 )
        printf("\t%d\n", i);
   }

    /* Despede-se do usuário */
   printf( "\n\t>>> Obrigado por usar este programa.\n");

   return 0;
}
```

**Análise:** Um número inteiro é divisível por 2 ou por 3 quando o resto da divisão dele por 2 ou o resto da divisão dele por 3 é igual a 0. Ou seja, um número inteiro n é divisível por 2 ou 3 quando a seguinte expressão lógica é satisfeita (i.e., resulta em 1):

```c
i%2 == 0 || i%3 == 0
```

Portanto, para apresentar na tela os números inteiros entre 1 e 20, basta testar quais deles satisfazem essa expressão, e, quando for o caso, exibir cada um deles.

**Resultado de execução do programa:**

```
>>> Este programa exibe os valores entre 1 e
>>> 20 que sao divisiveis por 2 ou 3.

2
3
4
6
8
9
10
12
14
15
16
18
20

>>> Obrigado por usar este programa.
```

**Exercício:** O programa acima contém diversos números mágicos (v. Seção 6.5). Identifique-os e substitua-os adequadamente por constantes simbólicas.

### 4.11.2 Pares ou Ímpares?

**Problema:** Escreva um programa que apresenta na tela os números inteiros pares ou ímpares entre 1 e 20 em formato de tabela.

**Solução:** O algoritmo aparece na Figura 4–11 e o programa vem logo em seguida.

---

ALGORITMO PARESOUÍMPARES

ENTRADA: Não há

SAÍDA: Mensagem informando se um número inteiro é par ou ímpar

inteiro i

escreva("Par  Impar\n")

i ← 1

enquanto (i ≤ 20) faça
  se (i%2 = 0) então
    escreva(" ", i) /* Escreve na primeira coluna */
  senão
    escreva("   ", i) /* Escreve na segunda coluna */

  i ← i + 1

---

FIGURA 4–11: ALGORITMO DE DETERMINAÇÃO DE PARES OU ÍMPARES

```c
#include <stdio.h>

/****
 * main(): Escreve na tela os números pares e ímpares entre 1 e 20 em forma de tabela
 *
 * Parâmetros: Nenhum
 *
 * Retorno: Zero
 ****/
```

```
int main(void)
{
  int i;

    /* Apresenta o programa */
  printf("\n\t>>> Este programa exibe os numeros pares e impares entre 1 e 20.\n");

    /* Apresenta o cabeçalho da tabela */
  printf("Par\tImpar\n");
  printf("===\t=====\n\n"); /* Embelezamento */

    /* Verifica se cada número entre 1 e 20 é par */
    /* ou ímpar, e apresenta-o na devida coluna    */
  for (i = 1; i <= 20; ++i) {
    if (i%2 == 0) { /* O número é par */
      printf(" %2d\n", i);
    } else { /* O número é ímpar */
      printf("\t  %2d\n", i);
    }
  }

    /* Despede-se do usuário */
  printf( "\n\t>>> Obrigado por usar este programa.\n");

  return 0;
}
```

**Análise:** Esse programa é tão simples que não requer mais comentários além daqueles que se encontram no próprio programa.

**Resultado de execução do programa:**

```
        >>> Este programa exibe os numeros
        >>> pares e impares entre 1 e 20.
Par     Impar
===     =====

             1
  2
             3

[Trecho removido]
 18
            19
 20
```

**Exercício:** Identifique e substitua os números mágicos (v. Seção 6.5) do programa acima por constantes simbólicas.

### 4.11.3 Conversão de Celsius para Fahrenheit

**Problema:** Escreva um programa que exiba na tela uma tabela de conversão de graus Celsius para Fahrenheit. A temperatura em Celsius deve variar de cinco em cinco graus entre $0°$ e $100°$.

**Solução:** O algoritmo aparece na Figura 4–12 e o programa vem logo em seguida.

---

ALGORITMO CONVERTECELSIUSEMFAHRENHEIT

ENTRADA: Não há

SAÍDA: Tabela de conversão de Celsius para Fahrenheit

inteiro c

escreva("Celsius   Fahrenheit")

c ← 0

enquanto (c ≤ 100) faça
    escreva(" ", c , "       ", 1.8*c + 32)

    c ← c + 5

---

FIGURA 4–12: ALGORITMO DE CONVERSÃO DE CELSIUS PARA FAHRENHEIT

```c
#include <stdio.h>

/****
 * main(): Apresenta na tela uma tabela de conversão de graus Celsius para Fahrenheit
 *
 * Parâmetros: Nenhum
 *
 * Retorno: Zero
 * ****/
int main(void)
{
    int c; /* Temperatura em Celsius */

    /* Apresenta o programa */
    printf( "\n\t>>> Este programa cria uma tabela de conversao"
            "\n\t>>> de Celsius para Fahrenheit\n" );

    /* Apresenta o cabeçalho da tabela com uma linha de embelezamento */
    printf("\nCelsius\tFahrenheit"
           "\n=======\t==========\n");

    /* A fórmula de transformação de graus Celsius em graus Fahrenheit é: */
    /* F = 1.8*C + 32, na qual F é a temperatura em Fahrenheit e C é      */
    /* a temperatura em Celsius.                                          */
    for (c = 0; c <= 100; c = c + 5) {
        /* Observe o efeito dos especificadores */
        /* de formato de printf() na exibição    */
        printf( "\n  %3d\t  %5.1f", c, 1.8*c + 32 );
    }

    putchar('\n'); /* Embelezamento apenas */

    printf( "\n\t>>> Obrigado por usar este programa.\n"); /* Despede-se do usuário */

    return 0;
}
```

**Análise:** Leia os comentários inserido no programa, pois eles devem ser suficientes para seu entendimento.

**Resultado de execução do programa:**

```
        >>> Este programa cria uma tabela de conversao
        >>> de Celsius para Fahrenheit

Celsius Fahrenheit
======= ==========

     0       32.0
     5       41.0

[Trecho removido]

    95      203.0
   100      212.0

        >>> Obrigado por usar este programa.
```

### 4.11.4 Cálculo de Dívidas

**Problema:** Escreva um programa que calcula dívidas usando juros compostos decorrentes de um empréstimo. A fórmula utilizada deve ser:

$$dívida = quantia \times (1 + juros)^{período}$$

**Solução:** O algoritmo aparece na Figura 4–13 e o programa vem logo em seguida.

---

ALGORITMO CálculoDeDívidas

ENTRADA: Não há

SAÍDA: Tabela de conversão de Celsius para Fahrenheit

inteiro período
real    juros, quantia, dívida

escreva("Quanto você tomou emprestado (R$)?")
leia(quantia)

escreva("Quanto e' a taxa de juros (%)?")
leia(juros)

juros ← juros/100

período ← 1

enquanto (período ≤ 10) faça
   divida = quantia*pow(1 + juros, período)

   escreva("Apos", período ,"anos você deverá: R$", divida)

   período ← período + 1

---

FIGURA 4–13: ALGORITMO DE CÁLCULO DE DÍVIDAS

**Análise:** Esse algoritmo usa a função pow que efetua operações de potenciação (v. Seção 2.5.5).

```
#include <stdio.h>    /* printf() */
#include <math.h>     /* pow()    */
#include "leitura.h" /* LeReal() */

/****
 * main(): Calcula dívidas usando juros compostos
 *
 * Parâmetros: Nenhum
```

```
 *
 * Retorno: Zero
 ****/
int main(void)
{
    int    periodo;
    double juros, quantia, divida;

        /* Apresenta o programa */
    printf( "\n\t>>> Este programa calcula a divida do usuario que fez"
            "\n\t>>> um emprestimo usando a formula de juros compostos.\n\n" );

        /* Lê a quantia que usuário tomou emprestado */
    printf("\nQuanto voce tomou emprestado (R$)? ");
    quantia = LeReal();

        /* Lê a taxa de juros do empréstimo em percentagem. Note */
        /* como o símbolo '%' é escrito no string de formatação. */
    printf("\nQuanto e' a taxa de juros (%%)? ");
    juros = LeReal();

        /* Calcula os juros sem percentagem */
    juros = juros/100;

        /* Apresenta o prejuízo do usuário a cada ano */
    for (periodo = 1; periodo <= 5; ++periodo) {
        divida = quantia*pow(1 + juros, periodo);
        printf( "\nApos %d anos voce devera': R$%5.2f", periodo, divida );
    }

    putchar('\n'); /* Embelezamento */

        /* Despede-se do usuário */
    printf( "\n\t>>> Obrigado por usar este programa.\n");

    return 0;
}
```

**Análise:** Leia os comentários do programa, pois eles são suficientes para seu entendimento.

**Exemplo de execução do programa:**

```
        >>> Este programa calcula a divida do usuario que fez
        >>> um emprestimo usando a formula de juros compostos.

Quanto voce tomou emprestado (R$)? 1000

Quanto e' a taxa de juros (%)? 31

Apos 1 anos voce devera': R$1310.00
Apos 2 anos voce devera': R$1716.10
Apos 3 anos voce devera': R$2248.09
Apos 4 anos voce devera': R$2945.00
Apos 5 anos voce devera': R$3857.95

        >>> Obrigado por usar este programa.
```

## 4.11.5 Triângulos

**Problema:** Escreva um programa que verifica se três valores introduzidos pelo usuário podem constituir os lados de um triângulo.

**Solução:** O algoritmo aparece na Figura 4–14 e o programa vem logo em seguida.

---

### Algoritmo VerificaTriângulos

Entrada: Não há

Saída: Tabela de conversão de Celsius para Fahrenheit

<u>real</u> x, y, z

<u>escreva</u>("Digite o primeiro valor:")
<u>leia</u>(x)

<u>escreva</u>("Digite o segundo valor:")
<u>leia</u>(y)

<u>escreva</u>("Digite o terceiro valor:")
<u>leia</u>(z)

<u>se</u> ( $x \le 0$ <u>ou</u> $y \le 0$ <u>ou</u> $z \le 0$ ) <u>então</u>
  <u>escreva</u>("Pelo menos um valor não é positivo")
<u>senão se</u> ( $x < y + z$ <u>e</u> $y < x + z$ <u>e</u> $z < y + x$ ) <u>então</u>
  <u>escreva</u>("Os valores constituem os lados de um triangulo")
<u>senão</u>
  <u>escreva</u>("Os valores NÃO constituem os lados de um triangulo")

---

**Figura 4–14: Algoritmo de Verificação de Triângulos**

```c
#include <stdio.h>    /* printf() */
#include "leitura.h" /* LeReal() */

/****
 * main(): Verifica se três valores reais constituem os lados de um triângulo
 *
 * Parâmetros: Nenhum
 *
 * Retorno: Zero
 ****/
int main(void)
{
   double x, y, z;

   printf( "\n>>> Este programa verifica se tres "
           "\n>>> valores reais podem constituir "
           "\n>>> os lados de um triangulo.\n\n" );

   /*** Lê os valores candidatos a lados de um triângulo ***/

   printf("\nDigite o primeiro valor: ");
   x = LeReal();

   printf("\nDigite o segundo valor: ");
   y = LeReal();

   printf("\nDigite o terceiro valor: ");
   z = LeReal();

      /* Verifica se os valores introduzidos satisfazem a desigualdade triangular */
   if (x <= 0 || y <= 0 || z <= 0) {
      printf("\nPelo menos um valor nao e' positivo.\n");
   } else if ( x < y + z && y < x + z && z < y + x ) {
      printf( "\nOs valores constituem os lados de um triangulo.\n" );
   } else {
```

```
    printf( "\nOs valores NAO constituem os lados de um triangulo.\n" );
  }

  return 0;
}
```

**Análise:** Três números podem constituir os lados de um triângulo se qualquer um deles é menor do que a soma dos demais (desigualdade triangular). Ou seja, se os números forem representados por x, y e z, eles formarão um triângulo se a expressão lógica:

> x < y + z && y < x + z && z < y + x

resultar em 1.

**Exemplo de execução do programa:**

```
>>> Este programa verifica se tres
>>> valores reais podem constituir
>>> os lados de um triangulo.

Digite o primeiro valor: 3
Digite o segundo valor: 4
Digite o terceiro valor: 5
Os valores constituem os lados de um triangulo.
```

### 4.11.6 Anos Bissextos

**Preâmbulo:** Um ano é bissexto quando:

❏ É maior do que ou igual a 1753, que é o ano no qual anos bissextos começaram a ser levados em consideração e

❏ Ele é múltiplo de 400 (p. ex., 1600, 2000) ou

❏ Ele é múltiplo de 4, mas não é múltiplo de 100 (p. ex., 1992, 1996)

**Problema:** Escreva um programa que lê valores inteiros introduzidos pelo usuário, supostamente representando anos, e verifica se trata-se de um ano bissexto.

**Solução:** O algoritmo aparece na Figura 4–15 e o programa vem logo em seguida.

---

ALGORITMO ANOSBISSEXTOS

ENTRADA: Não há
SAÍDA: Tabela de conversão de Celsius para Fahrenheit

<u>inteiro</u> a

<u>enquanto</u> (<u>verdadeiro</u>) <u>faça</u>
  <u>escreva</u>("Digite um ano maior do que ou igual a 1753 (0 encerra o programa)")
  <u>leia</u>(a)

  <u>se</u> (a = 0)
    <u>pare</u>
  <u>se</u> (a < 1753) <u>então</u>
    <u>escreva</u>("O ano deve ser maior do que ou igual a 1753")
  <u>senão</u> <u>se</u> (a%400 = 0 <u>ou</u> (a%4 = 0 <u>e</u> a%100 ≠ 0))
    <u>escreva</u>("O ano é bissexto")
  <u>senão</u>
    <u>escreva</u>("O ano não é bissexto")

---

FIGURA 4–15: ALGORITMO DE CÁLCULO DE ANOS BISSEXTOS

```c
#include <stdio.h>   /* printf()   */
#include "leitura.h" /* LeInteiro() */

   /* Anos bissextos tais como são conhecidos hoje */
   /* começaram a ser contados a partir de 1753    */
#define MENOR_ANO 1753
/****
 * main(): Verifica se cada número inteiro introduzido
 *         pelo usuário representa um ano bissexto
 *
 * Parâmetros: Nenhum
 *
 * Retorno: Zero
 ****/
int main(void)
{
   int a;

      /* Apresenta o programa */
   printf( "\n\t>>> Este programa verifica se cada numero inteiro introduzido"
           "\n\t>>> pelo usuario representa um ano bissexto.\n"
           "\n\t>>> Digite zero para encerrar o programa.\n" );

      /* Lê cada valor introduzido pelo usuário e informa se trata-se de um  */
      /* ano bissexto ou não.  O laço encerra quando o usuário digitar zero. */
   while (1) {
         /* Faz a leitura */
      printf("\n\t>>> Digite um ano maior do que ou igual\n"
             "\t>>> a %d (0 encerra o programa) > ", MENOR_ANO);
      a = LeInteiro();

      if (!a) { /* Se a == 0, encerra o laço */
         break;
      }

      if (a < MENOR_ANO) {
         printf("\n\t>>> O ano deve ser maior do que ou igual a %d\n", MENOR_ANO);
      } else {
            /* Informa se o ano é bissexto ou não */
         printf("\n\t>>> O ano %se' bissexto\n",
               !(a%400) || (!(a%4) && a%100) ? "" : "NAO ");
      }
   }

   printf( "\n\t>>> Obrigado por usar este programa.\n");

   return 0;
}
```

**Análise:**

☐ A variável **ano** representa o valor que se deseja testar se trata-se de um ano bissexto. Logo:

1. O fato de o ano ser múltiplo de **400** é representado pela 'expressão:

   ```
   ano%400 == 0 ano%400 == 0
   ```

   que equivale a:

   ```
   !(ano%400)
   ```

2. O fato de o ano ser múltiplo de **4**, mas não ser múltiplo de **100** é representado pela expressão:

```
ano%4 == 0 && ano%100 != 0
```

que equivale a:

```
!(ano%4) && ano%100          .
```

3. A expressão que determina se um ano é bissexto é a disjunção das duas últimas expressões:

```
!(ano%400) || (!(ano%4) && ano%100)
```

☐ O programa usa uma constante simbólica (v. Seção 3.15) definida como:

```
#define MENOR_ANO 1753
```

Essa constante representa o ano a partir do qual os anos bissextos tais como são conhecidos hoje começaram a ser levados em consideração.

☐ O restante do programa é auto-explicativo.

**Exemplo de execução do programa:**

```
>>> Este programa verifica se cada numero inteiro introduzido
>>> pelo usuario representa um ano bissexto.

>>> Digite zero para encerrar o programa.

>>> Digite um ano maior do que ou igual
>>> a 1753 (0 encerra o programa) > 1500

>>> O ano deve ser maior do que ou igual a 1753

>>> Digite um ano maior do que ou igual
>>> a 1753 (0 encerra o programa) > 1996
>>> O ano e' bissexto

>>> Digite um ano maior do que ou igual
>>> a 1753 (0 encerra o programa) > 0

>>> Obrigado por usar este programa.
```

### 4.11.7 Maior Valor do Tipo int

**Preâmbulo:** Em programação, overflow de um determinado tipo de dado ocorre quando se tenta armazenar um valor grande demais para ser contido numa variável desse tipo. Por exemplo, o maior valor que pode ser armazenado numa variável do tipo **int** é determinado pela constante **INT_MAX**, definida no cabeçalho `<limits.h>` da biblioteca padrão de C. Assim, somando-se **1** a esse valor máximo resulta em overflow do tipo **int**.

**Problema:** Escreva um programa que determina qual é o valor da constante **INT_MAX** descrita no preâmbulo.

**Solução:** O algoritmo aparece na Figura 4–16 e o programa vem logo em seguida.

---

ALGORITMO MAIORVALORINT

ENTRADA: Não há
SAÍDA: O maior valor do tipo **int**

inteiro maiorInt

maiorInt ← 0

**enquanto** (maiorInt + 1 > maiorInt) **faça**
  maiorInt ← maiorInt + 1

**escreva**("Maior valor do tipo int = ", maiorInt)

---

FIGURA 4–16: ALGORITMO DE MAIOR VALOR DO TIPO INT

```c
#include <stdio.h>    /* Entrada e saída  */
#include <limits.h>   /* Limites inteiros */
/****
 * main(): Determina qual é o maior valor do tipo int e mostra
 *         como detectar overflow numa operação inteira
 *
 * Parâmetros: Nenhum
 *
 * Retorno: Zero
 ****/
int main(void)
{
   int maiorInt = 0;

      /* Apresenta o programa */
   printf( "\n\t>>> Este programa determina qual e' o maior"
           "\n\t>>> valor do tipo int e mostra como detectar"
           "\n\t>>> overflow numa operacao inteira.\n" );

      /* Apresenta uma mensagem para o usuário saber que o programa está vivo */
   printf("\nEncontrando o maior valor do tipo int...");

      /* Encontra o maior valor do tipo int. Seja paciente e não digite */
      /* [CTRL] + [C], esta operação leva um tempo considerável.        */
   while (maiorInt + 1 > maiorInt) {
      maiorInt++;
   }

      /* Os valores exibidos a seguir devem ser iguais. */
      /* Caso contrário, o programa está incorreto.      */
   printf("\n\nMaior valor do tipo int = %d", maiorInt);
   printf("\n                INT_MAX = %d\n", INT_MAX);

   return 0;
}
```

**Análise:**   Esse programa é bem curto, se comparado aos demais apresentados neste capítulo, mas merece algumas explicações.

❑ Esse programa demora um tempo considerável entre sua apresentação inicial até que ele exiba o resultado esperado na tela (no exemplo de interação abaixo, o corpo do laço **while** foi executado mais de duas bilhões de vezes!). Portanto é de bom tom que o programa informe o usuário que processará algo durante um longo tempo. É isso que faz a segunda chamada de **printf()** do programa.

❑ Em Matemática, se x é um número inteiro positivo, é obvio que x + 1 sempre será maior do que x. Mas, em computação, isso só ocorre se o valor resultante da expressão x + 1 couber numa variável do tipo da variável x. Quando, na avaliação dessa expressão, o resultado não é maior do que x, pode-se concluir que ocorreu overflow. O que o laço **while** do programa em discussão faz é incrementar a variável maiorInt até que a expressão maiorInt + 1 > maiorInt deixe de ser válida. Quando isso ocorre, a variável maiorInt terá atingido seu limite máximo, que é o valor procurado.

❑ Além de exibir na tela o valor da variável maiorInt, o programa apresenta o valor da constante **INT_MAX**, definida no cabeçalho <limits.h>. O objetivo da apresentação dessa constante é apenas conferir o resultado (i.e., verificar se o programa realmente produz o resultado esperado).

❑ O objetivo desse programa é meramente pedagógico. Ou seja, na prática, se precisar usar o valor máximo que uma variável do tipo **int** pode assumir, inclua o cabeçalho <limits.h> e use a constante **INT_MAX** definida nele.

**Exemplo de execução do programa:** Quando compilado usando GCC no Windows, o resultado do programa é o seguinte:

```
      >>> Este programa determina qual e' o maior
      >>> valor do tipo int e mostra como detectar
      >>> overflow numa operacao inteira.

Encontrando o maior valor do tipo int...

Maior valor do tipo int = 2147483647
              INT_MAX = 2147483647
```

### 4.11.8 Sorteando Bônus para o Cliente

**Problema:** Escreva um programa que sorteia um bônus entre **1** e **10** reais para o usuário, de acordo com um valor inteiro introduzido por ele.

**Solução:** O algoritmo aparece na Figura 4–17 e o programa vem logo em seguida.

---

ALGORITMO SORTEIODEBÔNUS

ENTRADA: Não há

SAÍDA: Tabela de conversão de Celsius para Fahrenheit

<u>inteiro</u> sorte, bonus

<u>constante</u> MENOR_BONUS = 1
<u>constante</u> MAIOR_BONUS = 10

<u>escreva</u>("Digite seu numero de sorte")
<u>leia</u>(sorte)

<u>srand</u>

bonus ← <u>rand</u>%MAIOR_BONUS + MENOR_BONUS

<u>escreva</u>("Parabens! Voce acaba de ganhar R$", bonus)

---

FIGURA 4–17: ALGORITMO DE SORTEIO DE BÔNUS

```c
#include <stdio.h>    /* printf()          */
#include <stdlib.h>   /* rand() e srand()  */
#include "leitura.h"  /* LeInteiro()       */

#define MENOR_BONUS 1
#define MAIOR_BONUS 10

/****
 * main(): Sorteia para o usuário um bônus em reais entre MENOR_BONUS e MAIOR_BONUS
 *         de acordo com um valor inteiro introduzido como entrada
 *
 * Parâmetros: Nenhum
 *
 * Retorno: Zero
 ****/
int main(void)
{
   int sorte, bonus;

      /* Apresenta o programa */
   printf( "\n\t>>> Este programa sorteia um premio"
           "\n\t>>> entre R$%d e R$%d. Boa sorte!\n", MENOR_BONUS, MAIOR_BONUS );
```

```
printf("\n\t>>> Digite seu numero de sorte > ");
sorte = LeInteiro();

    /* Alimenta o gerador de números aleatórios com o número de sorte do usuário */
srand(sorte);

    /* Efetua o sorteio */
bonus = rand()%(MAIOR_BONUS - MENOR_BONUS + 1) + MENOR_BONUS;

printf( "\a\n\t>>> Parabens! Voce acaba de ganhar %d "
        "rea%s!!!\n", bonus, bonus == 1 ? "l" : "is");

    return 0;
}
```

**Análise:** O programa funciona da seguinte maneira:

1. Um valor inteiro introduzido pelo usuário é lido pela função `LeInteiro()`.

2. O número introduzido pelo usuário é usado para alimentar o gerador de números aleatórios [que é a função **rand()**]. A chamada da função **srand()** realiza essa tarefa.

3. Um número aleatório é gerado e transformado num valor entre `MENOR_BONUS` e `MAIOR_BONUS` que será o bônus ganho pelo usuário. A fórmula utilizada para cálculo do bônus é aquela apresentada na Seção 4.10.

4. O programa apresenta o resultado do sorteio para o usuário. Isso é realizado pela última instrução **printf()** do programa.

Na última instrução **printf()**, aparece o uso do operador condicional como:

```
bonus == 1 ? "l" : "is"
```

De acordo com o que foi apresentado na descrição do operador condicional o resultado dessa expressão será o string `"l"` quando o resultado da expressão `bonus == 1` for diferente de zero e será o string `"is"` quando esse resultado for zero. Agora, o resultado da expressão composta pelo operador condicional é o string que será exibido em substituição ao especificador de formato **%s** que aparece no string de formatação de **printf()**. Assim, quando o valor da variável `bonus` for 1, a chamada de **printf()** escreverá `"real"`; caso contrário, ela escreverá `"reais"`. Sem o uso do operador condicional, seria necessário o uso de uma instrução **if-else** e duas chamadas de **printf()**.

**Exemplo de execução do programa:**

```
>>> Este programa sorteia um premio
>>> entre R$1 e R$10. Boa sorte!

>>> Digite seu numero de sorte > 21

>>> Parabens! Voce acaba de ganhar 8 reais!!!
```

### 4.11.9 Números Iguais às Somas dos Cubos de seus Dígitos

**Problema:** Escreva um programa que encontra os números entre 100 e 999 que são iguais às somas dos cubos de seus dígitos.

**Solução:** O algoritmo aparece na Figura 4–18 e o programa vem logo em seguida.

---

ALGORITMO SomaDeCubosDeDígitos

ENTRADA: Não há

SAÍDA: Tabela de conversão de Celsius para Fahrenheit

<u>inteiro</u> numero, centena, dezena, unidade, somaCubos

centena ← 1

<u>enquanto</u> (centena ≤ 9) <u>faça</u>
  dezena ← 0

  <u>enquanto</u> (dezena ≤ 9) <u>faça</u>
    unidade ← 0

    <u>enquanto</u> (unidade ≤ 9) <u>faça</u>
      somaCubos ← centena*centena*centena +
          dezena*dezena*dezena +
          unidade*unidade*unidade
      numero ← 100*centena + 10*dezena + unidade

      <u>se</u> (numero = somaCubos) <u>então</u>
        <u>escreva</u>(numero)
      unidade ← unidade + 1
    dezena ← dezena + 1
  centena ← centena + 1

---

**FIGURA 4–18: ALGORITMO DE SOMA DE CUBOS DE DÍGITOS**

```
#include <stdio.h>

/****
 * main(): Encontra os números entre 100 e 999 que são
 *          iguais às somas dos cubos de seus dígitos
 *
 * Parâmetros: Nenhum
 *
 * Retorno: Zero
 ****/
int main(void)
{
    int numero,   /* O número a ser testado */
        centena,  /* A centena do número */
        dezena,   /* A dezena do número  */
        unidade,  /* A unidade do número */
        somaCubos; /* A soma dos cubos de centena, dezena e unidade */

    /* Apresenta o programa */
    printf( "\n\t>>> Este encontra os numeros entre 100"
            "\n\t>>> e 999 que sao iguais as somas dos"
            "\n\t>>> cubos de seus digitos:\n" );

    /* Considera cada trinca constituída de centena, dezena e unidade que */
    /* compõe um número inteiro entre 100 e 999 e verifica se a soma dos   */
    /* componentes da trinca é igual ao número formado por ela.           */

    for(centena = 1; centena <= 9; centena++) {
        for(dezena = 0; dezena <= 9; dezena++) {
            for(unidade = 0; unidade <= 9; unidade++) {
```

```
        /* Calcula a soma dos cubos dos componentes da trinca */
        somaCubos = centena*centena*centena + dezena*dezena*dezena +
                    unidade*unidade*unidade;

        /* Determina qual é o número formado pela trinca */
        numero = 100*centena + 10*dezena + unidade;

        /* Verifica se o número é igual à soma dos componentes da trinca */
        if(numero == somaCubos) {
            printf("\n\t>>> %d", numero);
        } /* if */
      } /* for */
    } /* for */
  } /* for */

  return 0;
}
```

**Resultado de execução do programa:**

```
    >>> Este encontra os numeros entre 100
    >>> e 999 que sao iguais as somas dos
    >>> cubos de seus digitos:

    >>> 153
    >>> 370
    >>> 371
    >>> 407
```

**Exercício:** Identifique e substitua os números mágicos (v. Seção 6.5) do programa acima por constantes simbólicas.

### 4.11.10 Exponenciação

**Problema:** Escreva um programa que calcula potenciações de números reais elevados a números inteiros. O programa deve encerrar quando um valor indefinido for produzido.

**Solução:** O algoritmo aparece na Figura 4–19 e o programa vem logo em seguida.

---

ALGORITMO EXPONENCIAÇÃO

ENTRADA: Não há
SAÍDA: Tabela de conversão de Celsius para Fahrenheit

inteiro exp, i
real base, resultado

enquanto (verdadeiro)
  escreva("Digite o valor da base:")
  leia(base)

  escreva("Digite o valor do expoente:")
  leia(exp)

  resultado ← 1

  se (base = 0 e exp ≤ 0) então
    escreva("Valor indefinido")
    pare

CONTINUA

---

FIGURA 4–19: ALGORITMO DE EXPONENCIAÇÃO

ALGORITMO EXPONENCIAÇÃO (CONTINUAÇÃO)

```
se (exp = 0) então
  escreva("Resultado: 1")
se (exp > 0) então
  i ← 1

  enquanto (i ≤ exp) faça
    resultado ← resultado*base

    i ← i + 1

  escreva("Resultado:", resultado)
senão
  exp ← -exp

  i ← 1
  enquanto (i ≤ exp) faça
    resultado ← resultado*base
    i ← i + 1

  escreva("Resultado:", 1/resultado)
```

FIGURA 4–19 (CONT.): ALGORITMO DE EXPONENCIAÇÃO

```c
#include <stdio.h>    /* printf()       */
#include "leitura.h" /* LeituraFacil */

/****
 * main(): Calcula potenciações de números reais elevados a números inteiros
 *
 * Parâmetros: Nenhum
 *
 * Retorno: Zero
 ****/
int main(void)
{
    int     exp, i;
    double base, resultado;

    /* Apresenta o programa */
    printf( "\n\t>>> Este programa calcula potenciacoes de numeros reais"
            "\n\t>>> elevados a numeros inteiros. O programa encerra"
            "\n\t>>> quando o resultado for indefinido.\n" );

    /* O laço encerra quando o resultado for indefinido */
    while (1) {
        /* Lê o valor da base */
        printf( "\n\n\t>>> Digite o valor da base: " );
        base = LeReal();

        /* Lê o valor do expoente */
        printf( "\t>>> Digite o valor do expoente: " );
        exp = LeInteiro();

        resultado = 1; /* Inicia a variável que armazenará o resultado */

        /* Se a base for zero e o expoente for menor do   */
        /* que ou igual a zero, o resultado é indefinido */
```

```c
    if (!base && exp <= 0) {
      printf("\n\t>>> Resultado indefinido");
      break; /* Encerra o laço */
    } else if (!exp) {
        /* Se a base não for zero e o expoente for zero o resultado é 1 */
      printf("\n\t>>> Resultado: 1");
    } else if (exp > 0) {
        /* Se a base não for zero e o expoente for positivo, multiplica */
        /* a base o número de vezes representado pelo expoente         */
      for (i = 1; i <= exp; i++) {
        resultado = resultado*base;
      }

      printf("\n\t>>> Resultado: %f", resultado);
    } else {

      /* Se a base não for zero e o expoente for negativo, calcula o resultado */
      /* como se o expoente fosse positivo e depois inverte o resultado         */

      exp = -exp;

      for (i = 1; i <= exp; i++) {
        resultado = resultado*base;
      }

      printf("\n\t>>> Resultado: %f", 1/resultado);
    }
  } /* while */

    /* Despede-se do usuário */
  printf("\n\n\t>>> Obrigado por usar este programa.\n");

    return 0;
}
```

**Exemplo de execução do programa:**

```
        >>> Este programa calcula potenciacoes de numeros reais
        >>> elevados a numeros inteiros. O programa encerra
        >>> quando o resultado for indefinido.

        >>> Digite o valor da base: 2
        >>> Digite o valor do expoente: -3

        >>> Resultado: 0.125000

        >>> Digite o valor da base: 0
        >>> Digite o valor do expoente: 0

        >>> Resultado indefinido

        >>> Obrigado por usar este programa.
```

### 4.11.11 Somando Positivos e Contando Negativos

**Problema:** Escreva um programa que lê um número indeterminado de valores inteiros, soma aqueles que são positivos e conta quantos valores negativos foram introduzidos. A entrada de dados deve encerrar quando zero for introduzido.

**Solução:** O algoritmo aparece na Figura 4–20 e o programa vem logo em seguida.

ALGORITMO POSITIVOSENEGATIVOS

ENTRADA: Não há

SAÍDA: Tabela de conversão de Celsius para Fahrenheit

inteiro valor, soma, negativos

soma ← 0
negativos ← 0

enquanto (verdadeiro) faça
    escreva("Digite um valor inteiro: ")
    leia(valor)

    se (valor = 0) então
      pare
    se (valor < 0) então
      negativos ← negativos + 1
    senão
      soma ← soma + valor

escreva("Soma dos valores positivos:", soma)
escreva("Valores negativos introduzidos:", negativos)

FIGURA 4-20: ALGORITMO DE SOMA DE NÚMEROS POSITIVOS E CONTAGEM DE NÚMEROS NEGATIVOS

```c
#include <stdio.h>    /* printf()   */
#include "leitura.h" /* LeInteiro() */

/****
 * main(): Lê um número indeterminado de valores inteiros, soma aqueles que
 *         são positivos e conta quantos valores negativos foram introduzidos.
 *         A entrada de dados encerra quando zero for introduzido.
 *
 * Parâmetros: Nenhum
 *
 * Retorno: Zero
 ****/
int main(void)
{
    int valor, /* Valor inteiro recentemente lido */
        soma = 0, /* Soma dos valores positivos */
        negativos = 0; /* Quantidade de valores negativos */

    /* Apresenta o programa */
    printf( "\n\t>>> Este programa soma os valores positivos e a"
            " quantidade de valores \n\t>>> negativos digitados."
            "\n\t>>> Zero encerra a entrada de dados.\n" );

    /* O laço encerra quando for lido zero */
    while (1) {
        printf("\n\t>>> Digite um valor inteiro: ");
        valor = LeInteiro();

        if (valor == 0) { /* Se o usuário digitar zero, encerra o laço */
            break;
        }

            /* Se o valor for negativo, acrescenta 1 à */
            /* contagem. Se ele for positivo, soma-o.  */
```

```
    if (valor < 0) {
        ++negativos;
    } else {
        soma = soma + valor;
    }
  }

    /* Apresenta o resultado */
  printf("\n\t>>> Soma dos valores positivos: %d", soma);
  printf( "\n\t>>> Valores negativos: %d\n", negativos );

  return 0;
}
```

**Exemplo de execução do programa:**

```
>>> Este programa soma os valores positivos e a quantidade de valores
>>> negativos introduzidos. Zero encerra a entrada de dados.

>>> Digite um valor inteiro: 2
>>> Digite um valor inteiro: 1
>>> Digite um valor inteiro: -1
>>> Digite um valor inteiro: -3
>>> Digite um valor inteiro: 4
>>> Digite um valor inteiro: -4
>>> Digite um valor inteiro: 0

>>> Soma dos valores positivos: 7
>>> Valores negativos introduzidos: 3
```

### 4.11.12 Fatorando Números Inteiros Positivos

**Problema:** Escreva um programa que decompõe números inteiros positivos introduzidos via teclado. O programa deve encerrar quando o usuário digitar zero ou um valor negativo.

**Solução:** O algoritmo aparece na Figura 4–21 e o programa vem logo em seguida.

---

ALGORITMO FATORAÇÃO

ENTRADA: Não há

SAÍDA: Tabela de conversão de Celsius para Fahrenheit

inteiro numero, possivelFator, faltaFatorar

enquanto (verdadeiro) faça
  escreva("Digite o numero positivo que será fatorado: ")
  leia(numero)

  se (numero ≤ 0) então
    escreva("O numero deveria ser positivo\n")
    pare

  possivelFator ← 2
  faltaFatorar ← numero

  escreva("Fatores de ", numero)

  enquanto (possivelFator*possivelFator ≤
      faltaFatorar) faça

---

**FIGURA 4–21: ALGORITMO DE FATORAÇÃO DE NÚMEROS INTEIROS POSITIVOS**

```
     se (faltaFatorar%possivelFator = 0) então
       escreva(possivelFator, " * ")

       faltaFatorar ← faltaFatorar/possivelFator
     senão
       se (possivelFator = 2) então
         possivelFator ← 3
       senão
         possivelFator ← possivelFator + 2

   escreva(faltaFatorar)
```

FIGURA 4–21 (CONT.): ALGORITMO DE FATORAÇÃO DE NÚMEROS INTEIROS POSITIVOS

**Análise:** Esse algoritmo requer a inclusão de comentários para facilitar seu entendimento. Esses comentários não foram incluídos nesse algoritmo para evitar repetição, pois eles são os mesmos que acompanham o programa adiante.

```c
#include <stdio.h>   /* printf()   */
#include "leitura.h" /* LeInteiro() */

/****
 * main(): Determina os fatores de cada número
 *         inteiro positivo recebido como entrada
 *
 * Parâmetros: Nenhum
 *
 * Retorno: Zero
 ****/
int main(void)
{
   int numero,
       possivelFator, /* Um candidato a fator do número */
       faltaFatorar; /* Parte do número que falta fatorar */

    /* Apresenta o programa */
   printf( "\n\t>>> Este programa apresenta fatoracoes"
           "\n\t>>> de numeros inteiros positivos.\n" );

    /* O laço encerra quando for introduzido um número que não é positivo */
   while (1) {
     printf("\n\t>>> Numero positivo que sera' fatorado: ");
     numero = LeInteiro();

     if (numero <= 0) {
        printf("\n\t>>> O numero deveria ser positivo\n");
        break;
     }

        /* O primeiro candidato a fator é 2 pois 1 é fator de qualquer número */
     possivelFator = 2;

        /* O número ainda não foi fatorado */
     faltaFatorar = numero;

     printf("\n\t>>> Fatores de %d:\n\n\t\t> ", numero);

        /* No máximo, o divisor de um número é igual à raiz quadrada do     */
        /* número. Portanto, se o quadrado de um possível divisor for maior  */
```

```
            /* do que o número, ele não tem mais divisores e o laço é encerrado. */
        while(possivelFator*possivelFator <= faltaFatorar) {
            /* Verifica se o candidato a fator é realmente um fator */
        if(faltaFatorar%possivelFator == 0) {
            /* Encontrado um fator */
            printf("%d * ", possivelFator);

                /* Atualiza o valor que falta fatorar, considerando-o como o   */
                /* resultado da divisão do número pelo último fator encontrado */
            faltaFatorar = faltaFatorar/possivelFator;

            continue; /* O resto do laço não será executado */
        }

        /* O último candidato não é um fator. Então, tenta-se outro candidato. */

            /* Se o último candidato foi 2, o próximo candidato será 3. */
            /* Caso contrário,  soma-se 2 ao último candidato.          */
        if(possivelFator == 2) {
            possivelFator = 3;
        } else {
            possivelFator = possivelFator + 2;
        }
    }

        /* O último fator é o que faltou fatorar */
    printf("%d\n", faltaFatorar);
}

printf( "\n\t>>> Obrigado por usar este programa.\n");

return 0;
}
```

Exemplo de execução do programa:

```
        >>> Este programa apresenta fatoracoes
        >>> de numeros inteiros positivos.

        >>> Numero positivo que sera' fatorado: 1000

        >>> Fatores de 1000:

            > 2 * 2 * 2 * 5 * 5 * 5

        >>> Numero positivo que sera' fatorado: 0

        >>> O numero deveria ser positivo

        >>> Obrigado por usar este programa.
```

# 4.12 Exercícios de Revisão

## Introdução (Seção 4.1)

1. O que é fluxo de execução de um programa?

2. (a) Como é o fluxo natural de execução de um programa? (b) Como ele pode ser alterado?

## Sequências de Instruções (Seção 4.2)

3. O programa a seguir é legal em C?

```
int main(void)
{
    (1 + 2) * 4;

    return  0;
}
```

4. A instrução a seguir é legal em C? (b) Qual é o efeito dela num programa?

```
(1 + 2) * 4;
```

5. Que tipos de construções são consideradas instruções em C?

6. O que é um bloco de instruções?

7. Por que quando uma expressão constitui uma instrução, ela faz sentido apenas se contiver operadores com efeito colateral?

8. Por que o seguinte programa não consegue ser compilado?

```
#include <stdio.h>

int x = 10;

x++;

int main(void)
{
    printf("x = %d", x);

    return 0;
}
```

9. Por que, apesar de ser semelhante ao programa da questão anterior, o seguinte programa é compilado normalmente?

```
#include <stdio.h>

int x = 10;

int main(void)
{
    x++;

    printf("x = %d", x);

    return 0;
}
```

10. (a) Qual é o símbolo usado como terminal de instrução? (b) Toda linha de um programa em C termina com esse símbolo?

## Instruções Vazias (Seção 4.3)

11. (a) Apresente dois exemplos de instruções vazias acidentais. (b) Apresente dois exemplos de instruções vazias intencionais.

## Estruturas de Controle (Seção 4.4)

12. Como estruturas de controle são categorizadas?

13. (a) O que são desvios condicionais? (b) Quais são os desvios condicionais da linguagem C?

14. (a) O que são desvios incondicionais? (b) Quais são os desvios incondicionais da linguagem C?

15. (a) O que são laços de repetição? (b) Quais são os laços de repetição da linguagem C?

**Laços de Repetição (Seção 4.5)**

16. Descreva a sintaxe (i.e., o formato) e a semântica (i.e., o funcionamento) dos laços de repetição de C:
    (a) **while**
    (b) **do-while**
    (c) **for**

17. (a) Quantas vezes o corpo do laço **while** do trecho de programa abaixo será executado? (b) Quais serão os valores de x e y imediatamente após a saída desse laço? (c) As versões sufixas dos operadores ++ e -- utilizadas nesse laço podem ser trocadas pelas respectivas versões prefixas desses operadores sem alterar as respostas às questões (a) e (b)?

```c
int  x = 0, y = 10;

while (x < y) {
   x++;
   y--;
}
```

18. (a) Existe alguma diferença entre a instrução **while** do exercício anterior e a instrução **do-while** a seguir? (b) Quantas vezes o corpo desse laço **do-while** será executado? (c) Quais serão os valores de x e y imediatamente após a saída desse laço?

```c
int  x = 0, y = 10;

do {
  x++;
  y--;
} while (x < y);
```

19. (a) Quantas vezes o corpo do seguinte laço **for** será executado? (b) Quais serão os valores de x e y imediatamente após a saída desse laço? (c) As versões sufixas dos operadores ++ e -- utilizadas podem ser trocados pelas respectivas versões prefixas desses operadores sem alterar as respostas às questões (a) e (b)?

```c
int  x = 0, y = 10;

for ( ; x++ < y--; ) {
      ;  /* Instrução vazia */
}
```

20. Na instrução **for** a seguir, a expressão j++ pode ser substituído por ++j sem alterar a funcionalidade da instrução? Justifique sua resposta.

```c
for  (j = 1; j <= 10; j++) {
   printf("Como e' divertido programar em C\n");
}
```

21. O que há de errado com o seguinte programa:

```c
#include <stdio.h>

int main(void)
{
   int i;

   while (i < 100) {
      printf("%d\n", i);
      ++i;
   }

   return 0;
}
```

22. O que há de errado com o seguinte programa:

```c
#include <stdio.h>

int main(void)
{
    int i = 1;
    while (i > 0) {
        printf("%d\n", i);
        ++i;
    }
    return 0;
}
```

23. O que o seguinte programa escreve na tela?

```c
#include <stdio.h>

int main( void )
{
    int i, soma = 0;
    for (i = 2; i <= 100; i = i + 2) {
        soma = soma + i;
    }
    printf("Soma = %d\n", soma);

    return 0;
}
```

24. (a) O laço **while** abaixo encerra? (b) Se for o caso, o que será escrito na tela por este trecho de programa? [Dica: Esta questão não tão trivial quanto parece. Consulte a Seção 4.11.7 antes de tentar respondê-la.]

```c
int i = 10;
while (i++ > 0) {
    ;
}
printf("Valor final de i: %d\n", i);
```

25. (a) O laço **while** abaixo encerra? (b) Se for o caso, o que será exibido na tela por este trecho de programa?

```c
int i = 10;
while (--i > 0) {
    ;
}
printf("Valor final de i: %d\n", i);
```

26. Reescreva, sem usar **for**, um trecho de programa equivalente ao seguinte:

```c
int i;
for (i = 0; i < 10; ++i) {
    printf("i = %d\n", i);
}
```

27. O que há de errado com o laço **for** a seguir:

```
int i;
for (i = 0; i < 10; i + 2) {
   printf("i = %d\n", i);
}
```

28. Por que o laço **for** abaixo nunca encerra?

```
int i, j;
for (i = 0; j = 10, i < j, ++i; --j) {
   printf("\ni = %d\tj = %d\n", i, j);
}
```

29. O que é condição de parada de um laço de repetição?

30. Por que o programa abaixo nunca encerra?

```
#include <stdio.h>
#include "leitura.h"

int main(void)
{
   int valor;

   do {
      printf( "\nDigite um valor inteiro "
              "(1 ou 2 encerra o programa): " );
      valor = LeInteiro();

      printf("Voce digitou: %d\n", valor);
   } while (valor != 1 || valor != 2);

   return 0;
}
```

31. Qual é a condição de parada do seguinte laço **while**?

```
int i = 100;

while (i > 0) {
   ...
   --i;
}
```

32. (a) O que o programador que escreveu o seguinte programa pretendia escrever na tela? (b) Por que o objetivo do programador não é satisfeito? (c) Como o erro apresentado por este programa pode ser corrigido? (d) Como um programador pode precaver-se contra erros dessa natureza?

```
#include <stdio.h>

int main(void)
{
   int i;

   for (i = 0; i < 10; ++i);
      printf("Passagem no. %d", i);

   return 0;
}
```

33. Supondo que o usuário do programa a seguir introduz os dados solicitados corretamente, o que este programa escreve na tela após receber os dados?

```c
#include <stdio.h>
#include "leitura.h"

int main(void)
{
    int  x, y, i, j;
    char car;

    printf("Digite um caractere: ");
    car = LeCaractere();

    printf("Digite um numero inteiro entre 5 e 15: ");
    x = LeInteiro();

    printf("Digite outro numero inteiro entre 5 e 15: ");
    y = LeInteiro();

    putchar('\n');

    for ( i = 1; i <= y; i++ ) {
        for ( j = 1; j <= x; j++ ) {
            putchar(car);
        }
        putchar('\n');
    }

    return 0;
}
```

34. (a) O que é um laço de contagem? (b) Que laço de repetição é usado mais frequentemente para implementar laços de contagem?

35. O que há de errado com o seguinte trecho de programa?

```c
int i;

for (i = 1, i < 10, i++)
    printf("i = %d", i);
```

36. Suponha que i é uma variável do tipo **int**. Quantas vezes cada um dos seguintes laços de contagem será executado?

(a)
```c
for (i = 1; i < 11; ++i) {
    /* Corpo do laço */
}
```

(b)
```c
for (i = 1; i <= 10; ++i) {
    /* Corpo do laço */
}
```

(c)
```c
for (i = 0; i < 11; ++i) {
    /* Corpo do laço */
}
```

(d)
```c
for (i = 0; i <= 10; ++i) {
    /* Corpo do laço */
}
```

(e)
```c
for (i = 10; i > 0; --i) {
    /* Corpo do laço */
}
```

(f)
```c
for (i = 10; i >= 0; --i) {
    /* Corpo do laço */
}
```

(g)
```
for (i = 0; i < 11; --i) {
    /* Corpo do laço */
}
```

(h)
```
for (i = 10; i >= 0; ++i) {
    /* Corpo do laço */
}
```

37. Quantas linhas cada programa a seguir escreve?

(a)
```
#include <stdio.h>

int main(void)
{
    int i, j;

    for (i = 1; i <= 10; ++i) {
        for (j = 1; j <= 10; ++j) {
            printf("Linha %d\n", j);
        }
    }

    return 0;
}
```

(b)
```
#include <stdio.h>

int main(void)
{
    int i;

    for (i = 1; i <= 10; ++i) {
        for (i = 1; i <= 10; ++i) {
            printf("Linha %d\n", i);
        }
    }

    return 0;
}
```

38. O programa a seguir foi criado com o objetivo de construir uma tabela de conversão entre graus centígrados e Fahrenheit para os 100 primeiros valores inteiros de graus centígrados.

```
#include <stdio.h>

int main(void)
{
    int cent;

    printf("Centigrados\t\tFahrenheit\n");

    for (cent = 0; cent <= 100; ++cent);
        printf("%d\t\t\t%d\n", cent, (9*cent)/5 + 32);

    return 0;
}
```

No entanto, o programa consegue escrever apenas:

```
Centigrados         Fahrenheit
101                 213
```

Explique por que o programa não funciona conforme deveria e apresente uma maneira de corrigi-lo. [Dica: O erro apresentado por esse programa seria evitado se o programador seguisse as recomendações apresentadas na Seção 4.5.1.]

39. O que exibe na tela o seguinte programa? [Sugestão: Consulte a tabela de sequências de escape apresentada na Seção 3.5.3.]

```c
#include <stdio.h>

int main()
{
    int i;

    printf("\nFlamengo");

    for(i = 0; i < 5; i++) {
        putchar('\b');
    }
    printf("afo");
    printf("\rBot\n");

    return 0;
}
```

40. Qual é a relação entre expressões condicionais e condições de parada?

41. Enuncie as leis de De Morgan.

### Desvios Condicionais (Seção 4.6)

42. Para que serve o uso de instruções **break** no corpo de uma instrução **switch-case**?

43. Suponha que x seja uma variável do tipo **int**. Por que a chamada de **printf()** no trecho de programa a seguir é sempre executada, independentemente do valor assumido por x?

```c
if (0 < x < 10)
    printf("Valor de x: %d", x);
```

44. O trecho de programa a seguir contém um erro de programação muito comum em C. (a) Qual é esse erro? (b) Como o programador poderia precaver-se contra a ocorrência desse tipo de erro? (c) Compile este programa e verifique se o compilador utilizado emite alguma mensagem de advertência alertando o programador com relação ao referido erro.

```c
#include <stdio.h>
#include "leitura.h"

int main(void)
{
    int x;

    printf("\nDigite um numero inteiro: ");
    x = LeInteiro();

    if (x = 0) {
        printf("\nVoce digitou zero\n");
    } else {
        printf("\nVoce digitou um valor diferente de zero\n");
    }

    return 0;
}
```

45. O programa abaixo apresenta um erro de digitação (i.e., a palavra-chave **default** é escrita como *defalut*). (a) Explique por que este programa consegue ser compilado. (b) O que este programa apresenta na tela?

```c
#include<stdio.h>

int main(void)
{
    int x = 5;

    switch(x) {
        case 1:
            printf("Um");
            break;
        case 2:
            printf("Dois");
            break;
        defalut:
            printf("Outro valor");
    }

    return 0;
}
```

46. Suponha que x seja uma variável do tipo **int** cujo valor seja **5** logo antes da execução da instrução **if** abaixo. O que será exibido na tela?

```c
if (x > 0 && ++x < 10)
    printf("Valor de x: %d", x);
```

47. Suponha que x seja uma variável do tipo **int** cujo valor seja **5** logo antes da execução da instrução **if** a seguir. O que será exibido na tela?

```c
if (x > 0 || ++x < 10)
    printf("Valor de x: %d", x);
```

48. Qual é a saída do seguinte programa quando o usuário introduz: (a) Um número maior do que **50**? (b) Um número par menor do que **50**? (c) Um número ímpar menor do que **50**?

```c
#include <stdio.h>
#include "leitura.h"

int main(void)
{
    int i , numero;

    printf("\nDigite um numero inteiro positivo: ");
    numero = LeInteiro();

    if (numero > 50) {
        printf("Tchau");
        return 1;
    }

    if (!(numero%2)) {
        for (i = 1; i <= numero; ++i) {
            printf("+\n");
        }
    } else {
        for (i = 1; i < numero; ++i) {
            putchar('-');
        }
    }
    return 0;
}
```

49. O que o programa a seguir exibe na tela?

```c
#include <stdio.h>

int main(void)
{
    int linha,  /* Linha na tela  */
        coluna; /* Coluna na tela */

    putchar('\n');

    for (linha = 1; linha <= 10; ++linha) {
        for (coluna = 1; coluna <= 10; ++coluna) {
            putchar(linha%2 ? '>' : '<');
        }
        putchar('\n');
    }
    return 0;
}
```

50. Suponha que x, y e z sejam variáveis do tipo **int** devidamente iniciadas. O que há de errado com o seguinte trecho de programa?

```c
if (x) {
    printf("x = %d", x);
} else if (!x) {
    printf("y = %d", y);
} else {
    printf("z = %d", z);
}
```

51. Por que o seguinte programa acredita que zero não é zero? [Dica: Leia atentamente o programa, pois o erro que ele incorpora é de difícil visualização.]

```c
#include <stdio.h>

int main(void)
{
    int  numero;

    printf("Introduza um numero inteiro: ");

    numero = LeInteiro();

    if (numero =! 0)
        printf("O numero NAO e' zero\n");
    else
        printf("O numero e' zero\n");

    return 0;
}
```

52. Por que é recomendado o uso de uma parte **default** numa instrução **switch-case** mesmo quando essa parte não é estritamente necessária?

53. Qual é o resultado exibido na tela pelo seguinte programa?

```c
#include <stdio.h>
#include "leitura.h"

int main(void)
{
    int x, y, z;

    printf("Digite um numero inteiro: ");
    x = LeInteiro();

    printf("Digite outro numero inteiro: ");
    y = LeInteiro();

    printf("Digite outro numero inteiro: ");
    z = LeInteiro();

    if(x == y) {
        if( y == z) {
            printf("%d\n", x);
        } else {
            printf("%d %d\n", x, z);
        }
    } else if (x == z || y == z) {
        printf("%d %d\n", x, y);
    } else {
        printf("%d %d %d\n", x, y, z);
    }
    return 0;
}
```

54. Por que o programa abaixo escreve sempre a mesma mensagem: *Voce tem credito de 0*?

```c
#include <stdio.h>

int main(void)
{
    int dividaInicial, pago, debito;

    printf("Divida inicial: ");
    dividaInicial = LeInteiro();

    printf("Quanto voce pagou? ");
    pago = LeInteiro();

    debito = pago - dividaInicial;

    if (debito = 0)
        printf("Voce nao deve nada\n");
    else if (debito < 0)
        printf("Voce deve %d\n", -debito);
    else
        printf("Voce tem credito de %d\n", debito);

    return 0;
}
```

55. Por que o programa a seguir acha que qualquer número inteiro positivo é ímpar?

```c
#include <stdio.h>

int main(void)
{
    int numero;

    printf("\nDigite um numero inteiro positivo: ");
    numero = LeInteiro();

    if (numero <= 0) {
        printf("\nEu pedi um numero positivo\n");
        return 1;
    }

    if (!numero%2) {
        printf("\n%d e' par\n", numero);
    } else {
        printf("\n%d e' impar\n", numero);
    }

    return 0;
}
```

## Desvios Incondicionais (Seção 4.7)

56. (a) Compare as instruções **break** e **continue**. (b) Em quais estruturas de controle essas instruções podem ser incluídas?

57. (a) Descreva o funcionamento da instrução **goto**. (b) Por que o uso frequente de **goto** não é incentivado?

58. O que o seguinte programa exibe na tela?

```c
#include<stdio.h>
int main(void)
{
    int i = 1;

    do {
        printf("%d\n", i);
        i++;

        if(i < 10)
            continue;
    } while (0);
    return 0;
}
```

59. No seguinte fragmento de programa, suponha que não haja instrução de escrita nas instruções representadas por três pontos e que a instrução **break** seja executada. O que será exibido na tela após a execução dessa instrução?

```c
while (1) {
    for (i = 1; i < 10; i++) {
        ...
        break;
    }
    printf("Final da instrucao for");
}
printf("Final da instrucao while");
```

60. O que apresenta na tela o seguinte programa?

```c
#include <stdio.h>

int main(void)
{
   int i;

   for (i = 1; i <= 10; i++) {
      if (i%2) {
         continue;
      }
      printf("%d ", i);
   }

   return 0;
}
```

61. Usando **goto** é possível desviar o fluxo de execução para qualquer instrução de um programa?

62. Por que a sequência de instruções equivalente a uma instrução **for** apresentada na Seção 4.5.3 nem sempre é válida?

63. Supondo que o cabeçalho **<stdio.h>** é incluído em cada um dos programas a seguir, qual é o resultado apresentado na tela por cada um deles?

(a)
```c
int main(void)
{
   int x = 0, i = 0;

   while (i < 20) {
      if (i%5 == 0) {
         x = x + i;
         printf("%d\t", x);
      }

      ++i;
   }

   printf("\ni = %d\n", i);

   return 0;
}
```

(b)
```c
int main(void)
{
   int x = 0, i = 0;

   do {
      if (i%5 == 0) {
         x++;
         printf("%d\t", x);
      }

      ++i;
   } while (i < 20);

   printf("\ni = %d\n", i);

   return 0;
}
```

(c)

```c
int main(void)
{
    int x = 0, i = 0;

    for (i = 1; i < 10; i = 2*i) {
        ++x;
        printf("%d\t", x);
    }

    printf("\ni = %d\n", i);

    return 0;
}
```

(d)

```c
int main(void)
{
    int x = 0, i = 0;

    for (i = 1; i < 10; ++i) {
        if (i%2 == 1) {
            x = x + i;
        } else {
            --x;
        }

        printf("%d\t", x);
    }

    printf("\ni = %d\n", i);

    return 0;
}
```

(e)

```c
int main(void)
{
    int x = 0, i = 0;

    for (i = 1; i < 10; ++i) {
        if (i%2 == 1) {
            x = x + i;
        } else {
            --x;
        }

        printf("%d\t", x);

        break;
    }

    printf("\ni = %d\n", i);

    return 0;
}
```

(f)
```c
int main(void)
{
    int x = 0, i = 0;

    for (i = 1; i < 10; ++i) {
        if (i%2 == 1) {
            x = x + i;
            break;
        } else {
            --x;
        }

        printf("%d\t", x);
    }
    printf("\ni = %d\n", i);

    return 0;
}
```

(g)
```c
int main(void)
{
    int x = 0, i = 0, j = 0;

    for (i = 1; i < 5; ++i) {
        for (j = 0; j < i; ++j) {
            x = i + j;
            printf("%d\t", x);
        }
    }
    printf("\ni = %d, j = %d\n", i, j);
    return 0;
}
```

(h)
```c
int main(void)
{
    int x = 0, i = 0, j = 0;

    for (i = 1; i < 5; ++i) {
        for (j = 0; j < i; ++j) {
            switch (i + j) {
                case 0:
                    ++x;
                    break;
                case 1:
                    ++x;
                    break;
                case 2:
                    x = x + 2;
                    break;
                case 3:
                    --x;
                    break;
                default:
                    x = 0;
                    break;
            }
            printf("%d\t", x);
        }
    }
```

CONTINUA

```
        printf("\ni = %d, j = %d\n", i, j);
(h)
        return 0;
   }
```

64. Considere o uso de **goto** no programa a seguir. (a) Em termos de estilo, que há de errado com esse programa? (b) Reescreva esse programa sem usar **goto** e sem incluir nenhuma variável adicional.

```c
#include <stdio.h>

int main(void)
{
   int contador = 1;

   inicio:
      if (contador > 10) {
         goto fim;
      }

      printf("%d  ", contador);
      contador++;

      goto inicio;

   fim:
      putchar('\n');

   return 0;
}
```

65. Por que o seguinte programa não consegue ser compilado?

```c
#include <stdio.h>
#include "leitura.h"

int main(void)
{
   int n;

   printf("Escolha: '1' = continue; '2' = break: ");
   n = LeCaractere();

   switch(n) {
      case '1':
         printf("\nUsando continue");
         continue;
      case '2':
         printf("\nUsando break");
         break;
   }

   printf("\nTchau.");

   return 0;
}
```

**Operador Condicional (Seção 4.8)**

66. Descreva o funcionamento do operador condicional.

67. (a) Qual é a precedência relativa do operador condicional? (b) Qual é a associatividade desse operador?

68. Qual é o resultado da seguinte expressão?

```
1 <= -2 ? 1 < 0 ? 1 : 0 : 1 ? 2 : 3
```

69. Por que não é recomendado usar expressões formadas com o operador condicional como operandos desse mesmo operador? [Dica: A resposta encontra-se no item anterior.]

70. Suponha que x seja uma variável do tipo **int**. Substitua as duas chamadas da função **printf()** no trecho de programa adiante por uma única chamada dessa função. [Sugestão: Use o operador condicional.]

```
if (x > 0) {
    printf("x e' positivo");
} else {
    printf("x nao e' positivo");
}
```

## Operador Vírgula (Seção 4.9)

71. Qual é a precedência do operador vírgula?

72. (a) Em que situação o operador vírgula é tipicamente utilizado? (b) Por que o resultado desse operador normalmente é desprezado?

73. Considerando as seguintes definições de variáveis:

```
int i, x = 1, y = 2, z = 3;
```

Que valor será atribuído à variável i em cada uma das instruções a seguir?

(a) `i = (x, y);`

(b) `i = x, y;`

(c) `i = x, y, z;`

(d) `i = (x, y, z);`

74. Supondo que i e j sejam variáveis do tipo **int** e, considerando a expressão:

```
(i = 0) , (j = i--)
```

responda as seguintes questões:

(a) Que valores assumirão as variáveis i e j após a avaliação da expressão?

(b) Qual é o valor da expressão?

(c) Se o resultado da expressão não interessar, o operador vírgula pode ser substituído pelo operador de soma?

(d) Se o resultado da expressão não interessar, o operador vírgula pode ser substituído pelo operador de conjunção?

(e) Se o resultado da expressão não interessar, o operador vírgula pode ser substituído pelo operador de disjunção?

75. Quais são os operadores da linguagem C que possuem ordem de avaliação de operandos definida?

76. Suponha que soma e x sejam variáveis do tipo **int** iniciadas com 0. A instrução a seguir é portável? Explique.

```
soma = (x = 2) + ++x;
```

77. Suponha que soma e x sejam variáveis do tipo **int** iniciadas com 0. (a) A seguinte instrução é portável? (b) Que valor é atribuído à variável soma? (c) Se os parênteses dessa instrução forem removidos, que valor será atribuído à variável soma?

```
soma = (x = 2, ++x);
```

78. O que escreve na tela o seguinte programa? [Dica: Essa parece ser uma pergunta bastante boba, mas não é. Leia o programa com bastante atenção e você descobrirá que a resposta não é tão trivial.]

```
#include <stdio.h>

int main(void)
{
   double d;

   d = 2,5;
   printf("\nd = %f\n", d);

   return 0;
}
```

79. Por que o seguinte programa não pode ser compilado?

```
#include <stdio.h>

int main(void)
{
   double d = 2,5;

   printf("\nd = %f\n", d);

   return 0;
}
```

**Geração de Números Aleatórios (Seção 4.10)**

80. Por que, rigorosamente falando, números aleatórios gerados pela função **rand**() devem ser denominados *pseudoaleatórios*?

81. (a) Que números podem ser sorteados no programa abaixo? (b) Por que este programa sempre sorteia o mesmo valor a cada execução?

```
#include <stdio.h>
#include <stdlib.h>

int main(void)
{
   int sorteio;

   sorteio = rand()%10 + 1;

   printf("\nNumero sorteado: %d\n", sorteio);

   return 0;
}
```

82. Para que serve a chamada da função **srand**() no seguinte programa?

```
#include <stdio.h>
#include <stdlib.h>

int main(void)
{
   int  sorteio, semente;

   printf("\nDigite um numero inteiro: ");
   scanf("%d", &semente);

   srand(semente);
   sorteio = rand()%10 + 1;
   printf("\nNumero sorteado: %d\n", sorteio);

   return 0;
}
```

**83.** (a) Para que serve a chamada da função **time()** no programa a seguir? (b) Qual é a vantagem apresentada por este programa em relação àquele da questão anterior?

```c
#include <stdio.h>
#include <stdlib.h>
#include <time.h>

int main( void )
{
    int    sorteio;

    srand(time(NULL));

    sorteio = rand()%10 + 1;

    printf("\nNumero sorteado: %d", sorteio);

    return 0;
}
```

# 4.13 Exercícios de Programação

### 4.13.1 Fácil

EP4.1   Escreva um programa que escreve na tela cem vezes, alternadamente, cada frase a seguir:

■ *Só aprende a programar quem escreve programas*

■ *Quem não escreve programas não aprende a programar*

[Sugestões: (1) Use um laço **for** com uma variável de contagem i que varia entre 1 e 200. (2) No corpo do laço, verifique se o valor de i é par e, se for o caso, escreva uma das frases; se não for o caso, escreva a outra frase.]

EP4.2   Escreva um programa que conta de 100 a 200 de cinco em cinco e apresenta os valores resultantes da contagem, como mostra o seguinte exemplo de execução:

```
100
105
110
...
200
```

EP4.3   Escreva um programa que apresenta na tela uma tabela de quadrados de valores inteiros. O número de linhas da tabela deve ser introduzido pelo usuário.

EP4.4   Escreva um programa que lê valores reais que representam raios de círculos via teclado, calcula as áreas dos círculos respectivos e exibe os resultados. O programa deve encerrar quando for lido um raio igual a zero. [Sugestão: O algoritmo a ser seguido por esse programa é o mesmo do exercício EP2.7.]

EP4.5   Escreva um programa que usa um laço **for** para exibir na tela a soma dos números pares compreendidos entre 1 e 30. [Sugestões: (1) Use uma variável para armazenar o valor da soma e inicie-a com zero. (2) Inicie a variável de contagem do laço **for** com 2 e acrescente 2 a ela a cada passagem no corpo do laço. (3) Acrescente a variável de contagem à variável que acumula a soma. (4) Ao final do laço, apresente na tela o valor da variável que armazena a soma.]

EP4.6   Sabendo que os números pares formam uma progressão aritmética, escreva um programa que apresenta a soma dos números pares compreendidos entre 1 e 30 e que seja mais eficiente do que aquele apresentado como solução para o problema EP4.5. [Sugestão: Use a fórmula para cálculo da soma dos termos de uma progressão aritmética.]

**EP4.7** Escreva um programa que sorteia `10000` valores entre `0` e `9` e determina quantos desses valores são pares ou ímpares. [Sugestão: Estude a Seção 4.10 e o exemplo apresentado na Seção 4.11.8.]

**EP4.8** Escreva um programa que exibe na tela uma régua com duas escalas, como mostrado a seguir:

```
0         1         2         3         4         5
012345678901234567890123456789012345678901234567890
```

Sugestões: (1) Use um laço de contagem para cada escala da régua. Em cada laço a variável de contagem `i` varia entre `0` e `50`. (2) No primeiro laço, quando `i` for divisível por `10`, escreva na tela o resultado dessa divisão. Caso contrário, escreva um espaço em branco. (3) No segundo laço, escreva na tela o resto da divisão de `i` por `10`. ]

**EP4.9** Escreva um programa para gerenciamento de finanças pessoais do usuário. O programa deverá solicitar o saldo inicial do usuário e, então, pedir que ele introduza, continuamente, valores de despesas e ganhos. A entrada de dados deve encerrar quando o usuário digitar zero.

**EP4.10** Escreva um programa que solicita ao usuário para introduzir um número inteiro. Se esse número estiver entre `1` e `7`, o programa escreve na tela o dia da semana correspondente (Domingo corresponde a `1`, Segunda corresponde a `2` e assim por diante); caso contrário, o programa escreve na tela uma mensagem informando que não existe dia da semana correspondente. [Sugestão: Utilize uma instrução **switch-case** em seu programa.]

**EP4.11** Escreva um programa que solicita ao usuário para introduzir dois inteiros positivos e calcula a soma dos inteiros compreendidos entre esses dois números. O programa deve permitir que o usuário introduza primeiro o maior ou o menor valor.

**EP4.12** Escreva um programa que apresenta na tela uma tabela de conversão de Fahrenheit para Celsius como mostrado a seguir:

```
Fahrenheit      Celsius
==========      =======

      0          -17.8
     10          -12.2
     20           -6.7
     40            4.4
    ...            ...
     70           21.1
     80           26.7
```

[Sugestão: Utilize a fórmula $C = (F - 32)/1.8$, sendo $C$ a temperatura em Celsius e `F` a temperatura em Fahrenheit.]

**EP4.13** Escreva um programa que lê uma temperatura em Fahrenheit introduzida pelo usuário, converte-a em graus Celsius ($t$) e escreve o seguinte na tela:

- *Cuidado com a hipotermia*, se $-40 \leq t < -10$
- *Esta' congelante*, se $-10 \leq t < 0$
- *Esta' muito frio*, se $0 \leq t < 10$
- *Esta' frio*, se $10 \leq t < 15$
- *Esta' ameno*, se $15 \leq t < 25$
- *Esta' morno*, se $25 \leq t < 35$
- *Voce vai derreter*, se $35 \leq t < 45$
- *Voce deve estar morto*, para qualquer outro valor de $t$.

[Sugestão: Utilize a fórmula do exercício EP4.12.]

EP4.14 Escreva um programa que lê três valores reais positivos introduzidos pelo usuário e informe se eles podem ser constituir os lados de um triângulo retângulo. [Sugestão: Verifique se o maior valor introduzido constitui a hipotenusa de um triângulo retângulo usando o teorema de Pitágoras.]

EP4.15 Escreva um programa que lê via teclado uma lista de números inteiros positivos e calcula a média dos valores lidos. A leitura deve encerrar quando o usuário digitar um valor menor do que ou igual a zero.

EP4.16 Um triângulo pode ser classificado como:

  ▪ Equilátero, que possui todos os lados de tamanhos iguais.

  ▪ Isósceles, que possui, pelo menos, dois lados de tamanhos iguais.

  ▪ Escaleno, que possui três lados de tamanhos diferentes.

  Escreva um programa que lê três valores reais e verifica se eles podem constituir os lados de um triângulo. Se esse for o caso, o programa deve classificar o triângulo em equilátero, isósceles ou escaleno. Como todo triângulo equilátero também é isósceles, o programa não precisa apresentar essa informação de modo redundante. [Sugestão: Estude o exemplo apresentado na Seção 4.11.5.]

EP4.17 Escreva um programa em C que exiba na tela os dígitos de '0' a '9' e seus respectivos valores decimais. [Observação: Inevitavelmente, o resultado desse programa não é portável (v. Seção 3.3).]

EP4.18 Escreva um programa em C que receba um número inteiro como entrada e determine se o mesmo é par ou ímpar. O programa deve terminar quando um número inteiro negativo for introduzido. A saída do programa deve ser algo como: O numero introduzido e' par. [Sugestão: Estude o exemplo apresentado na Seção 4.11.2.]

EP4.19 Escreva um programa em C que solicita ao usuário que introduza uma nota de avaliação, cujo valor pode variar entre 0.0 e 10.0 e exibe o conceito referente a essa nota de acordo com a seguinte tabela:

| NOTA | CONCEITO |
|---|---|
| Entre 9.0 (inclusive) e 10.0 (inclusive) | A |
| Entre 8.0 (inclusive) e 9.0 | B |
| Entre 7.0 (inclusive) e 8.0 | C |
| Entre 6.0 (inclusive) e 7.0 | D |
| Entre 5.0 (inclusive) e 6.0 | E |
| Menor do que 5.0 | F |

O programa deve ainda apresentar mensagens de erro correspondentes a entradas fora do intervalo de valores permitido.

EP4.20 Escreva um programa em C que solicita ao usuário para introduzir uma série de valores inteiros positivos e lê esses números até que o usuário introduza o valor 0. Então, o programa deve apresentar o menor, o maior e a média dos valores introduzidos (sem levar em consideração 0). Caso o usuário introduza um número negativo, o programa deve informá-lo de que o valor não é válido e não deve levar esse valor em consideração. Exemplo de interação com o programa (**negrito** corresponde a entrada do usuário):

```
[Apresentação do programa]

Introduza uma série de números inteiros positivos
terminando a série com zero.
Introduza o próximo número: 5
Introduza o próximo número: -2
-2 não é um valor válido.
Introduza o próximo número: 1
Introduza o próximo número: 6
Introduza o próximo número: 0

Menor valor introduzido: 1
Maior valor introduzido: 6
Média dos valores introduzidos: 4.0
```

[Sugestão: Utilize parte do programa resultante da resolução do exercício EP4.15.]

EP4.21 Escreva um programa em C que solicita ao usuário para introduzir n valores inteiros, lê esses números e apresenta o menor, o maior e a média dos valores introduzidos. O valor n deve ser o primeiro dado introduzido pelo usuário. Exemplo de interação com o programa (**negrito** corresponde a entrada do usuário):

```
[Apresentação do programa]

Quantos números você irá introduzir? 3
Introduza o próximo número: 5
Introduza o próximo número: -2
Introduza o próximo número: 0

Menor valor introduzido: -2
Maior valor introduzido: 5
Média dos valores introduzidos: 1.0
```

[Sugestão: Este exercício é semelhante ao exercício EP4.20. Portanto descubra as diferenças entre os dois exercícios e utilize a solução do exercício EP4.20 como ponto de partida.]

EP4.22 Escreva um programa que lê um caractere e um número inteiro positivo. Defina uma constante simbólica, denominada CARACTERES_POR_LINHA, que representa o número de caracteres escritos numa linha. Então, o programa deve escrever na tela o caractere introduzido o número de vezes especificado pelo valor inteiro introduzido pelo usuário. A escrita deve ser tal que, quando o número de caracteres escritos numa linha atingir o valor da mencionada constante, a escrita passe para a próxima linha. [Sugestões: (1) Use LeCaractere() para ler o caractere e LeInteiro() para ler o número inteiro. (2) Teste por meio de uma instrução **if** se o número inteiro introduzido é positivo. Se não for o caso, encerre o programa. (3) Use um laço de contagem no qual a variável contadora varie entre 1 e o valor do inteiro introduzido. (4) No corpo desse laço use **putchar**() para escrever cada caractere. (5) Quando o valor da variável de contagem for divisível pela constante simbólica, escreva um caractere de quebra de linha '\n'.]

EP4.23 Escreva um programa para calcular comissões de venda de um vendedor. O percentual de comissão é 10% e a leitura de dados deve terminar quando o usuário digitar um número negativo como valor de uma venda. Antes de encerrar, o programa deve informar o usuário quais foram os totais de vendas e de comissões. A seguir, um exemplo de execução do programa:

```
Valor da venda (R$): 250
==> Comissao: R$25.00

Valor da venda (R$): 55
==> Comissao: R$5.50

Valor da venda (R$): 320
==> Comissao: R$32.00

Valor da venda (R$): -1

Total de vendas: R$625.00
Total de comissoes: R$62.50
```

[Sugestões: (1) Defina uma constante simbólica que represente o valor da comissão de vendas. (2) Defina as seguintes variáveis do tipo **double**: venda, comissao, totalVendas e totalComissoes. (3) Inicie essas duas últimas variáveis com 0.0. (4) Use um laço **while** infinito e, no corpo desse laço, leia o valor de cada venda. (5) Se o usuário introduzir um valor de venda negativo, encerre o laço. Caso contrário, calcule o valor da comissão e a apresente o resultado na tela. Atualize também os valores das variáveis totalVendas e totalComissoes.]

EP4.24 Preâmbulo: O Índice de Massa Corpórea (IMC) de uma pessoa é um valor usado para determinar se ela se encontra em seu peso ideal ou abaixo ou acima desse. Para calcular o IMC de um indivíduo, divide-se seu peso em quilogramas pelo quadrado de sua altura em metros. Após o IMC de um indivíduo ter sido calculado, seu valor deve ser comparado com os valores da tabela abaixo para que se possa determinar em que condição física o indivíduo se encontra.

| IMC (KG/M²) | SITUAÇÃO |
|---|---|
| Abaixo de 18.5 | Você está abaixo do peso ideal |
| Entre 18.5 e 24.9 | Parabéns, você está em seu peso ideal |
| Entre 25.0 e 29.9 | Você está acima de seu peso |
| Entre 30.0 e 34.9 | Obesidade grau 1 |
| Entre 35.0 e 39.9 | Obesidade grau 2 |
| Acima de 40.0 | Obesidade grau 3 |

Problema: Escreva um programa que lê o peso e a altura de uma pessoa, calcula seu IMC e apresenta sua situação de acordo com a tabela acima. [Dica: Este problema é semelhante àquele do exercício EP4.13.]

EP4.25 Escreva um programa que lê dois valores inteiros e informa se um deles é múltiplo do outro. [Sugestões: (1) Defina três variáveis inteiras no seu programa denominadas: maior, menor e aux. (2) Leia o primeiro valor e atribua-o à variável maior. (3) Leia o segundo valor e atribua-o à variável menor. (4) Se o valor da variável menor for maior do que o valor da variável maior, use a variável aux para trocar os valores das variáveis maior e menor. (5) Verifique se a variável menor divide a variável maior.]

EP4.26 Escreva um programa que cria a seguinte tabela de equivalência entre polegadas e centímetros, sabendo que *1 pol* corresponde a *2.54 cm*. [Sugestão: Use os especificadores **%2d** e **%8.2f** com **printf**() para exibir na tela os valores em polegadas e centímetros, respectivamente.]

```
Polegadas          Centimetros
=========          ==========

    1                  2.54
    2                  5.08
   ...                 ...
    9                 22.86
   10                 25.40
```

### 4.13.2 Moderado

EP4.27   **Preâmbulo**: Dados dois números inteiros positivos **m** e **n**, com **m > n**, uma **tripla pitagórica** consiste em três números inteiros positivos **a**, **b** e **c** que satisfazem as seguintes fórmulas:

- $a = m^2 - n^2$
- $b = 2mn$
- $c = m^2 + n^2$

**Problema**: Escreva um programa que apresenta as triplas de Pitágoras resultantes quando os valores de **m** e **n** variam entre **1** e **5**. O resultado do programa deverá ser o seguinte:

```
        >>> Triplas Pitagoricas <<<

a =  3, b =  4, c =  5 (m = 2, n = 1)
a =  8, b =  6, c = 10 (m = 3, n = 1)
a =  5, b = 12, c = 13 (m = 3, n = 2)
a = 15, b =  8, c = 17 (m = 4, n = 1)
a = 12, b = 16, c = 20 (m - 4, n = 2)
a =  7, b = 24, c = 25 (m = 4, n = 3)
a = 24, b = 10, c = 26 (m = 5, n = 1)
a = 21, b = 20, c = 29 (m = 5, n = 2)
a = 16, b = 30, c = 34 (m = 5, n = 3)
a =  9, b = 40, c = 41 (m = 5, n = 4)
```

[**Sugestões**: (1) Use um laço **for** aninhado em outro laço **for**. Use **m** como variável de contagem de um laço e **n** como variável de contagem do outro laço. (2) No corpo do laço **for** interno, quando **m > n**, calcule os valores de **a**, **b** e **c** e exiba os resultados.]

EP4.28   Escreva um programa que verifica se uma sequência de **n** valores inteiros introduzidos via teclado constitui uma progressão aritmética. Se esse for o caso, o programa deve apresentar a razão e a soma dos termos da progressão aritmética. [**Sugestão**: Verifique se a diferença entre cada número introduzido e seu antecessor é constante. Se for o caso, trata-se de uma PA e a razão é exatamente essa diferença.]

EP4.29   Escreva um programa em C que brinque de adivinhar números com o usuário. O jogo consiste em gerar um número aleatório entre **1** e **100** e solicitar ao usuário que tente adivinhar o número gerado. Cada partida termina quando o usuário acerta o número, faz o máximo de cinco tentativas ou introduz um número negativo. Números não negativos fora do intervalo de **1** a **100** não devem ser levados em consideração. Ao final de cada partida, informe o usuário se ele acertou o número gerado ou qual era esse número. Permita que o usuário jogue quantas partidas ele desejar e, antes de encerrar o programa, informe ao usuário quantas partidas foram jogadas e quantas vezes ele acertou o número. Exemplo de interação do programa:

```
Vou pensar num numero entre 1 e 100.
Tente adivinhar este numero em no máximo 5 tentativas.
Se você digitar um numero negativo, desistirá da partida.

*** Nova partida ***

Apresente seu chute entre 1 e 100: 5
Infelizmente voce errou.
Apresente seu chute entre 1 e 100: 16
Infelizmente voce errou.
Apresente seu chute entre 1 e 100: 41
Infelizmente voce errou.
Apresente seu chute entre 1 e 100: 6
Infelizmente voce errou.
Apresente seu chute entre 1 e 100: 3
Partida encerrada. Parabéns!!! Voce acertou!!!
Deseja jogar uma nova partida? s

*** Nova partida ***

Apresente seu chute entre 1 e 100: 12
Infelizmente voce errou.
Apresente seu chute entre 1 e 100: 0
Numero invalido!!! O numero deve estar entre 1 e 100.
Apresente seu chute entre 1 e 100: 21
...
Partida encerrada. Infelizmente, voce não acertou. Meu numero era 36.
Deseja jogar uma nova partida ('n' ou 'N' encerra o jogo)? n

*** Resumo do jogo ***

*** Numero de partidas jogadas: 2
*** Numero de vezes que você acertou: 1

Obrigado por ter jogado comigo. Digite qualquer tecla para
sair do programa.
```

[**Sugestões**: (1) Para saber como gerar os números aleatórios dentro do requerido intervalo, estude a Seção 4.10. (2) É muito trabalhoso testar esse programa com números no intervalo entre 1 e 100, porque a probabilidade de acerto é muito pequena. Portanto teste seu programa com números entre 1 e 5 e, após estar satisfeito com os resultados, retorne aos valores originais.]

# CAPÍTULO 5

# SUBPROGRAMAS

Após estudar este capítulo, você deverá ser capaz de:

➤ Definir e usar a seguinte terminologia referente à linguagem C:

| | | |
|---|---|---|
| ☐ Ponteiro | ☐ Chamada de função | ☐ Duração de variável |
| ☐ Ponteiro nulo | ☐ Parâmetro de entrada | ☐ Duração fixa |
| ☐ Operador de endereço | ☐ Parâmetro de saída | ☐ Duração automática |
| ☐ Operador de indireção | ☐ Parâmetro de E/S | ☐ Escopo de bloco |
| ☐ Subprograma | ☐ Parâmetros real e formal | ☐ Escopo de função |
| ☐ Função | ☐ Passagem de parâmetro | ☐ Escopo de arquivo |
| ☐ Cabeçalho de função | ☐ Alusão de função | ☐ Escopo de identificador |
| ☐ Corpo de função | ☐ Protótipo de função | ☐ Escopo de programa |
| ☐ Modo de parâmetro | ☐ Retorno de função | ☐ Ocultação de identificador |

➤ Descrever como são usados os símbolos **\*** e **&** em C

➤ Explicar a relação existente entre a abordagem dividir e conquistar e o uso de subprogramas

➤ Esclarecer as situações nas quais o uso de subprogramas é recomendável num programa

➤ Relatar o papel desempenhado por parâmetros numa função

➤ Enumerar vantagens decorrentes do uso de funções num programa em C

➤ Descrever e usar as seguintes palavras-chave da linguagem C:

☐ **void**      ☐ **return**      ☐ **extern**      ☐ **auto**

➤ Definir um ponteiro e usá-lo para acessar o conteúdo de uma variável

➤ Especificar e implementar uma função em C

➤ Discutir como a duração de uma variável afeta seu valor

➤ Explicitar as situações em que um parâmetro formal deve ser declarado como ponteiro

➤ Explicar as regra de casamento entre parâmetros numa chamada de função

➤ Discorrer sobre como ocorre a iniciação de uma variável de acordo com sua duração

➤ Expor interação dirigida por menus

**OBJETIVOS**

# 5.1 Introdução

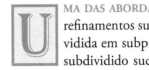 MA DAS ABORDAGENS mais utilizadas na construção de programas de pequeno porte é o método de refinamentos sucessivos (v. Seção 2.2). Utilizando essa abordagem, a descrição de um problema é dividida em subproblemas menos complexos do que o problema original. Então, cada subproblema é subdividido sucessivamente em outros subproblemas cada vez menos complexos até que cada um deles seja resolvido por operações elementares da linguagem de programação utilizada ou existam funções de biblioteca que realizem a tarefa.

Em C, função é o nome genérico dado a subprograma, rotina ou procedimento em outras linguagens de programação. Mais precisamente, uma função consiste num conjunto de instruções e declarações que executam *uma tarefa específica*, usualmente, mais complexa do que qualquer operação elementar da linguagem C.

Este capítulo visa explorar definições e usos de funções. O capítulo começa introduzindo os conceitos de endereços e ponteiros. Esses conceitos são essenciais para entender como se pode simular passagem de parâmetros por referência em C, que, a rigor, possui apenas passagem de parâmetros por valor. Para um bom acompanhamento deste capítulo, é importante que a seção sobre endereços e ponteiros seja bem compreendida. Portanto leia e releia essa seção e convença-se de que realmente entendeu todos os conceitos e exemplos contidos nela antes de estudar os demais assuntos. Este capítulo apresenta ainda dois tópicos essenciais para a construção de programas interativos amigáveis ao usuário: leitura e validação de dados e interação dirigida por menus.

# 5.2 Endereços e Ponteiros

### 5.2.1 Endereços

Qualquer variável definida num programa em C possui um endereço que indica o local onde ela encontra-se armazenada em memória. Frequentemente, é necessário utilizar o endereço de uma variável num programa, em vez de seu próprio conteúdo, como será visto mais adiante neste capítulo.

O endereço de uma variável pode ser determinado por meio do uso do operador de endereço, representado por **&**. Suponha, por exemplo, a existência da seguinte definição de variável:

```
int  x;
```

então, a expressão:

```
&x
```

resulta no endereço atribuído à variável x quando ela é alocada.

### 5.2.2 Ponteiros

Ponteiro é uma variável capaz de conter um endereço em memória. Um ponteiro que contém um endereço em memória válido é dito *apontar* para tal endereço. Um ponteiro pode apontar para uma variável de qualquer tipo (p. ex., **int**, **double** ou outro tipo mais complexo) e ponteiros que apontam para variáveis de tipos diferentes são também considerados de tipos diferentes. Assim, para definir um ponteiro é preciso especificar o tipo de variável para a qual ele pode apontar.

Uma definição de ponteiro em C tem o seguinte formato:

> *tipo-apontado \*variável-do-tipo-ponteiro;*

Por exemplo,

```
int  *ponteiroParaInteiro;
```

define a variável **ponteiroParaInteiro** como um ponteiro capaz de apontar para qualquer variável do tipo **int**. Nesse exemplo, diz-se que o tipo da variável **ponteiroParaInteiro** é ponteiro para **int** ou, equivalentemente, que seu tipo é **int** *. Em geral, se uma variável é definida como:

```
umTipoQualquer * ptr;
```

seu tipo é **umTipoQualquer** * ou ponteiro para **umTipoQualquer**.

O asterisco que acompanha a definição de qualquer ponteiro é denominado definidor de ponteiro e a posição exata dele entre o tipo apontado e o nome do ponteiro é irrelevante. Isto é, aparentemente, a maioria dos programadores de C prefere definir um ponteiro assim:

```
int  *ponteiroParaInteiro;
```

enquanto outros preferem declarar assim:

```
int* ponteiroParaInteiro;
```

ou assim:

```
int * ponteiroParaInteiro;
```

Em suma, nenhum dos três formatos acima apresenta vantagens em relação ao outro. É apenas questão de gosto pessoal do programador. Mas, é importante salientar que se mais de um ponteiro de um mesmo tipo estiver sendo definido de forma abreviada, deve haver um asterisco para cada ponteiro. Por exemplo, na definição de variáveis:

```
int * ponteiroParaInteiro1, ponteiroParaInteiro2;
```

apesar de o nome da segunda variável demonstrar a intenção do programador, essa variável não será um ponteiro. Isto é, o definidor de ponteiro * aplica-se apenas à primeira variável. Portanto o correto nesse caso seria definir os dois ponteiros como:

```
int *ponteiroParaInteiro1, *ponteiroParaInteiro2;
```

Ponteiros podem ser iniciados da mesma forma que outros tipos de variáveis. Por exemplo, a segunda definição a seguir:

```
int   meuInteiro = 5;
int   *ponteiroParaInteiro = &meuInteiro;
```

define a variável **ponteiroParaInteiro** como um ponteiro para **int** e inicia seu valor com o endereço da variável **meuInteiro**. No caso de iniciação de um ponteiro com o endereço de uma variável, como no último exemplo, a variável deve já ter sido declarada. Por exemplo, inverter a ordem das declarações do exemplo anterior acarreta em erro de compilação.

Esquematicamente, as duas variáveis do último exemplo apareceriam em memória como na Figura 5–1.

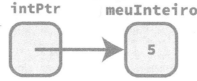

FIGURA 5–1: REPRESENTAÇÃO ESQUEMÁTICA DE PONTEIRO 1

Ao contrário do que ocorre com os tipos aritméticos (v. Seção 3.10.1), as regras para compatibilidade entre ponteiros são rígidas:

- ❑ Dois ponteiros só são compatíveis se eles forem exatamente do mesmo tipo. Por exemplo, dadas as seguintes definições de variáveis:

```
int    *ptrInt1, *ptrInt2;
double *ptrDouble;
```

  os ponteiros **ptrInt1** e **ptrInt2** são compatíveis entre si (i.e., as atribuições **ptrInt1 = ptrInt2** e **ptrInt2 = ptrInt1** são permitidas), mas o ponteiro **ptrDouble** não é compatível nem com **ptrInt1** nem com **ptrInt2**.

- ❑ Um ponteiro só é compatível com o endereço de uma variável se a variável for do tipo para o qual o ponteiro aponta. Considere, por exemplo, as seguintes definições de variáveis:

```
int    umInt;
int    *ptrInt;
double *ptrDouble;
```

  ao ponteiro **ptrInt** pode-se atribuir o endereço da variável **umInt**, mas não se pode atribuir esse endereço ao ponteiro **ptrDouble**.

Infelizmente, apesar de a desobediência a essas regras quase sempre causar graves problemas, alguns compiladores de C apenas emitem mensagens de advertência quando é o caso.

### 5.2.3 Indireção de Ponteiros

A importância de ponteiros em programação reside no fato de eles permitirem acesso ao conteúdo das variáveis para as quais eles apontam. O acesso ao conteúdo do espaço em memória apontado por um ponteiro é efetuado por meio de uma operação de indireção. Isto é, a indireção de um ponteiro resulta no valor contido no espaço em memória para onde o ponteiro aponta. Para acessar esse valor, precede-se o ponteiro com o **operador de indireção**, representado por **\***. Por exemplo, dadas as seguintes definições:

```
double umDouble = 3.6;
double *ptrDouble = &umDouble;
```

o valor de **\*ptrDouble** é **3.6**, enquanto o valor de **ptrDouble** é o endereço associado à variável **umDouble** quando ela é alocada. Nesse mesmo exemplo, o valor de **\*ptrDouble** nesse ponto do programa será sempre **3.6**, mas o valor de **ptrDouble** (sem indireção) poderá variar entre uma execução e outra do programa. Esquematicamente, a relação entre as duas variáveis do exemplo pode ser representada como na Figura 5–2.

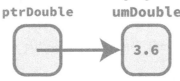

FIGURA 5–2: REPRESENTAÇÃO ESQUEMÁTICA DE PONTEIRO 2

Neste ponto, não é mais novidade que o nome de uma variável representa seu conteúdo. Por exemplo, se **x** é uma variável, na expressão **x + 2**, é o conteúdo de **x** que é somado a **2**; na expressão **x = 5**, é o conteúdo de **x** que recebe o valor **5**; e assim por diante. O acesso ao conteúdo de uma variável usando seu nome é denominado **acesso direto**. Até o início da presente seção, esse era o único tipo de acesso que havia sido explorado.

Agora, surge um novo meio de acesso ao conteúdo de uma variável; i.e., por meio da aplicação do operador de indireção sobre um ponteiro que aponta para a variável. Esse novo tipo de acesso é denominado acesso

**indireto** porque ele requer dois passos: (1) acesso ao conteúdo do ponteiro para determinar o endereço da variável apontada e (2) de posse do endereço dessa variável, acesso ao seu conteúdo. A denominação *operador de indireção* é derivada do fato de o operador que usa esse nome permitir acesso indireto.

Os operadores de indireção * e de endereço **&** fazem parte do mesmo grupo de precedência em que estão todos os outros operadores unários de C. A precedência desses operadores é a segunda mais alta dentre todos os operadores da linguagem C e a associatividade deles é à direita.

O operando do operador de endereço deve ser uma variável e o operando do operador de indireção deve ser um endereço constante ou um ponteiro. Esses operadores compartilham a seguinte propriedade, que é válida para qualquer variável **x**:

> ***&x é equivalente a* x**

Pode-se alterar o conteúdo de uma variável apontada por um ponteiro utilizando o operador de indireção em conjunto com qualquer operador com efeito colateral. Por exemplo, considerando as definições:

```
double  umDouble = 3.6;
double *ptrDouble = &umDouble;
```

a instrução:

```
*ptrDouble = 1.6; /* Altera INDIRETAMENTE o conteúdo de umDouble */
```

atribuiria o valor **1.6** ao conteúdo da posição de memória apontada por **ptrDouble**. É interessante notar que essa última operação equivale a modificar o valor da variável **umDouble** sem fazer referência direta a ela. Isto é, a última instrução é equivalente a:

```
umDouble = 1.6; /* Altera DIRETAMENTE o conteúdo de umDouble */
```

As duas últimas instruções são funcionalmente equivalentes, mas a segunda é mais eficiente pois o acesso ao conteúdo da variável é feito diretamente.

O fato de C utilizar o mesmo símbolo * para definição e indireção de ponteiros pode causar alguma confusão para o programador iniciante. Por exemplo, você pode ficar intrigado com o fato de, na iniciação:

```
double  *ptrDouble = &umDouble;
```

**\*ptrDouble** receber o valor de um endereço, enquanto, na instrução:

```
*ptrDouble = 1.6;
```

**\*ptrDouble** recebe um valor do tipo **double**. Essa interpretação é errônea, entretanto, pois o asterisco na declaração de **ptrDouble** *não* representa o operador de indireção. Quer dizer, na iniciação, o endereço é atribuído ao ponteiro **ptrDouble** e não à expressão **\*ptrDouble**. Apenas na instrução de atribuição acima, o operador de indireção é utilizado.

A essa altura, você deve apresentar a seguinte dúvida: *se é possível acessar o conteúdo de uma variável diretamente usando seu próprio nome, em que situação um ponteiro é necessário para efetuar esse acesso, se assim é mais ineficiente?*. Se, neste instante, você apresenta essa dúvida, saiba que ela é legítima, pois, na realidade, ponteiros não são utilizados conforme exposto nesta seção. Isto é, a exposição apresentada aqui é única e exclusivamente didática. Na prática, ponteiros são usados quando se tem um espaço em memória associado a uma variável, mas não se tem acesso ao nome dela (v. Seção 5.5.3) ou quando se tem um espaço em memória que não está associado a nenhum nome de variável. Nesse último caso, o espaço em memória é denominado variável anônima e esse assunto será discutido no Capítulo 12.

### 5.2.4 Ponteiro Nulo

Um **ponteiro nulo** é um ponteiro que não aponta para nenhum endereço válido e, mais importante, esse fato é reconhecido por qualquer sistema hospedeiro. Um ponteiro torna-se nulo quando lhe é atribuído o valor inteiro 0. Por exemplo,

```
int *ptr;
ptr = 0;  /* Torna p um ponteiro nulo */
```

Qualquer tentativa de acesso ao conteúdo apontado por um ponteiro nulo causa aborto de programa em qualquer hospedeiro no qual ele esteja sendo executado. Em outras palavras, a aplicação do operador de indireção a um ponteiro nulo é reconhecida como irregular por qualquer sistema operacional e causa um erro de execução (i.e., o programa é encerrado abruptamente). Considere, por exemplo, o seguinte programa:

```
#include <stdio.h> /* Entrada e Saída */

int main(void)
{
   int *ptr;

   ptr = 0;  /* Torna p um ponteiro nulo */

   printf("\n*ptr = %d\n", *ptr);

   return 0;
}
```

Se você compilar e tentar executar esse programa, observará que ele é abortado.

A seguinte definição de constante simbólica torna expressões de atribuição e comparação envolvendo ponteiros nulos mais legíveis:

```
#define NULL  0
```

Na realidade, você não precisa definir essa constante, pois ela é definida em vários cabeçalhos da biblioteca padrão de C, notadamente em **<stdio.h>**, **<string.h>** e **<stdlib.h>**. Portanto, para utilizá-la, você pode incluir em seu programa qualquer um desses cabeçalhos por meio da diretiva **#include**.

É importante salientar que, neste contexto, zero é um valor simbólico. Isto é, quando se atribui zero a um ponteiro, ele não recebe um endereço com esse valor, mas sim um valor que depende de implementação.

Parece estranho à primeira vista que o programador atribua um valor a um ponteiro que causará o aborto do programa. Acontece que, quando um ponteiro assume um valor inválido que não seja nulo e se tenta acidentalmente acessar o conteúdo apontado, as consequências podem ser desastrosas e o erro é muito mais difícil de detectar, pois o sistema operacional nem sempre é capaz de apontar a invalidade do ponteiro. Assim, na prática, enquanto um ponteiro é nulo, esse fato indica que não existe nenhum valor válido para lhe ser atribuído.

## 5.3 Funções

Conforme foi antecipado no início deste capítulo, em C, função é um subprograma que consiste num conjunto de instruções e declarações que executam *uma tarefa específica*. Uma função que executa tarefas múltiplas e distintas não é normalmente uma função bem projetada. Também, mesmo que realize um único objetivo, se uma função é tão complexa que seu entendimento se torna difícil, ela deve ser subdividida em funções menores e mais fáceis de ser entendidas.

Uma função pode ainda ser vista como uma abreviação para um conjunto de instruções. Se esse conjunto de instruções aparece mais de uma vez num programa, ele precisa ser definido apenas uma vez dentro do programa, mas pode ser invocado nos vários pontos do programa em que sejam necessárias. Outros benefícios obtidos com o uso de funções num programa são:

❑ **Facilidade de manutenção.** Quando uma sequência de instruções que aparece repetidamente num programa é confinada em uma função, sua modificação, quando necessária, precisa ser efetuada apenas num único local.

❑ **Melhora de legibilidade.** Mesmo que uma sequência de instruções ocorra apenas uma vez num programa, às vezes, é preferível mantê-la confinada numa função, substituindo sua ocorrência por uma chamada da função. Desse modo, além de melhorar a legibilidade do programa, pode-se ter uma visão geral do programa no nível de detalhes desejado.

Funções podem aparecer de três maneiras diferentes num programa:

[1] Em forma de **definição**, que especifica aquilo que a função realiza, bem como os dados (**parâmetros**) que ela utiliza e produz como resultado.

[2] Em forma de **chamadas**, que causam a execução da função.

[3] Em forma de **alusões**, que contêm parte da definição da função e servem para informar o compilador que a função aludida é definida num local desconhecido por ele (frequentemente, num outro arquivo).

# 5.4 Definições de Funções

Uma **definição** de função representa a implementação da função e é dividida em duas partes:

[1] **Cabeçalho** que informa o nome da função, qual é o tipo do valor que ela produz e quais são os dados de entrada e saída (parâmetros) que ela manipula.

[2] **Corpo da função** que processa os parâmetros de entrada para produzir os resultados desejados.

### 5.4.1 Cabeçalho

O cabeçalho de uma função informa o tipo do **valor retornado** pela função, seu **nome** e quais são os **parâmetros** que ela utiliza.

O formato de cabeçalho de uma função é:

> *tipo-de-retorno nome-da-função(declarações-de-parâmetros)*

A propósito, existe outro formato de cabeçalho de função, mas ele é obsoleto e não será abordado neste livro.

*Tipo de Retorno de uma Função*

O valor retornado por uma função corresponde ao que ela produz como resultado de seu processamento e que pode ser usado numa expressão. Considere, por exemplo, o programa a seguir:

```
#include <stdio.h>    /* printf()    */
#include "leitura.h" /* LeInteiro() */

int SomaAteN(int n)
{
   int i, soma = 0;

   for (i = 1; i <= n; ++i) {
      soma = soma + i;
   }

   return soma;
}
```

```
int main(void)
{
    int umInteiro, aSoma;

    printf("\nDigite um numero inteiro: ");
    umInteiro = LeInteiro();

    aSoma = SomaAteN(umInteiro);

    printf( "\nSoma de 1 ate' %d: %d\n", umInteiro, aSoma );

    return 0;
}
```

Nesse programa, o resultado da chamada da função **SomaAteN()** é atribuído à variável **aSoma** na expressão:

```
aSoma = SomaAteN(umInteiro);
```

Mas nem toda função retorna um valor que possa ser usado como operando numa expressão. Quando se deseja que uma função não retorne nenhum valor, utiliza-se o tipo primitivo void como tipo de retorno. Quando o tipo de retorno de uma função é void, uma chamada dela não pode fazer parte de uma expressão (incluindo atribuição). Isto é, uma função com tipo de retorno void só pode ser chamada isoladamente numa instrução. Por exemplo, considere o programa abaixo:

```
#include <stdio.h> /* printf() */

void ApresentaMenu(void)
{
    printf( "\nAs opcoes deste programa sao:\n\n"
            "\tOpcao 1\n"
            "\tOpcao 2\n"
            "\tOpcao 3\n"
            "\tOpcao 4\n"
          );
}

int main(void)
{
    ApresentaMenu();

    return 0;
}
```

Nesse programa, a chamada da função **ApresentaMenu()** aparece sozinha numa linha de instrução. Seria ilegal, por exemplo, incluí-la numa expressão, como: **2*ApresentaMenu()**.

Em padrões de C anteriores a C99, não era obrigatório incluir numa definição de função seu tipo de retorno e, quando esse não era incluído, o tipo assumido pelo compilador era **int**. A partir do padrão C99, tornou-se obrigatório a indicação do tipo de retorno de qualquer função. Portanto, para evitar problemas, siga sempre o conselho:

| **Recomendação** | *Nunca omita o tipo de retorno de uma função.* |
| --- | --- |

### Parâmetros de uma Função

Um **parâmetro** é semelhante a uma variável, pois ambos possuem nomes e são associados a espaços em memória. Além disso, uma **declaração de parâmetros** no cabeçalho de uma função é similar a um conjunto de definições de variáveis, mas iniciações ou abreviações não são permitidas numa declaração de parâmetros. Por exemplo, os seguintes cabeçalhos seriam considerados ilegais:

```
int F(int x = 5) /* Iniciação não é permitida */
void G(double x, y) /* Abreviação não é permitida */
```

Nesse último caso, o correto seria declarar os parâmetros como:

```
void G(double x, double y)
```

Quando a função não possui parâmetros, pode-se deixar vazio o espaço entre parênteses ou preencher esse espaço com a palavra-chave **void**. Essa segunda opção é mais recomendada, pois torna a declaração mais legível e facilita a escrita de alusões à função (v. Seção 5.6).

Nomes de parâmetros devem seguir as mesmas recomendações de estilo apresentadas na Seção 3.8 para nomes de variáveis.

### Nome de uma Função

Um nome de uma função é um identificador como outro qualquer (v. Seção 3.2), mas, em termos de estilo de programação, é recomendado que a escolha do nome de uma função siga as seguintes normas:

- ❑ **O nome de uma função deve refletir aquilo que a função faz ou produz.** Funções que retornam um valor devem ser denominadas pelo nome do valor retornado. Por exemplo, uma função que calcula o fatorial de um número deve ser denominada apenas como *Fatorial* (e não, por exemplo, *CalculaFatorial* ou, pior, *RetornaFatorial*). Por outro lado, o nome de uma função que não retorna nada (i.e., cujo tipo de retorno é **void**) deve indicar o tipo de processamento que a função efetua. Por exemplo, uma função que ordena uma lista de nomes pode ser denominada de forma sucinta como *OrdenaNomes* ou, se for necessário ser mais prolixo, *OrdenaListaDeNomes*. Também, funções que retornam um dentre dois valores possíveis (p. ex., *sim/não* ou *verdadeiro/falso*) podem ser nomeadas começando com *Eh* [representando *é* — p. ex., *EhValido()*] ou *Sao* [representando *são* — p. ex., *SaoIguais()*].

- ❑ **Cada palavra constituinte do nome de uma função deve começar por letra maiúscula e ser seguida por letras minúsculas.** Procedendo assim, não é necessário usar subtraços para separar as palavras. O uso de convenções diferentes para denominar diferentes componentes de um programa facilita a rápida identificação visual de cada componente, conforme já foi indicado antes.

### 5.4.2 Corpo de Função

O corpo de uma função contém declarações e instruções necessárias para implementar a função. O corpo de uma função deve ser envolvido por chaves, mesmo quando ele contém apenas uma instrução. Por exemplo:

```
int ValorAbsoluto(int x)
{
    return x < 0 ? -x : x;
}
```

A função **ValorAbsoluto()** contém apenas uma instrução, mas, mesmo assim, seu corpo deve estar entre chaves.

Em termos de estilo de programação, é recomendado usar endentação para ressaltar que uma instrução ou declaração faz parte de uma função. Por exemplo, a endentação da instrução **return** em relação ao cabeçalho da função **ValorAbsoluto()** deixa claro que essa instrução pertence à referida função.

Além de instruções, o corpo de uma função pode conter diversos tipos de declarações e definições, mas o mais comum é que ele contenha apenas definições de variáveis. Essas variáveis auxiliam o processamento efetuado pela função e não são reconhecidas fora do corpo da função (v. Seção 5.10). Considere, por exemplo, o seguinte programa:

```c
#include <stdio.h> /* printf() */

int Fatorial(int n)
{
   int i, produto = 1;

   if (n < 0) {
      return 0;
   }

   for (i = 2; i <= n; ++i) {
      produto = produto * i;
   }

   return produto;
}
int main(void)
{
    /* ERRO: A variável 'produto' não é válida aqui */
   printf("produto = %d\n", produto);

   printf("O fatorial de 5 e' %d\n", Fatorial(5));

   return 0;
}
```

Esse programa não consegue ser compilado porque a variável **produto** é utilizada na instrução **produto = 0** no corpo da função **main()**. Como essa variável foi definida no corpo da função `Fatorial()`, ela não poderia ser referenciada fora dele.

Em C, funções não podem ser aninhadas (como em Pascal, por exemplo). Isto é, uma função não pode ser definida dentro do corpo de outra função.

O corpo de uma função pode ser vazio, mas isso só faz sentido durante a fase de desenvolvimento de um programa. Ou seja, o corpo de uma função pode permanecer vazio durante algum tempo de desenvolvimento de um programa, quando se deseja adiar a implementação da função. Nessa situação, o corpo deverá ser preenchido oportunamente com a implementação completa da função. Para evitar confusão ou esquecimento, é sempre bom indicar, por meio de comentários, quando o corpo de uma função é intencionalmente vazio. Por exemplo:

```c
int UmaFuncao(int i)
{
   /* Corpo vazio a ser preenchido posteriormente */
}
```

### 5.4.3 Instrução return

A execução de uma instrução **return** encerra imediatamente a execução de uma função e seu uso depende do fato de a função ter tipo de retorno **void** ou não.

*Funções com Tipo de Retorno void*

Uma função com tipo de retorno **void** não precisa ter em seu corpo nenhuma instrução **return**. Quando uma função não possui instrução **return**, seu encerramento se dá, naturalmente, após a execução da última instrução no corpo da função. Mas, uma função com tipo de retorno **void** pode ter em seu corpo uma ou mais instruções **return** e isso ocorre quando a função precisa ter mais de uma opção de encerramento. Nesse caso, a função será encerrada quando uma instrução **return** for executada ou quando o final da função for atingido; i.e., a primeira alternativa de término que vier a ocorrer encerra a função.

Funções com tipo de retorno **void** não podem retornar nenhum valor. Isto é, numa função desse tipo, uma instrução **return** não pode vir acompanhada de nenhum valor. Ou seja, uma função com tipo de retorno **void** só pode usar uma instrução **return** como:

> **return;**

### Funções com Tipo de Retorno Diferente de void

Toda função cujo tipo de retorno não é **void** *deve* ter em seu corpo pelo menos uma instrução **return** que retorne um valor compatível com o tipo definido no cabeçalho da função (v. Seção 5.4.1). Para retornar um valor, utiliza-se uma instrução **return** seguida do valor que se deseja que seja o resultado da invocação da função. Esse valor pode ser representado por uma constante, variável ou expressão. Portanto a sintaxe mais geral de uma instrução **return** é:

> **return** *expressão*;

O efeito da execução de uma instrução **return** no corpo de uma função é causar o final da execução da função com o consequente retorno, para o local onde a função foi chamada, do valor resultante da expressão que acompanha **return**.

Pode haver mais de uma instrução **return** no corpo de uma função, mas isso não quer dizer que mais de um valor pode ser retornado a cada execução da função. Quando uma função possui mais de uma instrução **return**, cada uma delas acompanhada de uma expressão diferente, valores diferentes poderão ser retornados em chamadas diferentes da função, dependendo dos valores dos parâmetros recebidos por ela. A primeira instrução **return** executada causará o término da execução da função e o retorno do respectivo valor associado a essa instrução. Como exemplo, considere a seguinte função:

```
int Fatorial(int n)
{
    int i, produto = 1;

    if (n < 0) {
        return 0;
    }

    for (i = 2; i <= n; ++i) {
        produto = produto * i;
    }

    return produto;
}
```

Nesse exemplo, a função retornará 0 quando o valor de seu parâmetro for negativo; caso contrário, ela retornará o fatorial dele. O fato de essa função retornar zero quando o parâmetro recebido é negativo não significa que o programador acredita que o fatorial de um número negativo seja zero. De fato, chamar essa função com um número negativo constitui uma condição de exceção (v. Seção 1.3). Ou seja, a chamada da função com um valor para o qual não existe fatorial transgride um pressuposto da função e o tratamento adequado seria abortar o programa para que o programador tentasse descobrir por que ela fora chamada indevidamente. Mas, lidar adequadamente com esse tratamento de exceção está além do escopo deste livro.

Toda função com tipo de retorno diferente de **void** deve retornar um valor compatível com o tipo de retorno declarado em seu cabeçalho. Quando o tipo de retorno declarado no cabeçalho da função não coincide com o tipo do valor resultante da expressão que acompanha **return** e é possível uma conversão entre esses tipos, o valor retornado será implicitamente convertido no tipo de retorno declarado. Por exemplo, na função a seguir:

```
int UmaFuncao(void)
{
    return  2*3.14;
}
```

o resultado da expressão **2*3.14** (i.e., **6.28**) será implicitamente convertido em **int** que é o tipo de retorno declarado. Assim, o valor retornado ao local onde essa função for chamada será **6**. É importante observar que, assim como ocorre com outras formas de conversão implícita, não há arredondamento (v. Seção 3.10.1).

### 5.4.4 Projetos de Funções

Uma função deve ser projetada de modo que, idealmente, ela realize uma única tarefa. Alguns indicativos de que uma função tenha sido especificada para realizar múltiplas tarefas são os seguintes:

- ❏ Você tem dificuldade para batizar a função com um nome sucinto e significativo (v. Seção 5.4.1).
- ❏ A função é longa demais (p. ex., ela ocupa mais de uma tela no editor de programas). Quanto menor e mais específica for uma função, mais ela promove o reúso de código.
- ❏ A função utiliza parâmetros demais. Uma função contendo mais de cinco parâmetros pode ser considerada exagerada nesse aspecto.

Se você se deparar com algum desses casos mencionados, tente dividir a função em funções menores.

Outros erros comuns de definição de funções cometidos por programadores inexperientes são:

- ❏ A função lê dados por meio do teclado, quando esses dados deveriam ser parâmetros de entrada da função. Normalmente, uma função lê dados introduzidos pelo usuário apenas quando essa é a finalidade precípua da função.
- ❏ A função escreve informação na tela, quando, de fato, essa informação deveria ser um parâmetro de saída ou um valor retornado pela função. Normalmente, uma função apresenta dados na tela apenas quando essa é sua única finalidade ou quando precisa apresentar prompt para leitura de dados (v. item anterior).

## 5.5 Chamadas de Funções

**Chamar** uma função significa transferir o fluxo de execução do programa para a função a fim de executá-la. Uma chamada de função pode aparecer sozinha numa linha de instrução quando não existe valor de retorno (i.e., quando o tipo de retorno é **void**) ou quando ele existe, mas não há interesse em utilizá-lo. Por exemplo, a função **printf()** retorna um valor do tipo **int** que informa o número de caracteres escritos na tela, de modo que, por exemplo, ela pode ser usada assim:

```
printf("%d", x);
```

ou assim:

```
int nCaracteresEscritos = printf("%d", x);
```

No primeiro caso, o valor retornado por **printf()** é desprezado, enquanto, no segundo caso, ele é atribuído à variável **nCaracteresEscritos**.

Como mostra o último exemplo, chamadas de funções que retornam algum valor podem ser utilizadas como parte de expressões. Numa tal situação, a chamada de função sempre é avaliada antes da aplicação de qualquer outro operador.

### 5.5.1 Modos de Parâmetros

Parâmetros proveem o meio normal de comunicação de dados entre funções. Isto é, normalmente, uma função obtém os dados de entrada necessários ao seu processamento por meio de parâmetros e transfere dados resultantes do processamento também por meio de parâmetros. Do mesmo modo, é normal transferir o resultado de um processamento por meio de valor de retorno. O que não é normal é utilizar variáveis com escopo global ou de arquivo (v. Seção 5.10) para fazer essa comunicação de dados, a não ser que haja realmente um bom motivo para assim proceder.

O modo de um parâmetro de função refere-se ao papel que ele desempenha no corpo da função. Existem três modos de parâmetros:

- ❏ **Parâmetro de entrada.** Nesse caso, o parâmetro não é ponteiro ou, se ele for ponteiro, a função apenas consulta o valor da variável para a qual ele aponta, mas não altera esse valor. Assim, todo parâmetro que não é ponteiro é um parâmetro de entrada, mas um parâmetro que é ponteiro pode ser ou não ser um parâmetro de entrada, como será visto adiante.

- ❏ **Parâmetro de saída.** O parâmetro deve ser um ponteiro e a função apenas altera o valor da variável para a qual ele aponta, mas não consulta o valor dessa variável.

- ❏ **Parâmetro de entrada e saída.** O parâmetro deve ser um ponteiro e a função consulta e altera o valor da variável para a qual ele aponta.

Como foi descrito, um parâmetro de saída ou de entrada e saída deve, obrigatoriamente, ser declarado como ponteiro. Entretanto, um parâmetro pode ser declarado como ponteiro e ser um parâmetro de entrada (apenas). Esse último caso acontece em duas situações:

[1] A linguagem C requer que o parâmetro seja declarado como ponteiro, como é o caso quando o parâmetro representa um array (v. Capítulo 8).

[2] O tamanho do espaço em memória necessário para armazenar a variável para a qual o parâmetro aponta é bem maior do que o espaço ocupado por um ponteiro. É isso que tipicamente ocorre quando o parâmetro representa uma estrutura (v. Capítulo 10).

Saber classificar cada parâmetro de acordo com seu modo é fundamental em programação, mas essa tarefa nem sempre é trivial. Portanto pratique bastante.

### 5.5.2 Passagem de Parâmetros

Os parâmetros que aparecem numa definição de função são denominados parâmetros formais, enquanto os parâmetros utilizados numa chamada de função são denominados parâmetros reais. Numa chamada de função, ocorre uma ligação (ou casamento) entre parâmetros reais e formais. Cada linguagem de programação estabelece regras de casamento (ou regras de ligação) entre parâmetros reais e formais. Em C, duas regras de casamento devem ser obedecidas para que uma chamada de função seja bem sucedida:

[1] **O número de parâmetros formais deve ser igual ao número de parâmetros reais.** Isto é, se não há parâmetros formais na definição da função, também não deve haver parâmetros reais numa chamada dela; se houver um parâmetro formal na definição da função, deve haver um parâmetro real numa respectiva chamada e assim por diante.

[2] **Os respectivos parâmetros reais e formais devem ser compatíveis.** Isto é, o primeiro parâmetro real deve ser compatível com o primeiro parâmetro formal, o segundo parâmetro real deve ser compatível com o segundo parâmetro formal e assim por diante.

Em casos nos quais o tipo de um parâmetro formal e o tipo do parâmetro real correspondente diferem, mas uma conversão de tipos é possível, haverá uma conversão implícita do tipo do parâmetro real para o tipo do parâmetro formal. Considere como exemplo o seguinte programa:

```c
#include <stdio.h>

int SomaInts(int a, int b)
{
   int soma;

   soma = a + b;

   return soma;
}

int main(void)
{
   double x = 2.5, y = 3.5, resultado;

   resultado = SomaInts(x, y);

   printf( "\n%f + %f = %f\n", x, y, resultado);

   return 0;
}
```

Esse programa apresenta o seguinte resultado:

```
2.500000 + 3.500000 = 5.000000
```

Esse resultado é obtido conforme descrito a seguir. Na chamada de `SomaInts()`:

```c
resultado = SomaInts(x, y);
```

os parâmetros reais x e y são do tipo **double**. Como valores do tipo **double** podem ser convertidos em valores do tipo **int** (v. Seção 3.10), os valores de x e y (**2.5** e **3.5**, respectivamente) são convertidos implicitamente em **int**. Portanto os parâmetros a e b da função `SomaInts()` recebem, respectivamente, os valores **2** e **3** e o valor retornado pela função será **5** (i.e., a soma de a com b). Antes de o valor retornado pela função ser atribuído à variável **resultado** na função **main()**, ocorre uma outra conversão implícita, pois a variável **resultado** é do tipo **double** e o tipo do valor retornado pela função `SomaInts()` é **int**. Dessa vez, ocorre uma conversão de atribuição (v. Seção 3.10.1), de modo que essa variável recebe o valor **5.0**. Finalmente, a chamada de **printf()** na função **main()** é responsável pela apresentação do resultado na tela.

Conforme foi visto na Seção 5.2.2, regras rígidas de compatibilidade entre ponteiros devem ser observadas. Por exemplo, o seguinte programa:

```c
#include <stdio.h>    /* Entrada e saída */

int SomaInts2(int *pa, int *pb)
{
   int soma;

   soma = *pa + *pb;

   return soma;
}

int main(void)
{
   double x = 2.5, y = 3.5, resultado;

      /* O resultado será imprevisível */
   resultado = SomaInts2(&x, &y);
```

```
    printf( "\n%f + %f = %f\n", x, y, resultado);

    return 0;
}
```

apresenta o seguinte resultado na tela:

```
2.500000 + 3.500000 = 0.000000
```

Para entender a razão do resultado aparentemente absurdo apresentado por esse programa, observe que a função **SomaInts2()** espera receber dois endereços de inteiros, mas na instrução:

```
resultado = SomaInts2(&x, &y);
```

ela é chamada com os parâmetros reais **&x** e **&y**, que são dois endereços de variáveis do tipo **double**. Como os parâmetros formais dessa função são ponteiros para **int**, quando a cada um deles é aplicado o operador de indireção o resultado é um valor do tipo **int**. Em outras palavras, na instrução da função **SomaInts2()**:

```
soma = *pa + *pb;
```

o conteúdo para o qual **pa** aponta é interpretado como sendo do tipo **int** (em vez de **double**, como deveria ser) e o mesmo ocorre com o conteúdo apontado por **pb**. Nesse exemplo específico, ocorre que ambos os respectivos conteúdos (**2.5** e **3.5**) resultam em zero quando interpretados como **int**. Isso explica o valor retornado pela função[1].

O que precipitou o resultado desastroso do último programa não foram conversões de tipos, mas sim reinterpretações de conteúdos de memória. Ou seja, os bits que ocupavam o espaço reservado à variável **x**, que originalmente eram interpretados como um valor do tipo **double**, passaram a ser interpretados como um valor do tipo **int**; e o mesmo ocorreu com a variável **y**. Para entender melhor a diferença entre conversão de tipos e reinterpretação de conteúdo, compile e execute o seguinte programa:

```
#include <stdio.h>

int main(void)
{
    double   x = 2.5;
    int      *ptr = &x;
    int      y = x;

    printf( "\nValor de x interpretado como double: %f", x);
    printf( "\nValor de x convertido em int: %d", y);
    printf( "\nValor de x interpretado como int: %d", *ptr);

    return 0;
}
```

Executando esse último programa, você deverá obter como resultado:

```
Valor de x interpretado como double: 2.500000
Valor de x convertido em int: 2
Valor de x interpretado como int: 0
```

Para precaver-se contra surpresas desagradáveis, como o resultado da chamada da função **SomaInts2()**, é importante que se passem parâmetros reais dos mesmos tipos dos parâmetros formais correspondentes, ou então certifique-se de que uma dada conversão não produzirá um efeito indesejável. E, como você deve ter pressentido,

---

[1] Para descrever precisamente os detalhes dessa discussão, que é um tanto superficial, é necessário explorar como números inteiros e reais são representados em memória, o que está além do escopo deste livro.

o cuidado na passagem de parâmetros deve ser redobrado quando se lidam com parâmetros representados por ponteiros.

### 5.5.3 Simulando Passagem por Referência em C

Em algumas linguagens de programação (p. ex., Pascal), existem dois tipos de passagens de (ou ligações entre) parâmetros:

> ☐ **Passagem por valor.** Quando um parâmetro é passado por valor, o parâmetro formal recebe uma cópia do parâmetro real correspondente. Qualquer alteração sofrida pelo parâmetro formal no corpo da função fica restrita a essa cópia e, portanto, não é transferida para o parâmetro real correspondente. Essa é a única modalidade de passagem de parâmetros existente em C.

> ☐ **Passagem por referência.** Na passagem por referência, o parâmetro formal e o parâmetro real correspondente, que deve ser uma variável, compartilham o mesmo espaço em memória, de maneira que qualquer alteração feita pela função no parâmetro formal reflete-se na mesma alteração no parâmetro real correspondente. A linguagem C não possui passagem de parâmetros por referência.

Em linguagens que possuem essas duas modalidades de passagem de parâmetros, passagem por referência é requerida para um parâmetro de saída ou de entrada e saída, porque qualquer alteração do parâmetro formal deve ser comunicada ao parâmetro real correspondente. Por outro lado, parâmetros de entrada podem ser passados por valor ou por referência. Quer dizer, parâmetros de entrada são passados por referência por uma questão de economia de tempo e de espaço em memória, pois, quando um parâmetro é passado por valor, ele é copiado. Portanto, se o parâmetro ocupa muito espaço em memória, sua cópia poderá resultar em gasto excessivo de tempo e de espaço em memória.

Em C, estritamente falando, existe apenas passagem de parâmetros por valor, de forma que nenhum parâmetro real tem seu valor modificado como consequência da execução de uma função. Esse fato pode parecer estranho à primeira vista e uma questão que surge naturalmente é: *Como é que uma variável utilizada como parâmetro real numa chamada de função pode ter seu valor modificado em consequência da execução da função?* Ou, em outras palavras: *Como é possível existir parâmetro de saída ou entrada e saída em C se não há passagem por referência nessa linguagem?*

A resposta às questões acima é: mediante o uso de ponteiros e endereços de variáveis pode-se simular passagem por referência em C e modificar valores de variáveis, como será mostrado a seguir.

Suponha, por exemplo, que se deseje implementar uma função para trocar os valores de duas variáveis do tipo **int**. Então, um programador iniciante em C poderia ser induzido a escrever a seguinte função:

```
void Troca1(int inteiro1, int inteiro2)
{
   int aux = inteiro1; /* Guarda o valor do primeiro inteiro */

      /* A variável cujo valor foi guardado recebe o valor da  */
      /* outra variável e esta recebe o valor que foi guardado */
   inteiro1 = inteiro2;
   inteiro2 = aux;
}
```

Uma função **main()** que chama a função **Troca1()** poderia ser escrita como:

```
int main(void)
{
   int i = 2, j = 5;
```

```
    printf( "\n\t>>> ANTES da troca <<<\n"
            "\n\t    i = %d, j = %d\n", i, j );

    Troca1(i, j);

    printf( "\n\t>>> DEPOIS da troca <<<\n"
            "\n\t    i = %d, j = %d\n", i, j );

    return 0;
}
```

Após executar o programa composto pelas duas funções acima, o programador fica frustrado com o resultado obtido:

```
    >>> ANTES da troca <<<
        i = 2, j = 5
    >>> DEPOIS da troca <<<
        i = 2, j = 5
```

Note que não houve troca dos valores das variáveis, como seria esperado. Para entender melhor o que aconteceu com esse programa, acompanhe, a seguir, a sequência de eventos que ocorre durante a execução do programa.

Como qualquer programa em C que é executado sob a supervisão de um sistema operacional, o programa anterior começa sua execução na função **main()**. Essa função define duas variáveis, i e j, iniciadas, respectivamente, com 2 e 5. Essas iniciações de variáveis causam suas alocações com os conteúdos especificados, como ilustrado na Figura 5–3.

FIGURA 5–3: SIMULANDO PASSAGEM POR REFERÊNCIA EM C 1

Após as definições das variáveis i e j, é feita a primeira chamada de **printf()**, que causa a escrita do seguinte na tela:

```
    >>> ANTES da troca <<<
        i = 2, j = 5
```

Em seguida, é feita a seguinte chamada da função `Troca1()`:

```
Troca1(i, j);
```

Assim como variáveis, parâmetros também são alocados em memória quando uma função é chamada. A referida chamada da função `Troca1()` é perfeitamente legítima de acordo com as regras de ligação descritas na Seção 5.5.2, de modo que o parâmetro real i casa com o parâmetro formal `inteiro1` e o parâmetro real j casa com o parâmetro formal `inteiro2`. Como em C a passagem de parâmetros se dá por valor, os conteúdos dos parâmetros reais i e j são copiados, respectivamente, para os parâmetros formais `inteiro1` e `inteiro2`. Assim, a região de memória de interesse nessa discussão apresenta-se como mostra a Figura 5–4.

A função `Troca1()` define uma variável local denominada **aux**, iniciada com o valor do parâmetro `inteiro1`. Evidentemente, essa variável também é alocada em memória, de modo que, após a alocação dessa variável, as variáveis e parâmetros em uso no programa podem ser representados esquematicamente como na Figura 5–5.

Após a execução da instrução `inteiro1 = inteiro2` na função `Troca1()`, a situação em memória pode ser representada pela Figura 5–6.

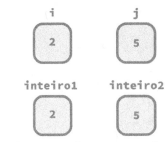

FIGURA 5–4: SIMULANDO PASSAGEM POR REFERÊNCIA EM C 2

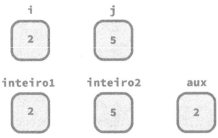

FIGURA 5–5: SIMULANDO PASSAGEM POR REFERÊNCIA EM C 3

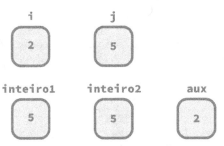

FIGURA 5–6: SIMULANDO PASSAGEM POR REFERÊNCIA EM C 4

Finalmente, após a execução da última instrução da função `Troca1()`:

```
inteiro2 = aux;
```

a situação em memória pode ser representada como na Figura 5–7.

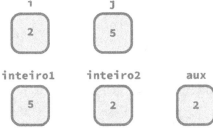

FIGURA 5–7: SIMULANDO PASSAGEM POR REFERÊNCIA EM C 5

Como se pode observar na última ilustração, a chamada da função `Troca1()` troca os valores dos parâmetros formais `inteiro1` e `inteiro2`, mas os parâmetros reais `i` e `j` permanecem intactos. Portanto a função `Troca1()` não realiza a tarefa desejada. Por isso, a segunda chamada dessa função é responsável pela escrita da frustrante linha na tela:

```
i = 2, j = 5
```

Considere, agora, a função `Troca2()` que tem a mesma finalidade da função `Troca1()`, mas é implementada utilizando ponteiros:

```c
void Troca2(int *ptrInt1, int *ptrInt2)
{
    int aux = *ptrInt1; /* Guarda o valor do primeiro inteiro que será alterado */

    /*                                                          */
    /* A variável cujo valor foi guardado recebe o valor da     */
    /* outra variável e esta recebe o valor que foi guardado    */
    /*                                                          */

    *ptrInt1 = *ptrInt2;
    *ptrInt2 = aux;
}
```

Suponha que a função **main**() apresentada antes tenha sido alterada para chamar adequadamente a função `Troca2()`:

```c
int main(void)
{
    int i = 2, j = 5;

    printf( "\n\t>>> ANTES da troca <<<\n"
            "\n\t    i = %d, j = %d\n", i, j );

    Troca2(&i, &j);

    printf( "\n\t>>> DEPOIS da troca <<<\n"
            "\n\t    i = %d, j = %d\n", i, j );

    return 0;
}
```

Quando executado, o programa composto pelas duas últimas funções apresenta o resultado desejado na tela:

```
        >>> ANTES da troca <<<
            i = 2, j = 5
        >>> DEPOIS da troca <<<
            i = 5, j = 2
```

Agora, acompanhe a chamada da função `Troca2()` e perceba a diferença entre o funcionamento dessa função e o funcionamento da função `Troca1()` descrito acima.

Como no exemplo anterior, no instante em que a função `Troca2()` é chamada, seus parâmetros formais são alocados em memória e cada um deles recebe uma cópia do parâmetro real correspondente. Então, nesse instante, a situação das variáveis e parâmetros do programa pode ser ilustrada na Figura 5-8.

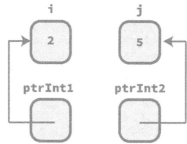

FIGURA 5–8: SIMULANDO PASSAGEM POR REFERÊNCIA EM C 6

Observe na ilustração anterior que os parâmetros **ptrInt1** e **ptrInt2** recebem cópias dos endereços das variáveis **i** e **j**, conforme indicam as setas que emanam desses parâmetros.

Continuando com o acompanhamento da execução da função **Troca2()**, a variável **aux** é alocada e recebe o valor do conteúdo apontado pelo parâmetro **ptrInt1**, que é exatamente o valor da variável **i**. Portanto a situação nesse instante pode ser ilustrada como na Figura 5–9.

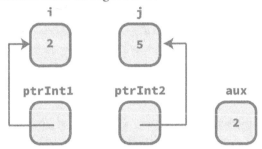

FIGURA 5–9: SIMULANDO PASSAGEM POR REFERÊNCIA EM C 7

A próxima instrução da função **Troca2()** a ser executada é:

```
*ptrInt1 = *ptrInt2;
```

De acordo com essa instrução, o conteúdo apontado por **ptrInt1** recebe o conteúdo apontado por **ptrInt2**, o que equivale a substituir o valor da variável **i** pelo valor da variável **j** e a situação em memória passa a ser aquela mostrada na Figura 5–10.

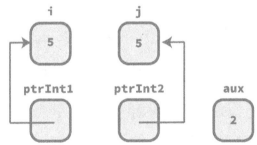

FIGURA 5–10: SIMULANDO PASSAGEM POR REFERÊNCIA EM C 8

Finalmente, a última instrução da função **Troca2()** a ser executada é:

```
*ptrInt2 = aux;
```

Após a execução dessa instrução, o conteúdo apontado pelo parâmetro **ptrInt2** terá recebido o valor da variável **aux**, de modo que, logo antes do encerramento da função, a situação em memória é aquela ilustrada na Figura 5–11.

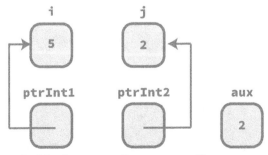

FIGURA 5–11: SIMULANDO PASSAGEM POR REFERÊNCIA EM C 9

Ao encerramento da execução da função `Troca2()`, os espaços alocados para os seus parâmetros e para a variável local **aux** são liberados (v. Seção 5.12), restando em memória apenas as variáveis i e j, que foram alocadas na função **main**(), como se vê na Figura 5-12.

FIGURA 5–12: SIMULANDO PASSAGEM POR REFERÊNCIA EM C 10

Agora, o efeito desejado foi realmente obtido; i.e., os valores das variáveis i e j foram trocados pela função `Troca2()`.

A função `Troca2()` do último exemplo espera como parâmetros dois endereços de variáveis do tipo **int**. Pode-se, portanto, passar tanto endereços de variáveis do tipo **int**, como foi feito no último programa, quanto ponteiros para o tipo **int**. Por exemplo, a chamada da função `Troca2()` efetuada no corpo da função **main**():

```
int main(void)
{
   int   i = 2, j = 5;
   int   *ptr = &i;
   ...
   Troca2(ptr, &j);
   ...
}
```

teria exatamente o mesmo efeito da chamada do exemplo anterior.

O problema na utilização de ponteiros em chamadas de funções ocorre quando eles não são previamente iniciados com endereços válidos. Por exemplo, suponha que, na chamada `Troca2(ptr, &j)` do último exemplo, o ponteiro **ptr** não tivesse sido iniciado com o endereço da variável i. Como qualquer variável definida no interior de uma função que não tem um valor explicitamente atribuído, **ptr** contém um valor indeterminado que, nesse caso, é um suposto endereço em memória. Os resultados de uma operação dessa natureza são imprevisíveis e desastrosos, pois ela modificará aleatoriamente o conteúdo da memória do computador.

O problema descrito no parágrafo anterior aflige não apenas programadores inexperientes, como também aqueles mais experientes (mas descuidados). Para evitar esse tipo de problema, discipline-se: sempre que definir um ponteiro, inicie-o com um valor conhecido. Se não houver nenhum valor válido para ser atribuído a um ponteiro no instante de sua definição, torne-o um ponteiro nulo (v. Seção 5.2.4). Dessa maneira, se você esquecer de atribuir um endereço válido a um ponteiro e tentar acessar o conteúdo desse endereço, o computador indicará uma operação inválida e impedirá que a execução do programa prossiga. Pode até parecer que isso não seja uma boa ideia, mas pior seria permitir que o programa prosseguisse e causasse o mau funcionamento de seu programa, de outros programas ou até mesmo do próprio computador (v. Seção 5.2.4).

## 5.6 Alusões e Protótipos de Funções

Uma alusão a uma função contém informações sobre a função que permitem ao compilador reconhecer uma chamada da função como sendo válida. Frequentemente, uma função aludida é definida num arquivo diferente daquele no qual é feita a alusão.

O formato de alusão de uma função é muito parecido com seu cabeçalho, mas, numa alusão, não é necessário especificar nomes de parâmetros (embora seja recomendável) e pode-se, ainda, iniciar a alusão com a palavra-chave **extern** (também recomendável). Portanto uma alusão deve ter o seguinte formato:

> **extern** *tipo-de-retorno nome-da-função*(*tipos-dos-parâmetros*);

Por exemplo, a função `Troca2()` apresentada na Seção 5.5.3 poderia ter a seguinte alusão:

```
extern void Troca2(int *, int *);
```

A sentença seguindo a palavra-chave **extern** numa alusão de função é conhecida como protótipo da função. Assim, a função `Troca2()` da Seção 5.5.3 tem o seguinte protótipo:

```
void Troca2(int *, int *)
```

Quando incluídos numa alusão, nomes de parâmetros têm como único objetivo tornar a alusão mais clara. Eles não precisam coincidir com os nomes dos parâmetros formais na definição da função e são completamente ignorados pelo compilador. A palavra-chave **extern** é opcional, mas seu uso também é recomendado porque facilita a identificação de alusões.

Existe outra razão de natureza prática para inclusão de nomes de parâmetros em alusões de funções. Quando uma função é escrita antes de ser aludida, o programador pode criar uma alusão a ela copiando e colando o cabeçalho da função e, então, acrescentando **extern** ao início e ponto e vírgula ao final do cabeçalho colado. O caminho inverso também é facilmente percorrido: se uma alusão de função for escrita antes da definição da função, basta copiar a alusão sem **extern** e ponto e vírgula e tem-se imediatamente o cabeçalho da função.

Compiladores de C também aceitam alusões de funções sem informações sobre os tipos dos parâmetros. Isto é, o espaço entre os parênteses de uma alusão pode ser vazio e, nesse caso, tem-se uma alusão sem protótipo. Entretanto, essa prática não é recomendada, pois não permite que o compilador cheque se uma determinada chamada da função aludida satisfaz as regras de casamento de parâmetros. Por exemplo, pode-se aludir a função `Troca2()` da Seção 5.5.3 como:

```
extern void Troca2();
```

Nesse caso, o compilador não teria como constatar que a chamada:

```
Troca2(5);
```

é ilegal e a tarefa de verificação ficaria a cargo do linker. Acontece, porém, que encontrar a origem de erros detectados pelo linker é mais difícil do que ocorre com erros apontados pelo compilador (v. Seção 3.18.6).

Na Seção 5.4.1, afirmou-se que o uso de **void** entre os parênteses do cabeçalho de uma função era opcional. Mas, no caso de alusão, o uso de **void** não é opcional, pois uma alusão com espaço vazio entre parênteses é interpretada pelo compilador como uma alusão sem protótipo. Por outro lado, uma alusão com **void** entre parênteses deixa claro que se trata de uma alusão a uma função sem parâmetros.

# 5.7 Subprogramas em Linguagem Algorítmica

Do mesmo modo que um programa, um subprograma também tem, normalmente, entrada, saída e processamento. Mas, existem algumas diferenças entre programas e subprogramas:

- ❐ Um programa obtém seus dados de entrada do ambiente no qual é executado. Por exemplo, um programa interativo de console, tipicamente, obtém dados de um usuário via teclado. Por outro lado, uma função recebe dados de entrada da parte do programa que a invocou. Normalmente, esses dados são transferidos para uma função por meio de parâmetros.

❏ Um programa apresenta seus resultados no ambiente no qual ele é executado. Por exemplo, um programa interativo, tipicamente, apresenta os resultados que ele produz na tela. Uma função, por outro lado, transfere seus resultados para o trecho do programa que a invocou por meio de parâmetros ou de um valor de retorno.

Durante a etapa de refinamento de um algoritmo (v. Seção 2.9.2), se o programador se depara com um passo do algoritmo que requer muitos subpassos (refinamentos) ou que se repete em outros passos, então esse passo se torna candidato a um subalgoritmo cujo desenvolvimento será efetuado à parte. Ou seja, cada parte graúda ou que se repete no esboço de um algoritmo será um subalgoritmo; i.e., um algoritmo que faz parte de outro. Assim, se você começar a escrever o algoritmo em pseudocódigo e descobrir que um passo do algoritmo é muito complexo ou repetido, escreva esse passo como uma chamada de subalgoritmo.

Levando em consideração o que foi exposto, a linguagem algorítmica introduzida no Capítulo 2 precisa admitir alguns acréscimos para acomodar o conceito de subalgoritmo.

Para criar subalgoritmos em linguagem algorítmica siga as seguintes etapas:

1. Na descrição do subproblema que precisa ser isolado, identifique quais são os dados de entrada, saída e entrada e saída. Essa etapa é semelhante às Etapas 1.1 e 1.2 apresentadas na Seção 2.9, mas, aqui, esses dados serão os parâmetros de um subalgoritmo e não serão obtidos, por exemplo, via teclado ou apresentados na tela. Isto é, esses dados serão obtidos do algoritmo ou enviados para o mesmo algoritmo do qual o subalgoritmo faz parte.

2. Atribua nomes significativos para os parâmetros identificados na etapa anterior e classifique-os de acordo com seus modos (v. exemplos abaixo).

3. Se algum dado de saída identificado no passo 1 acima for um valor retornado pelo subalgoritmo em vez de por meio de um parâmetro de saída ou entrada e saída, especifique-o como tal, precedendo-o pela palavra *Retorno*. Se o subalgoritmo não retorna nenhum valor, escreva: *Retorno: nada* (ou algo equivalente).

4. Atribua um nome significativo ao algoritmo seguindo as recomendações apresentadas na Seção 5.4.1.

5. Escreva, sem muito detalhamento, os passos que você acha que são necessários para resolver o subproblema. Essa etapa é idêntica à Etapa 1.3 discutida na Seção 2.9.1 e deverá resultar num subalgoritmo preliminar.

6. Efetue o detalhamento do esboço do subalgoritmo obtido na etapa anterior. Essa etapa é idêntica à Etapa 2 apresentada na Seção 2.9.2 e deverá resultar num subalgoritmo bem detalhado.

7. Siga as demais recomendações para construção de algoritmos apresentadas no Capítulo 2.

Restam apenas mais dois acréscimos à linguagem algorítmica para adaptá-la ao conceito de subalgoritmo:

❏ Instrução retorne. Essa instrução encerra a execução de um subalgoritmo com o retorno de um valor, se o subalgoritmo do qual essa instrução faz parte retorna algum valor.

❏ Chamada do subalgoritmo. Uma chamada de subalgoritmo é realizada usando-se o nome do algoritmo acompanhado pelos parâmetros entre parênteses.

A seguir, são apresentados exemplos de algoritmos que usam subalgoritmos. Estes exemplos são meramente ilustrativos, pois, do ponto de vista pragmático, não há complexidade suficiente que justifique o uso de subalgoritmos. Na Seção 5.11, serão apresentados exemplos mais realistas.

---

**Exemplo 5.1** O seguinte algoritmo principal troca os valores de duas variáveis e é semelhante àquele apresentado na Seção 2.10.1, mas, diferentemente daquele, este usa um subalgoritmo.

---

ALGORITMO TROCA
/* Troca os valores de duas variáveis inteiras */

ENTRADA/SAÍDA: x, y
RETORNO: nada

aux ← x
x ← y
y ← aux

ALGORITMO PRINCIPAL

leia(a, b)
Troca(a, b)
escreva(a, b)

---

FIGURA 5–13: ALGORITMO PRELIMINAR DE TROCA DE VARIÁVEIS

---

**Exemplo 5.2** O exemplo de algoritmo a seguir calcula o fatorial de um número inteiro não negativo.

---

ALGORITMO FATORIAL
/* Calcula o fatorial de um número inteiro */

ENTRADA: n
RETORNO:
- 0, se $n < 0$
- O fatorial de n, em caso contrário

inteiro i, fat

se (n < 0)
  retorne 0 /* Indicação de erro */

fat ← 1
i ← 2

enquanto (i <= n) faça
  fat ← fat*i
  i ← i + 1

retorne fat

ALGORITMO PRINCIPAL

leia(x)

y ← Fatorial(x)

escreva(y)

---

FIGURA 5–14: ALGORITMO PRELIMINAR DE CÁLCULO DE FATORIAL

# 5.8 Interação Dirigida por Menus

Na Seção 4.6.3, foi apresentado um esboço de interação com usuário usando menus de opções. Resumidamente, este tipo de interação consiste no seguinte:

1. O programa apresenta um menu de opções ao usuário.

2. O programa solicita ao usuário que escolha uma das opções oferecidas.

3. O programa lê a opção escolhida pelo usuário.

4. Se a opção escolhida pelo usuário corresponder àquela especificada como saída do programa, o programa apresenta uma mensagem de despedida e é encerrado.

5. Se a opção escolhida pelo usuário não for aquela que representa encerramento do programa, executa-se a operação correspondente à opção escolhida e retorna-se ao passo 1 acima.

As seções a seguir mostram como implementar interação dirigida por menu.

## 5.8.1 Apresentação do Menu

A apresentação do menu é o passo mais simples de um programa dirigido por menus, porque ele consiste em uma ou mais chamadas da função **printf()**, como mostra a função `ApresentaMenu()` a seguir:

```
void ApresentaMenu(void)
{
   printf( "\n\n*** Opcoes ***\n"
           "\n1 - Opcao 1"
           "\n2 - Opcao 2"
           "\n3 - Opcao 3"
           "\n4 - Opcao 4"
           "\n5 - Encerra o programa\n" );
}
```

O menu de opções exibido pela função `ApresentaMenu()` é meramente ilustrativo, mas vale ressaltar que, quaisquer que sejam as opções apresentadas, deve haver uma que corresponda ao encerramento do programa. Também, faz sentido que essa opção de encerramento seja a última do menu.

## 5.8.2 Leitura de Opção

A maneira mais simples de efetuar a leitura da opção escolhida pelo usuário é por meio da função `LeOpcao()` da biblioteca LEITURAFACIL (v. Seção 3.13.2). Para usar essa função, o programador deve passar como parâmetro um string constante contendo todas as opções consideradas válidas. O valor retornado pela função será sempre um dos caracteres que constam desse string, como mostra o exemplo abaixo:

```
#include <stdio.h>   /* Entrada e saída */
#include "leitura.h" /* LeituraFacil    */

int main(void)
{
   int op;

   printf("\nDigite A, B ou C: ");
   op = LeOpcao("ABC");

   printf("\nVoce digitou: %c\n", op);

   return 0;
}
```

Como exemplo de execução desse programa, considere:

```
Digite A, B ou C: x
        >>> Opcao incorreta. Tente novamente
        > a
        >>> Opcao incorreta. Tente novamente
        > A
Voce digitou: A
```

Há dois fatos notáveis nesse exemplo de execução:

[1] A função `LeOpcao()` aceita como opção válida apenas um dos caracteres que constam no string constante recebido como parâmetro.

[2] Para ser simpático ao usuário, o programa deveria aceitar como válidas não apenas as opções representadas pelos caracteres `'A'`, `'B'` e `'C'`, como também os caracteres `'a'`, `'b'` e `'c'`.

Assim, para ser mais amigável ao usuário, a função `LeOpcao()` deveria ser chamada usando-se como parâmetro o string `"ABCabc"`, como mostra o programa adiante:

```
#include <stdio.h>   /* Entrada e saída */
#include "leitura.h" /* LeituraFacil    */

int main(void)
{
    int op;

    printf("\nDigite A, B ou C: ");
    op = LeOpcao("ABCabc");

    printf("\nVoce digitou: %c\n", op);

    return 0;
}
```

Exemplo de execução desse último programa:

```
Digite A, B ou C: a
Voce digitou: a
```

Como se pode constatar, o último programa considera como válida não apenas a opção representada pelo caractere `'A'`, como também aquela representada por `'a'`. Deve-se ainda ressaltar que a ordem dos caracteres que representam opções válidas no string usado com a função `LeOpcao()` não faz nenhuma diferença. Por exemplo, a chamada `LeOpcao("AB")` tem o mesmo efeito que `LeOpcao("BA")`.

### 5.8.3 Solicitando Confirmação Sim/Não

Uma situação muito comum em interação com o usuário é aquela na qual o programa solicita confirmação antes de executar uma operação. Isto é, nessas situações, o programa pergunta se o usuário deseja prosseguir ou não com a execução da operação. Obviamente, a função `LeOpcao()` pode ser utilizada com essa finalidade como mostra o programa a seguir:

```
int main(void)
{
    int op;

    printf("\n\t>>> Em seguida sera' executada tal operacao."
           "\n\t>>> Deseja continuar? ");
```

```
   op = LeOpcao("sSnN");

   if (op == 's' || op == 'S') {
      printf("\n\t>>> Operacao executada\n");
   } else {
      printf( "\n\t>>> A operacao NAO foi executada\n" );
   }
   return 0;
}
```

Mas, essa tarefa comum de solicitar confirmação pode ser simplificada definindo-se uma função como a função `LeOpcaoSimNao()` abaixo:

```
/****
 *
 * LeOpcaoSimNao(): Lê uma opção do tipo sim/não
 *
 * Parâmetros: Nenhum
 *
 * Retorno: 1, se a opção for 's' ou 'S'
 *          0, se a opção for 'n' ou 'N'
 *
 ****/
int LeOpcaoSimNao(void)
{
   int op;

   op = LeOpcao("sSnN");

   if (op == 's' || op == 'S') {
      return 1;
   }

   return 0;
}
```

Utilizando a função `LeOpcaoSimNao()`, a função **main()** apresentada acima pode ser escrita de modo mais sucinto como:

```
int main(void)
{
   printf("\n\t>>> Em seguida sera' executada tal operacao."
            "\n\t>>> Deseja continuar? ");
   if (LeOpcaoSimNao()) {
      printf("\n\t>>> Operacao executada\n");
   } else {
      printf( "\n\t>>> A operacao NAO foi executada\n" );
   }
   return 0;
}
```

### 5.8.4 Interação com Laço Infinito

Para completar uma interação dirigida por menu, é necessária uma função **main()** contendo um laço infinito que, repetidamente, apresenta o menu para o usuário, lê a opção escolhida por ele e executa a ação correspondente à opção. Na função **main()** a seguir, executar a operação correspondente à opção escolhida pelo usuário significa exibir uma mensagem, exceto quando a opção escolhida é aquela que encerra o programa.

```c
int main(void)
{
    int opcao;

        /* Apresenta o programa */
    printf( "\n\t>>> Este programa faz isto, isso e aquilo."
            "\n\t>>> Escolha a opcao 5 para encerra-lo.\n" );

        /* O laço encerra quando o    */
        /* usuário escolhe a opção 'E' */
    while (1) {
        ApresentaMenu();

            /* Lê a opção do usuário */
        printf("\n\t>>> Escolha sua opcao: ");
        opcao = LeOpcao("12345");

            /* Se o usuário escolher a   */
            /* opção 5, encerra  o laço */
        if (opcao == '5') {
            break; /* Encerra o laço while */
        }

            /* Processa as demais opções */
        switch (opcao) {
            case '1':
                Opcao1();
                break;
            case '2':
                Opcao2();
                break;
            case '3':
                Opcao3();
                break;
            case '4':
                Opcao4();
                break;
            default:
                printf("\nEste programa contem um erro!!!");
                break;
        } /* switch */
    } /* while */

        /* Despede-se do usuário */
    printf( "\n\t>>> Obrigado por usar este programa.\n");

    return 0;
}
```

As funções `Opcao1()`, `Opcao2()`, `Opcao3()` e `Opcao4()` chamadas na função **main**() acima, apenas exibem uma sentença informando o usuário qual foi a opção escolhida. Por exemplo, a função `Opcao1()` é definida como:

```c
void Opcao1(void)
{
    printf("\n\t>>> Voce escolheu a opcao 1\n");
}
```

Na prática, essas últimas funções mencionadas seriam substituídas por implementações de operações correspondentes às respectivas opções.

**Cuidado:** É importante notar que as opções da instrução **switch-case** da função **main**() acima são os dígitos `'1'` (e não o número inteiro 1), `'2'` (e não o número inteiro 2) etc. Isso significa, por exemplo, que se o trecho da instrução **switch-case**:

```
case '1':
    Opcao1();
    break;
```

for escrito como (note a ausência de apóstrofos):

```
case 1:
    Opcao1();
    break;
```

não haverá casamento quando o usuário escolher a opção `'1'` do menu.

Na Seção 5.11.9, será apresentado um programa completo que usa interação dirigida por menu e executa quatro operações aritméticas fundamentais com números inteiros.

# 5.9 Duração de Variáveis

Uma variável é alocada quando a ela se associa um espaço exclusivo em memória. Uma variável é liberada quando ela deixa de estar associada a qualquer espaço em memória. Enquanto uma variável permanece alocada, o espaço ocupado por ela jamais poderá ser ocupado por outra variável. Por outro lado, a partir do instante em que uma variável é liberada, o espaço antes ocupado por ela pode ser alocado para outras variáveis ou parâmetros.

Duração de uma variável é o intervalo de tempo decorrido entre sua alocação e sua liberação. De acordo com essa propriedade, variáveis são classificadas em duas categorias:

- ❏ Variável de duração fixa, que permanece alocada no mesmo espaço em memória durante toda a execução do programa.
- ❏ Variável de duração automática, que permanece alocada apenas durante a execução do bloco no qual ela é definida.

## 5.9.1 Duração Automática

Uma variável de duração automática pode ser definida apenas no corpo de uma função ou no interior de um bloco de instruções. Como blocos de instruções existem apenas dentro de funções, conclui-se que não existe variável de duração automática definida fora do corpo de uma função.

Na ausência de indicação explícita (v. Seção 5.9.1), toda variável definida dentro de um bloco tem duração automática. Uma variável com esse tipo de duração é alocada quando o bloco que contém sua definição é executado e é liberada quando encerra a execução do mesmo bloco. Portanto é possível que uma variável de duração automática ocupe diferentes posições em memória cada vez que o bloco que contém sua definição é executado. Assim, não existe nenhuma garantia de que uma variável de duração automática assuma o mesmo valor entre uma execução e outra do referido bloco.

A definição de uma variável de duração automática pode ser prefixada com a palavra-chave **auto**, mas essa palavra-chave raramente é utilizada porque ela é sempre redundante. Isto é, auto é incapaz de alterar a duração de uma variável.

## 5.9.2 Duração Fixa

Uma variável de duração fixa é alocada quando a execução do programa que contém sua definição é iniciada e permanece associada ao mesmo espaço de memória até o final da execução do programa.

Toda variável definida fora de qualquer função tem duração fixa, mas uma variável definida dentro de um bloco também pode ter duração fixa, desde que sua definição seja prefixada com a palavra-chave **static**.

No programa esquematizado abaixo, as variáveis `varFixa1` e `varFixa2` têm duração fixa, enquanto a variável `varAuto` tem duração automática.

```
#include <stdio.h>

int varFixa1;

void F(void)
{
   int        varAuto;
   static int varFixa2;
   ...
}

int main(void)
{
   ...
}
```

Nesse último exemplo, a variável `varFixa1` tem duração fixa porque foi definida fora de qualquer função e a variável `varFixa2` tem essa mesma duração porque sua definição usa **static**. A variável `varAuto` é definida no corpo de uma função e não usa **static**; portanto, ela tem duração automática.

Uma variável local de duração fixa é usada quando se deseja preservar seu valor entre uma chamada e outra da função que contém sua definição. Considere, por exemplo, o seguinte programa:

```
#include <stdio.h>
void QuantasVezesFuiChamada(void)
{
   static int contador = 0;

   ++contador;

   printf( "Esta funcao foi chamada %d vez%s\n",
           contador, contador == 1 ? "" : "es" );
}
int main(void)
{
   int i;

   for (i = 0; i < 3; ++i) {
      QuantasVezesFuiChamada();
   }

   return 0;
}
```

Quando executado, esse programa produz o seguinte resultado:

```
Esta funcao foi chamada 1 vez
Esta funcao foi chamada 2 vezes
Esta funcao foi chamada 3 vezes
```

A função `QuantasVezesFuiChamada()` do último programa apresenta o número de vezes que ela é chamada. A contagem é feita pela variável **contador** que tem duração fixa. Se essa variável tivesse duração automática, a referida contagem não seria possível, como mostra o seguinte programa:

```c
#include <stdio.h>

void QuantasVezesFuiChamadaErrada(void)
{
    int contador = 0;

    ++contador;

    printf( "Esta funcao foi chamada %d vez%s\n",
            contador, contador == 1 ? "" : "es" );
}

int main(void)
{
    int i;

    for (i = 0; i < 3; ++i) {
        QuantasVezesFuiChamadaErrada();
    }
    return 0;
}
```

Diferentemente do programa anterior, esse último programa resulta na seguinte saída:

```
Esta funcao foi chamada 1 vez
Esta funcao foi chamada 1 vez
Esta funcao foi chamada 1 vez
```

Note que a única diferença substancial entre esse último programa e o anterior é que a variável **contador** tem duração fixa na função `QuantasVezesFuiChamada()` e duração automática na função `QuantasVezesFuiChamadaErrada()`.

### 5.9.3 Iniciação de Variáveis de Acordo com a Duração

Como mostram os exemplos apresentados na Seção 5.9.2, uma variável de duração fixa é iniciada apenas uma vez, enquanto uma variável de duração automática é iniciada sempre que o bloco que contém sua definição é executado. Se você ainda não notou a diferença, considere, por exemplo, o seguinte programa:

```c
#include <stdio.h>

void Incrementa(void)
{
    int        i = 1;
    static int j = 1;

    i++;
    j++;

    printf("Valor de i = %d\t\t Valor de j = %d\n", i, j);
}

int main(void)
{
    int i;

    for (i = 0; i < 5; ++i) {
        Incrementa();
    }
    return 0;
}
```

O resultado de execução desse programa é:

```
Valor de i = 2          Valor de j = 2
Valor de i = 2          Valor de j = 3
Valor de i = 2          Valor de j = 4
Valor de i = 2          Valor de j = 5
Valor de i = 2          Valor de j = 6
```

Os resultados apresentados pela função **Incrementa()** são consequências das definições de **i** e **j** no corpo da função. A variável **i** tem duração automática e, portanto, é alocada e iniciada cada vez que a função é chamada. Por outro lado, a variável **j** tem duração fixa e é alocada e iniciada apenas uma vez. A cada chamada da função **Incrementa()**, é utilizado o valor atual da variável **j** que é mantido entre uma chamada e outra.

Outra importante diferença entre variáveis de duração fixa e automática é que, na ausência de iniciação explícita, variáveis de duração fixa são iniciadas com zero. Por outro lado, variáveis de duração automática *não* são automaticamente iniciadas. Isto é, uma variável de duração automática que não é explicitamente iniciada recebe, quando é alocada, um valor indefinido, que corresponde ao conteúdo encontrado no espaço alocado para ela.

No caso de variáveis de duração fixa, não são permitidas iniciações envolvendo expressões que não sejam constantes (i.e., que não possam ser resolvidas durante o processo de compilação). Essa exigência não se aplica ao caso de variáveis de duração automática. Ou seja, no caso de variáveis de duração automática, podem-se incluir variáveis numa expressão de iniciação, desde que essas variáveis já tenham sido previamente declaradas. Por exemplo:

```
{
    int i = 1;
    int j = 2*i + 7; /* Legal: j é de duração automática */
                     /* e i já é conhecida neste ponto   */
    static int k = i; /* ILEGAL: k é de duração fixa e sua */
                      /* iniciação deve ser determinada    */
                      /* em tempo de compilação            */
    static int n = sizeof(i); /* Legal: o valor de sizeof(i) */
                              /* pode ser determinado em     */
                              /* tempo de compilação         */
}
```

A Tabela 5–1 resume as diferenças entre variáveis de duração fixa e automática com respeito a iniciação.

| VARIÁVEL DE DURAÇÃO FIXA | VARIÁVEL DE DURAÇÃO AUTOMÁTICA |
|---|---|
| Iniciada implicitamente com zero | Não tem iniciação implícita |
| Iniciação deve ser resolvida em tempo de compilação | Iniciação pode ser resolvida em tempo de execução |
| Iniciada uma única vez | Pode ser iniciada várias vezes |

TABELA 5–1: INICIAÇÕES DE VARIÁVEIS DE DURAÇÃO AUTOMÁTICA E FIXA (COMPARAÇÃO)

# 5.10 Escopo

Escopo de um identificador refere-se aos locais de um programa onde o identificador é reconhecido como válido. Em C, escopos podem ser classificados em quatro categorias, que serão descritas a seguir.

## 5.10.1 Escopo de Programa

Um identificador com escopo de programa é reconhecido em todos os arquivos e blocos que compõem o programa. Apenas identificadores que representam variáveis e funções podem ter esse tipo de escopo. Variáveis e funções com escopo de programa são denominadas variáveis globais e funções globais, respectivamente.

Qualquer variável declarada fora de funções tem escopo de programa, a não ser que ela seja precedida pela palavra-chave **static** (ver abaixo). Qualquer função que não seja precedida por **static** também tem esse tipo de escopo.

Como exemplo de variáveis e funções com escopo de programa, considere o seguinte esboço de programa:

```c
#include <stdio.h>
...
double umDouble;

void MinhaFuncao(void)
{
    ...
}

int main(void){
    ...
    return 0;
}
```

Nesse esboço de programa, a variável `umDouble` e a função `MinhaFuncao()` têm escopo de programa.

### 5.10.2 Escopo de Arquivo

Um identificador com escopo de arquivo tem validade a partir do ponto de sua declaração até o final do arquivo no qual ele é declarado. Variáveis definidas fora de funções cujas definições sejam precedidas pela palavra-chave **static** têm esse tipo de escopo. Funções cujos cabeçalhos sejam qualificados com **static** também têm escopo de arquivo.

Usada nesse contexto, a palavra-chave **static** não tem o mesmo significado visto na Seção 5.9.2. Isto é, aqui, **static** refere-se à definição de escopo de variáveis e funções, e não a duração de variáveis como antes. Em qualquer circunstância, uma variável declarada fora de uma função tem duração fixa (quer ela venha acompanhada de **static** ou não). O significado de **static** aqui é o de delimitar o escopo de uma variável ao arquivo no qual ela é definida. Ou seja, sem ser qualificada com **static**, a variável é tratada como uma variável global. Esse mesmo significado de **static** é utilizado para delimitar escopos de funções.

Na prática, não há sensível diferença entre variáveis com escopo de arquivo e variáveis com escopo de programa quando se lidam com programas monoarquivos. E o mesmo é verdadeiro com respeito a funções. Isto é, a diferença entre esses dois tipos de escopos só é crucial quando se lidam com programas multiarquivos ou módulos de biblioteca (v. Apêndice B).

Uma variável com escopo de arquivo é útil quando existem várias funções num arquivo que a utilizam. Então, em vez de passar essa variável como parâmetro para as várias funções do arquivo, atribui-se a ela escopo de arquivo, de modo que todas as funções do arquivo possam compartilhá-la. Uma variável ou função com escopo de arquivo não pode ser acessada por funções em outros arquivos que constituem um programa multiarquivo.

No esboço de programa adiante, a variável `umDouble` e a função `MinhaFuncao()` têm escopo de arquivo:

```c
#include <stdio.h>
...
static double umDouble;

static void MinhaFuncao(void)
{
    ...
}
```

```
int main(void){
    ...
    return 0;
}
```

CONTINUAÇÃO

Identificadores associados a tipos de dados definidos pelo programador (v. Seção 10.2) e identificadores associados a constantes simbólicas (v. Seção 3.15) possuem esse tipo de escopo.

### 5.10.3 Escopo de Função

Um identificador com escopo de função tem validade do início ao final da função na qual ele é declarado. Apenas rótulos, utilizados em conjunto com instruções **goto** (v. Seção 4.7.3), têm esse tipo de escopo. Rótulos devem ser únicos dentro de uma função e são válidos do início ao final dela. Exemplos de escopo de função serão apresentados mais adiante.

### 5.10.4 Escopo de Bloco

Um identificador com escopo de bloco tem validade a partir de seu ponto de declaração até o final do bloco no qual ele é declarado. Parâmetros e variáveis definidas dentro do corpo de uma função têm esse tipo de escopo. Variáveis que possuem escopo de bloco são comumente denominadas variáveis locais.

Não se pode ter numa mesma função um parâmetro e uma variável local com o mesmo nome, a não ser que a variável seja definida dentro de um bloco aninhado no corpo da função. Considere a seguinte função como exemplo:

```
int UmaFuncao(int x)
{
    int x = 2; /* ILEGAL */

    return x;
}
```

Nesse exemplo, o compilador considerará ilegal a definição de variável:

```
int x = 2;
```

No entanto, se essa variável for definida dentro de um bloco interno à função, sua definição será considerada perfeitamente legal, conforme mostra o seguinte programa:

```
#include <stdio.h>

int OutraFuncao(int x)
{
    {
        int x = 2; /* Perfeitamente legal */

        printf("Valor da variavel x: %d\n", x);
    }

    return x; /* Retorna o valor do parâmetro */
}

int main(void)
{
    int i;

    i = OutraFuncao(0);
    printf("Valor retornado: %d\n", i);

    return 0;
}
```

Esse programa escreve o seguinte na tela:

```
Valor da variavel x: 2
Valor retornado: 0
```

No último exemplo, o parâmetro x é ocultado dentro do bloco que contém a definição da variável x e, portanto, não poderá ser acessado dentro desse bloco. Este tópico será discutido em detalhes na Seção 5.10.5.

À primeira vista, parece ser irrelevante considerar se parâmetros de funções possuem escopo de bloco ou de função, pois, nesse caso, as definições desses escopos, aparentemente, coincidem, mas tal raciocínio é equivocado. Conforme foi visto na seção anterior, um rótulo, que sempre tem escopo de função, tem validade do início ao final da função na qual ele é declarado. Isso significa que ele tem validade mesmo em blocos internos a uma função. Por exemplo:

```
int UmaFuncao(int x)
{
    int y = 2, z = 1;

umRotulo:
    z = x + y;

    if (z < 10) {
        goto umRotulo;
    }

    {
    umRotulo: /* ILEGAL: rótulos devem ser únicos numa função */
        z = z + x;
    }

    return x;
}
```

Um programa contendo a função do último exemplo não consegue ser compilado porque dois rótulos não podem ter o mesmo identificador dentro de uma mesma função, mesmo quando um rótulo é declarado dentro de um bloco interno à função e outro é declarado fora desse bloco. Isso não ocorre com parâmetros, conforme foi visto no penúltimo exemplo.

Outra diferença entre escopo de bloco e escopo de função é que um identificador com escopo de bloco tem validade a partir do ponto onde ele é declarado, enquanto um identificador com escopo de função tem validade em todo o bloco que constitui o corpo da função; i.e., ele tem validade mesmo antes de ser declarado. O exemplo a seguir ilustra esses fatos:

```
int UmaFuncao(int x)
{
    int y = z + 1, /* ILEGAL: Uso de z fora de seu escopo */
        z = 2; /* O escopo de z começa aqui */

    if (z < 10.0)
        goto umRotulo;

umRotulo: /* O rótulo é declarado aqui, mas seu escopo */
          /* começa no início do corpo da função        */
    z = x + y;
    /* ... */

    return 0;
}
```

### 5.10.5 Conflitos de Identificadores

É permitido o uso de identificadores iguais em escopos diferentes. Por exemplo, duas funções diferentes podem utilizar um mesmo nome de variável local sem que haja possibilidade de conflito entre os mesmos, como mostra o seguinte exemplo esquemático:

```
void  F1( void )
{
    int  x;
    ...
}
void  F2( void )
{
    double  x;
    ...
}
```

Menos evidente é o fato de também ser permitido o uso de identificadores iguais em escopos que se sobrepõem. Nesse caso, se dois identificadores podem ser válidos num mesmo local (i.e., se há conflito de identificadores), o identificador cuja declaração está mais próxima do ponto de conflito é utilizada. Por exemplo:

```
#include <stdio.h>

double  x = 2.5; /* x tem escopo de programa */

int main(void)
{
    int x = 1;  /* Definição de x que vale na função */

    printf("Valor de x = %f\n", x);

    return 0;
}
```

Nesse exemplo, o escopo da variável x declarada como **double** abrange todo o bloco da função **main()** e essa variável poderia ser utilizada dentro dessa função se não fosse o fato de uma nova variável x ser declarada como **int** no corpo da mesma função. Com isso, a variável x declarada como **int** será aquela considerada dentro do corpo de **main()**; i.e., a variável x declarada como **double** deixa de ser acessível no corpo dessa função.

Se você compilar e executar o último programa apresentado como exemplo, você poderá obter como resultado:

```
Valor de x = 0.000000
```

Esse resultado deve-se ao fato de a variável usada com **printf()** ser do tipo **int** e o especificador de formato **%f** usado com ela na chamada de **printf()** ser dirigido para valores do tipo **double**. Portanto o comportamento da função **printf()** nesse caso é indefinido.

# 5.11 Exemplos de Programação

### 5.11.1 Leitura de Números Naturais

**Problema:** Um número natural é um número inteiro não negativo. (a) Escreva uma função que lê um número natural via teclado e ofereça novas chances de digitação ao usuário, caso ele não introduza um valor esperado. (b) Escreva uma função **main()** que teste a função solicitada no item (a).

**Solução de (a):** O algoritmo aparece na Figura 5–15 e a função vem logo em seguida.

---

**ALGORITMO LÊNATURAL**

Algoritmo LeNatural /* Lê um número natural */

Parâmetros: Nenhum
Retorno: O valor lido

inteiro numNatural

leia(numNatural)

enquanto (numNatural < 0) faça
  escreva("Valor invalido. Tente novamente")
  leia(numNatural)

retorne numNatural

---

**FIGURA 5–15: ALGORITMO DE LEITURA DE NÚMEROS NATURAIS**

```
/****
 *
 * LeNatural(): Lê um número natural (i.e., um número inteiro não negativo)
 *
 * Parâmetros: Nenhum
 *
 * Retorno: O número natural lido
 *
 ****/
int LeNatural(void)
{
   int numNatural; /* O número a ser lido */

   numNatural = LeInteiro(); /* Primeira tentativa */

   while(numNatural < 0) {
      printf( "\a\n\t>>> Valor invalido. Tente novamente <<<\n\t> " );
      numNatural = LeInteiro(); /* Faz nova tentativa */
   }

   return numNatural;
}
```

**Análise:** Em programação, **validar dados** significa verificar se os dados recebidos por um programa satisfazem as expectativas do programa. Laços de repetição são utilizados em leitura de dados para oferecerem novas chances ao usuário após ele ter introduzido dados considerados anormais pelo programa, como faz a função `LeNatural()`.

**Solução de (b):** O algoritmo aparece abaixo e a função vem logo em seguida.

---

**ALGORITMO PRINCIPAL**

inteiro num

escreva("Digite um numero inteiro que não seja negativo:")
num ← LeNatural

escreva("Você digitou ", num)

---

```
/****
 *
 * main(): Testa a função LeNatural()
 *
 * Parâmetros: Nenhum
 *
 * Retorno: Zero
 *
 ****/
int main(void)
{
   int num;

      /* Apresenta o programa ao usuário e explica seu funcionamento */
   printf("\n\t>>> Este programa le um numero natural e apresenta-o na tela.\n");

      /* Força o usuário a digitar um número natural */
   printf( "\n\t>>> Digite um numero inteiro que nao seja negativo:\n\t> " );
   num = LeNatural(); /* Lê o número */

      /* Apresenta o número digitado */
   printf("\n\t>>> Voce digitou %d\n", num);

   return 0;
}
```

**Exemplo de execução do programa:**

```
        >>> Este programa le um numero natural e apresenta-o na tela.

        >>> Digite um numero inteiro que nao seja negativo:
        > -1

        >>> Valor invalido. Tente novamente <<<
        > 0

        >>> Voce digitou 0
```

### 5.11.2 Números Primos 1

**Preâmbulo:** Um **número primo** é um número natural (i.e., inteiro não negativo) maior do que **1** e divisível apenas por **1** e por si próprio.

**Problema:** Escreva uma função, denominada `EhPrimo()`, que retorna **1** se um número natural maior do que **1** recebido como parâmetro for primo e zero em caso contrário. (b) Escreva um programa que lê números inteiros não negativos como entrada e determina se cada um deles é primo ou não. O programa deve encerrar quando o usuário digitar zero ou um.

**Solução de (a):** O algoritmo aparece na Figura 5–16 e a função vem logo em seguida.

---

Algoritmo ÉPrimo

ENTRADA: n

RETORNO:

- ▪ 1, se n for primo
- ▪ −1, se n for menor do que dois
- ▪ 0, se n não for primo

inteiro i

se (n ≤ 1) então
  retorne -1

i ← 2

enquanto (i ≤ n/2) faça
  se (n%i = 0) então
    retorne 0 /* Não é primo */

  i ← 1 + i

retorne 1 /* É primo */

---

FIGURA 5–16: ALGORITMO DE VERIFICAÇÃO DE NÚMERO PRIMO

```
/****
 *
 * EhPrimo(): Verifica se um número inteiro maior do que um é primo ou não
 *
 * Parâmetros:
 *       n (entrada): o número que será testado
 *
 * Retorno: 1, se o número for primo
 *          0, se o número não for primo
 *         -1, se for indefinido (i.e., se n <= 1)
 *
 ****/
int EhPrimo(int n)
{
    int i;

        /* O conceito de número primo não é definido */
        /* para números inteiros menores do que dois */
    if (n <= 1) {
        return -1; /* Indefinido */
    }

        /* Verifica se o número tem algum divisor */
    for (i = 2; i < n; ++i) {
        if (!(n%i)) {
            return 0; /* Encontrado um divisor */
        }
    }

        /* Não foi encontrado nenhum divisor para o número dado. Portanto ele é primo */
    return 1;
}
```

**Solução de (b):** O algoritmo aparece abaixo e a função vem logo em seguida.

```
                        ALGORITMO PRINCIPAL
inteiro num

enquanto (verdadeiro) faça
  escreva("Digite um numero inteiro que não seja negativo:")
  num ← LeNatural

  se (num ≤ 1) então
    pare

  se (EhPrimo(num) = 1) então
    escreva(num, "é primo")
  senão
    escreva(num, "não é primo")
```

**Análise:** Esse algoritmo chama o subalgoritmo LeNatural apresentado na Seção 5.11.1.

```c
/****
 * main(): Determina se números inteiros positivos
 *         introduzidos via teclado são primos
 *
 * Parâmetros: Nenhum
 *
 * Retorno: Zero
 ****/
int main(void)
{
   int num;

      /* Apresenta o programa e explica seu funcionamento */
   printf( "\n\t>>> Este programa verifica se numeros inteiros"
           "\n\t>>> nao-negativos sao primos ou nao. Para"
           "\n\t>>> encerra-lo, digite zero ou um.\n" );

      /* O laço principal do programa encerra quando o usuário introduz 0 ou 1 */
   while (1) {
      printf("\n\t>>> Digite um numero inteiro que nao seja negativo:\n\t> ");
      num = LeNatural(); /* Lê o número */

      if (num <= 1) { /* Encerra o laço */
         break;
      }

         /* Verifica se o número é primo ou não e apresenta a mensagem apropriada */
      printf( "\n\t>>> %d %s e' primo\n", num, EhPrimo(num) ? "" : "nao" );
   }

      /* Despede-se do usuário */
   printf( "\n\t>>> Obrigado por usar este programa.\n");

   return 0;
}
```

**Análise:** A função **main()** chama a função `LeNatural()` definida na Seção 5.11.1. Portanto, para concluir esse programa, resta incluir essa última função e os cabeçalhos necessários:

```c
#include <stdio.h>   /* Entrada e saída */
#include "leitura.h" /* LeituraFacil     */
```

**Exemplo de execução do programa:**

```
>>> Este programa verifica se numeros inteiros
>>> nao-negativos sao primos ou nao. Para
>>> encerra-lo, digite zero ou um.

>>> Digite um numero inteiro que nao seja negativo:
> -1

>>> Valor invalido. Tente novamente <<<
> 10

>>> 10 nao e' primo

>>> Digite um numero inteiro que nao seja negativo:
> 5

>>> 5  e' primo

>>> Digite um numero inteiro que nao seja negativo:
> 0

>>> Obrigado por usar este programa.
```

### 5.11.3 MDC por meio de Força Bruta

**Problema:** (a) Escreva uma função que calcule o máximo divisor comum (MDC) de dois números inteiros positivos. (b) Escreva uma função **main()** que lê dois valores inteiros positivos como entrada, calcula o máximo divisor comum deles e apresenta o resultado na tela.

**Solução de (a):** O algoritmo aparece na Figura 5–17 e a função vem logo em seguida.

---

ALGORITMO MDC

ENTRADA: x, y

RETORNO:

- MDC de x e y, se x e y forem maiores do que 0
- 0, em caso contrário

inteiro divisor

se ((x ≤ 0) ou (y ≤ 0)) então
  retorne 0

se (y < x)
  divisor ← y
senão
  divisor ← x

enquanto (x%divisor ≠ 0 ou y%divisor ≠ 0) faça
  divisor ← divisor - 1

retorne divisor

---

FIGURA 5–17: ALGORITMO DE CÁLCULO DE MDC

```
/****
 * MDC(): Calcula o MDC de dois números inteiros positivos
 *
 * Parâmetros:
 *      x, y (entrada): números cujo MDC será calculado
 *
 * Retorno: O referido MDC, se x e y forem positivos. Zero, em caso contrário.
 ****/
```

```c
int MDC(int x, int  y)
{
   int divisor;

      /* MDC é definido apenas para números inteiros positivos */
   if ( (x <= 0) || (y <= 0) )
      return 0; /* 0 não é um MDC válido. Este valor */
                /* indica uma condição de erro.      */

   /* O MDC de dois números é no máximo igual ao menor dos dois números. */
   /* Portanto faz-se o valor inicial do divisor o menor deles. Então,   */
   /* enquanto 'divisor' não divide ambos, reduz-se seu valor de uma     */
   /* unidade. Se os números forem primos entre si, 'divisor' atingirá   */
   /* o valor 1, que é divisor de qualquer número inteiro positivo.      */

      /* Atribui a 'divisor' o menor dos parâmetros */
   divisor = (y < x) ? y : x;

      /* Enquanto 'divisor' não assumir um valor que divida */
      /* tanto x quanto y, continua decrementando seu valor */
   while ( (x%divisor) || (y%divisor) ) {
      divisor--;
   }

   return divisor;
}
```

**Solução de (b):** O algoritmo aparece abaixo e a função vem logo em seguida.

ALGORITMO PRINCIPAL

```
inteiro a, b
caractere op
faça
  escreva("Digite um numero inteiro que
       não seja negativo:")
  a ← LeNatural
  escreva("Digite outro numero inteiro que
       não seja negativo:")
  b ← LeNatural
  se (a = 0 ou b = 0) então
     escreva("Não existe MDC")
  senão
     escreva("O MDC é: ", MDC(a, b))
  escreva("Deseja continuar (s/n)? ")
  leia(op)
enquanto(op = 's' ou op = 'S')
```

**Análise:** Esse algoritmo chama o subalgoritmo LeNatural apresentado na Seção 5.11.1.

```c
/****
 * main(): Lê continuamente dois valores inteiros não negativos,
 *         calcula o MDC deles e apresenta o resultado
 *
 * Parâmetros: Nenhum
 *
 * Retorno: Zero
 ****/
int main(void)
```

```
{
    int a, b; /* Dois valores que terão o MDC calculado */

    /* Apresenta o programa */
    printf("\n\t>>> Este programa calcula o MDC de"
           "\n\t>>> dois numeros inteiros positivos.\n");

    /* O laço encerra quando o usuário escolhe 'n' ou 'N' */
    do {
        /* Lê dois valores não negativos */
        printf("\n>>> Digite um numero inteiro que nao seja negativo:\n\t> ");
        a = LeNatural();

        printf("\n>>> Digite outro numero inteiro que nao seja negativo:\n\t> ");
        b = LeNatural();

        /* Se um dos dois valores for 0, informa que não há MDC. */
        /* Caso contrário, calcula o MDC e o apresenta na tela.  */
        if (!a || !b) {
            printf("\n\t>>> Nao existe MDC de: %d e %d", a, b);
        } else {
            printf("\n\t>>> O MDC e': %d\n", MDC(a, b));
        }

        /* Verifica se o usuário deseja continuar */
        printf("\n\t>>> Deseja continuar (s/n)? ");
    } while (LeOpcaoSimNao());

    /* Despede-se do usuário */
    printf( "\n\t>>> Obrigado por usar este programa.\n");

    return 0;
}
```

**Análise:** A função **main**() chama a função `LeNatural()`, apresentada na Seção 5.11.1 e a função `LeOpcaoSimNao()`, apresentada na Seção 5.8.3.

**Exemplo de execução do programa:**

```
>>> Este programa calcula o MDC de
>>> dois numeros inteiros positivos.

>>> Digite um numero inteiro que nao seja negativo:
> 7

>>> Digite outro numero inteiro que nao seja negativo:
> 28

>>> O MDC e': 7

>>> Deseja continuar (s/n)? n

>>> Obrigado por usar este programa.
```

## 5.11.4 MMC

**Preâmbulo:** Em aritmética, o mínimo múltiplo comum (MMC) de dois números naturais x e y, denotado como `MMC(x, y)`, é o menor número natural que é divisível simultaneamente por x e y. Por definição, se x ou y for zero, `MMC(x, y)` é zero.

**Problema:** (a) Escreva uma função que calcula o MMC de dois números naturais. (b) Escreva uma função **main**() que lê dois números naturais, chama a função descrita no item (a) e apresenta o resultado.

**Solução de (a):** O algoritmo aparece na Figura 5–18 e a função vem logo em seguida.

---

ALGORITMO MMC

ENTRADA: x, y

RETORNO:

- O MMC de x e y, se x e y forem maiores do que 0
- 0, em caso contrário

inteiro n

se (x ≤ 0 ou y ≤ 0) então
  retorne 0

n ← 1

enquanto(n ≤ a*b) faça
  se (n%a = 0 && n%b = 0)
    pare

  n ← n + 1

retorne n

---

FIGURA 5–18: ALGORITMO DE CÁLCULO DE MMC

```
/****
 * MMC(): Calcula o mínimo múltiplo comum de dois números naturais
 *
 * Parâmetros:
 *      a, b (entrada) - os dois números usados no cálculo
 *
 * Retorno: Zero, se um dos parâmetros for menor do que ou igual
 *          a zero. O MMC dos dois parâmetros, em caso contrário.
 ****/
int MMC(int a, int b)
{
   int n;

      /* Se um dos dois valores for menor do que ou igual a zero, o MMC é zero */
   if (a <= 0 || b <= 0) {
      return 0;
   }

      /* O MMC de a e b é um número entre 1 e a*b */
      /* que é divisível tanto por a quanto por b */
   for(n = 1; n <= a*b; n++) {
      if(n%a == 0 && n%b == 0) {
         break; /* Encontrado o MMC */
      }
   }
   return n;
}
```

**Solução de (b):** O algoritmo aparece abaixo e a função vem logo em seguida.

```
                    ALGORITMO PRINCIPAL
inteiro a, b

escreva("Digite um numero inteiro que
     não seja negativo:")
a ← LeNatural

escreva("Digite outro numero inteiro que
     não seja negativo:")
b ← LeNatural

se (a = 0 ou b = 0) então
  escreva("Não existe MMC")
senão
  escreva("O MMC é: ", MMC(a, b))
```

**Análise:** Esse algoritmo chama o subalgoritmo LENATURAL apresentado na Seção 5.11.1.

```c
/****
 * main(): Determina o MMC de dois números naturais
 *
 * Parâmetros: Nenhum
 *
 * Retorno: Zero
 ****/
int main(void)
{
    int x, y;

       /* Apresenta o programa */
    printf( "\n\t>>> Este programa determina o minimo multiplo"
            "\n\t>>> comum de dois numeros inteiros.\n" );

    printf("\n\t>>> Digite um inteiro nao-negativo: ");
    x = LeNatural();

    printf("\t>>> Digite outro inteiro nao-negativo: ");
    y = LeNatural();

    printf("\n\t>>> MMC de %d e %d: %d\n", x, y, MMC(x, y));

    return 0;
}
```

**Análise:** A função **main()** chama a função `LeNatural()` apresentada na Seção 5.11.1.

**Exemplo de execução do programa:**

```
       >>> Este programa determina o minimo multiplo
       >>> comum de dois numeros inteiros.

       >>> Digite um inteiro nao-negativo: 4
       >>> Digite outro inteiro nao-negativo: 6

       >>> MMC de 4 e 6: 12
```

### 5.11.5 Série de Taylor para Cálculo de Seno

**Preâmbulo:** A função seno pode ser expressa pela seguinte série (infinita) de Taylor:

$$sen(x) = x - \frac{x^3}{3!} + \frac{x^5}{5!} - \frac{x^7}{7!} + ...$$

ou, equivalentemente:

$$sen(x) = \sum_{n=0}^{\infty} (-1)^n \frac{x^{2n+1}}{(2n+1)!}$$

**Problema:** Escreva um programa que calcula o seno de um arco em radianos usando uma aproximação da fórmula acima até o enésimo termo.

**Solução:**

O algoritmo da Figura 5–19 determina o sinal de cada termo.

---
ALGORITMO SinalDeTermoDeSérieDeTaylor

ENTRADA: n

RETORNO:
- -1, se n for ímpar
- 1, se n for par

```
se (n%2 ≠ 0)
  retorne -1
senão
  retorne 1
```
---

FIGURA 5–19: ALGORITMO DE DETERMINAÇÃO DE SINAL DE TERMO DE SÉRIE DE TAYLOR

O algoritmo da Figura 5–20 calcula o 'termo de ordem n da série.

---
ALGORITMO TermoDeSérieDeTaylor

ENTRADA: x, n

RETORNO: o valor do termo de ordem n da série

```
se (n = 0) então
  retorne x

retorne Sinal(n)*pow(x, 2*n+1)/Fatorial(2*n + 1)
```
---

FIGURA 5–20: ALGORITMO DE CÁLCULO DE TERMO DE SÉRIE DE TAYLOR

O algoritmo da Figura 5–21 calcula o seno de x com n termos.

---
ALGORITMO SenoUsandoSérieDeTaylor

ENTRADA: x, n

RETORNO: o seno de x

```
real   soma
inteiro i

soma ← 0.0
i ← 0

enquanto (i < n) faça
  soma ← soma + Termo(x, i)
  i ← 1 + i

retorne soma
```
---

FIGURA 5–21: ALGORITMO DE CÁLCULO DE SENO USANDO SÉRIE DE TAYLOR

O algoritmo principal do programa que calcula seno usando série de Taylor é mostrado abaixo.

---

ALGORITMO PRINCIPAL

constante PI = 3.14

escreva("Seno de ", PI/4," com 3 termos: ", Seno(PI/4, 3))
escreva("Seno de ", PI/4," com 5 termos: ", Seno(PI/4, 5))
escreva("Seno de ", PI/4," usando sin(): ", sin(PI/4))

---

**Observação:** O algoritmo para cálculo de fatorial foi apresentado na Seção 5.7.

O programa a seguir implementa os algoritmos discutidos acima.

```c
#include <stdio.h> /* Entrada e saída */
#include <math.h>  /* Função sin()    */

#define PI 3.141592

/****
 * Fatorial(): Calcula fatorial de um número inteiro não negativo
 *
 * Parâmetros: n (entrada): número cujo fatorial será calculado
 *
 * Retorno: O fatorial de n, se n >= 0. Zero, se n < 0
 ****/
int Fatorial(int n)
{
   int i,
       produto = 1; /* Acumula o produto */

      /* Se n for negativo, retorna 0. Este valor não representa um valor de   */
      /* fatorial válido; ele significa que a função foi chamada indevidamente */
   if (n < 0) {
      return 0; /* Chamada incorreta da função */
   }

      /* Calcula: 1*2*...*(n-1)*n */
   for (i = 2; i <= n; ++i) {
      produto = produto*i;
   }

   return produto;
}

/****
 *
 * Sinal(): Determina qual é o sinal do termo de ordem n da série de Taylor de seno
 *
 * Parâmetros: n (entrada): número de ordem do termo
 *
 * Retorno: -1, se o sinal do termo for negativo;
 *           1, se o sinal do termo for positivo
 *
 ****/
int Sinal(int n)
{
      /* Se o número de ordem do termo for par, o termo é positivo e a função */
      /* retorna 1. Caso contrario, ele é negativo e a função retorna -1.     */
   return n%2 ? -1 : 1;
}
```

```c
/****
 *
 * Termo(): Calcula o valor do termo de ordem n da série de Taylor de seno
 *
 * Parâmetros:
 *      x (entrada): número cujo seno está sendo calculado
 *      n (entrada): número de ordem do termo
 *
 * Retorno: O valor do termo de ordem n da série
 *
 ****/
double Termo(double x, int n)
{
    /* Se n for igual a zero, o valor do termo é x */
    if (!n) {
        return x;
    }

    /* Calcula e retorna o valor do enésimo termo */
    return Sinal(n) * pow(x, 2*n + 1) / Fatorial(2*n + 1);
}

/****
 *
 * Seno(): Calcula o seno de um número real, que representa um ângulo em radianos,
 *         usando série de Taylor
 *
 * Parâmetros:
 *      x (entrada): número cujo seno será calculado
 *      n (entrada): número de termos da série de Taylor
 *
 * Retorno: O seno calculado
 *
 ****/
double Seno(double x, int n)
{
    double soma = 0.0; /* Soma dos termos da série */
    int    i;

    /* Soma os n termos da série */
    for (i = 0; i < n; ++i) {
        soma = soma + Termo(x, i);
    }

    return soma;
}

/****
 * main(): Testa a função Seno()
 *
 * Parâmetros: Nenhum
 *
 * Retorno: Zero
 ****/
int main(void)
{
    printf( "\n\t>>> Este programa calcula senos usando"
            "\n\t>>> serie de Taylor e a funcao sin().\n" );
```

```
   printf( "\n\t>>> Seno de %3.2f com 3 termos: %3.2f", PI/4, Seno(PI/4, 3) );

   printf( "\n\t>>> Seno de %3.2f com 5 termos: %3.2f", PI/4, Seno(PI/4, 5) );

   printf( "\n\t>>> Seno de %3.2f usando sin(): %3.2f\n", PI/4, sin(PI/4) );

   return 0;
}
```

**Resultado de execução do programa:**

```
    >>> Este programa calcula senos usando
    >>> serie de Taylor e a funcao sin()

    >>> Seno de 0.79 com 3 termos: 0.71
    >>> Seno de 0.79 com 5 termos: 0.71
    >>> Seno de 0.79 usando sin(): 0.71
```

### 5.11.6 Comparando Números Reais

**Preâmbulo:** Raramente, operadores relacionais são adequados para comparar números reais em virtude da forma aproximada com que esses números são representados em computadores. Por exemplo, o resultado de uma operação real que, matematicamente, deve ser exatamente **0.1** pode ser representado como **0.10000000149...** num computador. O problema decorrente da comparação de números reais por meio de operadores relacionais pode ser ilustrado no seguinte programa:

```c
#include <stdio.h>

int main(void)
{
   double d;

     /* Em Matemática, o resultado da seguinte operação é exatamente igual a 0.1 */
   d = 10.0 - 9.9;

   /*                                              */
   /* Compara o valor de 'd' com 0.1 usando '==' */
   /*                                              */
   printf("\n>>> Usando o operador '==' <<<\n");

   if (d == 0.1) {
      printf("\n\t>>> Os valores sao iguais\n");
   } else {
      printf("\n\t>>> Os valores sao diferentes\n");
   }

   return 0;
}
```

Quando executado, esse programa apresenta o seguinte resultado:

```
>>> Usando o operador '==' <<<

      >>> Os valores sao diferentes
```

Em bom português, o resultado do programa acima informa que **0.1** não é igual a **0.1**!

**Problema:** (a) Escreva uma função que recebe dois números reais como parâmetros e retorna **0**, se eles forem considerados iguais, um valor positivo se o primeiro parâmetro for maior do que o segundo parâmetro e um valor negativo se o primeiro parâmetro for menor do que o segundo parâmetro. (b) Escreva um programa que teste a função especificada no item (a).

**Observação:** Os algoritmos necessários para implementação do programa proposto nesse exemplo são deixados como exercício para o leitor.

**Solução de (a):** Uma solução para o problema descrito no preâmbulo consiste em usar uma constante com um valor bem pequeno tal que, quando a diferença absoluta entre os números reais sendo comparados for menor do que ou igual a essa constante, eles serão considerados iguais. Caso contrário, eles serão considerados diferentes. O valor dessa constante depende da precisão que se deseja obter para um programa Aqui, será utilizado o valor **1.0E-14**, que é bastante razoável para as pretensões deste livro (v. Seção 7.5).

A função **ComparaDoubles()** a seguir implementa o que foi exposto.

```
/****
 * ComparaDoubles(): Compara dois valores do tipo double
 *
 * Parâmetros: d1, d2 (entrada): valores que serão comparados
 *
 * Retorno: 0, se os números forem considerados iguais
 *         -1, se d1 for considerado menor do que d2
 *          1, se d1 for considerado maior do que d2
 ****/
int ComparaDoubles(double d1, double d2)
{
    /* Verifica se o valor absoluto da diferença entre os números é menor  */
    /* do que ou igual à precisão determinada pela constante DELTA. Se for */
    /* o caso, eles são considerados iguais. Caso contrário, verifica qual */
    /* deles é menor ou maior.                                             */
    if (fabs(d1 - d2) <= DELTA) {
        return 0; /* d1 e d2 são considerados iguais */
    } else if (d1 < d2) {
        return -1; /* d1 é menor do que d2 */
    } else {
        return 1; /* d1 é maior do que d2 */
    }
}
```

**Análise:**

☐ Apesar de essa abordagem ser comumente utilizada por muitos programadores de C e de outras linguagens, ela não constitui a melhor opção para comparação de números reais. Isto é, essa abordagem leva em consideração o erro de precisão absoluto, quando o mais correto seria adotar uma estimativa de erro que levasse em consideração a ordem de grandeza dos números sendo comparados (i.e., o erro de precisão relativo). Mas, uma discussão mais aprofundada sobre esse tema está além do escopo de um livro de introdução à programação. Para obter maiores detalhes, consulte: Knuth, D., *The Art of Computer Programming Volume 2* (v. Bibliografia).

☐ A função **fabs()** é usada para calcular o valor absoluto da diferença entre os dois valores ora comparados. Para usar essa função, o cabeçalho **<math.h>** deve ser incluído.

**Solução de (b):**

```
/****
 * main(): Testa a função ComparaDoubles()
 *
 * Parâmetros: Nenhum
 *
 * Retorno: Zero
 ****/
```

```
int main(void)
{
   double d = 10.0 - 9.9;

   /*                                                         */
   /* Compara o valor de 'd' com 0.1 usando ComparaDoubles() */
   /*                                                         */

   printf("\n\n>>> Usando ComparaDoubles() <<<\n");

   if (ComparaDoubles(d, 0.1) == 0) {
      printf("\n\t>>> Os valores sao iguais\n");
   } else {
      printf("\n\t>>> Os valores sao diferentes\n");
   }

   return 0;
}
```

Para completar o programa é necessária a inclusão das seguintes diretivas no início do arquivo-fonte que contém as funções apresentadas acima:

```
#include <stdio.h> /* Função printf() */
#include <math.h>  /* Função fabs()   */

   /* Precisão utilizada na comparação de valores do tipo double */
#define DELTA 1.0E-14
```

**Resultado de execução do programa:**

```
>>> Usando ComparaDoubles() <<<

      >>> Os valores sao iguais
```

**Análise:** Compare a saída do programa acima com aquela apresentada pelo programa visto no preâmbulo e note que, agora, o resultado é aceitável.

### 5.11.7 Calculando Raiz Quadrada por meio de Busca Binária

**Preâmbulo:** Uma técnica utilizada para calcular a raiz quadrada de um número real não negativo x, denominada busca binária, segue o seguinte algoritmo:

1.  Estime um limite inferior e outro superior:

    1.1  Se o número x for maior do que 1, use 1 como limite inferior e o próprio número x como limite superior.

    1.2  Se o número x for menor do que 1, use x como limite inferior e 1 como limite superior.

2.  Se a diferença entre os limites inferior e superior for menor do que certo valor de precisão (p. ex., 1.0E-10), então o resultado será a média aritmética desses limites.

3.  Caso contrário, verifique se a média aritmética dos limites inferior e superior elevada ao quadrado é maior ou menor do que x. Seja M o valor dessa média. Então:

    3.1  Se M² for menor do que x, repita o processo a partir do passo 2 considerando agora M como limite inferior; o limite superior permanece o mesmo.

    3.2  Se M² for maior do que x, repita o processo a partir do passo 2 considerando agora M como limite superior; o limite inferior permanece o mesmo.

**Problema:** (a) Implemente o algoritmo acima como uma função que retorna a raiz quadrada de um número real positivo x, recebendo como parâmetros o número x e os limites inferior e superior entre os quais se encontra a referida raiz. (b) Escreva um programa que solicita um valor numérico do usuário, calcula a raiz quadrada desse valor utilizando **sqrt()** e a função descrita em (a) e apresenta o resultado na tela.

**Solução:** Os itens (a) e (b) do enunciado são apresentados em conjunto no programa abaixo. Os algoritmos necessários para implementação do programa proposto nesse exemplo são deixados como exercício para o leitor.

```c
#include <stdio.h>    /* printf() */
#include <math.h>     /* sqrt()   */
#include "leitura.h"  /* LeReal() */

#define TOLERANCIA 1.0E-14 /* Tolerância de erro admitida no cálculo da raiz */

/****
 *
 * RaizQuadrada(): Calcula a raiz quadrada de um número
 *                 real não negativo usando busca binária
 * Parâmetros:
 *     x (entrada): número cuja raiz será calculada
 *     inferior (entrada): limite inferior do intervalo
 *     superior (entrada): limite superior do intervalo
 * Retorno: A raiz quadrada positiva do primeiro parâmetro, se inferior <= superior
 *          e o número não for negativo. Caso contrário, um valor negativo que
 *          indica ocorrência de erro.
 *
 ****/
double RaizQuadrada(double x, double inferior, double superior)
{
   double meio; /* Valor médio do intervalo */

      /* Se o limite inferior é maior do que o limite superior ou o valor   */
      /* que se deseja calcular a raiz é negativo, esta função foi chamada   */
      /* incorretamente. Este é o significado do valor retornado neste caso. */
   if (inferior > superior || x < 0) {
      return -1.0;
   }

      /* O laço encerra quando a largura do intervalo */
      /* tornar-se menor do que a tolerância de erro  */
   while (1) {
         /* Calcula o meio do intervalo */
      meio =(inferior + superior)/2.0;

         /* Verifica se a raiz quadrada foi encontrada  */
         /* de acordo com a tolerância de erro admitida */
      if (superior - inferior <= TOLERANCIA) {
         break; /* A diferença entre 'superior' e 'inferior' é */
                /* tão pequena que se pode considerar o meio    */
                /* deste intervalo como sendo a raiz procurada */
      }

      /********************************/
      /* >>> Redução do intervalo <<< */
      /********************************/

         /* Se o quadrado do meio for maior do que o número, a raiz está */
         /* na metade inferior do intervalo. Caso contrário, a raiz está */
         /* na metade superior do intervalo.                            */
```

```
      if (meio*meio > x) {
         superior = meio; /* A raiz está na metade inferior */
      } else {
         inferior = meio; /* A raiz está na metade superior */
      }
   }

   /* A variável 'meio' armazena a raiz procurada, */
   /* de acordo com a tolerância admitida          */
   return meio;
}

/****
 *
 * main(): Testa RaizQuadrada() comparando o resultado apresentado
 *         por esta função com aquele apresentado por sqrt()
 *
 * Parâmetros: Nenhum
 *
 * Retorno: Zero
 *
 ****/
int main(void)
{
   double num;
   /* Apresenta o programa */
   printf( "\n\t>>> Este programa calcula a raiz quadrada"
           "\n\t>>> de um numero nao negativo usando busca binaria.\n" );

   /* Lê o número cuja raiz quadrada será calculada */
   printf("\n\t>>> Digite um numero nao negativo> ");
   num = LeReal();

   /* Se a raiz quadrada existir, calcula-a e exibe-a */
   if(num < 0) { /* Usuário desobediente */
      printf("\n\t>>> Nao ha raiz quadrada de numero negativo\n");
   } else { /* Usuário bacana */
      printf( "\n\t>>> Raiz quadrada aproximada de %3.2f: ", num );

      /* Determina o intervalo no qual se encontra a raiz quadrada, chama a */
      /* função RaizQuadrada() de acordo com o intervalo e exibe resultado  */
      if(num < 1) { /* A raiz está entre 'num' e 1.0 */
         printf( "%3.2f\n", RaizQuadrada(num, num, 1.0) );
      } else { /* A raiz está entre 1.0 e 'num' */
         printf( "%3.2f\n", RaizQuadrada(num, 1.0, num) );
      }

      /* Apresenta o resultado calculado usando sqrt()*/
      printf("\t>>> Raiz quadrada de %3.2f usando sqrt(): %3.2f\n", num, sqrt(num));
   }
   return 0;
}
```

**Análise:**   Espera-se que os comentários apresentados no programa sejam esclarecedores e não deixem dúvidas para o leitor.

**Exemplo de execução do programa:**

```
>>> Este programa calcula a raiz quadrada
>>> de um numero nao negativo usando busca binaria.

>>> Digite um numero nao negativo> 2

>>> Raiz quadrada aproximada de 2.00: 1.41
>>> Raiz quadrada de 2.00 usando sqrt(): 1.41
```

### 5.11.8 Gerando Números Aleatórios

**Problema:** (a) Escreva uma função que retorna um número aleatório entre os limites inteiros recebidos como parâmetros. (b) Escreva uma função **main()** que teste a função solicitada no item (s).

**Solução de (a):** O algoritmo da Figura 5–22 retorna um número aleatório entre os valores recebidos. Depois dessa figura aparece a função que implementa esse algoritmo.

---

ALGORITMO NumeroAleatórioEntreDoisLimites

ENTRADA: m, n /* Limites do intervalo */

booleano primeiraChamada

primeiraChamada ← verdadeiro

se (primeiraChamada) então
  srand
  primeiraChamada ← falso

se (n < m) então
  retorne rand%(m - n + 1) + n
senão
  retorne rand%(n - m + 1) + m

---

FIGURA 5–22: ALGORITMO DE OBTENÇÃO DE NÚMERO ALEATÓRIO ENTRE DOIS LIMITES

```
/****
 * NumeroAleatorio(): Retorna um número aleatório entre os valores recebidos
 *
 * Parâmetros:
 *      m, n (entrada) - valores que definem o intervalo de números sorteados
 *
 * Retorno: O número aleatório gerado
 *
 * Observações:
 *      1. É indiferente se m <= n ou n <= m
 *      2. Quando chamada pela primeira vez, esta função
 *         alimenta o gerador de números aleatórios
 ****/
int NumeroAleatorio(int m, int n)
{
    static int primeiraChamada = 1; /* Esta variável checa se a função está    */
                                    /* sendo chamada pela primeira vez e deve */
                                    /* ter duração fixa                        */

    /* Se esta for a primeira chamada da função, */
    /* alimenta o gerador de números aleatórios   */
    if (primeiraChamada) {
        /* Alimenta o gerador de números aleatórios */
        srand(time(NULL));
```

```
        /* A próxima chamada não será mais a primeira */
    primeiraChamada = 0;
  }

    /* Leva em consideração o fato de n poder ser menor do que m */
  if (n < m) {
    return rand()%(m - n + 1) + n;
  }

    /* m é menor do que ou igual a n */
  return rand()%(n - m + 1) + m;
}
```

**Análise:** A função `NumeroAleatorio()` alimenta o gerador de números aleatórios quando é chamada pela primeira vez e ela obtém essa informação por meio da variável local de duração fixa `primeiraChamada`.

**Solução de (b):** O algoritmo aparece abaixo e a função **main**() vem logo em seguida.

---

ALGORITMO PRINCIPAL

inteiro i1, i2; /* Valores que definem o intervalo */

escreva("Primeiro limite do intervalo: ");
leia(i1)

escreva("Segundo limite do intervalo: ");
leia(i2)

escreva("Número aleatório gerado: ", NumeroAleatorio(i1, i2));

---

```
/****
 *
 * main(): Lê dois valores que representam limites de um intervalo, gera um número
 *         aleatório entre os limites introduzidos e apresenta o resultado
 *
 * Parâmetros: Nenhum
 *
 * Retorno: Zero
 *
 ****/
int main(void)
{
   int i1, i2; /* Valores que definem o intervalo */

      /* Apresenta o programa */
   printf( "\n\t>>> Este programa gera um numero aleatorio"
           "\n\t>>> entre os valores introduzidos.\n" );

   printf("\n\t>>> Primeiro limite do intervalo: ");
   i1 = LeInteiro();

   printf("\n\t>>> Segundo limite do intervalo: ");
   i2 = LeInteiro();

   printf( "\n\t>>> Numero aleatorio gerado: %d\n", NumeroAleatorio(i1, i2) );

   return 0;
}
```

Para completar o programa, é necessário incluir os seguintes cabeçalhos:

```
#include <stdio.h>    /* printf()        */
#include <stdlib.h>   /* rand() e srand() */
```

```
#include <time.h>    /* time()         */
#include "leitura.h" /* LeInteiro()    */
```

**Exemplo de execução do programa:**

```
>>> Este programa gera um numero aleatorio
>>> entre os valores introduzidos.

>>> Primeiro limite do intervalo: 33

>>> Segundo limite do intervalo: 55

>>> Numero aleatorio gerado: 48
```

### 5.11.9 Calculadora Dirigida por Menu

**Problema:** Escreva um programa que apresenta um menu no qual cada opção representa encerramento do programa ou uma operação aritmética básica, lê a opção do usuário e efetua a respectiva operação.

**Solução:**

**Observação:** Os algoritmos seguidos pelo programa apresentado adiante são deixados como exercício para o leitor.

```
#include <stdio.h>   /* Entrada e saída */
#include "leitura.h" /* LeituraFacil    */

/****
 * ApresentaMenu(): Apresenta um menu de opções
 *
 * Parâmetros: nenhum
 *
 * Retorno: Nada
 ****/
void ApresentaMenu(void)
{
   printf( "\n\n\t****** Opcoes ******\n"
           "\n\t[A]dicao"
           "\n\t[M]ultiplicacao"
           "\n\t[S]ubtracao"
           "\n\t[D]ivisao"
           "\n\t[E]ncerra o programa\n" );
}

/****
 *
 * main(): Apresenta um menu no qual cada opção representa
 *         encerramento do programa ou uma operação aritmética
 *         básica, lê a opção e efetua a respectiva operação
 *
 * Parâmetros: Nenhum
 *
 * Retorno: Zero
 *
 ****/
int main(void)
{
   int    opcao;
   double x, y;

      /* Apresenta o programa */
```

```c
    printf( "\n\t>>> Este programa e' uma calculadora mambembe."
            "\n\t>>> Escolha a opcao 'E' para encerra-lo." );

    /* O laço encerra quando o usuário escolhe a opção 'E' */
    while (1) {
        ApresentaMenu();

            /* Lê a opção do usuário */
        printf("\n\t>>> Escolha sua opcao: ");
        opcao = LeOpcao("AMSDEamsde");

            /* Se a opção for 'E', encerra o laço */
        if (opcao == 'E' || opcao == 'e') {
            break; /* Encerra o laço while */
        }
        /*                                                         */
        /* Lê os valores sobre os quais a operação aritmética será efetuada */
        /*                                                         */

        printf("\n\t>>> Digite o primeiro valor: ");
        x = LeReal();

        printf("\n\t>>> Digite o segundo valor: ");
        y = LeReal();

            /* Efetua a operação escolhida */
        switch (opcao) {
            case 'A':
            case 'a': /* Adição */
                printf("\n\t> %f + %f = %f", x, y, x + y);
                break;
            case 'M':
            case 'm': /* Multiplicação */
                printf("\n\t> %f * %f = %f", x, y, x * y);
                break;
            case 'S':
            case 's': /* Subtração */
                printf("\n\t> %f - %f = %f", x, y, x - y);
                break;
            case 'D':
            case 'd': /* Divisão */
                if (y) {
                    printf("\n\t> %f / %f = %f", x, y, x / y);
                } else {
                    printf("\n\t> O divisor nao pode ser zero");
                }
                break;
            default: /* Não se deve chegar até aqui */
                printf("\nEste programa contem um erro!!!");
                break;
        } /* switch */
    } /* while */

        /* Despede-se do usuário */
    printf( "\n\t>>> Obrigado por usar este programa.\n");

    return 0;
}
```

**Exemplo de execução do programa:**

```
>>> Este programa e' uma calculadora mambembe.
>>> Escolha a opcao 'E' para encerra-lo.

****** Opcoes ******

[A]dicao
[M]ultiplicacao
[S]ubtracao
[D]ivisao
[E]ncerra o programa

>>> Escolha sua opcao: a

>>> Digite o primeiro valor: 2.5
>>> Digite o segundo valor: 3.5

> 2.500000 + 3.500000 = 6.000000

****** Opcoes ******

[A]dicao
[M]ultiplicacao
[S]ubtracao
[D]ivisao
[E]ncerra o programa

>>> Escolha sua opcao: d

>>> Digite o primeiro valor: 5
>>> Digite o segundo valor: 0

> O divisor nao pode ser zero

****** Opcoes ******

[A]dicao
[M]ultiplicacao
[S]ubtracao
[D]ivisao
[E]ncerra o programa

>>> Escolha sua opcao: d

>>> Digite o primeiro valor: 5
>>> Digite o segundo valor: 2.5

> 5.000000 / 2.500000 = 2.000000

****** Opcoes ******

[A]dicao
[M]ultiplicacao
[S]ubtracao
[D]ivisao
[E]ncerra o programa

>>> Escolha sua opcao: e

>>> Obrigado por usar este programa.
```

## 5.11.10 Conjectura de Collatz 1

**Preâmbulo:** Seja **n** um número inteiro positivo. Então, considere uma sequência de números inteiros tendo **n** como primeiro termo e tal que cada termo seguinte é obtido dividindo-se o termo corrente por **2**, se ele for par, ou multiplicando-se por **3** e somando-se **1**, se ele for ímpar. A Conjectura de Collatz propõe que, eventualmente, um termo dessa sequência assume 1 como valor. Essa proposição nunca foi provada como verdadeira ou falsa (por isso ela é considerada uma *conjectura* e não um *teorema*).

**Problema:** Escreva um programa que determina a sequência de Collatz que começa com um número inteiro positivo recebido como entrada. O programa deve exibir a referida sequência de Collatz e contar o número de termos da mesma.

**Solução:** Os algoritmos seguidos pelo programa apresentado a seguir são deixados como exercício para o leitor enquanto o programa é apresentado a seguir.

```c
#include <stdio.h>    /* printf() e putchar() */
#include "leitura.h" /* LeInteiro()          */

/****
 * Collatz(): Apresenta na tela a sequência de Collatz a partir de um dado número
 *            inteiro positivo e conta o número de termos dessa sequência
 *
 * Parâmetros: n (entrada) - termo inicial da sequência
 *
 * Retorno: O número de termos da sequência
 ****/
int Collatz(int n)
{
   int cont = 1; /* Conta o número de termos da sequência e é iniciado com 1 pois */
                 /* a sequência tem pelo menos um termo, que é o parâmetro         */

      /* O primeiro termo deve ser positivo */
   if (n <= 0) {
      return 0; /* Nada será escrito, pois não existe sequência */
   }

      /* Apresenta o primeiro termo na tela */
   printf("\n>>> %d%s", n, n > 1 ? " -> " : "\n");

      /* Determina e apresenta na tela os demais termos. Se o laço a seguir */
      /* não encerrar, i.e., se não for encontrado um termo igual a 1, você */
      /* terá encontrado um número que não satisfaz a conjectura de Collatz */
   while (1) {
         /* Gera o próximo termo */
      if (!(n%2)) { /* O termo corrente é par */
         n = n/2; /* Calcula o próximo termo */
      } else { /* O termo corrente é ímpar */
         n = 3*n + 1; /* Calcula o próximo termo */
      }

      printf("%d", n); /* Apresenta o novo termo */

      ++cont; /* Mais um termo foi gerado */

         /* Se o novo termo for 1, a sequência está encerrada */
      if (n != 1) { /* Existe, pelo menos, mais um termo */
            /* Escreve seta que antecede o próximo termo */
         printf(" -> ");
      } else { /* Não existem mais termos */
         putchar('\n'); /* Embelezamento */
         break; /* Encerra o laço */
      }
   }
   return cont;
}
```

```
/****
 * main(): Encontra a sequência de Collatz a partir de um dado
 *         número inteiro positivo
 *
 * Parâmetros: Nenhum
 *
 * Retorno: Zero
 ****/
int main(void)
{
    int n, /* Número introduzido pelo usuário */
        nTermos;

    /* Apresenta o programa */
    printf( "\n\t>>> Este programa encontra a sequencia de Collatz"
            "\n\t>>> a partir de um dado valor inteiro positivo."
            "\n\t>>> Digite zero para encerrar o programa.\n" );

    /* O laço encerra quando o usuário digitar 0 */
    while (1) {
        /* Lê o termo inicial da sequência */
        printf( "\n\t>>> Digite um numero inteiro positivo"
                "\n\t>>> ou zero para encerrar o programa: ");
        n = LeInteiro();

        if (!n) { /* O usuário digitou zero */
            break; /* Encerra o laço */
        } else if (n < 0) { /* Valor digitado é negativo */
            printf("\a\n\t>>> Nao sao aceitos numeros negativos");
        } else {
            /* Apresenta a sequência e obtém o número de termos */
            nTermos = Collatz(n);

            /* Apresenta o número de termos da sequência */
            printf( ">>> A sequencia possui %d termos\n", nTermos );
        }
    }

    /* Despede-se do usuário */
    printf( "\n\t>>> Obrigado por usar este programa.\n");

    return 0;
}
```

**Exemplo de execução do programa:**

```
        >>> Este programa encontra a sequencia de Collatz
        >>> a partir de um dado valor inteiro positivo.
        >>> Digite zero para encerrar o programa.

        >>> Digite um numero inteiro positivo
        >>> ou zero para encerrar o programa: 20

  >>> 20 -> 10 -> 5 -> 16 -> 8 -> 4 -> 2 -> 1
  >>> A sequencia possui 8 termos

        >>> Digite um numero inteiro positivo
        >>> ou zero para encerrar o programa: 0

        >>> Obrigado por usar este programa.
```

# 5.12 Exercícios de Revisão

## Introdução (Seção 5.1)

1. (a) O que é um subprograma? (b) O que é uma função?

2. Qualquer programa de console escrito em C deve usar funções?

3. Que relação existe entre a abordagem dividir e conquistar discutida no Capítulo 2 e o uso de funções?

## Endereços e Ponteiros (Seção 5.2)

4. Como se obtém o endereço de uma variável?

5. Uma variável de um tipo primitivo sempre contém um valor válido do tipo com o qual ela é definida, mesmo quando ela não é iniciada. No entanto, uma variável que representa um ponteiro nem sempre contém um valor válido. Por quê?

6. (a) Para que serve o operador de indireção? (b) Como deve ser um operando desse operador? (c) Qual é o resultado da aplicação desse operador? (d) Por que o operador de indireção recebe essa denominação?

7. (a) O operador de endereço pode ser aplicado a qualquer tipo de variável? (b) E o operador de indireção?

8. O que é e para que serve um ponteiro nulo?

9. O que há de errado nas seguintes definições de variáveis?

```
int  x1 = -1, x2 = 5;
int *p1 = &x1, p2 = &x2;
```

10. (a) O seguinte trecho de programa é legal? (b) Em caso afirmativo, qual é o seu efeito?

```
int x = 5;
int *p = &x;

*p = 2*x;
```

11. Suponha que x seja uma variável. (a) Qual é o significado da expressão &*&x? (b) Qual é o significado da expressão *&*&x?

12. Por que o programa a seguir é abortado?

```
"Este e' um string muito grande para "
"ser contido numa linha do meu programa"
```

13. Qual é a saída do seguinte programa? [Dica: Este programa é sintaticamente correto, mas apresenta um erro de lógica que não é de fácil visualização. Um bom compilador apresentará uma mensagem de advertência sugerindo qual é o erro.]

```
#include <stdio.h>

int main(void)
{
    int  y = 100, x = 10;
    int *p = &x;

    y = y/*p; /* Divide y por *p */;

    printf("y = %d", y);

    return 0;
}
```

14. Por que a iniciação a seguir:

```
int  x;
int *p = &x;
```

é legal, mas a instrução:

```
*p = &x;
```

é problemática?

15. Por que, do ponto de vista sintático, a iniciação:

```
int *p = 5;
```

é ilegal, mas a instrução:

```
*p = 5;
```

é perfeitamente legal, apesar de também ser problemática?

## Funções (Seção 5.3)

16. Em que situações o uso de funções, além de **main**(), é recomendável num programa?

17. Como o uso de funções facilita a escrita de programas?

18. Cite algumas vantagens decorrentes do uso de funções num programa em C.

## Definições de Funções (Seção 5.4)

19. Descreva as partes que constituem uma definição de função?

20. (a) Por que se diz que parâmetros constituem o meio normal de comunicação de dados de uma função? (b) Que outros meios de comunicação de dados uma função possui?

21. Na linguagem C, uma função pode ser definida no corpo de outra função?

22. Explique o uso de **void** nos seguintes cabeçalhos de funções:

    (a) `void F(int  x)`

    (b) `int G(void)`

23. O que há de errado com o seguinte cabeçalho de função?

```
void F(int x, y)
```

24. Qual é o propósito de uma instrução **return**?

25. (a) Uma função cujo tipo de retorno é **void** pode ter em seu corpo uma instrução **return**? (b) Nesse caso, essa instrução pode ser usada acompanhada de um valor?

26. (a) Uma função cujo tipo de retorno não é **void** tem obrigação de ter instrução **return**? (b) Nesse caso, essa instrução pode não vir acompanhada de um valor?

27. O tipo da expressão que acompanha uma instrução **return** precisa coincidir com o tipo de retorno da função no corpo da qual a referida instrução se encontra? Explique.

28. Uma função pode ter mais de uma instrução **return**? Explique.

29. Escreva o corpo da função a seguir usando uma única linha de instrução por meio do operador condicional (? :).

```
int MinhaFuncao(int x)
{
    if (x < 0)
        return  0;
    else
        return  1;
}
```

30. A função `TrocaErrada()`, apresentada abaixo, propõe-se a trocar os valores de duas variáveis inteiras. Entretanto, esta função contém um grave erro. Qual é o erro?

```
void TrocaErrada(int * x, int * y)
{
   int *aux;

   *aux = *x;
   *x   = *y;
   *y   = *aux;
}
```

31. Interprete o valor retornado pela função `F()` a seguir:

```
int Abs(int x)
{
   return x >= 0 ? x : -x;
}
```

32. O que há de errado com a seguinte definição de função?

```
int F(int x)
{
   if (x > 0) {
      return x;
   }
}
```

33. De acordo com Matemática, o valor absoluto de um número pode ser definido como a raiz quadrada positiva do número elevado ao quadrado. Seguindo essa definição, uma função que calcula o valor absoluto de uma variável do tipo **int** poderia ser definida como:

```
int Abs(int x)
{
   return sqrt(x*x);
}
```

Apresente um argumento que demonstre que essa definição matemática de valor absoluto é inadequada em programação. [Dica: O que aconteceria se essa função fosse chamada recebendo como parâmetro um valor próximo ao maior valor permitido para o tipo **int**?]

## Chamadas de Funções (Seção 5.5)

34. Em que situações um parâmetro formal deve ser declarado como ponteiro?

35. Em que situações é aconselhável (mas não obrigatório) utilizar um ponteiro como parâmetro de uma função?

36. O que é modo de um parâmetro?

37. (a) O que é um parâmetro de entrada? (b) O que é um parâmetro de saída? (c) O que é um parâmetro de entrada e saída?

38. Um parâmetro formal que não é definido como ponteiro pode ser um parâmetro de saída?

39. (a) O que é parâmetro formal? (b) O que é parâmetro real? (c) Que relação existe entre parâmetros reais e formais de uma função?

40. (a) Parâmetro real precisa ter nome? (b) Se um parâmetro real tiver nome, ele deve coincidir com o nome do parâmetro formal correspondente?

41. Qual é a regra de casamento que deve ser obedecida entre um parâmetro real e um parâmetro formal correspondente durante uma chamada de função?

42. O que ocorre quando, numa chamada de função, parâmetros reais e formais correspondentes não são do mesmo tipo?

**43.** (a) O que é passagem de parâmetros? (b) Que regras devem ser satisfeitas durante a passagem de parâmetros numa chamada de função?

**44.** Por que se diz que a passagem de parâmetros em C se dá *apenas* por valor?

**45.** Uma chamada de função cujo tipo de retorno é **void** pode fazer parte de uma expressão?

**46.** Uma função cujo tipo de retorno não é **void** pode ser chamada numa linha isolada de instrução?

**47.** Qual é o significado de **(void)** precedendo uma chamada de função, como no exemplo abaixo? [Sugestão: v. Seção 3.10.2.]

```
(void) F(5);
```

**48.** Suponha que o cabeçalho **<stdio.h>** seja incluído em cada um dos seguintes programas. Qual é a saída exibida por cada um deles.

(a)
```
int Funcao1(int  x)
{
   int  y = 0;

   y = y + x;

   return  y;
}

int main(void)
{
   int a, contador;

   for (contador = 1; contador <= 5; ++contador) {
      a = Funcao1(contador);
      printf("%d  ", a);
   }
   return 0;
}
```

(b)
```
int Funcao2(int  x)
{
   static int  y = 0;

   y = y + x;

   return  y;
}

int main(void)
{
   int a, contador;

   for (contador = 1; contador <= 5; ++contador) {
      a = Funcao2(contador);
      printf("%d  ", a);
   }
   return 0;
}
```

(c)
```
int Funcao3(int  a)
{
   int  b = 1;

   b = b + 1;

   return  b + a;
}
int Funcao4(int x)
{
   int  b;

   b = Funcao3(x);

   return  b;
}
int main(void)
{
   int  a = 0, b = 1, contador;

   for (contador = 1; contador <= 5; ++contador)  {
      b = b + Funcao3(a) + Funcao4(a);
      printf("%d  ", b);
   }
   return 0;
}
```

## Alusões e Protótipos de Funções (Seção 5.6)

49. Suponha que uma função F1() chama uma função F2(). É importante para o compilador a ordem na qual essas funções são definidas?

50. (a) O que é uma alusão a uma função? (b) Quando uma alusão é requerida num programa em C?

51. Explique por que, mesmo quando não são estritamente necessárias, alusões facilitam o trabalho do programador. [Dica: Pense num programa contendo muitas funções.]

52. (a) O que é protótipo de uma função? (b) Que relação existe entre protótipo e alusão de uma função? (c) Qual é a vantagem advinda do uso de protótipos de funções em relação ao uso do estilo antigo de alusões que não usa protótipos?

53. (a) Como é possível escrever uma alusão de função sem o uso do protótipo da função? (b) Por que essa prática não é recomendada?

54. Quando uma alusão é escrita usando o protótipo de uma função, os nomes dos parâmetros no protótipo devem coincidir com os nomes dos parâmetros formais na definição da função?

55. Escreva o protótipo de uma função denominada *F* para cada uma das seguintes situações:

    (a) F() possui um parâmetro de entrada do tipo **int** denominado dia, um parâmetro de saída do tipo **int** denominado mes e não retorna nenhum valor.

    (b) F() possui um parâmetro de saída do tipo **int** denominado x, um parâmetro de entrada e saída do tipo **int** denominado y e retorna o endereço de uma variável do tipo **int**.

56. Escreva protótipos para funções que possuam parâmetros e valores de retorno dos seguintes tipos:

    (a) Retorno: nenhum; parâmetros: **double** e ponteiro para **char**

    (b) Retorno: ponteiro para **int**; parâmetro: nenhum

57. Justifique a seguinte afirmação: *o uso de **void** entre parênteses numa definição de função é opcional, mas isso não ocorre no caso de uma alusão de função.*

58. Com relação ao uso de nomes de parâmetros numa alusão responda as seguintes questões:

    (a) É obrigatório o uso de nomes de parâmetros?

    (b) Os nomes dos parâmetros numa alusão devem corresponder aos nomes dos respectivos parâmetros na definição da função?

    (c) Se nomes de parâmetros não forem necessários numa alusão, por que eles são tipicamente utilizados?

59. (a) O que há de errado com o seguinte programa? (b) Como esse problema pode ser corrigido?

```c
#include <stdio.h>

int main(void)
{
    ApresentaMenu();
    return 0;
}

void ApresentaMenu(void)
{
    printf( "\nOpcoes:"
            "\n\tOpcao 1"
            "\n\tOpcao 2"
            "\n\tOpcao 3\n" );
}
```

60. Observando o protótipo de função a seguir, que informações você pode inferir em relação a função `G()`?

```c
int G(double *, int)
```

61. (a) Para que serve a palavra-chave **extern**. (b) Essa palavra-chave é estritamente necessária em C?

62. Quando um programa contém muitas funções, por que é útil incluir alusões a todas elas precedendo suas definições?

## Subprogramas em Linguagem Algorítmica (Seção 5.7)

63. Quais são as diferenças e semelhanças entre programas e subprogramas?

64. Quais são as etapas que devem ser seguida para a criação de um subprograma em pseudolinguagem?

65. Compare as etapas envolvidas na criação de subalgoritmos em linguagem algorítmica com aquelas utilizadas na construção de algoritmos apresentadas no Capítulo 2.

## Interação Dirigida por Menus (Seção 5.8)

66. (a) O que é interação dirigida por menus? (b) Cite um exemplo cotidiano do uso desse tipo de interação?

67. Por que, tipicamente, um programa que implementa interação dirigida por menus usa uma instrução **switch-case**?

68. Apresente uma situação na qual uma interação por meio de menus seja adequada.

69. Para que serve a função `LeOpcao()` da biblioteca LeituraFacil e como ela deve ser usada?

70. Que facilidade adicional a função `LeOpcaoSimNao()`, discutida na Seção 5.8.3, apresenta em relação à função `LeOpcao()`?

## Duração de Variáveis (Seção 5.9)

71. O que é uma variável de duração automática? (b) Como uma variável de duração automática é definida? (c) Qual é o escopo de uma variável de duração automática? (d) O que acontece quando uma variável de duração automática não é explicitamente iniciada?

72. (a) Qual é o significado da palavra-chave **auto**? (b) Essa palavra-chave é necessária em C? (c) Caso a resposta ao item (b) seja negativa, faria sentido remover **auto** do rol de palavras-chaves de C?

73. (a) O que significa liberar uma variável ou parâmetro? (b) Quando uma variável de duração automática é liberada? (c) Quando uma variável de duração fixa é liberada?

74. (a) O que acontece quando uma variável de duração automática não é explicitamente iniciada? (b) O que acontece quando uma variável de duração fixa não é explicitamente iniciada?

75. Que restrições são aplicadas a iniciações de variáveis de duração fixa?

76. (a) Por que uma variável de duração fixa não pode ser iniciada com o valor de uma variável de duração automática? (b) Por que uma variável de duração fixa não pode ser iniciada com o valor de outra variável de duração fixa?

77. (a) Uma variável de duração automática retém seu valor entre duas chamadas da função na qual ela é definida? (b) Uma variável de duração fixa definida no corpo de uma função retém seu valor entre duas chamadas da mesma função?

78. O que o seguinte programa escreve na tela?

```c
#include <stdio.h>

int main(void)
{
    int i;

    for (i = 0; i < 5; ++i) {
        int        x = 1;
        static int y = 1;

        printf("x = %d \t y = %d\n", x, y);

        ++x;
        ++y;
    }

    return 0;
}
```

79. A iniciação da variável y no trecho de programa a seguir é legal?

```c
void F(void)
{
    double     x;
    static int y = sizeof(x)/2;
    ...
}
```

80. Por que o programa a seguir não consegue ser compilado?

```c
#include <stdio.h>

int main(void)
{
    int        i = 1;
    int        j = 2*i + 5;
    static int k = i;

    printf("i = %d  j = %d  k = %d", i, j, k);

    return 0;
}
```

81. O que exibe na tela o programa abaixo?

```c
#include <stdio.h>

int F(int a)
{
    static int b;

    b = b + 1;

    return b + a;
}

int G(int a)
{
    int  b;

    b = F(a);

    return b;
}

int main(void)
{
    int i, a = 0, b = 1;

    for (i = 1; i <= 3; ++i) {
        b = b + G(a) + F(a);
        printf("%d\t", b);
    }
}
```

82. A seguinte função foi criada para calcular a soma compreendida entre **1** e o número inteiro positivo recebido como parâmetro. No entanto, essa função contém um erro que faz com que ela sempre retorne **1** quando seu parâmetro for positivo. (a) Qual é esse erro? (b) Como corrigi-lo?

```c
int SomaAteN(int n)
{
    if (n <= 0) {
        return 0;
    }

    while (1) {
        int soma = 0;

        soma = soma + n--;

        if (!n) {
            return soma;
        }
    }
}
```

83. A solução de um estudante de programação para o problema apresentado pela função `SomaAteN()` da questão anterior foi qualificar a definição da variável **soma** com **static**. Ou seja, a função apresentada como solução para a questão anterior foi:

```c
int SomaAteN2(int n)
{
   if (n <= 0) {
      return 0;
   }

   while (1) {
      static int soma = 0;

      soma = soma + n--;

      if (!n) {
         return soma;
      }
   }
}
```

Explique por que a solução proposta pelo estudante não funciona se a função `SomaAteN2()` for chamada mais de uma vez num mesmo programa.

### Escopo (Seção 5.10)

84. (a) Qual é a diferença entre escopo de bloco e escopo de função? (b) Que categorias de identificadores podem ter escopo de bloco? (c) Que categorias de identificadores podem ter escopo de função?

85. (a) Uma variável com escopo de arquivo pode ser ocultada por uma variável com escopo de bloco? (b) Um identificador com escopo de função pode ser ocultado?

86. Por que não é correto afirmar que parâmetros formais têm escopo de função?

87. (a) É possível haver duas variáveis com o mesmo nome num mesmo programa? (b) É possível haver duas variáveis com o mesmo nome numa mesma função? (c) É possível haver duas variáveis com o mesmo nome num mesmo bloco?

88. (a) O nome de um parâmetro formal pode coincidir com o nome de uma variável definida no corpo da função? (b) Se a resposta for afirmativa, como isso é possível?

89. Sabendo-se que uma variável tem duração automática, é possível inferir qual é seu tipo de escopo?

90. Sabendo-se que uma variável tem duração fixa, o que se pode concluir a respeito de seu escopo?

91. *Como parâmetros formais são definidos antes mesmo do início do corpo de uma função, ele vale em todo o corpo da função e, portanto, parâmetros formais têm escopo de função.* Explique por que essa argumentação é equivocada.

92. Considere o seguinte trecho de programa:

```c
#include <stdio.h>

int       i;
static  int j;

void F( int  k )
{
   int       m;
   static int n;

   ...
}

static int G( int  l )
{
   ...
}
```

(a) Quais são os escopos das variáveis i, j, m e n e do parâmetro k?

(b) Quais são os escopos das funções F() e G()?

(c) Quais são as durações das variáveis i, j, m e n?

93. Por que o uso de variáveis globais num programa deve ser comedido?

94. O que o seguinte programa escreve na tela?

```
#include <stdio.h>

static int  x, y;

void  F(int *u, int *v)
{
    *u = 2*(*u);
    x = *u + *v;
    *u = *u - 1;
}

int main(void)
{
    x = 4;
    y = 2;

    F(&x, &y);

    printf("x = %d   y = %d\n", x, y);

    return 0;
}
```

95. O que o seguinte programa escreve na tela?

```
#include <stdio.h>

int main(void)
{
    int i = 0;

    printf("i = %d\n", i);

    { /* Bloco 1 */
       int i = 1;

       printf("i = %d\n", i);

       { /* Bloco 2 */
          int i = 2;

          printf("i = %d  ", i);

       } /* Bloco 2 */

    } /* Bloco 1 */

    return 0;
}
```

96. Qual das funções a seguir não pode ser compilada? Explique.

```
int F1(int x)
{
   double x = 2.5;

   return 0;
}
int F2(int x)
{
   {
      double x = 2.5;
   }
   return 0;
}
```

97. Por que a função `F()` abaixo não consegue ser compilada?

```
int F(int x)
{
   int y = 2, z = 1;
rotulo:
   z = x + y;

   if (z < 10) {
      goto rotulo;
   }

   {
   rotulo:
      z += x;
   }
   return x + y + z;
}
```

98. Por que o seguinte programa nunca termina?

```
#include <stdio.h>

int i;

void F()
{
   printf("\nFuncao F() chamada\n", i);

   for (i = 5; i > 0; --i)
      printf("\ti = %d\n", i);
}

int main(void)
{
   for (i = 0; i <= 5; ++i) {
      F();
   }

   return 0;
}
```

# 5.13 Exercícios de Programação

## 5.13.1 Fácil

**EP5.1** Modifique a função `Incrementa()` apresentada a seguir de modo que as variáveis não sejam mais iniciadas, escreva um programa que chame várias vezes essa função modificada e verifique qual é a saída resultante. Compare os resultados com aqueles apresentados na Seção 5.9.3.

```c
void  Incrementa( void )
{
    int         i = 1;
    static  int j = 1;

    i++;
    j++;

    printf("Valor de i = %d\t\t Valor de j = %d", i, j);
}
```

**EP5.2** Escreva um programa que recebe um número inteiro positivo como entrada. Então, se o número for primo, o programa deve apresentar na tela essa informação. Caso contrário, o programa apresentará na tela todos os divisores desse número. [Sugestão: Estude o exemplo apresentado na Seção 5.11.2.]

**EP5.3** Escreva um programa que calcula a soma de todos números primos entre 1 e 100. [Sugestão: Use a função `EhPrimo()` implementada no exemplo apresentado na Seção 5.11.2. O resultado apresentado pelo programa deve ser 1060.]

**EP5.4** (a) Escreva uma função que calcula raízes de equações do segundo grau. (b) Escreva um programa que lê repetidamente três valores reais (supostamente coeficientes de equações do segundo grau), calcula as raízes da equação se esses valores constituírem uma equação do segundo grau e apresenta o resultado. O programa deve encerrar quando o primeiro coeficiente introduzido pelo usuário for igual a zero. [Sugestão: Consulte o exemplo apresentado na Seção 2.9.4 e use um laço de repetição que encerra quando o usuário digitar zero.]

**EP5.5** A função cosseno pode ser expressa pela seguinte série (infinita) de Taylor:

$$cos(x) = \sum_{n=0}^{\infty} (-1)^n \frac{x^{2n}}{(2n)!}$$

ou, equivalentemente:

$$sen(x) = 1 - \frac{x^2}{2!} + \frac{x^4}{4!} - \frac{x^6}{6!} + \dots$$

Escreva um programa que calcula o cosseno de um arco em radianos usando uma aproximação da fórmula acima até o enésimo termo. [Sugestão: Utilize como referência o exemplo apresentado na Seção 5.11.5.]

**EP5.6** Preâmbulo: Um número inteiro positivo é **perfeito** se ele é igual à soma de seus divisores menores do que ele próprio. Assim, por exemplo, 6 é perfeito, pois 6 = 1 + 2 + 3. Problema: (a) Escreva uma função denominada `EhPerfeito()`, que retorna 1 se o número inteiro positivo recebido como parâmetro é perfeito e 0 em caso contrário. (b) Escreva um programa que recebe um número inteiro maior do que ou igual a zero como entrada e informa se o número é perfeito ou não. O programa deve terminar quando o usuário introduzir o valor 0. Exemplo de interação com o programa:

```
[Apresentação do programa]

Introduza um número inteiro positivo: 10
10 não é um número perfeito

Introduza um número inteiro positivo: 28
28 é um número perfeito

Introduza um número inteiro positivo: -5
-5 não é um valor válido

Introduza um número inteiro positivo: 0
```

EP5.7   A técnica de busca binária, descrita no exemplo apresentado na Seção 5.11.7, pode ser estendida para calcular a raiz cúbica de um número real. (a) Escreva uma função denominada `RaizCubica()` com o seguinte protótipo:

```
double RaizCubica(double x, double inferior, double superior)
```

que calcula a raiz cúbica de `x`, usando os parâmetros `inferior` e `superior` como limites iniciais do algoritmo de busca binária. Lembre-se que existe raiz cúbica de número negativo. [Sugestões: (1) Use como referência o exemplo apresentado na Seção 5.11.7. (2) Se o número for negativo, inverta seu sinal, calcule sua raiz cúbica e, após o cálculo, inverta o sinal do resultado.]

EP5.8   (a) Escreva uma função que calcula o número de maneiras que um subconjunto de `k` elementos pode ser escolhido de um conjunto de `n` elementos. (b) Escreva uma função **main()** que lê via teclado os valores de `k` e `n` e apresenta o resultado. [Sugestão: Esse é um problema elementar de análise combinatória que você deve ter estudado no ensino médio. A função solicitada no item (a) apenas calcula `n!/(k!*(n-k)!)`.]

EP5.9   Preâmbulo: Dois números inteiros positivos são primos entre si se o único divisor comum aos dois números for `1`. Problema: (a) Escreva uma função que recebe dois números inteiros positivos como parâmetros e retorna `1` se eles forem primos entre si ou `0`, em caso contrário. (b) Escreva uma função **main()** que lê dois valores inteiros positivos como entrada, verifica se eles são primos entre si e apresenta a conclusão na tela. [Sugestões: (1) Use a função `LeNatural()`, apresentada na Seção 5.11.1, para ler os dois números. (2) A função que verifica se os números são primos entre si deve retornar `1` quando um dos números for `1` ou quando o MDC deles for `1`. Nesse último caso, use a função `MDC()`, definida na Seção 5.11.3.]

EP5.10  Preâmbulo: Dois números inteiros positivos possuem paridades distintas quando um deles é par e o outro é ímpar. Problema: Escreva uma função que recebe dois números inteiros positivos como parâmetros e retorna `1` se eles tiverem paridades distintas ou zero, em caso contrário. (b) Escreva uma função **main()** que lê dois valores inteiros positivos como entrada, verifica se eles têm paridades distintas e apresenta a conclusão na tela. [Sugestões: (1) Use a função `LeNatural()`, apresentada na Seção 5.11.1, para ler os dois números. (2) Para facilitar a escrita da função solicitada no item (a), defina uma função que verifica se um número inteiro positivo é par.]

EP5.11  (a) Escreva uma função que recebe um número inteiro como parâmetro e retorna o valor desse número recebido com seus dígitos invertidos. (b) Escreva um programa que testa a função solicitada no item (a). A seguir, um exemplo de execução desse programa:

```
Digite um valor inteiro: 321
Inteiro invertido: 123

Digite um valor inteiro: -321
Inteiro invertido: -123
```

[Sugestões: (1) Use uma variável local à função para indicar se o número é negativo ou não. (2) Use outra variável local para armazenar o valor a ser retornado pela função. Essa variável deve ser iniciada com zero. (3) Se o número for negativo, considere seu valor absoluto. (4) Use um laço do-while que encerra quando o parâmetro assumir zero como valor. (5) No corpo desse laço, atualize o valor a ser retornado com o valor corrente desse número vezes 10 mais o resto da divisão do parâmetro por 10. (6) Atualize o valor do parâmetro com seu valor corrente dividido por 10. (7) Ao final do laço, retorne o valor obtido, não se esquecendo de corrigi-lo se o valor original do parâmetro for negativo.]

EP5.12 Preâmbulo: Um palíndromo numérico é um número natural que apresenta o mesmo valor quando lido da esquerda para a direita ou da direita para a esquerda. Por exemplo, 1221 é um palíndromo numérico. Problema: Escreva um programa que verifica se um número inteiro positivo introduzido pelo usuário constitui um palíndromo numérico. [Sugestões: (1) Use a função LeNatural(), definida na Seção 5.11.1, para ler o número. (2) Use a função solicitada no exercício EP5.11 para obter o número invertido. (3) Compare o número introduzido pelo usuário com o número invertido e informe se esse número é um palíndromo ou não.]

EP5.13 Suponha que a taxa média de crescimento populacional de um país seja 1,2% e que ela se mantenha constante entre 2013 e 2023. Suponha ainda que a população atual desse país seja 100.000.000 de habitantes. Escreva um programa que lê um ano entre aqueles mencionados e informa qual é a estimativa populacional para esse ano. [Sugestões: (1) Defina constantes simbólicas para representar a taxa de crescimento populacional, a população inicial e os dois anos em questão. (2) Escreva uma função que lê um número inteiro cujo valor esteja entre dois valores recebidos como parâmetros. (3) Para calcular a população esperada no ano especificado pelo usuário, leve em consideração que a população cresce em progressão geométrica tendo como razão a taxa média de crescimento populacional.]

EP5.14 Escreva um programa que desenha setas para direita, esquerda, cima e baixo usando asteriscos, de acordo com a escolha do usuário. A seguir, um exemplo de execução desse programa:

```
1. Seta para esquerda
2. Seta para direita
3. Seta para cima
4. Seta para baixo
5. Encerra o programa

Escolha a opcao: 4

  *
  *
  *
  *
*****
 ***
  *
```

[Sugestão: Crie uma função para cada tipo de seta.]

EP5.15 (a) Escreva uma função que escreve um determinado caractere na tela um número específico de vezes. O protótipo dessa função deve ser:

```
void EscreveCaractere(int c, int nVezes)
```

Por exemplo, a chamada EscreveCaractere('*', 15) escreveria na tela 15 asteriscos. (b) Escreva um programa que lê um caractere e um valor inteiro positivo introduzidos via teclado, chama a função solicitada no item (a) para apresentar o resultado na tela.

EP5.16 Preâmbulo. A função ComparaDoubles(), definida na Seção 5.11.6, usa a expressão:

```
fabs(d1 - d2) <= DELTA
```

que é a diferença absoluta entre os valores ora comparados. No entanto, para testar se dois valores reais são tão próximos que se pode considerar que eles são iguais, uma comparação mais precisa deveria levar em consideração a diferença relativa entre os valores comparados dada por:

```
fabs(d1 - d2) <= DELTA*Max(fabs(d1), fabs(d2)
```

Nessa expressão, `Max()` é uma função que retorna o maior dentre dois valores do tipo **double** recebidos como parâmetros.

Problema. (a) Implemente uma função, denominada `ComparaDoubles2()`, que leve em consideração a diferença relativa entre os valores comparados. (b) Escreva um programa semelhante àquele da Seção 5.11.6 que teste a função especificada no item (a). [Sugestões: (1) Use a função `ComparaDoubles()` como ponto de partida. (2) Você precisará também implementar a função `Max()` descrita no preâmbulo.]

EP5.17  Escreva um programa que encontra o primeiro número primo que é maior do que ou igual a um número inteiro positivo introduzido pelo usuário. [Sugestões: (1) Use a função `LeNatural()` definida na Seção 5.11.1 para ler o valor introduzido pelo usuário. (2) Use um laço de contagem que encerra quando for encontrado um número primo maior do que ou igual a esse valor. (3) Use a função `EhPrimo()` definida na Seção 5.11.2 para determinar se um número é primo.]

EP5.18  Escreva um programa que lê um número positivo menor do que **5000** e escreve na tela o número correspondente usando algarismos romanos. [Sugestões: (1) Escreva funções para escrita de milhar, centena, dezena e unidade. Em cada uma dessas funções use uma instrução **switch-case** para escolher a instrução de escrita adequada. Por exemplo, na função que exibe a centena do número, se o valor do parâmetro for **1**, será escrito `"C"`; se esse valor for **2**, será escrito `"CC"` e assim por diante. (2) Decomponha o número introduzido pelo usuário conforme visto no exemplo da Seção 4.11.9 e chame as funções descritas na sugestão (1) para escrita de milhar, centena, dezena e unidade.]

EP5.19  (a) Escreva uma função que determina o número de dígitos de um número inteiro não negativo recebido como parâmetro. [Sugestões: (1) Use uma variável local à função para contar o referido número de dígitos e inicie-a com zero. (2) Use um laço **do-while** no corpo do qual o parâmetro é reduzido ao seu valor corrente dividido por **10** e a variável que conta o número de dígitos é incrementada. Esse laço encerra quando esse parâmetro torna-se nulo.] (b) Escreva um programa que lê um valor inteiro não negativo via teclado e informa o número de dígitos do número lido.

EP5.20  (a) Escreva uma função que simula um determinado número de lançamentos de um dado e exibe na tela o percentual de ocorrências de cada face do dado. [Sugestões: (1) Use uma variável local para armazenar o número de ocorrências de cada face (no total, serão seis variáveis). (2) Use um laço de contagem cujo número de execuções seja igual ao valor do parâmetro da função. (3) No corpo desse laço use uma instrução **switch-case** cuja expressão seja uma chamada da função `NumeroAleatorio()` definida na Seção 5.11.8 e cujos valores associados aos casos sejam os valores das faces do dado. Além de **break**, a única instrução associada a cada caso é aquela que incrementa o contador de ocorrências da respectiva face. (4) Após o encerramento do laço, a função apresenta na tela o número de ocorrências de cada face.] (b) Escreva um programa que, repetidamente, lê um valor inteiro introduzido pelo usuário e, ele for positivo, a função solicitada no item (a) é chamada para simular o lançamento do dado o número de vezes especificado. Se o usuário introduzir um valor negativo ou zero, o programa deverá ser encerrado.

EP5.21  Preâmbulo: A raiz quadrada de um número real pode ser calculada pelo método iterativo de Newton e Raphson:

$$\sqrt{x_{n+1}} = \frac{x_n^2 + x_0}{2x_n}$$

Nessa fórmula, $x_0$ é uma estimativa inicial, que pode ser o próprio número cuja raiz se deseja calcular. Problema: (a) Escreva uma função que calcula a raiz quadrada de um número real usando o método de Newton e Raphson. [Sugestões: (1) Use uma variável local à função para armazenar o resultado e inicie-a com o parâmetro da função. (2) Use um laço **while** no corpo do qual a estimativa da raiz armazenada na variável local é atualizada usando a fórmula de Newton e Raphson. O laço deve encerrar quando a estimativa da raiz é suficientemente próxima do valor real. Use função `ComparaDoubles()` apresentada na Seção 5.11.6 para comparar o quadrado da estimativa da raiz com o valor recebido como parâmetro.] (b) Escreva uma função **main()** que calcula raízes quadradas usando a função descrita no item (a) e compara os resultados com aqueles obtidos usando a função **sqrt()** declarada em `<math.h>`.

### 5.13.2 Moderado

EP5.22 (a) Escreva uma função em C com dois parâmetros: (1) um parâmetro do tipo **double** e (2) um parâmetro do tipo **int**. Essa função deverá retornar o valor do primeiro parâmetro elevado ao segundo. Em outras palavras, se o primeiro parâmetro é denominado **x** e o segundo é denominado **n**, essa função deverá retornar o resultado de $x^n$. (b) Escreva um programa em C que receba como entradas um valor real **x** e um valor inteiro **n**, utilize a função descrita em (a) para calcular $x^n$ e exiba esse resultado na tela. [Dica: Esse exercício não tão trivial quanto parece, pois existem várias condições excepcionais como, por exemplo, quando **x = 0** e **y = 0**.]

EP5.23 A Conjectura de Goldbach constitui uma das afirmações mais antigas de Matemática que ainda não foram provadas. De acordo com essa conjectura, qualquer número inteiro par maior do que **2** pode ser expresso como a soma de dois números primos. Por exemplo, *4 = 2 + 2, 6 = 3 + 3, 8 = 3 + 5* e assim por diante. Escreva uma função que receba um número inteiro par como parâmetro e produza como saída dois números primos que, quando somados, resultam no número par. O protótipo dessa função deverá ser:

```
int DecomposicaoGoldbach(int n, int *primo1, int *primo2)
```

A função deverá retornar zero se o primeiro parâmetro não for par ou se ele for par e os números primos da decomposição não forem encontrados. Se os números primos da decomposição forem encontrados, a função deverá retornar **1**. (b) Escreva um programa que leia um número inteiro positivo via teclado e apresente os números primos que constituem sua decomposição. [Sugestão: Use a função `EhPrimo()` definida no exemplo apresentado na Seção 5.11.2.]

EP5.24 Escreva um programa em C que exibe na tela um calendário para qualquer mês a partir do ano de 1899, sabendo que o dia 1° de janeiro de 1899 foi um dia de domingo.

Sugestões:

[1] Esse programa não é tão difícil nem tão trivial quanto pode parecer, mas é bastante trabalhoso. O problema central aqui é determinar quantos dias decorrem de 1° de janeiro de 1899 (data de referência) até o início do mês desejado. Esse problema é complicado pela existência de anos bissextos, mas o programa apresentado na Seção 4.11.6 mostra como determinar se um ano é bissexto ou não.

[2] Como um ano bissexto contém 366 dias, para calcular o número de dias decorridos desde a data de referência até logo antes do início do mês desejado, deve-se usar a seguinte fórmula:

$$dias\ decorridos = n^o\ de\ anos\ comuns \times 365 + n^o\ de\ anos\ bissextos +$$
$$n^o\ de\ dias\ até\ o\ mês\ desejado$$

Nessa fórmula, tem-se que:

☐ *dias decorridos* representa o número de dias decorridos desde a data de referência até o início do mês cujo calendário deseja-se exibir.

☐ *$n^o$ de anos comuns* é o número de anos que não são bissextos entre a data de referência e o final do ano anterior àquele do calendário desejado.

☐ [número de anos bissextos] é o número de anos bissextos entre a data de referência e o final do ano anterior àquele do calendário desejado.

☐ *$n^o$ de dias até o mês desejado* é o número de dias decorridos desde o início do ano do calendário desejado até o último dia do mês anterior ao mês do mesmo calendário.

[3] Conhecendo-se o número de dias decorridos desde a data de referência até logo antes do início do mês desejado e sabendo-se que a data de referência caiu num domingo, o dia da semana em que o referido mês inicia é determinado pelo resto da divisão deste número por 7 mais 1, considerando que domingo é o dia número 1 da semana. Isto é:

*dia inicial do mês = 1 + dias decorridos % 7*

[4] A última informação necessária para a apresentação do calendário desejado é o número de dias do mês em questão. Esse passo do algoritmo é relativamente trivial e não envolve nenhuma fórmula. (Mas, não esqueça que o número de dias de fevereiro depende do fato de o ano ser bissexto ou não).

EP5.25 Escreva um programa que determina dia da semana de nascimento de uma pessoa nascida entre 1900 e 2014. A data de nascimento da pessoa deve ser lida via teclado. [Sugestão: Use as sugestões do exercício EP5.24.]

# ESTILO DE PROGRAMAÇÃO

Após estudar este capítulo, você deverá ser capaz de:

➤ Definir e usar a seguinte terminologia no contexto de programação:

☐ Endentação ☐ Número mágico ☐ Comentário de linha

☐ Jargão ☐ Código espaguete ☐ Despedida graciosa

☐ Notação camelo ☐ Comentário de bloco

➤ Explicar por que são usadas convenções diferentes para escrita de identificadores que pertencem a categorias diferentes

➤ Descrever a convenção utilizadas para escrita de cada uma das seguintes categorias de identificadores:

☐ Constantes simbólicas ☐ Variáveis ☐ Funções ☐ Definições de tipos

➤ Pormenorizar o cuidado especial que se deve ter com o uso de expressões reais como expressões condicionais

➤ Descrever as recomendações de estilo que devem ser observadas quando se escrevem strings constantes

➤ Discernir quando uma constante é considerada um número mágico

➤ Estar convencido de que incluir comentários num programa é estritamente necessário

➤ Não inserir num programa comentários irrelevantes, redundantes ou demasiadamente didáticos

➤ Inserir espaços horizontais e verticais num programa para melhorar sua legibilidade

➤ Praticar princípios básicos de interação com o usuário

STE CAPÍTULO preconiza várias práticas de estilo que, se seguidas, certamente melhorarão o código produzido por programadores iniciantes.

# 6.1 Expressões e Instruções

Escreva instruções e expressões que sejam razoavelmente curtas. Também, quando for inevitável escrever instruções que ocupam mais de uma linha, endente as linhas seguintes em relação a linha inicial da instrução. Por exemplo, escreva:

```
resultado = (minhaVariavel1 + minhaVariavel2)*minhaVariavel3 -
            minhaVariavel4 + minhaVariavel5;
```

em vez de:

```
resultado = (minhaVariavel1 + minhaVariavel2)*minhaVariavel3 -
minhaVariavel4 + minhaVariavel5;
```

Evite o uso de expressões condicionais muito longas e complexas. Uma forma de verificar se uma expressão condicional é muito complexa é utilizar o chamado **teste do telefone**: leia a expressão em voz alta; se você conseguir entender a expressão à medida que a lê, a expressão passa no teste; caso contrário, se você se deixar de acompanhá-la, é melhor dividir a expressão em subexpressões.

Tente escrever blocos de instruções que não sejam muito longos e que caibam inteiramente na tela, pois isso facilita a leitura deles. Além disso, evite o aninho de blocos em mais de dois níveis (v. Seção 4.2).

# 6.2 String Constantes

Evite escrever strings constantes que sejam muito longos numa mesma linha. Ou seja, utilize o fato de os compiladores concatenarem strings constantes separados por espaços em branco e divida-os em múltiplas linhas. Por exemplo:

```
printf( "\n\t>>> Este programa le um numero inteiro"
        "\n\t>>> de tres digitos e separa-o em "
        "\n\t>>> centena, dezena e unidade.\n" );
```

# 6.3 Jargões

Um **jargão** é um padrão de codificação frequentemente encontrado em programas escritos em linguagens da família de C (C++, Java etc.). Por exemplo:

```
while (1) {
   ...
}
```

é um jargão usado com frequência na escrita de laços de repetição infinitos (v. Seção 4.5.6), enquanto:

```
while (5) {
   ...
}
```

não é um jargão, apesar de funcionar exatamente do mesmo modo que o laço anterior.

O uso de **i**, **j** e **k** como nomes de variáveis de contagem (v. Seção 4.5.3) também pode ser considerado um jargão que persiste há muito tempo em programação. Adotando essa convenção, tal variável não precisa ter um nome mais longo, como **contador**, por exemplo.

Este livro está repleto de jargões utilizados com frequência pela comunidade de programadores de C. Utilize-os também e você obterá passaporte para essa comunidade.

## 6.4 Estilos de Escrita de Identificadores

O uso consistente de convenções para a criação de identificadores das diversas categorias que compõem um programa facilita bastante sua legibilidade, pois permite discriminar visualmente aquilo que um identificador representa (i.e., se ele representa uma variável, função, constante simbólica etc.). As convenções utilizadas na escrita de categorias de identificadores são descritas oportunamente ao longo do texto à medida que essas categorias forem discutidas. Por exemplo, as convenções usadas para escrita de variáveis foram descritas na Seção 3.8 e aquelas usadas com constantes simbólicas serão descritas na próxima seção.

Identificadores que exercem papéis importantes num programa devem ter nomes representativos em relação aos papéis exercidos por eles. Por exemplo, uma variável denominada `idadeDoAluno` é muito melhor do que uma variável denominada simploriamente `x`. Por outro lado, identificadores com importância menor (p. ex., variáveis de contagem), não precisam ter nomes representativos.

Finalmente, não utilize identificadores nem muito longos nem muito abreviados: encontre um meio-termo que seja sensato.

## 6.5 Constantes Simbólicas e Números Mágicos

Como norma geral de estilo com respeito a constantes simbólicas (v. Seção 3.15), o programador deve adotar a seguinte política:

| Recomendação | *Sempre que se pode atribuir uma interpretação a um valor constante, ele deve ser associado a uma constante simbólica.* |
|---|---|

Por exemplo, suponha que `2*3.14*r` seja uma expressão que calcula o perímetro de um círculo de raio `r`. Então, a constante `3.14` é naturalmente interpretada como $\pi$ (i.e., a relação entre o perímetro e o diâmetro de uma circunferência). Portanto, nessa expressão, a constante `3.14` seria substituída por uma constante simbólica denominada `PI`, de modo que a instrução:

```
perimetro = 2*3.14*r;
```

deveria ser reescrita como:

```
perimetro = 2*PI*r;
```

tendo a constante `PI` definida no início do programa como:

```
#define PI 3.14
```

Note que o valor `3.14`, que tem uma interpretação, foi substituído pela constante simbólica `PI` na instrução, mas o valor `2` permaneceu, visto que ele tem significado próprio; i.e., ele apenas faz parte de uma fórmula. Nesse caso, seria um equívoco tentar dotar essa constante de um nome representativo, como, por exemplo:

```
#define DOIS 2 /* Algum dia DOIS terá outro valor? */
```

Para facilitar o reconhecimento visual, as recomendações para escrita de identificadores usados em constantes simbólicas devem ser diferentes daquelas utilizadas para variáveis (v. Seção 3.8). Usualmente, recomenda-se que nomes de constantes simbólicas sejam escritos de acordo com as seguintes normas:

- ☐ Utilizam-se apenas letras maiúsculas.
- ☐ Se o nome da constante for composto, utilizam-se subtraços para separar as partes (p. ex., `VALOR_DE_TESTE`).

Empregando as sugestões preconizadas para formação de nomes de variáveis e constantes simbólicas, um programador que leia a expressão:

```
2*PI*r
```

imediatamente, concluirá, com uma rápida inspeção visual, que PI é uma constante simbólica e r é uma variável.

**Números mágicos** são valores numéricos constantes desprovidos de significado próprio e que dificultam o entendimento de um programa. Como exemplos de números mágicos, considere as seguintes linhas de programa:

```
y = 2.54*x; /* 2.54 é um número mágico */
while (i < 10)  /* 10 é um número mágico */
char c = 65; /* 65 é um número mágico */
```

Em geral, qualquer valor numérico que faz parte de uma expressão ou declaração e ao qual se possa atribuir uma interpretação subjetiva é considerado um número mágico. Números mágicos obrigam o leitor de um programa a fazer inferências, muitas vezes imprecisas, para tentar desvendar o significado deles. Em nome da boa legibilidade, é sempre recomendado que valores numéricos sejam representados por constantes simbólicas ou constantes que façam parte de uma enumeração (v. Seção 10.9). Por exemplo, os números mágicos que aparecem no último exemplo poderiam ser representados por constantes simbólicas como:

```
#define CENTIMETROS_POR_POLEGADA 2.54
#define LIMITE_SUPERIOR 10

...

y = CENTIMETROS_POR_POLEGADA*x;
while (i < LIMITE_SUPERIOR)
char c = 'A';
```

Uma situação comum na qual muitos iniciantes em C teimam em utilizar números mágicos é no processamento de caracteres. Por exemplo, frequentemente, programadores inexperientes utilizam o seguinte fragmento de programa para processar todos os caracteres compreendidos entre 'A' e 'Z':

```
char c;
...
for (c = 65; c <= 90; ++c)
   ...
```

Nesse mau exemplo, os números mágicos 65 e 90 não apenas tornam o programa difícil de entender, como também o tornam dependente de implementação. Ou seja, o programa não terá portabilidade, pois se está assumindo implicitamente que 'A' é representado por 65 e 'Z' é representado por 90, o que não é o caso em qualquer código de caracteres (v. Seção 3.3).

## 6.6 Estruturas de Controle

Estruturas de controle são fontes potenciais de erros de programação mesmo para programadores experientes. Em especial, erros em laços de repetição e desvios condicionais são comuns. Portanto, para precaver-se contra o surgimento de erros em seus programas, o programador precisa adotar uma rígida disciplina na escrita de estruturas de controle. A seguir serão revistas algumas sugestões apresentadas para uso mais seguro dessas estruturas:

☐ Use endentação para indicar subordinação de uma instrução em relação a outra. Por exemplo, as chamadas de **printf**() e LeInteiro() no trecho de programa abaixo estão subordinadas à instrução **if**:

```
if (x <= 0) {
   printf("Digite um valor inteiro positivo: ");
   x = LeInteiro();
}
```

❑ Sempre envolva o corpo de uma estrutura de controle entre chaves, mesmo que ele seja composto de apenas uma instrução. Isso previne o isolamento acidental de uma instrução acrescentada posteriormente ao corpo da estrutura (v. Seção 4.5.1).

❑ Coloque o abre-chaves do corpo de uma estrutura de controle na linha inicial da estrutura de controle (i.e., na linha que contém **while**, **do**, **if**, **else** e **switch**). Isso previne que uma instrução vazia acidental encerre prematuramente a estrutura de controle (v. Seção 4.5.1). Isto é, o uso de abre-chaves na mesma linha inicial de uma estrutura de controle tem como vantagem reduzir o risco de se encerrar acidentalmente a estrutura de controle por meio de um ponto e vírgula colocado nessa posição (um erro muito frequente em programação em C). Por exemplo, é muito mais fácil cometer o erro:

```
while (x); /* O ponto e vírgula encerra o laço while */
{
   ...
```

do que o erro:

```
while (x);{ /* Cometer este erro é mais difícil */
   ...
```

Além disso, o erro a seguir é inócuo:

```
while (x) {; /* Este ponto e vírgula não causa dano */
   ...
```

❑ Uma instrução **if-else** aninhada na parte **else** de outra instrução **if-else** deve ser iniciada na mesma linha da referida parte **else**. Isso facilita a leitura das instruções **if-else** e resultam em economia de endentações (v. Seção 4.6.1).

❑ Não utilize expressões reais como expressões condicionais, exceto para testar se um valor real é positivo, negativo ou zero (v. Seção 5.11.6).

❑ Sempre que usar o operador relacional de igualdade para comparar uma variável com uma constante, use a constante do lado esquerdo da comparação. Assim, se você, acidentalmente, trocar igualdade por atribuição, o compilador indicará o erro (v. Seção 4.6.1).

❑ Evite o uso de expressões condicionais muito longas e complexas. Uma forma de se verificar se uma expressão condicional é muito complexa é utilizar o teste do telefone exposto na Seção 6.1.

❑ Sempre inclua a parte **default** numa instrução **switch**. É recomendado ainda que a parte **default** apareça por último numa instrução **switch-case**. Se você acha que essa parte nunca será atingida, coloque uma instrução **printf()** que apresente uma mensagem informando que o programa não esperava apresentá-la se estivesse correto (v. Seção 4.6.3).

Para endentação, use três (suficiente) ou quatro (máximo) espaços em branco. Espaços menores do que três podem não ser suficientemente legíveis, enquanto espaços maiores do que quatro farão com que as linhas de instrução atinjam rapidamente a largura da tela. Além das sugestões para endentação já discutidas, outras serão apresentadas ao longo do texto. Você não precisa seguir exatamente todas essas sugestões, mas, qualquer que seja sua escolha de endentação, seja consistente (i.e., use-a coerentemente em todos os seus programas).

No tocante a desvios incondicionais, nos finais das seções que introduzem as instruções **break**, **continue** e **goto**, foram apresentadas recomendações de uso parcimonioso dessas instruções. Alguns programadores advogam que essas instruções devem terminantemente ser abolidas de qualquer programa. Mas, esse ponto de vista é antiquado e exacerbado, conforme se tentará mostrar na Seção 6.7.

# 6.7 Usar ou Não Usar goto, Eis a Questão

Linguagens de programação muito antigas (p. ex., Fortran) eram carentes de estruturas de controle e requeriam o uso extensivo de instruções goto para implementar as estruturas de controle ausentes nessas linguagens. Acontece, porém, que o uso indiscriminado de goto conduzia ao chamado código espaguete, que tem essa denominação porque, se forem traçadas linhas seguindo o fluxo de execução de um programa que usa goto abusivamente, elas tenderão a se cruzar diversas vezes como se formassem um prato de espaguete. Evidentemente, um programa com essa característica é difícil de ler ou modificar.

A aversão ao uso de goto demonstrada por muitos programadores é oriunda de um movimento denominado programação estruturada, que emergiu no início da década de 1960. Naquela época, o uso de laços de repetição era escasso e o uso de goto era profuso em virtude de deficiências encontradas nas linguagens de programação existentes. Mas, mesmo com o surgimento de linguagens ricas em estruturas de controle (p. ex., Algol), o uso de goto já estava disseminado entre programadores. Assim, adeptos de programação estruturada passaram a advogar, radicalmente, que, como qualquer programa poderia ser escrito sem o uso de goto numa linguagem rica em estruturas de controle (linguagem estruturada), o uso dessa instrução deveria ser terminantemente abolido. Entretanto, o fato é que, mesmo que o uso de **goto** não seja estritamente necessário, existem situações nas quais seu uso é naturalmente recomendado, pois, além de ser mais eficiente, não produz código espaguete. Isto é, abolir o uso de **goto** em certas situações requer variáveis e instruções extras e o resultado obtido não tem legibilidade sensivelmente melhor do que seria o caso se o uso de **goto** não fosse evitado. Por exemplo, no esboço de programa adiante, uma instrução **goto** é usada para encerrar dois laços de repetição a partir do laço mais interno:

```
while (1) {
   for (int i = 0;  i < n;  i++) {
      ...
      if (...)
         goto final; /* Encerra os dois laços */
      ...
   }
   ...
}
final:
   ;
```

Sem o uso de **goto**, seria necessário usar uma variável extra e algumas instruções adicionais, como mostra o esboço de programa equivalente:

```
int encerra = 0;

while (1) {
   for (int i = 0;  i < n;  i++) {
      ...
      if (...) {
         encerra = 1;
         break; /* Encerra o laço for */
      }
      ...
   }
```

CONTINUA

```
    if (encerra)
        break; /* Encerra o laço while */
    ...
}
```

Outra situação na qual o uso de **goto** é justificável é em tratamento de exceção, mas discutir esse tema está além do escopo deste livro.

Por causa da mencionada repulsa em relação a **goto**, algumas linguagens (p. ex., Java) até mesmo excluem essa estrutura de controle. Na realidade, raramente essa instrução precisa ser utilizada em linguagens estruturadas como C e não existe situação geral na qual o uso de **goto** seja indicado. Entretanto, como foi mostrado acima, existem algumas raras situações nas quais seu uso pode melhorar a eficiência e a legibilidade de um programa.

Hoje em dia, não há mais restrições impostas por linguagens de programação e programas que usam desvios condicionais judiciosamente não resultam em código espaguete. Note, contudo, que não se está preconizando aqui o uso indiscriminado de desvios incondicionais. Apenas tenta-se exorcizar um estigma.

# 6.8 Documentação de Funções

Documentar uma função significa prover comentários que tornem claros diversos aspectos da função.

Comentários podem ser divididos em duas categorias:

- ❑ Comentário de Bloco. Esse é um tipo de comentário destinado a documentar ou esclarecer um conjunto de linhas de uma função.

- ❑ Comentário de Linha. Esse é um tipo de comentário que se dedica a clarificar uma única linha de instrução ou o papel de uma variável ou qualquer outro componente de uma função. O fato de ele ser denominado comentário de linha não significa que ele deve ocupar exatamente uma única linha.

## 6.8.1 Comentários de Bloco

Toda função bem documentada deve ter logo acima de seu cabeçalho um comentário de bloco de apresentação da função contendo as seguintes informações sobre ela:

- ❑ O nome da função acompanhado de uma descrição geral e sucinta de seu propósito.

- ❑ Descrição de cada parâmetro da função, informando, inclusive, o modo de cada um deles. Não é necessário informar qual é o tipo de cada parâmetro porque essa informação está prontamente disponível no cabeçalho da função, que se encontra logo abaixo.

- ❑ Descrição dos possíveis valores retornados pela função. Novamente, não é preciso informar o tipo de cada valor retornado, porque ele aparece no cabeçalho da função.

Essas são as informações mínimas que devem constar num comentário de apresentação de uma função, mas outras informações relevantes podem constar num comentário dessa natureza:

- ❑ Se a função usa um algoritmo com certo grau de complexidade, deve-se incluir uma descrição sucinta do algoritmo ou uma referência bibliográfica que possibilite dirimir dúvidas a respeito do algoritmo.

- ❑ Quando houver alguma restrição de uso da função, devem-se descrever precisamente quais são os pressupostos assumidos pela função e como ela deve ser utilizada apropriadamente.

- ❑ Qualquer outra informação que o programador julgar pertinente.

Considere o seguinte exemplo esquemático de comentário de apresentação de uma função:

```
/****
 *
 * UmaFuncao(): [descreva o propósito geral da função]
 *
 * Parâmetros:
 *      x (entrada): [descrição do parâmetro x]
 *      y (saída): [descrição do parâmetro y]
 *      z (entrada/saída): [descrição do parâmetro z]
 *
 * Retorno: [os possíveis valores retornados pela função]
 *
 * Observações: [Pressuposições que a função faz sobre os parâmetros,
 *               limitações da função etc.]
 *
 ****/
```

Observe que os parâmetros da função são descritos separadamente e seus modos apresentados entre parênteses. Quando a função não possui parâmetros, escreve-se *Nenhum* após *Parâmetros:* no comentário de bloco.

Seguindo palavra *Retorno:* deve-se descrever aquilo que a função retorna (i.e., o *significado* do valor retornado). Se a função não retorna nada (i.e., se seu tipo de retorno é **void**), escreve-se *Nenhum* ou *Nada* após *Retorno:*. Um engano frequentemente cometido por iniciantes é descrever o *tipo de retorno* da função (ao invés do significado do valor retornado). Essa última informação não merece nenhum comentário, já que o tipo de retorno de uma função é evidente no cabeçalho da mesma.

Como exemplo mais concreto de uso de cabeçalho de apresentação de função considere:

```
/****
 *
 * DoubleEmString(): Converte um valor do tipo double em string
 * Parâmetros:
 *      numero (entrada) - número a ser convertido
 *      decimais (entrada) - número de casas decimais
 *
 * Retorno: Endereço do string que contém a conversão se esta for bem
 *          sucedida; NULL, se a conversão não for possível.
 *
 * Observações:
 *    1. Cada nova chamada bem sucedida desta função
 *       sobrescreve o conteúdo do array.
 *    2. Esta função não faz arredondamento para o número
 *       de casas decimais especificado. I.e., o valor da
 *       arte fracionária é simplesmente truncado.
 *    3. A técnica utilizada pode causar overflow de
 *       inteiro. Quando isso ocorre, a função retorna NULL.
 *
 ****/
```

Outro local onde comentários de bloco se fazem necessários é logo antes de trechos de programas difíceis de ser entendidos por conter truques, sutilezas etc. Um comentário desse gênero deve ser endentado em relação às instruções a que ele se refere para não prejudicar a visualização dessas instruções. Por exemplo:

```
/************************************************************************/
/* No máximo, um número é divisível por sua raiz quadrada. Portanto, se não for */
/* encontrado um divisor para o parâmetro no máximo igual a sua raiz, a busca    */
/* por um divisor é encerrada. Para evitar que essa raiz seja recalculada a      */
/* cada passagem no laço abaixo, armazena-se esse valor numa variável local.     */
/************************************************************************/
```

## 6.8.2 Comentários de Linha

Comentários de linha são utilizados para comentar uma única linha de instrução ou declaração, mas, em si, eles podem ocupar mais de uma linha por razões de estética ou legibilidade. Como o propósito de tais comentários é explicar uma instrução ou declaração que não é clara para um programador de C, não se deve comentar aquilo que é óbvio para um programador versado nessa linguagem. Por exemplo, o seguinte comentário não deve ser incluído num programa, pois seu conteúdo é evidente para qualquer programador com experiência mínima em C:

```
x = ++y; /* x recebe o valor de y incrementado de 1 */
```

Comentários como o do último exemplo não são apenas irrelevantes ou redundantes: pior, eles tornam o programa mais difícil de ler pois desviam a atenção do leitor para informações inúteis. A respeito, muitos comentários apresentados neste livro introdutório podem parecer óbvios para um programador com alguma experiência em C, mas não são tão evidentes para um aprendiz de programação. Assim, um comentário como o desse exemplo é aceitável neste texto. O incorreto é imitá-lo na prática profissional de programação.

Algumas instruções ou declarações mais complexas ou confusas do que a anterior devem ser comentadas não apenas para facilitar a leitura como também para que o programador verifique se elas correspondem exatamente aquilo que os comentários informam. Por exemplo:

```
int nDiasAteAntesDoMes; /* Número de dias decorridos desde o dia de referência até */
                        /* o final do mês que antecede aquele cujo calendário será */
                        /* exibido                                                 */
```

Formatar comentários de modo que eles sejam legíveis e, ao mesmo tempo, não interrompam o fluxo de escrita do programa é muitas vezes difícil e requer alguma habilidade. Quando sobra pouco espaço à direita da instrução para a escrita de um comentário de linha, pode-se colocá-lo precedendo a instrução e sem espaço vertical entre ambos, como, por exemplo:

```
    /* Determina em que dia o mês começa */
diaInicial = InicioDoMes(nDiasAteAntesDoMes);
```

Use espaços horizontais para alinhar comentários. Assim, os comentários serão mais fáceis e menos cansativos de ler. Por exemplo:

```
            /* Este comentário é */
/* desagradável de ler */

    /* Mas este é um comentário */
    /* bem mais aprazível       */
```

Cada variável que tem papel significativo na função ou programa deve ter um comentário associado à sua definição que clarifica o papel desempenhado por ela:

```
double pesoDoAluno; /* O peso do aluno em quilogramas */
```

Variáveis que não sejam significativas *não precisam ser comentadas*. O comentário a seguir, por exemplo, é dispensável:

```
int i;  /* Variável usada como contador no laço for */
```

Um breve comentário de linha é útil para indicar a quem pertence um dado fecha-chaves em blocos longos ou aninhados. Esses comentários são dispensáveis quando um bloco é suficientemente curto. Por exemplo:

```
while (x){
    ... /* Um longo trecho de programa */
    if  (y > 0){
        ... /* Outro longo trecho de programa */
    } /* if */
    ... /* Outro longo trecho de programa */
}  /* while */
```

No exemplo acima, os comentários /* if */ e /* while */ que acompanham os fecha-chaves indicam que eles pertencem, respectivamente, às instruções **if** e **while**.

Existem outras situações nas quais comentários de linha são recomendados:

- ☐ Para chamar atenção que uma instrução é deliberadamente vazia (v. Seção 4.3).
- ☐ Idem para um corpo de função temporariamente vazio (v. Seção 5.4.2).
- ☐ Para explicar uma instrução **switch** na qual instruções pertencentes a mais de um **case** poderão ser executadas; i.e., na ausência deliberada de uma instrução **break**. Na prática, isso é raríssimo de acontecer e não há exemplo de tal instrução **switch-case** neste livro.
- ☐ Quando o bom senso indicar...

Quando alterar alguma instrução com um comentário associado, lembre-se de atualizar o respectivo comentário de modo a refletir a alteração da instrução. Um comentário que não corresponde àquilo que está sendo descrito é pior do que não haver nenhum comentário.

Finalmente, na dúvida entre o que é e o que não é óbvio para ser comentado, comente, pois, nesse caso, é melhor pecar por redundância do que por omissão. Mas, lembre-se que comentários não devem ser utilizados para compensar um programa mal escrito.

### 6.8.3 Modelos de Comentários

Esta seção apresenta alguns modelos de comentários de bloco e linha. Você pode usá-los como eles são ou se inspirar neles para criação de seus próprios modelos.

```
/*********************************************************
**********************************************************
***********   Este modelo de comentário pode  ***********
***********   ser usado para chamar atenção   ***********
*********** sobre um detalhe muito importante ***********
**********************************************************
*********************************************************/

/*********************************************************
 *                                                       *
 * Um comentário longo contendo informações importantes *
 * pode ser inserido numa caixa como esta.              *
 *                                                       *
 ********************************************************/

/*-------------------------------------------------*\
 * Este é um formato alternativo para inserção *
 * de comentário numa caixa.                   *
\*-------------------------------------------------*/

/*
 * Um comentário longo que não é colocado
 * numa caixa pode ser escrito assim.
 */
```

```
/*
 * Um comentário sem caixa, mas capaz de chamar atenção
 * ^^ ^^^^^^^^^^ ^^^ ^^^^^^ ^^^ ^^^^^ ^^ ^^^^^^ ^^^^^^
 *
 * Este tipo de comentário é simpático. O problema é que
 * se a configuração de teclado for ABNT, você terá que
 * digitar duas vezes cada caractere '^'.
 */

/*-------> Um comentário curto, mas importante <-------*/

/*>>>>>>>> Outro comentário curto importante <<<<<<<<*/

/* Comentário simples que explica a próxima instrução */
```

## 6.9 Uso de Espaços em Branco Verticais

O uso de espaços verticais em branco não apenas facilita a leitura de um programa como também a torna menos cansativa. A seguir, são apresentados alguns conselhos úteis sobre o uso de espaços verticais.

- ❏ Use espaços verticais para separar funções e blocos com alguma afinidade lógica.

- ❏ Use espaços verticais em branco para separar seções logicamente diferentes de uma função.

- ❏ Use espaços verticais em branco entre declarações ou entre definições e instruções.

Exemplos de bom uso de espaços verticais são abundantes nos exemplos de programação apresentados neste livro.

## 6.10 Interagindo com o Usuário

O estudo de boas práticas de interação com o usuário constitui em si uma disciplina à parte. Entretanto, é conveniente que se apresente para o programador iniciante, que talvez desconheça a disciplina de interação humano-computador, um conjunto mínimo de recomendações básicas que devem ser seguidas enquanto ele não aprofunda seu conhecimento sobre o assunto. Essas recomendações serão apresentadas a seguir[1].

- ❏ A maioria dos programas interativos deve iniciar sua execução apresentando ao usuário informações sobre o que o programa faz e, se não for óbvio, como o programa deve ser encerrado. Talvez, seja ainda conveniente incluir nessa apresentação informações adicionais sobre o programa, tais como seu autor, versão e qualquer outra informação pertinente para o usuário. Essa recomendação não se aplica a programas que recebem parâmetros via linha de comando (v. Seção 9.6).

- ❏ Toda entrada de dados deve ser precedida por um prompt (v. Seção 3.14.3) informando o usuário sobre o tipo e o formato dos dados de entrada que o programa espera que ele introduza.

- ❏ Se for o caso, o programa deve informar o usuário qual ação ele deve executar para introduzir certos dados se essa ação não for óbvia. Por exemplo, você não precisa solicitar ao usuário para *pressionar uma tecla* para introduzir um caractere, basta solicitá-lo que *digite um caractere*. Mas, você precisa informar o usuário como executar uma operação não usual, tal como *pressione simultaneamente as teclas* ALT, SHIFT *e* A, em vez de *digite* ALT-SHIFT-A.

- ❏ Toda saída de dados deve ser compreensível para o usuário. Lembre-se que o usuário não é necessariamente versado em computação ou programação. Portanto não utilize jargões de sua área de conhecimento.

- ❏ O programa deve informar o usuário como ele deve proceder para encerrar uma dada iteração (i.e., entradas repetidas de dados).

---

[1] Leve em consideração que muitos programas apresentados neste livro não são dirigidos para usuários comuns e não seguem todas essas recomendações.

☐ Se um determinado processamento for demorado, informe o usuário que o programa está executando uma tarefa. Não deixe o usuário sem saber o que está acontecendo (v. Seção 4.11.7).

☐ Não use sons de alerta (representados por '\a') abusivamente. Uma situação na qual o uso de alerta é recomendado é quando o usuário não atende uma solicitação de dados conforme esperado pelo programa. Mas, mesmo nesse caso, não use mais de um caractere '\a' de cada vez para não aborrecer o usuário e aqueles que o cercam.

☐ Tenha sempre em mente que o programa deverá ser usado por *usuários comuns*. Portanto não faça suposições sobre o nível cognitivo dos usuários.

☐ Ao encerrar o programa, despeça-se graciosamente do usuário. Uma despedida graciosa não tem intenção e fazer o usuário rir ao encerramento do programa. Essa expressão é usada em contraposição a programas que terminam abruptamente, deixando o usuário sem saber o que aconteceu. Essa recomendação nem sempre se aplica a programas que recebem parâmetros via linha de comando (v. Seção 9.6).

# 6.11 Exercícios de Revisão

## Expressões e Instruções (Seção 6.1)

1. (a) O que é endentação? (b) Por que algumas linhas de um programa são endentadas em relação a outras?

2. (a) Endentação é absolutamente necessária num programa em C? (b) Cite três situações nas quais endentações são usadas.

3. Por que se deve tomar cuidado especial com o uso de expressões reais como expressões condicionais?

4. O programa abaixo mostra por que não se devem comparar números reais por meio do operador relacional de igualdade. Qual é o resultado deste programa? Explique-o.

```c
#include <stdio.h>

int main(void)
{
   double d = 0.0;
   int    i;

   for(i = 0; i < 10; i++) {
      d = d + 0.1;
   }
   printf("\nd = %f\n", d);
   printf( "\nd e' %s 1.0\n", d == 1.0 ? "igual a" : "diferente de" );

   return 0;
}
```

## String Constantes (Seção 6.2)

5. Que recomendações de estilo devem ser observadas quando se escrevem strings constantes?

## Jargões (Seção 6.3)

6. (a) O que é um jargão de uma linguagem de programação? (b) Que vantagem o programador obtém usando jargões?

7. Reescreva as seguintes construções de C utilizando formas mais convencionais (i.e., jargões):

(a)
```
int i = 0;

while (i <= 10) {
   printf("i = %d", i);
   ++i;
}
```

(b)
```
int i = 0;

while (i <= 100)
   printf("i = %d", i++);
```

(c)
```
for (int i = 0; i++ < 15; )
   printf("i = %d", i - 1);
```

(d)
```
while (-5) {
   ...
}
```

(e)
```
if (x < 0) {
   return 0;
} else
   if (y > 0 || x == 25) {
      return -1;
   } else
      if (z >= 0) {
         return -2;
      } else
         return -3;
```

(f)
```
for (int i = 0; i++ < 10; x = x + delta) {
   printf("\nDigite o valor de delta: ");
   delta = LeReal();
}
```

(g)
```
if (valor != OK)
   return valor;
return OK;
```

## Estilos de Escrita de Identificadores (Seção 6.4)

8. O que é notação camelo?

9. Por que são usadas convenções diferentes para escrita de identificadores que pertencem a categorias diferentes?

10. Descreva a convenção utilizadas para escrita de cada uma das seguintes categorias de identificadores:

   (a) Constantes simbólicas

   (b) Variáveis

   (c) Funções

   (d) Definições de tipos

## Constantes Simbólicas e Números Mágicos (Seção 6.5)

11. (a) O que é um número mágico? (b) Qual é a relação existente entre números mágicos e constantes simbólicas?

12. Quando uma constante numérica não é considerada um número mágico?

## Estruturas de Controle (Seção 6.6)

13. Reescreva o trecho de programa a seguir utilizando um estilo de programação mais convencional:

```
while(valor != 0)
{
   valor = -1;

   printf("Introduza o proximo numero: ");
   valor = LeInteiro();

   if(valor == 0)
   {
      continue;
   }

   if(valor < 0)
   {
      printf("%d nao e' um valor valido.\n",valor);
      continue;
   }
   else
   {
      menor == 0 ? menor = valor : 0;
      n += 1;
      media += valor;
      maior < valor ? maior = valor : 0;
      valor < menor ? menor = valor : 0;
   }
}
```

## Usar ou Não Usar goto, Eis a Questão (Seção 6.7)

14. Por que o uso de **goto** deve ser comedido?

15. (a) O que é código espaguete e por que ele deve ser evitado? (b) Que relação existe entre o uso de goto e código espaguete? (c) Quando o uso de goto não é danoso a um programa?

## Documentação de Funções (Seção 6.8)

16. O que são comentários de bloco e como eles devem ser utilizados?

17. O que são comentários de linha e onde eles devem ser utilizados?

18. Que informações devem estar contidas no comentário de bloco que deve preceder cada definição de função?

19. Em que situações o uso de comentários de linha é recomendado?

20. Qual é a melhor ocasião para escreverem-se comentários num programa e por quê?

21. Por que o uso de comentários irrelevantes pode prejudicar a legibilidade de um programa?

22. Critique a seguinte reflexão: *um comentário ruim é pior do que nenhum comentário.*

## Uso de Espaços em Branco Verticais (Seção 6.9)

23. Para que servem espaços verticais em branco num programa?

24. Em que situações o uso de espaços verticais em branco é recomendado?

## Interagindo com o Usuário (Seção 6.10)

25. Qual é a diferença entre *interação* e *iteração*?

26. Quais são os princípios básicos de interação com o usuário apresentados neste capítulo?

27. Qual é o meio de entrada para programas baseados em console?

28. Por que é importante apresentar um prompt preciso antes de ler dados introduzidos por um usuário de um programa?

29. O que deve ser evitado em comunicação com o usuário?

30. O que é uma despedida graciosa de programa?

# CAPÍTULO 7

# REÚSO DE CÓDIGO E DEPURAÇÃO DE PROGRAMAS

Após estudar este capítulo, você deverá ser capaz de:

➤ Definir e usar os seguintes conceitos:

☐ Reúso de código     ☐ Erro de lógica     ☐ IEEE 754

☐ Erro de execução     ☐ Erro de truncamento

➤ Descrever vantagens e desvantagens decorrentes do uso de componentes de biblioteca num programa

➤ Beneficiar-se do uso de abreviações no IDE CodeBlocks

➤ Classificar erros de programação de acordo com sua complexidade

➤ Diferenciar teste e depuração de programas

➤ Empregar o método de busca binária em depuração

➤ Explicar como o compilador pode ajudar na tarefa de depuração de um programa

➤ Discorrer sobre a técnica de depuração que utiliza **printf()**

➤ Minuciar a diferença entre número real em Matemática e número de ponto flutuante em programação

➤ Descrever os significados dos **%f** e **%.nf** na função **printf()**

➤ Esclarecer por que apenas alguns poucos números reais podem ser representados precisamente num computador

**OBJETIVOS**

# 7.1 Introdução

 STE CAPÍTULO APRESENTA três tópicos de natureza prática que são essenciais para a evolução do aprendiz de programação. O primeiro tópico lida com reúso de código, que se refere ao uso de parte de um programa na construção de outro programa. Isto é, reúso é um recurso utilizado com o objetivo de economizar esforços, reduzindo trabalho considerado redundante, visto que já foi realizado anteriormente. Assim reúso de código busca evitar a reinvenção da roda e este capítulo apresenta recomendações práticas para aplicação eficiente desse recurso.

O segundo tópico tratado neste capítulo é depuração de programas. Esse tema é complexo quando os programas a serem depurados são de natureza complexa, mas aqui será tratado num nível compatível com o caráter introdutório deste livro.

O terceiro tema deste capítulo é um pouco indigesto para um principiante e pode ser saltado. Ele refere-se a uma categoria de erros que inferniza a vida do programador inexperiente (e muitos programadores experientes também), que é imprecisão na representação de números reais e, mais especificamente, erros decorrentes de truncamento. O leitor pode deixar para reportar-se à Seção 7.5 que lida com essa agrura, apenas quando se deparar com ela.

# 7.2 Reúso de Código

Reúso de código refere-se ao fato de partes de um programa poderem ser usadas, com poucas alterações, na construção de outros programas. Esse é um tópico fundamental em programação que, infelizmente, só tem recebido a devida atenção em disciplinas de engenharia de software nas quais ele é tratado em profundidade. Mas, mesmo programas simples podem beneficiar-se do uso prático desse conceito e, de fato, ele tem sido usado diversas vezes ao longo dos capítulos precedentes. Por exemplo, quando usa uma função da biblioteca padrão de C num programa, o programador está beneficiando-se de reúso de software. Isto é, bibliotecas são criadas levando em consideração componentes que provavelmente serão necessários em programas diferentes. Bibliotecas oferecem ainda o benefício de serem suficientemente testadas, de modo que raramente encontra-se um bug. Entretanto, normalmente, bibliotecas não permitem que seus componentes sejam adaptados para necessidades específicas.

Em programação, muitos problemas são recorrentes, de modo que um programador experiente é capaz de identificar semelhanças entre um novo problema e um problema já resolvido e incorporar partes da solução do problema conhecido na solução do novo problema. Mesmo quando dois programas parecem ser completamente diferentes, sempre há algo de um programa que se pode usar em outro, como você aprenderá neste capítulo.

Costuma-se dizer que funções constituem a forma mais rudimentar de reúso de código, mas reúso pode usar unidades menores, como blocos e outros trechos de código. Ou seja, a prática generalizada de copiar e colar trechos de um programa em outro, apesar de rudimentar, também pode ser considerada reúso de código. Portanto tente encontrar semelhanças entre um problema que você esteja tentando resolver e outros problemas resolvidos antes. Talvez, você possa utilizar algum programa antigo como base e modificá-lo, acrescentar ou remover partes etc.

Programadores com alguma experiência raramente começam um programa a partir do nada. Muitas vezes, um programa é começado a partir de outro já existente, mesmo quando os dois programas resolvem problemas totalmente diferentes. Por exemplo, suponha que você tenha construído um programa que determina se um número é primo ou não, tal qual aquele apresentado na Seção 5.11.2 (considere-o como sendo o *programa 1*) e que, agora, você precisa construir um programa para calcular o MDC de dois números, como o programa apresentado na Seção 5.11.3 (considere-o *programa 2*). Essas duas tarefas parecem ser bem díspares e, de fato, o são. Mas, há mais do primeiro programa que pode ser usado no segundo do que, talvez, você possa imaginar:

- ❑ Os dois programas devem iniciar com um comentário de bloco que os apresentam. Logo pode-se copiar o bloco inicial de comentário do programa 1 para o programa 2 e, depois, editar o comentário copiado no programa 2 onde for necessário.

- ❑ Os dois programas incluem os mesmos cabeçalhos. Portanto as diretivas de inclusão do programa 1 podem ser copiadas para o programa 2 sem necessidade de edição.

- ❑ Os dois programas usam a função `LeNatural()`. Novamente, a definição dessa função pode ser copiada para o programa 2 sem necessidade de edição.

- ❑ Qualquer programa hospedado de console requer uma função **main()**. A função **main()** do programa 2 deve ser diferente daquela do programa 1, mas, mesmo assim, é possível aproveitar alguns trechos:

  - ◆ As duas funções começam do mesmo modo. Isto é, pode-se copiar o comentário de bloco que inicia a função, seu cabeçalho e até o abre-chaves ({) pode ser aproveitado. Assim você pode copiar essas linhas e precisará editar apenas a parte do comentário que descreve aquilo que a função faz.

  - ◆ No corpo da função **main()** do programa 1, pode-se ainda usar: a instrução que apresenta o programa (que precisará ser editada), a instrução de despedida do programa (que, talvez, não precise ser editada), a instrução **return** e o fecha-chaves.

  - ◆ Programadores mais experientes são capazes de aproveitar outros trechos da função **main()**, mas, enquanto você não atinge o apogeu da programação, é melhor parar por aqui.

Depois de todo esse banho de reúso de código, que, provavelmente, não lhe tomará mais do que cinco minutos, o que resta a ser feito para obter um programa que calcula o MDC de dois números a partir de um programa que verifica se um número é primo? Bem, falta o principal que é resolver o problema proposto. Mas, pelo menos, você estará mais motivado pelo fato de ter ganho muito tempo.

# 7.3 Usando Abreviações com CodeBlocks

O editor de programas do IDE CodeBlocks oferece uma característica muito interessante que, quando utilizada, agiliza a produção de código. Trata-se da opção denominada abreviações (originalmente, *abbreviations*). Utilizando uma abreviação, o programador precisa apenas pressionar algumas poucas teclas para obter o esboço de uma instrução. Por exemplo, suponha que num dado local de um programa-fonte você deseja digitar uma instrução **if-else**. Então, você precisará digitar apenas *ife* seguido de [CTRL]+[J] para obter automaticamente a inclusão das seguintes linhas no seu programa:

```
if () {
    ;
} else {
    ;
}
```

Após incluir, essas linhas, o editor do CodeBlocks posiciona o cursor de edição no espaço entre parênteses para que você possa editar a expressão condicional da instrução **if**.

Além da vantagem de natureza prática mencionada, o uso de abreviações pode prevenir a ocorrência de erros de sintaxe (p. ex., esquecimento de abre ou fecha-chaves).

O editor do IDE CodeBlocks vem pré-configurado com várias abreviações que podem ser editadas ou removidas. O programador pode ainda incluir novas abreviações para instruções que ele usa com frequência. Para acessar as configurações de abreviações do editor do CodeBlocks, siga o seguinte procedimento:

1. Clique na opção *Editor...* do menu *Settings*.
2. Na janela de configuração do editor, clique sobre o ícone intitulado *Abbreviations* no painel da esquerda e você obterá dois painéis à direita denominados *Keywords* e *Code*, como mostra a Figura 7–1.

Para examinar o fragmento de programa associado a uma palavra enumerada no painel *Keywords*, clique sobre a palavra desejada e o fragmento aparecerá no painel *Code*. Por exemplo, na Figura 7–1, a palavra selecionada é *ife* e o fragmento de programa inserido quando essa palavra é acionada é mostrado no painel *Code*.

Existem três convenções básicas utilizadas na escrita dos fragmentos de programa que serão inseridos:

❐ Pontos representam espaços em branco (v. Figura 7–1).

❐ Seta apontando para a direita (→) representa tabulação (v. Figura 7–2). Para evitar futuras decepções, nunca use tabulações (v. Seção 3.17.3).

❐ Barra vertical (|) representa o local onde o cursor de edição será posicionado após a inserção do fragmento de programa. Portanto deve haver apenas uma barra vertical em qualquer fragmento de programa.

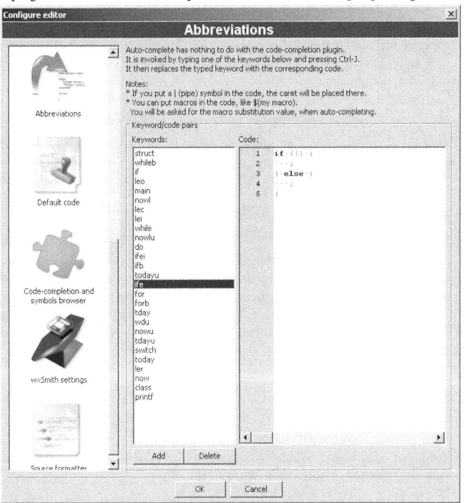

FIGURA 7–1: ABREVIAÇÕES EM CODEBLOCKS 1

A Figura 7–2 mostra o fragmento de programa que será inserido quando a palavra *if* é digitada seguida de [CTRL]+[J]. De acordo com a configuração deste fragmento, após sua inserção o cursor será posicionado entre os parênteses, conforme indicado pela barra vertical.

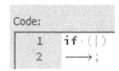

FIGURA 7–2: ABREVIAÇÕES EM CODEBLOCKS 2

Além das recomendações de configuração apresentadas na Seção 3.17.3, para usar abreviações sem inclusão de caracteres de tabulação, é preciso substituir manualmente todas as tabulações encontradas nos fragmentos de programas associados às abreviações que você usará por espaços em branco, como foi feito no fragmento de programa associado à palavra *ife* e mostrado na Figura 7–1.

# 7.4 Depuração de Programas

Nem mesmo os programadores mais experientes escrevem programas livres de erros em suas primeiras tentativas. Assim, uma grande parcela do tempo gasto em programação é dedicada à tarefa de encontrar e corrigir erros. Depurar um programa significa localizar e consertar trechos do programa que provocam seu mau funcionamento. Apesar de estarem intimamente relacionados, teste e depuração de um programa não significam a mesma coisa. Um bom teste deve ser capaz de apontar um comportamento anormal de um programa, mas não indica com exatidão quais são as causas de tal comportamento. Por outro lado, a depuração deve determinar precisamente as instruções que causam o mau funcionamento do programa e corrigi-las, reescrevendo-as ou substituindo-as.

## 7.4.1 Classificação de Erros de Programação

Erros de programação são usualmente classificados em três categorias:

- ❐ **Erros de compilação** (ou **erros de sintaxe**) ocorrem em virtude de violações das regras de sintaxe da linguagem de programação utilizada e já foram suficientemente discutidas na Seção 3.18. Erros de ligação (v. Seção 3.18.6), apesar de, rigorosamente, serem distintos de erros apontados pelo compilador também estão incluídos nessa categoria.

- ❐ Um **erro de execução** não impede um programa de ser compilado, mas faz com que sua execução seja interrompida de maneira anormal (algumas vezes, causando até mesmo a falha de todo o sistema operacional no qual o programa é executado). Um exemplo comum desse tipo de erro é uma tentativa de divisão de um valor inteiro por zero.

- ❐ **Erro de lógica** é um erro que nem impede a compilação nem acarreta interrupção da execução de um programa. Entretanto, um programa contendo um erro desse tipo não funciona conforme o esperado. Por exemplo, o usuário solicita que o programa execute uma determinada tarefa e o programa não a realiza satisfatoriamente. Um erro de lógica ocorre quando o algoritmo utilizado é incorreto, mesmo que ele tenha sido implementado corretamente ou quando ele é correto, mas sua implementação é equivocada.

## 7.4.2 Poupando Depuração

Pode parecer surpreendente para um iniciante em programação, mas depuração é uma atividade muito mais difícil e desgastante para o programador do que a escrita de programas. Em resumo, depuração requer paciência, criatividade, esperteza e, principalmente, muita experiência por parte do programador. Idealmente, além de possuir profundo conhecimento sobre a linguagem utilizada, o programador que atua na depuração de programas deve possuir outros conhecimentos, tais como sobre compiladores, assembly e arquitetura de computadores, que transcendem a tarefa básica de construção de programas.

Levando em consideração as prováveis dificuldades que tipicamente cercam as atividades de depuração, é mais sensato tentar evitar que essas atividades se façam necessárias. Infelizmente, alguns programadores adotam equivocadamente uma estratégia contrária a esse argumento. O raciocínio utilizado por esses maus programadores é aproximadamente o seguinte:

1. Tão logo o programador adquire uma vaga ideia do problema em questão, ele constrói um programa para resolvê-lo.
2. Então, ele verifica se o programa funciona com alguns poucos casos de teste.
3. Se o programa funcionar, ele considera-se satisfeito.
4. Se o programa não funcionar, ele passa a depurá-lo, muitas vezes, por tentativa e erro, até que ele seja aprovado nos testes de verificação. Aqui, provavelmente, o mau programador despenderá muito mais tempo do que na escrita do programa.

A abordagem apresentada é equivocada em termos de alocação de esforços porque ela transfere para a fase de depuração, que é exatamente a mais árdua, a tarefa de colocar o programa em funcionamento. No restante da corrente seção, serão apresentadas algumas atitudes que um bom programador deve adotar para poupar atividades de depuração.

Para poupar tempo, antes de iniciar uma sessão de depuração de programa, certifique-se que:

☐ **Você entende realmente o algoritmo seguido pelo programa.** É praticamente impossível depurar um programa cujo funcionamento não seja completamente entendido.

☐ **O programa foi compilado usando o máximo nível de apresentação de mensagens de advertência** (no compilador GCC, use as opções `-Wall` e `-pedantic`). Além disso, **todas as mensagens de advertência emitidas pelo compilador devem ter sido atendidas.** Quando utilizado com essas opções, o compilador é capaz de apontar muitas causas de possíveis erros (v. Seção 3.18.4). Isto é, o uso preventivo do compilador pode ajudá-lo a evitar que muitos erros ocorram antes mesmo de o programa ser executado pela primeira vez. Examine cuidadosamente cada mensagem de advertência emitida pelo compilador e corrija todas as instruções que correspondam a uma dada advertência, mesmo que você tenha certeza que elas não causarão problemas. Agindo de modo contrário, uma mensagem de advertência importante poderá deixar de ser notada.

☐ **O programa-fonte foi analisado com o auxílio de uma lista de verificação de programas contendo questões relacionadas a erros comuns de programação em C.** Existem muitos erros de programação que são comuns. Assim, verificar se algum desses erros ocorre em seu programa pode fazê-lo economizar muito tempo. No o site dedicado a este livro (*www.ulysseso.com/ip*), existe uma imensa coleção de erros comuns de programação em C que pode ser usada como lista de verificação.

☐ **Outros programadores examinaram seu programa.** Não se iluda imaginando que o erro não se encontra numa determinada seção de seu programa apenas porque você já a examinou várias vezes. Do mesmo modo que um texto pode conter erros gramaticais evidentes que o autor não percebe, um programa pode conter erros que são óbvios para terceiros, mas que o programador que o escreveu não consegue notá-los.

### 7.4.3 Técnicas Elementares de Depuração

A etapa mais difícil de depuração de um programa consiste em localizar precisamente a instrução ou o conjunto de instruções que causa o mau funcionamento do programa. Como já foi dito (v. Seção 3.18), encontrar erros sintáticos não é difícil, mesmo quando o compilador não é capaz de apontá-los com precisão e, portanto, esse tópico não merece maiores considerações.

A seguir, serão apresentadas algumas técnicas comuns utilizadas para localizar causas de erros lógicos e de execução em programas. Porém, antes de utilizar alguma destas técnicas, é importante que o programador determine precisamente a natureza do erro e quando ele ocorre (p. ex., sempre que o programa recebe tal entrada, ele apresenta tal e tal comportamento). A situação ideal acontece quando o programador é capaz de reproduzir um determinado erro sempre que são introduzidos dados possuindo as mesmas características (i.e., quando o erro é sistemático, e não quando ele é aparentemente aleatório).

As técnicas descritas abaixo devem servir apenas como um guia introdutório. À medida que você se tornar um programador experiente, será capaz de desenvolver suas próprias técnicas e de utilizar versões mais sofisticadas do que aquelas apresentadas aqui. Além disso, as duas técnicas discutidas não se aplicam a programas muito pequenos, porque elas não serão de grande utilidade.

### Uso de printf()

A função **printf**() e algumas outras funções de saída constituem uma ferramenta rudimentar bastante útil em depuração. Existem dois usos principais de **printf**() em depuração:

- ❐ Examinar o valor de uma ou mais variáveis em vários pontos de um programa
- ❐ Verificar o fluxo de execução do programa (p. ex., para determinar se uma determinada instrução é executada).

A técnica consiste em distribuir chamadas de **printf**() em vários pontos estratégicos do programa. Enquanto realiza essa tarefa, certifique-se de que você será capaz de distinguir cada uma dessas chamadas quando ela for executada. Como exemplos de uso de **printf**() na depuração de um programa têm-se:

```
printf("Valor de x antes de tal instrucao: %f\n", x);

printf("Valor de x apos o segundo while: %f\n", x);

printf("Instrucoes seguindo else do if 3 sendo executadas");
```

No caso de um programa que é abortado em virtude de um erro de execução, as chamadas de **printf**() que foram executadas, evidentemente, estão antes do erro que causou o aborto. Além disso, quando uma chamada de **printf**() não é concluída com êxito, o erro encontra-se exatamente num dos parâmetros que essa função tenta exibir ou num especificador de formato usado inadequadamente. Por exemplo, considere o seguinte programa:

```
#include <stdio.h>   /* printf()   */
#include "leitura.h" /* LeInteiro() */

int x;

int main(void)
{
   printf("\nDigite um numero inteiro: ");
   x = LeInteiro();

   printf("\nValor introduzido: %s\n", x);

   return 0;
}
```

Esse programa pode escrever o seguinte na tela e, em seguida, ser abortado:

```
Digite um numero inteiro: 5
Valor introduzido:
```

Portanto o erro deve estar na segunda chamada de **printf**() que não foi concluída. (Se você ainda não descobriu qual é o erro, trata-se do uso do especificador **%s**, que deveria ser usado na escrita de strings, em vez de **%d**, que é usado na escrita de valores inteiros).

Obviamente, encerrada a fase de depuração, as chamadas de **printf()** usadas com essa finalidade devem ser removidas. Para que essas chamadas de **printf()** não sejam confundidas com chamadas legítimas dessa função, sugere-se que as chamadas usadas em depuração sejam colocadas em destaque que facilite suas identificações e remoções. Por exemplo, acrescente vários espaços verticais antes e depois de chamadas de **printf()** usadas em depuração e não as endente. Essas medidas facilitarão a rápida identificação das chamadas de **printf()** que precisarão ser removidas, uma vez concluída a fase de depuração.

### Uso de Comentários

Comentários são utilizados para excluir da compilação um trecho de programa no interior do qual se suspeita que esteja a origem do mau funcionamento do programa. Essa técnica de depuração segue o seguinte procedimento:

1. Um programa apresenta comportamento inesperado e você suspeita que um determinado trecho dele está provocando esse comportamento indesejável.

2. O referido trecho de programa é envolto em comentários de modo a ser excluído do código executável. Então, compila-se o programa e verifica-se como o programa executável resultante se comporta. Talvez, algumas outras adaptações no programa, como, por exemplo, remoção de comentários preexistentes, sejam necessárias antes de compilá-lo novamente. A propósito, o editor do CodeBlocks possui uma opção, denominada *Comment*, no menu *Edit* que comenta trechos de programa automaticamente. Esse mesmo menu possui uma opção, denominada *Uncomment*, que remove comentários de trechos de programa automaticamente. Essas duas opções ajudam bastante o programador a implementar essa abordagem de depuração

3. Se o programa continuar apresentando o mesmo erro, é provável que esse erro não seja provocado pelo trecho de programa comentado. Assim, você deve procurar o erro em outro local do programa. Então, remova os comentários usados com a finalidade descrita nesta seção, eleja um novo trecho como suspeito e recomece a busca pelo erro a partir do passo 2.

4. Se o programa não apresentar o mesmo erro, é provável que sua conjetura sobre a causa do erro tenha sido adequada e que o trecho de programa comentado seja realmente o causador do erro. Se esse trecho for grande ao ponto de não permitir identificar exatamente qual é a instrução causadora do erro, repita o procedimento a partir do passo 2, mas agora comente um trecho de programa menor dentro da porção de programa anteriormente comentada.

O procedimento descrito acima constitui caso especial de uma abordagem mais geral de depuração (ou, mais precisamente, de procura de erros) denominada busca binária. Essa abordagem pode ser utilizada associada ao uso de **printf()** prescrito antes.

## 7.5 Números Reais Não São Realmente Reais

Esta seção lida com um tópico que incomoda muitos iniciantes em programação que não possuem pleno conhecimento sobre implementação de números reais como números de ponto flutuante. Esses números recebem essa denominação porque, nessa forma de representação de números reais, o ponto decimal que separa as partes inteira e fracionária do número é movido (para a direita ou para a esquerda, dependendo do valor do número) de tal modo que antes do ponto decimal se tenha sempre 1 (em base binária). Desse modo, a parte inteira do número na base binária não precisa ser armazenada (pois é sempre igual a 1). Logo, nesse contexto, *flutuar* significa *mover o ponto decimal* conforme foi descrito. Por outro lado, numa representação de números reais de ponto fixo, o ponto decimal não *flutua*... Linguagens de programação modernas tipicamente usam representações de ponto flutuante que seguem o padrão IEEE 754.

Para começar a entender o drama, considere o seguinte programa:

```c
#include <stdio.h>

int main(void)
{
   double x = 9.90,
          y = 12.0,
          diferenca,  /* Armazenará y - x */
          parteFrac;  /* Parte fracionária da diferença */
   int     parteInt,   /* Parte inteira da diferença    */
          centesimos; /* Parte fracionária em centésimos */

   diferenca = y - x; /* Calcula a diferença */

      /* Obtém a parte inteira da diferença */
   parteInt = (int) diferenca;

      /* Obtém a parte fracionária da diferença */
   parteFrac = diferenca - (double) parteInt;

      /* Apresenta os valores obtidos até aqui */
   printf( "\nx = %f\ny = %f\ndiferenca = %f\nparteFrac = %f\n",
           x, y, diferenca, parteFrac );

      /* Calcula os centésimos da parte fracionária da diferença */
   centesimos = (int) (parteFrac*100.0);

      /* Exibe na tela a parte inteira e os centésimos */
   printf( "\nparteInt = %d\ncentesimos = %d\n", parteInt, centesimos );

   return 0;
}
```

Esse programa é simples e suas pretensões são bastante modestas. Isto é, o que ele pretende fazer é apenas calcular a parte inteira e os centésimos da diferença entre os valores das variáveis y (que armazena 12.0) e x (que armazena 9.90). Mesmo que você tenha pouca intimidade com Matemática, não terá dificuldade para concluir que essa parte inteira deverá ser 2 e os aludidos centésimos deverão resultar em 10. Para tentar obter esses resultados o programa acima segue os seguintes passos:

1. Calcule a diferença y - x.
2. Obtenha a parte inteira dessa diferença. Na instrução do programa que efetua essa operação, usa-se o operador de conversão explícita (**int**), mas, de fato, ele não é necessário, pois, de qualquer modo, ocorreria conversão implícita de atribuição (v. Seção 3.10.1). Assim, esse operador foi usado apenas por uma questão de legibilidade (v. Seção 3.10.2).
3. Obtenha a parte fracionária da diferença citada subtraindo dessa diferença a parte inteira obtida no passo anterior. Novamente, o operador (**double**) é usado apenas por questão de legibilidade.
4. Obtenha os centésimos desejados multiplicando a parte fracionária obtida no passo anterior por 100. Mais uma vez, o operador (**int**) não influi no resultado; ele apenas melhora a legibilidade do programa.

Se você seguir o raciocínio empregado pelo programa e descrito acima usando papel e lápis (ou mesmo mentalmente), obterá o resultado esperado. Contudo, para desespero do programador, quando esse programa é executado, ele exibe o seguinte resultado:

```
x = 9.900000
y = 12.000000
diferenca = 2.100000
parteFrac = 0.100000

parteInt = 2
centesimos = 9          [Deveria ser 10]
```

Ora, se o raciocínio usado pelo programa parece ser absolutamente correto, como se pode comprovar com papel e lápis, por que ele apresenta esse decepcionante resultado? O que há de errado com esse programa?

O pecado cometido pelo programa em questão é que ele considera uma representação de números reais em computador como se ela fosse fiel a números reais de Matemática. Mas, na verdade, não existem legítimos números reais em computação e o raciocínio empregado para se chegar a essa conclusão é muito simples. Conforme você deve ter aprendido em Matemática elementar, por menor que seja um intervalo de números reais, ele será sempre infinito. Mas, por outro lado, por maior que seja o número de bytes usados para representar números reais em computador, esse número de bytes será sempre finito. Portanto poucos números reais de um intervalo qualquer podem ser representados precisamente num computador. Conclusão: números reais são representados apenas aproximadamente em qualquer computador.

Se a conclusão acima lhe deixou surpreso, você poderá ficar ainda mais perplexo ao saber que a representação binária frequentemente usada para números reais é incapaz de replicar números reais simples, que requerem poucos dígitos para serem representados com precisão em base decimal[1]. E um desses infames números é **9.9**, que o programa acima, aparentemente, representa com exatidão. Além disso, **0.1** (em base decimal), que seria o resultado preciso da parte fracionária que o programa calcula, também não possui representação binária exata.

A origem do problema em questão é ocultada pelo uso do especificador **%f**, que é comumente usado com **printf()** para exibir valores do tipo **double**. Porém, usando-se esse especificador, apenas seis casas decimais de um valor desse tipo podem ser expostas e, para piorar o jogo de esconde-esconde, a função **printf()** efetua arredondamento, como você deverá constatar. Enfim, a origem do problema pode ser pressentida usando-se um especificador de formato que possibilite a apresentação de um número maior de casas decimais (p. ex., **%.16f**, em vez de **%f**) na primeira chamada de **printf()** do programa. O uso do especificador **%.16f** faz com que valores do tipo **double** sejam apresentados com 16 casas decimais. Efetuando-se essa alteração no programa, o resultado que ele apresenta é o seguinte:

```
x = 9.9000000000000004          [Deveria ser 9.9]
y = 12.0000000000000000         [OK]
diferenca = 2.0999999999999996  [Deveria ser 2.1]
parteFrac = 0.0999999999999996  [Deveria ser 0.1]

parteInt = 2                    [OK]
centesimos = 9                  [Deveria ser 10]
```

O *zoom* proporcionado pelo uso do especificador **%.16f** permite diagnosticar claramente a causa do erro do programa em discussão. Ou seja, quando a parte fracionária:

$$0.0999999999999996$$

é multiplicada por **100.0**, obtém-se:

$$9.99999999999996$$

Logo, quando esse valor é convertido em **int** na atribuição:

```
centesimos = (int) (parteFrac*100.0);
```

ocorre truncamento (e não arredondamento) da parte fracionária do último valor acima. Assim, o resultado atribuído à variável **centesimos** é **9**, e não **10**, como se esperava.

O tipo de problema apresentado pelo programa acima é denominado erro de truncamento mas, nesse caso específico, ele não ocorre em virtude de truncamento em si: ele é decorrente do modo como números reais são representados em memória. Por exemplo, se o número em questão fosse representado como **10.0000000**, ocorreria truncamento, mas não ocorreria erro de truncamento.

[1]  A justificativa para essa afirmação requer uma digressão sobre representação de números reais em base binária que está bem além do escopo desse livro. Portanto, aqui, apenas se ilustrará a veracidade dessa assertiva por meio de exemplos.

A solução mais comum para erro de truncamento decorrente da conversão de um número real positivo em número inteiro consiste em adicionar um pequeno valor ao número real antes que ele seja convertido em inteiro. Obviamente, esse valor deve ser suficientemente pequeno para que não acrescente ainda mais imprecisão ao resultado.

Na representação do tipo **double** especificada pelo padrão IEEE 754, o número máximo de casas decimais significativas é **15**, que é o valor da constante **DBL_DIG** definida no cabeçalho **<float.h>**. Portanto uma escolha segura para o valor a ser acrescentado para evitar os erros de truncamento em questão é **1.0E-14**. Mas, se você estiver escrevendo um programa que requer maior precisão, o valor dessa constante pode ser ligeiramente menor. Nesse caso, consulte um texto mais completo sobre o assunto (v. Bibliografia).

Levando em consideração as conclusões derivadas da discussão acima, o programa apresentado no início desta seção poderia ser corrigido como mostrado a seguir:

```c
#include <stdio.h>

#define DELTA 1.0E-14

int main(void)
{
   double x = 9.90,
          y = 12.0,
          diferenca,   /* Armazenará y - x */
          parteFrac;   /* Parte fracionária da diferença */
   int    parteInt,    /* Parte inteira da diferença     */
          centesimos;  /* Parte fracionária em centésimos */

      /* Calcula a diferença */
   diferenca = y - x;

      /* Efetua a correção da diferença */
   diferenca = diferenca + DELTA;

      /* Obtém a parte inteira da diferença */
   parteInt = (int) diferenca;

      /* Obtém a parte fracionária da diferença */
   parteFrac = diferenca - (double) parteInt;

      /* Apresenta os valores obtidos até aqui */
   printf("\nx = %.16f\ny = %.16f\ndiferenca = %.16f"
          "\nparteFrac = %.16f\n", x, y, diferenca, parteFrac);

      /* Calcula os centésimos da parte fracionária da diferença */
   centesimos = (int) (parteFrac*100.0);

      /* Exibe na tela a parte inteira e os centésimos */
   printf( "\nparteInt = %d\ncentesimos = %d\n", parteInt, centesimos );

   return 0;
}
```

Quando executado, esse novo programa apresenta o seguinte resultado:

```
x = 9.9000000000000004
y = 12.0000000000000000
diferenca = 2.1000000000000099
parteFrac = 0.1000000000000099

parteInt = 2
centesimos = 10
```

Para obter o resultado esperado, as únicas alterações introduzidas no último programa com relação ao programa anterior foram a definição da constante DELTA:

```
#define DELTA 1.0E-14
```
e a inclusão da instrução:

```
diferenca = diferenca + DELTA;
```

Agora, é importante destacar que o programa acima só funciona porque se sabe de antemão que o valor da variável diferenca é positivo. Quer dizer, se seu valor fosse negativo, o valor da constante DELTA deveria ser subtraído, em vez de somado. Em qualquer caso, é melhor substituir essa última instrução pela seguinte instrução if que lida com os dois casos:

```
if (diferenca >= 0.0) {
   diferenca = diferenca + DELTA;
} else {
   diferenca = diferenca - DELTA;
}
```

Antes de concluir esta seção, é importante salientar que os problemas aqui discutidos não são inerentes à linguagem C. Ou seja, a origem desses problema é de natureza teórica (i.e., o fato de não ser possível representar um intervalo infinito de números reais) e de representação (i.e., a impossibilidade de representar com exatidão alguns números, como 0.9, em base binária).

# 7.6 Exemplos de Programação

## 7.6.1 Leitura de Notas

**Problema:** (a) Escreva uma função que lê notas de alunos. Uma nota é considerada válida se ela se encontra entre 0.0 e 10.0 (inclusive). (b) Escreva um programa que teste a função descrita em (a).

**Solução de (a):**

```
/****
 * LeNota(): Lê um valor x do tipo double tal que: 0.0 <= x <= 10.0
 *
 * Parâmetros: Nenhum
 *
 * Retorno: O valor lido
 ****/
double LeNota(void)
{
   double valorLido;

      /* O laço while encerra apenas quando for lido um valor válido */
   while (1) {
      valorLido = LeReal();

         /* Verifica se o valor lido está de acordo com o esperado */
      if (valorLido >= 0.0 && valorLido <= 10.0) {
         break; /* O valor lido está OK */
      } else {
         printf("\n\t>>> Nota incorreta. Tente novamente\n\t> ");
      }
   }

   return valorLido;
}
```

**Análise:** Na função `LeNota()`, os valores reais lidos são comparados usando operadores relacionais na expressão que acompanha a instrução **if**:

```
valorLido >= 0.0 && valorLido <= 10.0
```

Isto é, a função `ComparaDoubles()` não é utilizada, conforme é preconizado na Seção 5.11.6, para comparação de números reais. Acontece que, nesse caso, essa função não se faz necessária, visto que os valores `0.0` e `10.0` são representados precisamente em todas as implementações de números reais que seguem o padrão IEEE 754, que é aquele recomendado pelos padrões mais recentes de C. Entretanto, em caso de dúvida entre usar ou não a referida função, use-a.

**Solução de (b):**

```
/****
 * main(): Testa a função LeNota()
 *
 * Parâmetros: Nenhum
 *
 * Retorno: Zero
 ****/
int main(void)
{
   double umaNota;

   printf("\n\t>>> Digite uma nota: ");
   umaNota = LeNota();

   printf( "\n\t>>> A nota introduzida foi %3.1f\n", umaNota );

   return 0;
}
```

**Análise:** Esse programa é trivial demais para requerer comentários adicionais.

**Exemplo de execução do programa:**

```
>>> Digite uma nota: -7

>>> Nota incorreta. Tente novamente
> 7

>>> A nota introduzida foi 7.0
```

### 7.6.2 Números Primos 2

**Problema:** A definição de número primo foi apresentada na Seção 5.11.2. (a) Levando em consideração que, no máximo, um número é divisível por sua raiz quadrada, escreva uma função, denominada `EhPrimo2()`, que determina se um número natural é primo ou não. (b) Escreva um programa que lê números inteiros não negativos como entrada e determina se cada um deles é primo ou não. O programa deve encerrar quando o usuário digitar zero ou um.

**Solução de (a):** A função apresentada a seguir é uma versão melhorada daquela apresentada na Seção 5.11.2.

```
/****
 * EhPrimo2(): Verifica se um número inteiro maior do que um é primo ou não
 *
 * Parâmetros: n (entrada): o número que será testado
 *
 * Retorno: 1, se o número for primo
 *          0, se o número não for primo
 *         -1, se for indefinido (i.e., se n <= 1)
 ****/
```

```
int EhPrimo2(int n)
{
   int i, raiz;

      /* O conceito de número primo não é definido */
      /* para números inteiros menores do que dois */
   if (n <= 1) {
      return -1; /* Indefinido */
   }

   /*                                                             */
   /* No máximo, um número é divisível por sua raiz quadrada. Portanto, se não for */
   /* encontrado um divisor para o parâmetro no máximo igual a sua raiz, a busca   */
   /* por um divisor é encerrada. Para evitar que essa raiz seja recalculada a cada */
   /* passagem no laço abaixo, armazena-se esse valor numa variável local.         */
   /*                                                             */

   raiz = sqrt(n);  /* Calcula a raiz quadrada do número a ser testado */

      /* Verifica se o número tem algum divisor. No  */
      /* máximo, um número é divisível por sua raiz. */
   for (i = 2; i <= raiz; ++i) {
      if (!(n%i)) {
         return 0; /* Encontrado um divisor */
      }
   }

      /* Não foi encontrado nenhum divisor para o número dado. Logo ele é primo */
   return 1;
}
```

**Solução de (b):** Para obter a função **main**() solicitada, copie e cole a função **main**() apresentada na Seção 5.11.2. Em seguida, substitua a chamada de `EhPrimo()` por uma chamada de `EhPrimo2()`. Essa é a única alteração necessária. Para completar o programa, você deve copiar e colar, sem fazer nenhuma alteração adicional, as diretivas **#include** e a função `LeNatural()` do programa apresentado na Seção 5.11.2. Em seguida, você deve acrescentar:

```
#include <math.h> /* sqrt() */
```

na seção do programa que contém as demais diretivas **#include**.

### 7.6.3 Números Primos 3

**Problema:** (a) Escreva uma função, denominada `ExibePrimos()`, que recebe um número inteiro maior do que **1** como parâmetro e apresenta na tela todos os número primos menores ou iguais a ele. (b) Escreva um programa que lê números inteiros não negativos como entrada e exibe na tela todos os números primos menores do que cada um deles. O programa deve encerrar quando o usuário digitar zero ou um.

**Solução de (a):** A função `ExibePrimos()` apresentada a seguir usa a função `EhPrimo2()` da Seção 7.6.2.

```
/****
 * ExibePrimos(): Exibe todos os números primos menores ou iguais
 *                a um determinado inteiro maior do que um
 *
 * Parâmetros: n (entrada): o número que servirá de referência
 *
 * Retorno: Nada
 ****/
```

```c
void ExibePrimos(int n)
{
    int i;

        /* O valor do parâmetro deve ser maior do que 1 */
    if (n <= 1) {
        printf("\nValor invalido\n");
        return;
    }

        /* O menor número primo é 2 */
    printf("\n>>> Numeros primos entre 2 e %d:\n\t> ", n);

        /* Verifica quais são os primos */
    for (i = 2; i <= n; ++i) {
        if (EhPrimo2(i) > 0) {
            printf("%d\t", i); /* Encontrado um primo */
        }
    }

    printf("\n"); /* Embelezamento apenas */
}
```

**Solução de (b):** A função **main**() apresentada abaixo usa uma grande porção do código da função **main**() da Seção 7.6.2.

```c
/****
 * main(): Exibe todos os números primos menores ou iguais a um determinado
 *         inteiro maior do que um valor introduzido via teclado
 *
 * Parâmetros: Nenhum
 *
 * Retorno: Zero
 ****/
int main(void)
{
    int num;

        /* Apresenta o programa e explica seu funcionamento */
    printf( "\n\t>>> Este programa verifica quais sao os numeros"
            "\n\t>>> primos entre dois e o valor digitado."
            "\n\t>>> Para encerra-lo, digite zero ou um.\n" );

        /* O laço principal do programa encerra */
        /* quando o usuário introduz 0 ou 1     */
    while (1) {
        printf("\n\t>>> Digite um numero inteiro que nao seja negativo:\n\t> ");
        num = LeNatural(); /* Lê o número */

        if (num <= 1) { /* Encerra o laço */
            break;
        }

            /* Encontra os números primos entre 2 e o número introduzido */
        ExibePrimos(num);
    }

        /* Despede-se do usuário */
    printf( "\n\t>>> Obrigado por usar este programa.\n");

    return 0;
}
```

Para completar o programa, copie e cole as definições das funções **LeNatural()** e **EhPrimo2()** e as diretivas **#include** do programa apresentado na Seção 7.6.2.

**Exemplo de execução do programa:**

```
        >>> Este programa verifica quais sao os numeros
        >>> primos entre dois e o valor digitado.
        >>> Para encerra-lo, digite zero ou um.

        >>> Digite um numero inteiro que nao seja negativo:
        > 14
>>> Numeros primos entre 2 e 14:
        > 2      3       5       7       11      13

        >>> Digite um numero inteiro que nao seja negativo:
        > 1

        >>> Obrigado por usar este programa.
```

### 7.6.4 Verificando Ordenação de Inteiros

**Problema:** Escreva um programa que recebe um número inteiro positivo **n** como entrada. Então, o programa solicita que o usuário introduza **n** números inteiros (sem restrição) e informa se eles estão em ordem crescente ou não.

**Solução:**

```c
#include <stdio.h>   /* printf()    */
#include "leitura.h" /* LeInteiro() */

/****
 * main(): Verifica se uma lista de números inteiros está ordenada em ordem crescente
 *
 * Parâmetros: Nenhum
 *
 * Retorno: Zero
 ****/
int main(void)
{
   int nValores, /* Número de valores introduzidos */
       valorCorrente, /* Armazena o valor corrente */
       valorAnterior, /* Armazena o valor anterior */
       emOrdem = 1, /* Informa se os valores estão em ordem crescente */
       i;

   /* Apresenta o programa */
   printf( "\n\t>>> Este programa verifica se uma lista de N"
           "\n\t>>> numeros inteiros esta' em ordem crescente."
           "\n\t>>> O valor de N deve ser maior do que 1.\n" );

   /* Lê o número de valores a serem introduzidos. */
   /* Esse valor deve ser maior do que 1.          */
   while (1) {
       /* Tenta ler um valor correto */
       printf("\n\t>>> Digite o numero de valores: ");
       nValores = LeInteiro();

       /* Se o valor está correto, encerra o laço */
       if (nValores > 1) {
          break;
       }
```

```
        /* O valor não era o que o programa esperava */
      printf( "\nO numero de valores deve ser maior do que 1\n");
   }

      /* Lê o primeiro valor */
   printf("\n\t>>> Valor 1: ");
   valorAnterior = LeInteiro();

      /* Lê os demais valores. Para que eles estejam  */
      /* em ordem crescente, qualquer valor lido deve */
      /* ser maior do que ou igual ao anterior        */
   for (i = 2; i <= nValores; ++i) {
      printf("\n\t>>> Valor %d: ", i);
      valorCorrente = LeInteiro();

         /* Verifica se os valores estão em ordem crescente */
      if (valorCorrente < valorAnterior) {
         emOrdem = 0; /* Valores não estão em ordem */
         break; /* Não adianta prosseguir */
      } else {
            /* Até aqui, os valores estão em ordem. Então o */
            /* valor anterior passa a ser o valor corrente. */
         valorAnterior = valorCorrente;
      }
   }

      /* Apresenta o resultado */
   printf( "\n\t>>> Os valores %sestao em ordem "
         "crescente\n", emOrdem ? "" : "NAO " );

   return 0;
}
```

**Análise:** Os comentários inseridos no programa devem ser suficientes para seu entendimento.

**Exemplo de execução do programa:**

```
        >>> Este programa verifica se uma lista de N
        >>> numeros inteiros esta' em ordem crescente.
        >>> O valor de N deve ser maior do que 1.

        >>> Digite o numero de valores: 5

        >>> Valor 1: -5
        >>> Valor 2: 2
        >>> Valor 3: -4

        >>> Os valores NAO estao em ordem crescente
```

### 7.6.5 Desenhando Quadrados

**Problema:** Escreva um programa que lê um valor L e desenha um quadrado de lado L delimitado por asteriscos conforme ilustrado abaixo:

```
* * * * *
*       *
*       *
*       *
* * * * *
```

**Solução:**

```c
#include <stdio.h>    /* printf() e putchar() */
#include "leitura.h" /* LeInteiro()              */

#define MAIOR_LADO 20 /* Maior lado permitido para um quadrado */

/****
 * main(): Desenha um quadrado de asteriscos
 *
 * Parâmetros: Nenhum
 *
 * Retorno: Zero
 ****/
int main(void)
{
   int lado, /* Lado do quadrado */
       i, j;

      /* Apresenta o programa e explica seu funcionamento */
   printf("\n\t>>> Este programa desenha um quadrado de lado L."
          "\n\t>>> O valor de L deve ser um inteiro maior do"
          "\n\t>>> que 1 e menor do que %d.\n", MAIOR_LADO + 1);

      /* O laço encerra quando o valor digitado for válido */
   while (1) {
      printf("\n>>> Digite o lado do quadrado:\n\t> ");
      lado = LeInteiro();

         /* Verifica se o valor é válido */
      if (lado > 1 && lado <= MAIOR_LADO) {
         break; /* Valor é válido. Encerra o laço. */
      }

         /* Valor digitado não é válido */
      printf( "\a\n>>> O lado deve ser maior do que 1 e "
              "menor do que %d <<<\n", MAIOR_LADO + 1 );
   }

   printf("\n\t>>> Eis o seu quadrado:\n\n");

      /* Desenha a linha superior do quadrado */
   for (i = 1; i <= lado; ++i) {
      putchar('*');
   }

      /* Desenha as demais linhas */
   for (j = 2; j < lado; ++j) {
      putchar('\n'); /* Pula linha */
      putchar('*'); /* Primeira coluna */

         /* Da segunda coluna até a penúltima */
         /* escreve espaços em branco         */
      for (i = 2; i < lado; ++i) {
         putchar(' ');
      }

      putchar('*'); /* Última coluna */
   }
      /* Desenha a linha inferior do quadrado */
   putchar('\n'); /* Pula linha */
   for (i = 1; i <= lado; ++i) {
      putchar('*');
   }
```

```
    putchar('\n'); /* Apenas embelezamento */

    return 0;
}
```

**Exemplo de execução do programa:**

```
        >>> Este programa desenha um quadrado de lado L.
        >>> O valor de L deve ser um inteiro maior do
        >>> que 1 e menor do que 21.

>>> Digite o lado do quadrado:
        > 5

        >>> Eis o seu quadrado:

*****
*   *
*   *
*   *
*****
```

## 7.6.6 Tabuada de Multiplicação

**Problema:** Escreva um programa que crie uma tabuada de multiplicação com cinco linhas e cinco colunas.

**Solução:**

```c
#include <stdio.h>

#define N_LINHAS  5
#define N_COLUNAS 5

/****
 * main(): Apresenta uma tabuada de multiplicação na tela
 *
 * Parâmetros: Nenhum
 *
 * Retorno: Zero
 ****/
int main(void)
{
    int i, j;

    /* Apresenta o programa ao usuário */
    printf( "\n>>> Este programa exibe uma tabuada de "
            "multiplicacao\n\n" );

    /* Desenha a linha superior da tabuada */
    printf("  X |\t");
    for (i = 1; i <= N_COLUNAS; ++i) {
        printf("%3d\t", i);
    }

    /* Um pouco de embelezamento */
    printf("\n ---|----------------------------------------");

    for (j = 1; j <= N_LINHAS; ++j) {
        /* Escreve primeira coluna da próxima linha */
        printf("\n%3d |\t", j);

        /* Escreve as demais colunas da linha corrente */
        for (i = 1; i <= N_COLUNAS; ++i) {
```

```
        printf("%3d\t", i*j);
    }
}

putchar('\n'); /* Embelezamento apenas */

return 0;
}
```

**Resultado de execução do programa:**

```
>>> Este programa exibe uma tabuada de multiplicacao
  X |    1      2      3      4      5
  ---|------------------------------------
  1 |    1      2      3      4      5
  2 |    2      4      6      8     10
  3 |    3      6      9     12     15
  4 |    4      8     12     16     20
  5 |    5     10     15     20     25
```

### 7.6.7 Números de Fibonacci 1

**Problema:** Escreva um programa que verifique se um número inteiro positivo faz parte de uma sequência de Fibonacci (v. Seção 2.10.4) e qual é o menor número de termos que uma sequência contendo esse número possui.

**Solução:**

```c
#include <stdio.h>   /* printf()    */
#include "leitura.h" /* LeInteiro() */

/****
 * main(): Verifica se um número lido via teclado é um número de Fibonacci
 *
 * Parâmetros: Nenhum
 *
 * Retorno: Zero
 *
 ****/
int main(void)
{
    int antecedente1, antecedente2, atual, numeroTestado, i;

    /* Apresenta o programa */
    printf( "\n\t>>> Este programa verifica se um numero inteiro"
            "\n\t>>> positivo faz parte de uma sequencia de Fibonacci\n" );

    /* Lê o número que será testado */
    while (1) {
        printf("\n>>> Digite o numero a ser testado:\n\t> ");
        numeroTestado = LeInteiro();

        /* Verifica se o valor é válido */
        if (numeroTestado > 0) {
            break; /* Valor está OK */
        }

        /* Valor não é válido */
        printf("\a\n\t>>> O numero deve ser maior do que 0 <<<\n");
    }
```

```c
    /* Inicia os dois primeiros termos e o termo atual da série */
    atual = antecedente1 = antecedente2 = 1;

    /* Gera os termos da sequência a partir do terceiro termo até */
    /* encontrar um número maior ou igual ao número sendo testado */
    for(i = 3; atual < numeroTestado; ++i) {
        atual = antecedente1 + antecedente2;

        /* Atualiza os termos antecedentes */
        antecedente1 = antecedente2;
        antecedente2 = atual;
    }

    /* Apresenta o resultado do teste. Se o último      */
    /* número gerado for igual ao número sendo testado,  */
    /* este faz parte de uma sequência de Fibonacci.     */
    printf( "\n\t>>> %d %s e' um numero de Fibonacci\n",
            numeroTestado, numeroTestado == atual ? "" : "NAO" );

    return 0;
}
```

**Exemplo de execução do programa:**

```
        >>> Este programa verifica se um numero inteiro
        >>> positivo faz parte de uma sequencia de Fibonacci

>>> Digite o numero a ser testado:
        > 5

        >>> 5  e' um numero de Fibonacci
```

### 7.6.8 Leitura de Datas com Validação 1

**Problema:** Escreva um programa que lê uma data introduzida via teclado e verifica sua validade.

**Solução:**

```c
/*********************** Includes ***********************/

#include <stdio.h>   /* printf()    */
#include "leitura.h" /* LeInteiro() */

/**************** Constantes Simbólicas ****************/

#define PRIMEIRO_ANO_BISSEXTO 1752

/********************** Alusões **********************/

extern int LeNatural(void);
extern int EhAnoBissexto(int ano);
extern int EhDataValida(int dia, int mes, int ano);

/**************** Definições de Funções ****************/

/****
 * EhAnoBissexto(): Verifica se um ano é bissexto
 *
 * Parâmetros: ano (entrada): o ano que será testado
 *
 * Retorno: 1, se o ano for bissexto
 *          0, se o ano não for bissexto
 *
 * Observação: Um ano é bissexto quando:
```

```
*              * Ele é múltiplo de 400 ou
*              * Ele é múltiplo de 4, mas não é múltiplo de 100
****/
int EhAnoBissexto(int ano)
{
    /* Se o ano for anterior ao primeiro ano considerado */
    /* bissexto, ele não pode ser assim considerado      */
   if (ano < PRIMEIRO_ANO_BISSEXTO) {
      return 0;
   }

   return !(ano%400) || (!(ano%4) && ano%100);
}

/****
 * EhDataValida(): verifica se uma data é válida
 *
 * Parâmetros: dia (entrada) - o dia
 *             mes (entrada) - o mês
 *             ano (entrada) - o ano
 *
 * Retorno: 1, se a data for válida; 0, em caso contrário
 ****/
int EhDataValida(int dia, int mes, int ano)
{
    /* Não existe dia menor do que ou igual */
    /* a zero, nem dia maior do que 31       */
   if ( dia <= 0 || dia > 31) {
      return 0; /* Dia inválido */
   }

    /* Verifica se o dia é válido, o que depende do mês */
   switch(mes) {
      case 1: /* Estes meses sempre têm 31 dias */
      case 3:
      case 5:
      case 7:
      case 8:
      case 10:
      case 12:
         return 1;
      case 4: /* Estes meses sempre têm 30 dias */
      case 6:
      case 9:
      case 11:
            /* Se o mês tiver mais de 30 dias, ele é inválido */
         if (dia > 30) {
            return 0;
         } else {
            return 1;
         }
      case 2: /* Este mês pode ter 28 ou 29 dias */
            /* Se o mês tiver mais de 29 dias, ele é inválido */
         if (dia > 29) {
            return 0;
         } else if (dia < 29) {
            return 1; /* Mês tem 28 dias */
         } else if (EhAnoBissexto(ano)) {
```

```
            return 1; /* Mês tem 29 dias e ano é bissexto */
        } else {
            return 0;
        }
    default: /* A execução não deve chegar até aqui */
        printf("\nOcorreu um erro sobrenatural");
    }

    /* A execução também não se deve chegar até aqui */
    printf("\nOcorreu outro erro sobrenatural");

    return 0; /* Esta instrução nunca deve ser executada */
}
/****
 * main(): Lê uma data e verifica sua validade
 *
 * Parâmetros: Nenhum
 *
 * Retorno: Zero
 ****/
int main(void)
{
    int d, m, a; /* Dia, mês e ano, respectivamente */

    /* Apresenta o programa */
    printf( "\n\t>>> Este programa verifica a validade de"
            "\n\t>>> uma data introduzida pelo usuario.\n" );

    printf("\n\t>>> Digite o dia:\n\t> ");
    d = LeNatural();

    printf("\n\t>>> Digite o mes:\n\t> ");
    m = LeNatural();

    printf("\n\t>>> Digite o ano:\n\t> ");
    a = LeNatural();

    /* Apresenta o resultado da validação de acordo com */
    /* o valor retornado pela função EhDataValida()     */
    printf( "\n\t>>> A data %.2d/%.2d/%.2d %se\' valida\n",
            d, m, a, EhDataValida(d, m, a) ? "" : "NAO " );

    return 0;
}
```

**Análise:**

☐ A função **main**() chama a função `LeNatural()` definida no exemplo da Seção 5.11.1. Portanto faz-se desnecessário apresentar sua definição no programa, mas ela realmente faz parte dele (apenas foi omitida).

☐ A função **main**() poderia ser mais simpática com o usuário e permitir a correção de alguns enganos básicos nas leituras do dia e do ano. Por exemplo, se o usuário digitasse 32 como dia do mês, ela deveria permitir que o usuário corrigisse o erro antes de chamar a função `EhDataValida()`. Reimplementar a função **main**() de modo que ela seja mais amigável ao usuário é deixado como exercício.

**Exemplo de execução do programa:**

```
>>> Este programa verifica a validade de
>>> uma data introduzida pelo usuario.

>>> Digite o dia:
> 29

>>> Digite o mes:
> 2

>>> Digite o ano:
> 2000

>>> A data 29/02/2000 e' valida
```

### 7.6.9 Calculando MDC Usando o Algoritmo de Euclides

**Preâmbulo:** O algoritmo de Euclides para cálculo do MDC (máximo divisor comum) de dois números naturais é baseado no fato de o MDC de x e y ser o mesmo que o MDC de x%y e y, se x > y.

**Problema:** (a) Utilizando conhecimento apresentado no preâmbulo, escreva uma função que implementa o algoritmo de Euclides. (b) Escreva uma função **main()**, semelhante àquela da Seção 5.11.3, que lê repetidamente dois valores inteiros não negativos, calcula o MDC deles usando a função especificada no item (a) e apresenta os resultados.

**Solução de (a):**

```c
/****
 * MDC2(): Calcula o MDC de dois números naturais usando o algoritmo de Euclides
 *
 * Parâmetros: x, y (entrada): números cujo MDC será calculado
 *
 * Retorno: O MDC dos dois números recebidos como parâmetros
 ****/
int MDC2(int x, int y)
{
   int resto; /* Armazena o resto da divisão de x por y */

      /* O laço encerra quando o MDC for encontrado */
   while (1) {
      resto = x % y; /* Calcula o resto da divisão de x por y */

         /* Se a divisão não deixou resto, o MDC é y */
      if (!resto) {
         break;
      }

         /* Atualiza os valores de x e y para uma nova tentativa de encontrar MDC */
      x = y;
      y = resto;
   }
   return y;
}
```

**Solução de (b):** Para obter a função solicitada, copie e cole a função **main()** apresentada na Seção 5.11.3 e substitua a chamada de MDC() por uma chamada de MDC2(). Para completar o programa, copie e cole as definições das funções LeOpcaoSimNao() e LeNatural() e as diretivas **#include**. Todos esses demais componentes fazem parte do programa apresentado na Seção 5.11.3.

### 7.6.10 Conjectura de Collatz 2

**Problema:** Escreva um programa que encontra o número entre **1** e **100000** que produz a maior sequência de Collatz (v. Seção 5.11.10).

**Solução:**

```c
#include <stdio.h> /* printf() */

    /* Maior valor que pode ser usado como primeiro */
    /* termo de uma sequência de Collatz            */
#define MAX 100000

/****
 * Collatz2(): Determina o número de termos da sequência de
 *             Collatz que começa com um dado inteiro positivo
 *
 * Parâmetro: n (entrada) - termo inicial da sequência
 *
 * Retorno: O número de termos da sequência
 ****/
int Collatz2(int n)
{
    int cont = 1; /* Conta o número de termos da sequência e é iniciado com 1    */
                  /* pois a sequência tem pelo menos um termo, que é o parâmetro */

    /* O primeiro termo deve ser positivo */
    if (n <= 0) {
        return 0; /* Não existe sequência */
    }

    /* Determina os demais termos. O laço encerra */
    /* quando é encontrado um termo igual a 1.    */
    while (1) {
        /* Gera o próximo termo */
        if (!(n%2)) { /* O termo corrente é par */
            n = n/2; /* Calcula o próximo termo */
        } else { /* O termo corrente é ímpar */
            n = 3*n + 1; /* Calcula o próximo termo */
        }

        ++cont; /* Mais um termo foi gerado */

        /* Se o novo termo for igual a 1,   */
        /* chegou-se ao final da sequência */
        if (n == 1) {
            break; /* Encerra o laço */
        }
    }

    return cont;
}

/****
 * main(): Encontra o número entre 1 e MAX que produz a maior sequência de Collatz
 *
 * Parâmetros: Nenhum
 *
 * Retorno: Zero
 ****/
```

```
int main(void)
{
    int nMax, /* Número que gera a maior sequência */
        maxTermos, /* Número de termos da maior sequência */
        nTermos, /* Número de termos de cada sequência */
        i;

        /* Apresenta o programa */
    printf( "\n\t>>> Este programa encontra o numero entre 1 e %d que"
            "\n\t>>> produz a maior sequencia de Collatz.\n", MAX );
        /* Inicia as variáveis 'nMax' e 'maxTermos' com 1 */
    nMax = 1;
    maxTermos = 1; /* A sequência que começa com 1 tem apenas 1 termo */

        /* Determina os números de termos das sequências  */
        /* começando com 2 até MAX e verifica qual desses */
        /* valores produz a maior sequência               */
    for (i = 2; i <= MAX; ++i) {
            /* Determina o número de termos */
            /* da sequência corrente        */
        nTermos = Collatz2(i);

            /* Verifica se o número de termos da sequência */
            /* corrente é maior do que o maior valor atual */
        if (nTermos > maxTermos) {
                /* A sequência corrente possui o maior número de termos */
            maxTermos = nTermos;

            nMax = i; /* i produz a maior sequência até aqui */
        }
    }

        /* Apresenta o número que produz a maior sequência */
    printf( "\n\t>>> O numero entre 1 e %d que produz a"
            "\n\t>>> maior sequencia de Collatz e' %d.\n", MAX, nMax );

        /* Apresenta o número de termos da maior sequência */
    printf( "\n\t>>> Essa sequencia possui %d termos.\n", maxTermos );

    return 0;
}
```

**Resultado de execução do programa:**

```
    >>> Este programa encontra o numero entre 1 e 100000 que
    >>> produz a maior sequencia de Collatz.

    >>> O numero entre 1 e 100000 que produz a
    >>> maior sequencia de Collatz e' 77031.

    >>> Essa sequencia possui 351 termos.
```

# 7.7 Exercícios de Revisão

## Introdução (Seção 7.1)

1. O que é reúso de código?

## Reúso de Código (Seção 7.2)

2. Por que programadores experientes beneficiam-se mais de reúso de código do que programadores iniciantes?

3. Cite três formas de reúso de código.

4. (a) Qual é a principal vantagem obtida pelo programador com o uso de bibliotecas? (b) Qual é a maior desvantagem que bibliotecas podem apresentar?

5. Qual é a forma mais rudimentar de reúso de código?

## Usando Abreviações com CodeBlocks (Seção 7.3)

6. O que são abreviações no IDE CodeBlocks?

7. Como abreviações facilitam a escrita de código?

## Depuração de Programas (Seção 7.4)

8. Como são classificados os erros de programação?

9. Apresente duas causas de erros de execução comuns.

10. Qual é a diferença entre teste e depuração de programas?

11. Como funciona o método de busca binária em depuração?

12. Como um compilador pode ajudar na tarefa de depuração de um programa?

13. Ambos os trechos de programa a seguir contêm erros:

| TRECHO DE PROGRAMA 1 | TRECHO DE PROGRAMA 2 |
|---|---|
| `int x = 0;`<br>`if (x = 10)`<br>`    y = y + 1;` | `int x = 0;`<br>`if (10 = x)`<br>`    y = y + 1;` |

Por que o compilador indica uma ocorrência de erro no trecho de programa 2, mas o mesmo não ocorre com o trecho de programa 1?

14. (a) Como funciona a técnica de depuração que utiliza **printf()**? (b) Compare essa técnica de depuração com a técnica de depuração que faz uso de comentários.

15. Por que erros de execução são mais difíceis de corrigir do que erros de sintaxe?

16. Por que erros de lógica são mais difíceis de corrigir do que erros de execução?

17. Por que mensagens de advertência emitidas por um compilador não devem ser negligenciadas?

## Números Reais Não São Realmente Reais (Seção 7.5)

18. (a) O que é truncamento? (b) O que é erro de truncamento?

19. (a) O que é representação (número) de ponto flutuante? (b) O que é representação (número) de ponto fixo?

20. Qual é a diferença entre número real e número de ponto flutuante?

21. Quantas casas decimais são exibidas quando se usa o especificador **%f** com **printf()**?

22. (a) Explique o uso do especificador **%.nf** com **printf()**, sendo **n** um número inteiro positivo. (b) Em que situações esse especificador deve ser usado em detrimento a **%f**?

23. Por que nenhum intervalo de números reais pode ser representado precisamente em computador?

24. A que se refere o padrão IEEE 754?

25. Por que o valor da constante `DELTA` foi escolhido como `1.0E-14`?

# 7.8 Exercícios de Programação

### 7.8.1 Fácil

EP7.1 Escreva um programa que lê dois números inteiros positivos como entrada e informa quais são os números primos que estão entre os dois valores introduzidos. [Sugestão: Este é um exercício sobre reúso de código. Use o exemplo apresentado na Seção 7.6.3 como base do seu programa.]

EP7.2 Um **número composto** é um número natural (i.e., inteiro não negativo) maior do que **1** e que não é primo. Escreva um programa que lê um número inteiro como entrada e determina se ele é composto ou não. [Sugestão: Este é um exercício sobre reúso de código. Compare a definição de número composto com aquela de número primo apresentado na Seção 5.11.2 e verifique o que precisa ser alterado no programa sobre números primos apresentado naquela seção para obter a solução para este exercício de programação.]

EP7.3 Escreva um programa que lê um número inteiro como entrada e apresenta na tela quais são os números compostos menores do que ele. [Sugestão: Este é um exercício sobre reúso de código. Compare o enunciado deste exercício com aquele do exemplo apresentado na Seção 7.6.3, que exibe na tela os números primos menores do que determinado valor e verifique o que precisa ser alterado para obter a solução para este exercício de programação. Note que a função `ExibePrimos()` não poderá ser usada na íntegra, mas a maior parte de seu código poderá ser reutilizada.]

EP7.4 Escreva um programa que recebe um número inteiro positivo **n** como entrada. Então, o programa solicita que o usuário introduza **n** números inteiros (sem restrição) e informa se eles estão em ordem decrescente ou não. [Sugestão: Este é um exercício sobre reúso de código. Compare o enunciado deste exercício com aquele do exemplo apresentado na Seção 7.6.4 que verifica se uma lista de valores está em ordem crescente e reutilize o código daquele programa fazendo as devidas alterações.]

EP7.5 Escreva um programa que lê dois valores **L** e **A** e desenha um retângulo com **L** asteriscos de largura e **A** asteriscos de altura, conforme ilustrado abaixo para **L** igual a **5** e **A** igual a **3**:

```
*****
*   *
*****
```

[Sugestão: Reutilize parte do código que desenha quadrados de asteriscos apresentado na Seção 7.6.5.]

EP7.6 Modifique o programa apresentado na Seção 7.6.7 de tal modo que, se for o caso, o programa informe qual é o número de termos da menor sequência de Fibonacci que contém o número introduzido pelo usuário. [Sugestão: Você precisará apenas acrescentar algumas linhas ao referido programa.]

EP7.7 Escreva um programa que apresenta na tela uma tabela de multiplicação com **n** linha e **n** colunas, sendo **n** um valor inteiro positivo introduzido pelo usuário. O valor de **n** deve ser limitado entre **2** e **15**. [Sugestão: Use o exemplo apresentado na Seção 7.6.6 como ponto inicial do seu programa.]

EP7.8 Escreva um programa que apresenta uma tabuada de soma na tela, conforme mostrado a seguir:

```
1   2   3   4   5   6   7   8
2   4   5   6   7   8   9   10
3   5   6   7   8   9   10  11
4   6   7   8   9   10  11  12
5   7   8   9   10  11  12  13
6   8   9   10  11  12  13  14
7   9   10  11  12  13  14  15
8   10  11  12  13  14  15  16
```

[Sugestão: Reutilize parte do código do programa que exibe uma tabela de multiplicação apresentado na Seção 7.6.6.]

EP7.9 **Preâmbulo.** Um número **deficiente** é um número natural maior do que *1* cuja soma de seus divisores, incluindo *1* mas excluindo ele próprio, é menor do que ele. Por exemplo, *8* é um número deficiente, já que *1 + 2 + 4* é igual a *7*, que é menor do que *8*. Um número natural maior do que *1* é **abundante** se a soma de seus divisores, incluindo *1* mas excluindo ele próprio, for maior do que menor do que o número. Por exemplo, *12* é um número abundante, pois *1 + 2 + 3 + 4 + 6 = 16*, que é maior do que

*12.* Um número perfeito é um número natural maior do que *1* cuja soma de seus divisores, incluindo *1* mas excluindo ele próprio, é igual ele. Por exemplo, *6* é um número perfeito, já que *1* + *2* + *3* é igual a *6*. Problema. Escreva um programa que lê números inteiros naturais via teclado e classifica-os como primo, perfeito, deficiente ou abundante. A entrada de dados deve encerrar quando o usuário digitar zero. [Sugestões: (1) Crie uma função que retorna a soma dos divisores de um número natural maior do que *1* recebido como parâmetro. (2) Use a função `LeNatural()` definida na Seção 5.11.1 para ler o valor introduzido pelo usuário. (3) Chame a função sugerida no item (1) para obter a soma dos divisores desse valor. (4) Use instruções **if** para classificar o número.]

**EP7.10** Escreva um programa que exibe na tela uma tabela de soma, subtração, multiplicação ou divisão com **n** linhas e **n** colunas, sendo **n** um valor inteiro positivo introduzido pelo usuário. O programa deve apresentar o seguinte menu de opções:

```
1. Soma
2. Subtracao
3. Divisao
4. Multiplicacao
5. Encerra o programa

Escolha a opcao:
```

Após escolher a opção de operação, o usuário deve introduzir o valor de **n**. [Sugestão: Estude a Seção 5.8 e o exemplo apresentado na Seção 7.6.6.]

**EP7.11** Escreva um programa que calcula as áreas das seguintes figuras geométricas planas: retângulo, triângulo, círculo, paralelogramo e trapézio. As fórmulas usadas para calcular essas áreas encontram-se na Tabela 7–1.

| FIGURA PLANA | ÁREA |
|---|---|
| **Retângulo (a e b são os lados)** | $a \times b$ |
| **Triângulo (b é a base; h é a altura)** | $\dfrac{b \times h}{2}$ |
| **Círculo (r é o raio)** | $\pi \times r^2$ |
| **Paralelogramo (*b* é a base; *h* é a altura)** | $b \times h$ |
| **Trapézio (*b* é a base menor; *B* é a base maior; *h* é a altura)** | $\dfrac{(b + B) \times h}{2}$ |

TABELA 7–1: ÁREAS DE FIGURAS PLANAS

O programa deve oferecer ao usuário o seguinte menu de opções:

```
1. Area de retangulo
2. Area de triangulo
3. Area de circulo
4. Area de paralelogramo
5. Area de trapezio
6. Encerra o programa
```

**EP7.12** Escreva um programa que calcula os volumes dos seguintes sólidos geométricos: paralelepípedo, cone, esfera, pirâmide quadrangular e cilindro. As fórmulas usadas para calcular esses volumes encontram-se na Tabela 7–2.

| Sólido Geométrico | Volume |
|---|---|
| Paralelepípedo (a, b e c são os lados) | $a \times b \times c$ |
| Cone (r é o raio da base; h é a altura) | $\dfrac{\pi \times r^2 \times h}{3}$ |
| Esfera (r é o raio) | $\dfrac{4 \times \pi \times r^3}{3}$ |
| Pirâmide quadrangular (a é o lado da base; h é a altura) | $\dfrac{a^2 \times h}{3}$ |
| Cilindro (r é o raio da base; h é a altura) | $\pi \times r2 \times h$ |

Tabela 7–2: Volumes de Figuras Sólidas

O programa deve oferecer ao usuário o seguinte menu de opções:

```
1. Volume de paralelepipedo
2. Volume de cone
3. Volume de esfera
4. Volume de piramide quadrangular
5. Volume de cilindro
6. Encerra o programa
```

## 7.8.2 Moderado

EP7.13 **Preâmbulo**: Uma tripla pitagórica (v. exercício EP4.27) é **primitiva** quando os três números que a compõem são primos entre si. De acordo com o célebre matemático Euclides, uma tripla pitagórica é primitiva se e somente se os valores de *m* e *n* usados nas fórmulas apresentadas no exercício EP4.27 forem primos entre si e tiverem paridades diferentes (i.e., se *m* for par, *n* será ímpar e vice-versa). **Problema**: Escreva um programa que apresenta as triplas de Pitágoras primitivas quando os valores de **m** e **n** variam entre *1* e *5*. O resultado do programa deverá ser o seguinte:

```
>>> Triplas Pitagoricas Primitivas <<<

a =  3, b =  4, c =  5  (m = 2, n = 1)
a =  5, b = 12, c = 13  (m = 3, n = 2)
a = 15, b =  8, c = 17  (m = 4, n = 1)
a =  7, b = 24, c = 25  (m = 4, n = 3)
a = 21, b = 20, c = 29  (m = 5, n = 2)
a =  9, b = 40, c = 41  (m = 5, n = 4)
```

[**Sugestão**: Use as sugestões apresentadas para o exercício EP4.27 e as funções solicitadas nos exercícios EP5.9 e EP5.10.]

# CAPÍTULO 8

# ARRAYS

**Após estudar este capítulo, você deverá ser capaz de:**

➤ Definir e usar a seguinte terminologia relacionada à linguagem C:

☐ Variável estruturada  ☐ Índice  ☐ Array unidimensional

☐ Array  ☐ Zumbi  ☐ Array multidimensional

☐ Definição de array  ☐ Fator de escala  ☐ Acesso sequencial de array

☐ Iniciação de array  ☐ Operador  sizeof

➤ Descrever como deve ser escrita a iniciação de um array unidimensional

➤ Discernir a diferença em termos de iniciação entre arrays de duração fixa e arrays de duração automática

➤ Descrever e usar as palavras-chave **sizeof** e **const** da linguagem C:

➤ Determinar o número de bytes ocupados por um array e por um elemento de array

➤ Diferenciar constantes definidas usando **const** e **#define**

➤ Classificar variáveis estruturadas em homogêneas ou heterogênea

➤ Descrever precisamente as operações aritméticas permitidas sobre ponteiros

➤ Expressar o endereço e o valor de um elemento de array usando aritmética de ponteiros

➤ Justificar o fato de indexação de arrays em C começar em zero

➤ Descrever como um parâmetro formal que representa um array deve ser declarado e como ele deve casar com um parâmetro real correspondente

➤ Saber que uma função em C nunca recebe ou retorna um array em si

➤ Interpretar declaração de variável ou parâmetro que usa **const**

➤ Identificar e evitar erro de programação causado por zumbi

➤ Descrever o que é linha e coluna de um array bidimensional

**OBJETIVOS**

# 8.1 Introdução

 MA VARIÁVEL ESTRUTURADA (ou agregada) é aquela que contém componentes que podem ser acessados individualmente. Uma variável estruturada pode ser homogênea, quando seus componentes são todos de um mesmo tipo, ou heterogênea, quando seus componentes podem ser de tipos diferentes. O tipo de uma variável estruturada é considerado um tipo estruturado (ou agregado).

Array é uma variável estruturada e homogênea que consiste numa coleção de variáveis do mesmo tipo armazenadas contiguamente em memória. Cada variável que compõe um array é denominada elemento e pode ser acessada usando o nome do array e um índice. Em C, índices são valores inteiros não negativos e o elemento inicial de um array sempre tem índice igual a zero.

Arrays constituem o foco principal deste capítulo, que aborda ainda outros tópicos intimamente relacionados ao uso de arrays, como:

- ❏ O operador **sizeof** (Seção 8.5)
- ❏ Aritmética de ponteiros (Seção 8.6) e a relação entre ponteiros e arrays (Seção 8.7)
- ❏ A palavra-chave **const** (Seção 8.8)

# 8.2 Definições de Arrays

A definição de um array, em sua forma mais simples, consiste em:

> *tipo nome-do-array*[*tamanho-do-array*];

Nesse esquema de definição, *tipo* é o tipo de cada elemento do array e *tamanho-do-array* consiste numa expressão inteira, constante e positiva que especifica o número de elementos do array. Por exemplo, a seguinte linha de um programa:

```
double notas[50];
```

define a variável **notas**[] como um array de 50 elementos, cada um dos quais é uma variável do tipo **double**[1].

# 8.3 Acesso a Elementos de um Array

Os elementos de um array são acessados por meio de índices que indicam a posição de cada elemento em relação ao elemento inicial do array. Mais precisamente, o elemento inicial possui índice 0, o segundo tem índice 1 e assim por diante. Como a indexação dos elementos começa com 0, o último elemento de um array possui índice igual ao número de elementos do array menos um.

Esquematicamente, a notação usada para acesso aos elementos de um array é:

> *nome-do-array*[*índice*]

Para todos os efeitos, um elemento de um array pode ser considerado uma variável do tipo usado na definição do array, de modo que qualquer operação permitida sobre uma variável do tipo de um elemento de um array também é permitida para o próprio elemento. Por exemplo:

```
double  notas[50];

notas[0] = 5.0;  /* Atribui 5.0 ao elemento inicial do array */
    ...
notas[49] = 7.5; /* Atribui 7.5 ao último elemento do array */
notas[50] = 9.0; /* Essa referência é problemática */
```

---

[1]  A razão pela qual este e muitos outros textos sobre C usam colchetes quando fazem referência a um array (como em **notas**[], por exemplo) é que o nome de um array considerado isoladamente representa seu endereço (v. Seção 8.7).

Nesse último exemplo, a referência ao elemento **notas[50]** é problemática, pois acessa uma porção de memória que não faz parte do array.

O padrão ISO não requer que um compilador de C faça verificação de acesso além dos limites de um array. Portanto o programador pode acidentalmente acessar porções de memória que não foram alocadas para o array (como na última linha do exemplo acima) e isso pode trazer consequências imprevisíveis. Algumas vezes, a porção de memória acessada pode pertencer a outras variáveis; outras vezes, áreas especiais de memória podem ser indevidamente acessadas, o que poderá causar aborto do programa. Frequentemente, esse tipo de erro é causado porque o programador excede em um o valor do índice usado na expressão condicional de um laço **for** que acessa sequencialmente os elementos de um array, como mostra o seguinte exemplo:

```c
#include <stdio.h>

int main(void)
{
    int  ar[10], i;

    for  (i = 0; i <= 10; i++) {
        ar[i] = 0;
    }

    return 0;
}
```

Nesse exemplo, o array **ar[]** foi definido com capacidade para conter **10** elementos e, portanto, ele deve ser acessado apenas com índices variando entre **0** e **9**. Entretanto, o laço **for** do exemplo possui um erro que faz com que ao elemento de índice **10** (inválido, portanto) seja atribuído o valor **0**. Como não existe o elemento **ar[10]**, o compilador colocará zero numa porção de memória que não pertence ao array **ar[]**, mas que, provavelmente, pertence à variável **i**. Isso é provável porque a definição da variável **i** foi feita logo em seguida à declaração de **ar[]**, como mostra a Figura 8–1.

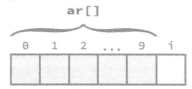

FIGURA 8–1: POSSÍVEL ALOCAÇÃO DE ARRAY E VARIÁVEL DE CONTAGEM

O erro incorporado no último programa poderá causar um laço de repetição infinito, uma vez que à variável **i** é atribuído zero sempre que o elemento **ar[10]** é acessado, de modo que ela nunca assume um valor que encerre o laço.

Como exemplo correto de acesso sequencial aos elementos de um array considere o programa a seguir que exibe um array ora do primeiro ao último elemento, ora do último ao primeiro elemento.

```c
#include <stdio.h>

int main(void)
{
    int ar[5] = {1, -1, 2, 0, 4},
        i;

    /* Exibe o array do primeiro ao último elemento */
    for (i = 0; i < 5; ++i) {
        printf("ar[%d] = %2d\n", i, ar[i]);
    }

    printf("\n\n"); /* Salta uma linha */
```

```
    /* Exibe o array do último ao primeiro elemento */
  for (i = 4; i >= 0; --i) {
    printf("ar[%d] = %2d\n", i, ar[i]);
  }

  return 0;
}
```

Quando executado o último programa produz o seguinte resultado na tela:

```
ar[0] =  1
ar[1] = -1
ar[2] =  2
ar[3] =  0
ar[4] =  4

ar[4] =  4
ar[3] =  0
ar[2] =  2
ar[1] = -1
ar[0] =  1
```

Uma situação na qual números mágicos (v. Seção 6.5) aparecem com frequência é na definição e acesso a elementos de arrays. Aqui, o problema não é apenas de legibilidade, mas também de manutenibilidade. Suponha, por exemplo, que você tenha definido um array como:

```
double notas[20]; /* 20 é número mágico */
```

e seu programa utiliza o valor constante 20 em vários outros locais. Se você ou algum outro programador desejar alterar seu programa com o objetivo de aumentar o tamanho do array para, diga-se, 25 terá que decidir quais dos demais valores iguais a 20 distribuídos no programa representam o tamanho do array. O fragmento de programa a seguir ilustra o que foi exposto:

```
double notas[20]; /* 20 é número mágico */
...
for (i = 0; i < 20; ++i) { /* 20 é um número mágico */
    ...
}
```

Um bom estilo de programação recomenda que esse trecho de programa seja substituído por:

```
#define NUMERO_DE_ELEMENTOS 20
...
double notas[NUMERO_DE_ELEMENTOS];
...
for (i = 0; i < NUMERO_DE_ELEMENTOS; ++i) {
    ...
}
```

No laço **for** acima, a constante 20 foi substituída por NUMERO_DE_ELEMENTOS, mas o valor 0 não foi substituído, pois ele não pode ser considerado um número mágico, visto que ele sempre representa o primeiro índice de um array e, portanto, tem significado próprio (v. Seção 6.5).

## 8.4 Iniciações de Arrays

Como ocorre com outros tipos de variáveis, arrays de duração fixa e arrays de duração automática diferem em termos de iniciação.

### 8.4.1 Arrays de Duração Fixa

Como padrão, arrays com duração fixa têm todos os seus elementos iniciados automaticamente com zero, mas podem-se iniciar todos ou alguns elementos explicitamente com outros valores. A iniciação de elementos de um array é feita por meio do uso de expressões constantes, separadas por vírgulas e entre chaves, seguindo a definição do array. Uma construção dessa natureza é denominada um iniciador. Considere, por exemplo:

```
static   int   meuArray1[5];
static   int   meuArray2[5] = {1, 2, 3.14, 4, 5};
```

Nesse exemplo, todos os elementos de `meuArray1` serão iniciados com `0`, enquanto `meuArray2[0]` recebe o valor `1`, `meuArray2[1]` recebe `2`, `meuArray2[2]` recebe `3` (aqui ocorre uma conversão de tipo), `meuArray2[3]` recebe `4` e `meuArray2[4]` recebe `5`.

Não é ilegal incluir numa iniciação um número de valores maior do que o permitido pelo tamanho do array, mas, nesse caso apenas o número de valores igual ao tamanho do array é usado na iniciação. Por exemplo, na iniciação do array `ar1[]` a seguir:

```
int ar1[3] = {1, 2, 3, 4, 5};
```

serão usados apenas os valores `1`, `2` e `3`, visto que o array deve ter apenas três elementos.

Não é necessário iniciar todos os elementos de um array e, se houver um número de valores de iniciação menor do que o número de elementos do array, os elementos remanescentes serão iniciados implicitamente com zero. Nesse último caso, a iniciação implícita dos elementos remanescentes é independente da duração do array. Por exemplo:

```
int ar2[5] = {2, -1};
```

Nesse exemplo, na iniciação do array `ar2[]`, são atribuídos `2` e `-1` ao primeiro e ao segundo elementos, respectivamente e zero aos demais elementos.

Quando todos os elementos de um array são iniciados, o tamanho do array pode ser omitido, pois, nesse caso, o compilador deduz o tamanho do array baseado no número de valores de iniciação. Por exemplo:

```
static   int   meuArray2[] = {1, 2, 3.14, 4, 5};
```

é o mesmo que:

```
static   int   meuArray2[5] = {1, 2, 3.14, 4, 5};
```

Essa última característica é válida também para arrays de duração automática e, na prática, é mais usada com strings (v. Capítulo 9).

### 8.4.2 Arrays de Duração Automática

Arrays de duração automática (i.e., aqueles definidos dentro de funções sem o uso de **static**) também podem ser iniciados explicitamente. As regras para iniciação explícita de elementos de um array de duração automática são similares àquelas usadas para arrays de duração fixa. Isso inclui a iniciação com `0` dos elementos não iniciados, desde que haja a iniciação explícita de pelo menos um elemento. Entretanto, arrays de duração automática não são iniciados implicitamente. Ou seja, se não houver nenhuma iniciação explícita, o valor de cada elemento será indefinido; i.e., eles receberão o conteúdo indeterminado encontrado nas posições de memória alocadas para o array.

Para fixar melhor a diferença entre arrays de duração fixa e arrays de duração automática em termos de iniciação implícita considere o seguinte programa:

```c
#include <stdio.h>

int main(void)
{
    static int arFixo[5];
    int        arAuto[5];
    int        i;

    printf("\n\n*** Array de Duracao Fixa ***\n");

    for (i = 0; i < 5; ++i) {
        printf("\n  %d\t    %d", i, arFixo[i]);
    }

    printf("\n\n*** Array de Duracao Automatica ***\n");

    for (i = 0; i < 5; ++i) {
        printf("\n  %d\t    %d", i, arAuto[i]);
    }
    return 0;
}
```

Quando esse programa foi executado, ele produziu como resultado:

```
*** Array de Duracao Fixa ***

  0          0
  1          0
  2          0
  3          0
  4          0

*** Array de Duracao Automatica ***

  0          2293592
  1          4200662
  2          4200568
  3          28
  4          0
```

No programa acima, foram definidos dois arrays: `arFixo[]` com duração fixa e `arAuto[]` com duração automática e nenhum deles é iniciado explicitamente. Observe o resultado apresentado pelo programa e note que os elementos do array de duração fixa foram iniciados implicitamente com zero, enquanto os elementos do array de duração automática não foram iniciados e, por isso, os valores dos elementos desse array não fazem sentido. Se você compilar e executar o programa acima, obterá os mesmos valores para os elementos do array de duração fixa, mas os valores apresentados para os elementos do array de duração automática provavelmente serão diferentes.

Embora não seja comum, a iniciação de elementos de um array de duração automática também pode incluir expressões, como mostra o seguinte exemplo:

```c
#include <stdio.h>
#include <math.h>

int main(void)
{
    double x = 2.54, y = 1.6,
           ar[4] = { sqrt(2), 2*x, x + y, sqrt(5) };

    for (int i = 0; i < 4; ++i) {
        printf("\nar[%d] = %3.2f", i, ar[i]);
    }
```

```
    return 0;
}
```

A iniciação do array `ar[]` nesse programa seria inválida se ele tivesse duração fixa (i.e., se sua definição fosse precedida por **static**).

## 8.5  O Operador sizeof e o Tipo size_t

O operador **sizeof** é um operador unário e de precedência e associatividade iguais às dos demais operadores unários. Esse operador pode receber como operando um tipo de dado, uma constante, uma variável ou uma expressão.

Quando aplicado a um tipo de dado, o operador **sizeof** resulta no número de bytes necessários para alocar uma variável do mesmo tipo. Nesse caso, o operando deve vir entre parênteses. Por exemplo, no programa abaixo, à variável `tamanhoDoTipoDouble` é atribuído o número de bytes ocupados por uma variável do tipo **double**.

```
#include <stdio.h>

int main(void)
{
    size_t tamanhoTipoDouble;

    tamanhoTipoDouble = sizeof(double);

    printf( "\n>>> Bytes ocupados por uma variavel do"
            "\n>>> tipo double: %d\n", tamanhoTipoDouble );

    return 0;
}
```

O resultado do operador **sizeof** é do tipo **size_t**, que é um tipo inteiro sem sinal (v. adiante) definido em vários cabeçalhos da biblioteca padrão de C. Por isso, no último programa, a variável `tamanhoDoTipoDouble` é definida com esse tipo.

Um tipo inteiro com sinal, como é o caso do tipo primitivo **int** possui um bit de sinal, que indica se um valor desse tipo é positivo ou negativo. Por outro lado, um tipo inteiro sem sinal, como é o caso do tipo derivado **size_t**, não possui tal bit, pois todos seus valores são considerados sempre positivos ou zero.

Quando o operador **sizeof** é aplicado a uma constante ou variável, o resultado é o número de bytes necessários para armazenar a constante ou variável, respectivamente. Quando aplicado a uma expressão, o operador **sizeof** resulta no número de bytes que seriam necessários para conter o resultado da expressão *se ela fosse avaliada*; i.e., a expressão em si *não é avaliada*. Considere, como exemplo, o seguinte programa:

```
#include <stdio.h>

int main(void)
{
    int    i = 0;
    size_t tamanhoDaExpressao;

    tamanhoDaExpressao = sizeof(++i);

    printf( "\n>>> Bytes ocupados pela expressao ++i: %d", tamanhoDaExpressao );

    printf("\n>>> Valor de i: %d\n", i);

    return 0;
}
```

Quando executado, esse programa produz o seguinte resultado:

```
>>> Bytes ocupados pela expresao ++i: 4
>>> Valor de i: 0
```

De acordo com o resultado apresentado pelo último programa, a expressão **++i** não foi avaliada pelo operador **sizeof** e, por isso, a variável **i** não foi incrementada.

Quando o operando do operador **sizeof** é uma expressão, ela não precisa ser colocada entre parênteses como foi feito no último programa; porém, o uso de parênteses com **sizeof** é sempre recomendado para prevenir erros.

O tamanho, em bytes, de um array pode ser determinado aplicando-se o operador **sizeof** ao nome do array. Entretanto, nesse caso, não se deve utilizar nenhum índice; caso contrário, o tamanho resultante será o de um único elemento do array (ao invés do tamanho de todo o array). O programa a seguir demonstra esses fatos.

```c
#include <stdio.h>

int main(void)
{
    int   ar[] = {-1, 2, -2, 7, -5};
    size_t tamanhoArray, tamanhoElemento, nElementos;

    tamanhoArray = sizeof(ar);

    tamanhoElemento = sizeof(ar[0]);

    nElementos = tamanhoArray/tamanhoElemento;

    printf("\n>>> Bytes ocupados pelo array: %d\n", tamanhoArray);

    printf( "\n>>> Bytes ocupados por um elemento do array: %d\n", tamanhoElemento );

    printf("\n>>> Numero de elementos do array: %d\n", nElementos);

    return 0;
}
```

Esse último programa produz como resultado:

```
>>> Bytes ocupados pelo array: 20
>>> Bytes ocupados por um elemento do array: 4
>>> Numero de elementos do array: 5
```

A expressão:

```
sizeof(ar[0])
```

resulta no tamanho do elemento de qualquer array **ar[]** porque qualquer array tem pelo menos um elemento, que é o elemento **ar[0]**. Portanto pode-se concluir que a expressão:

```
sizeof(ar)/sizeof(ar[0])
```

resulta sempre no número de elementos de um array **ar[]**, desde que ela seja avaliada dentro do escopo no qual o array é definido (v. Seção 8.9).

É importante observar que uma aplicação do operador **sizeof** é avaliada em tempo de compilação e não durante a execução do programa que o contém. Por exemplo, o compilador é capaz de avaliar a última expressão que calcula o número de elementos de um array, pois, para tal, ele não precisa conhecer o conteúdo do array, o que só ocorre durante a execução do programa.

Conforme foi afirmado, o resultado do operador **sizeof** é do tipo **size_t**, que é um tipo inteiro sem sinal. Existem outros tipos inteiros sem sinal em C que este livro evitou usar, porque eles são fontes de erros difíceis de detectar num programa. Mas, agora, com a inexorável necessidade de uso do tipo **size_t**, torna-se inevitável uma séria discussão sobre esses tipos.

Cada valor de um tipo inteiro com sinal utiliza um bit que serve exatamente para indicar qual é o sinal (positivo ou negativo) do valor. Num tipo inteiro sem sinal, todos os valores são considerados positivos e não existe bit de sinal. Portanto, mesmo que dois tipos inteiros, um com sinal e o outro sem sinal, tenham a mesma largura (v. Seção 3.4.1), eles são considerados distintos, de modo que, em nível de máquina, não existe operação possível entre um valor com sinal e outro sem sinal. Assim, para uma linguagem de alto nível permitir mistura de um operando com sinal e outro sem sinal numa expressão, um deles deve ser convertido no tipo do outro antes de a operação ser realizada. No caso específico de mistura de operandos com e sem sinal que têm a mesma largura, o valor do operando com sinal é convertido num valor sem sinal. Quando o valor convertido é positivo, isso não acarreta problema. Mas, quando o número convertido é negativo, o resultado da conversão é um valor positivo enorme e bem diferente do valor original que foi convertido. Isso ocorre porque o bit de sinal, que é 1 quando o número é negativo, será interpretado como um bit significativo.

Para apreciar o tipo de erro que pode ocorrer quando se misturam valores com sinal e valores sem sinal, considere o seguinte programa:

```c
#include<stdio.h>

int main(void)
{
   int    ar[] = {1, 2, 3, 4, 5, 6, 7}, i;
   size_t nElementos;

     /* Calcula o número de elementos do array */
   nElementos = sizeof(ar)/sizeof(ar[0]);

     /* Na avaliação da expressão i <= nElementos - 2, i, que vale -1, é    */
     /* convertido em size_t, que é um tipo sem sinal. Portanto o valor de  */
     /* i convertido torna-se um valor muito grande sem sinal e o corpo do  */
     /* laço não é executado nunca. A solução é definir nElementos como int */
   for(i = -1; i <= nElementos - 2; i++) {
      printf("%d\t", ar[i + 1]);
   }

   printf("\n>>> Valor de i = %u\n", (size_t)i);

   return 0;
}
```

Esse programa é bastante simples e o que ele tenta realizar é apenas apresentar na tela os valores dos elementos do array `ar[]` e, apesar de ele tentar atingir seu objetivo de uma forma ineficiente e não convencional, o raciocínio empregado no laço **for** utilizado pelo programa é absolutamente correto do ponto de vista funcional. Mas, se você compilar e executar esse programa, não obterá a escrita na tela de nenhum elemento do array. Por que isso ocorre?

Poucos programadores inexperientes de C saberão responder essa pergunta, mas, se você entendeu a discussão referente a mistura de tipos com e sem sinal, estará apto a acompanhar o que ocorre durante a execução da instrução **for** do último programa:

1. A variável `i` recebe o valor `-1` na entrada do laço **for**.
2. A expressão `i <= nElementos - 2` é avaliada e é aqui que ocorre o problema. Como a variável `nElementos` é de um tipo sem sinal (**size_t**), o operando direito do operador representado por `<=` será desse tipo e o operando esquerdo (`i`) precisará ser convertido em um valor sem sinal. Como `i` vale `-1`, esse valor convertido num número sem sinal é enorme e, certamente, será maior do que `nElementos - 2`. Portanto o corpo do laço **for** não será executado nenhuma vez.

Para determinar qual é o valor verdadeiro de i usado na avaliação da expressão i <= nElementos - 2, foi inserida a seguinte chamada de **printf()** entre as instruções **for** e **return** do programa sob discussão:

```
printf("Valor de i = %u", (size_t)i);
```

Nessa chamada de **printf()**, o especificador de formato **%u** é usado para a escrita de um número inteiro sem sinal.

A solução para o problema apresentado pelo último programa é evitar que ocorra a conversão do valor de i num número sem sinal. Isso é obtido definido-se o tipo da variável **nElementos** como **int**. Essa singela alteração faz com que o programa funcione, pois, nesse caso, ocorrerá conversão de atribuição de um número inteiro sem sinal para um número inteiro com sinal, e não o contrário (v. Seção 3.10.1).

Com base na discussão apresentada acima, o conselho a ser seguido é:

| Recomendação | *Jamais misture operando inteiro com sinal com operando inteiro sem sinal numa mesma expressão, a não ser numa expressão de atribuição na qual o operando esquerdo seja uma variável do tipo int.* |
| --- | --- |

# 8.6 Aritmética de Ponteiros

A linguagem C permite que as operações aritméticas apresentadas na Tabela 8–1 sejam executadas com ponteiros (supondo que **p**, **p1** e **p2** sejam ponteiros de quaisquer tipos).

| OPERAÇÃO | EXEMPLO |
| --- | --- |
| Soma de um valor inteiro a um ponteiro | p + 2 |
| Subtração de um valor inteiro de um ponteiro | p - 3 |
| Incremento de ponteiro | ++p ou p++ |
| Decremento de ponteiro | --p ou p-- |
| Subtração entre dois ponteiros do mesmo tipo | p1 - p2 |

TABELA 8–1: OPERAÇÕES ARITMÉTICAS SOBRE PONTEIROS

Operações aritméticas sobre ponteiros, entretanto, devem ser interpretadas de modo diferente das operações aritméticas usuais. Por exemplo, se **p** é um ponteiro definido como:

```
int *p;
```

a expressão:

```
p + 3
```

deve ser interpretada como o endereço do espaço em memória que está três variáveis do tipo **int** adiante do endereço da variável para o qual **p** aponta. Isto é, como **p** é um endereço, **p + 3** também será um endereço. Mas, em vez de adicionar **3** ao valor do endereço armazenado em **p**, o compilador adiciona **3** multiplicado pelo tamanho (i.e., número de bytes) da variável para a qual **p** aponta. Nesse contexto, o tamanho da variável apontada pelo ponteiro é denominado fator de escala. Com exceção da última operação apresentada na Tabela 8–1, as demais operações sobre ponteiros envolvem a aplicação de um fator de escala, que corresponde à largura do tipo de variável para o qual o ponteiro aponta.

Suponha, por exemplo, que o endereço correntemente armazenado no ponteiro **p** definido acima seja **e** e que variáveis do tipo **int** sejam armazenadas em 4 bytes. Então, **p + 3** significa, após a aplicação do fator de escala, o endereço **e + 3*4**, que é igual ao endereço **e + 12**. A Figura 8–2 ilustra esse argumento.

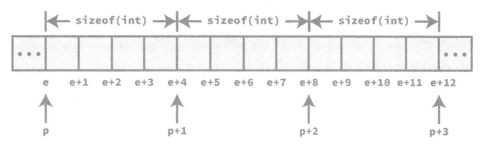

FIGURA 8-2: SOMA DE UM INTEIRO A UM PONTEIRO

Se, no exemplo anterior, o ponteiro **p** tivesse sido definido como `char *p`, então **p + 3** significaria **e + 3** [porque `sizeof(char)` é sempre **1**]. Concluindo, **p + 3** sempre significa o endereço da terceira variável do tipo apontado pelo ponteiro **p** após aquela correntemente apontada por ele.

Subtrair um inteiro de um ponteiro tem uma interpretação semelhante. Por exemplo, **p - 3** representa o endereço da terceira variável do tipo apontado pelo ponteiro **p** que precede a variável correntemente apontada por ele, como mostra a Figura 8-3, que considera as mesmas suposições da Figura 8-2.

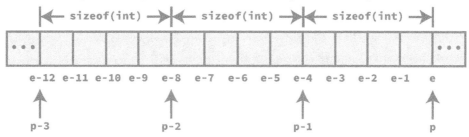

FIGURA 8-3: SUBTRAÇÃO DE UM INTEIRO DE UM PONTEIRO

Operações de incremento e decremento de ponteiros também são bastante comuns em programação em C. Nesses casos, os operadores de incremento e decremento são utilizados para fazer um ponteiro apontar para a variável posterior e anterior, respectivamente, à posição atual do ponteiro. Em qualquer caso, o fator de escala mencionado é aplicado à operação.

A subtração de dois ponteiros é legal, desde que os ponteiros sejam do mesmo tipo, mas só faz sentido quando eles apontam para elementos de um mesmo array. Essa operação resulta num número inteiro cujo valor absoluto representa o número de elementos do array que se encontram entre os dois ponteiros. O seguinte programa demonstra o que foi exposto:

```c
#include <stdio.h>

int main(void)
{
    int ar[] = {-1, 2, -2, 7, -5}, nElementos;

    nElementos = &ar[3] - &ar[0];

    printf( "\n>>> Numero de elementos entre &ar[3] e "
            "&ar[0]: %d\n", nElementos );

    return 0;
}
```

O resultado desse último programa é:

```
>>> Numero de elementos entre &ar[3] e &ar[0]: 3
```

A Figura 8-4 ilustra o resultado apresentado pelo programa anterior:

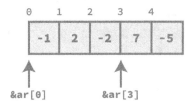

FIGURA 8-4: SUBTRAÇÃO DE DOIS PONTEIROS

O programa em seguida, apresenta alguns exemplos legais e ilegais de aritmética de ponteiros:

```c
#include <stdio.h>

int main(void)
{
    double  ar[] = {0.0, 2.5, 3.2, 7.5, 1.6},
            *p1, *p2;
    int     j;
    char    *p3;

    p1 = &ar[0];  /* Legal */

    p2 = p1 + 4;  /* Legal */
    printf("\n*p2 = %f", *p2);

    j = p2 - p1;  /* Legal - resultado: j recebe 4  */
    printf("\np2 - p1 = %d", j);

    j = p1 - p2;  /* Legal - resultado: j recebe -4 */
    printf("\np1 - p2 = %d", j);

    p1 = p2 - 2;  /* Legal - ponteiros são compatíveis */
    printf("\n*p1 = %f", *p1);

    p3 = p1 - 1;  /* Legal, mas os ponteiros */
                  /* não são compatíveis     */
    printf("\n*p3 = %f", *p3);
    printf("\n*p3 = %d", *p3);
//  j = p1 - p3;  /* ILEGAL: os ponteiros  não são compatíveis */

    return 0;
}
```

Quando executado, esse programa exibe como resultado:

```
*p2 = 1.600000
p2 - p1 = 4
p1 - p2 = -4
*p1 = 3.200000
*p3 = 3.199999
*p3 = 0
```

A seguir, serão apresentados comentários sobre as instruções de interesse do programa anterior:

```c
p1 = &ar[0];  /* Legal */
```

Essa atribuição faz com que p1 aponte para o primeiro elemento do array ar[].

```c
p2 = p1 + 4;  /* Legal */
```

Essa instrução faz com que p2 aponte para a quarta variável do tipo **double** adiante do endereço apontado por p1. Como, correntemente, p1 aponta para o primeiro elemento do array ar[], a atribuição fará com que p2 aponte para o elemento ar[4].

```
printf("\n*p2 = %f", *p2);
```

Essa chamada de **printf()** escreve o valor apontado por **p2**; ou seja, o valor do elemento **ar[4]**.

```
j = p2 - p1;   /* Legal */
```

Como, na segunda instrução do programa em questão, **p2** recebeu o valor **p1 + 4**, o resultado de **p2 - p1** é **4**.

```
j = p1 - p2;   /* Legal */
```

Se você entendeu a explicação anterior, o resultado é obvio: **j** recebe **-4**.

```
p1 = p2 - 2;   /* Legal */
```

A última atribuição feita a **p2** fez com que ele apontasse para o elemento **ar[4]** (v. acima). Portanto, nessa atribuição, **p1** receberá o endereço da segunda variável do tipo **double** que antecede **p2**; ou seja, após essa atribuição, **p1** apontará para o elemento **ar[2]**.

```
printf("\n*p1 = %f", *p1);
```

Essa chamada de **printf()** exibe na tela o valor apontado por **p1**; ou seja o valor do elemento **ar[2]**.

```
p3 = p1 - 1;   /* Legal, mas os ponteiros não são compatíveis */
```

Infelizmente, como foi discutido na Seção 5.2, apesar de o compilador reconhecer que os ponteiros são incompatíveis e emitir uma mensagem de advertência, de acordo com o padrão ISO, ele considera tal operação legal. A partir daí, qualquer referência ao ponteiro **p3** raramente faz algum sentido.

```
printf("\n*p3 = %f", *p3);
printf("\n*p3 = %d", *p3);
```

Quando o programa em questão foi testado, essas duas chamadas de **printf()** produziram a seguinte escrita na tela:

```
*p3 = 3.199999
*p3 = 0
```

Conforme foi antecipado, como o valor de **p3** é resultado de uma operação entre dois ponteiros incompatíveis, os resultados obtidos com operações de indireção desse ponteiro são imprevisíveis e, provavelmente, não fazem sentido.

```
// j = p1 - p3; /* ILEGAL - os ponteiros não são compatíveis */
```

A operação **p1 - p3** é considerada ilegal porque subtração entre ponteiros só é permitida se os ponteiros forem exatamente do mesmo tipo. Essa instrução foi comentada para permitir que o programa fosse compilado.

## 8.7 Relações entre Ponteiros e Arrays

Esta seção mostra como ponteiros podem ser usados para acessar elementos de um array. Para começar, suponha a existência das seguintes definições:

```
int   ar[4] = {-1, 12, 9, 2};
int   *p;
```

Então, a atribuição a seguir faz com que **p** aponte para o início do array **ar[]** (i.e., para o elemento **ar[0]**):

```
p = &ar[0];
```

A situação neste instante é ilustrada na Figura 8–5.

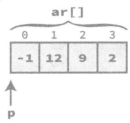

FIGURA 8–5: RAZÃO PELA QUAL INDEXAÇÃO DE ARRAYS COMEÇA EM ZERO 1

Portanto a indireção do ponteiro **p** (i.e., **\*p**) resulta no valor de **ar[0]** (i.e., **-1**). Além disso, utilizando-se aritmética de ponteiros pode-se ter acesso aos outros elementos do array. Isto é, **p + 1** refere-se ao endereço de **ar[1]** e **\*(p + 1)** resulta em **ar[1]**; **p + 2** refere-se ao endereço de **ar[2]** e **\*(p + 2)** resulta em **ar[2]**; e assim por diante, como mostra a Figura 8–6.

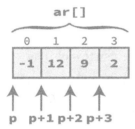

FIGURA 8–6: RAZÃO PELA QUAL INDEXAÇÃO DE ARRAYS COMEÇA EM ZERO 2

Pode-se, portanto, inferir que, em geral, se **p** aponta para o início do array **ar[]**, então a seguinte relação é válida para qualquer inteiro **i**:

> **\*(p + i)** *é o mesmo que* **ar[i]**

Agora, em C, o nome de um array considerado isoladamente é interpretado como o endereço do array (i.e., o endereço do elemento de índice **0**). Ou seja,

> **ar** *é o mesmo que* **&ar[0]**

Combinando-se as duas relações anteriores, obtém-se a seguinte equivalência:

> **\*(ar + i)** *é o mesmo que* **ar[i]**

Em consequência dessa última relação, quando um compilador de C encontra uma referência com índice a um elemento de um array (p. ex., **ar[2]**), ele adiciona o índice ao endereço do array (p. ex., **ar + 2**) e aplica o operador de indireção a esse endereço [p. ex., **\*(ar + 2)**], obtendo, assim, o valor do elemento do array.

Devido às relações apresentadas, ponteiros e nomes de arrays podem ser utilizados de modo equivalente tanto com o operador de indireção, representado por **\***, quanto com colchetes, que também representam um operador, como será visto na Seção 10.4. É importante lembrar, entretanto, que conteúdos de ponteiros podem ser modificados, enquanto o valor atribuído a um nome de array não pode ser modificado porque ele representa o endereço do array (variável) e o endereço de uma variável não pode ser modificado. Em termos práticos, isso significa, por exemplo, que o nome de um array (sem índice) não pode sofrer o efeito de nenhum operador com efeito colateral.

A seguir, estão apresentados alguns exemplos de instruções legais e ilegais envolvendo arrays e ponteiros:

```
double  ar[5], *p;

p = ar;
```

Essa instrução é legal e é equivalente a `p = &ar[0]`.

```
ar = p;  /* ILEGAL */
```

Essa instrução é ilegal, pois `ar` é o endereço do array `ar[]` e não se pode alterar o endereço de um array (ou qualquer outra variável).

```
ar++;  /* ILEGAL */
```

Essa instrução é ilegal porque se trata de outra tentativa de alterar o endereço `ar` do array `ar[]`.

```
p++;
```

Essa instrução é legal porque ponteiros podem ser incrementados.

```
ar[1] = *(p + 3);
```

Essa instrução é legal, pois os valores `ar[1]` e `*(p + 3)` são ambos do tipo **double**.

Com o conhecimento adquirido nesta seção, pode-se responder uma questão que intriga muitos iniciantes na linguagem C, que é: *Por que a indexação de arrays começa em 0 e não em 1, como seria mais natural?* Para entender a resposta, suponha que um ponteiro **p** aponte para o elemento de índice **1** de um array, como mostra a Figura 8–7.

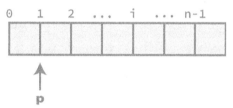

FIGURA 8–7: Razão pela qual Indexação de Arrays Começa em Zero 3

Então, utilizando o ponteiro **p**, acessos aos elementos do array seriam obtidos por meio das expressões mostradas na seguinte tabela:

| Índice | Expressão |
|--------|-----------|
| 1 | *p |
| 2 | *(p + 1) |
| 3 | *(p + 2) |
| ... | ... |
| i | *(p + i − 1) |

Assim, em geral, para acessar o elemento de índice **i** do array seria necessária uma operação aritmética a mais (i.e., subtrair 1 de **p** + **i**) do que seria o caso se **p** apontasse para o elemento de índice **0**. Ocorreria o mesmo se a indexação de arrays começasse em **1**: a cada acesso a um elemento de um array seria necessário subtrair **1**. Portanto, do ponto de vista de eficiência, a indexação de arrays em C é justificável.

## 8.8 Uso de const

A palavra-chave **const**, quando aplicada na definição de uma variável, especifica que a variável não pode ter seu conteúdo alterado após ser iniciada. Por exemplo, após a iniciação:

```
const int varConstante = 0;
```

não seria mais permitido à variável **varConstante** ter seu conteúdo modificado. Mas, uma variável definida com o qualificador **const** tem um significado bem distinto daquele de uma constante simbólica (v. Seção 3.15). Por exemplo, na definição de constante simbólica a seguir:

```
#define MINHA_CONSTANTE   0
```

**MINHA_CONSTANTE** difere de **varConstante** basicamente porque **MINHA_CONSTANTE** não tem espaço em memória alocado para si, enquanto **varConstante** terá espaço alocado. Em consequência disso, não se pode, por exemplo, atribuir o endereço de uma constante simbólica a um ponteiro, mas pode-se fazer isso com variáveis constantes, como o seguinte exemplo mostra:

```
int  *ptr1 = &varConstante;     /* Legal  */
int  *ptr2 = &MINHA_CONSTANTE; /* ILEGAL */
```

Não se pode garantir que uma variável constante não seja modificada indiretamente. Por exemplo, considerando a definição de **ptr1** apresentada acima, é permitido que a variável **varConstante** seja modificada por meio de uma instrução como:

```
*ptr1 = 1;
```

A propósito, qualquer compilador decente emite uma mensagem de advertência quando a um ponteiro capaz de alterar o conteúdo de uma variável constante (como **ptr1** no último exemplo) é atribuído o endereço dessa variável.

Numa definição de ponteiro, a palavra-chave **const** pode aparecer precedida pelo símbolo * ou não. Nos dois casos, os significados das definições são diferentes. Por exemplo, na segunda definição a seguir:

```
int         x;
int  *const  ponteiroConstante = &x;
```

a variável **ponteiroConstante** é considerada um ponteiro que deve apontar sempre para a variável **x** (i.e., o valor do ponteiro não deve mudar). Mas, esse ponteiro pode ser utilizado para alterar o conteúdo da variável para a qual ele aponta. Esse uso de **const** é semelhante àquele apresentado antes; afinal, todo ponteiro é uma variável.

Considere, agora, outro tipo de uso de **const** que aparece na segunda definição de variável a seguir:

```
int         x;
int  const *ponteiroParaConstante = &x;
```

Essa última declaração é equivalente a:

```
const int *ponteiroParaConstante = &x;
```

Em ambos os formatos, a variável **ponteiroParaConstante** é considerada como um ponteiro para uma variável que não pode ser modificada (indiretamente) por meio desse ponteiro. Mas, obviamente, pode ser modificada diretamente por meio da própria variável. Nesse caso, o valor do ponteiro em si pode ser modificado, de modo que ele possa apontar para outra variável.

Se você sentir dificuldade em interpretar os dois usos de **const** com ponteiros, utilize leitura árabe. Isto é, leia a definição da variável da direita para a esquerda partindo da própria variável. Quando encontrar um asterisco, traduza-o como *ponteiro* e quando encontrar **const**, traduza essa palavra-chave como *constante*. Por exemplo, leia a definição:

```
int *const p;
```

como: *p é constante ponteiro para int*, que, rearranjando para o bom português, fica: *p é um ponteiro constante para int*. Por outro lado, a definição:

```
const int *p;
```

deve ser lida como: *p é um ponteiro para int constante*, que, rearranjando de forma mais precisa (mas prolixa), fica: *p é um ponteiro para um conteúdo do tipo int considerado constante*.

A definição:

```
int const *p;
```

é lida exatamente como a definição precedente: *p é um ponteiro para um conteúdo do tipo int considerado constante*.

Apesar de serem equivalentes, a definição:

```
const  int  *ponteiro;
```

é mais frequentemente usada do que a definição:

```
int  const  *ponteiro;
```

A palavra-chave **const** também pode ser usada para qualificar o conteúdo (i.e., os elementos) de um array como, por exemplo:

```
const int ar[] = {1, 2, 3, 4};
```

ou:

```
int const ar[] = {1, 2, 3, 4};
```

As duas últimas definições têm exatamente o mesmo significado e indicam que os elementos do array `ar[]` devem ser considerados constantes.

O principal propósito de **const** é assegurar que dados que não devem ser modificados não serão realmente modificados. Em particular, o uso de **const** é bastante útil quando ponteiros são passados para funções, pois a declaração de um ponteiro utilizado como parâmetro com a palavra **const** garante que o valor apontado pelo ponteiro não será modificado pela função, como será visto na Seção 8.9.5.

## 8.9 Uso de Arrays com Funções

### 8.9.1 Declarando Arrays como Parâmetros Formais

Na definição de uma função, um parâmetro formal que representa um array é declarado como um ponteiro para o elemento inicial do array. Existem duas formas alternativas de declarar tal parâmetro:

> *tipo-do-elemento *parâmetro*

ou:

> *tipo-do-elemento parâmetro*[]

Como exemplo de parâmetro formal que representa um array considere o seguinte cabeçalho de função:

```
void  MinhaFuncao(double *ar)
```

ou, alternativamente:

```
void  MinhaFuncao(double ar[])
```

Quando o segundo formato de declaração é utilizado, o compilador converte-o no primeiro formato. Por exemplo, no segundo cabeçalho acima, `double ar[]` é convertido em `double *ar`. Assim, os dois tipos de declarações são completamente equivalentes. Entretanto, em termos de legibilidade, a segunda declaração é melhor do que a primeira, pois enfatiza que o parâmetro será tratado como um array. Na primeira declaração, não existe, em princípio, uma maneira de se saber se o parâmetro é um ponteiro para uma única variável do tipo **double** ou para um array de elementos do tipo **double**.

A escolha entre declarar um parâmetro de função em forma de array ou de ponteiro não tem nenhum efeito na tradução feita pelo compilador. Para o compilador, o parâmetro **ar** do exemplo anterior é apenas um ponteiro para um espaço em memória contendo um valor **double** e não exatamente um array. Mas, em virtude da relação entre ponteiros e arrays (v. Seção 8.7), ainda é possível acessar os elementos do parâmetro **ar** usando colchetes.

Deve-se ressaltar que, em consequência do modo como arrays são tratados numa função, não é possível determinar o tamanho de um array por meio da aplicação do operador **sizeof** sobre um parâmetro formal que representa o array. Por exemplo, se a função `MinhaFuncao()` fosse definida como:

```
void  MinhaFuncao(double ar[])
{
    printf("O tamanho do array e': %d\n", sizeof(ar));
}
```

uma chamada dessa função apresentaria o número de bytes necessários para armazenar um ponteiro, e não o número de bytes necessários para armazenar o array, visto que o parâmetro **ar** é interpretado como um ponteiro.

Devido à impossibilidade de uma função determinar o tamanho de um array cujo endereço é recebido como parâmetro, é muitas vezes necessário incluir o tamanho do array na lista de parâmetros da função. Isso permite à função saber onde o array termina, conforme mostra o seguinte exemplo:

```
void ExibeArrayDoubles(const double ar[], int tamanho)
{
    int  i;

    for (i = 0; i < tamanho; i++) {
        printf("ar[%d] = %3.1f\n", i, ar[i]);
    }
}
```

Note o uso de **const** no cabeçalho da função desse exemplo:

```
void ExibeArrayDoubles(const double ar[], int tamanho)
```

Como na declaração de um parâmetro, `ar[]` é o mesmo que `*ar`, tem-se que:

```
const double ar[]
```

é o mesmo que:

```
const double *ar
```

Portanto, de acordo com o que foi exposto na Seção 8.8, o parâmetro **ar** é declarado como um ponteiro para **double** que se compromete a não alterar o conteúdo para o qual ele aponta. Faz sentido declarar o parâmetro **ar** desse modo porque o array que ele representa deve ser considerado um parâmetro de entrada e o uso de **const** garante que o array não é alterado acidentalmente pela função (v. Seção 8.9.5).

### 8.9.2 Arrays como Parâmetros Reais

Numa chamada de função que possui um parâmetro que representa um array, utiliza-se como parâmetro real o nome de um array compatível com o parâmetro formal correspondente. Esse nome, conforme já foi visto, será interpretado como o endereço do array, como ilustra o seguinte programa:

```c
#include <stdio.h>

void ExibeArrayDoubles(const double ar[], int tamanho)
{
   int  i;

   for (i = 0; i < tamanho; i++) {
       printf("ar[%d] = %3.1f\n", i, ar[i]);
   }
}

double MediaArrayDoubles(const double notas[], int numNotas)
{
   int     i;
   double soma = 0.0;

   for (i = 0; i < numNotas; i++) {
      soma = soma + notas[i];
   }
   return soma / numNotas;
}

int main(void)
{
   double notas[] = {5.2, 6.6, 8.0, 4.0, 5.5, 4.8, 9.1},
          m;

   printf("\n\n****** Notas ******\n\n");
   ExibeArrayDoubles(notas, sizeof(notas)/sizeof(notas[0]));

   m = MediaArrayDoubles(notas, sizeof(notas)/sizeof(notas[0]));
   printf("\nMedia da turma: %3.2f\n", m);

   return 0;
}
```

Esse programa apresenta o seguinte na tela:

```
****** Notas ******

ar[0] = 5.2
ar[1] = 6.6
ar[2] = 8.0
ar[3] = 4.0
ar[4] = 5.5
ar[5] = 4.8
ar[6] = 9.1

Media da turma: 6.17
```

O último programa possui duas funções e cada uma delas recebe como parâmetro um array de elementos do tipo **double**. Os protótipos dessas funções são:

```c
void ExibeArrayDoubles(const double ar[], int tamanho)
```

e

```c
double MediaArrayDoubles(const double notas[], int numNotas)
```

Observe o uso de **const** nas duas funções. Em ambos os casos, o array é um parâmetro de entrada e o uso de **const** garante que ele não é acidentalmente modificado pela função.

As funções `ExibeArrayDoubles()` e `MediaArrayDoubles()` são chamadas no corpo da função **main()** como:

```
ExibeArrayDoubles(notas, sizeof(notas)/sizeof(notas[0]));
```

e

```
m = MediaArrayDoubles(notas, sizeof(notas)/sizeof(notas[0]));
```

Note que, nos dois casos, o primeiro parâmetro real passado para essas funções é **notas**, que é o nome do array definido na função **main**() como:

```
double notas[] = {5.2, 6.6, 8.0, 4.0, 5.5, 4.8, 9.1};
```

O segundo parâmetro nas chamadas das funções `ExibeArrayDoubles()` e `MediaArrayDoubles()` é representado pela expressão:

```
sizeof(notas)/sizeof(notas[0])
```

que, conforme visto na Seção 8.5, resulta no tamanho do array **notas[]**.

Considere agora o seguinte programa que contém uma função que copia o conteúdo de um array para outro:

```c
#include <stdio.h>

void ExibeArrayInts(const int ar[], int tamanho)
{
   int i;

     /* Se o número de elementos for menor do que ou */
     /* igual a zero, escreve as chaves e retorna     */
   if (tamanho <= 0) {
      printf("\n\t{ }\n");
      return;
   }

   printf("\n\t{ "); /* Escreve abre-chaves */

     /* Escreve do primeiro ao penúltimo elemento */
   for (i = 0; i < tamanho - 1; ++i) {
      printf("%d, ", ar[i]);
   }

     /* Escreve o último elemento separadamente para */
     /* que não haja uma vírgula sobrando ao final    */
   printf("%d }\n",  ar[tamanho - 1]);
}

void CopiaArray( int destino[], const int origem[], int nElementos )
{
   int  i;

   for (i = 0; i < nElementos; i++) {
      destino[i] = origem[i];
   }
}

int main(void)
{
   int ar1[5] = {5, 2, 6, 8, 0},
       ar2[5];

   printf("\n\n   ****** Array Original ******\n\n");
   ExibeArrayInts(ar1, 5);

   CopiaArray(ar2, ar1, 5);
```

```
    printf("\n\n   ****** Array Copiado ******\n\n");
    ExibeArrayInts(ar2, 5);

    return 0;
}
```

Esse último programa é bastante simples e, se você vem acompanhando atentamente o material exposto até aqui, não terá dificuldade em entendê-lo.

Observando-se a definição da função `CopiaArray()`, nota-se que ela possui dois parâmetros de entrada e um parâmetro de saída:

❏ O parâmetro **destino** é um ponteiro para um array cujos elementos terão atribuídos valores oriundos do array apontado por **origem**. Por outro lado, os elementos do array apontado por **destino** não são consultados. Portanto **destino** é um parâmetro de saída.

❏ O parâmetro **origem** representa um parâmetro de entrada, pois os elementos do array para os quais ele aponta são acessados apenas para serem copiados para os elementos do array apontado por **destino**. Isto é, o array apontado por **origem** não é alterado; ele é apenas consultado e, portanto, é um parâmetro de entrada. A propósito, é suficiente examinar o cabeçalho da função para suspeitar que o array apontado por **origem** não é alterado em virtude da presença de **const** na declaração desse parâmetro.

❏ Claramente, o parâmetro **nElementos** também é um parâmetro de entrada (v. Seção 5.5.1).

Quando a função `CopiaArray()` é chamada no corpo da função **main()**, o primeiro parâmetro real passado para aquela função é o endereço do array **ar2[]**, que é um array do mesmo tamanho do array **ar1[]** que será copiado. Nessa circunstância, a função cumpre seu objetivo perfeitamente bem e copia o conteúdo do array **ar1[]** para o array **ar2[]**. Mas, o que aconteceria se o array **ar2[]** não tivesse o mesmo tamanho de **ar1[]**? Bem, se o tamanho do array **ar2[]** fosse maior do que o tamanho de **ar1[]**, não haveria problema, pois o resultado da cópia poderia ser acomodado com folga no array **ar2[]**. Agora, o que ocorreria se o array **ar2[]** tivesse um tamanho menor do que o tamanho do array a ser copiado? A resposta a essa última questão será apresentada na próxima seção.

### 8.9.3 Corrupção de Memória

Se, no último programa da Seção 8.9.2, o tamanho do array **ar2[]** fosse menor do que o tamanho do array a ser copiado, o programador estaria diante de uma situação catastrófica que acomete muitos programas escritos em C: corrupção de memória. Esse tipo de problema ocorre quando porções de memória que não estão reservadas para uma determinada variável são alteradas acidentalmente. Corrupção de memória pode causar aborto de um programa (melhor) ou fazer com que seu comportamento seja errático (pior). Para entender bem o problema, considere a seguinte versão ligeiramente modificada da função **main()** do programa da Seção 8.9.2.

```
int main(void)
{
    int ar2[3];
    int i = 25;
    int ar1[10] = {5, 2, 6, 8, 0};

    printf("\nValor de i: %d", i);

    printf("\n\n****** Array Original ******\n\n");
    ExibeArrayInts(ar1, 10);

    CopiaArray(ar2, ar1, 10);

    printf("\n\n****** Array Copiado ******\n\n");
    ExibeArrayInts(ar2, 10);
```

```
    printf("\nValor de i: %d\n", i);
    return 0;
}
```

As diferenças entre essa função **main**() e aquela do programa da Seção 8.9.2 são as seguintes:

- ❏ Os tamanhos dos arrays `ar1[]` e `ar2[]` foram alterados: agora, `ar1[]` tem dez elementos e `ar2[]` tem apenas três elementos.

- ❏ Foi introduzida a variável `i` com o objetivo de mostrar que essa variável é alterada *misteriosamente* (i.e., sem a aplicação de nenhum operador com efeito colateral sobre ela).

- ❏ O valor da variável `i` é apresentado antes e depois da chamada da função `CopiaArray()` para demonstrar o efeito nefasto da corrupção de memória.

Quando executado, o programa contendo a função **main**() acima produz o seguinte surpreendente resultado:

```
Valor de i: 25
        ****** Array Original ******
        { 5, 2, 6, 8, 0, 0, 0, 0, 0, 0 }
        ****** Array Copiado ******
        { 5, 2, 6, 8, 0, 0, 0, 0, 0, 0 }
Valor de i: 8
```

Observe no resultado do último programa que a variável `i` apresenta dois valores diferentes sem que ela tenha sido aparentemente modificada no programa. Esse tipo de erro é comumente denominado erro lógico (v. Seção 7.4.1) e é difícil de corrigir porque causa o mau funcionamento do programa sem abortá-lo, o que deixa o programador sem pista do que possa ter acontecido de errado.

Coincidentemente, esse último programa também causou um erro de execução (novamente, v. Seção 7.4.1) que fez com ele fosse abortado logo antes de encerrar em virtude de violação de memória. Erros de execução são um pouco mais fáceis de depurar do que erros lógicos porque eles deixam rastros, mas, mesmo assim, frequentemente, causam transtornos para o programador.

Enfim, todos os problemas apresentados pelo último programa são decorrentes da chamada de função:

```
CopiaArray(ar2, ar1, 10);
```

Ou seja, como o array `ar2[]` passado como parâmetro não tinha espaço suficiente para conter o resultado da cópia, ocorreu corrupção de memória. Portanto, para evitar problemas em seus programas decorrentes de corrupção de memória, siga sempre a seguinte recomendação:

| **Recomendação** | *Quando um array é passado como parâmetro de saída ou de entrada e saída, ele deve ter espaço suficiente para acomodar o resultado produzido pela função.* |
|---|---|

Corrupção de memória não ocorre apenas em chamadas de funções, como mostra o primeiro programa apresentado como exemplo na Seção 8.3.

### 8.9.4 Retorno de Arrays e Zumbis

Do mesmo modo que uma função nunca recebe um array completo como parâmetro, também não é permitido a uma função retornar um array completo. Mas é permitido a uma função retornar o endereço de um array (ou de qualquer outro tipo de variável). Todavia, o programador deve tomar cuidado para não retornar um endereço de um array de duração automática (i.e., definido no corpo da função sem o uso de **static**), pois tal array é liberado quando a função retorna. Aliás, esse conselho não se aplica apenas no caso de arrays; ele é mais abrangente e deve ser sempre seguido:

| **Recomendação** | *Nunca retorne o endereço de uma variável de duração automática.* |
| --- | --- |

Para entender melhor a dimensão do problema que surge quando essa recomendação não é seguida, considere como exemplo o seguinte programa:

```c
#include <stdio.h>

void ExibeArrayEmTabela(const int ar[], int tamanho)
{
    int i;
    int array[10] = {0}; /* Apenas para acordar o zumbi */

    printf("\nIndice\tElemento\n");

    for (i = 0; i < tamanho; ++i) {
        printf("\n %d\t    %d", i, ar[i]);
    }
}

int *RetornaZumbi(void)
{
    int zumbi[5];
    int i;

    for (i = 0; i < 5; ++i)
        zumbi[i] = i;

    printf("\n*** No corpo de RetornaZumbi() ***\n");
    ExibeArrayEmTabela(zumbi, 5);

    return zumbi; /* Retorna o endereço de um array zumbi */
}

int main(void)
{
    int *ar;

    ar = RetornaZumbi();

    printf("\n\n*** No corpo de main() ***\n");
    ExibeArrayEmTabela(ar, 5);

    return 0;
}
```

Quando compilado com GCC e executado no Windows, esse programa produz o seguinte resultado:

```
*** No corpo de RetornaZumbi() ***

Indice  Elemento

  0         0
  1         1
  2         2
  3         3
  4         4
```

**CONTINUA**

```
*** No corpo de main() ***

Indice  Elemento

   0         0
   1         0
   2         0
   3         0
   4         0
```

CONTINUAÇÃO

O que programa acima faz é apenas exibir na tela o conteúdo do array `zumbi[]` duas vezes. A primeira exibição se dá no corpo da função `RetornaZumbi()`, no qual o referido array é definido, enquanto a segunda exibição do array ocorre no corpo da função **main()**, que usa o endereço do array retornado pela função `RetornaZumbi()`.

O que há de surpreendente no resultado apresentado pelo último programa é que os valores dos elementos do array `zumbi[]`, cujo endereço é retornado pela função `RetornaZumbi()`, parecem ter sido alterados como num passe de mágica. Quer dizer, com exceção da instrução **for** no corpo de `RetornaZumbi()`, que atribui valores aos elementos do array, não há nenhuma outra instrução do programa que altere explicitamente o valor de qualquer elemento desse array. Então, como os valores desse array foram alterados?

A função `RetornaZumbi()` apresentada nesse último exemplo retorna o endereço de um array de duração automática alocado no corpo da função e, conforme foi exposto na Seção 5.9.1, o espaço ocupado por esse array é liberado quando a função retorna. Quer dizer, o espaço reservado para a variável `zumbi[]` durante a chamada da função, obviamente, continua a existir quando ela retorna, mas, como esse espaço está liberado para alocação de outras variáveis ou parâmetros, ele poderá ser alterado (i.e., ele está *vivo*) sem que isso ocorra por intermédio da variável `zumbi[]` (que deveria estar *morta*) ou de seu endereço. Por isso, esse gênero de variável recebe a denominação de *zumbi*.

Claramente, o último exemplo apresentado é artificial e foi criado com o intuito de forçar a manifestação do efeito zumbi. Esse efeito é provocado pela singela função `ExibeArrayEmTabela()` que, como disfarce, até usa **const**, comprometendo-se a não alterar o array recebido como parâmetro. De fato, essa função não altera diretamente o array recebido como parâmetro, mesmo porque, se ela tentasse fazê-lo, o compilador indicaria um erro em virtude do uso de **const**. Agora, observando-se essa função nota-se que ela define um array de duração automática e inicia todos os elementos desse array com zero:

```
int array[10] = {0};
```

Esse array não tem nenhuma finalidade prática na função `ExibeArrayEmTabela()`, mas tem um efeito devastador sobre o array `zumbi[]`, pois uma parte de seus elementos é alocada exatamente no espaço ocupado por esse array, já que esse espaço está liberado. Isso explica o fato de os elementos do array `zumbi[]` apresentarem valores nulos na segunda exibição desse array.

Apesar de esse exemplo ter sido um tanto constrito, o efeito zumbi decorrente do retorno do endereço de uma variável de duração automática pode ocorrer em situações práticas e, nesse caso, provavelmente, será muito mais difícil descobrir a causa do problema.

Finalmente, deve-se salientar que o problema ocorrido com o último programa é decorrente do fato de o array `zumbi[]` retornado pela função `RetornaZumbi()` ter duração automática e não por causa do fato de ele ser local à função (como informa o compilador GCC). Ou seja, o problema aqui é de duração e não de escopo. Portanto, para corrigir o programa anterior, basta incluir **static** na definição do array cujo endereço é retornado pela função `RetornaZumbi()` para torná-lo uma variável de duração fixa:

```
static int naoEhZumbi[5];
```

Um bom compilador emite uma mensagem de advertência quando há iminência de retorno de zumbis. O compilador GCC, por exemplo, emite a seguinte mensagem quando compila o programa em discussão[2]:

```
C:\Programas\zumbi.c In function 'RetornaZumbi':
C:\Programas\zumbi.c 36 warning: function returns address of local variable
```

Apesar de essa mensagem de advertência ser imprecisa, ela indica que um desastre está prestes a acontecer durante a execução do programa. Portanto, mais uma vez, nunca menospreze uma mensagem de advertência emitida por um compilador antes de examiná-la cuidadosamente.

Infelizmente, nem todo compilador indica problemas de forma tão clara e precisa quanto Clang, disponível no Mac OS X. Após compilar o último programa em discussão, esse compilador emite uma mensagem de advertência descrevendo exatamente qual é o problema com o programa:

```
zumbi.c:36:11: warning: address of stack memory associated with
local variable 'zumbi' returned
    return zumbi;
           ^~~~~
```

Antes de encerrar a corrente discussão, é importante salientar ainda que parâmetros são tratados como variáveis de duração automática no sentido de que eles são alocados quando a função que os usa é chamada e são liberados quando a mesma função é encerrada. Assim, retornar o endereço de um parâmetro também produz efeito zumbi. Portanto siga mais esta recomendação adicional referente a zumbis:

| Recomendação | *Nunca retorne o endereço de um parâmetro.* |
|---|---|

### 8.9.5 Qualificação de Parâmetros com const

Os exemplos de uso de **const** apresentados na Seção 8.8 tiveram caráter quase que exclusivamente didático. Quer dizer, eles têm pouca utilidade prática. O uso mais pragmático e efetivo de **const** é a qualificação de parâmetros formais e reais, notadamente quando eles representam estruturas (v. Capítulo 10) e arrays.

Com relação à qualificação com **const** de parâmetros reais e formais, a seguinte recomendação deve ser seguida:

| Recomendação | *Se uma variável for qualificada com const, seu endereço só deverá ser passado como parâmetro real se o respectivo parâmetro formal for um ponteiro para o tipo da variável e for qualificado com const.* |
|---|---|

Se uma variável não for qualificada com **const**, a restrição acima não se aplica. Por exemplo, suponha a existência das funções **F1()** e **F2()** com os seguintes protótipos:

```
void F1(int *p)
void F2(const int *p)
```

Considere ainda as seguintes definições de variáveis:

```
const int x = 10;
int      y = 20;
```

Então, as seguintes chamadas são consideradas legais e válidas:

```
F2(&x); /* OK */
F1(&y); /* OK */
F2(&y); /* OK */
```

---

[2] O nome do programa-fonte é `zumbi.c` e ele se encontra alojado no diretório `C:\Programas`.

Mas, a chamada a seguir não é considerada válida:

```
F1(&x); /* Inválida */
```

Se o conteúdo de um array é qualificado com **const**, a seguinte norma deve ser obedecida:

| Recomendação | *Se o conteúdo de um array for qualificado com const, seu endereço só deverá ser passado como parâmetro real se o respectivo parâmetro formal for um ponteiro para o tipo do elemento do array e for qualificado com const.* |
|---|---|

Como exemplo de aplicação dessa última recomendação, suponha a existência das funções **G1()** e **G2()** com os seguintes protótipos:

```
void G1(int ar[])
void G2(const int ar[])
```

Conforme foi visto na Seção 8.9.1, `int ar[]` é o mesmo que `int *ar` e `const int ar[]` é o mesmo que `const int *ar`.

Agora, se os arrays `ar1[]` e `ar2[]` forem definidos como:

```
const int ar1[] = {1, 2, 3, 4};
int       ar2[] = {5, 6, 7, 8};
```

então, as seguintes chamadas serão consideradas legais e válidas:

```
G2(ar1); /* OK */
G1(ar2); /* OK */
G2(ar2); /* OK */
```

Entretanto, a chamada a seguir será considerada inválida:

```
G1(ar1); /* Inválida */
```

Em geral, o uso de **const** protege contra erros de programação provocados por instruções que, inadvertidamente, alteram dados que não deveriam ser alterados. Uma função que qualifica um parâmetro formal com **const** deve receber um parâmetro real correspondente qualificado ou não com **const**. Entretanto, se um parâmetro formal *não* for qualificado com **const**, o parâmetro real correspondente não pode ser qualificado com **const**. Por exemplo:

```
void G(int *n)
{
   *n = 0;
}

int F(const int *n)
{
   G(n);  /* Inválido */

   return 0;
}
```

## 8.10 Arrays Multidimensionais

Array multidimensional é um array cujos elementos também são arrays. Os arrays vistos até aqui são, em contrapartida, denominados unidimensionais. Um array bidimensional é aquele cujos elementos são arrays unidimensionais, um array tridimensional é aquele cujos elementos são arrays bidimensionais e assim por diante. Algumas áreas de conhecimento, como Física e Engenharia, usam arrays multidimensionais com frequência, mas em cursos da área de Ciência da Computação o estudo em profundidade desses arrays pode ser adiado para disciplinas mais avançadas de programação. Portanto, neste livro, serão apresentadas apenas noções básicas de arrays multidimensionais.

Um array multidimensional é definido com pares consecutivos de colchetes, cada um dos quais contendo o tamanho de cada dimensão:

$$\textit{tipo-do-elemento nome-do-array}[\textit{tamanho}_1][\textit{tamanho}_2]...[\textit{tamanho}_N]$$

Embora o padrão ISO determine que um compilador de C deve suportar pelo menos seis dimensões para arrays multidimensionais, raramente, mais de três ou quatro dimensões são utilizadas em aplicações práticas.

No exemplo abaixo, um array tridimensional de caracteres é definido:

```
char arrayDeCaracteres[3][4][5];
```

A variável **arrayDeCaracteres** desse exemplo é interpretada como um array com três elementos, sendo cada um dos quais um array com quatro elementos, cada um dos quais é um array com cinco elementos do tipo **char**.

Para acessar um elemento de um array multidimensional, utilizam-se tantos índices quanto forem as dimensões do array. Por exemplo, um array tridimensional, como o do último exemplo, requer três índices para o acesso de cada elemento, como por exemplo:

```
arrayDeCaracteres[1][0][2] = 'A';
```

Para iniciar um array multidimensional, devem-se colocar os valores dos elementos de cada dimensão do array entre chaves. Se, para uma dada dimensão, houver um número de valores menor do que o número especificado na definição do array, os elementos remanescentes receberão zero como valor. A seguir, é apresentado um exemplo de iniciação de um array bidimensional:

```
int   arBi[5][3] = { {1, 2, 3},
                     {4},
                     {5, 6, 7}
                   };
```

Frequentemente, a primeira e a segunda dimensões de um array bidimensional são denominadas, respectivamente, linha e coluna. Assim, no último exemplo, **arBi**[] é definido como um array com 5 linhas e 3 colunas, mas apenas suas três primeiras linhas são iniciadas explicitamente e apenas o primeiro elemento da sua segunda linha é iniciado explicitamente.

Para declarar um array multidimensional como parâmetro formal de uma função, devem-se especificar os tamanhos de todas as dimensões, exceto o tamanho da primeira dimensão. Por outro lado, para passar um array multidimensional como parâmetro real para uma função, deve-se proceder da mesma forma que com arrays unidimensionais. Isto é, apenas o nome do array deve ser utilizado na chamada. O programa apresentado a seguir ilustra esses pontos.

```
void ExibeArrayBi(int a[][2], int dim1, int dim2)
{
   int i, j;

   putchar('\n'); /* Embelezamento */

      /* Escreve o índice de cada coluna */
   for (i = 0; i < dim2; ++i) {
      printf("\t%d", i);
   }
```

```
    putchar('\n'); /* Embelezamento */

    for (i = 0; i < dim1; ++i) {
        /* Escreve o índice de cada linha */
      printf("\n%d", i);

        /* Escreve o valor de cada elemento */
      for (j = 0; j < dim2; ++j) {
          printf("\t%d", a[i][j]);
      }
    }

    putchar('\n'); /* Embelezamento */
}

int main ()
{
    int   ar[3][2] = {
                        {1, 2},
                        {3, 4},
                        {5, 6}
                     };

    ExibeArrayBi(ar, 3, 2);

    return 0;
}
```

Quando executado, o programa do último exemplo apresenta o seguinte na tela:

```
            0       1
    0       1       2
    1       3       4
    2       5       6
```

# 8.11 Exemplos de Programação

### 8.11.1 Maior, Menor e Média de Elementos de um Array

**Problema:** Escreva um programa que determina o maior, o menor e as médias inteira e real dos elementos de um array de inteiros.

**Solução:**

```
#include <stdio.h>

/****
 * main(): Determina o maior, o menor e as médias inteira
 *         e real dos elementos de um array de inteiros
 *
 * Parâmetros: Nenhum
 *
 * Retorno: Zero
 ****/
int main(void)
{
    int ar[] = {-1, 2, 0, -2, 3, 8, 10, -1, 11, 4};
    int i, /* Usada para acessar cada elemento do array */
        maior, /* Armazenará o maior valor */
        menor, /* Armazenará o menor valor */
```

```
    soma,   /* Soma dos elementos do array */
    nElem; /* Número de elementos do array */

    /* Assume-se inicialmente que o maior e o menor valores */
    /* são iguais ao primeiro elemento do array            */
maior = menor = ar[0];

    /* Inicia a soma com zero, que é elemento neutro da soma */
soma = 0;

    /* Calcula o número de elementos do array */
nElem = sizeof(ar)/sizeof(ar[0]);

    /* Determina o maior, o menor e soma dos elementos do array ar[] */
for (i = 0; i < nElem; ++i) {
    /* Se o elemento corrente for maior do que o valor da variável */
    /* 'maior', essa variável assume o valor do elemento corrente. */
    if (ar[i] > maior) {
        maior = ar[i];
    }

    /* Se o elemento corrente for menor do que o valor da variável */
    /* 'menor', essa variável assume o valor do elemento corrente. */
    if (ar[i] < menor) {
        menor = ar[i];
    }

    /* Acrescenta o corrente elemento à soma acumulada */
    soma = soma + ar[i];
}

printf("\n\t>>> Array <<<\n\n"); /* Embelezamento */

    /* Exibe o array */
for (i = 0; i < nElem; ++i) {
    printf("%d  ", ar[i]);
}

printf("\n\n\t>>> Menor valor: %d", menor);
printf("\n\t>>> Maior valor: %d", maior);
printf("\n\t>>> Media Inteira: %d", soma/nElem);
printf("\n\t>>> Media Real: %3.2f\n", (double) soma/nElem);

return 0;
}
```

**Resultado de execução do programa:**

```
        >>> Array <<<
-1  2  0  -2  3  8  10  -1  11  4
        >>> Menor valor: -2
        >>> Maior valor: 11
        >>> Media Inteira: 3
        >>> Media Real: 3.40
```

### 8.11.2 Ocorrências de Valores num Array

**Problema:** (a) Escreva uma função que conta o número de ocorrências de um número inteiro num array de elementos do tipo **int**. (b) Escreva uma função **main()** que lê um número limitado de valores do tipo **int**, armazena-os num array e conta o número de ocorrências de cada valor.

## Solução de (a):

```
/****
 *
 * Ocorrencias(): Conta o número de ocorrências de um
 *                número inteiro num array de inteiros
 *
 * Parâmetros: ar[] (entrada): o array que será pesquisado
 *             tam (entrada): número de elementos do array
 *             num (entrada): o número que será procurado
 *
 * Retorno: O número de ocorrências do número no array
 *
 ****/
int Ocorrencias(const int ar[], int tam, int num)
{
    int i,
        ocorr = 0; /* Conta o número de ocorrência */

        /* Acessa cada elemento do array e compara-o com 'num'. */
        /* Se forem iguais, incrementa o número de ocorrências. */
    for (i = 0; i < tam; ++i) {
        if (ar[i] == num) { /* Mais uma ocorrência */
            ++ocorr; /* Incrementa o número de ocorrências */
        }
    }

    return ocorr;
}
```

## Solução de (b):

```
/****
 * main(): Determina o número de ocorrências de cada
 *         valor de elemento de um array de inteiros
 *
 * Parâmetros: Nenhum
 *
 * Retorno: Zero
 ****/

int main(void)
{
    int i, ar[MAX_ELEMENTOS], nElementos, nOcor;
        /* Apresenta o programa */
    printf( "\n\t>>> Este programa determina o numero de "
            "ocorrencias \n\t>>> de cada elemento de um array de inteiros\n" );

    /* Lê o número de elementos que serão introduzidos. Se esse valor for */
    /* menor do que MAX_ELEMENTOS, apenas parte do array ar[] será usada. */

    printf( "\nDigite o numero de elementos do array "
            "(min = 2, max = %d):\n\t> ", MAX_ELEMENTOS);

        /* O laço encerra quando for lido um valor maior do */
        /* que 1 e menor do que ou igual a MAX_ELEMENTOS    */
    while (1) {
        nElementos = LeInteiro();

        if (nElementos > 1 && nElementos <= MAX_ELEMENTOS) {
            break;
```

```
      } else {
         printf( "\nO valor deve estar entre 2 e %d\n\t> ", MAX_ELEMENTOS );
      }
   }

   /* >>> Lê os elementos <<< */

   printf("\nIntroduza os elementos do array\n");

   for (i = 0; i < nElementos; ++i) {
      printf("\t%d> ", i + 1); /* Prompt */
      ar[i] = LeInteiro(); /* Leitura */
   }

   /* Conta o número de ocorrências de cada elemento */
   for (i = 0; i < nElementos; ++i) {
      nOcor = Ocorrencias(ar, nElementos, ar[i]);
      printf( "\n\t>>> O numero %d aparece %d vez%s",
              ar[i], nOcor, nOcor > 1 ? "es" : "" );
   }
   return 0;
}
```

**Exemplo de execução do programa:**

```
        >>> Este programa determina o numero de ocorrencias
        >>> de cada elemento de um array de inteiros

Digite o numero de elementos do array (min = 2, max = 100):
        > 6

Introduza os elementos do array
        1> -1
        2> 2
        3> 2
        4> 1
        5> 3
        6> -1

        >>> O numero -1 aparece 2 vezes
        >>> O numero 2 aparece 2 vezes
        >>> O numero 2 aparece 2 vezes
        >>> O numero 1 aparece 1 vez
        >>> O numero 3 aparece 1 vez
        >>> O numero -1 aparece 2 vezes
```

**Análise:** Observe no exemplo de execução que o programa apresenta o inconveniente fato de ser repetitivo. Isto é, se um valor aparece duas vezes no array (como são os casos dos valores 2 e -1 exibidos), o usuário será informado duas vezes sobre o mesmo fato. É fácil inferir que se um valor aparece n vezes num array, o usuário receberá a mesma respectiva informação n vezes. Essa inconveniência pode ser resolvida verificando se o valor de cada elemento já foi levado em consideração antes de apresentar seu número de ocorrências. Isso pode ser implementado alterando-se a última instrução **for** da função **main**(), conforme mostrado a seguir:

```
for (i = 0; i < nElementos; ++i) {
    /* Se o elemento tem ocorrência na porção do array que o   */
    /* antecede, ele já foi levado em consideração. Isso evita */
    /* que ele seja contado várias vezes.                      */
  if (Ocorrencias(ar, i, ar[i]) == 0) {
     nOcor = Ocorrencias(ar, nElementos, ar[i]);
     printf( "\nO numero %d aparece %d vez%s no array",
             ar[i], nOcor, nOcor > 1 ? "es" : "" );
  }
}
```

Nesse laço **for**, a condição da instrução **if**:

```
Ocorrencias(ar, i, ar[i]) == 0
```

deve ser satisfeita para que sejam contadas as ocorrências do valor do elemento de índice **i**. Nessa chamada da função `Ocorrencias()`, o número de elementos do array passado como segundo parâmetro é **i**, de modo que os elementos do array que se encontram entre **0** e **i - 1** serão analisados para verificar se o valor do elemento de índice **i** possui ocorrência nesse intervalo. Se esse for o caso, o número de ocorrências desse valor não será levado em conta novamente.

Fazendo a alteração do laço **for** proposta e executando o programa resultante com os mesmo dados de entrada do exemplo de execução anterior, o resultado obtido será:

```
        >>> Este programa determina o numero de ocorrencias
        >>> de cada elemento de um array de inteiros

Digite o numero de elementos do array (min = 2, max = 100):
        > 6

Introduza os elementos do array
        1> -1
        2> 2
        3> 2
        4> 1
        5> 3
        6> -1

        >>> O numero -1 aparece 2 vezes
        >>> O numero 2 aparece 2 vezes
        >>> O numero 1 aparece 1 vez
        >>> O numero 3 aparece 1 vez
```

### 8.11.3 Ocorrências de Dígitos num Número Inteiro Positivo

**Problema:** Escreva um programa que lê números inteiros positivos via teclado e determina a frequência de ocorrência de dígitos em cada um deles. Por exemplo, se o número introduzido for **2110**, o programa deverá informar que o dígito **1** aparece duas vezes, o dígito **2** aparece uma vez e o dígito **0** aparece uma vez.

**Solução:**

```
#include <stdio.h>   /* printf()    */
#include "leitura.h" /* LeInteiro() */

#define DIGITOS_BASE_DECIMAL  10 /* Número de dígitos na base decimal */

/****
 * main(): Determina a frequência de ocorrência de dígitos num número inteiro positivo
```

```
 *
 * Parâmetros: Nenhum
 *
 * Retorno: Zero
 ****/
int main(void)
{
   int i,
       num,      /* Armazena o número introduzido  */
       digito;   /* Armazena cada dígito do número */

   int digitos[DIGITOS_BASE_DECIMAL] = {0};
           /* Os índices do array digitos[] representam os dígitos da base   */
           /* decimal e os elementos armazenarâo as ocorrências dos dígitos. */
           /* É importante iniciar todos os elementos com zero.              */

       /* Apresenta o programa */
   printf( "\n\t>>> Este programa determina a frequencia de "
           "ocorrencia \n\t>>> de digitos num numero inteiro positivo\n" );

   /* Este programa não é amigável ao usuário. Ou seja, se o usuário */
   /* não digitar aquilo que o programa espera, ele é encerrado.     */

       /* Tenta ler um valor válido */
   printf("\n\t>>> Digite um numero positivo: ");
   num = LeInteiro();

       /* Este programa não tolera usuário chato */
   if (num <= 0) {
   printf( "\n\t>>> Voce deveria ter digitado um numero positivo. Bye.\n" );
   return 1;
   }

       /* Obtém cada dígito e incrementa o número de */
       /* ocorrências do dígito no array digitos[]    */
   for (i = num; i > 0; i = i/10) {
      digito = i%10; /* Obtém o próximo dígito */
      ++digitos[digito]; /* Incrementa o número de ocorrências do dígito obtido */
   }
   /*     >>>>> Apresenta o resultado <<<<<     */

   printf( "\n>>> Ocorrencias de digitos em %d <<<\n", num );

   for (i = 0; i < 10; ++i) {
       /* Dígitos que não ocorrem não são exibidos */
      if (digitos[i]) {
         printf( "\n\t>>> O digito %d ocorre %d vez%s", i,
                 digitos[i], digitos[i] > 1 ? "es" : "" );
      }
   }

   return 0;
}
```

**Análise:** Cada elemento do array `digitos[]` é um contador de ocorrência de um dígito da base decimal, de modo que o contador do dígito $i$ ($0 \le i \le 9$) corresponde exatamente ao elemento de índice $i$. Assim, no corpo do primeiro laço **for**, para cada dígito obtido e armazenado na variável `digito`, sua ocorrência é levada em conta por meio do incremento do elemento que representa seu contador como: `++digitos[digito]`.

**Exemplo de execução do programa:**

```
>>> Este programa determina a frequencia de ocorrencia
>>> de digitos num numero inteiro positivo

>>> Digite um numero positivo: 223453265

>>> Ocorrencias de digitos em 223453265 <<<

>>> O digito 2 ocorre 3 vezes
>>> O digito 3 ocorre 2 vezes
>>> O digito 4 ocorre 1 vez
>>> O digito 5 ocorre 2 vezes
>>> O digito 6 ocorre 1 vez
```

### 8.11.4 Números de Fibonacci 2

**Problema:** Escreva um programa que verifica se um número inteiro introduzido via teclado faz parte de uma sequência de Fibonacci (v. Seção 2.10.4).

**Solução:** Esse problema é semelhante àquele discutido na Seção 7.6.7 e a solução apresentada a seguir produz essencialmente os mesmos resultados do citado exemplo. Entretanto, a presente solução é mais eficiente porque, nesse caso, apenas uma sequência de Fibonacci é gerada. Então, essa sequência é armazenada num array, de modo que verificar se um determinado número faz parte de uma sequência de Fibonacci reduz-se a verificar se ele é um elemento do array mencionado.

```c
#include <stdio.h>   /* Entrada e saída */
#include "leitura.h" /* LeituraFacil    */

    /* Tamanho máximo do array que armazenará a sequência de Fibonacci */
#define MAX_ELEMENTOS 100

/****
 * EmArray(): Verifica se um número inteiro encontra-se num array de inteiros
 *
 * Parâmetros: ar[] (entrada): o array que será pesquisado
 *             tam (entrada): número de elementos do array
 *             num (entrada): o número que será procurado
 *
 * Retorno: Índice do número no array, se ele for encontrado -1, em caso contrário
 ****/
int EmArray(const int ar[], int tam, int num)
{
   int i;

      /* Compara cada elemento do array com o parâmetro 'num'. Se for */
      /* encontrado um elemento igual a 'num', retorna seu índice.     */
   for (i = 0; i < tam; ++i) {
     if (ar[i] == num) {
        return i; /* Encontrado um elemento igual */
     }
   }
   return -1; /* Valor recebido como parâmetro não foi encontrado no array */
}
/****
 * main(): Verifica se cada número inteiro introduzido pelo
 *         usuário faz parte de uma sequência de Fibonacci
 *
 * Parâmetros: Nenhum
 *
 * Retorno: Zero
 ****/
```

```c
int main(void)
{
    int fib[MAX_ELEMENTOS] = {1, 1}, /* Armazenará a maior sequência de Fibonacci */
        i, /* Indexador dos elementos da sequência */
        nElem, /* Número de elementos armazenados em fib[] */
        nTeste; /* Número que será testado */

    /* Encontra a maior sequência de Fibonacci possível para o tipo */
    /* int e armazena-a no array fib[]. O maior valor possível é o  */
    /* último encontrado antes da ocorrência de overflow.           */
    for (i = 2; i < MAX_ELEMENTOS; ++i) {
        fib[i] = fib[i - 1] + fib[i - 2];

        /* Verifica se ocorreu overflow */
        if (fib[i] <= fib[i - 1] || fib[i] <= fib[i - 2]) {
            nElem = i; /* Ocorreu overflow. O maior número de   */
            break;     /* Fibonacci do tipo int foi encontrado. */
        }
    }

            *** Aqui começa o programa para o usuário ***

    /* Se o laço for foi encerrado porque o índice do array atingiu seu valor */
    /* limite, talvez não tenha sido possível armazenar a maior sequência     */
    /* permitida. Logo, o programa precisa ser abortado voluntariamente para  */
    /* que o tamanho máximo do array seja acrescido. Esse tipo de problema    */
    /* pode ser contornado por meio de alocação dinâmica de memória (Cap. 12) */
    if (i == MAX_ELEMENTOS) {
        printf( "\n\t>>> Este programa contem um erro. Entre"
                "\n\t>>> em contato com o programador.\n\n" );
        return 1;
    }

    printf( "\n\t>>> Este programa verifica se cada numero "
            "inteiro\n\t>>> introduzido faz parte de uma "
            "sequencia de Fibonacci. \n\t>>> Digite um "
            "valor menor do que 1 para encerrar.\n" );

    printf( "\n\t>>> Numero de elementos da maior "
            "sequencia de Fibonacci:\n\t>>> %d\n", nElem);

    printf("\n\t>>> Maior numero de Fibonacci armazenado:\n\t>>> %d\n", fib[nElem-1]);

    /* A saída do laço ocorre quando o usuário    */
    /* digita um valor menor do que ou igual a 1 */
    while (1) {
        printf( "\n\nDigite o valor a ser testado:\n\t> ");
        nTeste = LeInteiro();

        /* Verifica se o valor digitado encerra o laço */
        if (nTeste < 1) {
            break;
        }

        /* Verifica se o valor digitado faz parte da  */
        /* sequência de Fibonacci armazenada em fib[] */
        i = EmArray(fib, nElem, nTeste);

        /* Apresenta o resultado da busca no array */
        if (i >= 0) {
            printf("\n\t>>> %d e' um numero de Fibonacci\n", nTeste);

            /* Se o índice retornado pelo array for 0,    */
```

```
        /* o valor introduzido pelo usuário foi 1, e a menor sequência */
        /* de Fibonacci que contém 1 possui 2 termos. Se o valor de i  */
        /* for diferente de 0, o número de termos da menor sequência    */
        /* será dada por i + 1.                                        */
      printf( "\n\t>>> A menor sequencia de Fibonacci"
              "\n\t>>> que contem esse numero possui "
              "%d elementos", !i ? 2 : i + 1 );
    } else {
      printf( "\n\t>>> %d NAO e' um numero de Fibonacci\n", nTeste );
    }
  }

  printf("\n\t>>> Obrigado por usar este programa.\n");

  return 0;
}
```

**Análise:**

- ❏ O programa começa gerando e armazenando num array a maior sequência de Fibonacci possível, considerando que seus termos são do tipo **int**. O maior termo dessa sequência é o último valor gerado antes da ocorrência de overflow (v. Seção 4.11.7).

- ❏ Para essa abordagem funcionar, o array que armazena os termos da sequência deve ter tamanho suficiente para conter a maior sequência possível. Assim, faz-se uma estimativa inicial de tamanho por meio da definição da constante `MAX_ELEMENTOS`. Além disso, o programa inclui o teste:

```
if (i == MAX_ELEMENTOS) {
   printf( "\n\t>>> Este programa contem um erro. Entre"
           "\n\t>>> em contato com o programador.\n\n" );
   return 1;
}
```

  para checar se o laço **for** foi encerrado porque a variável i atingiu seu valor limite, e não porque ocorreu overflow. Se esse foi o caso, talvez não tenha sido possível armazenar a maior sequência esperada. Assim, o programa é abortado voluntariamente para que o tamanho máximo do array seja corrigido pelo programador. Essa limitação do programa pode ser contornada por meio de alocação dinâmica de memória (v. Capítulo 12).

- ❏ A função **main**() chama a função `EmArray()`, que verifica se um valor do tipo **int** faz parte de um array de elementos desse tipo. Essa última função é usada para checar se cada número introduzido pelo usuário faz parte do array que contém a maior sequência de Fibonacci.

- ❏ A abordagem adotada por esse programa é vantajosa com relação àquela utilizada pelo programa apresentado na Seção 7.6.7 quando é necessário testar se vários valores são números de Fibonacci, pois, na presente abordagem, todos os possíveis números de Fibonacci do tipo **int** são gerados uma única vez.

**Exemplo de execução do programa:**

```
>>> Este programa verifica se cada numero inteiro
>>> introduzido faz parte de uma sequencia de Fibonacci.
>>> Digite um valor menor do que 1 para encerrar.

>>> Numero de elementos da maior sequencia de Fibonacci:
>>> 46

>>> Maior numero de Fibonacci armazenado:
>>> 1836311903
```

CONTINUA

```
Digite o valor a ser testado:
      > 8

      >>> 8 e' um numero de Fibonacci

      >>> A menor sequencia de Fibonacci
      >>> que contem esse numero possui 6 elementos
Digite o valor a ser testado:
      > 0

      >>> Obrigado por usar este programa.
```

### 8.11.5 Ordenação de Arrays pelo Método da Bolha

**Preâmbulo:** Um algoritmo de ordenação consiste num procedimento que descreve como organizar os elementos de um array segundo certa ordem. Ordenação de dados é uma operação de grande importância em programação e, por isso, inúmeros algoritmos de ordenação têm sido propostos. Um dos algoritmos de ordenação mais simples (mas, também, um dos mais ineficientes) é conhecido como método da bolha (*Bubble Sort*, em inglês) e consiste no seguinte[3]:

☐ São efetuados vários acessos sequenciais aos elementos do array a ser ordenado.

☐ Em cada acesso, comparam-se, dois a dois, os elementos adjacentes do array.

☐ Se algum par de elementos estiver fora de ordem, esses elementos têm suas posições trocadas.

☐ O algoritmo encerra quando se faz um acesso sequencial do primeiro ao último elemento do array sem que ocorra nenhuma troca de posição entre dois elementos quaisquer.

**Problema:** (a) Escreva uma função que ordena um array de elementos do tipo **int** usando o método da bolha.

(b) Escreva um programa que testa a função do item (a).

**Solução de (a):**

```
/****
 * BubbleSort(): Ordena em ordem crescente um array de elementos do tipo int
 *               utilizando o método de ordenação da bolha (Bubble Sort)
 *
 * Parâmetros:
 *     ar (entrada e saída) - array que será ordenado
 *     nElementos (entrada) - número de elementos do array
 *
 * Retorno: Nada
 *
 * Observação: Esse é o método de ordenação mais simples de entender (e explicar),
 *             mas ele é um dos mais ineficientes.
 ****/
void BubbleSort(int ar[], int nElementos)
{
   int i, aux,
       ordenado = 0; /* Informará se o array está ordenado. É importante que */
                     /* essa variável seja iniciada com zero (v. abaixo).    */

   /****************************************************************************/
   /* Supõe-se que inicialmente o array está ordenado fazendo-se 'ordenado = 1'. */
   /* Então, se forem encontrados dois  elementos fora de ordem, atribui-se     */
   /* novamente zero a 'ordenado', trocam-se os elementos de posição e recomeça- */
   /* se a verificação de ordem do array.                                       */
   /****************************************************************************/
```

---

[3] A justificativa para a denominação desse método é a seguinte: os elementos menores (i.e., *mais leves*) vão aos poucos *subindo* para o início do array, como se fossem *bolhas*.

```
      /* O laço encerra quando a variável 'ordenado' for diferente de 0 */
   while (!ordenado) {
      ordenado = 1; /* Supõe que o array está ordenado */

      /* Compara cada elemento do array com o elemento seguinte. Se for */
      /* encontrado um elemento menor do que seu antecessor, os dois     */
      /* elementos trocam de posição e o array é considerado fora de     */
      /* ordem (i.e., 'ordenado' assume zero).                           */

      for (i = 0; i < nElementos - 1; i++){
            /* Compara cada elemento com o elemento seguinte */
         if (ar[i] > ar[i+1]){
               /* Pelo menos dois elementos estão fora de ordem */
            ordenado = 0;

               /* Troca elementos adjacentes */
            aux = ar[i];
            ar[i] = ar[i+1];
            ar[i+1] = aux;
         } /* if */
      } /* for */
   } /* while */
}
```

## Solução de (b):

```c
#include <stdio.h>

/****
 * main(): Testa a função BubbleSort()
 *
 * Parâmetros: Nenhum
 *
 * Retorno: Zero
 ****/
int main(void)
{
   int array[] = {12, 55, 21, 1, 6, 8, 17, 220, 5, 83},
       i, tamanho;

      /* Apresenta o programa */
   printf( "\n\t>>> Este programa ordena um array de"
           "\n\t>>> inteiros usando o metodo da bolha.\n" );

      /* Calcula do tamanho do array */
   tamanho = sizeof(array)/sizeof(array[0]);

      /* Apresenta o array antes da ordenação */
   printf("\n\t>>> Array Original <<<\n\n\t\t> ");
   for (i=0; i < tamanho; i++) {
      printf("%d    ", array[i]);
   }

   BubbleSort(array, tamanho); /* Ordena o array */

      /* Apresenta o array depois da ordenação */
   printf("\n\n\t>>> Array Ordenado <<<\n\n\t\t> ");
   for (i=0; i < tamanho; i++) {
      printf("%d    ", array[i]);
   }
   return 0;
}
```

**Resultado de execução do programa:**

```
>>> Este programa ordena um array de
>>> inteiros usando o metodo da bolha.
>>> Array Original <<<
> 12    55    21    1    6    8    17    220    5    83
>>> Array Ordenado <<<
> 1    5    6    8    12    17    21    55    83    220
```

### 8.11.6 Invertendo um Array

**Problema:** Escreva um programa que lê um array de inteiros, inverte a ordem dos elementos e apresenta o resultado da operação na tela.

**Solução:**

```c
/********************** Includes ************************/
#include <stdio.h>    /* Entrada e saída */
#include "leitura.h" /* LeituraFacil    */
/*************** Constantes Simbólicas *****************/

#define MAX_ELEMENTOS    20 /* Número máximo de elementos do array */
#define ENCERRA_LEITURA   0 /* Valor que encerra a leitura de dados */

/********************** Alusões ************************/

extern int LeArray(int ar[], int max, int encerra);
extern void ExibeArrayInts(const int ar[], int tamanho);
extern void InverteArray(int ar[], int nElem);

/*************** Definições de Funções *****************/

/****
 * LeArray(): Lê valores inteiros e armazena-os num array. A leitura encerra
 *            quando o usuário digitar o valor que especifica o encerramento
 *            da leitura ou quando o número máximo de elementos for atingido.
 *
 * Parâmetros:
 *     ar (saída) - array que conterá os elementos lidos
 *     max (entrada) - número máximo de elementos lidos
 *     encerra (entrada) - valor que encerra a leitura
 *
 * Retorno: O número de elementos lidos
 ****/
int LeArray(int ar[], int max, int encerra)
{
   int nValoresLidos = 0, /* Número de valores lidos */
       elemento; /* Armazenará cada valor lido */

   printf("\a\n\t   *** Introduza os valores ***\n\n");

     /* O laço encerra quando o usuário digitar o valor que */
     /* especifica o encerramento da leitura ou quando o    */
     /* número máximo de elementos for atingido             */
   while (1) {
     if (nValoresLidos >= max) {/* Número máximo de      */
       break;                   /* elementos já foi lido */
     }
```

```
        /* Lê o próximo elemento do array */
    printf("\t>>> Valor: ");
    elemento = LeInteiro();

        /* Se o valor que identifica encerramento */
        /* de leitura foi lido, encerra o laço     */
    if (elemento == encerra) {
        break;
    }

    ar[nValoresLidos] = elemento; /* Armazena no array o elemento lido */

    ++nValoresLidos; /* Mas um elemento foi lido */
    }

    return nValoresLidos;
}

/****
 * InverteArray(): Inverte a ordem dos elementos de um array de ints
 *
 * Parâmetros:
 *      ar (entrada) - array que será invertido
 *      nElem (entrada) - número de elementos do array
 *
 * Retorno: Nada
 ****/
void InverteArray(int ar[], int nElem)
{
    int aux, i;

        /* Troca as posições do primeiro e último elementos, do */
        /* segundo e penúltimo elementos e assim por diante     */
    for (i = 0; i < nElem/2; ++i) {
        aux = ar[i];
        ar[i] = ar[nElem - i - 1];
        ar[nElem - i - 1] = aux;
    }
}

/****
 * main(): Lê um array de inteiros e inverte a ordem dos seus elementos
 *
 * Parâmetros: Nenhum
 *
 * Retorno: Zero
 ****/
int main(void)
{
    int array[MAX_ELEMENTOS], n;

        /* Apresenta o programa */
    printf( "\n\t>>> Este programa le um conjunto de valores "
            "\n\t>>> inteiros e escreve-os em ordem inversa. "
            "\n\t>>> O valor %d encerra a leitura de dados e "
            "\n\t>>> o numero maximo de valores e' %d.\n",
            ENCERRA_LEITURA, MAX_ELEMENTOS );

        /* Lê os elementos do array e armazena */
        /* em 'n' o número de elementos lidos   */
```

```
    n = LeArray(array, MAX_ELEMENTOS, ENCERRA_LEITURA);

    /* Exibe o array em sua ordem original */
    printf("\n\t*** Ordem Original ***\n");
    ExibeArrayInts(array, n);

    InverteArray(array, n); /* Inverte a ordem dos elementos lidos */

    /* Exibe o array invertido */
    printf("\n\t*** Ordem Invertida ***\n");
    ExibeArrayInts(array, n);

    return 0;
}
```

**Análise:** A função **main()** chama a função `ExibeArrayInts()`, apresentada na Seção 8.9.2.

**Exemplo de execução do programa:**

```
>>> Este programa le um conjunto de valores
>>> inteiros e escreve-os em ordem inversa.
>>> O valor 0 encerra a leitura de dados e
>>> o numero maximo de valores e' 20.

   *** Introduza os valores ***

>>> Valor: 1
>>> Valor: 2
>>> Valor: 3
>>> Valor: 0

*** Ordem Original ***

{ 1, 2, 3 }

*** Ordem Invertida ***

{ 3, 2, 1 }
```

### 8.11.7 Permutações de Arrays

**Preâmbulo:** Uma permutação de um array consiste num rearranjo dos elementos do array de modo um novo array é constituído por simples alterações de posições dos elementos do array original. Isto é, um array é permutação de outro quando ambos são do mesmo tamanho, contêm os mesmos elementos, mas esses ocupam diferentes posições nos dois arrays. Por exemplo, os seguintes arrays são considerados permutações:

$$\{1, 2, 3, 4\} \qquad \{2, 1, 4, 3\}$$

Uma técnica utilizada para obtenção de todas as permutações possíveis envolvendo os elementos de um array é denominada geração de permutações por ordenação lexicográfica. O algoritmo seguido por essa técnica requer que o array esteja inicialmente *em ordem crescente*. Assim, supondo que um array `ar[]` satisfaça esse requisito, a geração de permutações de acordo com esse algoritmo segue os seguintes passos:

1. Encontre o maior índice `i` do array `ar[]` tal que a expressão `ar[i-1] < ar[i]` seja satisfeita (i.e., resulte em `1`).

2. Se o índice `i` for igual a `0`, não existe nenhum elemento do array que seja maior do que seu antecessor; ou seja, o array está em ordem decrescente e sua configuração atual constitui a última permutação que pode ser gerada.

3. Atribua a `i` o maior o índice tal que a expressão `ar[i] < ar[i+i]` seja satisfeita. Esse valor é exatamente `i - 1`.

4. Encontre o maior índice **j** tal que a expressão **ar[i] < ar[j]** seja satisfeita. Como **ar[i]** é menor do que **ar[i+1]**, o índice **j** deve existir.

5. Troque os elementos **ar[i]** e **ar[j]**.

6. Inverta os elementos do array a partir do índice **i + 1** até o final.

**Problema:** (a) Escreva uma função, denominada **ProximaPermutacao()**, que recebe um array de elementos do tipo **int** e seu número de elementos como parâmetros e gera a *próxima permutação* em ordem lexicográfica, se essa existir. (b) Escreva uma função, denominada **GeraPermutacoes()**, que recebe um array de elementos do tipo **int** e seu número de elementos como parâmetros e gera e escreve na tela *todas as permutações* do array. (c) Escreva um programa que define e inicia um array de elementos do tipo **int** e invoca a função **GeraPermutacoes()** para gerar todas a permutações desse array.

**Solução de (a):**

```
/****
 * ProximaPermutacao(): Gera a próxima permutação de um array de elementos do tipo
 *                      int usando ordenação lexicográfica
 *
 * Parâmetros:
 *     ar (entrada/saída) - array cuja permutação será gerada
 *     n (entrada) - número de elementos do array
 *
 * Retorno: 1, se uma permutação foi gerada; 0, em caso contrário
 ****/
int ProximaPermutacao(int ar[], int n)
{
   int i, j;

      /*                    >>> Passo 1 <<<                    */
      /* Encontra o maior índice i tal que: ar[i - 1] < ar[i]  */
   for (i = n - 1; i != 0 && ar[i - 1] >= ar[i]; i--) {
      ; /* Vazio */
   }

      /*                    >>> Passo 2 <<<                    */
      /* Se o índice i for igual a 0, não existe nenhum */
      /* elemento do array que seja maior do que seu    */
      /* antecessor. I.e., o array está em ordem        */
      /* decrescente e sua configuração atual constitui */
      /* a última permutação que pode ser gerada.       */
   if (!i) {
      return 0; /* Não há mais permutação a ser gerada */
   }
      /*                    >>> Passo 3 <<<                    */
      /* Faz i assumir o maior o índice tal que:        */
      /* ar[i] < ar[i + i]. Esse valor é exatamente i-1. */
   --i;

      /*                    >>> Passo 4 <<<                    */
      /* Encontra o maior índice j tal que:       */
      /* ar[i] < ar[j]. Como ar[i] < ar[i + 1], */
      /* j deve existir.                          */
   for (j = n - 1; ar[j] <= ar[i]; j--) {
      ; /* Vazio */
   }

      /*     >>> Passo 5 <<<     */
```

```
   /* Troca ar[i] com ar[j] */
 TrocaElementos(ar, i, j);

   /*        >>> Passo 6 <<<       */
   /* Inverte os elementos do     */
   /* array de i + 1 até o final */
 for (i++, j = n - 1; j > i; j--, i++) {
    TrocaElementos(ar, i, j);
 }

 return 1; /* Uma permutação foi gerada */
}
```

**Análise:** A função `ProximaPermutacao()` chama a função `TrocaElementos()`, que troca as posições de dois elementos de um array. Essa última função é definida como:

```
/****
 *
 * TrocaElementos(): Troca as posições de dois elementos
 *                   de um array de elementos do tipo int
 *
 * Parâmetros:
 *     ar[] (entrada/saída) - array contendo os elementos que trocarão de posições
 *     i, j (entrada) - índices dos elementos que serão trocados
 *
 * Retorno: Nenhum
 *
 ****/
void TrocaElementos(int ar[], int i, int j)
{
   int aux = ar[i]; /* Guarda o valor do elemento de índice i */

     /* O valor do elemento ar[i] está guardado */
   ar[i] = ar[j];

     /* Atribui a ar[j] valor do elemento ar[i] */
   ar[j] = aux; /* O valor de ar[i] foi guardado em 'aux' */
}
```

Comentários adicionais sobre a função `ProximaPermutacao()`:

A função `ProximaPermutacao()` é crucial para entendimento da técnica de geração de permutações descrita no preâmbulo. Portanto é importante que os passos do algoritmo implementado por essa função sejam examinados detalhadamente.

Suponha que a função `ProximaPermutacao()` recebe como parâmetro o array:

`{1, 2, 4, 3}`

Então, após a execução do Passo 1 do algoritmo, os conteúdos do array e da variável i podem ser representados como na Figura 8–8.

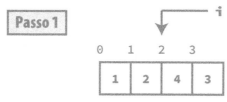

FIGURA 8–8: PASSO 1 DO ALGORITMO DE PERMUTAÇÕES DE ARRAYS

O Passo 2 do algoritmo verifica se o valor de i é zero (o que não é o caso), enquanto o Passo 3 decrementa o valor da variável i. Portanto, após a execução desse último passo do algoritmo, a situação pode ser representada como na Figura 8–9.

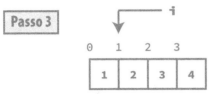

FIGURA 8–9: PASSO 3 DO ALGORITMO DE PERMUTAÇÕES DE ARRAYS

No Passo 4 do algoritmo, deve-se encontrar o maior índice j que satisfaz a relação a[i] < a[j]. Após a execução desse passo, a situação do array e das variáveis i e j pode ser representada como na Figura 8–10.

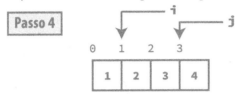

FIGURA 8–10: PASSO 4 DO ALGORITMO DE PERMUTAÇÕES DE ARRAYS

No Passo 5, os valores de a[i] e a[j] são trocado e o resultado é apresentado na Figura 8–11.

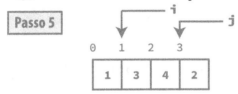

FIGURA 8–11: PASSO 5 DO ALGORITMO DE PERMUTAÇÕES DE ARRAYS

Finalmente, no Passo 6 do algoritmo, os elementos de índices 2 a 3 são invertidos, resultando na Figura 8–12.

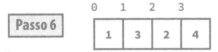

FIGURA 8–12: PASSO 6 DO ALGORITMO DE PERMUTAÇÕES DE ARRAYS

## Solução de (b):

```
/****
 *
 * GeraPermutacoes(): Gera e exibe na tela todas as permutações de um array de
 *                    elementos do tipo int usando ordenação lexicográfica
 * Parâmetros:
 *      ar (entrada/saída): array cujas permutações serão geradas
 *      n (entrada): número de elementos do array
 *
 * Retorno: Nenhum
 *
 ****/
void GeraPermutacoes(int ar[], int n)
{
        /* Para a técnica de ordenação lexicográfica funcionar, é essencial */
        /* que a geração de permutações seja iniciada com o array ordenado  */
        /* em ordem crescente.                                              */
        /*                                                                  */
```

```
BubbleSort(ar, n); /* Ordena o array ar[] em ordem crescente */
printf("\n    >>> Permutacoes <<<\n");

    /* Exibe todas as permutações na tela. O laço termina */
    /* quando a função ProximaPermutacao() retornar 0,    */
    /* indicando que não há mais permutação a ser gerada. */
do {
    ExibeArrayInts(ar, n); /* Exibe a configuração corrente do array */
} while (ProximaPermutacao(ar, n));
}
```

**Análise:** Inicialmente, a função `GeraPermutacoes()` chama a função `BubbleSort()`, apresentada na Seção 8.11.5, para ordenar o array recebido como parâmetro. Então, a função `GeraPermutacoes()` executa um laço que chama a função `ExibeArrayInts()` (v. Seção 8.9.2) para apresentar a configuração corrente do array e, em seguida, chama a função `ProximaPermutacao()`, que gera a próxima configuração do array.

**Solução de (c):** O complemento do programa é deixado como exercício para o leitor. (A solução completa deste problema encontra-se no site do livro: *www.ulysseso.com/ip*.)

### 8.11.8 Mega-sena Gratuita (mas sem Premiação)

**Problema:** Escreva um programa que simula o jogo de azar (legalizado) Mega-sena. Isto é, o programa deve ler uma aposta efetuada pelo usuário, realizar o sorteio dos seis números da loteria, comparar a aposta do usuário com os números sorteados e, finalmente, informar o usuário se ele ganhou ou perdeu.

**Solução:** É lamentável saber que programadores desperdiçam dinheiro à toa jogando na Mega-sena, pois é tão simples implementar esse jogo. O que o programa proposto deve implementar é o seguinte:

1. **Ler a quantidade de números que o usuário apostará.** Na mega-sena oficial, essa quantidade varia entre **6** e **15**.

2. **Ler cada número que integra a aposta do usuário.** Cada número numa aposta pode ser um valor entre **1** e **60**.

3. **Fazer o sorteio da loteria.** Sorteio em programação em C, conforme foi discutido na Seção 4.10, pode ser efetuado com auxílio das funções **srand()** e **rand()**, mas é necessário limitar o valor sorteado ao intervalo compreendido entre **1** e **60**. Ou seja, a fórmula usada para o sorteio de números da Mega-sena é: `rand()%60 + 1` (v. Seção 4.10).

4. **Comparar a aposta do usuário com os números sorteados.** É conveniente armazenar tanto os números sorteados quanto a aposta do usuário em arrays. Assim, para verificar se a aposta do usuário foi premiada, basta verificar se cada elemento do array que contém os números sorteados faz parte do array que contém a aposta do usuário. Logo, quando for detectado que um número sorteado não consta na aposta do usuário, os demais números não precisam mais ser verificados, porque pode-se imediatamente concluir que o usuário perdeu. (Esse programa não verifica se o usuário ganhou algum prêmio secundário.) A função `EmArray()`, apresentada na Seção 8.11.4 pode ser usada com essa finalidade.

5. **Informar o usuário se ele ganhou ou perdeu.** Essa parte do programa é trivial, mas testar o programa com valores qualitativamente diferentes de modo que ele apresente todas as saídas possíveis, conforme foi preconizado no Capítulo 2, é complicado pelo fato de ser muito difícil acertar os números sorteados. Isto é, se o sorteio resultante da função **rand()** for tão aleatório quanto aquele da Mega-sena real e o programador decidir testar o programa com apostas de seis números (quem tem paciência de testar com 15 números?), a probabilidade de ele acertar e, consequentemente, obter a respectiva saída do programa é da ordem de 1 para 50 milhões. Assim, para testar o programa quando a aposta é ganhadora,

a melhor opção para o programador é trapacear (no bom sentido). Ou seja, durante a fase de testes, o programa apresenta os números sorteados para o usuário antes de ele apostar, de modo que ele pode fazer uma aposta contendo os números sorteados e verificar se o programa funciona nessa situação. Outra opção seria comentar a instrução contendo a chamada de **srand**() que alimenta o gerador de números aleatórios, de modo que os mesmos números fossem sorteados a cada execução do programa.

Para evitar o uso de números mágicos, o programa proposto deve incluir em seu início as seguintes definições de constantes simbólicas:

```
#define NUMEROS_LOTO       6 /* Números sorteados          */
#define MENOR_NUMERO_LOTO  1 /* O menor número da Mega-sena */
#define MAIOR_NUMERO_LOTO 60 /* O maior número da Mega-sena */
#define MAX_APOSTAS       15 /* Número máximo de apostas     */
```

Além disso, todos os valores que o programa necessita são inteiros positivos que se encontram dentro de um determinado intervalo. A função `LeIntEntre()`, apresentada a seguir, serve para ler números com esse perfil:

```
/****
 * LeIntEntre(): Lê um número inteiro entre os valores especificados pelos parâmetros
 *
 * Parâmetros: menor (entrada): o menor valor permitido
 *             maior (entrada): o maior valor permitido
 *
 * Retorno: O número lido
 *
 * Observação: Esta função assume que o primeiro parâmetro
 *             é o menor e o segundo parâmetro é o maior
 ****/
int LeIntEntre(int menor, int maior)
{
   int num;

   /* Volta para cá a cada tentativa frustrada de leitura */
inicioLeitura:
    /* Apresenta prompt e faz uma tentativa de leitura */
   printf( "\n\t>>> Digite um valor inteiro entre %d e %d\n\t\t> ", menor, maior );
   num = LeInteiro();

    /* Verifica se o valor introduzido satisfaz os critérios especificados. */
    /* Se não for o caso, apresenta uma mensagem informando o erro ao       */
    /* usuário, e faz uma nova tentativa de leitura.                        */
   if (num < menor || num > maior) {
      printf("\n\t>>> Valor invalido\n");
      goto inicioLeitura; /* Não cria código espaguete */
   }

   return num; /* Seguramente, o número retornado satisfaz as especificações */
}
```

A função **main**() que completa o programa é a seguinte:

```
/****
 * main():
 *    * Lê a quantidade de números que o usuário apostará
 *    * Lê cada número que integra a aposta do usuário
 *    * Faz o sorteio da loteria
 *    * Compara a aposta do usuário com os números sorteados
 *    * Informa o usuário se ele ganhou ou perdeu
 *
```

```c
 * Parâmetros: Nenhum
 *
 * Retorno: Zero
 ****/
int main(void)
{
    int     sorteio[NUMEROS_LOTO], /* Conterá os números sorteados */
            aposta[MAX_APOSTAS], /* Conterá a aposta do usuário */
            i,
            nApostas, /* Quantidade de números que o usuário apostará */
            num,  /* Um número de aposta do usuário */
            perdeu = 0; /* Indicará se o usuário foi sorteado ou não */

        /* Apresenta o programa */
    printf( "\n\t>>> Este programa permite que voce jogue na Mega-sena sem"
            "\n\t>>> gastar um centavo. Em compensacao, a possibilidade de"
            "\n\t>>> voce ficar rico e' zero.\n" );

        /* Lê a quantidade de números que o usuário apostará */
    printf("\n\t>>> Quantos numeros voce ira' apostar?");
    nApostas = LeIntEntre(NUMEROS_LOTO, MAX_APOSTAS);

    printf("\n\t>>> Digite sua aposta <<<\n");

        /* Lê aposta do usuário */
    for (i = 0; i < nApostas; ) {
        /* Lê um número da aposta */
        num = LeIntEntre(MENOR_NUMERO_LOTO, MAIOR_NUMERO_LOTO);

        /* Verifica se o usuário já apostou nesse número */
        if ( i > 0 && EmArray(aposta, i, num) >= 0 ) {
            printf("\n\t>>> Voce ja' apostou neste numero\n");
        } else {
            aposta[i] = num; /* Número ainda não apostado */
            /* O incremento de i é colocado aqui, em vez de como  */
            /* expressão do laço for, porque ele  só deve ocorrer */
            /* quando o número não for repetido                   */
            ++i;
        }
    }

    srand(time(NULL)); /* Inicia o gerador de números aleatórios */

    for (i = 0; i < NUMEROS_LOTO; ++i) {/* Faz o sorteio */
        sorteio[i] = rand()%MAIOR_NUMERO_LOTO + MENOR_NUMERO_LOTO;
    }

        /* Verifica se o usuário foi sorteado */
    for (i = 0; i < nApostas; ++i) {
        /* Verifica se um número sorteado faz parte da aposta do usuário */
        if (EmArray(sorteio, NUMEROS_LOTO, aposta[i]) < 0) {
            /* Se o usuário não acertou um dado número sorteado, ele já  */
            /* perdeu e não adianta verificar os demais números sorteados */
            perdeu = 1;
            break;
        }
    }

        /* >>> Apresenta os números sorteados <<< */
    printf("\n>>> Os numeros sorteados foram:\n\t");
```

```
    for (i = 0; i < NUMEROS_LOTO; ++i) {
        printf("\t%2d", sorteio[i]);
    }

        /* >>> Apresenta os números do usuário <<< */
    printf("\n\n>>> Sua aposta foi:\n\t");

    for (i = 0; i < nApostas; ++i) {
        printf("\t%2d", aposta[i]);
    }

    if (perdeu) { /* Informa o usuário se ele ganhou ou perdeu */
        printf("\n\n\t>>> Infelizmente voce nao ganhou.\n");
    } else {
        printf("\n\n\t>>> Parabens! Voce ganhou!"
            "\n\t>>> Agora, seja generoso e divida o premio com o criador do programa.\n" );
    }
    return 0;
}
```

**Exemplo de execução do programa:**

```
        >>> Este programa permite que voce jogue na Mega-sena sem
        >>> gastar um centavo. Em compensacao, a possibilidade de
        >>> voce ficar rico e' zero.

        >>> Quantos numeros voce ira' apostar?
        >>> Digite um valor inteiro entre 6 e 15
            > 6

        >>> Digite sua aposta <<<

        >>> Digite um valor inteiro entre 1 e 60
            > 12

        >>> Digite um valor inteiro entre 1 e 60
            > 66
        >>> Valor invalido
    >>> Digite um valor inteiro entre 1 e 60
            > 12
    >>> Voce ja' apostou neste numero

        >>> Digite um valor inteiro entre 1 e 60
            > 3

        >>> Digite um valor inteiro entre 1 e 60
            > 55

        >>> Digite um valor inteiro entre 1 e 60
            > 33

        >>> Digite um valor inteiro entre 1 e 60
            > 22

        >>> Digite um valor inteiro entre 1 e 60
            > 44

>>> Os numeros sorteados foram:
            23      29      48      36      39      33
>>> Sua aposta foi:
            12       3      55      33      22      44

        >>> Infelizmente voce nao ganhou.
```

### 8.11.9 Qual É o Troco?

**Problema:** Escreva um programa que apresenta na tela os números de cédulas e moedas que devem ser entregues a um cliente como troco de uma compra. O programa encerra quando o usuário introduz zero como valor de uma compra. Além disso, antes de encerrar, o programa apresenta o número total de cédulas e moedas de cada tipo que forem entregues durante sua execução. Observação: Para simplificar o problema, considere R$1 como cédula e não como moeda.

**Solução:**

```c
#include <stdio.h>    /* Entrada e saída */
#include <math.h>     /* Função fabs()   */
#include "leitura.h"  /* LeituraFacil    */

#define MAIOR_TROCO 99.99  /* Maior troco recomendado por este programa */
#define N_CEDULAS 6        /* Número de tipos de cédulas */
#define N_MOEDAS  4        /* Número de tipos de moedas  */
   /* Precisão utilizada na comparação de números reais. Esse valor */
   /* também é adicionado a valores reais para evitar erros de      */
   /* truncamento na conversão desses valores para inteiros.        */
#define DELTA 1.0E-14
/****
 *
 * main(): Apresenta na tela os números de cédulas e moedas que
 *         devem ser cedidas a clientes como trocos de compras
 *
 * Parâmetros: Nenhum
 *
 * Retorno: Zero
 *
 ****/
int main(void)
{
    double valorCompra, /* Valor da compra */
           pago, /* Valor pago pelo cliente */
           troco, /* Valor do troco */
           trocoCorrigido; /* Correção para evitar erro de truncamento */
             /* Array que contém as cédulas disponíveis */
    int    cedulas[N_CEDULAS] = {50, 20, 10, 5, 2, 1},
             /* Array que contém as moedas disponíveis */
           moedas[N_MOEDAS] = {50, 25, 10, 5},
             /* Total de cédulas de cada tipo que forem    */
             /* entregues durante uma execução do programa */
           totalCedulas[N_CEDULAS] = {0},
             /* Total de moedas de cada tipo que forem     */
             /* entregues durante uma execução do programa */
           totalMoedas[N_MOEDAS] = {0},
           parcial, /* Número parcial de cédulas/moedas */
                    /* a serem entregues ao cliente     */
           pInteira,    /* Parte inteira do troco    */
           pFracionaria, /* Parte fracionária do troco */
           i;

    /****************************************************************/
    /* Os arrays cedulas[] e moedas[] foram ordenados em ordem decrescente */
    /* para que o troco reunisse o menor número possível de cédulas e moedas */
    /****************************************************************/
```

```c
    /* Apresenta o programa */
  printf( "\n\t>>> Este programa apresenta numeros de cedulas"
          "\n\t>>> ou moedas que devem ser entregues a clientes"
          "\n\t>>> como trocos de compras. Digite 0 como valor"
          "\n\t>>> da compra para encerrar o programa." );

    /* O laço encerra quando o usuário introduzir 0 como valor de uma compra */
  while (1) {
      /* Lê o valor da compra */
    printf("\n\n\t>>> Valor da compra (R$)? ");
    valorCompra = LeReal();

      /* Se o usuário digitou 0, encerra o laço */
    if (!ComparaDoubles(valorCompra, 0.0)) {
      break;
    }

      /* Lê o valor pago pelo cliente */
    printf("\t>>> Valor pago (R$)? ");
    pago = LeReal();

    troco = pago - valorCompra; /* Calcula o valor do troco */

      /* Verifica se há troco a ser entregue */
    if (ComparaDoubles(troco, 0.0) <= 0) {
      printf("\a\n\t>>> Nao ha' troco!\n");
    } else if (ComparaDoubles(troco, MAIOR_TROCO) > 0) {
        /* O valor pago excede limite máximo de troco */
      printf("\n\t>>> O valor pago deveria ser menor\n");
    } else { /* Há troco a ser entregue */
      /* Agora, deve-se calcular as partes inteira e fracionária do troco. */
      /* Para evitar que uma variável inteira receba um valor incorreto    */
      /* por causa de truncamento de um valor real, deve-se arredondar o   */
      /* valor real. Para obter o efeito desejado sem introduzir um novo   */
      /* erro, acrescenta-se um pequeno valor (DELTA) ao valor real antes  */
      /* que ele seja convertido.                                          */

      trocoCorrigido = troco + DELTA;

        /* Calcula as partes inteira e fracionária do troco */
      pInteira = trocoCorrigido;
      pFracionaria = (trocoCorrigido - pInteira)*100;

        /* Apresenta o valor do troco */
      printf("\n\t>>> Troco: R$%0.2f <<<\n", troco);

        /* Determina e apresenta na tela o número  */
        /* de cédulas a serem entregues ao cliente */
      for (i = 0; i < N_CEDULAS; ++i) {
          /* Calcula o número de cédulas com o */
          /* valor determinado por cedulas[i]  */
        parcial = pInteira/cedulas[i];

          /* Se houver cédulas com o valor dado por cedulas[i], apresenta- */
          /* as na tela e reduz a parte inteira do valor já fornecido      */
        if (parcial) {
          printf( "\n\t>>> %d cedula%s de R$%d",
                  parcial, parcial > 1 ? "s" : "", cedulas[i] );

            /* Atualiza o número total de cédulas entregues do */
            /* tipo armazenado no índice i do array cedulas[]  */
          totalCedulas[i] = totalCedulas[i] + parcial;
```

```c
                    /* A parte inteira do troco precisa  */
                    /* ser reduzida do valor apresentado */
                pInteira = pInteira - parcial*cedulas[i];
            }
        }
            /* Determina e apresenta na tela o número */
            /* de moedas a serem entregues ao cliente */
        for (i = 0; i < N_MOEDAS; ++i) {
            parcial = pFracionaria/moedas[i];

                /* Se houver moedas com o valor dado por moedas[i], apresenta-  */
                /* as na tela e reduz a parte fracionária do valor já fornecido */
            if (parcial) {
                printf("\n\t>>> %d moeda%s de %d centavos",
                        parcial, parcial > 1 ? "s" : "", moedas[i]);

                    /* Atualiza o número total de moedas entregues do */
                    /* tipo armazenado no índice i do array moedas[]   */
                totalMoedas[i] =  totalMoedas[i] + parcial;

                    /* A parte fracionária do troco precisa */
                    /* ser reduzida do valor apresentado    */
                pFracionaria = pFracionaria - parcial*moedas[i];
            }
        }
            /* Se sobraram alguns centavos cujos valores são menores do  */
            /* que o menor valor de moeda e o cliente exigir, sugere que */
            /* o atendente entregue mais uma moeda com o menor valor     */
        if (pFracionaria) {
            printf("\n\t>>> Se o cliente exigir, de-lhe"
                    "\n\t    mais uma moeda de %d centavos", moedas[--i]);
        }
    }
}
        /*** Apresenta um resumo das cédulas e moedas ***/
        /*** entregues durante a execução do programa ***/

printf( "\n>>> Total de cedulas entregues <<<\n" );

for (i = 0; i < N_CEDULAS; ++i) {
    /* Se o número total de cédulas do tipo armazenado no índice i */
    /* do array cedulas[] for diferente de 0, apresenta esse total */
    if (totalCedulas[i]) {
        printf( "\n\t>>> %d cedula%s de R$%d", totalCedulas[i],
            totalCedulas[i] > 1 ? "s" : "", cedulas[i] );
    }
}

printf( "\n\n>>> Total de moedas entregues <<<\n" );

for (i = 0; i < N_MOEDAS; ++i) {
    /* Se o número total de moedas do tipo armazenado no índice i do array */
    /* moedas[] for diferente de 0, apresenta esse total                   */
    if (totalMoedas[i]) {
        printf( "\n\t>>> %d moeda%s de R$%d", totalMoedas[i],
            totalMoedas[i] > 1 ? "s" : "", moedas[i] );
    }
}
return 0;
}
```

## Análise:

❑ A função `ComparaDoubles()`, apresentada na Seção 5.11.6, é utilizada pelo programa para comparar números reais. Essa função não aparece na listagem do programa apresentada.

❑ Note o uso da constante `DELTA`, que é adicionada ao valor do troco para evitar erros de truncamento na obtenção das suas partes inteira e fracionária, conforme foi discutido na Seção 7.5. Essa mesma constante também é usada pela função `ComparaDoubles()`.

❑ Os arrays `cedulas[]` e `moedas[]` foram ordenados em ordem decrescente para que o troco reunisse o menor número possível de cédulas e moedas. Ou seja, inicialmente, o número de cédulas é calculado dividindo-se a parte inteira do troco pelo valor da maior cédula; então, o restante da parte inteira do troco, se houver, é dividido pelo segundo maior valor de cédula para determinar a quantidade dessa cédula no troco e assim por diante. O número de moedas que, eventualmente, fará parte do troco é calculado de modo semelhante.

**Exemplo de execução do programa:**

```
>>> Este programa apresenta numeros de cedulas
>>> ou moedas que devem ser entregues a clientes
>>> como trocos de compras. Digite 0 como valor
>>> da compra para encerrar o programa.

>>> Valor da compra (R$)? 9.90
>>> Valor pago (R$)? 10

>>> Troco: R$0.10 <<<

>>> 1 moeda de 10 centavos

>>> Valor da compra (R$)? 25.6
>>> Valor pago (R$)? 30

>>> Troco: R$4.40 <<<
>>> 2 cedulas de R$2
>>> 1 moeda de 25 centavos
>>> 1 moeda de 10 centavos
>>> 1 moeda de 5 centavos

>>> Valor da compra (R$)? 0

>>> Total de cedulas entregues <<<

>>> 2 cedulas de R$2

>>> Total de moedas entregues <<<

>>> 1 moeda de R$25
>>> 2 moedas de R$10
>>> 1 moeda de R$5
```

# 8.12 Exercícios de Revisão

## Introdução (Seção 8.1)

1. (a) O que é uma variável estruturada? (b) O que é uma variável estruturada homogênea? (c) O que é uma variável estruturada heterogênea?

2. O que é um array?

## Definições de Arrays (Seção 8.2)

3. Qual é a sintaxe usada na definição de arrays?

4. Existe alguma restrição em relação ao tipo de cada elemento de um array?

5. Quais são as vantagens obtidas ao se declarar o tamanho de um array usando-se uma constante simbólica em vez de usando-se o valor da constante em si?

### Acesso a Elementos de um Array (Seção 8.3)

6. (a) O que é índice de um array? (b) Quais são os valores válidos de um índice de array? (c) O que ocorre quando o programador usa um índice inválido para acesso a um elemento de array?

7. O que há de errado com o seguinte trecho de programa?

```c
int j, ar[5] = {1, 2, 3, 4, 5};

for (j = 1; j <= 5; ++j) {
    printf("%d\n", ar[j]);
}
```

8. (a) Qual é o problema com o seguinte trecho de programa? (b) Qual é a gravidade desse problema?

```c
int i, ar[5];

for (i = 1; i <= 5; ++i) {
    ar[i] = i;
}
```

9. O que escreve na tela o seguinte programa?

```c
#include <stdio.h>

#define MAX_ELEMENTOS 10

int main(void)
{
    int i, ar[MAX_ELEMENTOS] = {1, 1};

    for (i = 2; i < MAX_ELEMENTOS; ++i) {
        ar[i] = ar[i - 1] + ar[i - 2];
    }

    for (i = 0; i < MAX_ELEMENTOS; ++i) {
        printf("\nar[%d] = %2d", i, ar[i]);
    }

    return 0;
}
```

10. No seguinte fragmento de programa, o conteúdo do array `ar1[]` é copiado para o array `ar2[]`. (a) Explique por que ele não é portável. (b) Sugira uma forma de tornar esse fragmento de programa portável. [Sugestão: Se não conseguir resolver esse exercício, consulte a Seção 10.4.]

```c
int i = 0, ar1[5], ar2[5];

...

while (i < 5) {
    ar2[i] = ar1[i++];
}
```

11. O que faz o seguinte programa?

```c
#include <stdio.h>
#include "leitura.h"

#define TAMANHO 5

int main(void)
{
    int i, ar[TAMANHO];

    printf("\nDigite %d numeros inteiros: \n", TAMANHO);

    for (i = 0; i < TAMANHO; i++) {
        printf("\t> ");
        ar[i] = LeInteiro();
    }

    putchar('\n');

    for (i = TAMANHO - 1; i >= 0; i--) {
        printf("%d\t", ar[i]);
    }

    putchar('\n');

    return 0;
}
```

## Iniciações de Arrays (Seção 8.4)

12. (a) Como deve ser escrita a iniciação de um array unidimensional? (b) É obrigatória a iniciação explícita de todos os elementos de um array?

13. (a) Qual é a maneira mais simples de iniciar com zero todos os elementos de um array de duração automática? (b) Isso é necessário quando o array é de duração fixa?

14. Qual é a diferença em termos de iniciação entre arrays de duração fixa e arrays de duração automática?

15. É ilegal incluir numa iniciação um número de valores maior do que o tamanho do array? Explique.

16. Quando todos os elementos de um array são iniciados, é necessário incluir o número de elementos do array em sua definição?

## Operador sizeof (Seção 8.5)

17. Para que serve o operador **sizeof**?

18. (a) Qual é o tipo do valor resultante da aplicação do operador **sizeof**? (b) Esse tipo é primitivo ou derivado?

19. O que há de incomum com o operador **sizeof** em relação a outros operadores de C? Em outras palavras, que característica única (i.e., não encontrada em nenhum outro operador) o operador **sizeof** possui?

20. Se o operador **sizeof** não avalia uma expressão usada como seu operando, como ele pode obter seu resultado?

21. Considere um array ar[]. (a) Como se determina o número de bytes ocupados pelo array ar[]? (b) Como se determina o número de bytes ocupados por um elemento do array ar[]? (c) Como o número de elementos do array ar[] pode ser determinado sem que se tenha que recorrer à sua definição?

22. Que cuidado deve ser tomado quando se lida com o valor retornado pelo operador **sizeof**?

23. Por que valores inteiros com sinal não devem ser misturados com valores inteiros sem sinal numa mesma expressão que não seja de atribuição?

24. Na Seção 8.5, foi explicada a razão pela qual o programa abaixo não consegue apresentar os elementos do array ar[]:

```c
#include <stdio.h>

int main(void)
{
    int    i, ar[] = {1, 2, 3, 4, 5, 6, 7},
    size_t nElementos;

    nElementos = sizeof(ar)/sizeof(ar[0]);

    for(i = -1; i <= nElementos - 2; i++) {
        printf("%d\t", ar[i + 1]);
    }

    return 0;
}
```

O uso de conversão explícita como na instrução:

```c
    nElementos = (int) sizeof(ar)/sizeof(ar[0]);
```

resolve o problema apresentado por esse programa? Explique.

25. Por que a aplicação do operador **sizeof** num parâmetro formal que representa um array não resulta no tamanho em bytes do array?

26. O que exibe na tela o seguinte programa:

```c
#include <stdio.h>

int main(void)
{
    int tamanho, x = 0;

    tamanho = sizeof(x = 25);

    printf("\nTamanho = %d \t x = %d\n", tamanho, x);

    return 0;
}
```

27. Por que o resultado da aplicação do operador **sizeof** pode ser obtido pelo compilador; i.e., antes mesmo da execução de um programa?

28. Qual é a saída do seguinte programa?

```c
#include <stdio.h>

int main(void)
{
    int i = 10;

    printf("i = %d\n", i);
    printf("sizeof(i++) = %d\n", sizeof(i++));
    printf("i = %d\n", i);

    return 0;
}
```

29. O que o programa abaixo apresenta na tela?

```
#include <stdio.h>

int Tamanho(double ar[])
{
    return sizeof(ar);
}

int main( void )
{
    double array[20] = {0.0};

    printf("Tamanho = %d bytes", Tamanho(array));

    return 0;
}
```

## Aritmética de Ponteiros (Seção 8.6)

30. Quais são as operações aritméticas permitidas sobre ponteiros?

31. Quando um inteiro é adicionado ou subtraído a um ponteiro, como a operação é interpretada?

32. O que é fator de escala em aritmética de ponteiros?

33. Suponha que um ponteiro **p** possui num determinado instante o valor **1240**. Se o valor de **p + 1** for **1241**, o que se pode concluir em relação ao tipo de **p**?

34. Suponha que um ponteiro **p** possui num determinado instante o valor **1240**. Se o valor de **p + 1** for **1244**, é possível inferir qual é o tipo de **p**?

35. Que operação aritmética sobre ponteiros não é influenciada por fator de escala, independente do tipo de ponteiro envolvido?

36. Suponha que **p1** e **p2** são ponteiros. (a) Quando a operação **p1 - p2** ou **p1 - p2** é ilegal? (b) Quando ela é legal, mas não faz sentido?

37. O que há de errado com o seguinte programa?

```
#include<stdio.h>

int main()
{
    int  x = 5, y = 10, diferenca;
    int *p1 = &x, *p2 = &y;

    diferenca = p1 - p2;

    printf("\nDiferenca = %d\n" , diferenca);

    return 0;
}
```

38. Considerando as seguintes definições de variáveis:

```
double *p1, *p2;
int     j;
char    *p3;
```

quais das seguintes expressões são válidas?

(a) `p2 = p1 + 4;`

(b) `j = p2 - p1;`

(c) `j = p1 - p2;`

(d) `p1 = p2 - 2;`

(e) `p3 = p1 - 1;`

(f) `j = p1 - p3;`

39. Suponha que **p** seja um ponteiro para **int**. (a) Interprete cada uma das expressões a seguir consideradas legais. (b) Quais delas são ilegais?

(a) `*p`

(b) `++p`

(c) `++*p`

(d) `*++p`

(e) `*p++`

(f) `p++*`

(g) `p*++`

## Relações entre Ponteiros e Arrays (Seção 8.7)

40. Seja `ar[]` um array unidimensional. (a) Descreva duas formas diferentes de especificar o endereço do elemento de índice **i** desse array. (b) Descreva duas formas diferentes de acessar o valor do elemento de índice **i** desse array.

41. Um programa em C contém a seguinte definição de array:

```
int  a[8] = {10, 20, 30, 40, 50, 60, 70, 80}
```

(a) O que representa **a**?

(b) O que representa **a + 2**?

(c) Qual é o valor de `*a`?

(d) Qual é o valor de `*a + 2`?

(e) Qual é o valor de `*(a + 2)`?

42. Dadas as seguintes iniciações:

```
int  ar[] = {10, 15, 4, 25, 3, -4};
int *p = &ar[2];
```

quais são os resultados das avaliações das seguintes expressões:

(a) `*(p + 1)`

(b) `p[-1]`

(c) `ar - p`

(d) `ar[*p++]`

(e) `*(ar + ar[2])`

43. Por que o seguinte programa não consegue ser compilado?

```
#include <stdio.h>

int main(void)
{
    int  ar[10] = {-2, 0, -2, 3, 8, -1, 11, 4};
    int  i;

    printf("\nIndice Valor");

    for (i = 0; i < 10; ++i) {
        printf("\n  %d\t%d", i, *ar);
        ++ar;
    }

    return 0;
}
```

44. Considere a seguinte iniciação do array `ar[]`:

```
int ar[] = {4, 5, 8, 9, 8, 1, 0, 1, 9, 3};
```

(a) Escreva um trecho de programa contendo um laço **for** responsável pela apresentação na tela dos valores do array `ar[]` utilizando índices.

(b) Repita a tarefa do item anterior utilizando aritmética de ponteiros, em vez de índices.

45. O que justifica o fato de indexação de arrays em C começar em zero, e não em um, como seria mais natural?

## Uso de const (Seção 8.8)

46. Para que serve a palavra-chave **const**?

47. Uma variável qualificada com **const** pode ser alterada?

48. Em que situações práticas a palavra-chave **const** deve ser utilizada?

49. Qual é a diferença entre usar **const** e **#define** para definir uma constante?

50. Qual é a diferença entre as seguintes definições de variáveis?

```
const char *p1;
```

e

```
char* const p2;
```

51. Interprete cada uma das seguintes definições de ponteiros. [Sugestão: Use a leitura árabe descrita na Seção 8.8.]

(a) `const int *p;`
(b) `int const *p;`
(c) `int *const p;`
(d) `const int *const p;`
(e) `int const *const p;`

52. Considerando os protótipos de função a seguir, é possível dizer se x é um parâmetro de entrada, de saída ou de entrada e saída?

(a) `void F(int x)`
(b) `void F(int *x)`
(c) `void F(const int *x)`

53. Por que não faz muito sentido usar **const** com um parâmetro que não é ponteiro?

## Uso de Arrays com Funções (Seção 8.9)

54. (a) Como um parâmetro formal que representa um array deve ser declarado? (b) Como deve ser passado um parâmetro real correspondente a um parâmetro formal que representa um array?

55. Como o nome de um array passado como parâmetro real para uma função é interpretado?

56. (a) Se um array é passado para uma função e um de seus elementos é alterado, essa alteração é reconhecida na porção do programa que chamou a função? (b) Se esse for o caso, como se poderia garantir que os elementos de um array não são modificados por uma função?

57. O tipo de retorno de uma função pode ser um array?

58. (a) Por que um array de duração automática cujo endereço é retornado por uma função é denominado *zumbi*? (b) Por que erros causados por zumbis são difíceis de detectar? (c) Por que arrays de duração fixa nunca são zumbis?

59. (a) Quais das seguintes funções retornam zumbis? (b) Qual delas retorna um valor incompatível com tipo de retorno da função?

(i)
```
int *F1(int n)
{
    ...
    return &n;
}
```

(ii)
```
int *F2(int *p)
{
    ...
    return &p;
}
```

(iii)
```
int *F3(int *p)
{
    ...
    return p;
}
```

(iv)
```
int F4(int *p)
{
    ...
    return *p;
}
```

60. (a) O que há de errado com o seguinte fragmento de programa? (b) Por que as chances de este programa ser abortado são maiores se o parâmetro p da função F() representar um array do que se ele representar um ponteiro para uma única variável?

```
int F(double *p, int n)
{
    ...
    return 0;
}
int main(void)
{
    int    x;
    double *ptr;

    x = F(ptr, 10);
    ...
}
```

61. Na Seção 8.9.4, recomenda-se que não se deve retornar o endereço de um parâmetro. Considerando essa recomendação, se uma função recebe um endereço como parâmetro, é seguro retorná-lo, como faz a seguinte função?

```
int *F(int ar[])
{
    ...
    return ar;
}
```

62. O parâmetro ar no protótipo de função abaixo necessariamente representa um array?

```
int F(double ar[], int n)
```

63. O parâmetro p no protótipo de função a seguir pode representar um array?

```
int F(double *p, int n)
```

**Arrays Multidimensionais (Seção 8.10)**

64. (a) O que é um array bidimensional? (b) O que é um array tridimensional?

65. Por que o uso de arrays com mais de quatro dimensões deve ser evitado?

66. Por que arrays unidimensionais são qualificados como *unidimensionais*?

67. Considerando arrays bidimensionais, (a) o que é linha? (b) O que é coluna?

# 8.13 Exercícios de Programação

## 8.13.1 Fácil

**EP8.1** (a) Escreva uma função que exibe um array de inteiros na tela, de tal modo que elementos repetidos sejam escritos uma única vez. (b) Escreva um programa que testa a função requerida no item (a). [Sugestão: Use a função `EmArray()` apresentada na Seção 8.11.4.]

**EP8.2** Suponha que se deseje processar um conjunto de valores representando altura e sexo (`'M'` ou `'F'`) de um grupo de 10 pessoas. Escreva um programa em C que:

(a) Leia esse conjunto de dados e armazene-o em dois arrays vinculados, um dos quais contém as alturas e o outro contém os sexos dos indivíduos. [Sugestão: Use a função `LeOpcao()` para leitura do sexo e `LeReal()` para ler a altura de cada indivíduo. Ambas funções fazem parte da biblioteca LeituraFacil.]

(b) Determine a maior e a menor altura dentre esses indivíduos, indicando o sexo do indivíduo de maior altura e o sexo do indivíduo de menor altura. [Sugestão: Siga o exemplo apresentado na Seção 8.11.1.]

(c) Encontre a média de altura entre os indivíduos do sexo feminino (representados no programa pelo caractere `'F'`) e a média de altura entre os indivíduos do sexo masculino (representados no programa pelo caractere `'M'`). [Sugestão: Siga o exemplo apresentado na Seção 8.11.1.]

**EP8.3** (a) Escreva uma função que retorna 1 se um array de elementos do tipo **int** estiver ordenado em ordem crescente ou zero, em caso contrário. [Sugestões: (1) Use um laço de repetição no corpo do qual elementos adjacentes do array são comparados dois a dois, como no exemplo apresentado na Seção 8.11.5. (2) Se forem encontrados dois elementos fora de ordem, a função retorna 0. (3) Na instrução seguinte ao laço citado, a função deve retornar 1, já que não foram encontrados elementos fora de ordem.] (b) Escreva uma função **main()** que lê via teclado valores do tipo **int** até um limite máximo estipulado por uma constante simbólica, armazena esses valores num array na ordem em que eles são introduzidos e usa a função especificada no item (a) para testar se o array está ordenado em ordem crescente. [Sugestão: Use a função `LeArray()` definida na Seção 8.11.6.]

**EP8.4** (a) Escreva uma função que retorna 1 se um array de elementos do tipo **int** estiver ordenado em ordem decrescente ou zero, em caso contrário. (b) Escreva uma função **main()** que lê via teclado valores do tipo **int** até um limite máximo estipulado por uma constante simbólica, armazena esses valores num array na ordem em que eles são introduzidos e usa a função especificada no item (a) para testar se o array está ordenado em ordem decrescente. [Sugestão: Siga as sugestões apresentadas no exercício EP8.3.]

**EP8.5** (a) Escreva uma função que retorna -1 se um array de elementos do tipo **int** estiver ordenado em ordem decrescente; 1, se o array estiver ordenado em ordem crescente; ou 0, se o array estiver desordenado. (b) Escreva uma função **main()** que lê via teclado valores do tipo **int** até um limite máximo estipulado por uma constante simbólica, armazena esses valores num array na ordem em que eles são introduzidos e usa a função especificada no item (a) para informar se o array está ordenado em ordem crescente ou decrescente. [Sugestão: Use as funções definidas nos exercício EP8.3 e EP8.4.]

EP8.6 (a) Escreva uma função que simula um determinado número de lançamentos de um dado e exibe na tela o percentual de ocorrências de cada face do dado. Essa função deve usar um array local para armazenar os números de ocorrências das faces do dado. [Sugestão: Como arrays são indexados a partir de zero, para tornar a função mais eficiente, defina o array com um elemento a mais do que o número de faces de um dado. Então, utilize os elementos indexados de 1 a 6 para contar as respectivas ocorrências das faces do dado.] (b) Escreva um programa que, repetidamente, lê um valor inteiro introduzido pelo usuário e, ele for positivo, a função solicitada no item (a) é chamada para simular o lançamento do dado o número de vezes especificado. Se o usuário introduzir um valor negativo ou zero, o programa deverá ser encerrado. [Sugestão: Esse programa deve semelhante àquele solicitado no exercício EP5.20.]

EP8.7 O programa sobre Mega-sena apresentado na Seção 8.11.8 não verifica se o usuário ganhou algum prêmio secundário; i.e., quina ou quadra. Altere esse programa, de modo que ele seja capaz de fazer esse tipo de verificação. [Sugestões: (1) Substitua a variável **perdeu** por uma variável que conta quantos números o usuário acertou e inicie essa variável com zero. (2) No laço que verifica se o usuário foi sorteado, incremente essa variável sempre que a função **EmArray()** retornar um valor maior do que ou igual a zero. (3) Após o final do laço, verifique se o valor da referida variável é **4**, **5** ou **6** e, se for o caso, informe o usuário qual foi seu prêmio.]

### 8.13.2 Moderado

EP8.8 Preâmbulo: Uma distribuição de frequência é uma tabela que mostra os números de ocorrências de dados que se encaixam em determinados intervalos (ou classes). As ocorrências em cada classe são denominadas frequências de classes. Ou seja, a frequência de um valor é o número de vezes que ele ocorre no conjunto de dados e uma classe armazena a soma das frequências dos valores que a classe representa. Uma distribuição relativa de frequência apresenta a percentagem de observações de cada classe com respeito ao número total de observações. Um histograma é um gráfico de barras no qual a altura de cada barra é proporcional ao número de ocorrências na classe que a barra representa. Histogramas são usados para representar distribuições de frequência, bem como distribuições relativas de frequência. Problema: Escreva um programa que sorteia valores entre dois limites especificados e classifica-os em determinados intervalos. Então, o programa deve exibir na tela um histograma representando a distribuição de frequência dos valores sorteados. O exemplo de execução a seguir ilustra como deve ser esse programa:

```
>>> Este programa sorteia 800 valores
>>> entre 1 e 50 e classifica-os
>>> nos intervalos: 1-10, 11-20, 21-30
>>> 31-40, 41-50 e desenha um histograma
>>> usando o fator de escala 1:5.

         **********************************
00-10    **********************************     174
         **********************************
...
         ******************************
40-50    ******************************         153
         ******************************
```

Sugestões:

[1] Utilize as seguintes definições de constantes simbólicas:

```
#define MENOR_VALOR      1 /* Menor valor sorteado */
#define MAIOR_VALOR     50 /* Maior valor sorteado */
#define SORTEIOS       800 /* Número de sorteios   */
#define INTERVALOS       5 /* Número de intervalos */
#define ESCALA           5 /* Fator de escala      */
```

[2] Defina o array que armazenará a distribuição de frequência como:

```
int frequencias[INTERVALOS] = {0}
```

[3] Defina o array que armazenará os intervalos da distribuição como:

```
intervalos[] = {0, 10, 20, 30, 40, 50}
```

[4] Inicie o gerador de números aleatórios (v. Seção 4.10).

[5] Utilize um laço de contagem que sorteia os valores e constrói a distribuição de frequência. Isto é, após sortear um número entre os valores especificados, deve-se verificar em que intervalo o valor sorteado se encaixa e incrementar o respectivo elemento do array que representa a distribuição.

[6] Use um laço de contagem para desenhar cada barra do histograma (v. exemplo de execução acima). A altura (i.e., o número de asteriscos) de cada barra corresponde ao número de ocorrências que a barra representa dividido pelo fator de escala.

EP8.9  Preâmbulo: Rotação à direita de ordem k de um array com n elementos (k < n) consiste em mover cada elemento do array k posições adiante, de tal modo que o último elemento passe a ocupar a posição k - 1, o penúltimo elemento passe a ocupar a posição k - 2 e assim por diante. Se k = n, a rotação à direita de ordem k é equivalente à rotação à direita de ordem k%n. Essa equivalência também vale quando k < n, pois, nesse caso, k%n é igual a k. Rotação à esquerda de ordem k de um array é definida de modo análogo, mas, agora, os elementos são deslocados para trás. Problema: (a) Escreva uma função que provoca a rotação dos elementos de um array um número determinado de vezes para a direita (rotação positiva) ou para a esquerda (rotação negativa). (b) Escreva um programa que define um array e, repetidamente, apresenta-o antes e depois de sofrer as rotações especificadas pelo usuário. Exemplo de execução do programa:

```
>>> Este programa provoca a rotacao de
 >>> um array o numero de vezes que voce
 >>> especificar. Digite zero para
 >>> encerrar o programa.

 >>> Estado atual do array:

 { 1, 2, 3, 4, 5 }

 >>> Numero de rotacoes (0 encerra o programa): 3

 >>> Estado atual do array:

 { 3, 4, 5, 1, 2 }

 >>> Numero de rotacoes (0 encerra o programa): -8

 >>> Estado atual do array:

 { 1, 2, 3, 4, 5 }

 >>> Numero de rotacoes (0 encerra o programa): 23

 >>> Estado atual do array:

 { 3, 4, 5, 1, 2 }
```

CONTINUA

```
>>> Numero de rotacoes (0 encerra o programa): 0
>>> Obrigado por usar este programa.
```

[Sugestões: (1) Existem diversos algoritmos para rotação de arrays e um dos mais fáceis de entender e implementar usa um array auxiliar para armazenar os elementos do array que está passando por uma rotação. Portanto defina um array auxiliar local à função que implementa rotações para copiar os elementos do array original em suas novas posições. Antes de retornar, essa função deve copiar o conteúdo do array auxiliar para o array original. (2) Se o valor de k for negativo, representando uma rotação à esquerda, converta-o numa rotação à direita substituindo esse valor por: n + k%n.]

# CAPÍTULO 9

# CARACTERES E STRINGS

Após estudar este capítulo, você deverá ser capaz de:

➤ Definir e usar os seguintes conceitos:
- ☐ String
- ☐ String constante
- ☐ argc
- ☐ Argumento
- ☐ Caractere nulo
- ☐ Classificação de caractere
- ☐ argv

➤ Descrever o funcionamento das seguintes funções da biblioteca padrão de C:
- ☐ **strlen()**
- ☐ **strstr()**
- ☐ **strcat()**
- ☐ **isalpha()**
- ☐ **isspace()**
- ☐ **strcpy()**
- ☐ **strchr()**
- ☐ **isalnum()**
- ☐ **isdigit()**
- ☐ **isupper()**
- ☐ **strcmp()**
- ☐ **strrchr()**
- ☐ **isalpha()**
- ☐ **islower()**
- ☐ **atoi()**
- ☐ **strcoll()**
- ☐ **strtok()**
- ☐ **isblank()**
- ☐ **ispunct()**
- ☐ **strtod()**

➤ Usar as principais funções de processamento de strings da biblioteca padrão de C

➤ Implementar um programa que recebe entrada por meio de argumentos

➤ Explicar por que nem todo array de caracteres é um string

➤ Discorrer sobre a importância de strings em programação

➤ Expor por que um programa pode ser abortado ao tentar alterar o conteúdo de um string constante

➤ Discutir o uso preventivo de **const** na definição de ponteiros para strings constantes

➤ Explicar por que raramente o operador **sizeof** pode ser usado para determinar o tamanho de um string

➤ Descrever as facilidades oferecidas pela função LeString()

➤ Saber que, em nenhum padrão de C, **main()** tem tipo de retorno **void**

➤ Saber como um programa pode obter seu nome de arquivo executável

➤ Explicar por que não se devem fazer suposições sobre a ordem de avaliação de parâmetros numa chamada de função

**OBJETIVOS**

# 9.1 Introdução

 m C, UM STRING é um array de elementos do tipo **char** terminado pelo caractere nulo, representado pela sequência de escape '\0'. Em qualquer código de caracteres usado numa implementação de C, o inteiro associado a esse caractere é zero.

Strings constituem um tipo de dado essencial para qualquer programa interativo, pois mesmo programas que possuem interfaces gráficas sofisticadas precisam ler, processar e exibir strings. Por isso, a maioria das linguagens de programação de alto nível oferece muitas operações de manipulação de strings prontas para uso. Em C, essas operações são implementadas como funções que fazem parte do módulo string da biblioteca padrão da linguagem. As funções de processamento de strings da biblioteca padrão de C mais comumente utilizadas serão apresentadas neste capítulo.

Este capítulo também discute as funções do módulo de biblioteca ctype que contém funções dedicadas à classificação e transformação de caracteres.

# 9.2 Armazenamento de Strings em Arrays de Caracteres

Pode-se armazenar um string em memória utilizando-se um array de elementos do tipo **char** iniciado como mostra o seguinte exemplo:

```
char  ar1[] = "bola";
```

Devido à onipresença do caractere terminal de string '\0', quando não é especificado explicitamente, o tamanho de um array iniciado com um string é sempre um a mais do que o número de caracteres visíveis no string. Assim, o array **ar1[]** do exemplo acima possui tamanho igual a **5** (i.e., quatro caracteres visíveis mais o caractere terminal).

Na realidade, apesar da aparência, os caracteres entre aspas que aparecem numa iniciação de um array de caracteres não constituem um string constante. Isto é, na Seção 3.5.4, um string constante foi definido como uma sequência de caracteres entre aspas, mas essa definição não vale nesse caso específico de iniciação de array. Quer dizer, nesse caso, caracteres entre aspas constituem uma facilidade oferecida pela linguagem C para isentar os programadores de ter que escrever iniciações de arrays de caracteres do modo convencional (v. Seção 8.4), que é bem mais trabalhoso. Ou seja, usando a notação convencional de iniciação de arrays, o array **ar1[]** do último exemplo deveria ser escrita assim:

```
char  ar1[] = {'b', 'o', 'l', 'a', '\0'};
```

Quando o número de caracteres numa iniciação de array é relativamente grande, é permitido dividi-los em partes menores separadas por quebras de linha, tal qual ocorre com strings constantes. O seguinte programa ilustra essa facilidade:

```
#include <stdio.h>

int main(void)
{
    char domPedroI[] = "Pedro de Alcantara Francisco Antonio Joao Carlos Xavier de "
                       "Paula Miguel  Rafael Joaquim Jose Gonzaga Pascoal Cipriano "
                       "Serafim de Braganca e Bourbon";

    printf("\nNome completo de D. Pedro I: %s\n", domPedroI);

    return 0;
}
```

Já imaginou se você tivesse que iniciar um array com o nome de D. Pedro I se não existissem essas facilidades?

Deve-se notar que, quando o número de elementos do array é especificado e é menor do que ou igual ao número de caracteres presentes na iniciação (v. Seção 8.4), o array não conterá um string. Por exemplo, na seguinte iniciação, o array `ar2[]` receberá apenas os caracteres: `'b'`, `'o'`, `'l'` e `'a'` e, portanto, não conterá um string em virtude da ausência do caractere terminal `'\0'`.

```
char ar2[4] = "bola";
```

Quando o número de elementos do array é especificado e é maior do que o número de caracteres presentes na iniciação, os elementos remanescentes no array, se for o caso, serão iniciados com zero. Por exemplo, a definição abaixo é equivalente àquela do array `ar1[]` no início desta seção.

```
char ar3[5] = "bola";
```

Por outro lado, na iniciação do array `ar4[]` abaixo:

```
char ar4[10] = "bola";
```

`ar4[0]` recebe o valor `'b'`, `ar4[1]` recebe `'o'`, `ar4[2]` recebe `'l'`, `ar4[3]` recebe `'a'` e `ar4[4]` assume o valor `'\0'`. Os elementos restantes (i.e., de `ar4[5]` a `ar4[9]`) recebem zero como valor.

## 9.3 Strings Constantes

Um string constante é uma sequência de caracteres entre aspas, desde que tal construção não apareça na iniciação de um array de caracteres, conforme foi visto na Seção 9.2. Um string constante é representado pelo endereço de seu primeiro caractere em memória. Portanto o tipo de um string constante é **char** * e pode-se iniciar um ponteiro para **char** com um string constante, como, por exemplo:

```
char *ptr = "Isto e' um string constante."
```

Entretanto, essa definição de variável é diferente das definições apresentadas na Seção 9.2 que utilizam arrays. Uma diferença entre essa última definição e a definição:

```
char str[] = "Isto NAO e' um string constante."
```

é que, no primeiro caso, além do espaço reservado para conter o string, também é alocado espaço para conter o ponteiro `ptr`. Além disso, apesar de `ptr` e `str` apontarem para o elemento inicial do string (i.e., para o caractere `'I'`), o valor da variável `ptr` pode ser modificado, enquanto o endereço `str` não pode (v. Seção 8.7). Entretanto, se o valor de `ptr` for modificado, o endereço com o qual esse ponteiro foi iniciado será perdido (i.e., o string para o qual `ptr` estava apontando não poderá mais ser acessado).

Uma importante diferença entre as iniciações do array `str[]` e do ponteiro `ptr` acima é o fato de strings constantes poderem ser armazenados numa região de memória cujo conteúdo não pode ser modificado (i.e., os bytes nessa região são apenas para leitura). Em tal situação, qualquer tentativa de modificar o string para o qual o ponteiro `ptr` aponta gera um erro de execução (i.e., aborto) do programa. Para não correr riscos, considere como *realmente constantes* os conteúdos de strings constantes cujos endereços são atribuídos a ponteiros.

Para precaver-se contra possíveis problemas causados por alterações indevidas de strings constantes use **const** na definição de ponteiros para strings constantes como mostrado abaixo:

```
const char *ptr = "Isto e' um string constante."
```

## 9.4 Comparando Ponteiros, Strings e Caracteres

As diferenças entre strings constantes contendo apenas um caractere visível e caracteres constantes constituem uma fonte comum de confusão entre iniciantes em C. Uma dessas diferenças refere-se ao espaço ocupado por um caractere constante e um string constante consistindo de apenas um caractere: no primeiro caso, apenas um byte é alocado em memória, enquanto, no segundo caso, dois bytes são alocados em virtude do caractere nulo de terminação do string. Por exemplo, o caractere constante `'A'` ocupa apenas um byte, enquanto o string constante `"A"` ocupa dois bytes. Essas diferenças são resumidas na Tabela 9–1.

| | CARACTERE CONSTANTE | STRING CONSTANTE COM UM CARACTERE |
|---|---|---|
| Espaço ocupado | 1 byte | 2 bytes |
| Tipo | char | char * |
| Exemplo | 'A' | "A" |

TABELA 9–1: CARACTERE CONSTANTE VERSUS STRING CONSTANTE

Considere, no presente contexto, uma instrução *legal* como sendo aquela que não contraria as regras da linguagem C e, portanto, pode ser compilada. Por outro lado, considere uma instrução *anormal* como sendo legal, mas desprovida de significado prático ou que cause um sério problema para o programa que a contenha (nesse caso, um bom compilador emite mensagens de advertência). Então, é normal atribuir um caractere constante ao conteúdo apontado por um ponteiro para o tipo **char**, mas o mesmo não é verdade com respeito a um string constante. Por exemplo, se **p** é um ponteiro para **char**, a atribuição:

```
*p = 'a';  /* Legal e normal */
```

é perfeitamente legal, mas a atribuição abaixo, apesar de legal, não faz sentido:

```
*p = "a";  /* Legal mas não é normal */
```

Como um string constante é interpretado como o endereço de seu primeiro caractere e o resultado da indireção de um ponteiro é do mesmo tipo do valor para o qual o ponteiro aponta, essa última instrução tenta atribuir um endereço a uma variável do tipo **char**.

É legal e normal atribuir um string a um ponteiro para **char**, mas, certamente, será problemático atribuir um caractere constante a um ponteiro. Por exemplo, se **p** é um ponteiro para **char**, a primeira instrução a seguir é legal e perfeitamente apropriada, mas a segunda, apesar de legal, provavelmente trará dissabores quando o programa que a contém for executado.

```
p = "a";   /* Legal e normal */
p = 'a';   /* Problema à vista! */
```

A Tabela 9–2 resume os exemplos apresentados nesta seção.

| EXEMPLO | NORMAL? | JUSTIFICATIVA |
|---|---|---|
| *p = 'a' | Sim | Os dois lados da atribuição são do tipo char |
| *p = "a" | Não | O lado esquerdo da atribuição é do tipo char e o lado direito é do tipo char * |
| p = "a" | Sim | Os dois lados da atribuição são do tipo char * |
| p = 'a' | Não | O lado esquerdo da atribuição é do tipo char * e o lado direito é do tipo char |

TABELA 9–2: ATRIBUIÇÕES ENTRE PONTEIROS, CARACTERES E STRINGS

Uma confusão comum entre iniciantes em C é imaginar que iniciações e atribuições de ponteiros são equivalentes. Por exemplo, a iniciação:

```
char *p = "string"; /* O asterisco aqui é definidor */
```

é legal e absolutamente correta, pois se está atribuindo um endereço a um ponteiro. Isto é, a atribuição é feita a **p** e não a **\*p**, pois o asterisco aqui é usado como definidor de ponteiro e não como operador de indireção.

Entretanto, a instrução:

```
*p = "string"; /* O asterisco aqui é operador de indireção */
```

é problemática, pois se está tentando atribuir um endereço a uma variável do tipo **char** (i.e., **\*p**).

Considerando as seguintes definições de variáveis:

```
char   ar[10];
char   *ptr = "10 espacos";
```

os exemplos apresentados a seguir ajudam a esclarecer algumas dúvidas que um programador inexperiente pode ter com o uso de ponteiros, arrays e strings.

```
ar = "errado";    /* ILEGAL */
```

Essa instrução é *ilegal* porque **ar** representa o endereço do elemento inicial do array **ar[]** e esse endereço não pode ser modificado.

```
ar[2] = 'a';
```

Essa instrução é *legal*: ela representa a atribuição do caractere **'a'** ao terceiro elemento do array **ar[]**.

```
ptr[5] = 'b';
```

Essa instrução é *legal* por causa da relação entre ponteiros e arrays (v. Seção 8.7). Essa atribuição modifica o valor do elemento de índice **5** do string **"10 espacos"** para **'b'**, de modo que esse string se torna **"10 esbacos"**. Ademais, o valor do ponteiro **ptr** em si *não é modificado*. Mas, apesar de ser legal, essa instrução pode causar aborto de programa se o string for armazenado numa área de memória reservada apenas para leitura. Portanto é melhor evitar instruções que tentem modificar strings considerados constantes.

```
*(ptr + 5) = 'b';
```

Essa instrução é *legal*, é exatamente equivalente à instrução anterior e pode causar o mesmo problema que aquela instrução.

```
ptr = "OK";
```

Essa instrução é obviamente legal. Talvez, menos óbvio seja o fato de **ptr** agora apontar para outra posição de memória, que é aquela na qual o string **"OK"** é armazenado. O endereço do string antigo para onde **ptr** apontava ficará perdido e aquele string não poderá mais ser acessado.

```
ptr[5] = 'b';
```

Essa instrução é sintaticamente legal, mas irá provavelmente causar dissabores quando for executada. O problema é que, em consequência da atribuição no item anterior, **ptr** aponta agora para o string **"OK"**, que possui apenas três bytes alocados e essa última instrução atribui o valor **'b'** ao terceiro byte além do final do string **"OK"**. Portanto essa instrução tenta modificar um espaço em memória que não está alocado para o referido string. Em outras palavras, essa instrução não causará um erro de compilação, mas certamente causará um erro durante a execução do programa.

```
*ptr = "ilegal?";
```

Essa instrução não é ilegal, mas incorpora dois problemas. Primeiro, ela é desprovida de significado porque está sendo atribuído ao caractere para o qual **ptr** aponta o endereço do elemento inicial do string constante

**"ilegal?"**. Logo essa atribuição representa, na realidade, a tentativa de atribuição de um endereço a uma variável do tipo **char**. Nesse caso, o padrão ISO requer apenas que o compilador emita uma mensagem de advertência. O segundo problema é pior: como no instante da execução dessa instrução o ponteiro **ptr** aponta para o string constante **"OK"**, provavelmente o programa será abortado, como ocorre nos outros casos de tentativa de alteração de strings constantes descritos antes.

```
printf("%c", 3["Estranho"]);
```

Por mais estranho que possa parecer, essa instrução é perfeitamente legal e escreve o caractere **'r'** na tela. Para entender por que a expressão **3["Estranho"]** é legal, note que, de acordo com a relação entre ponteiros e arrays (v. Seção 8.7), essa expressão é equivalente a **3 + "Estranho"**, já que o string constante **"Estranho"** é avaliado como o endereço do local onde ele é armazenado, conforme foi visto na Seção 9.3. Ora, mas a soma é uma operação comutativa; portanto, **3 + "Estranho"** é o mesmo que **"Estranho" + 3** e essa última expressão é, novamente usando a relação apresentada na Seção 8.7, o mesmo que **"Estranho"[3]**. Essa última expressão é evidentemente legal e representa o caractere de índice 3 do string **"Estranho"**.

É muito importante que você entenda todos os exemplos apresentados nesta seção antes de prosseguir.

## 9.5 Funções de Biblioteca para Processamento de Strings

A biblioteca padrão de C possui várias funções para processamento de strings declaradas no cabeçalho **<string.h>**. Por outro lado, leitura e escrita de strings utilizam funções declaradas em **<stdio.h>** (v. Seção 3.13.1). Mas, para facilitar a tarefa de leitura de strings, por enquanto, será utilizada a função **LeString()** da biblioteca LEITURAFACIL.

### 9.5.1 Leitura de Strings via Teclado: LeString()

A função **LeString()** faz parte da biblioteca LEITURAFACIL e tem o seguinte protótipo:

```
int LeString(char *ar, int nElementos)
```

O parâmetro **ar** representa o endereço de um array com tamanho suficiente para conter todos os caracteres que se pretendem ler e **nElementos** é o número de elementos do array mencionado. A função **LeString()** lê e armazena caracteres no array apontado por **ar** até encontrar uma quebra de linha (**'\n'**) ou atingir o máximo de **nElementos - 1** caracteres lidos. Quando lido, o caractere **'\n'** não é incluído no array, mas o caractere **'\0'** é acrescentado após o último caractere armazenado no array, de modo que, ao final da operação, o array sempre conterá um string.

Quando o usuário digita apenas [ENTER], a função **LeString()** armazena no array supracitado um string vazio; i.e., contendo apenas o caractere terminal.

Pode-se testar se um string vazio foi armazenado em um array usando uma instrução **if** conforme mostra o seguinte trecho de programa:

```
char str[20];

printf("\nDigite uma sequencia de caracteres: ");
LeString(str, 20);

if (*str == '\0') { /* String é vazio */
   printf("Voce nao digitou nenhum caractere\n");
} else { /* String NÃO é vazio */
   printf("Caracteres digitados: %s\n", str);
}
```

A instrução **if** acima pode ser escrita de modo mais compacto como:

```
if (!*str) { /* String é vazio? */
   printf("Voce nao digitou nenhum caractere\n");
} else {
   printf("Caracteres digitados: %s\n", str);
}
```

A função `LeString()` retorna o número de caracteres que o usuário digitou além do que era esperado, se esse for o caso. Um programa pode ignorar esse valor retornado ou usá-lo para decidir como agir, como mostra o exemplo a seguir:

```
#include <stdio.h>   /* printf()   */
#include "leitura.h" /* LeString() */

#define MAX_NOME 30

int main(void)
{
   char  nome[MAX_NOME + 1];
   int   resto;

   printf( "\nDigite seu nome (maximo de %d caracteres)\n\t> ", MAX_NOME );
   resto = LeString(nome, MAX_NOME + 1);

   printf("\nSeu nome e': %s\n", nome);

   if (resto) {
      printf("\a\nVoce digitou %d caracteres excedentes\n", resto);
   }
   return 0;
}
```

**Exemplo de execução do programa:**

```
Digite seu nome (maximo de 30 caracteres)
      > Pedro de Alcantara Francisco Antonio Joao Carlos Xavier de Paula Miguel
Rafael Joaquim Jose Gonzaga Pascoal Cipriano Serafim de Braganca e Bourbon
Seu nome e': Pedro de Alcantara Francisco A

Voce digitou 116 caracteres excedentes
```

No último exemplo, a atitude do programa quando o usuário digita caracteres a mais do que esperado é apenas emitir uma mensagem de alerta, mas existem alternativas, como mostra o exemplo da Seção 9.10.2.

### 9.5.2 Escrita de Strings na Tela: printf() e puts()

Strings podem ser escritos na tela utilizando-se a função **printf()** em conjunto com o especificador de formato **%s**. O parâmetro utilizado com **printf()** para escrita de strings na tela deve ser (ou conter) o endereço de um string. A função **printf()** escreve todos os caracteres do referido string até que o caractere nulo seja encontrado. Por exemplo:

```
#include <stdio.h>

int main(void)
{
   char  str[] = "Um string",
         *p = "Outro string";

   printf( "\n>>> Strings:\n\t%s\n\t%s\n\t%s\n", str, p, "Mais um string" );

   return 0;
}
```

Esse programa causaria a escrita do seguinte na tela:

```
>>> Strings:
        Um string
        Outro string
        Mais um string
```

Existe ainda a função **puts()** para escrita de strings na tela, mas a única facilidade adicional oferecida por essa função com relação a **printf()** é que ela provoca uma quebra automática de linha ao final da escrita de um string. Por exemplo, a chamada de **puts()**:

```
puts("Um string");
```

teria o mesmo efeito que a chamada de **printf()**:

```
printf("Um string\n");
```

Note que a função **puts()** não precisa do caractere `'\n'` para provocar quebra de linha, como ocorre com a função **printf()**. Assim como **printf()**, **puts()** faz parte do módulo stdio da biblioteca padrão de C (v. Seção 3.14).

### 9.5.3 Comprimento de Strings: strlen()

A função strlen() retorna o comprimento do string que recebe como parâmetro e tem o seguinte protótipo:

```
size_t strlen(const char *string)
```

Um fato interessante sobre o protótipo da função **strlen()** é que ele deveria utilizar a notação:

```
size_t strlen(const char string[])
```

visto que o parâmetro `string` representa um ponteiro para um string (que é um array) e não um ponteiro para um único caractere. Entretanto, no caso de strings, a recomendação apresentada na Seção 8.9.1 pode ser relaxada, pois é raro se ter um ponteiro que aponta para um único caractere. Isto é, tipicamente um ponteiro do tipo **char** \* aponta para o início de um string, e não para um caractere único. É interessante notar ainda o uso de **const** pela função **strlen()** para assegurar que o string recebido como parâmetro não é alterado.

É ainda muito importante observar que o tipo do valor retornado por **strlen()** é **size_t**, que é um tipo inteiro sem sinal (v. Seção 8.5). Portanto, para evitar conversão de um valor com sinal num valor sem sinal, não utilize o valor retornado por **strlen()** diretamente numa expressão que não seja de atribuição. Em vez disso, atribua o valor retornado por essa função a uma variável do tipo **int** e, então use essa variável na referida expressão (v. Seção 8.5).

A função **strlen()** não inclui o caractere terminal de string `'\0'` na contagem do número de caracteres do string recebido como parâmetro, como mostra a saída do programa a seguir, que apresenta três exemplos de uso da função **strlen()**:

```
#include <stdio.h>
#include <string.h>

int main(void)
{
    char *ptr = "Bola";
    char  ar[] = "Bolada";
    int   tamanho;

    tamanho = strlen(ptr);
    printf("\nTamanho do string \"%s\": %d", ptr, tamanho);
```

```
    tamanho = strlen(ar);
    printf("\nTamanho do string \"%s\": %d", ar, tamanho);

    printf("\nTamanho do string \"Balao\": %d\n", strlen("Balao"));

    return 0;
}
```

Quando executado, esse programa produz a seguinte saída:

```
Tamanho do string "Bola": 4
Tamanho do string "Bolada": 6
Tamanho do string "Balao": 5
```

Nas chamadas de **printf()** do último programa, foram usadas as sequências de escape '\"' para exibição de aspas envolvendo os strings.

Apesar de a função **strlen()** existir pronta para uso no módulo string da biblioteca padrão de C, é instrutivo examinar como essa função pode ser implementada em C.

Provavelmente, se solicitado a escrever tal função, um programador iniciante em C executaria essa tarefa como:

```
size_t ComprimentoStr1(const char *str)
{
    size_t tamanho = 0; /* Armazena o tamanho do string  */
    int    i = 0; /* Variável utilizada como índice para */
                  /* acessar cada caractere do string    */

    /* Examina cada caractere do string até     */
    /* encontrar o caractere terminal de string */
    while (str[i] != '\0') {
        ++tamanho; /* Mais um caractere encontrado */
        ++i;
    }

    return tamanho;
}
```

O funcionamento da função `ComprimentoStr1()` é simples e dispensa mais comentários além daqueles encontrados na própria função. Mas, essa função pode ser melhorada notando-se que a variável **i** assume os mesmos valores que a variável **tamanho**. Portanto basta utilizar uma dessas variáveis, em vez de ambas. Escolhendo-se a variável **tamanho** e abandonando-se a variável **i**, pode-se implementar uma nova versão para essa função como:

```
size_t ComprimentoStr2(const char *str)
{
    size_t tamanho = 0; /* Armazena o tamanho do string e usada como   */
                        /* índice para acesso a cada caractere do string */

    /* Examina cada caractere do string até     */
    /* encontrar o caractere terminal de string */
    while (str[tamanho]) {
        ++tamanho; /* Mais um caractere encontrado */
    }

    return tamanho;
}
```

A função `ComprimentoStr2()` utiliza uma variável a menos do que a função `ComprimentoStr1()` e, portanto, é mais eficiente. Outra novidade introduzida na função `ComprimentoStr2()` é que a expressão:

```
str[i] != '\0'
```

utilizada como teste pela instrução **while** na função `ComprimentoStr1()` foi substituída por:

```
str[i]
```

Essas duas expressões são equivalentes porque, em qualquer código de caracteres utilizado em C, o valor de `'\0'` é 0 e, conforme foi visto na Seção 4.5.5, `str[i] != 0` é o mesmo que `str[i]`.

As duas últimas funções apresentadas funcionam perfeitamente bem, mas, provavelmente, um programador de C experiente escreveria uma função que calcula o comprimento de strings de modo mais elegante e sucinto, como mostrado em seguida:

```
size_t ComprimentoStr3(const char *str)
{
    size_t tamanho = 0; /* Armazena o tamanho do string */

       /* Examina cada caractere do string até     */
       /* encontrar o caractere terminal de string */
    while (*str++) {
       ++tamanho; /* Mais um caractere encontrado */
    }

    return tamanho;
}
```

Entender o funcionamento da função `ComprimentoStr3()` requer conhecimento da relação entre ponteiros e arrays unidimensionais (v. Seção 8.7) e das propriedades de precedência e associatividade dos operadores representados por `*` e `++`. Para compreender o funcionamento dessa função, note, em primeiro lugar, que o compilador interpreta o parâmetro `str` como um ponteiro para o primeiro caractere do string cujo comprimento se deseja calcular. Em seguida, observe que o ponto central para compreensão dessa função é a expressão:

```
*str++
```

Essa expressão envolve o uso dos operadores unários representados por `*` e `++`, que fazem parte de um mesmo grupo de precedência. Assim, para saber qual deles é aplicado primeiro, é necessário utilizar a propriedade de associatividade desses operadores que, no caso de todos os operadores unários, é à direita[1]. Logo o primeiro operador a ser aplicado é `++`, *como se a expressão tivesse sido escrita assim*:

```
*(str++)
```

Ora, mas sabe-se que a aplicação do operador sufixo de incremento resulta no próprio operando. Logo, na primeira iteração do laço **while**, o resultado dessa operação é o próprio valor inicial do parâmetro `str`, que é o endereço do primeiro caractere do string. Em seguida, o operador `*` é aplicado, resultando exatamente nesse caractere. Se esse caractere não for nulo, o corpo do laço é executado, resultando no incremento da variável `tamanho`. Na próxima avaliação da expressão `*str++`, o ponteiro `str` apontará para o segundo caractere do string, em virtude do efeito colateral do operador `++` e a história se repete. Assim, o laço **while** encerrará quando o resultado da referida expressão for zero (i.e., quando `str` apontar para o caractere nulo).

Em termos de funcionalidade ou eficiência, não há diferença entre as funções `ComprimentoStr2()` e `ComprimentoStr3()`. Mas, a função `ComprimentoStr3()` é mais elegante e demonstra um conhecimento mais profundo da linguagem C por parte do programador.

### 9.5.4 Cópia de Strings: strcpy()

A função **strcpy()** copia os caracteres de um string (segundo parâmetro) para um array de caracteres (primeiro parâmetro). Essa função retorna o endereço do array recebido como primeiro parâmetro e seu protótipo é:

---

[1] Na realidade, rigorosamente falando, de acordo com os padrões ISO C99, e C11 a precedência dos operadores sufixos `++` e `--` é maior do que a precedência dos demais operadores unários. Neste livro, por simplicidade, decidiu-se considerar todos os operadores unários como parte de um mesmo grupo de precedência, como foi explicitado no **Prefácio**.

```
char *strcpy(char *destino, const char *origem)
```

Como exemplo de uso dessa função, considere o seguinte programa:

```c
#include <stdio.h>
#include <string.h>

int main(void)
{
   char  *ptr = "Bola";
   char   ar[] = "Bolada";
   char   copia[50];
   char  *str;

   str = strcpy(copia, "um string de comprimento 27");
   printf("\nString copiado: \"%s\"", str);
   printf("\nString copiado: \"%s\"", copia);

   strcpy(copia, ptr);
   printf("\nString copiado: \"%s\"", copia);

   strcpy(copia, ar);
   printf("\nString copiado: \"%s\"", copia);

   return 0;
}
```

Como resultado de sua execução, o programa acima exibe o seguinte na tela:

```
String copiado: "um string de comprimento 27"
String copiado: "um string de comprimento 27"
String copiado: "Bola"
String copiado: "Bolada"
```

Na primeira chamada da função **strcpy**() no programa acima:

```
str = strcpy(copia, "um string de comprimento 27");
```

o valor retornado por essa função é atribuído ao ponteiro **str**. As duas chamadas de **printf**() que seguem essa instrução diferem apenas pelo fato de a primeira usar **str** como parâmetro e a segunda usar **copia** como parâmetro. Mas, de acordo com a descrição da função **strcpy**() apresentada, ela retorna o valor recebido como primeiro parâmetro. Portanto a **str** é atribuído o endereço do array **copia[]**, que foi passado como primeiro parâmetro na respectiva chamada de **strcpy**(). Isso explica por que as duas primeiras chamadas de **printf**() apresentam o mesmo string na tela.

Na maioria das vezes, é desnecessário usar o valor retornado por **strcpy**() e isso foi feito aqui por uma razão meramente didática. O valor retornado por essa função é útil quando se deseja usar o resultado da cópia de um string numa outra operação (p. ex., concatenação da cópia de um string com outro string).

É extremamente importante observar que o primeiro parâmetro de **strcpy**() deve apontar para um array com espaço suficiente para conter o string que será copiado (incluindo o caractere terminal). Caso contrário, haverá corrupção de memória (v. Seção 8.9.3).

Novamente, é instrutivo que o leitor aprenda como a função **strcpy**() pode ser implementada, apesar de, na prática, isso não ser necessário. A função `CopiaString()` apresentada a seguir é funcionalmente equivalente à função **strcpy**() da biblioteca padrão de C.

```
char *CopiaString(char *destino, const char *origem)
{
    /* Guarda endereço do array apontado por 'destino' */
    char *inicioStrDestino = destino;

    /* Copia cada caractere do string 'origem' para o array 'destino' */
    while (*destino++ = *origem++) {
        ; /* Não há mais nada a fazer */
    }

    return inicioStrDestino;
}
```

Se você entendeu o funcionamento da função `ComprimentoStr3()` apresentada na seção anterior, certamente, não terá dificuldades em entender a função `CopiaString()` exibida acima. Nessa última função, novamente, as expressões `*destino++` e `*origem++` referem-se, respectivamente, aos conteúdos das posições de memória para onde apontam os ponteiros `destino` e `origem`. Portanto a expressão:

`*destino++ = *origem++`

copia o caractere apontado pelo ponteiro `origem` no conteúdo apontado por `destino` e incrementa os dois ponteiros. O laço **while** termina quando for copiado o caractere nulo; i.e., quando o resultado da aplicação do operador de atribuição for zero. Se a função `CopiaString()` for compilada utilizando GCC com a opção `-Wall` ou outro compilador com uma opção equivalente, será apresentada uma mensagem de advertência alertando o programador para o fato de ele poder ter equivocadamente trocado o operador de igualdade (representado por ==) pelo operador de atribuição (representado por =), que é um engano que ocorre com frequência. Aqui, todavia, não houve nenhum engano e o programador pode ignorar seguramente essa mensagem de advertência.

O uso de **const** na declaração do segundo parâmetro da função **strcpy()** garante que o conteúdo do string usado como doador de caracteres na operação de cópia não é modificado pela função.

Não custa nada salientar novamente que, quando a função **strcpy()** é chamada, o primeiro parâmetro deve ser o endereço de um array com capacidade suficiente para conter o resultado da operação, e não um ponteiro qualquer para o tipo **char**. Essa é uma causa comum de erros de programação entre programadores inexperientes em C.

### 9.5.5 Concatenação de Strings: strcat()

A função **strcat()** acrescenta os caracteres de um string (segundo parâmetro) ao final de outro string armazenado num array de caracteres (primeiro parâmetro). Essa função retorna o endereço do array recebido como primeiro parâmetro e seu protótipo é:

```
char *strcat(char *destino, const char *origem)
```

Um exemplo de uso de **strcat()** é apresentado no seguinte programa:

```c
#include <stdio.h>
#include <string.h>

int main(void)
{
    char  str1[] = "Boa ";
    char *str2 = "bola";
    char  resultado[20];
    strcat(strcpy(resultado, str1), str2);
    printf("\nResultado da concatenacao: \"%s\"\n", resultado);

    return 0;
}
```

Note, nesse programa, que o primeiro parâmetro da chamada de **strcat()** é o valor retornado pela função **strcpy()**, que é o endereço do array `resultado[]`. Conforme foi afirmado na Seção 9.5.4, na maioria das vezes, não é necessário usar o valor retornado pela função **strcpy()**, mas, nesse caso, se ele não fosse usado seriam necessárias duas linhas de instrução para obter a concatenação desejada:

```
strcpy(resultado, str1);
strcat(resultado, str2);
```

O retorno da função **strcat()** é semelhante ao da função **strcpy()** e seu uso é recomendado quando o resultado da concatenação é necessário como parte de outra operação, como ocorreu com o valor retornado pela função **strcpy()** no programa acima.

A implementação de uma função que realiza concatenação, como **strcat()**, é simples, desde que você tenha entendido a implementação da função `CopiaString()` da Seção 9.5.4. A função `ConcatenaStrings()`, apresentada a seguir, é funcionalmente equivalente a **strcat()**.

```
char *ConcatenaStrings(char *destino, const char *origem)
{
    /* Guarda endereço do array apontado por 'destino' */
    char *inicioDestino = destino;

    /* Faz 'destino' apontar para o primeiro caractere adiante de '\0' */
    while (*destino++)
        ; /* VAZIO */

    /* Na saída do último laço while, 'destino' aponta para um  */
    /* caractere adiante de '\0' e é preciso fazê-lo retroceder */
    destino--;

    /* Copia cada caractere do string origem no array destino */
    while (*destino++ = *origem++)
        ; /* Não há mais nada a fazer */

    return inicioDestino;
}
```

Essa última função apresenta duas instruções a mais do que a função `CopiaString()` vista na Seção 9.5.4. Essas instruções têm como objetivo fazer o ponteiro `destino` apontar para o caractere terminal do string contido no primeiro parâmetro da função. As instruções mencionadas são:

```
while (*destino++)
    ; /* VAZIO */
```

e

```
destino--;
```

O laço **while** acima encerra quando a expressão `*destino++` resulta em zero. Mas, como o operador sufixo de incremente está sendo usado, quando essa expressão resulta em zero, o ponteiro `destino` apontará para um caractere adiante do caractere `'\0'`. Por isso, a instrução `destino--` se faz necessária. O restante do corpo da função `ConcatenaStrings()` é semelhante ao corpo da função `CopiaString()`.

Novamente, lembre-se que o array cujo endereço é passado como primeiro parâmetro de **strcat()** deve ter espaço suficiente para conter o resultado da concatenação, pois, caso contrário, haverá corrupção de memória (v. Seção 8.9.3).

### 9.5.6 Comparação de Strings: strcmp() e strcoll()

Em programação, dois strings são comparados da seguinte maneira:

❑ Os caracteres correspondentes dos dois strings são comparados um a um. Isto é, o primeiro caractere do primeiro string é comparado com o primeiro caractere do segundo string, o segundo caractere do primeiro string é comparado com o segundo caractere do segundo string e assim por diante.

❑ Se, durante a comparação, não for encontrada nenhuma diferença entre caracteres e os dois strings contêm o mesmo número de caracteres, eles serão considerados iguais. Isto é, dois strings são iguais quando eles têm o mesmo comprimento e contêm exatamente os mesmos caracteres nas respectivas posições.

❑ Se, durante a comparação, forem encontrados dois respectivos caracteres diferentes, o string que contém o *menor* caractere é considerado menor e o outro string será considerado maior (v. abaixo). Isto é, um string é menor do que (i.e., precede) outro se, quando eles são comparados caractere a caractere, encontra-se um caractere no primeiro string que precede o caractere correspondente no segundo string. Por outro lado, um string é maior do que (i.e., sucede) outro se ele não é nem igual nem menor do que o outro.

Ordem de colação é um conjunto de normas que ditam como caracteres são ordenados. Se os caracteres em questão consistirem apenas de letras, ordem de colação é exatamente o mesmo que ordem alfabética. Em programação, a ordem de colação mais comum (e menos útil para ordenar strings) é aquela obtida comparando-se caracteres de acordo com os valores inteiros atribuídos a eles no código de caracteres utilizado. Essa é a ordem de colação padrão utilizada na linguagem C, mas ela pode ser alterada (v. adiante).

Na maioria dos códigos de caracteres conhecidos, dígitos precedem letras maiúsculas que, por sua vez, precedem letras minúsculas. As letras maiúsculas e minúsculas sem acentuações são ordenadas de acordo com a ordem alfabética usual. A Tabela 9–3 apresenta exemplos de strings ordenados usando-se esse tipo de colação de caracteres.

| EXEMPLO | JUSTIFICATIVA |
|---|---|
| "copo" precede "corpo" | Os primeiros caracteres em que os strings diferem são 'p' e 'r' e 'p' precede 'r'. |
| "Carol" precede "Carolina" | O primeiro string termina antes do segundo. |
| "Maria" precede "maria" | Os strings diferem no primeiro caractere e 'M' precede 'm'. |
| "Zebra" precede "abelha" | Os strings diferem no primeiro caractere e 'Z' (maiúsculo) precede 'a' (minúsculo). |
| "José" precede "João" | Os primeiros caracteres em que os strings diferem são 's' e 'ã'. Nos códigos de caracteres que contêm letras acentuadas, os valores inteiros atribuídos a essas letras são maiores do que aqueles atribuídos a letras não acentuadas. |

TABELA 9–3: STRINGS ORDENADOS USANDO COLAÇÃO DE CÓDIGO DE CARACTERES

Os dois últimos exemplos na Tabela 9–3 mostram que ordenação de strings usando valores atribuídos a caracteres num determinado código de caracteres não é muito útil para ordenar strings de modo a satisfazer a expectativa habitual. Entretanto, esse método ainda é útil quando o objetivo é comparar strings para determinar se eles são exatamente iguais ou diferentes.

## Função strcmp()

A função **strcmp**() é utilizada para comparar strings usando a ordem padrão de colação de caracteres e tem como protótipo:

```
int strcmp(const char *str1, const char *str2)
```

Os parâmetros de **strcmp()** são ambos strings e essa função retorna o seguinte:

- Zero, se os strings são iguais
- Um valor negativo, se o primeiro string for menor do que o segundo
- Um valor positivo, se o primeiro string for maior do que o segundo

O seguinte programa apresenta vários exemplos de uso da função **strcmp()**:

```c
#include <stdio.h>
#include <string.h>

/****
 * ClassificaStrings(): Compara strings usando strcmp() e exibe o resultado na tela
 *
 * Parâmetros: s1, s2 (entrada) - strings que serão comparados
 *
 * Retorno: Nada
 ****/
void ClassificaStrings(const char *s1, const char *s2)
{
   int   compara;

      /* Obtém o resultado da comparação de s1 e s2 */
   compara = strcmp(s1, s2);

      /* Apresenta o resultado da comparação */
   if (!compara) {
      printf("\n\"%s\" e \"%s\" sao iguais", s1, s2);
   } else {
      printf("\n\"%s\" %s \"%s\"", s1, compara < 0 ? "precede" : "sucede", s2);
   }
}
int main(void)
{
      /* Chama ClassificaStrings() para apresentar  */
      /* resultados de comparação de vários strings */
   ClassificaStrings("copo", "corpo");
   ClassificaStrings("Carol", "Carolina");
   ClassificaStrings("Maria", "maria");
   ClassificaStrings("Zebra", "abelha");
   ClassificaStrings("José", "João");
   ClassificaStrings("Bola", "Bola");
   ClassificaStrings("Maria", "Carol");

   return 0;
}
```

O resultado desse programa quando ele é executado é o seguinte:

```
"copo" precede "corpo"
"Carol" precede "Carolina"
"Maria" precede "maria"
"Zebra" precede "abelha"
"José" precede "João"
"Bola" e "Bola" sao iguais
"Maria" sucede "Carol"
```

No último programa, a função `ClassificaString()` é responsável pela classificação dos strings comparados. Essa função chama **strcmp()** para comparar os strings recebidos como parâmetros e atribui o resultado à variável **compara**. Então, essa variável é usada para classificar os strings usando a seguinte instrução **if**:

```
if (!compara) {
   printf("\n\"%s\" e \"%s\" sao iguais", s1, s2);
} else {
   printf( "\n\"%s\" %s \"%s\"", s1,
           compara < 0 ? "precede" : "sucede", s2 );
}
```

O interessante aspecto a ser observado nessa instrução é o uso do operador condicional formando uma expressão que é um dos parâmetros da segunda chamada de **printf()**:

```
compara < 0 ? "precede" : "sucede"
```

De acordo com essa expressão, quando o valor da variável **compara** é menor do que zero, o parâmetro (string) a ser escrito é **"precede"**; caso contrário, será escrito **"sucede"**. Sem o uso do operador condicional, seria necessário aninhar um segundo **if** na parte **else**. Ou seja, seria necessário escrever a última instrução **if** como:

```
if (!compara) {
   printf("\n\"%s\" e \"%s\" sao iguais", s1, s2);
} else if (compara < 0) {
   printf( "\n\"%s\" precede \"%s\"", s1, s2);
} else {
   printf( "\n\"%s\" sucede \"%s\"", s1, s2);
}
```

Quando se comparam strings contendo apenas letras não acentuadas e não se deseja levar em consideração diferenças entre letras maiúsculas e respectivas letras minúsculas, podem-se comparar os strings convertidos em maiúsculas ou minúsculas e, assim, obter um resultado mais satisfatório, como mostra o programa da Seção 9.10.9.

### Localidade e a Função strcoll()

Conforme foi discutido, a função **strcmp()** não é conveniente para ordenar strings numa linguagem contendo caracteres acentuados, como ocorre com português. Por exemplo, como foi mostrado, de acordo com a comparação efetuada por **strcmp()**, **"José"** precede **"João"**, o que seria um disparate em qualquer lista alfabética em língua portuguesa. Acontece, porém, que, num código de caracteres, todos os caracteres estão associados a valores inteiros distintos entre si e, quando compara caracteres, a função **strcmp()** utiliza exatamente esses valores. Além disso, quando o código de caracteres utilizado inclui caracteres acentuados, esses caracteres possuem valores inteiros associados maiores do que caracteres não acentuados. Por exemplo, **'z'** precede **'ã'**, pois o primeiro caractere não possui acento, enquanto o segundo caractere é acentuado.

Em programação, uma localidade especifica um conjunto de convenções para apresentação de dados. Por exemplo, localidades diferentes podem apresentar informações sobre datas e valores monetários de formas diferentes. Esse tópico tem complexidade que está bem além do escopo deste livro e será abordado superficialmente aqui; i.e., o leitor será provido apenas com o conhecimento necessário para ser capaz de usar corretamente a função **strcoll()**, que é semelhante a **strcmp()**, mas leva em consideração critérios de colação específicos de uma determinada localidade. Ou seja, tanto os parâmetros dessas funções quanto os valores retornados por elas têm as mesmas interpretações, mas esses valores podem ser diferentes dependendo da localidade utilizada.

Na localidade padrão, que qualquer programa escrito em C usa se não houver indicação em contrário (v. abaixo), as funções **strcoll()** e **strcmp()** funcionam exatamente do mesmo modo. Por exemplo, se você substituir as chamadas de **strcmp()** por chamadas de **strcoll()** nos exemplos apresentados acima, obterá os mesmos resultados. Portanto, para obter o efeito desejado com o uso da função **strcoll()**, é necessário, antes de chamá-la, alterar a localidade padrão.

A escolha mais simples e natural de localidade é aquela correntemente utilizada pelo sistema operacional sob a supervisão do qual o programa é executado. Para efetuar essa alteração, é preciso, em primeiro lugar, incluir o cabeçalho da biblioteca padrão que lida com localidades:

```
#include <locale.h>
```

Em seguida, altera-se a localidade por meio de uma chamada da função **setlocale()**, como mostrado a seguir:

```
setlocale(LC_COLLATE, "");
```

A função **setlocale()** possui dois parâmetros. O primeiro deles é representado por uma constante simbólica que informa qual é a categoria de localidade (v. adiante) que se deseja alterar e o outro é um string que informa o nome da nova localidade. Quando o segundo parâmetro é um string vazio, como na chamada de **setlocale()** acima, entende-se que ele faz referência à localidade ora sendo utilizada pelo sistema operacional em vigor.

As informações presentes numa localidade são agrupadas em categorias, cada uma das quais concentrada num aspecto de formatação de dados. Isso permite que formatos de apresentação de dados que fazem parte de categorias diferentes sejam alterados independentemente. Por exemplo, pode-se alterar o formato de apresentação de datas e horas independentemente do formato de apresentação de valores monetários. Em C, categorias são representadas por constantes simbólicas e cada uma delas começa com **LC_**.

Aqui, a categoria de localidade que interessa é aquela que define a ordem de colação de caracteres e essa categoria é representada pela constante simbólica **LC_COLLATE** definida em `<locale.h>`. Como se deseja usar a localidade corrente do sistema operacional, passa-se o string vazio, representado por um par de aspas, como segundo parâmetro na chamada de **setlocale()**. Essa chamada só precisa ser efetuada uma vez [normalmente, no corpo da função **main()**] e antes da primeira chamada de **strcoll()**, como mostra o programa a seguir:

```c
#include <stdio.h>
#include <string.h>
#include <locale.h>

/****
 * ClassificaStrings2(): Compara strings usando strcoll() e exibe o resultado na tela
 *
 * Parâmetros: s1, s2 (entrada) - strings que serão comparados
 *
 * Retorno: Nada
 ****/
void ClassificaStrings2(const char *s1, const char *s2)
{
   int   compara;

      /* Obtém o resultado da comparação dos strings s1 e s2 usando strcoll() */
   compara = strcoll(s1, s2);

      /* Apresenta o resultado da comparação */
   if (!compara) {
      printf("\n\"%s\" e \"%s\" sao iguais", s1, s2);
   } else {
      printf("\n\"%s\" %s \"%s\"", s1, compara < 0 ? "precede" : "sucede", s2);
   }
}

int main(void)
{
      /* Usa a localidade do sistema operacional */
   setlocale(LC_COLLATE, "");
```

```
      /* Chama ClassificaStrings2() para apresentar */
      /* resultados de comparação de vários strings */
   ClassificaStrings2("copo", "corpo");
   ClassificaStrings2("Carol", "Carolina");
   ClassificaStrings2("Maria", "maria");
   ClassificaStrings2("Zebra", "abelha");
   ClassificaStrings2("José", "João");
   ClassificaStrings2("Bola", "Bola");
   ClassificaStrings2("Maria", "Carol");

   return 0;
}
```

Esse programa apresenta o seguinte resultado:

```
"copo" precede "corpo"
"Carol" precede "Carolina"
"Maria" sucede "maria"
"Zebra" sucede "abelha"
"José" sucede "João"
"Bola" e "Bola" sao iguais
"Maria" sucede "Carol"
```

Compare o resultado apresentado pelo último programa, que usa **strcoll()** para comparar strings, com o resultado do penúltimo programa, que usa de **strcmp()** com a mesma finalidade. Observe que os últimos resultados exibidos satisfazem a expectativa de quem domina a língua portuguesa. Contudo, se a instrução:

```
setlocale(LC_COLLATE, "");
```

que altera a localidade do último programa, for removida, os resultados dos dois programas serão idênticos.

### 9.5.7 Casamento de Strings: strstr()

A função **strstr()** recebe dois strings como parâmetros de entrada e retorna o endereço da primeira ocorrência do segundo string no primeiro. Se nenhum casamento for encontrado, essa função retorna **NULL**. O protótipo de **strstr()** é:

```
char *strstr(const char *string1, const char *string2)
```

Como exemplo de uso de **strstr()**, considere o seguinte programa:

```
#include <stdio.h>
#include <string.h>

int main(void)
{
   char *ptr1 = "Bom Dia Brasil";
   char *ptr2 = "dia";
   char *ptr3 = "Dia";
   char *posicao;

   posicao = strstr(ptr1, ptr2);

   if (!posicao) {
      printf( "\n\"%s\" nao foi encontrado em \"%s\"\n", ptr2, ptr1 );
   } else {
      printf( "\nConteudo de \"%s\" a partir de \"%s\":"
              " \"%s\"\n", ptr1, ptr2, posicao );
   }
```

```
    posicao = strstr(ptr1, ptr3);

    if (!posicao) {
        printf( "\n\"%s\" nao foi encontrado em \"%s\"\n",
                ptr3, ptr1 );
    } else {
        printf( "\nConteudo de \"%s\" a partir de \"%s\":"
                " \"%s\"\n", ptr1, ptr3, posicao );
    }
    return 0;
}
```

Quando executado, o último programa apresenta o seguinte resultado na tela:

```
"dia" nao foi encontrado em "Bom Dia Brasil"
Conteudo de "Bom Dia Brasil" a partir de "Dia": "Dia Brasil"
```

### 9.5.8 Procurando um Caractere num String: strchr() e strrchr()

*Função strchr()*

A função **strchr()** procura a *primeira* ocorrência de um caractere num string e seu protótipo é:

```
char *strchr(const char *string, int caractere)
```

Quando bem sucedida, essa função retorna o endereço da primeira ocorrência do caractere (segundo parâmetro) no string (primeiro parâmetro). Se o caractere não for encontrado, essa função retorna **NULL**. Como exemplo de uso dessa função considere o seguinte programa:

```
#include <stdio.h>
#include <string.h>

int main(void)
{
    char *str1 = "Isso e' um teste";
    char *str2 = "Bola";
    char *posicao;
    int   c = 't';

    posicao = strchr(str1, c);

    if (!posicao) {
        printf( "\nO caractere \'%c\' nao foi encontrado em \"%s\"\n", c, str1 );
    } else {
        printf( "\nConteudo de \"%s\" a partir do primeiro "
                "\ncaractere \'%c\': \"%s\"\n", str1, c, posicao );
    }

    posicao = strchr(str2, c);

    if (!posicao) {
        printf("\nO caractere \'%c\' nao foi encontrado em \"%s\"\n", c, str2);
    } else {
        printf( "\nConteudo de \"%s\" a partir do primeiro "
                "caractere \'%c\': \"%s\"\n", str2, c, posicao );
    }

    return 0;
}
```

Quanto executado, esse programa escreve na tela:

```
Conteudo de "Isso e' um teste" a partir do primeiro
caractere 't': "teste"

O caractere 't' nao foi encontrado em "Bola"
```

É interessante notar que a função **strchr()** pode ser usada para obter o endereço do caractere terminal de um string **str** como: **strchr(str, '\0')**. Levando esse fato em consideração, pode-se escrever uma função que exibe na tela um string invertido, como mostra o seguinte programa:

```c
#include <stdio.h>
#include <string.h>
void ExibeStringInvertido(const char *str)
{
    char *ptr;

        /* Faz 'ptr' apontar para o caractere terminal do string */
    ptr = strchr(str, '\0');

    putchar('\"'); /* Escreve as aspas iniciais do string */

        /* Escreve cada caractere a partir do caractere */
        /* que antecede '\0' até o primeiro caractere   */
    while (ptr != str) {
            /* Escreve o caractere anterior àquele   */
            /* para onde 'ptr' aponta correntemente */
        putchar(*--ptr);
    }

    putchar('\"'); /* Escreve as aspas finais do string */
}

int main(void)
{
    char *str = "Roma";

    printf( "\nString original: \"%s\"", str);
    printf( "\nString invertido: ");
    ExibeStringInvertido(str);

    return 0;
}
```

O último programa contém comentários que espera-se possam dirimir quaisquer dúvidas. Quando executado, esse programa exibe o seguinte na tela:

```
String original: "Roma"
String invertido: "amoR"
```

### Função strrchr()

A função **strrchr()** é semelhante à função **strchr()**, mas, ao contrário dessa última função, **strrchr()** procura a *última* ocorrência de um caractere (segundo parâmetro) num string (primeiro parâmetro). O protótipo da função **strrchr()** é:

```c
char *strrchr(const char *string, int caractere)
```

Quando encontra o caractere procurado, essa função retorna seu endereço. Se o caractere não for encontrado, essa função retorna **NULL**. O seguinte programa apresenta um exemplo de uso da função **strrchr()**:

```c
#include <stdio.h>
#include <string.h>

int main(void)
{
   char *str1 = "Isso e' um teste";
   char *str2 = "Bola";
   char *posicao;
   int   c = 't';

   posicao = strrchr(str1, c);

   if (!posicao) {
      printf( "\nO caractere \'%c\' nao foi encontrado em \"%s\"\n", c, str1 );
   } else {
      printf( "\nConteudo de \"%s\" a partir do ultimo "
              "caractere \'%c\': \"%s\"\n", str1, c, posicao );
   }

   posicao = strrchr(str2, c);

   if (!posicao) {
      printf("\nO caractere \'%c\' nao foi encontrado em \"%s\"\n", c, str2);
   } else {
      printf( "\nConteudo de \"%s\" a partir do ultimo "
              "caractere \'%c\': \"%s\"\n", str2, c, posicao );
   }

   return 0;
}
```

Quanto executado, esse último programa escreve na tela:

```
Conteudo de "Isso e' um teste" a partir do ultimo caractere 't': "te"

O caractere 't' nao foi encontrado em "Bola"
```

Assim como **strchr()**, a função **strrchr()** também leva em consideração o caractere terminal de string, de modo que a chamada `strrchr(str, '\0')` tem o mesmo efeito que a chamada `strchr(str, '\0')`. Usando-se esse conhecimento, pode-se calcular o comprimento de um string sem precisar chamar a função **strlen()** (v. Seção 9.5.3) como mostra o programa a seguir:

```c
#include <stdio.h>
#include <string.h>

int main(void)
{
   char   ar[20] = "Bola";
   char *posicaoTerminal;

   posicaoTerminal = strchr(ar, '\0');

   printf( "\nTamanho do string \"%s\" usando strchr():"
           " %d\n", ar, posicaoTerminal - ar );

   posicaoTerminal = strrchr(ar, '\0');

   printf( "Tamanho do string \"%s\" usando strrchr():"
           " %d\n", ar, posicaoTerminal - ar );

   return 0;
}
```

Quando executado, esse programa produz o seguinte na tela:

```
Tamanho do string "Bola" usando strchr(): 4
Tamanho do string "Bola" usando strrchr(): 4
```

### 9.5.9 Separando um String em Partes (Tokens): strtok()

Um token é uma sequência de caracteres considerada como uma unidade que possui significado próprio num determinado contexto. Tokens num string são identificados por caracteres separadores que os delimitam. Por exemplo, um comando de um sistema operacional pode ser considerado como um string composto de tokens, como o comando ls de sistemas da família Unix a seguir:

```
ls -alt
```

Nesse exemplo, o comando é composto por dois tokens: (1) ls, que é o nome do comando, e (2) -alt, que são as opções do comando. Nesse caso, o separador de tokens é espaço em branco. O comando completo é considerado um string, mas cada token que o compõe também é considerado um string (ou, melhor, um substring).

A função **strtok()** divide um string em tokens e seu protótipo é:

```
char *strtok(char *str, const char *separadores)
```

Nesse protótipo, os parâmetros têm os seguintes significados:

- **str** é o string a ser dividido em partes (tokens). NB: Esse string não pode ser constante; i.e., um programa contendo uma chamada de **strtok()** tendo como primeiro parâmetro um string constante poderá ser abortado.

- **separadores** é um string contendo os caracteres que separam as partes

A primeira chamada de **strtok()** retorna o endereço do primeiro token encontrado no string str e um caractere terminal de string é colocado nesse parâmetro ao final do referido token. Chamadas subsequentes dessa função usando **NULL** como primeiro parâmetro retornarão os tokens seguintes até que nenhuma deles seja remanescente no string original. Quando nenhum token é encontrado, a função **strtok()** retorna **NULL**. Por exemplo, supondo que o string a ser dividido em tokens seja "Um Dois Tres" e que o único separador de tokens seja ' ' (espaço em branco), a Figura 9–1 ilustra três chamada consecutivas da função **strtok()**; na primeira delas, o string "Um Dois Tres", armazenado num array, é passado como primeiro parâmetro da função, enquanto, nas demais chamadas, o primeiro parâmetro é **NULL**. A Figura 9–1 mostra, para cada chamada da função **strtok()**, o endereço retornado e o conteúdo do string original alterado por essa função.

FIGURA 9–1: FUNCIONAMENTO DA FUNÇÃO **strtok()**

Considere o seguinte programa como exemplo de uso da função **strtok**():

```c
#include <stdio.h>
#include <string.h>

int main(void)
{
    char string[] = "Este e' um string com 7 tokens.";
    char separadores[] = " ."; /* Note o espaço em branco */
    char *token;
    int   i = 0;

    printf("\nO string a ser separado em tokens e': "
           "\n\t\"%s\"\n", string);
    printf("\nOs tokens sao:\n\n");

    token = strtok(string, separadores);

    while (token) {
        printf("\tToken %d: \"%s\"\n", ++i, token);
        token = strtok(NULL, separadores);
    }

    printf("\nString original alterado por strtok(): "
           "\n\t\"%s\"\n", string);

    return 0;
}
```

Quando executado, esse programa escreve o seguinte na tela:

```
O string a ser separado em tokens e':
        "Este e' um string com 7 tokens."

Os tokens sao:

        Token 1: "Este"
        Token 2: "e'"
        Token 3: "um"
        Token 4: "string"
        Token 5: "com"
        Token 6: "7"
        Token 7: "tokens"
String original alterado por strtok():
        "Este"
```

Deve-se chamar atenção para o fato de a função **strtok()** modificar o string passado como primeiro parâmetro, conforme mostra a Figura 9–1. Portanto, se for necessário preservar o string original, faça uma cópia dele antes de chamar essa função. Deve-se notar ainda que o string contendo os separadores (i.e., o segundo parâmetro da função) pode ser diferente em duas chamadas sucessivas, embora isso não seja comum.

## 9.6 A Função main()

A função **main**(), que tem sido intensamente utilizada até aqui, é uma função com certas características especiais. A presença dessa função num programa em C é obrigatória em programas hospedados; i.e., programas que são executados sob intermediação de um sistema operacional (v. Seção 3.17). Essa função é sempre a primeira função a ser executada no programa e, quando ela retorna, o programa é encerrado.

Conforme já foi visto informalmente em diversos exemplos apresentados ao longo deste livro, a função **main**() possui como protótipo:

```
int main(void)
```

Agora, outra característica importante da função **main()** é que ela pode receber dois parâmetros do sistema operacional no qual o programa é executado. Esses parâmetros estão associados a strings que acompanham a invocação do programa via console e são denominados argumentos de linha de comando[2]. O protótipo da função **main()** que incorpora esses dois parâmetros é o seguinte:

```
int main(int argc, char *argv[])
```

O primeiro parâmetro recebido pela função **main()** quando o programa que a contém é executado é tradicionalmente denominado *argc* e representa o número de argumentos presentes na linha de comando do sistema operacional quando esse programa é invocado. O segundo parâmetro fornecido pelo sistema operacional, tradicionalmente denominado *argv*, consiste num array de strings que armazena os argumentos presentes na linha de comando quando o programa é invocado[3].

Os argumentos passados para um programa incluem seu nome e cada argumento (string) que constitui o comando de execução do programa deve ser separado de outro por meio de um ou mais espaços em branco:

*nome-do-programa argumento$_1$ argumento$_2$ ... argumento$_n$*

Na verdade, o modo como argumentos são passados para um programa depende do sistema operacional utilizado e não é especificado pelo padrão de C. O formato apresentado aqui é o mais comumente utilizado. Sistemas operacionais das famílias Windows/DOS e Unix usam esse formato.

Quando a execução de um programa é iniciada, seu nome é armazenado como primeiro elemento no array **argv[]** e os demais strings presentes na linha de comando serão armazenados consecutivamente nesse array. Ao parâmetro **argc** será automaticamente atribuído o número de elementos do array **argv[]**. Por exemplo, se houver três argumentos na linha de comando, além do nome do programa, **argv[]** terá quatro elementos e **argc** assumirá **4** como valor.

Como exemplo concreto de uso de argumentos de linha de comando, considere o seguinte programa:

```c
#include <stdio.h>

int main(int argc, char *argv[])
{
    int i;

    printf("argc = %d\n", argc);

    for(i = 0;  i < argc; i++) {
        printf("argv[%d] = %s\n", i, argv[i]);
    }

    return 0;
}
```

Quando executado, esse programa apresenta na tela o valor de **argc** e os strings armazenados em **argv[]**. Por exemplo, suponha que o nome desse programa após ser convertido em executável é **exemplo**. Então, como resultado da execução desse programa por meio do comando:

**exemplo azul preto branco**

[2]   Argumentos de linha de comando também são denominados *parâmetros de linha de comando*, mas, para evitar que o termo *parâmetro*, nesse contexto, seja confundido com o mesmo termo usado no contexto de funções, aqui, será dada preferência a *argumento*.

[3]   O nome *argc* é derivado de *argument count* em inglês ou, equivalentemente em português, *número de argumentos*. Por outro lado, *argv* é derivado de *argument vector* em inglês, que é equivalente em português a *vetor de argumentos*.

seria produzido como saída:

```
argc = 4
argv[0] = exemplo
argv[1] = azul
argv[2] = preto
argv[3] = branco
```

É importante salientar que, nos dois protótipos da função **main**() aceitos pelo padrão ISO de C, o tipo de retorno é **int**. Isso quer dizer que, apesar de alguns compiladores permitirem que **main**() seja definida com tipo de retorno **void**, usar este tipo de retorno não é portável.

# 9.7 Classificação e Transformação de Caracteres

### 9.7.1 Classificação de Caracteres: Funções isX()

No cabeçalho **<ctype.h>**, são declaradas funções que classificam caracteres de acordo com diversas categorias, tais como letras, dígitos e espaços em branco. Todas essas funções de classificação de caracteres têm nomes começando com *is* e recebem um parâmetro do tipo **int** representando o caractere que será classificado. Cada uma delas verifica se o caractere recebido como parâmetro satisfaz uma determinada propriedade e retorna um valor diferente de zero, se esse for o caso ou zero, se o caractere não satisfaz a propriedade a que se refere a função. As funções de classificação de caracteres mais comumente utilizadas são brevemente descritas na Tabela 9–4.

| FUNÇÃO | RETORNA UM VALOR DIFERENTE DE ZERO SE O PARÂMETRO REPRESENTAR... |
|--------|------------------------------------------------------------------|
| isalnum() | *um caractere alfanumérico (i.e., dígito ou letra)* |
| isalpha() | *uma letra* |
| isblank() | **' '** *ou* **'\t'** |
| isdigit() | *um dígito* |
| islower() | *uma letra minúscula* |
| ispunct() | *um símbolo de pontuação* |
| isspace() | *um espaço em branco qualquer, incluindo quebra de linha (* **'\n'** *)* |
| isupper() | *uma letra maiúscula* |

TABELA 9–4: FUNÇÕES DE CLASSIFICAÇÃO DE CARACTERES MAIS COMUNS

Para utilizar qualquer das funções descritas na Tabela 9–4, deve-se incluir o cabeçalho **<ctype.h>**.

A função `EhStringAlfabetico()` no programa a seguir usa a função **isalpha**() para verificar se um string contém apenas letras.

```
#include <ctype.h>
#include <stdio.h>

/****
 * EhStringAlfabetico(): Checa se um string contém apenas letras
 *
 * Parâmetros: str (entrada) - o string a ser checado
 *
 * Retorno: 1, se o string for alfabético; 0, em caso contrário
 ****/
int EhStringAlfabetico(const char *str)
{
```

```
      /* O laço while é encerrado quando um caractere   */
      /* que não é letra é encontrado (inclusive '\0') */
   while (isalpha(*str++))
      ; /* Vazio */

   --str; /* Faz 'str' apontar para o caractere que causou o encerramento do laço */

      /* Se todos os caracteres são alfabéticos, 'str' está apontando para o */
      /* caractere '\0'. Nesse caso, !*str resulta em 1. Caso contrário,     */
      /* 'str' está apontando para um caractere que não é alfabético e o     */
      /* resultado de !*str é 0.                                             */
   return !*str;
}

int main(void)
{
   char *s1 = "bola";
   char *s2 = "bola?";

   printf( "O string \"%s\" %s alfabetico\n", s1,
           EhStringAlfabetico(s1) ? "e'" : "nao e'" );

   printf( "O string \"%s\" %s alfabetico\n", s2,
           EhStringAlfabetico(s2) ? "e'" : "nao e'" );

   return 0;
}
```

Quando executado, esse programa exibe o seguinte resultado:

```
O string "bola" e' alfabetico
O string "bola?" nao e' alfabetico
```

É importante salientar que o funcionamento de qualquer função do módulo ctype é dependente de localidade (v. Seção 9.5.6). Por exemplo, o caractere `'ã'` não é considerado letra na localidade padrão de acordo com a função **isalpha()**, mas passará a ser considerado como letra se você alterar a localidade padrão para uma localidade de língua portuguesa, como demonstram os seguintes exemplos.

```
#include <stdio.h>
#include <ctype.h>

int main(void)
{
   if (isalpha('ã')) {
      printf("\nEsse caractere e' letra\n");
   } else {
      printf("\nEsse caractere NAO e' letra\n");
   }
   return 0;
}
```

Quando esse programa é executado, o resultado que ele apresenta é:

```
Esse caractere NAO e' letra
```

Agora, considere o seguinte exemplo semelhante:

```
#include <stdio.h>
#include <ctype.h>
#include <locale.h>

int main(void)
```

```
{
   setlocale(LC_CTYPE, ""); /* Usa a localidade corrente do sistema operacional */

   if (isalpha('ã')) {
      printf("\nEsse caractere e' letra\n");
   } else {
      printf("\nEsse caractere NAO e' letra\n");
   }

   return 0;
}
```

Apesar de ser parecido com o programa anterior, esse último programa apresenta como resultado:

```
Esse caractere e' letra
```

O último programa apresenta a resposta esperada e incorpora as seguintes alterações com relação ao programa anterior:

- ☐ Ele inclui o cabeçalho **<locale.h>** (v. Seção 9.5.6).
- ☐ Ele efetua a seguinte chamada da função **setlocale()**:

  ```
  setlocale(LC_CTYPE, "");
  ```

  Essa chamada de **setlocale()** indica que o programa deve usar a categoria de localidade **LC_CTYPE** da localidade vigente no sistema operacional (supostamente de língua portuguesa — v. Seção 9.5.6). Essa categoria de localidade é associada a classificação de caracteres.

Outros exemplos de funções de classificação de caracteres usadas com frequência serão apresentadas adiante (veja, p. ex., as Seção 9.10.1 e Seção 9.10.2).

### 9.7.2 Transformação de Caracteres: tolower() e toupper()

Além das funções de classificação de caracteres apresentadas na Seção 9.7.1, o módulo ctype também provê duas funções de transformação de caracteres (assim denominadas pelo padrão ISO de C). A função **tolower()** retorna a letra minúscula correspondente a um dado caractere e a função **toupper()** retorna a letra maiúscula correspondente a um dado caractere. Se o único parâmetro que cada uma dessas funções recebe não for letra, o retorno é o próprio caractere recebido como parâmetro. Lembre-se que, como as demais funções do módulo ctype, essas duas funções dependem de localidade. Por exemplo, você não conseguirá transformar em letra maiúscula o caractere **'ã'** na localidade padrão (v. Seção 9.5.6).

O seguinte programa utiliza a função **toupper()** para converter um string em letras maiúsculas:

```c
#include <stdio.h>
#include <ctype.h>

/****
 *
 * ConverteEmMaiusculas(): Converte as letras de um string em maiúsculas.
 *                         Caracteres que não são letras não são afetados.
 *
 * Parâmetros: str (entrada/saída): o string
 *
 * Retorno: O endereço do string recebido como parâmetro
 *
 ****/
char* ConverteEmMaiusculas(char *str)
{
```

```
   char *p = str; /* Guarda início do string */

      /* Converte em maiúscula cada caractere que é letra */
   while (*str) {
      *str = toupper(*str); /* Converte caractere atual */
      ++str; /* Passa para o próximo caractere */
   }
   return p; /* Retorna o endereço do string */
}

int main(void)
{
   char  s1[] = "Zebra";
   char  *s2 = "anta";

      /* A instrução a seguir causa um erro de lógica */
   printf( "\nString \"%s\" convertido em maiusculas:"
           " \"%s\"\n", s1, ConverteEmMaiusculas(s1) );

      /* A instrução a seguir causa um erro de execução */
   printf( "\nString \"%s\" convertido em maiusculas:"
           " \"%s\"\n", s2, ConverteEmMaiusculas(s2) );

   return 0;
}
```

A função `ConverteEmMaiusculas()` desse programa usa o seguinte laço **while** para converter eventuais letras minúsculas do string recebido como parâmetro em letras maiúsculas:

```
while (*str) {
   *str = toupper(*str);
   ++str;
}
```

Esse laço acessa cada caractere do string recebido como parâmetro e converte-o em letra maiúscula (se ele for letra minúscula, obviamente). A conversão em maiúsculas ocorre na linha:

```
*str = toupper(*str);
```

# 9.8  Ordem de Avaliação de Parâmetros

A função `ConverteEmMaiusculas()` apresentada como último exemplo da Seção 9.7.2 é perfeitamente correta, mas as duas chamadas dessa função efetuadas na função **main()** estão incorretas. Para confirmar essa afirmação, compile e execute o programa da Seção 9.7.2 e você poderá obter o seguinte como resultado:

```
String "ZEBRA" convertido em maiusculas: "ZEBRA"
[Programa abortado]
```

A segunda chamada da função `ConverteEmMaiusculas()` (v. Seção 9.7.2) parece ser obviamente incorreta, visto que ela causa o aborto do programa, porém o erro na primeira chamada pode ter passado despercebido.

O fato é que, quando o programador escreveu a instrução:

```
printf( "\nString \"%s\" convertido em maiusculas:"
        " \"%s\"\n", s1, ConverteEmMaiusculas(s1) );
```

muito provavelmente, ele esperava que a saída correspondente do programa fosse:

```
String "Zebra" convertido em maiusculas: "ZEBRA"
```

Ou seja, o programador esperava que o string **"Zebra"** (antes da conversão) fosse escrito antes do string **"ZEBRA"** (depois da conversão). O problema aqui é que chamada de função é representada por um operador (v. Seção 10.4) que, como quase todos os operadores de C, não possui ordem de avaliação definida (v. Seção 3.6.2). Isso significa que a ordem com que os parâmetros são avaliados numa chamada de função não é especificada. No caso específico do exemplo acima, o último parâmetro foi avaliado antes do penúltimo e, por isso, quando o string **s1** (penúltimo parâmetro) foi escrito, ele já havia sido convertido em maiúsculas. Para corrigir o primeiro problema apresentado pelo programa, é necessário dividir a chamada da função **printf()** mencionada em duas, como, por exemplo:

```
printf( "\nString \"%s\"", s1 );
printf( "convertido em maiusculas: \"%s\"\n", ConverteEmMaiusculas(s1) );
```

O conselho que se deve seguir para evitar erros como o primeiro erro associado ao programa acima é:

> **Recomendação** *Nunca faça suposições sobre a ordem de avaliação de parâmetro numa chamada de função.*

O segundo erro que ocorre no programa da Seção 9.7.2 já foi discutido na Seção 9.3, mas aqui ele aparece sob disfarce. Isto é, na Seção 9.3 foi recomendado que strings constantes devem realmente ser considerados constantes e não devem ter seus conteúdos alterados, sob o risco de causarem aborto de programa. No exemplo em questão, o string **"anta"**, diferentemente de **"Zebra"**, é um string constante e, quando ele é passado como parâmetro para a função **ConverteEmMaiusculas()**, ela tenta alterar seu conteúdo, o que causa o aborto do programa em consequência de violação de memória.

Violação de memória é um conceito semelhante a corrupção de memória (v. Seção 8.9.3), mas, rigorosamente, esses conceitos são diferentes. Violação de memória sempre causa aborto de programa, ora em virtude de tentativa de acesso a uma região de memória proibida (p. ex., o espaço de endereçamento de outro programa), ora em consequência de tentativa de operação que não é permitida no espaço de endereçamento do próprio programa em que ela ocorre (esse é o caso do programa em questão).

É importante observar que o parâmetro da função **ConverteEmMaiusculas()** é declarado como **char** * e a ausência de **const** nessa declaração sugere que a função pode alterar o conteúdo apontado por seu parâmetro[4]. E isso realmente ocorre na referida função, conforme foi visto acima. Portanto, para evitar problemas como esse, siga sempre a seguinte recomendação:

> **Recomendação** *Se uma função não usa const na declaração de um parâmetro formal que representa um string, não é seguro ligar esse parâmetro a um string constante.*

Para evitar esquecimento, permita que o compilador lhe advirta com relação a essa recomendação, declarando ponteiros para string constantes com o uso de **const**, como, por exemplo:

```
const char *s2 = "anta";
```

Declarando o ponteiro **s2** dessa maneira, o compilador apresentará uma mensagem de advertência se houver uma tentativa de usá-lo como um parâmetro para uma função que não se compromete a tratar o conteúdo apontado por **s2** como constante.

---

[4] A ausência de **const** na declaração de um parâmetro representado por um ponteiro pode também indicar negligência por parte de um programador que não segue boas normas de estilo. Mas, esse não é o caso aqui.

# 9.9 Conversão de Strings Numéricos em Números

### 9.9.1 Função atoi()

A função **atoi()** faz parte do módulo stdlib da biblioteca padrão de C e é usada para converter um string num valor do tipo **int**, desde que o string permita tal conversão. O protótipo dessa função é:

```
int atoi(const char *str)
```

Nesse protótipo, `str` é o string que se deseja converter em inteiro e o retorno é o valor do tipo **int** resultante da conversão do string. Se o string não puder ser convertido, o retorno é zero e, quando isso ocorre, a interpretação do valor retornado é ambígua, pois esse valor pode indicar que houve erro de conversão ou que o resultado da conversão foi realmente zero.

Observações sobre a função atoi():

☐ O string recebido como parâmetro pode conter um sinal.

☐ A conversão prossegue até que o primeiro caractere que não possa fazer parte de um número inteiro seja encontrado.

☐ Se ocorrer overflow (v. Seção 4.11.7), o resultado será indefinido.

O seguinte programa demonstra o uso da função **atoi()**.

```
#include <stdio.h>   /* printf() */
#include <stdlib.h>  /* atoi()   */

int main(void)
{
    char *str = "1234";

    printf( "\n>>> String \"%s\" convertido em int: %d\n", str, atoi(str) );

    return 0;
}
```

O resultado apresentado pelo programa acima é:

```
>>> String "1234" convertido em int: 1234
```

### 9.9.2 Função strtod()

A função **strtod()**, declarada em `<stdlib.h>`, converte strings em números reais do tipo **double** e seu protótipo é:

```
double strtod(const char *str, char **final)
```

Nesse protótipo, os parâmetros têm os seguintes significados:

▪ `str` — string a ser convertido.

▪ `final` — deve ser **NULL** ou o endereço de um ponteiro que, ao final da conversão, apontará para o primeiro caractere do string que não foi convertido. Se todos os caracteres do string forem usados na conversão, esse ponteiro apontará para o caractere terminal do string (v. exemplo adiante).

A função **strtod()** retorna o valor do tipo **double** resultante da conversão, se essa conversão for possível ou zero, se nenhuma conversão for possível.

Um string válido como primeiro parâmetro de **strtod()** pode incluir:

☐ Espaços em branco em seu início

☐ Sinal (i.e., + ou -)

❐ Ponto decimal

❐ e ou E (indicando o uso de notação científica — v. Seção 3.5.2)

Se nenhuma conversão for possível, a função **strtod**() retorna **0.0**, que obviamente, é um valor válido do tipo **double**. Assim, para verificar se ocorreu erro de conversão, deve-se checar o parâmetro **final**. Isto é, se, ao retorno da função, esse parâmetro estiver apontando para o início do string original, pode-se concluir que não houve nenhuma conversão. Por outro lado, se, ao término da conversão, o parâmetro **final** apontar para o caractere terminal do string, todos os caracteres do string foram usados na conversão.

O exemplo a seguir ilustra o uso da função **strtod**():

```c
#include <stdio.h>   /* printf() */
#include <stdlib.h>  /* strtod() */

/****
 * ApresentaConversaoEmDouble(): Converte um string em double usando strtod() e
 *                               exibe o resultado na tela
 *
 * Parâmetros: str (entrada) - string que será convertido
 *
 * Retorno: Nada
 ****/
void ApresentaConversaoEmDouble(const char *str)
{
    double     d;
    char       *p; /* Apontará para o caractere no qual a conversão parou */

    /* Tenta efetuar a conversão do string em double */
    d = strtod(str, &p);

    /* Verifica se foi possível alguma conversão e apresenta o resultado */
    if (p != str) { /* Houve conversão */
        printf( "\n\t>>> Conversao do string: \"%s\"" " em double: %4.3G\n", str, d );

        /* Verifica se restaram caracteres a ser convertidos */
        if (*p) { /* Restaram caracteres */
            printf( "\n\t    Faltou converter os caracteres: \"%s\"\n", p );
        } else { /* Não restaram caracteres */
            printf("\n\t   Todos os caracteres foram convertidos\n");
        }
    } else { /* Não houve conversão */
        printf( "\n\t>>> Conversao do string:\n\t    \"%s\""
                "\n\t    em double nao foi possivel\n", str );
    }
}

int main(void)
{
    const char *str1 = "1.6E-19",
               *str2 = "2.54cm equivalem a 1 polegada",
               *str3 = "Carga do eletron: 1.6E-19";

    ApresentaConversaoEmDouble(str1);
    ApresentaConversaoEmDouble(str2);
    ApresentaConversaoEmDouble(str3);

    return 0;
}
```

Esse programa produz o seguinte resultado na tela:

>>> Conversao do string: "1.6E-19" em double: 1.6E-019

   Todos os caracteres foram convertidos

>>> Conversao do string: "2.54cm equivalem a 1 polegada" em double: 2.54

   Faltou converter os caracteres: "cm equivalem a 1 polegada"

>>> Conversao do string: "Carga do eletron: 1.6E-19"
    em double nao foi possivel

# 9.10 Exemplos de Programação

## 9.10.1 Leitura de Nomes

**Problema:** (a) Escreva uma função que lê nomes; i.e., strings contendo apenas letras e espaços em branco. (b) Escreva um programa que teste a função solicitada no item (a).

**Solução de (a):**

```
/****
 * LeNome(): Lê um string via teclado e garante que ele só
 *           contém letras e espaços em branco
 *
 * Parâmetros: nome (saída) - array que conterá o string lido
 *             tam (entrada) - número de elementos do array
 *
 * Retorno: Número de caracteres digitados além do limite permitido
 *
 * Observações:
 *     1. Caracteres digitados além do limite especificado serão ignorados
 *     2. O único espaço em branco permitido num nome é ' '
 *     3. Esta função não testa se o string digitado é
 *        constituído apenas por espaços em branco
 ****/
int LeNome(char *nome, int tam)
{
   int   remanescentes; /* Número de caracteres digitados além do permitido */
   char *p; /* Usado para testar a validade do string */

   while (1) {
      printf("\nDigite o nome (max = %d letras):\n\t> ", tam-1);
      remanescentes = LeString(nome, tam);

         /* Verifica se o string lido é vazio */
      if (!*nome) {
         printf("\a\n\t>> Um nome nao pode ser vazio <<\n");
         continue; /* Salta o restante do laço */
      }

      /*** Verifica se o string lido só contém letras e espaços em branco ***/

         /* O ponteiro p será usado para testar o string */
      p = nome;

         /* O laço encerra quando p apontar para o caractere terminal do string ou */
         /* quando for encontrado um caractere que nem é letra nem espaço em branco */
      while (*p) {
         /* Se for encontrado um caractere que não é letra */
         /* ou espaço em branco encerra este laço        */
```

```
            if( !isalpha(*p) && *p != ' ' ) {
                break;
            }

            p++; /* Aponta para o próximo caractere */
        }

        /* Se p apontar para o caractere terminal do */
        /* string, este foi aprovado no teste acima  */
        if (!*p) {
            break; /* String só contém letras e espaços */
        } else { /* String foi reprovado no teste */
            printf("\a\n\t>>> Um nome deve conter apenas <<<"
                    "\n\t>>> letras e espacos em branco <<<\n");
        }
    }

    return remanescentes;
}
```

## Análise:

❑ A função **LeNome()** usa o ponteiro local **p** para testar o string introduzido pelo usuário, pois se o próprio parâmetro **nome** fosse utilizado com esse intuito, ele não estaria mais apontando para o início do array que armazena o resultado caso uma nova tentativa de leitura fosse necessária.

❑ Essa função não testa se o string lido é constituído apenas por espaços em branco, de forma que o usuário pode digitar um nome que será invisível quando exibido. Contudo, corrigir esse problema é relativamente fácil e é deixado como exercício para o leitor.

## Solução de (b):

```
/****
 * main(): Testa função LeNome()
 *
 * Parâmetros: Nenhum
 *
 * Retorno: Zero
 ****/
int main(void)
{
    char umNome[MAX_NOME + 1];
    int  resto; /* Caracteres excedentes na leitura */

    /* Apresenta o programa */
    printf( "\n\t>>> Este programa le nomes contendo apenas "
            "letras e espacos em branco\n" );

    /* Lê o nome e atribui a 'resto' o número de caracteres excedentes na leitura */
    resto = LeNome(umNome, MAX_NOME + 1);
    /* Apresenta o nome que o programa efetivamente leu */
    printf("\n\t>>> O nome aceito foi: %s\n", umNome);

    /* Verifica se o usuário digitou caracteres demais */
    if (resto) {
        printf("\n\t>>> %d caracteres foram desprezados\n", resto);
    }

    return 0;
}
```

Para completar o programa, as seguintes linhas devem ser incluída em seu início:

```
#include <stdio.h>    /* printf()   */
#include <ctype.h>    /* isalpha()  */
#include "leitura.h" /* LeString() */

#define MAX_NOME 20 /* Número máximo de caracteres num nome */
```

**Exemplo de execução do programa:**

```
        >>> Este programa le nomes contendo apenas letras e espacos em branco

Digite o nome (max = 20 letras):
        > Micro$oft

        >>> Um nome deve conter apenas <<<
        >>> letras e espacos em branco <<<

Digite o nome (max = 20 letras):
        >

        >> Um nome nao pode ser vazio <<

Digite o nome (max = 20 letras):
        > Oftalmotorrinolaringologista

        >>> O nome aceito foi: Oftalmotorrinolaring

        >>> 8 caracteres foram desprezados
```

### 9.10.2 Leitura de Números de Identificação

**Preâmbulo:** Um número de identificação é um string contendo apenas dígitos e com tamanho prefixado. Brasileiros vivem às voltas com números de identificação: CPF, cédula de identidade, PIS/PASEP, título de eleitor e sabem-se lá quantos outros. Apesar de receberem essa denominação popular, rigorosamente falando, números de identificação não são realmente *números*. Isto é, em jargão de programação, eles são mais apropriadamente denominados strings numéricos.

**Problema:** (a) Escreva uma função que lê um número de identificação. (b) Escreva um programa que lê uma matrícula de quatro dígitos usando a função solicitada no item (a).

**Solução de (a):**

```
/****
 *
 * LeIdentidade(): Lê um número de identificação via teclado
 *
 * Parâmetros:
 *     id[] (saída) - array que conterá o número lido
 *     tamArray (entrada) - número de elementos do array id[]
 *     prompt (entrada) - string que representa a porção inicial
 *                        do prompt a ser apresentado
 *
 * Retorno: O endereço do array apontado por id
 *
 * Observação: Assume-se que o tamanho do número de identificação
 *             é igual ao tamanho do array id[] que a armazenará menos um
 *
 ****/
char *LeIdentidade(char *id, int tamArray, const char *prompt)
{
   int    resto; /* Número de eventuais caracteres excedentes */
   char *p; /* Usado para testar o string */
```

```c
      /* O laço encerra quando for lido um string válido */
   while (1) {
       /* Apresenta prompt */
      printf("\n%s com exatamente %d digitos:\n\t> ", prompt, tamArray - 1);

      resto = LeString(id, tamArray); /* Lê entrada do usuário */

       /* Checa se o usuário digitou caracteres em excesso */
      if (resto) {
         printf("\a\n\t>>> Excesso de caracteres <<<\n");
         continue; /* Faz nova tentativa */
      }

       /* Verifica se foram digitados menos caracteres do que esperado. Note o */
       /* uso do operador de conversão (int) para converter o valor retornado  */
       /* por strlen(), que é do tipo size_t, e, assim, evitar comparação de    */
       /* um valor sem sinal e outro com sinal.                                 */
      if ( (int)strlen(id) != tamArray - 1 ) {
         printf("\a\n\t>>> Numero incompleto <<<\n");
         continue; /* Faz nova tentativa */
      }

       /****************************************************/
       /* Neste ponto, o tamanho do número está correto. */
       /* Resta testar se ele só contém dígitos.         */
       /****************************************************/

      p = id; /* O ponteiro p será usado para testar o string */
       /* O laço encerra quando p apontar para o caractere terminal do  */
       /* string ou quando for encontrado um caractere que não é dígito */
      while (*p) {
          /* Se for encontrado um caractere que não é dígito encerra este laço */
         if(!isdigit(*p)) {
            break; /* Encerra o laço interno */
         }

         p++; /* Aponta para o próximo caractere */
      }

       /* Se p apontar para o caractere terminal do */
       /* string, este foi aprovado no teste acima  */
      if (!*p) {
         break; /* Número de identificação válido */
      } else { /* Número de identificação inválido */
         printf("\a\n\t>>> \'%c\' nao e' digito <<<\n", *p);
      }
   }

   return id;
}
```

**Análise:**

- ❑ O operador de conversão explícita (**int**) foi aplicado sobre o valor retornado pela função **strlen**() para evitar uma comparação entre um valor inteiro *sem* sinal [i.e., aquele retornado por **strlen**()] e um valor inteiro *com* sinal. Erros decorrentes dessa mistura maligna estão entre os mais difíceis de encontrar num programa (v. Seção 8.5).

- ❑ A função `LeIdentidade()` usa um ponteiro auxiliar (variável local `p`) para verificar a validade do string introduzido pelo usuário, pois, se o próprio parâmetro `id` fosse utilizado com esse intuito, ele não estaria mais apontando para o início do array que armazena o resultado, caso uma nova tentativa de leitura fosse necessária, nem ao final da função.

**Solução de (b):**

```
/****
 *
 * main(): Lê uma matrícula de quatro dígitos
 *
 * Parâmetros:
 *
 * Retorno: Zero
 *
 ****/
int main(void)
{
   char matr[TAM_MATR + 1]; /* Array que armazenará a matrícula */

      /* Apresenta o programa */
   printf( "\n\t>>> Este programa le uma matricula com 4 digitos.\n" );

      /* Lê um número de matrícula desprezando */
      /* o retorno da função LeIdentidade()    */
   LeIdentidade(matr, TAM_MATR + 1, "Digite uma matricula");

      /* Apresenta a matrícula lida */
   printf("\n\t>>> Matricula digitada: %s\n", matr);

   return 0;
}
```

Para completar o programa, deve-se acrescentar o seguinte ao seu início:

```
#include <stdio.h>    /* printf()  */
#include <string.h>   /* strlen()  */
#include <ctype.h>    /* isdigit() */
#include "leitura.h" /* LeString() */

#define TAM_MATR  4 /* Número de caracteres numa matrícula */
```

**Exemplo de execução do programa:**

```
        >>> Este programa le uma matricula com 4 digitos

Digite uma matricula com exatamente 4 digitos:
     > 12

     >>> Numero incompleto <<<

Digite uma matricula com exatamente 4 digitos:
     > 12ab

     >>> 'a' nao e' digito <<<

Digite uma matricula com exatamente 4 digitos:
     > 4444

     >>> Matricula digitada: 4444
```

### 9.10.3 Checando a Validade de PIS/PASEP

**Preâmbulo:** Um número de PIS/PASEP é um string constituído apenas de dígitos e suas partes constituintes são exibida na Figura 9–2.

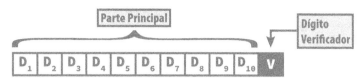

**FIGURA 9–2: NÚMERO DE PIS/PASEP**

Para verificar se um número de PIS/PASEP é válido, segue-se o seguinte procedimento:

1. Os inteiros representados pelos dígitos do número principal são multiplicados, respectivamente, pelos seguintes valores (pesos): **3, 2, 9, 8, 7, 6, 5, 4, 3** e **2**.

2. Os valores obtidos no passo anterior são somados.

3. Calcula-se o resto da divisão da soma obtida no passo anterior por **11**.

4. Para um número de PIS/PASEP ser considerado válido, o valor do dígito verificador deve ser igual a **11** menos o resto da divisão obtido no passo anterior.

**Problema:** Escreva um programa que lê um string via teclado e verifica se ele constitui um número de PIS/PASEP válido.

**Solução:**

```c
#include <stdio.h>   /* printf()   */
#include <string.h>  /* strlen()   */
#include <ctype.h>   /* isdigit()  */
#include "leitura.h" /* LeString() */

   /* Número de dígitos num número de PIS/PASEP */
#define TAMANHO_PIS 11

/****
 * main(): Lê um string e verifica se ele constitui um número de PIS/PASEP válido
 *
 * Parâmetros: Nenhum
 *
 * Retorno: Zero
 ****/
int main(void)
{
   char pis[TAMANHO_PIS + 1];
   int  i, soma = 0,
        pesos[] = {3, 2, 9, 8, 7, 6, 5, 4, 3, 2};

     /* Apresenta o programa */
   printf( "\n\t>>> Este programa verifica se um numero"
           "\n\t>>> de PIS/PASEP esta' correto.\n" );

     /* Lê o número de PIS/PASEP. A função LeIdentidade() garante */
     /* que o string é do tamanho correto e só contém dígitos.    */
   LeIdentidade(pis, TAMANHO_PIS + 1, "Digite o PIS/PASEP");

     /* Agora, calcula-se a soma ponderada dos dígitos */
   for (i = 0; i < TAMANHO_PIS - 1; ++i) {
      soma = soma + pesos[i]*(pis[i] - '0');
   }

     /* Neste ponto, i é igual a TAMANHO_PIS - 1, que é o índice do último */
     /* dígito (i.e., o dígito verificador). Então, checa-se se o valor do */
     /* dígito verificador é igual a 11 menos o resto da divisão da soma   */
     /* ponderada obtida por 11.                                           */
```

```
   if (pis[i] - '0' == TAMANHO_PIS - soma%TAMANHO_PIS) {
     printf("\n\t>>> O numero de PIS e' valido\n");
   } else {
     printf("\n\t>>> O numero de PIS e' INVALIDO\n");
   }
   return 0;
}
```

**Análise:** A função **main**() chama a função **LeIdentidade**(), que foi discutida na Seção 9.10.2, e, por isso, sua definição foi omitida da listagem apresentada.

**Exemplo de execução do programa:**

```
        >>> Este programa verifica se um numero de PIS/PASEP esta' correto.

Digite o PIS/PASEP com exatamente 11 digitos:
        > 18434219765

        >>> O numero de PIS e' valido
```

**Observação:** Esse programa foi testado e aprovado com números de PIS/PASEP reais, mas o número usado nesse exemplo de execução foi gerado por outro programa especificamente criado com esse propósito. Portanto qualquer coincidência com um número de PIS/PASEP realmente existente terá sido mera coincidência (como nos filmes).

### 9.10.4 Centralizando Strings na Tela

**Problema:** (a) Escreva uma função que apresenta strings centralizados na tela. (b) Escreva um programa que testa a função solicitada no item (a).

**Solução de (a):**

```
/****
 * CentralizaString(): Apresenta um string centralizado na tela
 *
 * Parâmetros:
 *     string (entrada) - string a ser centralizado
 *     largura (entrada) - largura da linha na qual o string será centralizado
 *
 * Retorno: Nada
 ****/
void CentralizaString(const char *string, int largura)
{
   int tamanhoStr, /* Tamanho do string */
       coluna, /* Conta espaços em branco que devem preceder o string na tela */
       espacosEsquerda; /* Número de espaços que devem preceder */
                       /* a escrita  do string na tela          */

   tamanhoStr = strlen(string); /* Calcula o tamanho do string */

       /* Calcula o número de espaços que devem ser deixados em branco */
   espacosEsquerda = (largura - tamanhoStr)/2;

       /* Preenche os espaços em branco que devem preceder o string */
   for(coluna = 0; coluna < espacosEsquerda; coluna++) {
       putchar(' ');
   }

       /* Escreve string após espaços em branco iniciais */
   printf("%s\n", string);
}
```

**Solução de (b):** A solução para esse item é relativamente fácil e é deixada como exercício para o leitor. Você poderá conferir sua solução no site do livro (*www.ulysseso.com/ip*).

### 9.10.5 Criptografia Chinfrim

**Preâmbulo:** Criptografia consiste num conjunto de técnicas utilizadas para cifrar arquivos de modo a evitar que pessoas não autorizadas tenham acesso aos conteúdos desses arquivos. A necessidade de segurança cada vez maior em virtude do crescente fluxo de informações em redes de computadores tem estimulado o surgimento de algoritmos de criptografia cada vez mais sofisticados. Um dos métodos mais simples de criptografia consiste na utilização de um código de substituição direta. Essa técnica rudimentar funciona apenas para arquivos de texto e consiste em substituir cada caractere (letra) no texto original por um caractere (único) correspondente que faz parte da chave criptográfica, que é um string. Por exemplo, a letra `'A'` seria substituída pelo primeiro caractere (letra) no string que representa a chave criptográfica, a letra `'B'` seria substituída pelo segundo caractere nesse string e assim por diante. Para essa técnica funcionar, é essencial que haja uma relação biunívoca entre os caracteres no texto original e os caracteres na chave de criptografia (caso contrário, como você traduziria de volta ao original um documento criptografado?).

**Problema:** Escreva uma função denominada `Criptografa()` que criptografa um string passado como primeiro parâmetro utilizando uma chave passada como segundo parâmetro e retorna o string criptografado. Assuma que apenas as letras de `'a'` a `'z'` (minúsculas) são mapeadas. (b) Escreva uma função denominada `Decifra()` que decifra um string passado como primeiro parâmetro utilizando uma chave passada como segundo parâmetro e retorna o string decifrado. Assuma que apenas as letras de `'a'` a `'z'` (minúsculas) foram mapeadas no string criptografado. (c) Escreva uma função **main()** que recebe um string como entrada e oferece opções para criptografá-lo ou decifrá-lo usando a chave: `"tfhxqjemupidckvbaolrzwgnsy"`. O programa deve encerrar quando o usuário digitar [ENTER] como string. NB: O fato de a chave fazer parte do próprio programa é apenas uma simplificação do problema. Um programa mais realístico solicitaria uma chave para criptografar ou decifrar um documento.

**Solução de (a):**

```
/****
 * Criptografa(): Criptografa um string usando outro string como chave
 * Parâmetros:
 *      str (entrada/saída): string que será criptografado
 *      chave (entrada): a chave usada na criptografia
 *
 * Retorno: O endereço do string criptografado
 *
 * Observação: Apenas letras minúsculas são criptografadas
 ****/
char *Criptografa(char *str, char const *chave)
{
    char *ptr = str; /* Guarda o endereço do string */

    /******************************************************************/
    /* Substitui cada caractere no string que é letra minúscula pelo caractere */
    /* que se encontra na chave na posição dada pela diferença entre o valor   */
    /* inteiro do caractere e o valor de 'a'.                                  */
    /******************************************************************/

    while (*str) {
        if (islower(*str)) { /* Apenas letras minúsculas são criptografadas */
```

```
            /* No array que contém a chave, o caractere que substituirá 'a'    */
            /* encontra-se no índice 0, o substituto de 'b' encontra-se no índice */
            /* 1, e assim por diante. Em geral, o substituto de um caractere c   */
            /* encontra-se no índice dado por c - 'a'. Assim, o substituto do    */
            /* caractere apontado por 'str' no array chave[] encontra-se no      */
            /* índice dado por: *str - 'a'.                                      */
            /*                                                          */

            /* Substitui o caractere apontado por 'str' pelo */
            /* caractere correspondente no array chave[]      */
         *str = chave[*str - 'a'];
      }

      str++; /* Passa para o próximo caractere */
   }

   return ptr; /* O endereço do string foi guardado em ptr */
}
```

**Análise:** Leia os comentários distribuídos na função, pois eles devem ser suficientes para seu entendimento.

**Solução de (b):**

```
/****
 * Decifra(): Decifra um string usando outro string como chave
 *
 * Parâmetros:
 *       str (entrada/saída) - string que será decifrado
 *       chave (entrada) - a chave criptográfica
 *
 * Retorno: O endereço do string decifrado
 *
 * Observação: Apenas letras minúsculas são decifradas
 ****/
char *Decifra(char *str, char const *chave)
{
   char *ptr = str; /* Guarda o endereço do string */

   /*************************************************************/
   /* Encontra o índice no array chave[] de cada caractere que é letra  */
   /* no string criptografado,  soma o valor do caractere que se encontra */
   /* nesse índice ao valor do caractere 'a' e substitui o caractere    */
   /* correspondente no string criptografado pelo resultado obtido.     */
   /*************************************************************/

   while (*str) {
      if (islower(*str)) { /* Apenas letras minúsculas foram criptografadas */
         /* Encontra o índice do caractere apontado por 'str'  */
         /* no array chave[]usando a expressão:                */
         /*         strchr(chave, *str) - chave                */
         /* Somando-se esse índice a 'a', obtém-se o caractere */
         /* que substituirá aquele apontado por 'str'.         */

         *str = strchr(chave, *str) - chave + 'a';
      }

      str++; /* Passa para o próximo caractere */
   }

   return ptr; /* O endereço do string foi guardado em ptr */
}
```

**Análise:** Leia os comentários distribuídos na função, pois eles devem ser suficientes para seu entendimento.

**Solução de (c):**

```
/****
 *
 * main(): Lê frases via teclado e criptografa-as ou decifra-as
 *
 * Parâmetros: Nenhum
 *
 * Retorno: Zero
 *
 ****/
int main(void)
{
    const char *chave = "tfhxqjemupidckvbaolrzwgnsy";
    char        str[TAMANHO_ARRAY];
    int         op;

        /* Apresenta o programa */
    printf( "\n\t>>> Este programa criptografa e decifra frases"
            "\n\t>>> escritas com letras minusculas (apenas)." );

        /* O laço encerra quando o usuário digitar [ENTER] */
    while (1) {
        printf("\n\nIntroduza uma frase ou apenas [ENTER] para encerrar:\n\t> ");
        LeString(str, TAMANHO_ARRAY);

            /* Verifica se o string é vazio */
        if (!*str) {
            break; /* Usuário digitou apenas [ENTER] */
        }

            /* Lê a opção do usuário */
        printf( "\nEscolha C para criptografar ou D para decifrar o texto:\n\t> " );
        op = LeOpcao("cCdD");

            /* Criptografa ou decifra, de acordo com a opção do usuário */
        if (op == 'c' || op == 'C') {
            printf( "\nTexto criptografado:\n\t> %s", Criptografa(str, chave) );
        } else {
            printf( "\nTexto decifrado:\n\t> %s", Decifra(str, chave) );
        } /* if */
    } /* while */

    printf( "\n>>> A chave criptografica usada foi:\n\t> %s."
            "\n>>> Por favor, memorize-a.\n", chave );

    return 0;
}
```

**Complemento do programa:**

```
#include <stdio.h>    /* printf()                */
#include <string.h>   /* strchr()                */
#include <ctype.h>    /* islower()               */
#include "leitura.h" /* LeString() e LeOpcao() */

    /* Tamanho do array que armazena os strings introduzidos pelo usuário */
#define TAMANHO_ARRAY 50
```

**Exemplo de execução do programa:**

```
    >>> Este programa criptografa e decifra frases
    >>> escritas com letras minusculas (apenas).

Introduza uma frase ou apenas [ENTER] para encerrar:
    > O rato roeu a roupa do rei de Roma.

Escolha C para criptografar ou D para decifrar o texto:
    > c

Texto criptografado:
    > O otrv ovqz t ovzbt xv oqu xq Rvct.

Introduza uma frase ou apenas [ENTER] para encerrar:
    > O otrv ovqz t ovzbt xv oqu xq Rvct.

Escolha C para criptografar ou D para decifrar o texto:
    > d

Texto decifrado:
    > O rato roeu a roupa do rei de Roma.

Introduza uma frase ou apenas [ENTER] para encerrar:
    > [ENTER]

>>> A chave criptografica usada foi:
    > tfhxqjemupidckvbaolrzwgnsy.

>>> Por favor, memorize-a.
```

**Observação:** O exemplo explorado nesta seção tem caráter didático apenas e não representa criptografia séria (por isso, é adjetivada como *chinfrim*). Portanto não utilize o último programa para criptografar nada que requeira segurança de qualquer natureza.

### 9.10.6 Ocorrências de Letras numa Palavra

**Problema:** Escreva um programa que conta o número de ocorrências de letras numa palavra. Observação: Caracteres acentuados ou cedilha não são aceitos como letras.

**Solução:**

```c
#include <stdio.h>   /* printf()                */
#include <ctype.h>   /* isalpha() e  toupper() */
#include "leitura.h" /* LeituraFacil           */

#define TAM_MAX_PALAVRA  30 /* Tamanho máximo de uma palavra */
#define NUMERO_DE_LETRAS 26 /* Numero de letras no alfabeto */

/****
 * ContaLetrasEmString(): Conta o número de ocorrências de cada letra de um string
 *
 * Parâmetros:
 *      str (entrada) - string cujas letras serão contadas
 *      contaLetras (entrada/saída) - array que contém a contagem de letras
 *
 * Retorno: Nada
 ****/
void ContaLetrasEmString(const char* str, int contaLetras[])
{
   int indice; /* Índice no array de ocorrências que corresponde a uma letra */

      /* Examina cada caractere do string apontado por 'str' e */
      /* conta as ocorrências de cada letra encontrada          */
   while (*str) {
```

```
        if (isalpha(*str)) {
            /* Obtém o índice no array de ocorrências que corresponde à letra */
            /* corrente. Esse índice é obtido convertendo-se a letra em        */
            /* maiúscula e subtraindo-se seu valor de 'A'. Assim, 'A' ('a')     */
            /* tem índice 0, 'B' ('b') tem índice 1 etc.                        */
            indice = toupper(*str) - 'A';

            /* Incrementa o número de ocorrências da letra corrente */
            ++contaLetras[indice];
        }

        ++str; /* Passa para o próximo caractere */
    }
}

/****
 * ApresentaFrequenciaDeLetras(): Apresenta o número de ocorrências de cada letra no array
 *
 * Parâmetros: contaLetras[] (entrada) - array contendo o número de ocorrências
 *                                       de cada letra numa palavra
 *
 * Retorno: Nada.
 *
 * Observação: Letras que não aparece na palavra não são levadas em consideração
 ****/
void ApresentaFrequenciaDeLetras(const int contaLetras[])
{
    int ocorrencias, indice, c;

    /* Escreve cabeçalho da tabela */
    printf( "\nLetra\tOcorrencias"
            "\n=====\t===========\n\n" );

    /* Determina o número de ocorrências de cada letra no array contaLetras[] */
    for (c = 'A'; c <= 'Z'; ++c) {

        /**********************************************************************/
        /* IMPORTANTE: Em qualquer código de caracteres, as letras aparecem em */
        /*             ordem alfabética usual.  Mas, isso não significa que     */
        /*             qualquer caractere entre 'A' e 'Z' ou entre 'a' e 'z' é */
        /*             letra. Por isso, a chamada de isalpha() é necessária.   */
        /**********************************************************************/

        /* Verifica se o caractere é uma letra */
        if (isalpha(c)) { /* Caractere é uma letra */
            /* Obtém o índice no array de ocorrências que     */
            /* corresponde à letra, convertendo-se a letra     */
            /* em maiúscula e subtraindo-se seu valor de 'A' */
            indice = toupper(c) - 'A';

            /* Obtém o número de ocorrências da letra */
            ocorrencias = contaLetras[indice];

            /* Apresenta apenas ocorrências diferentes de zero */
            if (ocorrencias != 0) {
                printf("  %c\t %4d\n", c, ocorrencias);
            }
        }
    }
}
```

```
/****
 * main(): Conta o número de ocorrências de letras numa palavra
 *
 * Parâmetros: Nenhum
 *
 * Retorno: Zero
 ****/
int main(void)
{
   int  i, contaLetras[NUMERO_DE_LETRAS];
   char palavra[TAM_MAX_PALAVRA + 1];

      /* Apresenta o programa */
   printf( "\n\t>>> Este programa determina o numero de"
           "\n\t>>> ocorrencias de cada letra de uma palavra."
           "\n\t>>> Para encerra-lo digite apenas [ENTER].\n" );

      /* O laço encerra quando o usuário digita apenas [ENTER] */
   while (1) {
         /* Lê a palavra */
      printf( "\n\t>>> Digite a palavra (max = %d "
              "caracteres):\n\t\t> ", TAM_MAX_PALAVRA );
      LeString(palavra, TAM_MAX_PALAVRA + 1);

         /* Verifica se o usuário digitou apenas [ENTER] */
      if (!*palavra) { /* Digitou apenas [ENTER] */
         break; /* Encerra o laço */
      }

         /* Zera o array que armazena as frequências de letras */
      for (i = 0; i < NUMERO_DE_LETRAS; ++i) {
         contaLetras[i] = 0;
      }

         /* Efetua a contagem de frequência de letras */
      ContaLetrasEmString(palavra, contaLetras);

         /* Apresenta o resultado */
      ApresentaFrequenciaDeLetras(contaLetras);
   }
      /* Despede-se do usuário */
   printf( "\n\t>>> Obrigado por usar este programa.\n");

   return 0;
}
```

**Análise:** Leia atentamente os comentários inseridos no programa para melhor compreendê-lo.

**Exemplo de execução do programa:**

```
        >>> Este programa determina o numero de
        >>> ocorrencias de cada letra de uma palavra.
        >>> Para encerra-lo digite apenas [ENTER].

        >>> Digite a palavra (max = 30 caracteres):
            > Anticonstitucionalissimamente
```

CONTINUA

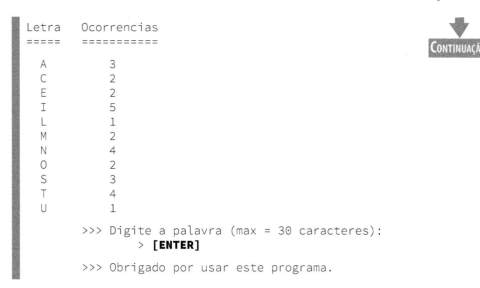

```
Letra    Ocorrencias
=====    ===========

 A          3
 C          2
 E          2
 I          5
 L          1
 M          2
 N          4
 O          2
 S          3
 T          4
 U          1
```

```
        >>> Digite a palavra (max = 30 caracteres):
                > [ENTER]

        >>> Obrigado por usar este programa.
```

### 9.10.7 Aparando Strings

**Problema:** (a) Escreva uma função que remove espaços em branco no início de um string. (b) Escreva uma função que remove espaços em branco no final de um string. (c) Escreva uma função que remove espaços em branco tanto no início quanto no final de um string. (d) Escreva um programa para testar as funções solicitadas nos itens anteriores.

**Solução de (a):**

```c
/****
 * RemoveBrancosInicio(): Remove os espaços em branco [de acordo
 *                        com isspace()] no início de um string
 *
 * Parâmetros: str (entrada/saída) - string que terá seus espaços
 *                        em branco inicias removidos
 *
 * Retorno: Endereço do string modificado (i.e., sem espaços em branco iniciais)
 ****/
char *RemoveBrancosInicio(char *str)
{
    char *p;
    int   i = 0;

        /* Se 'str' for NULL ou o string estiver   */
        /* vazio, esta função não tem nada a fazer */
    if (!str || !*str) {
        return str; /* Nada a fazer */
    }

        /* Faz p apontar para o início do string */
    p = str;

        /* Enquanto p não aponta para o caractere '\0' e o caractere por  */
        /* ele apontado é espaço,  faz p apontar para o próximo caractere */
    while ( p && isspace(*p) ) {
        ++p;
    }

        /* Se, neste ponto, p estiver apontando para o caractere */
        /* terminal do string, ele só continha espaços em branco */
```

```
        if (!*p) { /* O string só continha espaços */
            *str = '\0'; /* O string ficará vazio */
        } else { /* p aponta para o primeiro caractere que não é espaço */

            /* Move cada caractere a partir daquele apontado por p para o início */
            while (*p) {
                str[i] = *p;
                ++i;
                ++p;
            }

            /* O caractere terminal ainda não foi copiado para o string */
            str[i] = '\0';
        }
        return str; /* Retorna o endereço do string */
    }
```

## Solução de (b):

```
/****
 *
 * RemoveBrancosFim(): Remove os espaços em branco [de acordo
 *                     com isspace()] ao final de um string
 *
 * Parâmetros:
 *     str (entrada/saída) - string que terá seus espaços em branco finais removidos
 *
 * Retorno: Endereço do string sem espaços em branco finais
 *
 ****/
char *RemoveBrancosFim(char *str)
{
    char *p;

    /* Se 'str' for NULL ou o string estiver   */
    /* vazio, esta função não tem nada a fazer */
    if (!str || !*str) {
        return str; /* Nada a fazer */
    }

    /* Faz p apontar para o caractere anterior */
    /* ao caractere terminal do string         */
    p = strchr(str, '\0') - 1;

    /* Enquanto p não aponta para o início do string */
    /* e o caractere por ele apontado é espaço, faz  */
    /* p apontar para o caractere anterior           */
    while ( p != str && isspace(*p) ) {
        --p;
    }

    /****************************************************************/
    /* Se p estiver apontando para o início do string, ele só   */
    /* continha espaços em branco. Nesse caso, o string ficará */
    /* vazio (i.e., contendo apenas o caractere '\0'). Caso     */
    /* contrário, p apontará para o último caractere que não é */
    /* espaço. Assim, coloca-se '\0' no próximo caractere       */
    /* apontado por p (que é um espaço).                        */
    /****************************************************************/
```

```
    if (p == str) { /* String só continha espaços */
        *p = '\0'; /* Torna o string vazio */
    } else { /* p aponta para o último caractere que não é espaço */
        *++p = '\0'; /* Termina o string no próximo caractere */
    }

    return str; /* Retorna o endereço do string */
}
```

## Solução de (c):

```
/****
 * RemoveEspacos(): Remove os espaços em branco [de acordo com
 *                  isspace()] no início e no final de um string
 *
 * Parâmetros:
 *     str (entrada/saída) - string que terá seus espaços em
 *                           branco iniciais e finais removidos
 ****/
char *RemoveEspacos(char *str)
{
    str = RemoveBrancosInicio(str); /* Remove espaços iniciais */

    /* Remove espaços finais e retorna o resultado */
    return RemoveBrancosFim(str);
}
```

**Solução de (d):** A solução para esse item é relativamente fácil e é deixada como exercício para o leitor. Você poderá conferir sua solução no site do livro.

### 9.10.8 Leitura de Datas com Validação 2

**Problema:** Escreva um programa que lê uma data no formato **dd/mm/aaaa** ou **dd/mm/aa** e verifica sua validade. Se a data estiver no formato **dd/mm/aa**, o século atual deve ser considerado.

**Solução:**

```
/********************** Includes ***********************/
#include <stdio.h>   /* Entrada e saída            */
#include <string.h>  /* Processamento de strings   */
#include <ctype.h>   /* Classificação de caracteres */
#include "leitura.h" /* LeituraFacil               */

/*************** Constantes Simbólicas *****************/
#define TAM_ARRAY_DATA         11
#define SECULO_ATUAL           2000
#define PRIMEIRO_ANO_BISSEXTO  1752

/********************** Alusões ************************/
extern void LeData(int *d, int *m, int *a);
extern int DigitosEmInt( char *digitos, const char *sep,int *num );
extern int ValidaData(char *data, int *d, int *m, int *a);
extern int EhAnoBissexto(int ano);
extern int EhDataValida(int dia, int mes, int ano);

/*************** Definições de Funções *****************/
```

```
/****
 * LeData(): Lê uma data no formato dd/mm/aaaa ou dd/mm/aa
 *
 * Parâmetros: d, m, a (saída) - dia, mes e ano
 *
 * Retorno: Nada
 *
 * Observação: Se o ano só contiver dois dígitos, ele será considerado no século atual
 ****/
void LeData(int *d, int *m, int *a)
{
   char data[TAM_ARRAY_DATA]; /* Armazenará o string contendo a data lida */
   int  resto; /* Caracteres eventualmente remanescentes */
inicio: /* Volta para cá se a data for inválida */
   resto = LeString(data, TAM_ARRAY_DATA);

   while(resto || !ValidaData(data, d, m, a)) {
      printf( "\a\n\t>>> Data invalida. Tente novamente <<<\n\t> " );
      goto inicio; /* Sem espaguete */
   }
}

/****
 * DigitosEmInt(): Extrai um token de um string e converte-o
 *                 em número inteiro (int) positivo
 *
 * Parâmetros:
 *     *digitos (entrada/saída) - string cujo token será extraído e convertido
 *     *sep (entrada) - string contendo os separadores de tokens
 *     *num (saída) - número resultante da conversão
 *
 * Retorno: 0, se a operação for bem sucedida; 1, em caso contrário
 *
 * Observação: Se houver mais de um token a ser processado num mesmo string, a
 *             primeira chamada desta função deve usar o endereço do string
 *             como primeiro parâmetro. Em chamadas subsequentes, esse
 *             parâmetro deve ser NULL.
 ****/
int DigitosEmInt(char *digitos, const char *sep, int *num)
{
   char *token; /* Armazena o token extraído do string */

   token = strtok(digitos, sep); /* Extrai o token */

      /* Se o token não pode ser obtido, o */
      /* número também não pode ser obtido */
   if (!token) {
      return 1; /* Impossível obter número */
   }

      /* Tenta converter o token num inteiro positivo */
   *num = atoi(token);

      /* Se algum caractere deixou de ser convertido, o número é inválido */
   if (*num <= 0) {
      return 1; /* Não é um número inteiro positivo */
   }

   return 0;
}
```

```
/****
 * ValidaData(): Separa uma data contida num string em dia,
 *               mês e ano e tenta validá-la
 * Parâmetros:
 *     data (entrada/saída) - string contendo a data a ser validada
 *     d (saída) - o dia
 *     m (saída) - o mês
 *     a (saída) - o ano
 *
 * Retorno: 1, se a data for válida; 0, se a data não for válida
 *
 * Observação:
 *     1. Se o ano contiver apenas dois dígitos, ele será considerado no século atual
 *     2. O string (primeiro parâmetro) é modificado por esta função.
 ****/
int ValidaData(char *data, int *d, int *m, int *a)
{
    /* Tenta obter o dia */
   if (DigitosEmInt(data, "/", d)) {
      return 0; /* Dia inválido */ /* O dia não pode ser obtido */
   }

    /* Tenta obter o mês */
   if (DigitosEmInt(NULL, "/", m)) {
       /* O mês não pode ser obtido */
      return 0; /* Mês inválido */
   }

    /* Tenta obter o ano */
   if (DigitosEmInt(NULL, "/", a)) {
       /* O ano não pode ser obtido */
      return 0; /* Ano inválido */
   }

    /* Se o ano tem menos de quatro dígitos,  */
    /* assume-se que é um ano do atual século */
   if (*a < 100) {
      *a = *a + SECULO_ATUAL;
   }

    /* A função EhDataValida() completa o serviço */
   return EhDataValida(*d, *m, *a);
}

/****
 * main(): Lê uma data e verifica sua validade
 *
 * Parâmetros: Nenhum
 *
 * Retorno: Zero
 ****/
int main(void)
{
   int dia, mes, ano;

    /* Apresenta o programa */
   printf( "\n\t>>> Este programa verifica a validade de uma data introduzida no"
           "\n\t>>> formato dd/mm/aaaa ou dd/mm/aa. Se o ano tiver apenas"
           "\n\t>>> dois digitos, sera' \n\t>>> assumido o seculo atual.\n" );
```

```
    printf( "\n\t>>> Digite a data no formato dd/mm/aaaa ou dd/mm/aa:\n\t> " );
    LeData(&dia, &mes, &ano);

    printf( "\n\t>>> A data introduzida foi: \n\t> "
            "%.2d/%.2d/%.2d\n", dia, mes, ano );

    return 0;
}
```

**Análise:** O programa apresentado utiliza as seguintes funções já vistas:

- ☐ **atoi**() — essa função converte um string em número inteiro e foi explorada na Seção 9.9.1.

- ☐ **EhAnoBissexto()** e **EhDataValida()** — essas funções foram apresentadas na Seção 7.6.8.

**Exemplo de execução do programa:**

```
>>> Este programa verifica a validade de uma data introduzida no
>>> formato dd/mm/aaaa ou dd/mm/aa. Se o ano tiver apenas
>>> dois digitos, sera' assumido o seculo atual.

>>> Se o ano tiver apenas dois digitos,
>>> sera' assumido o seculo atual.

>>> Digite a data no formato dd/mm/aaaa ou dd/mm/aa:
> 21/12/10

>>> A data introduzida foi:
> 21/12/2010
```

### 9.10.9 Comparando Strings sem Diferenciar Maiúsculas e Minúsculas

**Problema:** (a) Escreva uma função semelhante à função **strcmp**() que compara strings sem levar em consideração diferenças entre letras maiúsculas e minúsculas. (b) Escreva uma função **main**() que testa a função especificada no item (a).

**Solução de (a):**

```
/****
 * ComparaStr(): Compara dois strings sem levar em consideração
 *               diferenças entre letras maiúsculas e minúsculas
 *
 * Parâmetros: str1 (entrada) - primeiro string a comparar
 *             str2 (entrada) - segundo string a comparar
 *
 * Retorno: = 0, se str1 = str2
 *          < 0, se str1 < str2
 *          > 0, se str1 > str2
 ****/
int ComparaStr(const char *str1, const char *str2)
{
    /**********************************************************************/
    /* Enquanto nenhum dos ponteiros apontar para '\0', compara respectivos */
    /* caracteres convertidos em maiúsculos. Se forem encontrados  dois    */
    /* caracteres diferentes, retorna a diferença entre os valores do      */
    /* primeiro e do segundo caracteres convertidos em maiúsculos.         */
    /**********************************************************************/

        /* O laço encerra quando 'str1' ou 'str2' apontar para */
        /* '\0' ou quando for encontrada uma diferença entre   */
        /* respectivos caracteres convertidos em maiúsculos    */
```

```
   while (*str1 && *str2) {
       /* Se os caracteres maiúsculos sendo comparados diferem, retorna */
       /* a diferença entre os respectivos caracteres maiúsculos        */
     if (toupper(*str1) != toupper(*str2)) {
         /* O uso de toupper() é necessário para produzir a ordem desejada. */
         /* Por exemplo, suponha que os caracteres são 'a' e 'Z'. Então, se */
         /* toupper() não fosse usada, a diferença entre 'a' e 'Z' seria    */
         /* positiva, de modo que o string contendo 'a' seria considerado   */
         /* sucessor daquele que contém 'Z'.                                */
       return toupper(*str1) - toupper(*str2);
     }

       /* Faz cada ponteiro apontar para o próximo caractere a ser comparado */
     ++str1;
     ++str2;
   }

   /*                                                          */
   /* Se 'str1' e 'str2' apontam para seus respectivos caracteres terminais,  */
   /* os strings são iguais (já que eles têm o mesmo tamanho). Caso contrário, */
   /* o string de maior tamanho será o maior.                  */
   /*                                                          */
   if (!*str1 && !*str2) { /* Strings têm o mesmo tamanho */
     return 0; /* Os strings são considerados iguais */
   }

     /* Neste ponto, sabe-se que um dos ponteiros aponta para '\0', mas o outro  */
     /* não aponta para '\0'. Se o caractere apontado por 'str1' não for'\0',    */
     /* esse ponteiro apontava para o maior string. Caso contrário, ele aponta-  */
     /* va para o menor string. A instrução return a seguir lida com os dois casos */
   return *str1 - *str2;
}
```

**Solução de (b):** A solução para esse item é relativamente fácil e é deixada como exercício para o leitor. Você poderá conferir sua solução no site do livro.

### 9.10.10 Criando um Comando de Sistema Operacional

**Problema:** Escreva um programa denominado, após sua compilação, **somaints** (família Unix) ou **somaints.exe** (Windows/DOS) e que calcula a soma dos valores inteiros introduzidos seguindo o nome do programa na linha de comando do sistema operacional.

**Solução:**

```
#include <stdio.h>   /* printf()              */
#include <stdlib.h>  /* atoi()                */
#include <string.h>  /* strchr()              */
#include <ctype.h>   /* isspace() e isdigit() */

/****
 *
 * main(): Calcula a soma dos valores inteiros introduzidos como
 *         argumentos de linha de comando
 *
 * Parâmetros:
 *     argc (entrada) - Número de argumentos de linha de comando
 *     argv (entrada) - Array de strings presentes na linha de
 *                      comando quando o programa o programa é executado
 *
```

```
* Retorno: Zero, se não ocorrer nenhum erro.
*          Um valor diferente de zero em caso contrário.
****/
int main(int argc, char *argv[])
{
   int   i, valor, soma = 0;

      /* Deve haver pelo menos três argumentos de linha de comando */
   if (argc < 3) {
      printf( "\n\t>>> Este programa deve ser usado assim:"
              "\n\t>>> %s n1 n2 ..., sendo n1, n2, ... "
              "inteiros\n",  argv[0]);
      return 1;
   }

      /* Converte e soma as parcelas representadas */
      /* por argumentos de linha de comando        */
   for (i = 1; i < argc; ++i) {
      valor = atoi(argv[i]);  /* Converte um argumento em inteiro */

      soma = soma + valor; /* Acrescenta o argumento convertido à soma */
   }
   printf("\n\t>>> Soma: %d\n", soma);

   return 0;
}
```

**Análise:**

❑ A função **main()** chama **atoi()** para converter os strings recebidos como argumentos em números inteiros. Essa função foi discutida na Seção 9.9.1.

❑ Note como deve ser a comunicação com o usuário de um programa que recebe argumentos de linha de comando: sucinto, sem apresentação nem despedida.

**Exemplo de execução do programa:**

```
C:\>somaints -12 32 55ab
        >>> Soma: 75
```

### 9.10.11 Inserindo um String em Outro

**Problema:** (a) Escreva uma função que insere um string em outro numa posição especificada. (b) Escreva um programa que, repetidamente, lê dois strings e um número inteiro maior do que um que representa a posição de inserção do segundo string no primeiro string. Então, a função solicitada no item (a) deve ser chamada para efetuar a devida inserção. O programa deve encerrar quando o usuário digitar apenas [ENTER] quando solicitado a introduzir o primeiro string.

**Solução de (a):**

```
/****
 * InsereString(): Insere um string em outro
 *
 * Parâmetros:
 *     str1 (entrada/saída) - string que receberá a inserção
 *     str2 (entrada) - string a ser inserido
 *     local (entrada) - índice do elemento do string str1 no qual começa a inserção
 *
 * Retorno: Endereço do string resultante
```

```
 *
 * Observação: Se o local especificado para inserção for maior do que o número de
 *             caracteres do string de origem, esta função funciona como strcat()
 ****/
char *InsereString(char *str1, const char *str2, int local)
{
   int tamanho1, /* Tamanho do string que recebe caracteres */
       tamanho2, /* Número de caracteres que serão doados */
       i;

       /* Calcula o tamanho do string no qual será feita a inserção */
   tamanho1 = strlen(str1);

       /* Um string s é indexado de 0 a strlen(s). Portanto, se */
       /* o local da inserção for maior do que ou igual ao seu  */
       /* tamanho deixa-se strcat() completar o serviço.        */
   if (local >= tamanho1) {
      return strcat(str1, str2);
   }

       /* Calcula o número de caracteres que serão inseridos */
   tamanho2 = strlen(str2);

       /* Desloca para adiante cada caractere do string de    */
       /* destino um número de posições igual ao número de     */
       /* caracteres que serão inseridos,  a partir do local de */
       /* inserção. Os últimos caracteres são deslocado antes.  */
   for (i = tamanho1 + 1; i >= local; --i) {
      str1[i + tamanho2] = str1[i];
   }

       /* O espaço para inserção está aberto. Resta       */
       /* copiar os caracteres que devem ser inseridos. */
   for (i = 0; i < tamanho2; ++i) {
      str1[i + local] = str2[i];
   }
   return str1;
}
```

**Análise:** Os comentários inseridos na própria função **InsereString**() devem ser suficientes para entendê-la.

**Solução de (b):**

```
/****
 * main(): Insere strings em outros strings nas posições indicadas
 *
 * Parâmetros: Nenhum
 *
 * Retorno: Zero
 ****/
int main(void)
{
   char str1[TAM_ARRAY], str2[TAM_ARRAY];
   int  posicao;

       /* Apresenta o programa */
   printf("\n\t>>> Este programa insere caracteres numa"
          "\n\t>>> cadeia de caracteres numa dada posicao."
          "\n\t>>> Digite [ENTER] como primeira cadeia de"
          "\n\t>>> caracteres para encerrar o programa.\n");
```

```
        /* O laço encerra quando for lido apenas */
        /* [ENTER] como primeiro string            */
  while (1) {
        /* Lê o primeiro string */
     printf("\n\t>>> Digite uma cadeia de caracteres "
            "\n\t    (max = %d digitos): ", TAM_ARRAY - 1);
     (void) LeString(str1, TAM_ARRAY);

        /* Se o string for vazio encerra o laço */
     if (!*str1) { /* Usuário digitou apenas [ENTER] */
        break;
     }

        /* Lê o string a ser inserido */
     printf("\n\t>>> Digite os caracteres a ser inseridos "
            "\n\t    (max = %d digitos): ", TAM_ARRAY - 1);
     (void) LeString(str2, TAM_ARRAY);

        /* O laço encerra quando o usuário digitar um valor inteiro positivo */
     while (1) {
        printf( "\n\t>>> Digite a posicao de insercao: " );
        posicao = LeInteiro();

           /* Usuário comum não indexa strings a partir de   */
           /* zero, como faz a função InsereString(). Assim, */
           /* é necessário decrementar a posição introduzida */
        --posicao;

        if (posicao > 0) {
           break;
        }
        printf("\a\n\t>> O valor deve ser positivo <<\n");
     }

        /* Insere os caracteres de 'str2' em 'str1' na posição especificada */
     InsereString(str1, str2, posicao);

        /* Apresenta o resultado da operação */
     printf( "\n\t>>> Resultado da insercao: \"%s\"\n", str1 );
  }
  printf( "\n\t>>> Obrigado por usar este programa.\n");

  return 0;
}
```

**Análise:** A função **main**() acima leva em consideração o fato de usuário comum não iniciar contagens a partir de zero, como costumam fazer programadores de C. Logo ela decrementa a posição introduzida pelo usuário antes de chamar a função `InsereString()`.

Para completar o programa, insira o seguinte ao seu início:

```
#include <stdio.h>   /* printf()                    */
#include <string.h>  /* strlen() e strcat()         */
#include "leitura.h" /* LeString() e LeInteiro() */

  /* Tamanhos dos arrays que armazenarão os strings */
#define TAM_ARRAY 30
```

**Exemplo de execução do programa:**

```
>>> Este programa insere caracteres numa
>>> cadeia de caracteres numa dada posicao.
>>> Digite [ENTER] como primeira cadeia de
>>> caracteres para encerrar o programa.

>>> Digite uma cadeia de caracteres
    (max = 29 digitos): bocha

>>> Digite os caracteres a ser inseridos
    (max = 29 digitos): la

>>> Digite a posicao de insercao: 3

>>> Resultado da insercao: "bolacha"

>>> Digite uma cadeia de caracteres
    (max = 29 digitos): [ENTER]

>>> Obrigado por usar este programa.
```

# 9.11 Exercícios de Revisão

### Introdução (Seção 9.1)

1. O que é um string?

2. (a) Todo array de caracteres é um string? (b) Todo string é um array de caracteres?

3. (a) O que é caractere nulo? (b) Qual é o valor inteiro associado ao caractere nulo em qualquer código de caracteres usado em C? (c) Para que serve o caractere nulo?

4. Por que strings são tão importantes em programação?

### Armazenamento de Strings em Arrays de Caracteres (Seção 9.2)

5. Se a iniciação do array `ar[]`:
   ```
   char ar[] = {'b', 'o', 'l', 'a', '\0'};
   ```
   é o mesmo que:
   ```
   char  ar[] = "bola";
   ```
   por que existe essa segunda notação para iniciação de arrays de caracteres?

6. A iniciação do array `ar[]` a seguir é legal? Explique.
   ```
   char  ar[3] = "bola";
   ```

7. Na iniciação a seguir, como os elementos do array `ar[]` são iniciados?
   ```
   char  ar[10] = "bola";
   ```

8. (a) A seguinte iniciação do array `ar[]` é legal? (b) Se esse for o caso, qual será o conteúdo do array `ar[]` após essa iniciação?
   ```
   char ar[4] = "bola";
   ```

9. O que será escrito na tela após a execução do trecho de programa abaixo?
   ```
   char  ar[] = "Boa noite",
         *ptr = &ar[1];

   printf("%s", ptr + 4);
   ```

10. (a) Interprete a definição de variável a seguir. (b) Supondo que um ponteiro ocupe 4 bytes, quantos bytes serão alocados em decorrência dessa definição?
    ```
    char *ar[] = {"azul", "vermelho", "branco"};
    ```

### Strings Constantes (Seção 9.3)

11. Por que um programa pode ser abortado ao tentar alterar o conteúdo de um string constante?

12. (a) Por que é recomendado o uso de **const** na definição de ponteiros para strings constantes? (b) Dê exemplo do uso preventivo de **const** na definição de tal ponteiro.

**Comparando Ponteiros, Strings e Caracteres (Seção 9.4)**

13. (a) Qual é a diferença entre **"A"** e **'A'**? (b) Qual é o tipo de **"A"**? (c) Qual é o tipo de **'A'**? (d) Quantos bytes ocupa **"A"**? (e) Quantos bytes ocupa **'A'**?

14. (a) Quais são as diferenças entre as definições das variáveis **str[]** e **ptr** a seguir? (b) Por que o item (a) desta questão usa **str[]** e não apenas **str**?

```
char str[] = "bola";
char *ptr ="bola";
```

15. Em que resulta a avaliação de cada uma das seguintes expressões?
    (a) **"Bola"**
    (b) **\*"Bola"**
    (c) **"Bola"[3]**
    (d) **3["Bola"]**

16. Suponha que o cabeçalho **<stdio.h>** seja incluído em cada um dos seguintes programas. (a) O que há de errado com cada um deles? (b) Em quais situações o erro é detectado pelo compilador? (c) Em quais situações o erro poderá ocorrer em tempo de execução do programa?

(i)
```
int main(void)
{
    char *p = "bola";

    p[1] = 'a';
    printf("%s\n", p);

    p = "carro";
    printf("%s\n", p);

    return 0;
}
```

(ii)
```
int main(void)
{
    const char *p = "bola";

    p[1] = 'a';
    printf("%s\n", p);

    p = "carro";
    printf("%s\n", p);

    return 0;
}
```

(iii)
```
int main(void)
{
    char *const p = "bola";

    p[1] = 'a';
    printf("%s\n", p);

    p = "carro";
    printf("%s\n", p);

    return 0;
}
```

(iv)
```
int main(void)
{
   const char *const p = "bola";

   p[1] = 'a';
   printf("%s\n", p);

   p = "carro";
   printf("%s\n", p);

   return 0;
}
```

17. Suponha que **p** seja um ponteiro para o tipo **char**. Qual é o problema com cada uma das seguintes atribuições?
(a) `*p = "a";`
(b) `p = 'a';`

18. Por que a iniciação:
```
char *p = "bola";
```
é legal, mas a atribuição:
```
*p = "bola";
```
não o é.

19. (a) Por que a expressão `2["bola"]` é absolutamente legal em C? (b) Qual é o resultado dessa expressão?

20. (a) O que escreve na tela cada um dos seguintes programas? (b) Qual deles pode ser abortado? Observação: Suponha que cada um deles inclui **<stdio.h>**.

(i)
```
int main(void)
{
   char ar[] = {1, 2, 3, 4, 5, 7, 8, 9, 0},
       *p = ar;

   while (*p) {
      printf("%c\n", *p++);
   }
   return 0;
}
```

(ii)
```
int main(void)
{
   char ar[] = {'1', '2', '3', '4', '5', '7', '8', '9', '0'},
       *p = ar;

   while (*p) {
      printf("%c\n", *p++);
   }
   return 0;
}
```

(iii)
```
int main(void)
{
    char ar[] = "123457890",
        *p = ar;

    while (*p) {
        printf("%c\n", *p++);
    }
    return 0;
}
```

21. Qual é o resultado da avaliação de cada uma das seguintes expressões?
    (a) `sizeof("Bola")`
    (b) `strlen("Bola")`

22. Cite uma situação na qual o operador **sizeof** pode ser usado para determinar o tamanho de um string.

23. Dada a seguinte definição de variável:
```
char *semana[] = { "domingo", "segunda", "terca",
                   "quarta", "quinta", "sexta", "sabado" };
```
    Qual é o significado de cada uma das expressões a seguir?
    (a) `semana`
    (b) `*semana`
    (c) `**semana`
    (d) `semana + 3`
    (e) `*(semana + 3)`
    (f) `*(*(semana + 3) + 2)`
    (g) `semana[2]`

## Funções de Biblioteca para Processamento de Strings (Seção 9.5)

24. Que facilidades oferece a função `LeString()`?

25. O que escreve na tela cada uma das seguintes chamadas de **printf**()? Justifique suas respostas.
    (a) `printf("\nValor de '0': %d", '0');`
    (b) `printf("\nValor de '\0': %d", '\0');`
    (c) `printf("\nValor de '0': %c", '0');`
    (d) `printf("\nValor de '\\0': %c", '\0');`

26. Um aluno de programação escreveu a seguinte função com o objetivo de concatenar dois strings, mas ela está incorreta. Descubra e corrija os erros de programação apresentados por esta função.
```
char *Concatena(char *str, const char *ptr)
{
    while (*str++)
        str++;

    while (*str++ = *ptr++)
        ; /* Instrução vazia */

    return str;
}
```

27. Explique o uso de **const** no protótipo da função **strlen**():
```
size_t strlen(const char *string)
```

28. Que cuidado deve ser tomado quando se usa o valor retornado por **strlen**()?

29. O seguinte programa aparece como exemplo num famoso livro programação em C. (a) Quais são os erros desse programa? (b) Qual desses erros é o mais grave?

```
#include <stdio.h>
#include <string.h>

char s1[] = "Bom ";
char s2[] = "dia";

void main(void)
{
   int p;

   p = strcat(s1, s2);
}
```

30. A função `CopiaString()`, apresentada a seguir, foi implementada com o objetivo de ser funcionalmente equivalente a **strcpy()**. No entanto, ela contém um erro. (a) Qual é esse erro? (b) Um compilador seria capaz de indicar esse erro?

```
char *CopiaString(char *destino, const char *origem)
{
   char *inicioStrDestino = destino; /* Guarda início do string destino */

      /* Copia cada caractere do string    */
      /* 'origem' para o string 'destino' */
   while (*origem++ = *++destino)
      ; /* Instrução vazia */

   return inicioStrDestino;
}
```

31. Se função **strcpy()** armazena o resultado da cópia do string recebido como segundo parâmetro no array recebido como primeiro parâmetro, para que serve o valor retornado por essa função?

32. A função **strcmp()** é útil em ordenação de strings? Explique.

33. Se a função **strcmp()** não é muito útil em ordenação de strings, para que ela serve afinal?

34. Em que diferem as funções **strcmp()** e **strcoll()**?

35. Em que situação chamadas de **strcoll()** produzem o mesmo efeito que chamadas de **strcmp()**?

36. O que é uma localidade em programação?

37. O que é colação de caracteres?

38. Para que serve a função **strstr()**?

39. Em que diferem as funções **strchr()** e **strrchr()**?

40. Como se faz um ponteiro **p** do tipo **char** * apontar para o caractere terminal de um string **str** utilizando apenas uma instrução?

41. Como se pode calcular o comprimento de um string representado pelo ponteiro **str** com uma única expressão usando **strchr()** [ou **strrchr()**]?

42. Descreva o funcionamento da função **strtok()**.

43. (a) Por que o primeiro parâmetro de **strtok()** não deve ser um string constante? (b) O que pode acontecer se essa recomendação não for seguida?

44. Que cuidado se deve tomar para evitar corrupção de memória quando se chama a função **strcat()**?

45. Em um livro de programação em C, uma função que calcula o comprimento de um string é implementada como:

```
int Comprimento(char string[])
{
    int i;

    for (i = 0; string[i] != '\0'; ++i)
        continue;

    return i;
}
```

(a) Qual é o problema com a declaração do parâmetro **string** dessa função? (b) Para que serve a instrução **continue** nessa função? (c) Reescreva essa função usando um melhor estilo (e conhecimento) de programação.

46. Por que o programa a seguir pode ser abortado?

```
#include <stdio.h>
#include <string.h>

int main(void)
{
    char *p, *str = "um dois tres";

    p = strtok(str, " ");

    while (p) {
        printf("Token: %s\n", p);
        p = strtok(NULL, " ");
    }
    return 0;
}
```

47. O que há de errado com o trecho de programa a seguir?

```
char primeiroNome[20] = "Maria",
     segundoNome[20] = "Jose",
     nomeCompleto[50];

strcat(strcpy(nomeCompleto, primeiroNome), ' ');
strcat(nomeCompleto, segundoNome);
```

48. (a) O que o programa a seguir exibe na tela? (b) Por que ele é executado indefinidamente?

```
#include <stdio.h>
#include <string.h>

int main(void)
{
    char *p, str[] = "um dois tres";

    p = strtok(str, " ");

    while (p) {
        printf("Token: %s\n", p);
        p = strtok(str, " ");
    }
    return 0;
}
```

49. Que operação sobre strings cada função a seguir implementa?

(a)
```
void F1(char *s1, const char *s2)
{
   while (*s1++)
      ; /* Vazio */

   for (--s1; *s1 = *s2; s1++, s2++ )
      ; /* Vazio */
}
```

(b)
```
int F2(const char *s)
{
   int c;
   for (c = 0; *s; s++, ++c)
      ; /* Vazio */

   return c;
}
```

(c)
```
int F3( const char *s1, const char *s2 )
{
   for ( ; *s1 && *s2; s1++, s2++ ) {
      if (*s1 != *s2) {
         break;
      }
   }
   return *s1 - *s2;
}
```

50. Assumindo que o programa a seguir inclui os cabeçalhos **<stdio.h>** e **<string.h>**, o que ele apresenta na tela?

```
int main( void )
{
   const char *s1 = "abcdefabcdef";
   const char *s2 = "def";

   printf( "\n%s\n", strstr(s1, s2) );

   return 0;
}
```

51. O que faz a função F() a seguir?

```
int F(const char str1[], const char str2[] )
{
   int i;

   for(i = 0; str1[i] == str2[i]; i++) {
      if( str1[i] == '\0' ) {
         return 1;
      }
   }

   return 0;
}
```

52. A função F() a seguir implementa, corretamente, a mesma comparação de strings efetuada por **strcmp()**. Explique como ela funciona.

```c
int F(const char *str1, const char *str2)
{
   for(int i = 0; str1[i] == str2[i]; i++) {
      if(str1[i] == '\0') {
         return 0;
      }
   }
   return str1[i] - str2[i];
}
```

53. A função `F()` a seguir constitui outra forma de implementação de **strcmp**(). Explique seu funcionamento.

```c
int F(const char *s1, const char *s2)
{
   for(; *s1 == *s2 && *s1 != '\0'; s1++, s2++)
      ;
   return *s1 - *s2;
}
```

54. Supondo que os cabeçalhos `<stdio.h>` e `<string.h>` sejam incluídos no programa no qual a função `F()` a seguir é definida, o que essa função faz?

```c
int F(const char *s, int c)
{
   int n = 0;
   while((s = strchr(s, c)) != NULL) {
      s++;
      n++;
   }
   return n;
}
```

## A Função main() (Seção 9.6)

55. (a) Considerando qualquer padrão da linguagem C, a função **main**() pode ter tipo de retorno **void**? (b) Se a resposta for negativa, por que existem programas que definem o tipo de retorno de **main**() como **void**?

56. (a) Quais são os significados dos parâmetros `argc` e `argv` usados pela função **main**()? (b) Quais são as origens das denominações *argc* e *argv*? (c) Esses parâmetros precisam ser realmente denominados assim?

57. Como um programa pode obter seu nome de arquivo executável?

58. Suponha que um programa precisa processar dois argumentos de linha de comando. Que teste ele deve efetuar ao início de sua execução para verificar se foi invocado corretamente?

## Classificação e Transformação de Caracteres (Seção 9.7)

59. Qual é o propósito geral do cabeçalho `<ctype.h>`?

60. Que função declarada no cabeçalho `<ctype.h>` você utilizaria num programa para testar se um caractere é classificado como:

   (a) Alfanumérico

   (b) Letra

   (c) Dígito

   (d) Letra maiúscula

61. O que faz a seguinte função `F()`?

```
int F(const char *str)
{
   for (; *str; str++)
      if (!isalnum(*str))
         return 0;

   return 1;
}
```

62. Que função declarada em `<ctype.h>` é usada para converter letras maiúsculas em minúsculas?

63. Qual será o retorno da seguinte chamada da função **isalpha**(): `isalpha('ã')`?

### Ordem de Avaliação de Parâmetros (Seção 9.8)

64. Por que não se deve fazer suposições sobre a ordem de avaliação de parâmetros numa chamada de função?

65. Dependendo do compilador utilizado, o programa a seguir:

```
#include <stdio.h>
#include <string.h>

void ExibeInts(int x, int y)
{
   printf("\n\tPrimeiro valor: %d", x);
   printf("\n\tSegundo valor: %d", y);
}

int main(void)
{
   int  x = 10;

   ExibeInts( x, ++x );
   putchar('\n');

   return 0;
}
```

pode produzir dois resultados possíveis:

```
        Primeiro valor: 11
        Segundo valor: 11
```

ou:

```
        Primeiro valor: 10
        Segundo valor: 11
```

Explique por que.

66. Considere os seguintes protótipos de função:

```
void F1(char *p)
void F2(const char *p)
void F3(char **p)
```

Considere ainda o array `ar[]` definido como:

```
char ar[20] = "bola";
```

(a) Que funções poderiam ser chamadas usando o array `ar[]` e como seriam essas possíveis chamadas?

(b) Em quais chamadas permitidas o conteúdo do array `ar[]` pode ser alterado?

67. Considere os mesmos protótipos de função do exercício anterior e o ponteiro `str` definido como:

```
char *str = "bola";
```

(a) Que funções poderiam ser chamadas usando o ponteiro `str` e como seriam essas possíveis chamadas?

(b) Dentre as chamadas permitidas, quais podem causar aborto de um programa que as execute?

(c) Em quais chamadas permitidas o valor de `str` pode ser alterado?

**68.** Considere os mesmos protótipos de função do penúltimo exercício e o ponteiro `str2` definido como:

```
const char *str2 = "bola";
```

(a) Que funções poderiam ser chamadas usando o ponteiro `str2` e como seriam essas possíveis chamadas?

(b) Dentre as chamadas permitidas, quais podem causar aborto de um programa que as execute?

(c) Em quais chamadas permitidas o valor de `str2` pode ser alterado?

**69.** Suponha que uma função `F()` possua o seguinte protótipo:

```
void F(const char *p)
```

Considerando que o ponteiro `str` seja definido como:

```
char *str = "bola";
```

A chamada de `F()` a seguir é legal?

```
F(str);
```

**70.** Suponha que uma função `F()` possua o seguinte protótipo:

```
void F(char *p)
```

Considerando que o ponteiro `str` seja definido como:

```
const char *str = "bola";
```

A chamada de `F()` a seguir é legal?

```
F(str);
```

**71.** (a) O que o seguinte programa exibe na tela? (b) Por que esse programa é abortado? (c) Por que o compilador é incapaz de apresentar qualquer mensagem de advertência?

```c
#include <stdio.h>
#include <string.h>
#include <ctype.h>

void EscreveStrSemEspacos(const char *str)
{
    char *p;

    while (isspace(*str)) {
        ++str;
    }

    p = strchr(str, '\0') - 1;

    while (isspace(*p)) {
        --p;
    }

    *++p = '\0';

    printf("\n\"%s\"\n", str);
}

int main(void)
{
    char *str1 = "    Time e'    ",
         str2[] = "    Botafogo    ";

    EscreveStrSemEspacos(str1);
    EscreveStrSemEspacos(str2);

    return 0;
}
```

**Conversão de Strings Numéricos em Números (Seção 9.9)**

72. Descreva o funcionamento da função **atoi()**.

73. Em qual situação o resultado retornado por **atoi()** é ambíguo e por quê?

74. Descreva o funcionamento da função **strtod()**.

75. (a) Para quer serve o último parâmetro de **strtod()**? (b) Como esse parâmetro deve ser usado?

76. Por que, quando o segundo parâmetro de **strtod()** é **NULL**, o valor retornado por essa função pode ser ambíguo?

# 9.12 Exercícios de Programação

## 9.12.1 Fácil

EP9.1  Escreva uma função, denominada `TransformaStr()`, que recebe um string como primeiro parâmetro e um caractere como segundo parâmetro. Quando o segundo parâmetro for o caractere `'M'`, essa função deve transformar o string de tal modo que todas as suas letras passem a ser maiúsculas. Quando o segundo parâmetro for `'m'`, a função deve transformar o string de tal modo que todas as suas letras sejam minúsculas. Quando o segundo parâmetro não for `'M'` ou `'m'` essa função não deve promover nenhuma transformação no string. A função deverá retornar o endereço do string transformado. [Sugestão: Utilize as funções **tolower()** e **toupper()** discutidas na Seção 9.7.2.]

EP9.2  Escreva um programa, semelhante àquele apresentado como exemplo na Seção 9.10.8, que lê e verifica a validade de uma data no formato ISO 8601 (i.e., no formato: `aaaa/mm/dd`). [Sugestão: Estude o exemplo apresentado na Seção 9.10.8 e descubra o que precisa ser alterado naquele programa para obter a solução para o problema corrente.]

EP9.3  Implemente uma função, denominada `ComparaStrings()`, funcionalmente equivalente à função **strcmp()**. [Sugestão: Use um laço de repetição para comparar os strings caractere a caractere. Se for encontrada uma diferença entre respectivos caracteres ou for encontrado o caractere terminal de um dos strings encerre o laço e retorne a diferença entre os dois últimos caracteres acessados.]

EP9.4  Implemente uma função, denominada `EncontraPrimeiroChar()`, funcionalmente equivalente à função **strchr()**. [Sugestão: Utilize um laço de repetição para comparar cada caractere do string com o caractere procurado. Esse laço deve encerrar quando o caractere procurado ou o caractere terminal for encontrado. No primeiro caso, a função retorna o endereço do caractere, enquanto, no segundo caso, ela retorna **NULL**. Lembre-se que o caractere procurado pode ser o caractere terminal do string.]

EP9.5  Implemente uma função, denominada `EncontraUltimoChar()`, funcionalmente equivalente à função **strrchr()**. [Sugestão: Faça um ponteiro local à função apontar para o caractere terminal do string usando **strchr()**. Então, use um laço de repetição que decremente esse ponteiro até que ele aponte para o caractere procurado ou seja menor do que o ponteiro que aponta para o início do string. No primeiro caso, a função retorna o valor do ponteiro auxiliar, enquanto, no segundo caso, ela retorna **NULL**.]

EP9.6  Escreva uma função que retorna `1` quando um string possui apenas letras e dígitos ou `0`, em caso contrário. [Sugestão: Utilize a função **isalnum()** discutida na Seção 9.7.1.]

EP9.7  Escreva uma função que substitui cada caractere de tabulação de um string por um espaço em branco. [Sugestão: Utilize **strchr()** para localizar cada caractere de tabulação `'\t'` e então substitua-o.]

EP9.8  (a) Escreva uma função, denominada `OcorrenciasCar()`, que conta o número de ocorrências de um caractere num string. [Sugestões: (1) Use uma variável local para contar o número de ocorrências solicitado. Essa variável deve ser iniciada com zero. (2) Use um laço **while** cuja condição de parada seja o fato de o parâmetro que representa o string apontar para o caractere terminal desse string. (3)

No corpo do laço, verifique se esse parâmetro aponta para o caractere procurado e, se for o caso, incremente a variável que armazena o número de ocorrências. Em seguida, incremente o parâmetro. (4) Após o final do laço, retorne o valor da variável que conta as ocorrências.] (b) Escreva um programa que lê strings e caracteres isolados via teclado e informa o número de ocorrências de cada caractere no respectivo string. O programa deve encerrar quando o usuário introduzir um string vazio. [Sugestão: Use `LeString()` e `LeCaractere()` da biblioteca LEITURAFÁCIL para ler os strings e os caracteres, respectivamente.]

EP9.9  (a) Escreva uma função que substitui todas as ocorrências de um dado caractere num string por outro caractere. O protótipo dessa função deve ser:

```
char *SubstituiCaracteres(char *str, int substituir, int novo)
```

Os parâmetros dessa função são interpretados como:

- `str` é o string no qual serão feitas as substituições
- `substituir` é o caractere que será substituído
- `novo` é o caractere que substituirá as ocorrências do segundo parâmetro

O retorno dessa função deve ser o endereço do string recebido como parâmetro. (b) Escreva um programa para testar a função `SubstituiCaracteres()`. [Sugestão: Utilize como base a função `OcorrenciasCar()` solicitada no exercício EP9.8. Então, em vez de contar as ocorrências de um dado caractere, você as substituirá.]

EP9.10  Escreva uma função que remove todos caracteres que não são letras de um string. [Sugestões: (1) Use a função **isalpha()** discutida na Seção 9.7.1. (2) Use as sugestões apresentadas para o exercício EP9.9.]

EP9.11  (a) Escreva uma função que retorna o token de ordem **n** de um string, se este existir; caso contrário, a função deve retornar **NULL**. O protótipo dessa função deve ser:

```
char *EnesimoToken(char *str, const char *separadores, int n)
```

Nesse protótipo, os parâmetros têm os seguintes significados:

- `str` é o string no qual o enésimo token será procurado
- `separadores` é um string contendo os possíveis separadores de tokens
- `n` é o número de ordem do token desejado

(b) Escreva um programa para testar a função `EnesimoToken()`.

[Sugestão: Utilize a função **strtok()** para ler e descartar n - 1 tokens do string. Se **strtok()** retornar **NULL** antes, não existe enésimo token. Caso contrário, chame e retorne o valor retornado por **strtok()**.]

EP9.12  (a) Escreva uma função que copia os **n** caracteres iniciais de um string. O protótipo dessa função deve ser:

```
char *CopiaInicio(char *destino, const char *origem, int n)
```

Os parâmetros dessa função são interpretados como:

- `destino` é o array que receberá a cópia
- `origem` é o string que doará os caracteres
- `n` é o número de caracteres iniciais que serão copiados.

O retorno dessa função deve ser o endereço do array recebido como primeiro parâmetro. (b) Escreva um programa para testar a função `CopiaInicio()`. [Observação: A função `CopiaInicio()` é semelhante à função **strncpy()** da biblioteca padrão de C.]

**EP9.13** (a) Escreva uma função que copia os **n** caracteres finais de um string. O protótipo dessa função deve ser:

```
char *CopiaFinal(char *destino, const char *origem,  int n)
```

Nesse protótipo, os parâmetros têm os seguintes significados:

- **destino** é o array que receberá a cópia
- **origem** é o string que doará os caracteres
- **n** é o número de caracteres finais que serão copiados, sem incluir o caractere terminal do string **origem**.

O retorno dessa função deve ser o endereço do array recebido como parâmetro. (b) Escreva um programa para testar a função **CopiaFinal()**. [Sugestão: Utilize um ponteiro **p** local à função e faça-o apontar para o primeiro caractere a ser copiado e, então, chame **strcpy()** como **strcpy(destino, p)**.]

**EP9.14** (a) Escreva uma função que copia **n** caracteres de um string a partir de uma dada posição. O protótipo dessa função deve ser:

```
char *CopiaNCaracteres(char *destino, const char *origem, int pos, int n)
```

As interpretações dos parâmetros nesse protótipo são as seguintes:

- **destino** é o array que receberá a cópia
- **origem** é o string que fornecerá os caracteres
- **pos** é a posição do string **origem** a partir da qual os caracteres serão copiados
- **n** é o número de caracteres que serão copiados.

O retorno dessa função deve ser o endereço do array recebido como parâmetro. (b) Escreva um programa para testar a função **CopiaNCaracteres()**. [Sugestão: Utilize a função **CopiaInicio()** solicitada no exercício EP9.12.]

**EP9.15** Escreva um programa que verifica se um número de CPF introduzido pelo usuário é válido. Um número de CPF tem 11 dígitos divididos em duas partes: a parte principal com 9 dígitos e os dígitos verificadores, que são os dois últimos dígitos. A validação de um número de CPF segue o procedimento descrito abaixo:

- Verificação do primeiro dígito de controle (penúltimo dígito do número):
  - ◊ Multiplique os inteiros representados pelos dígitos da parte principal, do primeiro ao último, respectivamente, por **10**, **9**, **8**, ..., **2** e some os resultados obtidos.
  - ◊ Calcule o resto da divisão do resultado obtido no item anterior por **11**.
  - ◊ Se o resto da divisão for **0** ou **1**, o primeiro dígito verificador deverá ser igual a **0**; caso contrário, esse dígito deverá ser igual a **11** menos o referido resto de divisão.
- Verificação do segundo dígito de controle (último dígito do número):
  - ◊ Multiplique os inteiros representados pelos dígitos da parte principal e pelo primeiro dígito de controle, do primeiro ao último, respectivamente, por **11**, **10**, **9**, ..., **2** e some os resultados obtidos.
  - ◊ Calcule o resto da divisão do resultado obtido no item anterior por **11**.
  - ◊ Se o resto da divisão for **0** ou **1**, o segundo dígito verificador deverá ser igual a **0**; caso contrário, esse dígito deverá ser igual a **11** menos o último resto de divisão.

A principal diferença entre essas duas verificações é que a segunda inclui o primeiro dígito de controle.

[Sugestão: Esse problema é semelhante àquele de verificação de número de PIS/PASEP apresentado como exemplo na Seção 9.10.3.]

**EP9.16** Escreva um programa semelhante àquele apresentado na Seção 9.10.10, denominado `multiplicaints` (ou `multiplicaints.exe`) que multiplica os argumentos de linha de comando que acompanham o nome do programa se eles forem todos números inteiros.

**EP9.17** Escreva um programa semelhante àquele apresentado na Seção 9.10.10, denominado `somareais` (ou `somareais.exe`), que soma números reais passados para o programa como argumentos de linha de comando. [Sugestão: Use a função **strtod**(), discutida na Seção 9.9.2, para converter os parâmetros do programa em números reais.]

**EP9.18** Escreva um programa que recebe um valor inteiro positivo N como argumento de linha de comando e apresenta como resultado a sequência de Fibonacci que contém N termos. Se N não for um valor válido para o programa ou estiver ausente, o programa deve responder adequadamente. [Sugestão: Use como modelos os exemplos apresentados na Seção 9.10.10 e na Seção 7.6.7.]

**EP9.19** Escreva um programa que recebe um valor inteiro positivo N como argumento de linha de comando e informa se N faz parte de alguma sequência de Fibonacci. Se N não for um valor válido para o programa ou estiver ausente, o programa deve responder adequadamente. [Sugestão: Siga a sugestão do exercício anterior.]

**EP9.20** Escreva um programa que exibe na tela a segunda metade de um string. [Sugestões: (1) Calcule a metade do tamanho do string usando **strlen**(). (2) Faça um ponteiro apontar para essa posição. (3) Use esse ponteiro com uma chamada de **printf**().]

**EP9.21** Escreva um programa que exibe na tela a primeira metade de um string. [Sugestões: (1) Encontre a posição central do string usando **strlen**(). (2) Use um laço de contagem que chame **putchar**() para exibir cada caractere do string do seu início até a sua posição central.]

**EP9.22** (a) Escreva uma função que acrescenta um caractere ao final de um string. O protótipo dessa função deve ser:

```
char *AcrescentaCaractere(char *str, int c, size_t tam)
```

Os parâmetros dessa função são interpretados como:

- `str` é o string que terá um caractere acrescentado
- `c` é o caractere que será acrescentado
- `tam` é o tamanho do array que contém o string.

O retorno dessa função deve ser o endereço do string alterado, se for possível acrescentar o caractere ou **NULL**, se não houver espaço suficiente. (b) Escreva um programa que lê strings e caracteres isolados via teclado, tenta acrescentar cada caractere no respectivo string e informa o resultado da operação. O programa deve encerrar quando o usuário digitar apenas `[ENTER]` quando instado a introduzir um string. [Sugestões: (1) Use **strlen**() para checar se há espaço suficiente para acréscimo de um novo caractere. (2) Se houver espaço para acréscimo, use, por exemplo, **strlen**() ou **strchr**() para acessar o local da inserção, que deve ser a posição corrente do caractere `'\0'`. (3) Não esqueça de acrescentar um novo caractere terminal ao string.]

**EP9.23** Escreva um programa que apresenta na tela uma frase (string) introduzida pelo usuário em forma de escada. Isto é, cada palavra constituinte da frase é exibida numa linha separada e endentada em relação à palavra anterior, como por exemplo:

```
Isto
    e'
      um
        teste
```

[Sugestão: Use a **strtok()** para extrair cada palavra da frase e a função **strlen()** para calcular a endentação de uma palavra em relação àquela exibida na linha anterior.]

EP9.24 (a) Escreva uma função, denominada `InverteString()`, que copia um string invertido (segundo parâmetro) para um array (primeiro parâmetro). (b) Escreva um programa que lê strings via teclado e apresenta-os invertidos na tela. [Sugestão: Defina um ponteiro **p** local à função `InverteString()` e faça-o apontar para o último caractere do string usando **strchr()**. Então, use um laço de repetição para copiar cada caractere correntemente por **p** para cada elemento do array e decrementar esse ponteiro. O laço deve encerrar quando **p** apontar para o endereço inicial do string.]

EP9.25 (a) Escreva uma função, denominada `EhVogal()`, que verifica se o caractere recebido como parâmetro é vogal. [Sugestão: Use **strchr()** para verificar se o caractere faz parte do string constante `"aeiouAEIOU"`.] (b) Escreva uma função, denominada `EhConsoante()`, que verifica se um caractere é consoante. [Sugestão: Use **isalpha()** e `EhVogal()`.] (c) Escreva um programa que lê uma palavra via teclado e informa quantas vogais e consoantes a palavra possui. [Sugestão: Use a função `LeNome()`, definida na Seção 9.10.1 e as funções solicitadas nos itens (a) e (b).]

EP9.26 Escreva um programa que lê um número positivo menor do que `5000` e apresenta na tela o número correspondente usando algarismos romanos. Esse programa deve ser funcionalmente equivalente àquele solicitado no exercício EP5.18, mas deve usar os arrays de strings: `unidades[]`, `dezenas[]`, `centenas[]` e `milhares[]` para armazenar os strings constantes que correspondem, respectivamente, à possível unidade, dezena, centena e milhar do número lido.

EP9.27 (a) Escreva uma função, denominada `OcorrenciasStr()`, que conta o número de ocorrências de um string (primeiro parâmetro) em outro string (segundo parâmetro). [Sugestões: (1) Defina uma variável de contagem e inicie-a com `0`. (2) Crie um laço de repetição infinito no corpo do qual a função **strstr()** é chamada tendo o string a ser procurado como segundo parâmetro. (3) Na primeira execução do corpo do laço, o primeiro parâmetro de **strstr()** deve ser o primeiro parâmetro da função que está sendo implementada. Nas execuções subsequentes do corpo do laço, esse parâmetro de **strstr()** deve ser acrescido do tamanho do string procurado. (4) Esse laço deve encerrar quando **strstr()** retornar **NULL**.] (b) Escreva um programa para testar a função solicitada no item (a).

EP9.28 A função `LeNome()`, apresentada na Seção 9.10.1, não testa se o string lido é constituído apenas por espaços em branco, de forma que o usuário pode digitar um nome que será invisível quando exibido. Reescreva essa função de maneira a corrigir esse defeito. [Sugestão: Use a função `RemoveBrancosInicio()`, definida na Seção 9.10.7, para remover eventuais espaços em branco no início do string lido. Então teste se o string se torna vazio após a chamada dessa função. Se esse for o caso, inste o usuário a introduzir um novo nome.]

## 9.12.2 Moderado

EP9.29 Implemente uma função, denominada `PosicaoEmString()`, funcionalmente equivalente à função **strstr()**.

EP9.30 Escreva um programa que apresenta todos os anagramas que podem ser formados com as letras de uma palavra introduzida pelo usuário via teclado. NB: Um **anagrama** é o resultado do rearranjo das letras de uma palavra que resulta em outra palavra, utilizando cada letras da referida palavra uma única vez. [Sugestões: (1) Escreva uma função que lê strings contendo apenas letras. (2) Utilize o método de geração de permutações por ordenação lexicográfica discutido na Seção 8.11.7 para gerar possíveis anagramas de um string constituído apenas por letras.]

EP9.31 (a) Escreva uma função que remove de um string todas as ocorrências de um dado caractere. O protótipo dessa função deve ser:

```
char *RemoveCaractere(char *str, int remover)
```

Nesse protótipo, str é o string que será eventualmente modificado, remover é o caractere a ser removido e o retorno da função deve ser o endereço inicial do string. [Sugestões: (1) Use dois ponteiros locais à função, denominados p e inicio e faça-os apontar para string str recebido como parâmetro. (2) Use um laço **while** que encerre quando str apontar para o caractere terminal do string. No corpo desse laço, copie para o endereço apontado por p qualquer caractere que não seja igual ao caractere que será removido e faça p e str apontarem para um caractere adiante. (3) Depois do laço, acrescente um caractere terminal após o último caractere apontado por p. (4) Retorne o valor do ponteiro inicio.] (b) Escreva um programa que lê um string e um caractere via teclado e remove todas as ocorrências do caractere no string. O string deve ser apresentado na tela antes e depois das eventuais substituições.

EP9.32 (a) Implemente uma função, cujo protótipo é:

```
char *RemoveCaracteres(char *str, const char *aRemover)
```

que remove do primeiro string recebido como parâmetro todos os caracteres presentes no segundo parâmetro, que também é um string. O retorno dessa função deve ser o endereço do string eventualmente alterado. (b) Escreva uma função **main()** que recebe dois strings como argumentos de linha de comando e remove do primeiro string todos os caracteres presentes no segundo string. [Sugestão: Use a função RemoveCaractere() solicitada no exercício EP9.31.]

EP9.33 (a) Escreva uma função que remove todas as ocorrências de um dado string em outro string e retorna o número de remoções efetuadas. [Sugestões: (1) defina três variáveis: p, usada como ponteiro auxiliar; tamSubstring, que armazenará o tamanho do substring que será removido e nRemocoes, que armazenará o número de remoções. (2) Calcule o tamanho do substring que será removido e atribua-o a tamSubstring. (3) Use um laço **while** que encerra quando o parâmetro que representa o string é **NULL** ou aponta para o caractere '\0'. (4) No corpo desse laço, use **strstr()** para encontrar a próxima ocorrência do substring no string e atribua o retorno dessa função a p. (5) Se p for **NULL**, encerre o laço. Caso contrário, copie para o array apontado por p o string que começa em p + tamSubstring e incremente a variável nRemocoes. (6) Ainda no corpo do laço, atribua p ao parâmetro que representa o string.] (b) Escreva um programa que lê dois strings via teclado, remove as ocorrências do segundo string no primeiro e apresenta o resultado da operação.

EP9.34 (a) Escreva uma função que substitui todas as ocorrências de um substring num string por outro substring. [Sugestões: (1) Use **strlen()** para calcular os tamanhos dos dois substrings. (2) Use um laço de repetição que encerra quando a função **strstr()** indicar que não há mais ocorrências do substring a ser substituído. (3) No corpo desse laço, determine o espaço para o qual serão copiados os caracteres substitutos, discriminando as substituições em duas categorias, dependendo dos tamanhos dos dois substrings. Isto é, se o tamanho do substring que será substituído for maior do que o daquele que o substituirá, devem-se mover caracteres para trás; caso contrário, devem-se mover caracteres para frente. Nos dois casos, o deslocamento de caracteres deve ser igual à diferença de tamanho entre os dois substrings. (4) Copie os caracteres do substring para o espaço determinado no passo anterior.] (b) Escreva um programa para testar a função especificada em (a). [Sugestão: Use a função OcorrenciasStr(), solicitada no exercício EP9.27, para calcular o tamanho que o string resultante das substituições terá quando a operação estiver concluída e determinar se o array que armazenará o resultado terá espaço suficiente para contê-lo.]

EP9.35 (a) Escreva uma função, denominada IntEmString(), que converte um valor do tipo **int** em string. [Sugestões: (1) Defina um array de duração fixa local à função para armazenar o resultado da operação.

O tamanho desse array é o valor de uma constante simbólica do programa. É vital que o referido array tenha duração fixa, pois, caso contrário, ele seria considerado um zumbi (v. Seção 8.9.4). (2) Verifique se o número a ser convertido é negativo e, se for o caso, armazene essa informação numa variável local e considere o valor absoluto do número para conversão. Ao final da conversão, se o número for negativo, o sinal de menos será acrescentado ao string. (3) Para evitar que o string que conterá os dígitos que compõem o número precise ser invertido ao final do processo, armazene-os do final para o início do array. Portanto o primeiro passo para obter o resultado desejado é armazenar o caractere terminal do string na última posição do array. (4) Use um laço **do-while** para extrair e armazenar no array cada dígito que compõe o número. Enquanto isso é efetuado, conte quantos caracteres estão sendo armazenados e compare esse valor com o tamanho do array para evitar corrupção de memória; i.e., se a quantidade de caracteres (dígitos, sinal e caractere terminal) exceder a capacidade de armazenamento do array, retorne **NULL**, indicando que a conversão não foi bem sucedida. (5) Finalmente, se o número for negativo e ainda houver espaço no array, acrescente o sinal de menos ao string que contém o resultado e retorne o endereço inicial do string (e não do array que o armazena).] (b) Escreva um programa para testar a função especificada no item (a).

EP9.36 (a) Escreva uma função, denominada `DoubleEmString()`, que converte um valor do tipo **double** em string. Essa função deve truncar a parte fracionária na segunda casa decimal. [Sugestões: (1) Separe o número em partes inteira e fracionária, conforme ensinado na Seção 7.5. (2) Armazene as partes inteira e fracionária no array que conterá o resultado como faz a função `IntEmString()` solicitada no exercício EP9.35. (3) Não esqueça que existe um ponto decimal separando as duas partes.] (b) Escreva um programa que testa a função especificada no item (a).

EP9.37 (a) Escreva uma função que separa um string em tokens, como faz a função **strtok()** da biblioteca padrão de C. (b) Escreva um programa que testa a função solicitada no item (a) e compara os resultados obtidos por meio dessa função com aqueles obtidos via **strtok()**. [Sugestões para o item (a): (1) Use um ponteiro de duração fixa local à função, denominado `proximoToken`, para armazenar o endereço do primeiro caractere do próximo token do string recebido como parâmetro. Defina ainda os seguintes ponteiros locais: `s`, que apontará para o string no qual a busca pelo token será efetuada, e `inicio`, que guarda o início do token corrente. (2) Quando o primeiro parâmetro da função em discussão não for **NULL**, a busca pelo próximo token começa no endereço indicado por esse parâmetro. Caso contrário, a busca pelo próximo token começa no endereço armazenado na variável `proximoToken`, a não ser que essa variável também seja **NULL**. Nesse último caso, não há mais token a ser encontrado e a função retorna **NULL**. (3) Quando há possíveis tokens a serem encontrados, saltam-se eventuais separadores (especificados no segundo parâmetro) que se encontrem no início do string no qual a busca será realizada. Se, durante essa operação, o final do string for atingido, não há mais token no string sendo processado e a função retorna '. Ainda nesse caso, a variável `proximoToken` recebe o valor **NULL**, de forma que a próxima chamada da função tendo **NULL** como primeiro parâmetro não procurará um novo token. (4) Se, após saltar os separadores iniciais, o final do string não for atingido, haverá pelo menos mais um token no string. Então, guarda-se o endereço desse token que será retornado na variável `inicio` e procura-se o final desse token (i.e., um separador de token especificado no segundo parâmetro ou '\0') usando a variável `s`. Quando um separador é encontrado, ele é substituído pelo caractere terminal '\0' e à variável `proximoToken` é atribuído o endereço do caractere que segue esse separador. Se, nesse passo não for encontrado nenhum separador, não haverá mais token na próxima chamada da função, e, assim, à variável `proximoToken` é atribuído **NULL**. (5) A última instrução da função retorna o endereço do token encontrado, que foi armazenado na variável `inicio`.]

# CAPÍTULO 10

# ESTRUTURAS, UNIÕES E ENUMERAÇÕES

Após estudar este capítulo, você deverá ser capaz de:

➤ Definir os seguintes conceitos:

☐ Estrutura      ☐ Operador seta      ☐ Estrutura com autorreferência

☐ Definição de tipo      ☐ União      ☐ Enumeração

☐ Rótulo de estrutura      ☐ Definidor de tipo      ☐ Registro variante

☐ Campo de estrutura      ☐ Estrutura aninhada      ☐ Campo indicador

☐ Operador ponto      ☐ Operador de acesso      ☐ Iniciador designado

➤ Descrever e usar as seguintes palavras-chave da linguagem C:

☐ **typedef**      ☐ **struct**      ☐ **union**      ☐ **enum**

➤ Dizer como são iniciados e acessados os membros (campos) de uma estrutura ou união

➤ Apresentar diferenças entre estruturas e arrays

➤ Mostrar que é inadequado definir tipos usando **#define** em vez de **typedef**

➤ Especificar os definidores de tipos disponíveis em C

➤ Descrever os operadores de acesso [], (), **\***, **.** (ponto) e **->** juntamente com suas precedências e associatividades

➤ Explicar como uma estrutura pode ser declarada e passada como parâmetro para uma função

➤ Decidir quando se deve usar **const** na definição de um ponteiro para estrutura como parâmetro de uma função

➤ Enumerar semelhanças e diferenças entre uniões e estruturas

➤ Identificar situações em que uniões são úteis

➤ Reforçar a importância de uso de campo indicador em registro variante

➤ Saber usar enumeração num programa quando a situação assim indicar

➤ Conhecer as regras de atribuição de valores a constantes de enumerações

**OBJETIVOS**

# 10.1 Introdução

 STRUTURAS SÃO VARIÁVEIS ESTRUTURADAS semelhantes a arrays que diferem destes por permitirem que seus elementos, denominados campos ou membros, sejam de tipos diferentes. Por causa dessa característica, estruturas constituem variáveis heterogêneas.

Uniões são variáveis estruturadas e heterogêneas semelhantes a estruturas, mas diferem de estruturas pelo fato de seus campos serem compartilhados em memória.

Apesar das semelhanças com estruturas e uniões na forma como são definidas, enumerações não são variáveis estruturadas e foram incluídas neste capítulo apenas por causa dessas semelhanças.

# 10.2 Tipos Definidos pelo Programador

A linguagem C permite que o programador crie seus próprios tipos de dados com o uso da palavra-chave **typedef**, que tem a seguinte sintaxe:

> **typedef** *tipo nome-do-tipo*;

A sintaxe de uma definição de tipo é semelhante àquela utilizada na definição de variáveis. Entretanto, ao contrário de uma declaração de variável, uma definição de tipo não causa a alocação de nenhum espaço em memória, ela apenas assegura que *nome-do-tipo* é um sinônimo de *tipo*. Por exemplo, a declaração de tipo abaixo:

```
typedef char tCPF[11];
```

define um tipo de dados, denominado **tCPF**, que representa variáveis que são arrays com 11 elementos do tipo **char**. Em consequência dessa definição, a declaração de variável a seguir:

```
tCPF meuCPF;
```

é idêntica a:

```
char meuCPF[11];
```

A notação adotada neste livro para identificadores de tipos preconiza que eles comecem com *t* (p. ex., **tCPF**), mas alguns programadores preferem que, em vez disso, esses identificadores sejam terminados por *_t* (p. ex., **CPF_t**). Qualquer dessas terminologias é inteiramente satisfatória.

Definições de tipos são usadas frequentemente não apenas para identificar tipos estruturados construídos pelo programador, conforme será visto neste capítulo, como também para atribuir novos nomes a tipos primitivos. Nesse último caso, a finalidade é primar pela legibilidade e, principalmente, pela portabilidade de programas. A biblioteca padrão de C contém várias definições de tipo dessa natureza, como, por exemplo, o tipo **size_t**, apresentado na Seção 8.5.

# 10.3 Estruturas

Uma estrutura serve para conter dados de tipos diferentes relacionados entre si. Cada membro de uma estrutura deve possuir um nome, que segue as regras de construção de identificadores de C (v. Seção 3.2).

## 10.3.1 Definições de Estruturas

Existem várias formas permitidas para a definição de uma estrutura em C, mas o uso de **typedef** constitui a melhor elas. Usando **typedef**, antes de definir uma estrutura (variável), define-se seu tipo como:

```
typedef struct {
        tipo₁ campo₁;
        tipo₂ campo₂;
        ...
        tipoN campoN;
} nome-do-tipo;
```

Aqui, define-se um tipo que é sinônimo daquilo que precede sua definição (v. Seção 10.2), incluindo a palavra **struct**. O rótulo da estrutura é um identificador opcional que é necessário apenas quando se declara uma estrutura com auto-referência ou opaca, que não é assunto abordado neste livro. Como exemplos de definições de estruturas considere:

```
typedef  struct  {
        char nome[30];
        int  dia, mes, ano;
     } tRegistro;

tRegistro  registroDaPessoa, *ptrParaRegistro;
```

Nesse exemplo, são definidos o tipo **tRegistro** e as variáveis **registroDaPessoa** e **ptrParaRegistro**.

Mais de um tipo pode ser definido simultaneamente com um único uso de **typedef**, como por exemplo:

```
typedef  struct   {
        char nome[30];
        int  dia, mes, ano;
     } tRegistro, *tPtrParaRegistro;

tRegistro          registroDaPessoa;
tPtrParaRegistro  ptrParaRegistro; /* Não se deve mais usar asterisco aqui */
```

Observe no último exemplo que, na definição da variável **ptrParaRegistro**, não se deve utilizar asterisco, pois o tipo **tPtrParaRegistro** já é um tipo de ponteiro. Caso contrário, estar-se-ia declarando um ponteiro para ponteiro.

Dois campos que fazem parte de estruturas diferentes podem possuir o mesmo nome, como, por exemplo:

```
typedef struct {
     int    a;
     double b;
} tEstrutura1;

typedef struct {
     int    a;
     char   b;
} tEstrutura2;
```

Devido à forma como os campos de uma estrutura são acessados (v. Seção 10.3.4), não existe chance de colisão dos identificadores de campos nesse exemplo.

Em termos de estilo, é recomendado endentar as declarações de campos de uma estrutura para melhor destacá-los, conforme é demonstrado nos diversos exemplos apresentados neste livro.

### 10.3.2 Iniciações

Uma estrutura pode ser iniciada de modo similar a um array. Isto é, uma estrutura a ser iniciada deve ser seguida pelo sinal de igualdade e de uma lista de valores entre chaves. O número de valores de iniciação não deve exceder o número de campos da estrutura e cada um deles deve ser compatível com o respectivo campo. Por exemplo, considerando a definição do tipo **tRegistro**:

```
typedef  struct {
         char nome[30];
         int  dia, mes, ano;
       } tRegistro;
```

a variável **registroDaPessoa** poderia ser iniciada como:

```
tRegistro registroDaPessoa = {"Jose da Silva", 12, 10, 1960};
```

Não se pode iniciar uma definição de tipo, pois tal definição não aloca espaço em memória. Por exemplo, a seguinte tentativa de iniciação seria inválida:

```
typedef struct {
         char  nome[30];
         int  dia, mes, ano;
       } tRegistro = {"Jose da Silva", 12, 10, 1960};/* ILEGAL */
```

### 10.3.3 Atribuições

Uma estrutura pode ser atribuída a outra, desde que ambas sejam do mesmo tipo. Por exemplo, considerando o tipo **tRegistro** apresentado na seção anterior e a seguinte definição de variáveis:

```
tRegistro e1, e2, *ptr;
```

as seguintes atribuições são perfeitamente válidas:

```
e1 = e2;
e2 = e1;
ptr = &e1;
e2 = *ptr;
```

### 10.3.4 Acesso a Campos

Existem duas formas de acesso aos campos de uma estrutura, dependendo do fato de se estar lidando com uma estrutura (variável) ou com um ponteiro para uma estrutura:

- ❑ Caso uma estrutura esteja sendo empregada, utiliza-se o nome da estrutura seguida pelo operador ponto (**.**) seguido pelo nome do campo.

- ❑ Caso um ponteiro para estrutura esteja sendo empregado, usa-se o nome do ponteiro seguido pelo operador seta (**->**) seguido pelo nome do campo. Esse operador é representado pelo símbolo de menos seguido pelo símbolo de maior do que e sem espaço entre eles.

Considere, como exemplo, as seguintes definições:

```
typedef struct {
         char  nome[30];
         int   dia, mes, ano;
       } tRegistro, *tPtrParaRegistro;

tRegistro         registroDaPessoa  = { "Jose da Silva", 12, 10, 1960 };
tPtrParaRegistro  ptrParaRegistro = &registroDaPessoa;
```

Como o ponteiro **ptrParaRegistro** foi iniciado com o endereço da variável **registroDaPessoa**, cada campo dessa variável poderia ser acessado de duas maneiras, conforme mostrado na Tabela 10–1.

| Campo | Acesso com `registroDaPessoa` | Acesso com `ptrParaRegistro` |
|-------|-------------------------------|------------------------------|
| nome  | `registroDaPessoa.nome`       | `ptrParaRegistro->nome`      |
| dia   | `registroDaPessoa.dia`        | `ptrParaRegistro->dia`       |
| mes   | `registroDaPessoa.mes`        | `ptrParaRegistro->mes`       |
| ano   | `registroDaPessoa.ano`        | `ptrParaRegistro->ano`       |

Tabela 10-1: Acesso a Campos de uma Estrutura

Na realidade, o operador `->` é uma abreviação para as operações conjuntas de indireção de ponteiro e acesso a um campo utilizando o operador ponto. Isto é:

```
ptrParaRegistro->ano
```

é o mesmo que:

```
(*ptrParaRegistro).ano
```

Quando acessado, um campo de uma estrutura é considerado como uma variável comum do tipo usado para declará-lo. Em outras palavras, pode-se utilizar um campo acessado em qualquer local onde uma variável do tipo desse campo poderia ser utilizada. Por exemplo, pode-se alterar o campo **ano** da variável **registroDaPessoa** fazendo-lhe uma atribuição como:

```
registroDaPessoa.ano = 1966;
```

ou, equivalentemente:

```
ptrParaRegistro->ano = 1966;
```

## 10.3.5 Aninho

Um campo de uma estrutura pode ser de qualquer tipo, inclusive de um tipo estrutura. Quando um campo de uma estrutura também é uma estrutura, ele é denominado estrutura aninhada. Por exemplo, a definição do tipo **tRegistro**:

```
typedef struct {
        char nome[30];
        int  dia, mes, ano;
    } tRegistro;
```

poderia ser reescrita como:

```
typedef struct {
        int  dia, mes, ano;
    } tData;

typedef struct {
        char   nome[30];
        tData  nascimento;
    } tRegistro2;
```

Na última definição de tipo, o campo **nascimento** é uma estrutura aninhada, pois ele é uma estrutura.

Tanto a definição de **tRegistro** quanto a definição de **tRegistro2** apresentadas acima descrevem variáveis que ocupam a mesma quantidade de espaço em memória. Também, apesar de aparentemente mais complexa, a definição de **tRegistro2** é mais elegante, pois denota uma melhor organização de dados que facilita a legibilidade e o reúso de código. Por exemplo, o tipo **tData** poderia ser reutilizado na definição de um outro tipo de estrutura, como mostra a definição de tipo a seguir:

```
typedef struct {
          char   codigo[5];
          tData  vencimento;
       } tPromissoria;
```

Quando uma estrutura contendo uma estrutura aninhada como campo é iniciada, utilizam-se chaves internas na iniciação da estrutura aninhada. Por exemplo:

```
tRegistro2  registroDaPessoa = { "Jose da Silva", {12, 10, 1960} };
```

O acesso a campos de estruturas aninhadas é efetuado da mesma forma que ocorre com estruturas simples. Por exemplo, o campo **nascimento** da estrutura **registroDaPessoa** pode ser acessado como:

```
registroDaPessoa.nascimento
```

Agora, o campo **nascimento** é também uma estrutura. Portanto o campo **dia** dessa estrutura pode ser acessado como:

```
(registroDaPessoa.nascimento).dia
```

que é o mesmo que:

```
registroDaPessoa.nascimento.dia
```

em virtude do fato de a associatividade do operador ponto ser à esquerda (v. Seção 10.4).

O acesso por meio de ponteiros é similar. Por exemplo, suponha que **ptrParaRegistro** é um ponteiro para o tipo **tRegistro**. Então, o campo **dia** do campo **nascimento** da estrutura apontada por **ptrParaRegistro** pode ser acessado como:

```
ptrParaRegistro->nascimento.dia
```

Note, nesse último exemplo, que o operador **->** é utilizado apenas uma vez, visto que o campo **nascimento** é uma estrutura e não um ponteiro para estrutura, como é o caso de **ptrParaRegistro**. O seguinte programa ilustra o que foi exposto:

```c
#include <stdio.h>

typedef struct  {
          int   dia, mes, ano;
       } tData;

typedef struct  {
          char   nome[30];
          tData  nascimento;
       } tRegistro2;

int main(void)
{
   tRegistro2 pessoa = { "Jose da Silva", {12, 10, 1960} };
   tRegistro2 *ptrPessoa = &pessoa;

   printf("\n\n***** Usando pessoa *****\n\n");

   printf("Nome: %s\n", pessoa.nome);
   printf( "Nascimento: %d/%d/%d\n", pessoa.nascimento.dia,
```

```
        pessoa.nascimento.mes, pessoa.nascimento.ano );
    printf("\n***** Usando ptrPessoa *****\n\n");

    printf("Nome: %s\n", ptrPessoa->nome);
    printf( "Nascimento: %d/%d/%d\n", ptrPessoa->nascimento.dia,
            ptrPessoa->nascimento.mes, ptrPessoa->nascimento.ano );

    return 0;
}
```

Quando executado, o programa acima produz o seguinte resultado:

```
***** Usando pessoa *****

Nome: Jose da Silva
Nascimento: 12/10/1960

***** Usando ptrPessoa *****

Nome: Jose da Silva
Nascimento: 12/10/1960
```

Em princípio, não existe limite quanto ao número de níveis de aninho de estruturas. No entanto, o uso de muitos níveis de aninho pode prejudicar a legibilidade não apenas da definição da estrutura como também das expressões utilizadas para acessar os campos mais internos.

# 10.4 Operadores de Acesso e Definidores de Tipos

Os operadores representados por . e ->, mais os operadores representados por [] e (), fazem parte de um mesmo grupo de precedência. Coletivamente, esses operadores e o operador de indireção (v. Seção 5.2.3) são denominados operadores de acesso. Para facilidade de referência, a Tabela 10–2 apresenta um resumo desses operadores.

| Nome | Símbolo | Utilizado em... |
|------|---------|-----------------|
| Operador de indexação | [] | Acesso a elemento de array |
| Operador de chamada de função | () | Chamada de função |
| Operador ponto | . | Acesso a campo de estrutura |
| Operador seta | -> | Acesso a campo de estrutura |
| Operador de indireção | * | Acesso indireto a variável |

TABELA 10–2: OPERADORES DE ACESSO

Excetuando-se o operador de indireção, representado por *, que é um operador unário, os demais operadores de acesso possuem a mais alta precedência da linguagem C e a associatividade deles é à esquerda. Isso significa que as seguintes propriedades são válidas:

> a.b.c *é equivalente a* (a.b).c
> a->b->c *é equivalente* a (a->b)->c

Com exceção dos símbolos utilizados como operadores de acesso a campo de estrutura (i.e., . e ->), os demais símbolos de operadores de acesso mais as palavras-chave **struct**, **union** e **enum** (v. Seção 10.9) são usados como **definidores** (ou **construtores**) **de tipos** da linguagem C. Ou seja, eles são usados em definições de tipos de dados derivados. A Tabela 10–3 resume esses definidores de tipo.

| DEFINIDOR | USADO EM DEFINIÇÃO DE... |
|:---:|:---|
| * | Ponteiro |
| [] | Array |
| () | Função |
| **struct** | Estrutura |
| **union** | União |
| **enum** | Enumeração |

TABELA 10–3: DEFINIDORES DE TIPO

# 10.5 Uso de Estruturas em Funções

### 10.5.1 Estruturas como Parâmetros de Funções

Estruturas inteiras (e não apenas ponteiros, como ocorre com arrays) podem ser passadas como parâmetros para funções.

Existem duas maneiras de declarar um parâmetro que representa uma estrutura:

- ☐ O parâmetro é declarado como uma estrutura.
- ☐ O parâmetro é declarado como um ponteiro para estrutura.

Por exemplo, considerando a definição do tipo **tRegistro**:

```
typedef  struct  {
          char  nome[30];
          int   dia, mes, ano;
       } tRegistro;
```

as funções **ExibeRegistro1()** e **ExibeRegistro2()**, apresentadas a seguir, ilustram as duas formas de declaração de parâmetros que representam estruturas do tipo **tRegistro**:

```
void ExibeRegistro1(tRegistro registro)
{
   printf("Nome: %s\n", registro.nome);
   printf( "Nascimento: %d/%d/%d\n", registro.dia,
           registro.mes, registro.ano );
}

void ExibeRegistro2(const tRegistro *ptrRegistro)
{
   printf("Nome: %s\n", ptrRegistro->nome);
   printf( "Nascimento: %d/%d/%d\n", ptrRegistro->dia,
           ptrRegistro->mes, ptrRegistro->ano );
}
```

Considerando as definições de **ExibeRegistro1()** e **ExibeRegistro2()**, se a variável **pessoa** fosse declarada como:

```
tRegistro  pessoa;
```

então, as funções **ExibeRegistro1()** e **ExibeRegistro2()** poderiam ser chamadas como:

```
ExibeRegistro1(pessoa);
```

e

```
ExibeRegistro2(&pessoa);
```

Por outro lado, considerando a definição de ponteiro abaixo:

```
tRegistro *ptrPessoa = &pessoa;
```

as chamadas de ExibeRegistro1() e ExibeRegistro2() deveriam ser:

```
ExibeRegistro1(*ptrPessoa);
```

e

```
ExibeRegistro2(ptrPessoa);
```

Em ambas as situações ilustradas, ExibeRegistro1() sempre recebe como parâmetro real uma estrutura e ExibeRegistro2() sempre recebe um endereço de estrutura como parâmetro real.

Quando uma estrutura é passada como parâmetro para uma função, qualquer alteração desse parâmetro incide sobre uma cópia da estrutura, de modo que a estrutura usada como parâmetro real permanece inalterada após a chamada. Por outro lado, quando o endereço de uma estrutura é passado como parâmetro para uma função, qualquer alteração de valor de algum campo da estrutura ocorrida no corpo da função incide sobre a própria estrutura.

Como, na prática, estruturas ocupam relativamente muito espaço em memória, tipicamente, usam-se ponteiros para representá-las como parâmetros, mesmo quando elas são apenas parâmetros de entrada. Nesse último caso, para garantir que uma estrutura passada como parâmetro real não é alterada, usa-se **const** na declaração do respectivo parâmetro formal, como é feito na função ExibeRegistro2() apresentada acima.

Existe apenas uma situação na qual é justificável usar uma estrutura (em vez de um ponteiro para estrutura) como parâmetro de uma função: quando a estrutura é relativamente pequena (i.e., aproximadamente do mesmo tamanho de um ponteiro). Na maioria das situações práticas, parâmetros que representam estruturas são ponteiros.

O método escolhido para declaração de uma estrutura como parâmetro de uma função determina o tipo de operador que será utilizado no corpo da função para acesso aos campos da estrutura. Ou seja, se uma estrutura for declarada como parâmetro de função, o operador ponto deve ser utilizado no acesso aos seus campos no corpo da função. Por outro lado, se um ponteiro para estrutura for declarado como parâmetro de função, o operador seta deve ser usado em acessos aos campos da estrutura para a qual o ponteiro aponta.

### 10.5.2 Funções com Retorno de Estruturas

Uma função pode retornar tanto uma estrutura quanto um endereço de estrutura. Em qualquer situação, o tipo de retorno declarado no cabeçalho da função deve ser compatível com o valor que ela efetivamente retorna. Por exemplo, a função LeRegistro1() apresentada a seguir retorna uma estrutura do tipo **tRegistro** definido anteriormente (MAX_NOME é uma constante simbólica previamente definida):

```
tRegistro LeRegistro1(void)
{
    tRegistro registro;

    printf("\nNome (max = %d letras): ", MAX_NOME - 1);
    LeString(registro.nome, MAX_NOME);

    printf("\nDia de nascimento: ");
    registro.dia = LeInteiro();
```

```
    printf("\nMes de nascimento: ");
    registro.mes = LeInteiro();

    printf("\nAno de nascimento: ");
    registro.ano = LeInteiro();

    return registro;
}
```

Por outro lado, função **LeRegistro2()** abaixo retorna o endereço de uma estrutura do tipo **tRegistro**:

```
tRegistro *LeRegistro2(tRegistro *ptrRegistro)
{
    printf("\nNome (max = %d letras): ", MAX_NOME - 1);
    LeString(ptrRegistro->nome, MAX_NOME);

    printf("\nDia de nascimento: ");
    ptrRegistro->dia = LeInteiro();
    printf("\nMes de nascimento: ");
    ptrRegistro->mes = LeInteiro();

    printf("\nAno de nascimento: ");
    ptrRegistro->ano = LeInteiro();

    return ptrRegistro;
}
```

Aparentemente, a função **LeRegistro2()** poderia ser definida de modo semelhante à função **LeRegistro1()** como:

```
tRegistro *LeRegistro3(void)
{
    tRegistro registroZumbi;

    printf("\nNome (max = %d letras): ", MAX_NOME - 1);
    LeString(registroZumbi.nome, MAX_NOME);

    printf("\nDia de nascimento: ");
    registroZumbi.dia = LeInteiro();

    printf("\nMes de nascimento: ");
    registroZumbi.mes = LeInteiro();

    printf("\nAno de nascimento: ");
    registroZumbi.ano = LeInteiro();

    return &registroZumbi; /* Retorno de zumbi */
}
```

Ocorre, porém, que, se a função **LeRegistro2()** tivesse sido definida dessa maneira, ao final ela estaria retornando um zumbi, conforme foi discutido na Seção 8.9.4. Portanto, se a intenção do programador for retornar o endereço de uma variável local a uma função, essa variável deverá ter duração fixa, como mostrado a seguir:

```
tRegistro *LeRegistro4(void)
{
    static tRegistro registro;

    printf("\nNome (max = %d letras): ", MAX_NOME - 1);
    LeString(registro.nome, MAX_NOME);

    printf("\nDia de nascimento: ");
    registro.dia = LeInteiro();

    printf("\nMes de nascimento: ");
```

```
    registro.mes = LeInteiro();

    printf("\nAno de nascimento: ");
    registro.ano = LeInteiro();

    return &registro;
}
```

Essa última função resolve parcialmente o problema da função anterior, mas ainda não representa uma solução adequada porque o conteúdo da variável cujo endereço é retornado será sobrescrito a cada chamada subsequente da função. Por exemplo, se essa função for chamada como na função **main**() a seguir:

```
int main(void)
{
    tRegistro *ptrPessoa1, *ptrPessoa2;

    ptrPessoa1 = LeRegistro4();

    printf("\n\n***** Dados da primeira pessoa *****\n\n");
    ExibeRegistro(ptrPessoa1);

    ptrPessoa2 = LeRegistro4();

    printf("\n\n***** Dados da segunda pessoa *****\n\n");
    ExibeRegistro(ptrPessoa2);

    return 0;
}
```

os resultados apresentados pelo programa seriam corretos. Mas, uma ligeira alteração efetuada nessa função **main**() produziria um resultado indesejado:

```
int main(void)
{
    tRegistro *ptrPessoa1, *ptrPessoa2;

    ptrPessoa1 = LeRegistro4();
    ptrPessoa2 = LeRegistro4();

    printf("\n\n***** Dados da primeira pessoa *****\n\n");
    ExibeRegistro(ptrPessoa1);

    printf("\n\n***** Dados da segunda pessoa *****\n\n");
    ExibeRegistro(ptrPessoa2);

    return 0;
}
```

Nesse último exemplo, o programa exibiria os dados da segunda estrutura lida duas vezes. Isso ocorre porque os dados da última estrutura lida sobrescrevem os dados da leitura anterior.

Resumindo, a melhor versão apresentada acima de função que lê dados para os campos de uma estrutura e retorna o endereço da estrutura lida é `LeRegistro2()`. Note, entretanto, que qualquer das funções apresentadas nesta seção é destinada a usuários *muito bem comportados*. Isto é, elas não testam os dados introduzidos pelo usuário, de modo que ele pode introduzir valores sem sentido. Essa verificação de dados de entrada não foi realizada aqui para não desviar o foco da discussão.

Pela mesma razão que passar o endereço de uma estrutura como parâmetro é mais eficiente que passar a própria estrutura (v. Seção 10.5.1), retornar o endereço de uma estrutura é mais eficiente e, portanto, mais utilizado do que retornar uma estrutura em si.

# 10.6 Uniões

Uniões são tipos de dados similares às estruturas, mas os campos de uma união compartilham o mesmo espaço em memória. Quer dizer, todos os campos de uma união iniciam no mesmo endereço em memória. Assim, uniões são utilizadas primariamente com o objetivo de economizar memória; i.e., quando os campos não devem coexistir ao mesmo tempo.

Uniões obedecem a regras sintáticas semelhantes àquelas usadas com estruturas, mas para definir-se um tipo de união usa-se **union** em vez de **struct** como mostra o exemplo abaixo:

```
typedef union {
        int     unidades;
        double peso;
    } tQuantidade;

tQuantidade quantidade;
```

O compilador sempre faz com que espaço suficiente seja alocado para conter o membro de maior tamanho de uma união. Por exemplo, se os tipos **int** e **double** ocuparem, respectivamente, dois e quatro bytes, a alocação da variável **quantidade** contendo os campos **unidades** e **peso** do último exemplo poderia ser representada esquematicamente como na Figura 10–1. Cada retângulo nessa figura representa um byte.

FIGURA 10–1: CAMPOS COMPARTILHADOS DE UMA UNIÃO

Para efeito de comparação, se a variável **quantidade2** for definida como uma estrutura com os mesmos campos que a variável **quantidade**:

```
typedef struct {
        int     unidades;
        double peso;
    } tQuantidade2;

tQuantidade2 quantidade2;
```

ela pode ser representada esquematicamente como na Figura 10–2.

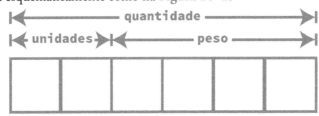

FIGURA 10–2: CAMPOS EXCLUSIVOS DE UMA ESTRUTURA

Os campos de uma união são mutuamente exclusivos no sentido de que apenas um deles pode ser considerado válido num dado instante. Por exemplo, se forem feitas as seguintes atribuições à variável **quantidade** definida acima como uma união:

```
quantidade.unidades = 2;
quantidade.peso = 1.5;
```

ao final da segunda atribuição, o valor **2** será perdido e uma tentativa de acesso ao valor do campo **unidades** de **quantidade** produzirá um resultado sem sentido, como mostra o programa a seguir:

```c
#include <stdio.h>

typedef union {
        int     unidades;
        double peso;
     } tQuantidade;

int main(void)
{
   tQuantidade quantidade;

   quantidade.unidades = 2;
   quantidade.peso = 1.5;

   printf("\nQuantidade: %d unidades\n", quantidade.unidades);

   return 0;
}
```

Quando executado, esse programa produz o seguinte resultado, que é desprovido de significado:

```
Quantidade: 0 unidades
```

Uma união pode ser iniciada atribuindo-se um valor entre chaves ao seu primeiro campo. Por exemplo:

```c
typedef union {
        int     unidades;
        double peso;
     } tQuantidade;
tQuantidade  quantidade = {2};
```

Iniciar uma união com um valor de um tipo diferente do tipo de seu primeiro campo produz um resultando inesperado no programa, como mostra o seguinte programa:

```c
#include <stdio.h>

typedef union {
        int     unidades;
        double peso;
     } tQuantidade;

int main(void)
{
   tQuantidade quantidade = {1.5};

   printf("\nQuantidade: %3.2f Kg", quantidade.peso);
   printf("\nQuantidade: %d unidades\n", quantidade.unidades);

   return 0;
}
```

O resultado produzido por esse programa não faz sentido:

```
Quantidade: 0.00 Kg
Quantidade: 1 unidades
```

# 10.7 Registros Variantes

Na prática, uniões são usadas em implementações de registros variantes. Um registro variante é uma estrutura composta de, pelo menos, uma parte fixa e, pelo menos, uma parte variante. As partes fixas de um tipo que representa registros variantes são campos comuns a todas as variáveis (estruturas) do tipo e as partes variantes são campos alternativos representados por uniões aninhadas. Considere, como exemplo de uso de registros variantes, o seguinte programa:

```c
#include <stdio.h>   /* Função printf() */
#include <stdlib.h> /* Função exit()    */

typedef union {
        int     unidades;
        double peso;
    } tQuantidade;

typedef struct {
        char        descricao[20];
        double      precoUnitario;
        int         tipoDeQuantidade;
        tQuantidade quantidade;
    } tProduto;

void ExibeProduto(const tProduto* produto)
{
   printf( "\nProduto: %s\tPreco: R$%4.2f\t",
        produto->descricao, produto->precoUnitario );

    /* Verifica qual é o tipo de quantidade (i.e., */
    /* unidades ou peso) antes de apresentá-la      */
   if (produto->tipoDeQuantidade == 1) { /* Unidade */
     printf( "Quantidade: %d unidades\n", produto->quantidade.unidades );
   } else if (produto->tipoDeQuantidade == 2) { /* Peso */
     printf("Quantidade: %3.2f Kg\n", produto->quantidade.peso);
   } else { /* Desconhecida */
     printf( "\n\nESTE PROGRAMA CONTEM UM ERRO:\n\t"
             "O valor de produto->tipoDeQuantidade\n\t"
             "nao poderia ser %d\n\n", produto->tipoDeQuantidade );
     exit(1); /* Aborta voluntariamente o programa */
   }
}

int main(void)
{
   tProduto produto1 = { "Arroz Arboreo", 12.99, 2 };
   tProduto produto2 = { "Coco Verde", 2.50, 1, {2} };
   tProduto produto3 = { "Jaca Dura", 5.49, 3, {1} };

   produto1.quantidade.peso = 1.5;

   ExibeProduto(&produto1);
   ExibeProduto(&produto2);
   ExibeProduto(&produto3);

   return 0;
}
```

O resultado apresentado pelo programa acima, quando ele é executado, é:

```
Produto: Arroz Arboreo Preco: R$12.99 Quantidade: 1.50 Kg

Produto: Coco Verde   Preco: R$1.50  Quantidade: 2 unidades

Produto: Jaca Dura    Preco: R$5.49
ESTE PROGRAMA CONTEM UM ERRO:
      O valor de produto->tipoDeQuantidade
      nao poderia ser 3
```

As últimas três linhas exibidas pelo último programa foram escritas pela função **ExibeProduto()** logo antes de abortar voluntariamente o programa. Essa função assim procede porque o campo **tipoDeQuantidade** da variável **produto3**, que ela recebe como parâmetro, assume um valor que não deveria assumir. Pode parece estranho à primeira vista que um programa seja abortado voluntariamente, mas tomar essa atitude aparentemente radical é melhor do que permitir que a execução do programa prossiga e, consequentemente, que o erro se alastre.

É importante observar que, se o último programa precisasse ser abortado no corpo da função **main()**, bastaria usar uma instrução **return**. Mas, para abortar um programa durante a execução de outra função, como é o caso aqui, é necessário chamar **exit()**, que é uma função da biblioteca padrão de C declarada em **<stdlib.h>**. O parâmetro recebido por essa função tem a mesma interpretação do valor retornado por **main()**. Isto é, ele indica se o programa foi bem sucedido ou não. Normalmente, esse parâmetro é um valor diferente de zero, porque, na maioria das vezes, essa função é chamada quando ocorre algum tipo de irregularidade detectada pelo programa que impede seu funcionamento normal.

As variáveis **produto1**, **produto2** e **produto3** são registros variantes, cujas partes fixas consistem dos campos **descricao**, **precoUnitario** e **tipoDeQuantidade**, enquanto a única parte variante é representada pelo campo **quantidade**. Esse último campo é uma união consistindo dos campos alternativos **unidades** e **peso**. Apenas um dos campos dessa união é válido para uma variável do tipo **tProduto** num dado instante.

Tipicamente, quando se processam registros variantes, utiliza-se um campo fixo, denominado *indicador*, que informa qual é o campo variante da estrutura válido num dado instante. No último exemplo, o campo **tipoDeQuantidade** faz papel de indicador, mas seu uso é um tanto complicado de decifrar. Isto é, esse campo assume o valor **1** quando o primeiro campo da união **quantidade** (**unidades**) é usado e **2** quando o segundo campo dessa união (**peso**) está em vigor. Definir esse campo como uma enumeração tornaria o papel desempenhado por ele mais fácil de entender, como mostra o programa a seguir.

```c
#include <stdio.h>  /* Função printf() */
#include <stdlib.h> /* Função exit()   */

typedef enum {UNIDADE, PESO} tTipoDeQuantidade;

typedef union {
        int     unidades;
        double peso;
      } tQuantidade;

typedef struct {
        char              descricao[20];
        double            precoUnitario;
        tTipoDeQuantidade tipoDeQuantidade;
        tQuantidade       quantidade;
      } tProduto;

void ExibeProduto2(const tProduto* produto)
{
   printf( "\nProduto: %s\tPreco: R$%4.2f\t",
           produto->descricao, produto->precoUnitario );
```

```
    /* Verifica qual é o tipo de quantidade (i.e., */
    /* unidades ou peso) antes de apresentá-la      */
if (produto->tipoDeQuantidade == UNIDADE) {
    printf( "Quantidade: %d unidades\n", produto->quantidade.unidades );
} else if (produto->tipoDeQuantidade == PESO) {
    printf("Quantidade: %3.2f Kg\n", produto->quantidade.peso);
} else {
    printf( "\n\nESTE PROGRAMA CONTEM UM ERRO:\n\t"
            "O valor de produto->tipoDeQuantidade\n\t"
            "nao poderia ser %d\n\n", produto->tipoDeQuantidade  );
    exit(1); /* Aborta voluntariamente o programa */
}
}

int main(void)
{
    tProduto produto1 = { "Arroz Arboreo", 12.99, PESO };
    tProduto produto2 = { "Coco Verde", 2.50, UNIDADE, {2} };
    tProduto produto3 = { "Jaca Dura", 5.49, 3, {1} };

    produto1.quantidade.peso = 1.5;

    ExibeProduto2(&produto1);
    ExibeProduto2(&produto2);
    ExibeProduto2(&produto3);

    return 0;
}
```

No programa acima, o campo **tipoDeQuantidade** é uma enumeração do tipo **tTipoDeQuantidade**. Isso significa que essa variável deve apenas assumir um dos valores que fazem parte da definição de seu tipo. (Enumerações serão precisamente descritas na Seção 10.9.) A execução desse programa produz exatamente o mesmo resultado do programa anterior, mas é bem mais fácil de entender.

Se um registro variante não possui campo indicador, não existe, em princípio, uma forma de determinar qual campo variante está correntemente em uso. Portanto o programador deve dispor de outro meio para obter essa informação, de modo a não acessar incorretamente um campo variante.

## 10.8 Iniciadores Designados

Os padrões mais recentes de C (i.e., ISO C99 e C11) permitem o uso de iniciadores designados para estruturas e uniões. Um iniciador designado de uma estrutura permite especificar (i.e., designar) quais campos se desejam iniciar. No caso de uniões, como os campos são mutuamente exclusivos, faz sentido especificar apenas um campo para iniciação. Um iniciador designado de estrutura ou união é escrito começando-se por **.** (ponto), seguido do nome do campo que se deseja iniciar, seguido do símbolo de igualdade e, finalmente, seguido do valor que se deseja atribuir ao campo. Ou seja, esquematicamente, um iniciador designado de estrutura ou união é escrito assim:

$$.nome\text{-}do\text{-}campo = valor$$

Iniciadores designados devem ser envolvidos entre chaves e podem aparecer em conjunto com iniciadores convencionais (i.e., aqueles vistos nas Seções 10.3.2 e 10.6), como mostra o programa abaixo:

```
#include <stdio.h>

typedef struct  {
        int  dia, mes, ano;
      } tData;
```

```
typedef struct  {
        char    nome[30];
        tData   nascimento;
      } tRegistro2;

typedef union {
        int      unidades;
        double peso;
      } tQuantidade;

int main(void)
{
   tRegistro2 pessoa = { "Jose da Silva",
                         .nascimento.ano = 1960 };
   tQuantidade quantidade = {.peso = 1.5};

   pessoa.nascimento.dia = 12;
   pessoa.nascimento.mes = 10;

   printf("\n\n***** Usando pessoa *****\n\n");

   printf("Nome: %s\n", pessoa.nome);
   printf( "Nascimento: %d/%d/%d\n", pessoa.nascimento.dia,
           pessoa.nascimento.mes, pessoa.nascimento.ano );

   printf("\n\n***** Usando quantidade *****\n\n");
   printf("Quantidade: %3.2f Kg\n", quantidade.peso);

   return 0;
}
```

O campo **ano** da estrutura aninhada **nascimento** foi iniciado como:

```
tRegistro2 pessoa = {"Jose da Silva", .nascimento.ano = 1960};
```

mas, nesse mesmo exemplo, ele também poderia ter sido iniciado assim:

```
tRegistro2 pessoa = { "Jose da Silva", {.ano = 1960} };
```

Contudo, essa última iniciação só é possível porque não há nenhum outro campo entre **nome** e **nascimento**. Em qualquer caso, o formato de iniciação visto na Seção 10.3.2 é preferível, não apenas porque é sempre válido, como também porque é mais legível.

Arrays também aceitam o uso de iniciadores designados, que permite que elementos específicos de um array sejam iniciados, conforme mostrado no seguinte exemplo:

```
int ar[20] = {[4] = -2, [9] = 5, [12] = 1, [17] = -5};
```

Nesse exemplo, os elementos `ar[4]`, `ar[9]`, `ar[12]` e `ar[17]` são explicitamente iniciados, enquanto os elementos remanescentes são iniciados implicitamente com **0**, conforme foi visto na Seção 8.4.

Deve-se ainda ressaltar que a ordem com que os elementos são iniciados é irrelevante. Por exemplo, a iniciação a seguir:

```
int ar[20] = {[12] = 1, [9] = 5, [17] = -5, [4] = -2};
```

tem o mesmo efeito daquela apresentada no exemplo anterior. Em termos de legibilidade, entretanto, a primeira iniciação é mais recomendada.

# 10.9 Enumerações

Uma variável de um tipo enumeração deve assumir apenas um dos valores constantes especificados na definição do seu tipo. Em outras palavras, um tipo enumeração limita os valores que uma variável desse tipo pode assumir a um conjunto de constantes com alguma afinidade entre si. Quando se tenta atribuir a uma variável de um tipo enumeração um valor que não faz parte desse conjunto de constantes, o compilador pode emitir uma mensagem de advertência.

Esquematicamente, uma definição de tipo enumeração tem o seguinte formato:

> **typedef enum** *{lista-de-nomes-de-constantes} tipo;*

Considere o seguinte fragmento de programa como exemplo de uso de enumeração:

```
typedef enum  { AZUL, VERMELHO, PRETO, BRANCO } tCores;
...
tCores  umaCor = VERMELHO,
        outraCor = BRANCO;
```

Note que a mesma recomendação de nomenclatura para constantes simbólicas (v. Seção 6.5) é seguida para constantes que fazem parte de uma enumeração; i.e., elas são escritas usando apenas letras maiúsculas.

Apesar de apresentarem alguma semelhança com estruturas e uniões com relação ao modo como seus tipos são definidos, variáveis de um tipo enumeração *não são estruturadas*, como mostra o último exemplo. Ou seja, as variáveis `umaCor` e `outraCor` do último exemplo podem assumir um dos valores constantes `AZUL`, `VERMELHO`, `PRETO` ou `BRANCO`, mas não podem assumir dois ou mais desses valores simultaneamente.

As constantes simbólicas que fazem parte de uma enumeração são consideradas do tipo **int** e valores inteiros são associados a elas. Caso não haja indicação em contrário, esses valores são baseados nas posições das constantes na lista, sendo que, como padrão, a primeira constante vale `0`, a segunda constante vale `1` e assim por diante. No último exemplo, `AZUL` vale `0`, `VERMELHO` vale `1`, `PRETO` vale `2` e `BRANCO` vale `3`.

Tipicamente, os valores atribuídos aos identificadores de constantes de uma enumeração não são importantes, mas permite-se que eles sejam explicitamente especificados. Além disso, se o valor de uma determinada constante de enumeração não for definido explicitamente, ele assumirá o valor da constante anterior na sequência acrescido de `1`. Como exemplo, considere:

```
typedef enum  { AZUL = -3, VERMELHO, PRETO = 20, BRANCO } tCores;
```

Nesse exemplo, as constantes `VERMELHO` e `BRANCO` terão valores `-2` e `21`, respectivamente. Note que não se requer que as atribuições de constantes sejam feitas em ordem crescente, como no exemplo acima, mas, em nome da boa legibilidade, isso é recomendado. Além disso, duas ou mais constantes de uma enumeração podem assumir um mesmo valor.

É importante salientar que constantes de enumerações têm escopo de arquivo. Portanto não é permitido declarar nenhum identificador que tenha o mesmo nome de uma constante de enumeração com esse tipo de escopo. O exemplo abaixo ilustra esse ponto:

```
#include <stdio.h>

typedef enum {VERMELHO, BRANCO} tColorido;
// typedef enum {AZUL, BRANCO} tCores; /* Não compila */

// int BRANCO = 10; /* Não compila */

int main(void)
```

```
{
    int BRANCO = 5; /* Oculta a constante BRANCO */
    printf("BRANCO = %d", BRANCO); /* Escreve BRANCO = 5 */
    return 0;
}
```

Nesse exemplo, se forem removidos os comentários delimitados com //, o programa não conseguirá ser compilado. Ou seja, mais precisamente, se o comentário // da linha:

```
// typedef enum {AZUL, BRANCO} tCores; /* Não compila */
```

for removido, haverá colisão entre as duas constantes que usam o mesmo identificador BRANCO. Por outro lado, se for removido o comentário // da linha:

```
// int BRANCO = 10; /* Não compila */
```

haverá colisão entre a variável e a constante da enumeração que usam o mesmo identificador BRANCO. Entretanto, não ocorre colisão de identificadores na definição da variável BRANCO no corpo da função **main**():

```
int BRANCO = 5;
```

pois o identificador dessa variável e a constante BRANCO da enumeração fazem parte de escopos diferentes. O que ocorre nesse caso é sobreposição de escopos, de maneira que o identificador usado com a variável oculta aquele da constante (v. Seção 5.10.5).

O exemplo a seguir, demonstra um uso correto de enumerações:

```
#include <stdio.h>

typedef enum {AZUL = -3, VERDE, PRETO = 20, BRANCO} tCores;

int main(void)
{
    tCores umaCor = VERDE;
    int    outraCor = BRANCO;

    printf("\numaCor = %d\noutraCor = %d\n", umaCor, outraCor);

    return 0;
}
```

Esse programa apresenta o seguinte resultado na tela:

```
umaCor = -2
outraCor = 21
```

Um parâmetro de função pode ser de um tipo enumeração e uma função também pode retornar um valor de um tipo enumeração, como mostra o seguinte programa:

```
#include <stdio.h>  /* printf() */
#include <stdlib.h> /* exit()   */

typedef enum  { AZUL, VERDE, PRETO, BRANCO } tCores;
typedef enum  { ALCOOL, GASOLINA, DIESEL } tCombustivel;

typedef struct {
        char         modelo[20];
        double       potencia;
        int          portas;
        tCores       cor;
        tCombustivel combustivel;
     } tAutomovel;
```

```c
void ExibeCor(tCores cor)
{
    /* Exibe a cor correspondente a cada constante */
    /* da enumeração recebida como parâmetro       */
    switch (cor) {
        case AZUL:
            puts("azul");
            break;
        case VERDE:
            puts("verde");
            break;
        case PRETO:
            puts("preta");
            break;
        case BRANCO:
            puts("branca");
            break;
        default:
            /* Aborta o programa se a execução chegar a este ponto */
            puts("Este programa contém um erro!");
            exit(1);
            break;
    }
}

tCores CorAutomovel(const tAutomovel *carro)
{
    return carro->cor;
}

int main(void)
{
    tAutomovel seuCarro = {"Fusca", 40.0, 2, VERDE, ALCOOL};
    tAutomovel meuCarro = {"Civic Si", 193.0, 2, PRETO, GASOLINA};
    tCores     umaCor;

    printf("Cor do seu carro: ");

    /* Obtém um valor associado a uma constante da enumeração tCores */
    umaCor = CorAutomovel(&seuCarro);

    /* Exibe na tela o string associado a uma constante da enumeração tCores */
    ExibeCor(umaCor);

    printf("Cor do meu carro: ");

    /* Exibe na tela o string associado a uma constante da enumeração tCores */
    ExibeCor(meuCarro.cor);

    return 0;
}
```

O resultado da execução do último programa é:

```
Cor do seu carro: verde
Cor do meu carro: preta
```

Às vezes, enumerações são utilizadas para indexar arrays, como mostra o exemplo a seguir:

```c
#include <stdio.h>
```

```
typedef enum  { JAN, FEV, MAR, ABR, MAI, JUN, JUL, AGO,
                SET, OTU, NOV, DEZ } tMeses;

int main(void)
{
   tMeses      mes;
   const char *nomeMes[] = { "Janeiro", "Fevereiro", "Marco",
                             "Abril", "Maio", "Junho", "Julho",
                             "Agosto", "Setembro", "Outubro",
                             "Novembro", "Dezembro" };

   for (mes = JAN; mes <= DEZ; mes++) {
      printf("%2.2d - %s\n", mes + 1, nomeMes[mes]);
   }

   return 0;
}
```

Quando o último programa é executado, ele produz como resultado:

```
01 - Janeiro
02 - Fevereiro
03 - Marco
04 - Abril
05 - Maio
06 - Junho
07 - Julho
08 - Agosto
09 - Setembro
10 - Outubro
11 - Novembro
12 - Dezembro
```

Enumerações são excelentes quando usadas para melhorar a legibilidade de um programa, mas sua utilidade prática é limitada a esse âmbito. Isto é, o padrão ISO de C não requer que um compilador sequer emita mensagens de advertência sobre usos indevidos de enumerações, como mostra o programa a seguir:

```
#include <stdio.h>

typedef enum  { AZUL, VERDE, PRETO, BRANCO } tCores;

int main(void)
{
   tCores umaCor = VERDE;
   int    i = BRANCO;

   umaCor = 12;

   printf("\numaCor = %d\ni = %d\n", umaCor, i);

   return 0;
}
```

Observe nesse programa que há duas violações do conceito de enumeração:

[1] A variável i é do tipo **int** (e não do tipo **tCores**), mas, mesmo assim, lhe é permitido assumir um valor do tipo **tCores**. Isso ocorre porque constantes de enumerações são inteiras e, portanto, compatíveis com o tipo da variável i.

[2] A variável **umaCor**, que é do tipo **tCores**, tem permissão para assumir 12 como valor, que sequer coincide com o valor de qualquer das constantes simbólicas que constituem o tipo **tCores**. Esse problema é bem mais sério do que o anterior e compiladores não deveriam negligenciá-lo.

Quando compilado usando o compilador GCC 4.6.1, que segue quase integralmente o padrão ISO C99, esse último programa não origina nenhuma mensagem de erro ou advertência. Portanto o compilador deixa a tarefa de uso correto de enumerações a cargo único e exclusivo do programador. A execução desse programa também ocorre normalmente e escreve o seguinte na tela:

```
umaCor = 12
i = 3
```

Concluindo, o conselho a ser seguido com respeito ao uso de enumerações é:

> **Recomendação** *Use enumerações conforme recomendado e com bastante cuidado, pois, caso contrário, um compilador não irá acudi-lo.*

## 10.10 Exemplos de Programação

### 10.10.1 Processando Dados de um Aluno

**Problema:** Suponha que, num programa escrito em C, dados de alunos são armazenados em estruturas do seguinte tipo:

```
typedef struct {
        char    nome[MAX_NOME + 1]; /* Nome do aluno */
        char    matr[TAM_MATR + 1]; /* Matrícula     */
        double n1, n2;              /* Notas 1 e 2   */
    } tAluno;
```

Nessa definição de tipo, **MAX_NOME** e **TAM_MATR** são constantes simbólicas previamente definidas. (a) Escreva uma função que lê dados de um aluno via teclado, de tal modo que um dos parâmetros informe se a matrícula deve ser lida ou não. (b) Escreva uma função que apresenta na tela dados de um aluno. (c) Escreva um programa que teste as duas funções solicitadas nos itens (a) e (b).

**Solução de (a):** Uma função para leitura dos dados de uma estrutura do tipo **tAluno** deve realizar as seguintes tarefas (não necessariamente nesta ordem):

- ☐ Ler um nome, como faz a função **LeNome()** apresentada na Seção 9.10.1.
- ☐ Ler uma matrícula, como faz a função **LeIdentidade()** apresentada na Seção 9.10.2.
- ☐ Ler duas notas. A função **LeNota()**, apresentada na Seção 7.6.1, realiza leitura de notas.

Portanto a escrita de uma função para leitura dos dados de uma estrutura do tipo **tAluno** é trivial, desde que você não tenha que reinventar a roda; caso contrário, sua tarefa será bastante penosa. Isto é, se as funções descritas acima estiverem disponíveis, como é o caso, a tarefa será restrita a praticamente incluir essas funções e chamá-las para ler os campos da estrutura.

Usando as funções mencionadas acima, a função **LeDadosAluno()**, que efetua a leitura requerida, pode ser escrita como:

```
/****
 * LeDadosAluno(): Lê os dados de um aluno
 *
 * Parâmetros:
 *     aluno (saída) - ponteiro para a estrutura que receberá os
 *                     dados introduzidos pelo usuário
 *     fMatr (entrada) - indica se o campo 'matr' será lido ou não
 *
```

```
 * Retorno: Endereço da estrutura que armazena os dados lidos
 *
 * Observação: O parâmetro 'fMatr' é uma flag que determina se a matrícula deve ser
 *             lida ('fMatr' diferente de zero) ou não ('fMatr' igual a zero). A
 *             justificativa para o uso desse parâmetro é que, algumas vezes, quando
 *             esta função é chamada, a matrícula já terá sido lida. Essa alterna-
 *             tiva é melhor do que solicitar novamente a matrícula ao usuário
 *             (inconveniente) ou escrever duas funções que diferem apenas pelo
 *             fato de solicitarem matrícula ou não.
 ****/
tAluno *LeDadosAluno(tAluno *aluno, int fMatr)
{
    LeNome(aluno->nome, MAX_NOME + 1); /* Lê o nome */

        /* Se indicado pelo parâmetro 'fMatr', lê a matrícula */
    if (fMatr) {
        LeIdentidade(aluno->matr, TAM_MATR+1, "Digite a matricula");
    }

        /* Lê a primeira nota */
    printf("\n\t>>> 1a. nota:\n\t    > ");
    aluno->n1 = LeNota();

        /* Lê a segunda nota */
    printf("\n\t>>> 2a. nota:\n\t    > ");
    aluno->n2 = LeNota();

    return aluno;
}
```

**Análise:** O parâmetro **fMatr** da função **LeDadosAluno()** indica se a matrícula deve ser lida (**fMatr** diferente de zero) ou não (**fMatr** igual a zero). A justificativa para o uso desse parâmetro é que essa função será usada em diversos exemplos mais adiante e, algumas vezes, quando essa função é chamada, a matrícula já terá sido lida.

**Solução de (b):** A função **ExibeDadosAluno()**, apresentada a seguir, implementa a exibição de dados de um aluno na tela.

```
/****
 * ExibeDadosAluno(): Exibe na tela os campos de uma estrutura do tipo tAluno
 *
 * Parâmetros:
 *    dados (entrada) - ponteiro para a estrutura que será apresentada na tela
 *
 * Retorno: Nada
 ****/
void ExibeDadosAluno( const tAluno *dados )
{
    printf("\n>>> Nome:\t%s", dados->nome);
    printf("\n>>> Matricula:\t%s", dados->matr);
    printf("\n>>> Nota 1:\t%3.1f", dados->n1);
    printf("\n>>> Nota 2:\t%3.1f\n", dados->n2);
}
```

**Análise:** Apesar de o parâmetro da função **ExibeDadosAluno()** ser de entrada, ele é declarado como ponteiro por uma questão de eficiência (v. Seção 10.5.1). Para garantir que não ocorre alteração acidental de nenhum campo da estrutura cujo endereço é recebido como parâmetro real, usa-se **const** na declaração do parâmetro formal.

**Solução de (c):**

```
/****
 * main(): Testa as funções LeDadosAluno() e ExibeDadosAluno()
 *
 * Parâmetros: Nenhum
 *
 * Retorno: Zero
 ****/
int main(void)
{
   tAluno umAluno;

   printf( "\n\t>>> Este programa le e apresenta dados de um aluno\n" );

      /* Lê dados de um aluno, incluindo sua matrícula */
   LeDadosAluno(&umAluno, 1);

      /* Apresenta os dados do aluno */
   printf("\n\t>>> Dados do aluno <<<\n");
   ExibeDadosAluno(&umAluno);

   return 0;
}
```

Para obter um programa completo, você precisará incluir as definições das funções LeNome(), LeIdentidade() e LeNota() e as seguintes linhas em seu início:

```
/************************ Includes ************************/

#include <stdio.h>    /* Entrada e saída           */
#include <string.h>   /* Processamento de strings  */
#include <ctype.h>    /* Classificação de caracteres */
#include "leitura.h"  /* LeituraFacil              */

/***************** Constantes Simbólicas *****************/

#define MAX_NOME 20 /* Número máximo de caracteres em nome */
#define TAM_MATR  4 /* Número de dígitos numa matrícula */

/***************** Definições de Tipos *****************/

   /* Tipo dos dados de um aluno */
typedef struct {
        char   nome[MAX_NOME + 1]; /* Nome do aluno */
        char   matr[TAM_MATR + 1]; /* Matrícula     */
        double n1, n2;             /* Notas 1 e 2   */
     } tAluno;

/********************** Alusões **********************/

extern int LeNome(char *nome, int tam);
extern char *LeIdentidade( char *id, int tamArray, const char *prompt );
extern double LeNota(void);
extern tAluno *LeDadosAluno(tAluno *aluno, int fMatr);
extern void ExibeDadosAluno( const tAluno *dados );
```

**Exemplo de execução do programa:**

```
>>> Este programa le e apresenta dados de um aluno

Digite o nome (max = 20 letras):
        > Henrique VIII

Digite a matricula com exatamente 4 digitos:
        > 1029

        >>> 1a. nota:
           > 9.5

        >>> 2a. nota:
           > 9.0

        >>> Dados do aluno <<<

>>> Nome:        Henrique VIII
>>> Matricula:   1029
>>> Nota 1:      9.5
>>> Nota 2:      9.0
```

## 10.10.2 Arte Moderna na Tela (do Computador)

**Problema:** Escreva um programa que desenha aleatoriamente na tela caracteres que representam as cores: branco, azul, verde e vermelho.

**Solução:**

```c
/*********************** Includes ***********************/

#include <stdlib.h> /* srand() e rand() */
#include <stdio.h>  /* putchar()        */
#include <time.h>   /* time()           */

/***************** Constantes Simbólicas ****************/

#define HORIZONTAL 18 /* Tamanho horizontal do quadro */
#define VERTICAL   12 /* Tamanho vertical do quadro   */

/***************** Definições de Tipos ******************/

   /* Tipo de enumeração que define as cores que serão usadas */
typedef enum {BRANCO = ' ', AZUL = '+', VERDE = '.', VERMELHO = '\''} tPaleta;

/****
 * EscolheCor(): Escolhe a cor da próxima pincelada
 *
 * Parâmetros: Nenhum
 *
 * Retorno: A primeira cor sorteada por rand() que coincide
 *          com uma das constantes do tipo tPaleta
 ****/
tPaleta EscolheCor(void)
{
   tPaleta cor;

      /* Chama a função rand() repetidamente até que o valor retornado por essa */
      /* função coincida com um dos valores da enumeração do tipo tPaleta       */
   do {
      cor = rand();
   } while ( cor != VERMELHO && cor != AZUL && cor != VERDE && cor != BRANCO );

   return cor; /* Retorna uma cor que consta na paleta */
}
```

```
/****
 *
 * main(): Desenha aleatoriamente na tela caracteres que representam cores
 *
 * Parâmetros: Nenhum
 *
 * Retorno: Zero
 *
 ****/
int main(void)
{
   int i, j;

      /* Alimenta o gerador de números aleatórios */
   srand(time(NULL));

   putchar('\n'); /* Primeira pincelada */

      /* Pinta o quadro linha a linha */
   for (i = 0; i < VERTICAL; i++) {
      for (j = 0; j < HORIZONTAL; j++) {
         putchar(EscolheCor());
      }

      putchar('\n'); /* Passa para a próxima linha */
   }

   putchar('\n'); /* Toque final */

   return 0;
}
```

**Análise:** O mais interessante nesse programa é o uso de uma enumeração para representar as cores da *paleta virtual*.

**Exemplo de execução do programa:**

```
+''.+'..++. ...''
.  +..'  .'+.  .'+. +
'...+'+.+ .'+ +'.+
  .'.'....+.+''+'.'
'..'  .'.++'  +.'+ +
+  '..'  '+ '...   '
 .+ .  ..' ++''  .++
 .'+  ''  .  +.'  ...
  +....'+...   '.''
'+'''  '+.+.. .'+'
++ +.. ++.+ +' ..
'..''++ '  '.+  ..+
.+. .'  ..'.'.''  .
```

## 10.10.3 Alinhamento de Strings

**Problema:** Escreva um programa contendo uma função que alinha um string à esquerda, à direita ou ao centro de um array e preenche o espaço restante com um caractere recebido como parâmetro.

**Solução:**

```
#include <string.h> /* strlen() */
#include <stdio.h>  /* printf() */
```

```
    /* Tamanho do array que armazena os strings */
#define TAM_ARRAY 30

    /* Tipos de alinhamento */
typedef enum {ESQUERDA, CENTRO, DIREITA} tAlinhamento;

/****
 * AlinhaString(): alinha um string à esquerda, à direita ou ao centro de um array,
 *                 preenchendo o espaço restante com um caractere especificado
 *
 * Parâmetros:
 *     ar[] (saída) - array que conterá o string alinhado
 *     largura (entrada) - tamanho do array ar[]
 *     preenchimento (entrada) - caractere usado no preenchimento do espaço restante
 *     alinhamento (entrada) - o tipo de alinhamento
 *     str (entrada) - o string que será alinhado
 *
 * Retorno: Endereço do array contendo o resultado da operação
 *
 * Nota: Se o comprimento do string str for maior do que o
 *       tamanho do array, ele será truncado.
 ****/
char *AlinhaString( char ar[], int largura, char preenchimento,
                    tAlinhamento alinhamento, const char *str )
{
   char *p;
   int  i,
        menorLargura,/* O menor valor entre o tamanho do */
                     /* array e o comprimento do string   */
        tamStr; /* Comprimento do string */

    /* Calcula o tamanho do string */
   tamStr = strlen(str);

    /* Determina a menor largura */
   menorLargura = largura < tamStr ? largura : tamStr;

    /* Preenche todo o array com o caractere de preenchimento */
   for (i = 0; i < largura - 1; ++i) {
      ar[i] = preenchimento;
   }

    /* Transforma o conteúdo do array num string */
   ar[largura - 1] = '\0';

    /* Determina a posição inicial do string dentro do array */
   if (alinhamento == ESQUERDA) {
      p = ar;
   } else if (alinhamento == CENTRO) {
      p = ar + (largura - menorLargura)/2;
   } else { /* alinhamento == DIREITA */
      p = ar + largura - menorLargura - 1;
   }

        /* Neste ponto, p aponta para o elemento do array */
        /* que receberá o primeiro caractere do string     */

    /* Insere o string em sua posição */
   for (i = 0; i < menorLargura; ++i) {
      p[i] = str[i];
   }
```

```
      /* Retorna o endereço do array que contém o string alinhado */
   return ar;
}
/****
 *
 * main(): Testa a função AlinhaString()  *
 * Parâmetros: Nenhum
 *
 * Retorno: Zero
 *
 ****/
int main(void)
{
   char  ar[TAM_ARRAY];
   char *str = "Um string";

      /* Apresenta o string original */
   printf("\nString original: \"%s\"\n", str);

         /* Apresenta o string alinhado à esquerda, à direita e centralizado */

   AlinhaString(ar, TAM_ARRAY, '*', ESQUERDA, str);
   printf( "\nString alinhado a esquerda:\n\t> \"%s\"\n",
         ar );

   AlinhaString(ar, TAM_ARRAY, '*', DIREITA, str);
   printf( "\nString alinhado a direita:\n\t> \"%s\"\n", ar );

   AlinhaString(ar, TAM_ARRAY, '*', CENTRO, str);
   printf("\nString centralizado:\n\t> \"%s\"\n", ar);

   return 0;
}
```

**Análise:** Esse programa é relativamente trivial e constitui mais um uso prático de enumeração.

**Resultado de execução do programa:**

```
String original: "Um string"

String alinhado a esquerda:
        > "Um string*******************"

String alinhado a direita:
        > "*******************Um string"

String centralizado:
        > "**********Um string*********"
```

### 10.10.4 Distâncias entre Cidades

**Problema:** Escreva um programa que armazena distâncias entre a cidade do Rio de Janeiro e algumas cidades do mundo num array de estruturas do tipo:

```
typedef struct {
        char *cidade;
        int    distancia;
     } tCidadeDistancia;
```

O programa deve receber do usuário o nome de uma cidade e, se essa cidade for encontrada no array, ele deve informar qual é a referida distância.

**Solução:**

```c
/************************* Includes ***********************/

#include <stdio.h>    /* printf() e putchar() */
#include <string.h>   /* strcmp()             */
#include "leitura.h"  /* LeString()           */

/***************** Constantes Simbólicas *****************/
   /* Tamanho do array que armazena os strings lidos */
#define TAMANHO_ARRAY 50

/***************** Definições de Tipos ******************/

typedef struct {
         char *cidade;
         int   distancia;
      } tCidadeDistancia;


/***************** Definições de Funções *****************/

/****
 *
 * ApresentaCidades(): Apresenta na tela o campo 'cidade' de cada estrutura do tipo
 *                     tCidadeDistancia de um array de elementos desse tipo
 *
 * Parâmetros:
 *     ar[] (entrada) - array que contém as estruturas
 *     tam (entrada) - número de elementos do array
 *
 * Retorno: Nada
 *
 ****/
void ApresentaCidades(const tCidadeDistancia ar[], int tam)
{
   int i;

   printf("\n\n\t        >>> Cidades Disponiveis <<<\n\n");

      /* Exibe na tela quatro cidades por linha */
   for (i = 0; i < tam; ++i) {
      printf("%-15s\t", ar[i].cidade);

         /* Quebra linha a cada 4 cidades escritas */
      if (!((i + 1)%4)) {
         putchar('\n');
      }
   }
}


/****
 *
 * main(): Apresenta a distância de uma cidade até o Rio de Janeiro
 *         (se essa informação estiver disponível, obviamente)
 *
 * Parâmetros: Nenhum
 *
 * Retorno: Zero
 *
 ****/
```

```
int main(void)
{
    char                cidade[TAMANHO_ARRAY];
    int                 i, nCidades;
    const tCidadeDistancia distancias[] =
        {
            {"Amsterdam",     9795}, {"Bagdad",       11168},
            {"Berlim",       10004}, {"Beirute",      10429},
            {"Jerusalem",    10306}, {"Joao Pessoa",   2448},
            {"Lisboa",        7711}, {"Londres",       9486},
            {"Moscou",       11542}, {"Nova Deli",    14068},
            {"Nova Iorque",   7763}, {"Oslo",         10415},
            {"Otawa",         8283}, {"Paris",         9162},
            {"Viena",         9871}, {"Zurich",        9610}
        };

    printf("\n\t>>> Este programa apresenta a distancia entre o "
           "Rio\n\t>>> de Janeiro e uma cidade escolhida pelo "
           "usuario.\n\t>>> Digite apenas [ENTER] para encerrar.");

    /* Calcula o número de elementos do array */
    nCidades = sizeof(distancias)/sizeof(distancias[0]);

    /* O laço encerra quando o usuário digitar apenas [ENTER] */
    while (1) {
        /* Apresenta ao usuário as cidades disponíveis */
        ApresentaCidades(distancias, nCidades);

        /* Lê o nome da cidade */
        printf("\n>>> Escolha uma cidade para conhecer sua"
               " distancia ate' o\n>>> Rio de Janeiro > ");
        LeString(cidade, TAMANHO_ARRAY);

        if (!*cidade) {
            break; /* Usuário digitou apenas [ENTER] */
        }

        /* Procura a cidade */
        for (i = 0; i < nCidades; ++i) {
            if (!strcmp(cidade, distancias[i].cidade)) {
                break; /* A cidade foi encontrada */
            }
        }

        /* Se o valor de i na saída do laço for igual */
        /* a 'nCidades', a cidade não foi encontrada  */
        if (i == nCidades) {
            printf("\n>>> A cidade \"%s\" nao foi encontrada", cidade);
        } else {
            printf( "\n>>> A distancia do Rio de Janeiro ate' %s "
                    "e' %dKm", cidade, distancias[i].distancia );
        }
    } /* while */

    printf( "\n>>> Obrigado por usar este programa.\n");

    return 0;
}
```

Exemplo de execução do programa:

```
>>> Este programa apresenta a distancia entre o Rio
>>> de Janeiro e uma cidade escolhida pelo usuario.
>>> Digite apenas [ENTER] para encerrar.
        >>> Cidades Disponiveis <<<

Amsterdam      Bagdad         Berlim         Beirute
Jerusalem      Joao Pessoa    Lisboa         Londres
Moscou         Nova Deli      Nova Iorque    Oslo
Otawa          Paris          Viena          Zurich

>>> Escolha uma cidade para conhecer sua distancia ate' o
>>> Rio de Janeiro > Campina Grande

>>> A cidade "Campina Grande" nao foi encontrada

        >>> Cidades Disponiveis <<<

Amsterdam      Bagdad         Berlim         Beirute
Jerusalem      Joao Pessoa    Lisboa         Londres
Moscou         Nova Deli      Nova Iorque    Oslo
Otawa          Paris          Viena          Zurich

>>> Escolha uma cidade para conhecer sua distancia ate' o
>>> Rio de Janeiro > Joao Pessoa

>>> A distancia do Rio de Janeiro ate' Joao Pessoa e' 2448Km

        >>> Cidades Disponiveis <<<

Amsterdam      Bagdad         Berlim         Beirute
Jerusalem      Joao Pessoa    Lisboa         Londres
Moscou         Nova Deli      Nova Iorque    Oslo
Otawa          Paris          Viena          Zurich

>>> Escolha uma cidade para conhecer sua distancia ate' o
>>> Rio de Janeiro > [ENTER]

>>> Obrigado por usar este programa.
```

### 10.10.5 Traduzindo Expressões Telefônicas

**Preâmbulo:** Telefones convencionais modernos incluem em cada tecla, além de um dígito, uma sequência de três letras que permitem ao usuário memorizar facilmente alguns números. Por exemplo, para ligar para uma determinada farmácia, o usuário poderia digitar as teclas que correspondem às letras **F**, **A**, **R**, **M**, **A**, **C**, **I** e **A**, que é bem mais fácil de memorizar do que o número correspondente de telefone (nesse caso, **32762242**) que será efetivamente chamado.

**Problema:** Escreva um programa que apresenta números de telefones correspondentes a expressões contendo letras, `'0'`, `'1'` ou `'-'`.

**Solução:**

```c
/*********************** Includes ************************/

#include <stdio.h>   /* putchar() e printf()   */
#include <string.h>  /* strchr()               */
#include <ctype.h>   /* isalpha() e toupper() */
#include <stdlib.h>  /* exit()                 */
#include "leitura.h" /* LeString()             */

/***************** Constantes Simbólicas *****************/

  /* Tamanho máximo de um string que representa uma expressão telefônica */
#define MAX_EXPRESSAO 30
```

```c
    /* Número máximo de caracteres associados a um dígito */
#define MAX_CAR_POR_DIGITO 4

/***************** Definições de Tipos ******************/

    /* Tipo de estrutura que representa uma correspondência */
    /* entre as letras de um string e um dígito de telefone */
typedef struct {
        char letras[MAX_CAR_POR_DIGITO + 1];
        int  digito;    /* Dígito correspondente a  */
                        /* qualquer letra do string */
      } tCorrespondencia;
/********************** Alusões **********************/

extern void ApresentaEspacos(int nEspacos);
extern void ApresentaErro(const char *str,const char *erro);
extern int ChecaExpressao(const char *str);
extern void EscreveTelefone(const char *s);

/***************** Definições de Funções ******************/

/****
 * ApresentaEspacos(): Escreve o número especificado de espaços em branco na tela
 *
 * Parâmetros:
 *      nEspacos (entrada) - número de espaços em branco que serão escritos
 *
 * Retorno: Nenhum
 ****/
void ApresentaEspacos(int nEspacos)
{
   int i;

      /* Escreve o número especificado de espaços na tela */
   for (i = 1; i <= nEspacos; ++i) {
      putchar(' '); /* Escreve um espaço na tela */
   }
}

/****
 * ApresentaErro(): Apresenta uma mensagem de erro apontando para o caractere num
 *                  string que causou o erro
 *
 * Parâmetros:
 *      str (entrada) - o string contendo o erro
 *      erro (entrada) - ponteiro para o caractere causador do erro
 *
 * Retorno: Nenhum
 ****/
void ApresentaErro(const char *str, const char *erro)
{
   int posicao;

   posicao = erro - str; /* Determina o índice do caractere que causou erro */

      /* O índice do caractere não pode ser negativo */
   if (posicao < 0) {
         /* Apresenta uma mensagem de erro padrão */
      printf("\a\n\t>>> Erro nao indentificado!\n");
```

```
      return; /* Nada mais pode ser feito */
   }

      /* Apresenta o string com embelezamento gráfico e sonoro */
   printf("\a\n>>> Erro <<<\n\n%s\n", str);

      /**************************/
      /* Indica o local do erro */
      /**************************/

      /* Escreve a ponta da seta para cima */
   ApresentaEspacos(posicao);
   printf("^\n");

      /* Escreve a haste da seta */
   ApresentaEspacos(posicao);
   printf("|\n");

      /* Escreve a mensagem de erro */
   ApresentaEspacos(posicao);
   printf("-- Caractere espurio\n");
}
/****
 * ChecaExpressao(): Verifica se uma expressão (string) que representa um número
 *                   telefônico é válida e, quando for o caso, indica na tela onde
 *                   se encontra o primeiro erro detectado
 *
 * Parâmetros: str (entrada) - string que representa a expressão que será verificada
 *
 * Retorno: 1, se a expressão estiver OK; 0, em caso contrário
 *
 * Observação: Uma expressão válida contém apenas letras, '0', '1' e '-'
 ****/
int ChecaExpressao(const char *str)
{
   int i;

      /* Examina cada caractere do string e verifica se ele é válido */
   for (i = 0; str[i]; ++i){
      if (!isalpha(str[i])) {
         if ( str[i] != '0' && str[i] != '1'&&
              str[i] != '-') {  /* Foi encontrado um caractere inválido. */
            /* Apresenta mensagem de erro informando onde ele se encontra. */
            ApresentaErro(str, &str[i]);

            return 0; /* Caractere inválido encontrado */
         } /* Segundo if */
      } /* Primeiro if */
   } /* for */
   return 1; /* Não foi encontrado nenhum erro */
}
/****
 * EscreveTelefone(): Escreve na tela o número de telefone
 *                    correspondente a um string válido
 *
 * Parâmetros: s (entrada) - string que representa a expressão cujo
 *                           telefone correspondente será escrito
 *
 * Retorno: Nenhum
 *
```

```
* Observações:
*       1.  Esta função assume que o string é válido
*       2.  Se o correspondente a algum caractere não for
*           escrito, o programa será abortado
****/
void EscreveTelefone(const char *s)
{
        /* O array a seguir contém as correspondências entre letras e dígitos. */
        /* O uso de static garante uma única iniciação da variável e o uso de  */
        /* const garante que ela não será alterada                             */
    static const tCorrespondencia tabela[] = { {"ABC",  '2'},
                                                {"DEF",  '3'},
                                                {"GHI",  '4'},
                                                {"JKL",  '5'},
                                                {"MNO",  '6'},
                                                {"PQRS", '7'},
                                                {"TUV",  '8'},
                                                {"WXYZ", '9'} };

    int i,
        tamTabela, /* Tamanho da tabela de correspondência */
        carEscrito; /* Indicará se o correspondente a um */
                    /* caractere do string foi escrito   */

        /* Calcula o tamanho da tabela de correspondência */
    tamTabela = sizeof(tabela)/sizeof(tabela[0]);

    printf("\n\t>>> Telefone: "); /* Embelezamento */

    for (; *s; ++s) {
        /* O caractere corrente ainda não foi escrito */
    carEscrito = 0;

    if (isalpha(*s)) {
            /* O caractere corrente é uma letra cujo   */
            /* valor numérico será procurado na tabela */
        for (i = 0; i < tamTabela; ++i) {
                /* Procura na tabela o caractere corrente */
                /* convertido em letra maiúscula          */
            if ( strchr(tabela[i].letras, toupper(*s)) ) {
                    /* A letra foi encontrada e o número correspondente será escrito */
                putchar(tabela[i].digito);

                carEscrito = 1; /* O caractere foi escrito */
            }
        }
    } else if (*s == '0' || *s == '1' || *s == '-'){
            /* Se o caractere for '0', '1' ou '-', ele é escrito como ele é */
        putchar(*s);

        carEscrito = 1; /* O caractere foi escrito */
    }

        /* Se não foi escrita a correspondência de   */
        /* algum caractere, o programa será abortado */
    if (!carEscrito) {
        printf("\nERRO: O caractere %c nao foi escrito\n", *s);
        exit(1);
    }
  }
}
```

```
/****
 * main(): Escreve na tela números de telefones correspondentes a
 *          expressões contendo letras, '0', '1' ou '-'
 *
 * Parâmetros: Nenhum
 *
 * Retorno: Zero
 ****/
int main(void)
{
    char str[MAX_EXPRESSAO + 1];
    int  excesso;

    /* Apresenta o programa */
    printf( "\n\t>>> Este programa apresenta numeros de"
            "\n\t>>> telefone correspondentes a expressoes"
            "\n\t>>> contendo letras, '0', '1' ou '-'." );

    /* O laço termina quando o usuário digitar apenas [ENTER] */
    while (1) {
        /* Lê a expressão */
        printf( "\n\nIntroduza uma expressao ou [ENTER] para encerrar:\n\t> " );
        excesso = LeString(str, MAX_EXPRESSAO + 1);

        if (!*str) { /* Checa se o string é vazio */
            break; /* Usuário digitou apenas [ENTER] */
        }
        /* Verifica se foram digitados caracteres demais */
        if (excesso) {
            printf( "\n\t>>> Voce digitou caracteres demais."
                    "\nO maximo permitido sao %d caracteres\n", MAX_EXPRESSAO );

            continue; /* Salta o restante do corpo do laço */
        }

        /* Verifica se a expressão é válida */
        if (!ChecaExpressao(str)) {
            /* A expressão não é válida */
            continue; /* Salta o resto do laço */
        }

        /* Apresenta na tela o número de telefone */
        /* correspondente à expressão introduzida */
        EscreveTelefone(str);
    } /* while */

    printf( "\n\t>>> Obrigado por usar este programa.\n");

    return 0;
}
```

Análise:

- [ ] A função **main()** usa um laço de repetição **while** para ler strings que possam representar números telefônicos, conforme a descrição apresentada no preâmbulo. Esse laço encerra quando o usuário digita um string vazio.

- [ ] Quando o usuário digita caracteres além do limite permitido, o programa ignora essa entrada de dados e faz uma nova leitura. Caso contrário, o programa verifica se a expressão é válida (v. preâmbulo) utilizando a função `ChecaExpressao()`.

☐ A função `ChecaExpressao()` examina cada caractere do string recebido como parâmetro e verifica se ele pode fazer parte de uma expressão que representa um número de telefone. Quando um caractere inválido é encontrado, essa função exibe na tela uma mensagem de erro informando o local onde esse caractere se encontra (v. exemplo de execução). Essa mensagem de erro é apresentada pela função `ApresentaErro()`, que, por sua vez, chama a função auxiliar `ApresentaEspacos()`.

☐ A função `EscreveTelefone()` escreve na tela o número de telefone correspondente a cada expressão considerada válida. Essa função utiliza uma tabela que associa letras a dígitos, sendo que cada dígito é associado a um string contendo todas as letras associadas a ele. Essa tabela é representada por um array de elementos do tipo `tCorrespondencia`, definido como:

```
typedef struct {
        char letras[MAX_CAR_POR_DIGITO + 1];
        int  digito;
      } tCorrespondencia;
```

A definição do array mencionado é acompanhada pelas palavras chave **static** e **const**, sendo que **static** faz com que o array seja iniciado apenas uma vez, enquanto **const** garante que essa iniciação não é alterada.

☐ A função `EscreveTelefone()` examina cada caractere do string recebido como parâmetro. Se um caractere desse string for letra, a função encontra o dígito correspondente na tabela mencionada e o escreve na tela; caso contrário, se o caractere for permitido, ele será escrito exatamente como ele é. Se for encontrado um caractere inesperado no string, a função em discussão aborta o programa, já que, nesse caso, terá sido detectada uma inconsistência do programa. Ou seja, a inconsistência reside no fato de a função ter recebido um string que não representa uma expressão válida. Mas, como essa função é chamada apenas após o programa ter checado a expressão, isso não deveria nunca acontecer.

**Exemplo de execução do programa:**

```
      >>> Este programa apresenta numeros de telefone que
      >>> correspondem a expressoes com letras, '0', '1' ou '-'

Introduza uma expressao ou [ENTER] para encerrar:
      > farmacia

      >>> Telefone: 32762242

Introduza uma expressao ou [ENTER] para encerrar:
      > [ENTER]

      >>> Obrigado por usar este programa.
```

# 10.11 Exercícios de Revisão

**Introdução (Seção 10.1)**

1. O que é uma estrutura?
2. Qual é a diferença conceitual entre estruturas e arrays?

**Tipos Definidos pelo Programador (Seção 10.2)**

3. Cite uma situação que mostre que é inadequado definir tipos usando **#define** em vez de **typedef**.
4. O que é um definidor de tipo? (b) Quais são os definidores de tipos disponíveis em C?

**Estruturas (Seção 10.3)**

5. Uma estrutura pode possuir um campo com o mesmo nome do campo de outra estrutura?
6. Uma estrutura cujo tipo é definido como:

```
typedef struct {
        int dia, mes, ano;
    } tData;
```

poderia ser definida como um array, já que todos os seus campos são de um mesmo tipo. Explique por que, mesmo levando esse argumento em consideração, definir a referida variável como array não é aceitável do ponto de vista de estilo.

7. Suponha que um valor do tipo **int** ocupe 4 bytes e um endereço também ocupe 4 bytes. Quantos bytes seriam alocados para o conjunto de definições a seguir?

```
typedef struct {
        char nome[30];
        int dia, mes, ano;
    } tRegistro, *tPtrParaRegistro;

tRegistro        registroDaPessoa;
tPtrParaRegistro ptrParaRegistro;
```

8. (a) Como os membros de uma estrutura podem ser iniciados? (b) Pode-se incluir iniciação numa definição de um tipo de estrutura?

9. Como são acessados os campos de uma estrutura?

10. Para que servem os operadores **.** e **->**?

11. O que é uma estrutura aninhada?

12. Suponha que os tipos **tEst1** e **tEst2** sejam definidos como a seguir:

```
typedef struct {
        char ar[5];
        int  i;
} tEst1;

typedef struct {
        tEst1 *p;
        double d;
} tEst2;
```

(a) Apresente um exemplo de iniciação de uma variável do tipo **tEst2**. (b) Apresente um exemplo de iniciação de um ponteiro para variável do tipo **tEst2**. (c) Mostre como acessar o elemento de índice **3** do array que faz parte do campo apontado por **p** da variável apresentada como exemplo no item (a). (d) Mostre como acessar o elemento de índice **3** do array que faz parte do campo apontado por **p** usando o ponteiro apresentado como exemplo no item (b).

## Operadores de Acesso e Definidores de Tipos (Seção 10.4)

13. (a) O que são operadores de acesso? (b) Quais são os operadores de acesso de C? (c) Em que situações são empregados operadores de acesso?

14. Que operador de acesso não faz parte do mesmo grupo de precedência dos demais operadores de acesso?

15. (a) Qual é a precedência dos operadores [], (), **.** (ponto) e **->** com relação aos demais operadores da linguagem C? (b) Qual é a associatividade desses operadores?

16. Suponha que um tipo de estrutura seja definido como:

```
typedef struct {
        int    a;
        double b;
} tEstrutura;
```

Suponha ainda que as variáveis **e** e **p** sejam definidas como a seguir:

```
tEstrutura e, *p = &e;
```

(a) Por que a seguinte instrução é ilegal? (b) Apresente duas maneiras de corrigir o erro apresentado por essa instrução.

```
*p.b = 2.5;
```

17. Suponha que um tipo de estrutura seja definido como:

```
typedef struct {
            int     a;
            double *b;
} tEstrutura;
```

e que se tenha uma estrutura e do tipo tEstrutura definida e iniciada como:

```
tEstrutura e = {10};
```

(a) Por que a seguinte instrução é legal (do ponto de vista sintático)? (b) Essa instrução poderá causar o mau funcionamento de um programa que a execute? Explique.

```
*e.b = 2.5;
```

## Uso de Estruturas em Funções (Seção 10.5)

18. Como uma estrutura pode ser passada como parâmetro para uma função?

19. Em que situações deve-se usar um ponteiro para estrutura como parâmetro de uma função?

20. Por que, tipicamente, é mais eficiente ter como parâmetro de função um ponteiro para estrutura do que uma estrutura?

21. Quando se deve usar **const** na definição de um ponteiro para estrutura como parâmetro de uma função?

22. Uma função pode retornar uma estrutura?

23. (a) Por que é mais eficiente para uma função retornar o endereço de uma estrutura do que uma estrutura inteira? (b) Que cuidado deve ser tomado nesse caso?

24. Suponha que uma função deve separar as partes inteira e fracionária de um número real e armazená-las numa estrutura do tipo definido a seguir:

```
typedef struct {
            int    pInt;  /* Parte inteira     */
            double pFrac; /* Parte fracionária */
        } tPartes;
```

Para simplificar, suponha ainda que o número a ser convertido não requeira correção para evitar erro de truncamento (v. Seção 7.5). A referida função deve retornar uma estrutura que contém o resultado da operação ou o endereço dessa estrutura. (a) Qual das funções abaixo não consegue ser compilada? (b) Quais dessas funções retornam zumbis? (c) Quais dessas funções estão corretamente implementadas? (d) Qual delas é a mais eficiente? (e) Qual delas é a mais ineficiente?

(i)
```
tPartes *SeparaPartesReal(tPartes partes, double x)
{
    partes.pInt = (int)x;
    partes.pFrac = x - (double)partes.pInt;
    return &partes;
}
```

(ii)
```
tPartes *SeparaPartesReal(tPartes *partes, double x)
{
    partes.pInt = (int)x;
    partes.pFrac = x - (double)partes.pInt;
    return partes;
}
```

(iii)
```
tPartes *SeparaPartesReal(tPartes *partes, double x)
{
   partes->pInt = (int)x;
   partes->pFrac = x - (double)partes->pInt;
   return partes;
}
```

(iv)
```
tPartes *SeparaPartesReal(double x)
{
   tPartes partes;

   partes.pInt = (int)x;
   partes.pFrac = x - (double)partes.pInt;
   return &partes;
}
```

(v)
```
tPartes *SeparaPartesReal(double x)
{
   static tPartes partes;

   partes.pInt = (int)x;
   partes.pFrac = x - (double)partes.pInt;
   return &partes;
}
```

(vi)
```
tPartes SeparaPartesReal(double x)
{
   tPartes partes;

   partes.pInt = (int)x;
   partes.pFrac = x - (double)partes.pInt;
   return partes;
}
```

(vii)
```
tPartes SeparaPartesReal(tPartes *partes, double x)
{
   partes->pInt = (int)x;
   partes->pFrac = x - (double)partes->pInt;
   return *partes;
}
```

25. Considere a seguinte definição de função na qual o tipo **tPartes** é aquele definido no exercício anterior:

```
tPartes *SeparaPartesReal(tPartes *partes, double x)
{
   partes->pInt = (int)x;
   partes->pFrac = x - (double)partes->pInt;

   return partes;
}
```

(a) Que chamadas da função SeparaPartesReal() que aparecem nas funções **main()** a seguir são corretas? (b) O que ocorre com cada chamada incorreta: erro de compilação ou erro de execução?

(i)
```
int main(void)
{
   tPartes partes, *ptrPartes;

   ptrPartes = SeparaPartesReal(&partes, 3.14);

   printf( "Parte inteira: %d\tParte fracionaria: %f\n",
           ptrPartes->pInt, ptrPartes->pFrac );

   return 0;
}
```

(ii)
```c
int main(void)
{
    tPartes partes;

    SeparaPartesReal(&partes, 3.14);

    printf( "Parte inteira: %d\tParte fracionaria: %f\n",
            partes.pInt, partes.pFrac );

    return 0;
}
```

(iii)
```c
int main(void)
{
    tPartes *ptrPartes;

    SeparaPartesReal(*ptrPartes, 3.14);

    printf( "Parte inteira: %d\tParte fracionaria: %f\n",
            ptrPartes->pInt, ptrPartes->pFrac );

    return 0;
}
```

(iv)
```c
int main(void)
{
    tPartes partes;

    partes = *SeparaPartesReal(&partes, 3.14);

    printf( "Parte inteira: %d\tParte fracionaria: %f\n",
            partes.pInt, partes.pFrac );

    return 0;
}
```

(v)
```c
int main(void)
{
    tPartes partes, *ptrPartes;

    partes = *SeparaPartesReal(ptrPartes, 3.14);

    printf( "Parte inteira: %d\tParte fracionaria: %f\n",
            partes.pInt, partes.pFrac );

    return 0;
}
```

## Uniões (Seção 10.6)

26. (a) O que é uma união? (b) Quais são as semelhanças entre uniões e estruturas? (c) Qual é a principal diferença entre uniões e estruturas?

27. Em que situações uniões são úteis?

28. (a) Como se pode iniciar um membro de uma união? (b) Qual é a diferença entre iniciações de uniões e estruturas?

29. Suponha que o tipo **int** ocupe 4 bytes e o tipo **double** ocupe 8 bytes numa dada implementação de C. Considerando as definições das variáveis **uniao** e **registro** abaixo:

```
typedef union {
        char   a;
        int    b;
        double c;
    } tUniao;

typedef struct {
        char   a;
        int    b;
        double c;
    } tRegistro;

tUniao    uniao;
tRegistro registro;
```

(a) Qual é o espaço ocupado pela variável **registro**? (b) Qual é o espaço ocupado pela variável **uniao**?

## Registros Variantes (Seção 10.7)

30. O que é um registro variante?

31. Para que serve um campo indicador de um registro variante?

32. Quando o seguinte programa é executado, ele apresenta um estranho resultado. Qual é esse resultado e por que ele ocorre?

```
#include <stdio.h>

typedef union {
        int    x;
        double y;
    } tNumero;

int main( void )
{
    tNumero numero;

    numero.x = 10;

    printf( "\nnumero.x = %d\nnumero.y = %f\n",
            numero.x, numero.y );

    numero.y = 10.0;

    printf( "\nnumero.x = %d\nnumero.y = %f\n",
            numero.x, numero.y );

    return 0;
}
```

## Iniciadores Designados (Seção 10.8)

33. (a) O que é um iniciador designado de estrutura? (b) Qual é a sintaxe utilizada para iniciar uma estrutura por meio de um iniciador designado?

34. Suponha que se tenha a seguinte definição de tipo:

```
typedef struct {
        char   a;
        int    b;
        double c;
    } tEstrutura;
```

Como se poderia iniciar com **5** o campo **b** de uma variável do tipo **tEstrutura** utilizando um iniciador designado?

35. Suponha que se tenham as seguintes definições de tipo:

```
typedef struct {
        int    x;
        double y;
    } tInterna;

typedef struct {
        char      a;
        tInterna b;
    } tExterna;
```

Como se poderia iniciar com **5** o campo **x** do campo **b** de uma variável do tipo **tExterna** utilizando um iniciador designado?

36. Como se poderia iniciar com **-2** o elemento de índice **3** do array **ar[]** abaixo utilizando um iniciador designado?

```
int ar[10];
```

## Enumerações (Seção 10.9)

37. (a) O que é uma enumeração? (b) Para que servem enumerações? (c) Como uma enumeração é definida? (d) Que cuidados o programador deve tomar quando usa enumerações?

38. (a) O que são constantes de enumeração? (b) Como elas são definidas?

39. Quais são as regras de atribuição de valores a constantes de enumerações?

40. Por que, muitas vezes, os valores atribuídos a constantes de uma enumeração não são importantes?

41. Dois tipos de enumerações diferentes podem ter constantes com o mesmo nome num programa monoarquivo?

42. Uma variável de um tipo enumeração é estruturada? Explique.

43. Suponha que um programa contém as seguintes definições:

```
typedef enum {AZUL, VERMELHO, BRANCO} tCores;
...
tCores umaCor;
```

a seguinte atribuição é válida?

```
umaCor = -5;
```

44. Qual é a vantagem obtida com o uso de enumerações num programa?

45. Por que se diz que o uso correto de enumerações depende apenas do programador, e não do compilador?

46. Qual é o valor atribuído a cada constante na seguinte definição de tipo enumeração?

```
typedef enum {C1 = -1, C2, C3 = 0, C4} tEnumeracao;
```

47. (a) Qual é a semelhança entre estruturas e enumerações? (b) Qual é a principal diferença entre enumerações e estruturas?

# 10.12 Exercícios de Programação

## 10.12.1 Fácil

EP10.1 Define-se o tipo **tComplexo**, a ser utilizado na representação de números complexos, da seguinte forma:

```
typedef  struct {
            double   parteReal;
            double   parteImaginaria;
        } tComplexo;
```

(a) Considerando essa definição de tipo, escreva funções em C que implementem as seguintes operações sobre números complexos:

   (i) Leitura de um número complexo via teclado, com protótipo:

   ```
   tComplexo *LeComplexo(tComplexo *complexo)
   ```

   Essa função deve retornar o valor do endereço recebido como parâmetro.

   (ii) Exibição de um número complexo na tela numa forma legível, com protótipo:

   ```
   void ExibeComplexo(const tComplexo *complexo)
   ```

   (iii) Soma de dois números complexos, com protótipo:

   ```
   tComplexo *SomaComplexos(tComplexo *resultado,
                       const tComplexo *complexo1,
                       const tComplexo *complexo2)
   ```

   Essa função deve retornar o endereço da estrutura que armazena o resultado.

   (iv) Subtração de dois números complexos, com protótipo:

   ```
   tComplexo *SubComplexos(tComplexo *resultado,
                       const tComplexo *complexo1,
                       const tComplexo *complexo2)
   ```

   Essa função deve retornar o endereço da estrutura que armazena o resultado.

   (v) Multiplicação de dois números complexos, com protótipo:

   ```
   tComplexo *MultiplicaComplexos(tComplexo *resultado,
                       const tComplexo *c1,
                       const tComplexo *c2)
   ```

   Essa função deve retornar o endereço da estrutura que armazena o resultado.

(b) Escreva um programa em C que, repetidamente, lê dois números complexos introduzidos via teclado e oferece ao usuário as opções de soma, subtração e multiplicação de complexos, além da opção de encerramento do programa. Após a execução da operação escolhida pelo usuário, o programa deve exibir o resultado na tela.

EP10.2 Considere o tipo **tPonto**, que representa pontos no plano euclidiano, definido como:

```
typedef struct {
            double x, y;
        } tPonto;
```

(a) Escreva uma função que lê um ponto do plano cartesiano e armazena-o numa estrutura do tipo **tPonto**. O parâmetro único dessa função deve ser um ponteiro para essa estrutura. [Sugestão: Use **LeReal()** da biblioteca LeituraFacil para ler cada coordenada.] (b) Escreva uma função que recebe dois parâmetros do tipo **tPonto** que representam pontos do plano cartesiano e apresenta na tela a equação da reta que passa pelos dois pontos. [Sugestão: Consulte um bom texto sobre Geometria Analítica elementar para saber como se determina a equação da reta que passa por dois pontos.] (c) Escreva um programa que lê valores para duas variáveis do tipo **tPonto** usando a função solicitada no item (a) e chama a função solicitada no item (b) para escrever a equação da reta que passa pelos dois pontos representados por essas variáveis.

EP10.3 (a) Considerando o tipo **tPonto** definido no exercício EP10.2, escreva uma função que recebe dois parâmetros desse tipo, que representam pontos do plano cartesiano e retorna a distância entre esses pontos. [Sugestão: Consulte um bom texto sobre Geometria Analítica elementar para saber como se calcula a distância entre dois pontos no plano cartesiano.] (b) Escreva um programa que lê valores para duas variáveis do tipo **tPonto**, chama a função solicitada no item (a) para calcular a distância entre os dois pontos representados por essas variáveis e exibe o resultado na tela. [Sugestão: Use a função solicitada no item (a) do exercício EP10.2 para leitura dos pontos.]

EP10.4 (a) Considerando o tipo **tPonto** definido no exercício EP10.2, escreva uma função que recebe três parâmetros desse tipo, que representam pontos do plano cartesiano e retorna **1** se eles forem colineares ou **0**, em caso contrário. [Sugestões: (1) Consulte um livro sobre Geometria Analítica elementar para saber como se verifica se três pontos do plano cartesiano são colineares. (2) Você precisará usar a função **ComparaDoubles()** definida na Seção 5.11.6.] (b) Escreva um programa que lê valores para três variáveis do tipo **tPonto**, chama a função solicitada no item (a) para verificar se os três pontos representados por essas variáveis são colineares e exibe o resultado na tela. [Sugestão: Use a função solicitada no item (a) do exercício EP10.2 para leitura dos pontos.]

EP10.5 Suponha que intervalos de tempo sejam representados num programa em C por estruturas do tipo definido como:

```
typedef struct {
        int hora;
        int min;
    } tTempo;
```

(a) Escreva uma função que calcula a soma de dois intervalos de tempo. [Sugestão: Some primeiro os minutos e, se o resultado exceder **60**, subtraia esse valor dos minutos e acrescente **1** à soma das horas.] (b) Escreva uma função que subtrai dois intervalos de tempo. [Sugestão: Subtraia primeiro os minutos e, se o resultado for negativo, some **60** ao resultado e subtraia **1** do total de horas.] (c) Escreva uma função que lê um intervalo de tempo. [Sugestão: Use a função **LeIntEntre()**, definida no exemplo da Seção 8.11.8.] (d) Escreva uma função que exibe na tela um intervalo de tempo. (e) Escreva um programa que testa as funções propostas nos itens de (a) a (d).

## 10.12.2 Moderado

EP10.6 Use estruturas do tipo:

```
typedef struct {
        double  valor;
        tUnidade unidade;
    } tMedida;
```

para representar medidas de comprimento, no qual o tipo **tUnidade** representa as unidades de medição: centímetro, metro, polegada e pé. Esse tipo é definido antes do tipo **tMedida** como:

```
typedef enum {CENTIMETRO, METRO, POLEGADA, PE} tUnidade;
```

Escreva uma função, cujo protótipo seja:

```
double SomaMedidas(const tMedida medidas[], int nMedidas, tUnidade unidade)
```

que calcula a soma das medidas armazenadas num array de elementos do tipo **tMedida** na unidade especificada no parâmetro **unidade**.

Dados:
◊ 1 polegada equivale a 2.54 cm
◊ 1 pé equivale a 12 polegadas
◊ 1 metro equivale a 3,28 pés

EP10.7 (a) Escreva uma função que recebe um array de elementos do tipo **tComplexo** definido no exercício **EP10.1**, calcula a soma dos elementos do array e retorna o endereço do resultado, que também é armazenado no terceiro parâmetro da função, cujo protótipo é:

```
tComplexo *SomaArrayComplexos( const tComplexo ar[], int nElementos,
                               tComplexo *soma )
```

(b) Escreva um programa que lê um array de elementos do tipo **tComplexo** usando a função **LeComplexo()** (v. EP10.1), soma os elementos do referido array usando a função solicitada no item (a) e apresenta o resultado na tela utilizando a função **ExibeComplexo()** solicitada no exercício EP10.1.

EP10.8 Escreva um programa em C que exibe na tela um calendário anual para o ano escolhido pelo usuário, a partir de 1899 e sabendo que o dia 1º de janeiro de 1899 foi um dia de domingo. [Sugestão: Utilize as sugestões apresentadas para o exercício EP5.24.]

# CAPÍTULO 11

# PROCESSAMENTO DE ARQUIVOS

Após estudar este capítulo, você deverá ser capaz de:

➤ Definir e usar a seguinte terminologia referente a arquivos:

| | | |
|---|---|---|
| ☐ Formato de arquivo | ☐ Stream binário | ☐ Condição de exceção |
| ☐ Arquivo de texto | ☐ Buffer | ☐ Tratamento de exceção |
| ☐ Arquivo binário | ☐ Buffering | ☐ Indicador de posição |
| ☐ Arquivo (genérico) | ☐ Buffer de entrada | ☐ Acessos direto e sequencial |
| ☐ Arquivo armazenado | ☐ Registro | ☐ Modo de abertura de arquivo |
| ☐ Stream | ☐ Campo de registro | ☐ Modo de atualização de arquivo |
| ☐ Stream de texto | ☐ Bloco de memória | |

➤ Expor como são utilizados os seguintes componentes da biblioteca padrão de C:

| | | | | |
|---|---|---|---|---|
| ☐ **FOPEN_MAX** | ☐ **FILE** | ☐ **feof()** | ☐ **fflush()** | ☐ **fscanf()** |
| ☐ **FILENAME_MAX** | ☐ **clearerr()** | ☐ **ferror()** | ☐ **fgets()** | ☐ **fseek()** |
| ☐ **SEEK_SET** | ☐ **getchar()** | ☐ **scanf()** | ☐ **fputs()** | ☐ **ftell()** |
| ☐ **SEEK_CUR** | ☐ **fopen()** | ☐ **fgetc()** | ☐ **fread())** | ☐ **rewind()** |
| ☐ **SEEK_END** | ☐ **fclose()** | ☐ **fputc()** | ☐ **fwrite()** | |

➤ Descrever o que ocorre quando se abre ou fecha um arquivo

➤ Explicar o funcionamento de leitura de dados via teclado

➤ Contrastar os diversos modos de abertura de arquivos

➤ Explicar as diversas categorias de processamento de arquivo

➤ Implementar um programa que abre e processa um arquivo usando acesso sequencial ou acesso direto

➤ Processar arquivos por byte, linha ou bloco

➤ Lidar com erros em processamento de arquivos

➤ Implementar uma função para entrada de dados robusta

➤ Explicar a razão pela qual a função **gets()** nunca dever ser usada

**OBJETIVOS**

# 11.1 Introdução

M GERAL, PROCESSAMENTO DE ENTRADA E SAÍDA consiste em troca de dados entre a memória principal do computador e seus dispositivos periféricos, como um disco rígido, por exemplo. Isto é, uma operação de **entrada** (ou de **leitura**) copia dados de um dispositivo de entrada para a memória e uma operação de **saída** (ou de **escrita**) copia dados da memória principal para um dispositivo de saída.

Em C, assim como em sistemas operacionais da família Unix, **arquivo** refere-se a qualquer dispositivo que possa ser utilizado como origem (p. ex., teclado) ou destino (p. ex., impressora) de dados de um programa. Assim, *processamento de entrada e saída* e *processamento de arquivos* são termos equivalentes em programação em C.

Processamento de arquivos em C é baseado no conceito de stream. Esse tipo de processamento é realizado por meio de um conjunto de funções da biblioteca padrão de C que se encontram definidas no módulo stdio. Qualquer arquivo (no sentido genérico descrito acima) pode ser associado a um stream e esse conceito permite que os programas processem entrada e saída de maneira uniforme e com independência de dispositivo.

Neste livro, **arquivo armazenado** corresponde ao conceito popular e cotidiano de arquivo; ou seja, um conjunto de dados armazenados num meio de armazenamento não volátil (p. ex., um disco rígido). Além disso, aqui, na maioria das vezes, o termo *arquivo* é usado com o significado de *arquivo armazenado*.

# 11.2 Arquivos de Texto e Arquivos Binários

**Formato** de um arquivo é uma propriedade que se refere ao modo como os bytes que o compõem são tratados. De acordo com essa propriedade, existem dois tipos de arquivos: (1) **arquivo de texto** e (2) **arquivo binário**.

Informalmente, um arquivo de texto é aquele no qual sequências de bytes são interpretadas como caracteres, de modo que, quando exposto adequadamente, ele apresenta informação humanamente legível. Além disso, os caracteres são agrupados em linhas, cada uma delas terminada por um caractere de quebra de linha, representado em C por `'\n'`. O formato preciso de um arquivo de texto depende do sistema operacional no qual ele é usado. Por exemplo, em alguns sistemas, um arquivo de texto pode conter apenas caracteres com representação gráfica, tabulação horizontal e quebra de linha.

Novamente, usando uma definição informal, arquivo binário é aquele que, quando seu conteúdo é exposto, ele não exibe informação humanamente legível. Em outras palavras, um arquivo binário é uma sequência irrestrita de bytes.

# 11.3 Streams

### 11.3.1 O Conceito de Stream

**Stream**[1] é uma abstração importante em programação em C e em outras linguagens de programação, porque provê uma interface lógica comum a quaisquer dispositivos de entrada e saída. Isto é, do modo como C considera o conceito de arquivo, ele pode se referir a um arquivo armazenado em disco, um monitor de vídeo, um teclado, uma porta de comunicação etc. Todos esses arquivos funcionam de maneiras diferentes, mas o uso de streams permite tratá-los do mesmo modo. Em outras palavras, streams provêm uma abstração consistente que é independente de dispositivo e do sistema de arquivos utilizado pelo sistema operacional em uso. Por causa disso, pode-se usar uma mesma função que escreve num arquivo armazenado em disco para escrever na tela ou numa impressora. Além disso, pode-se ainda usar uma mesma função para escrever num arquivo armazenado num sistema da família Unix ou da família Windows.

---

[1]  A palavra *stream* significa *corrente* ou *fluxo* em português e é derivada da analogia existente entre o escoamento de um fluido e o escoamento de dados entre um dispositivo de entrada ou saída e um programa. Em ambas as situações, o fluido ou o fluxo de dados é continuamente renovado.

O conceito de stream é importante apenas para deixar claro que se estão processando arquivos sem levar em consideração diferenças inerentes a dispositivos de entrada e saída. Mas, na prática, os termos *processamento de streams* e *processamento de arquivos* podem ser usados indiferentemente sem que haja ambiguidade. Ou seja, *ler num stream* é o mesmo que *ler num arquivo*, visto que um stream é um intermediário nessa operação sobre os dados que, em última instância, provêm de um arquivo. De modo semelhante não faz diferença falar em *escrever num stream* ou *escrever num arquivo*.

### 11.3.2 Estruturas do Tipo FILE

Em C, o conceito de stream é implementado por meio de estruturas do tipo **FILE**, cuja definição encontra-se no cabeçalho **<stdio.h>**.

Antes de processar um arquivo utilizando o conceito de stream, deve-se primeiro definir um ponteiro para estruturas do tipo **FILE**, como por exemplo:

```
FILE *stream;
```

Esse ponteiro é denominado **ponteiro de stream** ou apenas *stream*. Na prática, um ponteiro dessa natureza representa o conceito de stream.

Depois de definir um ponteiro para a estrutura **FILE**, que representa um stream, deve-se associá-lo a um arquivo. Isso é realizado utilizando-se a função **fopen()**, conforme será visto na Seção 11.4.

Após ser associada a um arquivo, uma estrutura do tipo **FILE** passa a armazenar informações sobre o arquivo. Dentre essas informações, as seguintes merecem destaque:

- ❐ **Indicador de erro** — a esse campo algumas funções da biblioteca padrão atribuem um valor que indica a ocorrência de erro durante uma operação de escrita ou leitura no stream.

- ❐ **Indicador de final de arquivo** — a esse campo algumas funções da biblioteca padrão atribuem um valor que indica que houve tentativa de acesso além do final do arquivo durante uma operação de leitura.

- ❐ **Indicador de posição** — esse campo determina onde o próximo byte será lido ou escrito no arquivo. Após cada operação de leitura ou escrita, o indicador de posição é atualizado de modo a refletir o número de bytes lidos ou escritos.

- ❐ **Endereço e tamanho de uma área de buffer** — esse campo especifica, se for o caso, um buffer utilizado em operações de entrada ou saída (v. Seção 11.7).

A implementação dos campos de uma estrutura **FILE** depende do sistema operacional em uso e eles não devem ser acessados diretamente num programa. Em vez disso, o programa deve utilizar apenas streams (i.e., ponteiros do tipo **FILE** *) em conjunto com funções do módulo stdio.

# 11.4 Abrindo um Arquivo

Abrir um arquivo significa associá-lo a um stream, que é um ponteiro para uma estrutura do tipo **FILE** (v. Seção 11.3.2) que armazena todas as informações necessárias para processamento do arquivo. Após a abertura de um arquivo, qualquer operação de entrada e saída sobre ele passa a ser realizada por intermédio do respectivo stream associado ao arquivo.

### 11.4.1 A Função fopen()

Uma operação de **abertura de arquivo** cria dinamicamente (v. Capítulo 12) uma estrutura do tipo **FILE** e a associa a um arquivo. Essa operação é realizada pela função **fopen()**, cujo protótipo é:

```
FILE *fopen(const char *nome, const char *modo)
```

A função **fopen()** possui dois parâmetros, sendo ambos strings: o primeiro parâmetro é um nome de arquivo, especificado de acordo com as regras do sistema operacional utilizado e o segundo parâmetro é um modo de acesso ou de abertura (v. Seção 11.4.3). Esse último parâmetro determina a natureza das operações permitidas sobre o arquivo.

Um nome de arquivo pode especificar qualquer dispositivo de entrada ou saída (p. ex., uma impressora) para qual o sistema operacional usado provê uma denominação em forma de string. Por exemplo, no sistema operacional DOS/Windows, uma impressora pode ser denominada **"LPT1"**, enquanto, em sistemas da família Unix, essa denominação pode ser **"/dev/lp0"**.

A função **fopen()** aloca dinamicamente uma estrutura do tipo **FILE**, preenche os campos dessa estrutura com informações específicas do arquivo, cujo nome é recebido como parâmetro, e, finalmente, retorna o endereço da referida estrutura. Esse endereço pode, então, ser utilizado para processar o arquivo. Se, por algum motivo, não for possível abrir o arquivo especificado, **fopen()** retorna **NULL**.

Existem diversas razões pelas quais a abertura de um arquivo pode não ser bem sucedida. Em particular, a abertura de um arquivo depende do modo de abertura (v. Seção 11.4.3) e do sistema operacional utilizados. Por exemplo, quando se tenta abrir um arquivo apenas para leitura e o arquivo não existe ou o programa não tem permissão para acessá-lo, a abertura do arquivo não logra êxito.

Antes de tentar processar um arquivo, é importante testar o valor retornado pela função **fopen()** para constatar se o arquivo foi realmente aberto, como mostra o programa a seguir:

```c
#include <stdio.h>

int main(void)
{
   FILE *stream;

      /* Tenta abrir o arquivo para leitura */
   stream = fopen("Inexistente.txt", "r");

      /* Verifica se a abertura foi bem sucedida */
   if (stream == NULL) { /* Abertura falhou */
     printf( "\nO arquivo nao pode ser aberto. O programa sera' encerrado.\n" );
     return 1;
   } else { /* Abertura foi OK */
     printf("\nArquivo aberto com sucesso\n");

        /* Processa o arquivo */
     /* ... */
   }

   fclose(stream); /* Fecha o arquivo antes de encerrar */

   return 0;
}
```

Esse programa tenta abrir um arquivo de texto denominado **"Inexistente.txt"** apenas para leitura (v. Seção 11.4.3) por meio da instrução:

```c
stream = fopen("Inexistente.txt", "r");
```

Em seguida, o programa verifica se a abertura foi bem sucedida ou se falhou usando:

```c
if (stream == NULL)
```

Quando a expressão entre parênteses resulta em **1** (i.e., quando **stream** é **NULL**), o arquivo não pode ser aberto. Mas, como **NULL** vale zero (v. Seção 5.2.4), a linha inicial dessa instrução **if** pode ser reescrita como:

```
if (!stream)
```

A instrução **if-else** do programa em questão tem duas ramificações: uma seguida quando o arquivo não pode ser aberto (parte **if** da instrução) e a outra quando a abertura do arquivo é bem sucedida (parte **else** da instrução). Nesse caso específico, quando o arquivo não pode ser aberto, o programa apresenta uma mensagem e encerra sua execução. Mas, poderia ser diferente. Por exemplo, o programa poderia solicitar ao usuário o nome de um outro arquivo.

Quando a abertura do arquivo é bem sucedida, o último programa apenas apresenta a informação correspondente na tela. Mas, na prática, em vez disso, o programa deveria efetuar algum tipo de processamento com o arquivo.

Finalmente, após a escrita promovida pela última instrução **printf()** do programa acima, a função **fclose()** é chamada para fechar o arquivo antes que o programa seja encerrado (v. Seção 11.5).

Pode-se ter mais de um arquivo aberto ao mesmo tempo num programa e o número de arquivos que podem estar simultaneamente abertos varia de acordo com o sistema operacional utilizado. A constante simbólica **FOPEN_MAX**, definida em `<stdio.h>`, representa o número máximo de arquivos que a respectiva implementação de C garante que podem estar simultaneamente abertos. Quer dizer, um número bem maior de arquivos pode estar aberto ao mesmo tempo, mas não há garantia de que isso ocorra. De qualquer modo, raramente, um programa simples, como aqueles apresentados neste livro, precisa abrir mais de dois arquivos ao mesmo tempo, a não ser como exercício didático.

A constante simbólica **FILENAME_MAX**, definida em `<stdio.h>`, representa o número máximo de caracteres (incluindo `'\0'`) que um string que representa um nome de arquivo pode ter numa dada implementação de C. Essa constante é importante porque permite dimensionar seguramente um array usado para armazenar um string que representa o nome de um arquivo, como ilustra o programa a seguir.

```c
#include <stdio.h>
#include "leitura.h"

int main(void)
{
   char nomeArquivo[FILENAME_MAX];

   printf( "\n>>> Digite o nome do arquivo (maximo: %d "
           "caracteres)\n\t> ", FILENAME_MAX - 1);
   LeString(nomeArquivo, FILENAME_MAX);

   printf("\n>>> Nome do arquivo aceito: %s\n",nomeArquivo);

   return 0;
}
```

Na implementação de C usada para testar esse programa, ele apresenta o seguinte resultado:

```
>>> Digite o nome do arquivo (maximo: 259 caracteres)
        > MeuArquivo.txt
>>> Nome do arquivo aceito: MeuArquivo.txt
```

### 11.4.2 Streams de Texto e Streams Binários

Um stream de texto é aquele associado a um arquivo (usualmente, de texto) aberto em modo de texto; i.e., usando um dos modos de abertura que se apresentam na Tabela 11–1 da Seção 11.4.3. Normalmente, não faz sentido associar um arquivo binário a um stream de texto.

Streams de texto pressupõem a existência de bytes que representam quebras de linha e uma quebra de linha pode ter diferentes interpretações dependendo do sistema operacional usado como hospedeiro. Comumente, uma quebra de linha pode ser representada por um ou dois bytes e um byte que representa quebra de linha num sistema operacional pode não representar quebra de linha em outro sistema.

Quando um stream de texto é processado, as funções de leitura e escrita do módulo stdio da biblioteca padrão de C realizam interpretações de quebra de linha de acordo com o sistema hospedeiro que vigora. Em sistemas operacionais da família Unix, não existem tais interpretações. Em outras palavras, em sistemas operacionais dessa família, não há diferença entre streams de texto e binários.

Um **stream binário** é aquele associado a um arquivo aberto em **modo binário**; i.e., usando um dos modos de abertura que se apresentam na Tabela 11–2 da Seção 11.4.3. Tipicamente, arquivos binários são associados a streams binários, mas também é comum associar arquivos de texto a streams binários.

Num stream binário, bytes são processados sem nenhuma interpretação. Ou seja, cada byte lido no arquivo associado ao stream é armazenado em memória exatamente como ele é e cada byte lido em memória é escrito no arquivo associado ao stream exatamente como ele é.

Resumindo o que foi exposto nesta seção, num stream de texto podem ocorrer traduções de acordo com o sistema operacional utilizado. Num stream binário, não ocorre nenhuma tradução, mesmo que ele esteja associado a um arquivo de texto.

### 11.4.3 Modos de Abertura

Existem dois conjuntos de modos de abertura de arquivos: um deles é dirigido para streams de texto e o outro se destina a streams binários. O conjunto de modos de acesso para streams de texto é apresentado na Tabela 11–1.

| MODO DE ACESSO | DESCRIÇÃO |
|---|---|
| "r" | Abre um arquivo existente apenas para leitura em modo de texto. |
| "w" | Cria um arquivo apenas para escrita em modo de texto. Se o arquivo já existir, seu conteúdo será destruído. |
| "a" | Abre um arquivo existente em modo de texto para acréscimo; i.e., com escrita permitida apenas ao final do arquivo. Se o arquivo com o nome especificado não existir, um arquivo com esse nome será criado. |
| "r+" | Abre um arquivo existente para leitura e escrita em modo de texto. |
| "w+" | Cria um arquivo para leitura e escrita em modo de texto. Se o arquivo já existir, seu conteúdo será destruído. |
| "a+" | Abre um arquivo existente ou cria um arquivo em modo de texto para leitura e acréscimo. Podem-se ler dados em qualquer parte do arquivo, mas eles podem ser escritos apenas ao final do arquivo. |

TABELA 11–1: MODOS DE ACESSO PARA STREAMS DE TEXTO

Em termos de formato, única diferença entre os especificadores de modo de acesso para streams binários mostrados na Tabela 11–2 e aqueles apresentados na Tabela 11–1 para streams de texto é que os especificadores para streams binários têm a letra *b* acrescentada. Streams de texto também podem ter acrescidos a letra *t* em seus modos de abertura, como mostra a Tabela 11–2.

| Modo de Acesso para Streams Binários | Modo de Acesso Equivalente para Streams de Texto |
|:---:|:---:|
| "rb" | "r" *ou* "rt" |
| "wb" | "w" *ou* "wt" |
| "ab" | "a" *ou* "at" |
| "r+b" | "r+" *ou* "r+t" |
| "w+b" | "w+" *ou* "w+t" |
| "a+b" | "a+" *ou* "a+t" |

TABELA 11–2: Modos de Acesso para Streams Binários e de Texto

Os modos de abertura "r+" (ou "r+b"), "w+" (ou "w+b") e "a+" (ou "a+b"), coletivamente denominados modos de atualização, causam certa confusão entre iniciantes, pois todos eles permitem leitura e escrita. A Tabela 11–3 tenta esclarecer eventuais dúvidas com relação a esses modos de abertura.

| | MODO DE ABERTURA | | |
|---|---|---|---|
| | "r+" ou "r+b" | "w+" ou "w+b" | "a+" ou "a+b" |
| **Arquivo deve existir?** | Sim | Não. Se ele existir, seu conteúdo será destruído | Não. Se ele existir, seu conteúdo será preservado |
| **Onde escrita pode ocorrer?** | Em qualquer local | Em qualquer local | Ao final do arquivo |
| **Recomendado quando?** | Dados precisam ser lidos, atualizados e escritos novamente no arquivo | Um conteúdo para o arquivo deve ser criado e, depois, lido e casualmente modificado | Dados existentes no arquivo precisam ser lidos e novos dados precisam ser acrescentados |

TABELA 11–3: Modos de Acesso Usados em Atualização de Arquivo

# 11.5 Fechando um Arquivo

Quando um programa não precisa mais processar um arquivo, deve-se fechá-lo utilizando a função **fclose**(), que tem o seguinte o protótipo:

```
int fclose(FILE *stream)
```

Essa função possui como único parâmetro um ponteiro de stream associado a um arquivo aberto pela função **fopen**() e retorna zero, se o arquivo for fechado com sucesso. Caso ocorra algum erro durante a operação, ela retorna a constante **EOF**.

Ao fechar-se um arquivo, libera-se o espaço ocupado pela estrutura **FILE** associada ao arquivo e alocada pela função **fopen**() quando ele foi aberto. Antes de liberar esse espaço, quando se trata de um stream de saída com buffering (v. Seção 11.7), a função **fclose**() descarrega o conteúdo da área de buffer para o arquivo. No caso de um arquivo aberto apenas para leitura (stream de entrada) que utilize buffering, o conteúdo do buffer é descartado.

Um erro frequente entre os iniciantes em C é utilizar o nome do arquivo como parâmetro, ao invés do ponteiro de stream associado a ele, numa chamada de **fclose**() [p. ex., `fclose("teste.dat")`]. Isso certamente trará um sério problema durante a execução do programa, pois apesar de um string ser interpretado como um ponteiro, esse ponteiro, obviamente, não é compatível com um ponteiro para uma estrutura do tipo **FILE**.

Um engano ainda mais frequente é achar que a função **fclose()** nunca falha numa tentativa de fechamento de arquivo e, assim, o valor retornado por essa função raramente é testado como deveria. De fato, a ocorrência de erro numa operação de fechamento é muito mais incomum do que numa operação de abertura. Entretanto, um programa robusto não pode contar com o acaso e deve testar o resultado de qualquer operação de fechamento, como mostra o seguinte exemplo:

```c
#include <stdio.h>  /* Entrada e saída */
#include <stdlib.h> /* Função exit()   */

#define NOME_ARQ "Teste.txt" /* Nome do arquivo usado para testar o programa */

/****
 * FechaArquivo(): Tenta fechar um arquivo e, quando isso
 *                 não é possível, aborta o programa
 *
 * Parâmetros:
 *     stream (entrada) - stream associado ao arquivo
 *     nomeArq (entrada) - nome do arquivo ou NULL
 *
 * Retorno: Nada
 *
 * Observação: Se o segundo parâmetro não for NULL, o nome
 *             do arquivo aparece na mensagem de erro
 ****/
void FechaArquivo(FILE *stream, const char *nomeArq)
{
    /**********************************************************/
    /* Se fclose() retornar um valor diferente de zero ocorreu */
    /* algum erro na tentativa de fechamento do arquivo. Nesse */
    /* caso, apresenta mensagem de erro e aborta o programa.   */
    /**********************************************************/

    if (fclose(stream)) { /* Erro de fechamento */
       fprintf( stderr, "\a\n>>> Ocorreu erro no fechamento "
               "do arquivo %s.\n>>> O programa sera' "
               "encerrado.\n", nomeArq ? nomeArq : "");
       exit(1); /* Aborta o programa */
    }
}

/****
 *
 * main(): Testa a função FechaArquivo()
 *
 * Parâmetros: Nenhum
 *
 * Retorno: Zero, se não ocorrer nenhum erro.
 *          Um valor diferente de zero em caso contrário.
 *
 ****/
int main(void)
{
    FILE *stream;
    char  str[] = "Este e' um arquivo de texto";
```

```c
    stream = fopen(NOME_ARQ, "w");

    /* Testa se arquivo foi aberto */
  if (!stream) {
    fprintf(stderr, "\a\nArquivo nao pode ser aberto\n");
    return 1;
  }

    /* Escreve conteúdo do string armazenado em str[] no arquivo */
  fprintf(stream, "%s", str);

    /* Força a descarga do buffer associado ao arquivo */
  fflush(stream);

    /* Solicita que o usuário remova o arquivo sendo processado pelo   */
    /* programa. Mas, nem todo usuário será capaz de realizar essa     */
    /* tarefa porque o arquivo provavelmente estará bloqueado pelo SO. */
  printf( "\n\t>>> Remova o arquivo \"%s\" e digite uma"
          "\n\t>>> tecla depois de fazer isso", NOME_ARQ );
  getchar(); /* Lê um caractere seguido de [ENTER] */

    /* Tenta fechar o arquivo e, se não conseguir, o programa será abortado */
  FechaArquivo(stream, NOME_ARQ);

    /* Esta instrução só será executada se o   */
    /* usuário não conseguir remover o arquivo */
  return 0;
}
```

Enquanto um arquivo está aberto por um programa, normalmente, o sistema operacional vigente bloqueia qualquer tentativa comum de remoção do arquivo ou alteração de seu nome. Mas existem maneiras de ludibriar o sistema. Por exemplo, em sistemas da família Windows, existem programas (p. ex., *Unlocker Assistant*) que remove o bloqueio do sistema operacional. O comando `rm`, encontrado na família de sistemas Unix, também possui opções que o permitem remover um arquivo mesmo que ele esteja bloqueado. Assim, quando o último programa é executado e o usuário segue devidamente as instruções, ele apresenta o seguinte resultado:

```
        >>> Remova o arquivo "Teste.txt" e digite uma
        >>> tecla depois de fazer isso
 >>> Ocorreu erro no fechamento do arquivo Teste.txt.
 >>> O programa sera' encerrado.
```

A função **FechaArquivo()** apresentada é tão simples de usar quanto **fclose()** e oferece como vantagem o fato de testar o resultado de uma operação de fechamento de arquivo, de modo que torna-se desnecessário para o programador escrever uma instrução condicional a cada chamada de **fclose()**, como, por exemplo:

```c
 if (fclose(stream)) {
    printf("Erro no fechamento do arquivo");
    exit(1);
 }
```

Devido às vantagens oferecidas pela função **FechaArquivo()**, ela será doravante usada em detrimento da função **fclose()**, a não ser quando o fechamento do arquivo ocorrer logo antes de o programa encerrar. Nesse último caso, não faz muito sentido usar a função **FechaArquivo()**, já que o programa será encerrado de qualquer modo.

Como boa norma de programação, uma função só deve fechar um arquivo se ela tiver sido responsável pela abertura do arquivo. Em outras palavras, uma função que recebe um stream aberto como parâmetro (i.e., um parâmetro do tipo **FILE \***), não deve fechar o arquivo:

> **Recomendação** | *A função que abre um arquivo é aquela que tem a responsabilidade de fechá-lo.*

É importante seguir essa norma porque uma função que abre um arquivo espera tê-lo ainda aberto quando outra função é chamada e conclui sua execução (v. exemplos na Seção 11.15).

Qualquer sistema operacional fecha os arquivos abertos por um programa quando o programa termina normalmente e muitos sistemas os fecham mesmo quando o programa é abortado. Mas, como boa norma de programação, é sempre recomendado fechar um arquivo quando não é mais necessário processá-lo.

# 11.6 Ocorrências de Erros em Processamento de Arquivos

Esta seção apresenta as funções **feof()** e **ferror()**, que se destinam a apontar erros em processamento de arquivos. Dedique bastante atenção ao uso dessas duas funções, pois elas são de importância essencial em processamento de arquivos.

A função **feof()** retorna um valor diferente de zero quando há uma tentativa de leitura além do final do arquivo associado ao respectivo stream que ela recebe como parâmetro e seu protótipo é:

```
int feof(FILE *stream)
```

Para verificar se ocorreu erro após uma determinada operação de entrada ou saída, pode-se usar a função **ferror()**, que tem como protótipo:

```
int ferror(FILE *stream)
```

A função **ferror()** retorna um valor diferente de zero após ocorrer algum erro de processamento associado ao stream recebido como parâmetro ou zero, em caso contrário.

A constante simbólica **EOF**, definida no cabeçalho **<stdio.h>**, é retornada por diversas funções que lidam com arquivos para indicar ocorrência de erro ou de tentativa de leitura além do final de um arquivo. Tipicamente, essa constante está associada a um valor negativo do tipo **int** e esse valor é dependente de implementação[2]. O uso dessa constante causa muita confusão entre programadores de C, porque, muitas vezes, ela é ambígua. Quer dizer, ora ela indica tentativa de leitura além do final de arquivo, ora ela indica ocorrência de erro. Além disso, muitas vezes, essa constante só pode ser usada de modo confiável com arquivos de texto. O seguinte programa ilustra essa argumentação.

```c
#include <stdio.h>

int main(void)
{
   FILE *stream;
   char  str[] = "\nEste e' um arquivo de texto\n";
   int   c;

      /* Tenta criar um  arquivo para escrita e leitura */
   stream = fopen("Teste.txt", "w+");

      /* Verifica se arquivo foi aberto */
   if (!stream) {
      printf("\nArquivo nao pode ser aberto\n");
      return 1; /* Abertura de arquivo falhou */
   }
```

---

[2]  Apesar de **EOF** ter seu nome derivado de _End Of File_ (*final de arquivo*, em inglês), essa constante não é retornada apenas quando uma função de leitura tenta ler além do final de um arquivo nem representa um caractere armazenado num arquivo.

```
    /* Escreve o conteúdo do string armazenado em str[] no arquivo */
    fprintf(stream, "%s", str);

    /* Verifica se ocorreu erro de escrita */
    if (ferror(stream)) {
      printf("\n>>> Ocorreu um erro de escrita no arquivo"
             "\n>>> indicado por ferror()\n");
    }

    /* Volta ao início do arquivo para lê-lo em seguida. Se ocorreu */
    /* erro de escrita, rewind() remove o indicativo de erro        */
    rewind(stream);

    printf("\n\t>>> Conteudo do arquivo <<<\n");

    /* Lê conteúdo do arquivo. O laço encerra quando ocorrer */
    /* erro ou tentativa de leitura além do final do arquivo */
    while (1) {
      c = fgetc(stream); /* Lê um caractere no stream */

        /* Se ocorreu erro ou tentativa de leitura além */
        /* do final do arquivo, encerra o laço          */
      if (feof(stream) || ferror(stream)) {
        break;
      }

        /* Se não ocorreu erro nem tentativa de leitura além do */
        /* final do arquivo, exibe o caractere lido na tela     */
      putchar(c);
    }

    /* Verifica se a função feof() indica que houve  */
    /* tentativa de leitura além do final do arquivo */
    if (feof(stream)) {
      printf("\n>>> Tentativa de leitura alem do final"
             "\n>>> do arquivo indicada por feof()\n");
    }

    /* Verifica se o último caractere retornado por fgetc() foi EOF */
    if (c == EOF) {
      printf("\n>>> A funcao fgetc() retornou EOF\n");
    }

    /* Verifica se ferror() indica ocorrência de erro */
    if (ferror(stream)) {
      printf("\n>>> Ocorreu um erro de leitura no arquivo"
             "\n>>> indicado por ferror()\n");
    }

    fclose(stream); /* Fecha o arquivo */

    return 0;
}
```

Apesar de o último programa conter algumas funções que serão discutidas apenas no próximo capítulo, seu funcionamento é simples e fácil de entender. Ou seja, o que esse programa faz é o seguinte:

1. Abre o arquivo **"Teste.txt"** no modo **"w+"**.
2. Escreve o string **"\nEste e' um arquivo de texto\n"** usando a função **fprintf()**. Essa função é semelhante à função **printf()**, mas diferentemente dessa última função que escreve apenas no meio de entrada padráo, **fprintf()** permite que se especifique o stream no qual a escrita será efetuada.

3. Faz o indicador de posição voltar ao início do arquivo por meio de uma chamada de **rewind()**. Essa função será discutida na Seção 11.13, mas pode-se adiantar que seu papel num programa é exatamente garantir que um arquivo seja processado a partir de seu primeiro byte.

4. Lê, caractere a caractere, o arquivo recém-criado usando a função **fgetc()**, que será escrutinada na Seção 11.11.1, e escreve cada caractere lido na tela usando **putchar()** (v. Seção 3.14.1).

O laço de repetição **while**, no corpo do qual os caracteres do arquivo são lidos e escritos, encerra quando há tentativa de leitura além do final do arquivo ou ocorre erro de leitura. Em qualquer dos casos, a função **fgetc()** retorna **EOF**. Portanto, para discriminar o que realmente causa o encerramento do aludido laço, é necessário usar **feof()** ou **ferror()**.

Quando o programa acima é executado, ele apresenta como resultado:

```
      >>> Conteudo do arquivo <<<
Este e' um arquivo de texto
>>> Tentativa de leitura alem do final
>>> do arquivo indicada por feof()
>>> A funcao fgetc() retornou EOF
```

Portanto, nesse caso, o significado de **EOF** é tentativa de leitura além do final do arquivo. Mas, se você trocar o modo de abertura do arquivo do programa acima de **"w+"** para **"w"** (i.e., de leitura e escrita para apenas escrita), essa singela alteração fará com que o resultado do programa passe a ser:

```
      >>> Conteudo do arquivo <<<
>>> A funcao fgetc() retornou EOF
>>> Ocorreu um erro de leitura no arquivo
>>> indicado por ferror()
```

Ou seja, agora, o significado de **EOF** é *ocorrência de erro de leitura*.

Concluindo, para evitar confusão, siga sempre as recomendações resumidas nos quadros a seguir:

| **Recomendações** | ☐ *Após qualquer operação de leitura num arquivo, use feof() para verificar se houve tentativa de leitura além do final do arquivo.* |
|---|---|
| | ☐ *Após qualquer tentativa de leitura ou escrita num arquivo, use ferror() para verificar se ocorreu algum erro durante a operação.* |
| | ☐ *Evite usar EOF em substituição a feof() ou ferror().* |

Um detalhe importante com respeito a indicação de erro é que, quando ocorre um erro durante o processamento de um arquivo, o campo da estrutura **FILE** associada ao arquivo que armazena essa informação (v. Seção 11.3.2) permanece com essa indicação de erro até que ela seja removida. Isso significa que qualquer chamada subsequente de **ferror()** que tenha como parâmetro um stream para o qual haja uma indicação de erro continuará a indicar que houve erro na última operação de entrada ou saída no stream, mesmo quando esse não é o caso. Portanto, se for necessário processar novamente um stream para o qual há um indicativo de erro, esse indicativo deve ser removido antes de o processamento do stream prosseguir. Essa mesma discussão se aplica ao caso de indicação de final de arquivo.

Em qualquer caso mencionado, normalmente, a função **rewind()** (v. Seção 11.13), cuja finalidade precípua é mover o indicador de posição de um arquivo (v. Seção 11.3.2) para seu início, remove condição de erro ou de final de arquivo de um stream. Por outro lado, **fseek()** (v. Seção 11.12.1) remove apenas indicativo de final de arquivo num stream. Finalmente, a função **clearerr()** tem como única finalidade remover ambos os indicativos de erro e de final de arquivo, mas, na prática, raramente ela se faz necessária.

# 11.7 Buffering e a Função fflush()

Buffer é uma área de memória na qual dados provenientes de um arquivo ou que se destinam a um arquivo são armazenados temporariamente. O uso de buffers permite que o acesso a dispositivos de entrada ou saída, que é relativamente lento se comparado ao acesso à memória principal, seja minimizado.

Buffering refere-se ao uso de buffers em operações de entrada ou saída. Em C, existem dois tipos de buffering:

- ❏ **Buffering de linha**. Nesse tipo de buffering, o sistema armazena caracteres até que um caractere de quebra de linha, representado por `'\n'`, seja encontrado ou até que o buffer esteja repleto. Esse tipo de buffering é utilizado, por exemplo, quando dados são lidos via teclado. Nesse caso, os dados são armazenados num buffer até que um caractere de quebra de linha seja introduzido (p. ex., por meio da digitação de [ENTER]) e, quando isso acontece, os caracteres digitados são enviados para o programa. Os streams padrão **stdin** e **stdout** (v. Seção 11.8) utilizam buffering de linha.

- ❏ **Buffering de bloco**. Nesse caso, bytes são armazenados até que um bloco inteiro seja preenchido (independentemente de o caractere `'\n'` ser encontrado). O tamanho padrão de um bloco é tipicamente definido de acordo com o sistema operacional utilizado. Como padrão, streams associados a arquivos armazenados usam buffering de bloco.

Em qualquer caso, pode-se explicitamente descarregar o buffer associado a um stream de saída ou atualização (v. Seção 11.4.3), forçando o envio de seu conteúdo para o respectivo arquivo associado, por meio de uma chamada da função **fflush()**. Por exemplo, a chamada:

```
fflush(stdout);
```

força a descarga da área de buffer associada ao stream **stdout** (v. Seção 11.8), enviando o conteúdo desse buffer para o meio de saída padrão.

A função **fflush()** serve para descarregar apenas buffers associados a streams de saída ou atualização. Ou seja, não existe nenhuma função na biblioteca padrão de C que descarregue buffers associados a streams de entrada.

Algumas implementações de C permitem que a função **fflush()** seja utilizada para expurgar caracteres remanescentes em buffers associados a arquivos de entrada [p. ex., `fflush(stdin)`], mas esse uso da função **fflush()** não é portável, uma vez que o padrão ISO não especifica que essa função possa ser utilizada com streams de entrada.

Quando o parâmetro único de **fflush()** é **NULL**, essa função descarrega todos os buffers associados a streams de escrita ou atualização correntemente em uso num programa.

A função **fflush()** retorna **EOF** (v. Seção 11.6), se ocorrer algum erro durante sua execução; caso contrário, ela retorna `0`. Contudo, raramente o valor retornado por essa função é testado.

# 11.8 Streams Padrão

Um stream padrão é um stream para o qual existem funções que o processam sem necessidade de especificação explícita do stream. Por exemplo, as funções **scanf()** e **printf()**, utilizadas abundantemente neste livro, não requerem especificação de um stream no qual será feita a leitura ou escrita de dados, respectivamente.

Existem três streams padrão em C que são automaticamente abertos no início da execução de qualquer programa. Eles são todos streams de texto e são denominados **stdin**, **stdout** e **stderr**. Uma descrição sumária desses streams é apresentada abaixo.

- ☐ **stdin** — representa a entrada padrão de dados e, no caso de computadores pessoais, tipicamente, é associado ao teclado. A função **scanf()** faz leitura nesse stream.

- ☐ **stdout** — representa a saída padrão de dados e, no caso de computadores pessoais, tipicamente, é associado a um monitor de vídeo (tela). A função **printf()** escreve nesse stream.

- ☐ **stderr** — representa a saída padrão de mensagens de erro e é associado ao mesmo dispositivo que **stdout**. A função **perror()**, declarada em `<stdio.h>`, exibe mensagens de erro detectados pelo sistema nesse stream, mas essa função tem pouca importância prática e não receberá maiores considerações neste livro.

# 11.9 Leitura de Dados via Teclado

Os programas apresentados até aqui usam funções da biblioteca LEITURAFACIL para leitura, por meio do teclado, de valores dos tipos de dados primitivos usados neste livro. Essa biblioteca foi projetada com o objetivo de tornar entrada de dados em C palatável ao aprendiz de programação. Isto é, sem o uso dessa biblioteca, para escrever programas capazes de responder adequadamente a qualquer espécie de informação introduzida pelo usuário, o aprendiz teria que lidar com um tema complexo em programação em C. A complexidade deste tópico é tal que poucos programadores com relativa experiência em linguagem C são capazes de dominá-lo completamente. Mas, com a assimilação do material exposto até este ponto, espera-se que o leitor já tenha cabedal suficiente para acompanhar a discussão que será apresentada adiante.

Todas as funções da biblioteca padrão de C que serão discutidas a seguir são declaradas no cabeçalho `<stdio.h>`.

### 11.9.1 A Função getchar()

A função **getchar()** lê um caractere no meio de entrada padrão (v. Seção 11.8) e seu protótipo é:

```
int getchar(void)
```

Quando a função **getchar()** é chamada e o buffer associado a **stdin** está vazio (v. Seção 11.9.3), a execução do programa que a chama é interrompida até que o usuário digite um caractere seguido de [ENTER]. Então, a função **getchar()** lê o caractere digitado e retorna o valor inteiro correspondente a ele. Por exemplo, se um programa contém o seguinte fragmento:

```
int meuCaractere;

meuCaractere = getchar();
```

e, quando a chamada de **getchar()** for executada, o usuário pressionar a tecla [A] e, então, [ENTER], à variável **meuCaractere** será atribuído o valor inteiro correspondente ao caractere 'A' no código de caracteres vigente.

Note, no exemplo acima, que o tipo da variável **meuCaractere** é **int**, e não **char**, como se poderia esperar. Isso ocorre porque a função **getchar()** retorna um valor inteiro correspondente a um caractere *apenas* quando ela consegue realmente ler um caractere. Quando isso não é possível, essa função retorna o valor da constante **EOF** (v. Seção 11.6), que não pode ser contido numa variável do tipo **char**. Por outro lado, a largura do tipo **int** é duas, quatro ou até oito vezes maior do que a largura do tipo **char**. Portanto uma variável do tipo **int** é capaz de acomodar com folga um valor do tipo **char**, que sempre ocupa um byte.

Como exemplo de uso de **getchar()**, considere a função **LeLinha()** que faz parte do programa a seguir. Essa função lê uma linha de texto introduzida pelo usuário via teclado desprezando espaços em branco iniciais.

```
#include <stdio.h>
#include <ctype.h>

   /* Número máximo de caracteres permitidos, sem */
   /* considerar caracteres em branco iniciais    */
```

```c
#define TAMANHO_MAX_LINHA 30

/****
 *
 * LeLinha(): Lê uma linha de texto introduzida pelo usuário no
 *            meio de entrada padrão desprezando espaços em branco iniciais
 *
 * Parâmetros:
 *     str[] (saída) - array no qual os caracteres lidos mais '\0' serão armazenados
 *     n (entrada) - tamanho do array str[]
 *
 * Retorno: O número de espaços em branco iniciais saltados
 *
 ****/
int LeLinha(char str[], int n)
{
    int c, /* Armazena cada caractere lido */
        i = 0, /* Indexador de caracteres armazenados */
        espacosSaltados = 0; /* Número de espaços saltados */

        /* Salta espaços no início da linha. O último caractere  */
        /* atribuído a c não é espaço em branco e encerra o laço */
    while ( isspace(c = getchar()) ) {
        ++espacosSaltados;
    }

        /* Lê os demais caracteres da linha */
    while (c != '\n' && c != EOF) {
        /* Verifica se o número máximo de caracteres permitido foi lido */
        if (i >= n - 1) { /* Limite atingido */
            break; /* Encerra o laço */
        }
        str[i] = c; /* Armazena o caractere lido */

        i++; /* Obtém o índice do próximo caractere */

        c = getchar(); /* Lê o próximo caractere */
    }

    str[i] = '\0'; /* Termina o string */

    return espacosSaltados;
}

/****
 *
 * main(): Testa a função LeLinha()
 *
 * Parâmetros: Nenhum
 *
 * Retorno: Zero
 *
 ****/
int main(void)
{
    char str[TAMANHO_MAX_LINHA + 1];
    int  nEspacosSaltados;

    printf( "\n>>> Digite uma linha de texto com espacos em"
            "\n>>> branco no inicio (Maximo = %d caracteres)"
            ":\n\t> ", TAMANHO_MAX_LINHA );
```

```
  nEspacosSaltados = LeLinha(str, TAMANHO_MAX_LINHA);

  printf("\n>>> String sem espacos iniciais: \"%s\"", str);

  printf( "\n>>> Numero de espacos em branco saltados: %d\n", nEspacosSaltados );

  return 0;
}
```

A seguir, um exemplo de execução do último programa:

```
>>> Digite uma linha de texto com espacos em
>>> branco no inicio (Maximo = 30 caracteres):
        >        Bom dia

>>> String sem espacos iniciais: "Bom dia"
>>> Numero de espacos em branco saltados: 6
```

O programa acima usa a função `LeLinha()` para ler uma linha de texto introduzida pelo usuário no meio do teclado desprezando espaços em branco iniciais (incluindo [ENTER] e [TAB]) que porventura o usuário digitar. Essa função salta e conta espaços iniciais digitados usando o laço:

```
while ( isspace(c = getchar()) ) {
   ++espacosSaltados;
}
```

A expressão que controla esse laço é o valor retornado pela função **isspace()** (v. Seção 9.7.1), que recebe como parâmetro o valor retornado e atribuído à variável **c** pela função **getchar()**. Assim, quando essa última função lê um caractere considerado espaço em branco pela função **isspace()**, o corpo do laço é adentrado e conta-se mais um espaço em branco lido. O referido laço encerra quando **getchar()** lê um caractere que não é considerado espaço em branco. Então, a função `LeLinha()` passa a ler os demais caracteres digitados pelo usuário utilizando o laço:

```
while (c != '\n' && c != EOF) {
   if (i >= n - 1) {
      break;
   }
   str[i] = c;
   i++;
   c = getchar();
}
```

Esse último laço possui três condições de parada (apesar de apenas duas serem evidentes):

- ☐ O último caractere lido é quebra de linha (`'\n'`).

- ☐ A função **getchar()** retorna **EOF**, que sinaliza erro de leitura ou tentativa de leitura além do final do arquivo (v. Seção 11.6). Em condições normais, não há final de arquivo em leitura via teclado, mas essa condição pode ser emulada por meio da combinação de teclas [CTRL]+[Z] (em sistemas da família Windows/DOS) ou [CTRL]+[D] (em sistemas da família Unix).

- ☐ O número de caracteres lidos excede o tamanho do array no qual esses caracteres serão armazenados menos um (porque é necessário deixar espaço sobressalente para armazenar o caractere `'\0'`). Essa condição de parada é representada pela instrução **if** no corpo do laço sob discussão.

Enquanto em execução, o corpo do referido laço **while** armazena o último caractere lido e, então, lê o próximo caractere. Logo após a saída do segundo laço, a instrução:

```
str[i] = '\0';
```

acrescenta o caractere `'\0'` depois do último caractere armazenado no array no interior do laço, de forma que, ao final, o array armazenará um string.

### 11.9.2 A Função scanf()

A função **scanf()** permite a leitura de um número arbitrário de valores de vários tipos ao mesmo tempo no meio de entrada padrão. O primeiro parâmetro de **scanf()**, que é obrigatório, é um string de formatação semelhante àquele usado pela função **printf()**. No entanto, normalmente, no caso da função **scanf()**, constam no string de formatação apenas especificadores de formato e espaços em branco. Quer dizer, quando caracteres que não são especificadores de formato nem espaços em branco são incluídos no string de formatação, **scanf()** espera que o usuário digite esses caracteres exatamente como eles são. Por exemplo, na chamada:

```
scanf("Digite um inteiro: %d", &x);
```

a função **scanf()** espera que o usuário digite exatamente os caracteres contidos em *Digite um inteiro:* antes de digitar um número inteiro em base decimal. Nesse exemplo, muito provavelmente, a intenção do programador seria apresentar um prompt para o usuário, o que não ocorrerá, visto que **scanf()** é uma função de entrada (e não de saída). Assim, com **scanf()**, não é recomendado o uso de caracteres que não fazem parte de especificadores de formato nem são considerados espaços em branco.

Os parâmetros que seguem o string de formatação de **scanf()** são endereços de variáveis nas quais os dados lidos serão armazenados. Esses últimos parâmetros são todos de saída, o que justifica o uso de endereços de variáveis (v. Seção 5.5). Tenha cuidado, pois um erro muito comum de programação em C é esquecer de preceder com o símbolo **&** cada variável usada como parâmetro de **scanf()**. Alguns compiladores, como GCC, apresentam mensagens de advertência alertando o programador para esse fato.

O protótipo da função **scanf()** é:

```
int scanf(const char *string, ...)
```

Os três pontos que aparecem no protótipo da função **scanf()** têm sentido conotativo, e não simbólico. Isto é, eles realmente fazem parte do protótipo da função. Funções dessa natureza ainda não foram formalmente discutidas neste livro. A função **printf()** tem um protótipo semelhante ao da função **scanf()**, que ainda não foi apresentado formalmente para não acrescentar embaraços desnecessários num texto introdutório. Essas funções são denominadas funções com parâmetros variantes e permitem o uso de parâmetros em quantidade e tipos indeterminados (representados por três pontos). Uma completa discussão sobre como essas funções são definidas está bem além do escopo de um livro introdutório, mas o uso delas é relativamente fácil [quantas vezes você já usou **printf()** até aqui sem ter ciência dessa informação?].

O valor retornado por **scanf()** representa o número de variáveis que tiveram seus valores alterados em virtude de uma chamada dessa função, a não ser que ocorra erro de leitura ou sinalização de final de arquivo. Nesse último caso, a função **scanf()** retorna **EOF** (v. Seção 11.6). O valor retornado por **scanf()** é usado para determinar se a chamada foi bem sucedida ou não, como será visto na Seção 11.9.5.

O string de formatação de **scanf()** especifica qual é o formato esperado dos dados que serão lidos e atribuídos às variáveis cujos endereços constituem os parâmetros que seguem o referido string. A Tabela 11–4 enumera os especificadores de formato mais comuns utilizados pela função **scanf()**.

| Especificador de Formato | O que scanf() espera ler? |
|---|---|
| %c | Um caractere |
| %s | Uma cadeia de caracteres |
| %d | Um número inteiro em base decimal do tipo **int** |
| %lf | Um número real do tipo **double** |

Tabela 11–4: Especificadores de Formato Comuns Utilizados por scanf()

A despeito do que alguns programadores de C imaginam, os especificadores **%d** e **%i** (que não aparece na Tabela 11–4) são equivalentes quando usados com **printf()**, mas esse não é o caso quando eles são usados com **scanf()**. Isto é, quando **%d** é usado com **scanf()**, essa função espera ler um número inteiro na base decimal. Por outro lado, **%i** permite que **scanf()** seja capaz de ler valores em outras bases numéricas. Como este livro usa apenas inteiros na base decimal, apenas **%d** é utilizado e recomendado para leitura de números inteiros.

O uso correto da função **scanf()** requer que haja um endereço de variável para cada especificador de formato no string de formatação e que o tipo de cada variável seja compatível com a especificação de formato correspondente. Por exemplo, a chamada de **scanf()** no fragmento de programa a seguir espera ler dois valores no meio de entrada padrão:

```
int    umInt;
double umReal;

printf("Digite um valor inteiro e outro real: ");
scanf("%d %lf", &umInt, &umReal);
```

Nesse trecho de programa, a função **scanf()** espera, primeiro, ler caracteres que possam ser convertidos num valor do tipo **int** a ser atribuído à variável `umInt`. Em seguida, ela presume ler caracteres que possam ser convertidos num valor do tipo **double** a ser atribuído à variável `umReal`.

Apesar de **scanf()** permitir a leitura de vários valores a cada chamada, é recomendável fazer a leitura de apenas um dado de cada vez, pois, quando vários valores são lidos simultaneamente e detecta-se que um deles foi introduzido incorretamente, talvez o usuário tenha que reintroduzir todos os valores novamente, mesmo aqueles que ele digitou corretamente. Adotando essa recomendação, a chamada da função **scanf()** do último exemplo deveria ser substituída por:

```
printf("Digite um numero inteiro: ");
scanf("%d", &umInt);

printf("Digite um numero real: ");
scanf("%lf", &umReal);
```

O último trecho de programa representa um melhoramento em relação à chamada única da função **scanf()** do exemplo anterior, mas ainda padece de um grave problema que afeta quase todas as leituras de dados: a dependência do usuário. Isto é, diferentemente de saída de dados, que depende exclusivamente do programador, entrada de dados depende do comportamento do usuário do programa ou até mesmo do bom funcionamento do meio de entrada (e. g, um teclado defeituoso pode acarretar uma leitura de dados indevida). Para sentir melhor esse problema, digite e compile o programa abaixo.

```c
#include <stdio.h>
int main(void)
{
    int x;

    printf("\nDigite um inteiro: ");
    scanf("%d", &x);

    printf("\nO numero inteiro introduzido foi: %d", x);
    printf("\nO dobro desse numero e': %d", 2*x);
    printf("\nO quadrado desse numero e': %d\n", x*x);

    return 0;
}
```

Depois de compilar o programa, exerça o papel de um usuário desatento (ou mal intencionado) e, quando instado a digitar um número inteiro, digite algumas letras. O resultado que você obtém na tela depende de compilador e sistema utilizados, mas, qualquer que seja o resultado, ele não faz absolutamente nenhum sentido porque você não digitou um número com o qual o programa pudesse calcular seu dobro ou quadrado.

A solução do último problema exposto não é muito trivial e será apresentada nas próximas seções.

### 11.9.3 Entendendo Leitura de Dados via Teclado

Na prática, usar corretamente uma função da biblioteca padrão que faz leitura via teclado não é tão trivial quanto sugerem as funções da biblioteca Leitura Facil [p. ex., `LeInteiro()`]. As dificuldades, nesse caso, residem no fato de a leitura de dados depender do comportamento do usuário do programa. Isto é, diferentemente de saída de dados que, repetindo, depende apenas do programador, leitura de dados depende daquilo que o usuário introduz como dados para o programa, o que nem sempre corresponde àquilo que o programa espera. Foi levando isso em consideração que as funções da biblioteca Leitura Facil foram criadas.

Para ser capaz de construir programas robustos (i.e., resistentes a usuários), é preciso entender o funcionamento da leitura de dados via teclado. Depois, é necessário aprender a construir trechos de programa dedicados a leitura e análise de dados introduzidos pelo usuário.

Leitura de dados para programas interativos baseados em console é normalmente efetuada por meio do teclado. Além disso, quaisquer que sejam as teclas pressionadas pelo usuário durante uma leitura de dados, apenas caracteres são enviados para um programa. Por exemplo, mesmo que o usuário tecle apenas dígitos, o programa não recebe números diretamente do teclado. Nesse caso, o programa só receberá um número se houver uma função que leia os caracteres digitados e converta-os num número. A função **scanf()**, por exemplo, é capaz de realizar essa tarefa.

Outro ponto importante que deve ser ressaltado é que, quando uma função que efetua leitura via teclado [p. ex., **getchar()**] é executada, ela não tenta ler caracteres diretamente nesse dispositivo de entrada. Ao invés disso, a leitura é feita num buffer (v. Seção 11.7) para o qual os caracteres introduzidos pelo usuário são enviados e enfileirados após o usuário pressionar a tecla [ENTER]. Além disso, uma função que efetua leitura no meio de entrada padrão só causa interrupção do programa à espera da introdução de caracteres se ela não encontrar nenhum deles no buffer associado a esse meio de entrada.

Compreender bem o funcionamento do buffer associada ao teclado é fundamental para lidar com possíveis problemas com leitura de dados. Para começar a entender o funcionamento da leitura de dados via teclado, considere, por exemplo, o seguinte programa:

---

**PROGRAMA 1**

```c
#include <stdio.h>

int main(void)
{
    int umChar;

    printf("\nDigite um caractere: ");
    umChar = getchar();

    printf("\nDigite outro caractere: ");
    umChar = getchar();

    return 0;
}
```

---

Esse programa é bem simples, mas causa enorme frustração ao programador iniciante que não entende o funcionamento da leitura de dados via teclado. Tudo que esse programa faz é solicitar que o usuário introduza dois caracteres e ler esses caracteres usando a função **getchar()**. O que o programador certamente deseja que aconteça é que o usuário digite cada caractere quando solicitado pelo programa, mas não é isso que ocorre.

Para sentir melhor o que se está afirmando, execute o último programa e tente introduzir o caractere **A** quando for escrito na tela Digite um caractere: e o caractere **B** quando for escrito Digite outro caractere:. Se você seguir essas recomendações, verá que, quando tentar introduzir o caractere **B**, o programa já terá encerrado. Por que o programa age dessa maneira? Para perceber o que realmente acontece com esse programa, acompanhe, a seguir, sua execução passo a passo.

A primeira instrução do programa é:

```c
printf("Digite um caractere:");
```

que escreve na tela do computador:

```
Digite um caractere:
```

Em seguida, a função **getchar()** começa a ser executada. Como essa função não encontra nenhum caractere armazenado no buffer, ela causa a interrupção do programa e espera que um caractere seja depositado no buffer. Quando você pressiona a tecla [A] para introduzir o caractere **'A'**, também precisa pressionar [ENTER] para encerrar a leitura de dados. Acontece que [ENTER] representa igualmente um caractere, que é o caractere de quebra de linha, representado em C por **'\n'**. Portanto, logo após a digitação desses caracteres, o conteúdo do buffer é aquele mostrado na Figura 11–1.

Próximo caractere a ser lido

FIGURA 11–1: CONTEÚDO DO BUFFER DE TECLADO 1

Observe nessa figura que os caracteres são enfileirados no buffer; i.e., eles são armazenados na ordem na qual o usuário os introduz. As operações de leitura no buffer também obedecem a essa mesma ordem.

Prosseguindo com a execução do programa, a função **getchar()**, que estava à espera que algum caractere fosse armazenado no buffer, conclui sua execução lendo o primeiro caractere que lá se encontra. Então, esse caractere é removido do buffer, que fica com o conteúdo mostrado na Figura 11–2.

Próximo caractere a ser lido

FIGURA 11–2: CONTEÚDO DO BUFFER DE TECLADO 2

Em seguida, é executada a próxima instrução do programa:

```
printf("Digite outro caractere:");
```

causando a escrita na tela de:

Digite outro caractere:

Depois, a segunda chamada de **getchar()** é executada. Agora, diferentemente do que ocorre com a primeira chamada dessa função, ela encontra um caractere (i.e., `'\n'`) no buffer de entrada (v. última figura) e, portanto, não interrompe a execução do programa à espera de outro caractere. Nesse caso, a função **getchar()** lê o caractere `'\n'` que já se encontrava no buffer. Assim, o usuário não tem chance de digitar outro caractere, pois, logo em seguida, o programa é encerrado.

Antes de apresentar uma solução para o problema suscitado no programa anterior, é importante ressaltar que, além de **getchar()**, outras funções de leitura podem deixar caracteres remanescentes no buffer que podem causar o mesmo problema em tentativas subsequentes de leitura. Para apreciar o que foi afirmado, considere como exemplo o seguinte programa:

```
PROGRAMA 2

#include <stdio.h>

int main(void)
{
    int  umChar, umInt, nValoresLidos;

    printf("\nDigite um valor inteiro:");
    nValoresLidos = scanf("%d", &umInt);

    printf( "\n\t>>> Numero de valores lidos: %d"
            "\n\t>>> Valor lido: %d\n", nValoresLidos, umInt );

    printf("\nDigite um caractere: ");
    umChar = getchar();

    return 0;
}
```

Um exemplo de interação com o último programa é apresentado abaixo:

```
Digite um valor inteiro: 345

        >>> Numero de valores lidos: 1
        >>> Valor lido: 345

Digite um caractere:
```

Novamente, o programa não permite que o usuário digite o último caractere solicitado. Para compreender melhor a razão desse resultado inesperado, observe inicialmente na Figura 11–3 o conteúdo do buffer de entrada logo após o usuário pressionar em sequência as teclas [3], [4], [5] e [ENTER].

FIGURA 11–3: CONTEÚDO DO BUFFER DE TECLADO 3

É importante notar que o comportamento da função **scanf()** é ditado pelos especificadores de formato que se encontram no string de formatação (primeiro parâmetro da função). No caso em questão, há apenas um especificador de formato, que é **%d**. Esse especificador informa à função **scanf()** que ela deve ler caracteres com os quais ela possa constituir um número inteiro na base decimal. Evidentemente, os únicos caracteres que satisfazem essa especificação são os dígitos de 0 a 9 e os símbolos de sinal + e −. Portanto a tarefa que a função **scanf()** espera realizar nesse caso é ler dígitos da base decimal e, eventualmente, um símbolo de sinal até encontrar um caractere que não satisfaça essa especificação. Quando a função **scanf()** lê um caractere que não está de acordo com essa especificação, ela devolve-o ao buffer, converte apenas aqueles caracteres que ela acumulou durante a leitura num número inteiro e, finalmente, armazena o valor obtido na variável correspondente ao especificador **%d** (nesse caso, a variável `umInt`).

No caso específico do exemplo em questão, a atuação da função **scanf()** obedece à seguinte sequência de eventos:

1. A função lê e guarda os caracteres `'3'`, `'4'` e `'5'`, pois eles podem constituir um número inteiro na base decimal.

2. Ela lê e devolve ao buffer o caractere `'\n'`, pois esse caractere não pode fazer parte de um número.

3. Ela encerra a leitura.

4. A função converte os caracteres `'3'`, `'4'` e `'5'` no número inteiro **345**.

5. O número inteiro obtido (i.e., **345**) é armazenado na variável `umInt`.

6. Finalmente, a função retorna **1**, porque uma variável foi modificada (i.e., lhe foi atribuído um valor).

Ao final da ação da função **scanf()**, a situação no buffer de entrada pode ser ilustrada como na Figura 11–4.

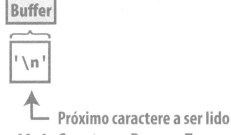

FIGURA 11–4: CONTEÚDO DO BUFFER DE TECLADO 4

Como a função **scanf()** deixa no buffer o caractere `'\n'` e, adiante, o último programa tenta ler um caractere usando a função **getchar()**, o resto da história de execução desse programa é a mesma do penúltimo exemplo.

Antes de conhecer a solução para os problemas detectados nos últimos programas, considere mais um exemplo (Programa 3) que ilustra outra característica da função **scanf()**.

```
                        PROGRAMA 3
#include <stdio.h>

int main(void)
{
    int  umInt, outroInt;

    printf("\nDigite um valor inteiro: ");
    scanf("%d", &umInt);

    printf("Valor lido: %d\n", umInt);

    printf("\nDigite outro valor inteiro: ");
    scanf("%d", &outroInt);

    printf("Valor lido: %d\n", outroInt);

    return 0;
}
```

Se você compilar e executar esse último programa verá que, se você agir como um usuário *bem comportado*, ele funcionará corretamente como mostra o exemplo de interação a seguir:

```
Digite um valor inteiro: 345
Valor lido: 345

Digite outro valor inteiro: 543
Valor lido: 543
```

Agora, a diferença mais relevante entre esse último programa e aquele que o antecede é que a segunda leitura nesse último programa é feita com a função **scanf**(), enquanto, naquele programa, a segunda tentativa de leitura foi realizada com **getchar**(). Novamente, a execução desse último programa será esmiuçada adiante para que você possa compreender por que isso acontece.

Até logo antes da execução da segunda chamada de **printf**(), o último programa comporta-se como o programa anterior a ele. Ou seja, a função **scanf**() lê os caracteres `'3'`, `'4'` e `'5'`, deixa o caractere `'\n'` no buffer, forma um inteiro e o atribui à variável `umInt`. Então, o programa executa uma chamada de **printf**() que apresenta o valor lido. Nesse instante, a configuração do buffer de entrada pode ser ilustrada como na Figura 11–5.

FIGURA 11–5: CONTEÚDO DO BUFFER DE TECLADO 5

Essa configuração de buffer é exatamente igual àquela no instante em que o programa anterior tenta ler um caractere usando **getchar**() e fracassa. Acontece que, agora, tenta-se ler um número inteiro e consegue-se, conforme mostra o último exemplo de interação apresentado. Então, qual é a diferença entre os dois casos?

No primeiro caso, conforme já foi explicado, o problema ocorreu porque a função **getchar**() encontrou o caractere `'\n'` no buffer, leu esse caractere e, portanto, não aguardou que o usuário digitasse outro caractere. No caso corrente, a função **scanf**() também encontrou o mesmo caractere no buffer, mas, mesmo assim, ela permitiu que o usuário introduzisse um número inteiro. Quer dizer, a diferença entre os dois casos é que, quando a função **scanf()** é solicitada a ler um valor numérico, como é o caso quando o especificador de formato é **%d**, ela lê e despreza espaços em branco encontrados no início do buffer e ela considera o caractere '\n' como espaço em branco (outros espaços em branco comuns são tabulação e o caractere de espaço obtido com a barra de espaço de um teclado). Assim, como a função encontra apenas '\n' no buffer de entrada, ela salta esse caractere e espera que o usuário digite algum caractere que não seja considerado espaço em branco.

Agora, o último programa funciona adequadamente apenas porque o usuário foi bem comportado. Isto é, o usuário seguiu exatamente as recomendações do programa. Se o usuário for mal comportado, o programa deixará de funcionar corretamente. Para constatar o que está sendo afirmado, execute novamente o último programa e, quando instado, digite um número inteiro seguido de um caractere (p. ex., **5x**) e, então, digite [ENTER]. Se você fizer isso, verá que o programa não lhe dá chance para digitar o segundo número inteiro. Pior ainda, se, após o primeiro prompt, você digitar uma letra seguida de [ENTER], observará o encerramento do programa sem a leitura de nenhum valor. Com base no que foi discutido nesta seção, tente explicar o comportamento do último programa nessas duas situações. Se não conseguir encontrar as justificativas procuradas, releia esta seção antes de prosseguir.

### 11.9.4 Esvaziamento do Buffer de Entrada

A conclusão que se obtém dos exemplos apresentados na Seção 11.9.3 é que, antes de fazer uma leitura via teclado, é necessário garantir que buffer associado a esse meio de entrada esteja vazio. Uma maneira de realizar isso é por meio de uma chamada da função `LimpaBuffer()` definida como:

```
void LimpaBuffer(void)
{
    int c; /* Caractere lido */

    do {
        c = getchar();
    } while (c != '\n' && c != EOF);
}
```

A função `LimpaBuffer()` lê e descarta repetidamente todos os caracteres encontrados no buffer de entrada até encontrar o caractere '\n' ou **getchar()** retornar **EOF** (v. Seção 11.6).

Normalmente, o caractere '\n' encerra entrada de dados via teclado, mas existem programas, tipicamente, denominados filtros (v. Seção 11.15.2), que usam o meio de entrada padrão como se ele fosse um editor de texto, de modo que a entrada de dados não encerra quando o usuário digita [ENTER] (representado por '\n' em C). Nesses casos, a entrada de dados encerra quando o usuário sinaliza final de arquivo por meio de uma combinação de teclas (v. Seção 11.9.1).

Apesar da simplicidade da função `LimpaBuffer()`, não existe nenhuma função na biblioteca padrão de C que execute a operação que ela realiza (v. Seção 11.7).

Para resolver os problemas apresentados nos programas da Seção 11.9.3, deve-se acrescentar a função `LimpaBuffer()` a esses programas e inserir uma chamada dela entre duas operações seguidas de leitura, como mostram os seguintes programas, que corrigem os dois primeiros programas da Seção 11.9.3. (O terceiro programa dessa seção pode ser corrigido de maneira semelhante.)

| PROGRAMA 1 CORRIGIDO | PROGRAMA 2 CORRIGIDO |
|---|---|

```c
#include <stdio.h>

void LimpaBuffer(void)
{
   int c; /* Caractere lido */

   do {
      c = getchar();
   } while (c != '\n' && c != EOF);
}

int main(void)
{
   int umChar;

   printf("\nDigite um caractere:");
   umChar = getchar();

      /* Se foi lido algum cara- */
      /* ctere, limpa o buffer   */
   if (umChar !=  EOF) {
      LimpaBuffer();
   }

   printf("\nDigite outro caractere:");
   umChar = getchar();

   return 0;
}
```

```c
#include <stdio.h>

void LimpaBuffer(void)
{
   int c; /* Caractere lido */

   do {
      c = getchar();
   } while (c != '\n' && c != EOF);
}

int main(void)
{
   int  umChar, umInt, nValoresLidos;

   printf("\nDigite um valor inteiro: ");
   nValoresLidos = scanf("%d", &umInt);

      /* Se scanf() não retornou     */
      /* EOF, apresenta o resultado */
      /* e limpa o buffer            */
   if (nValoresLidos !=  EOF) {
      printf("\n\t>>> Numero de valores"
             " lidos: %d \n\t>>> Valor",
             " lido: % d\n",
             nValoresLidos, umInt );

      LimpaBuffer();
   } else { /* scanf() retornou EOF */
      printf("\n\t>>> Ocorreu erro de "
             "leitura\n");
   }
   printf("\nDigite um caractere: ");
   umChar = getchar();

   return 0;
}
```

Agora, os programas corrigidos exibidos acima funcionam mesmo quando o usuário digita caracteres além do esperado. Por exemplo, suponha que ocorra a seguinte execução do Programa 2 Corrigido:

```
Digite um valor inteiro: 345ab

        >>> Numero de valores lidos: 1
        >>> Valor lido: 345
Digite um caractere: U
```

Nessa execução do Programa 2 Corrigido, o usuário digitou **345ab**, ao invés do número inteiro solicitado. Portanto, logo após a introdução desses caracteres seguidos de [ENTER], o conteúdo do buffer de entrada é aquele mostrado na Figura 11-6.

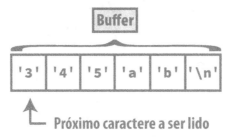

**FIGURA 11–6:** CONTEÚDO DO BUFFER DE TECLADO 6

Como antes, a função **scanf()** lê caracteres que possam compor um número inteiro e encerra a leitura quando encontra o primeiro caractere que não pode fazer parte do número inteiro. No exemplo de interação do Programa 2 da Seção 11.9.3, essa função deixava no buffer apenas o caractere `'\n'`, mas agora ela deixa os caracteres `'a'`, `'b'` e `'\n'`. Entretanto, isso não é mais obstáculo, pois a função `LimpaBuffer()` remove todos os caracteres do buffer de entrada, independentemente de quantos ou quais eles sejam.

Agora, suponha que, ao ser solicitado a digitar um número inteiro, o usuário digite **ab**. Nesse caso, o programa não obteria o número inteiro solicitado. Mas, e se essa fosse uma situação real na qual o programa necessitasse desse valor para prosseguir com sua execução? A subseção seguinte lida com essa categoria de problemas.

### 11.9.5 Uso de Laços de Repetição em Leitura de Dados

Laços de repetição são utilizados em leitura de dados para oferecer novas chances ao usuário após ele ter introduzido dados considerados inusitados pelo programa. Para entender como isso funciona, considere o programa a seguir:

```
#include <stdio.h>

int main(void)
{
    int  umInt, outroInt;

    printf("\nDigite um inteiro: ");
    scanf("%d", &umInt);

    printf("\nDigite outro inteiro: ");
    scanf("%d", &outroInt);

    printf( "\n\n\t>>> %d + %d = %d\n",
            umInt, outroInt, umInt + outroInt );

    return 0;
}
```

Esse programa funciona perfeitamente bem, desde que o usuário seja *bem comportado*; i.e., se ele introduzir corretamente dois números inteiros. Mas, este é justamente o problema desse programa: ele depende do usuário para funcionar bem. Um bom programador não deve jamais fazer suposições de bom comportamento por parte do usuário. O que aconteceria, então, se o usuário não agisse conforme o esperado? Algumas possibilidades serão analisadas logo abaixo.

Suponha, inicialmente, que, quando solicitado a introduzir o primeiro inteiro, o usuário digite **345ab**. Conforme foi visto na Seção 11.9.3, nesse caso, a função **scanf()**, lê e transforma em número inteiro os caracteres `'3'`, `'4'` e `'5'` e deixa no buffer os caracteres `'a'`, `'b'` e `'\n'`. A solução para o problema de caracteres remanescentes foi apresentada na Seção 11.9.4. Ou seja, basta inserir, após essa chamada de **scanf()**, uma chamada da função `LimpaBuffer()`, descrita na Seção 11.9.4, e esse problema estará resolvido.

Se o usuário digitar apenas um número inteiro, a função **scanf()** deixa o caractere '\n' no buffer, mas isso não constitui problema para a próxima chamada dessa função porque, nesse caso, ela salta caracteres em branco encontrados no início do buffer. A função **scanf()** só não age desse modo quando se utiliza o especificador **%c** para leitura de um único caractere.

Agora, suponha que o usuário digita `ab25` quando solicitado a introduzir o primeiro inteiro. Nessa situação, a função **scanf()** não será capaz de transformar a entrada do usuário num número inteiro, pois o primeiro caractere encontrado é `'a'` e esse caractere não pode fazer parte de um número inteiro na base decimal. Consequentemente, nenhum valor será atribuído à variável `umInt`.

Como primeira tentativa de solução desse último problema, deve-se verificar se a função **scanf()** lê realmente um número inteiro como deveria. Isso é efetuado testando-se o valor retornado por essa função, como mostrado no fragmento de programa a seguir:

```
printf("\nDigite um inteiro: ");
nValLidos = scanf("%d", &umInt);

if (nValLidos != 1) { /* Nenhum inteiro foi lido */
    /* Se scanf() retornou EOF não há caracteres a serem removidos */
  if (nValLidos != EOF) {
      LimpaBuffer();
  }

  printf("\a\nValor incorreto.\nDigite um inteiro: ");
  nValLidos = scanf("%d", &umInt);
}
```

Esse trecho de programa é fácil de ser entendido. A função **scanf()** retorna o número de variáveis que tiveram seus valores alterados por ela ou **EOF** (v. Seção 11.9.2). No caso em questão, a função **scanf()** recebe apenas um endereço de variável (i.e., `&umInt`) como parâmetro e, portanto, o valor retornado só poderá ser:

- ❏ `0`, quando a variável `umInt` não for alterada porque os caracteres digitados pelo usuário não puderem ser convertido num valor inteiro na base decimal.

- ❏ `1`, quando houver conversão num valor inteiro na base decimal e o valor convertido for atribuído à variável.

- ❏ **EOF**, quando ocorrer erro ou tentativa de leitura além do final do arquivo (v. Seção 11.9.2).

Portanto a instrução **if** do último trecho de programa testa se a variável foi alterada e, se não for esse o caso, solicita ao usuário para introduzir um outro valor inteiro. Antes da nova leitura, porém, se **scanf()** não retornou **EOF**, chama-se a função `LimpaBuffer()` para remover os caracteres que ficaram armazenados no buffer de entrada em consequência dos dados incorretamente digitados pelo usuário. Quando **scanf()** retorna **EOF**, a função `LimpaBuffer()` não é chamada porque não há caracteres a serem removidos do buffer.

A correção apresentada no trecho de programa acima quando introduzida no programa em questão melhora sua qualidade, porque permite que o usuário tenha uma nova chance para corrigir um eventual erro. Mas, essa ainda não é a solução mais adequada, pois não leva em consideração que o usuário pode errar mais de uma vez. Logo, a solução ideal é construir um laço de repetição que só deve encerrar quando o usuário digitar corretamente o dado esperado pelo programa. Desse modo, ele terá incontáveis chances de errar antes de introduzir um dado corretamente. Uma pequena alteração no trecho de programa anterior produz o resultado desejado:

```
printf("\nDigite um inteiro: ");
nValLidos = scanf("%d", &umInt);

while (nValLidos != 1) { /* Nenhum inteiro foi lido */
   if (nValLidos != EOF) {
      LimpaBuffer();
   }
   printf("\a\nValor incorreto.\nDigite um inteiro: ");
   nValLidos = scanf("%d", &umInt);
}
```

Fazendo as devidas alterações, o programa apresentado no início desta seção ficaria assim:

```c
#include <stdio.h>

void LimpaBuffer(void)
{
   int c; /* Caractere lido */

   do {
      c = getchar();
   } while (c != '\n' && c != EOF);
}

int main(void)
{
   int umInt, outroInt, nValLidos;

      /* Tenta ler o primeiro valor */
   printf("\nDigite um inteiro: ");
   nValLidos = scanf("%d", &umInt);

      /* Enquanto o usuário não digitar um valor */
      /* considerado correto, o laço não encerra */
   while (nValLidos != 1) { /* Nenhum inteiro foi lido */
         /* Se scanf() retornou EOF não há caracteres a serem removidos */
      if (nValLidos != EOF) {
         LimpaBuffer();
      }

         /* Oferece nova chance para o usuário se redimir */
      printf("\a\nValor incorreto.\nDigite um inteiro: ");
      nValLidos = scanf("%d", &umInt);
   }

      /* Mesmo que scanf() tenha lido o primeiro valor (o que é */
      /* verdade neste ponto), pode haver caracteres restantes   */
      /* no buffer além de '\n', e eles precisam ser removidos   */
   LimpaBuffer();

      /* Tenta ler o segundo valor */
   printf("\nDigite outro inteiro: ");
   nValLidos = scanf("%d", &outroInt);

      /* Enquanto o usuário não digitar um valor */
      /* considerado correto, o laço não encerra */
   while (nValLidos != 1) { /* Nenhum inteiro foi lido */
         /* Se scanf() retornou EOF não há caracteres a serem removidos */
      if (nValLidos != EOF) {
         LimpaBuffer();
      }
```

```
            /* Oferece nova chance para o usuário se redimir */
        printf("\a\nValor incorreto.\nDigite um inteiro: ");
        nValLidos = scanf("%d", &outroInt);
    }

    printf( "\n\n\t>>> %d + %d = %d\n", umInt, outroInt, umInt + outroInt );

    return 0;
}
```

Agora, se você examinar atentamente os dois trechos responsáveis pelas leituras dos dois números inteiros do último programa, notará que eles diferem, substancialmente, apenas pelo fato de o primeiro trecho usar a variável **umInt**, enquanto o outro usa a variável **outroInt**. Portanto essa é uma situação apropriada para o uso de uma função para leitura de inteiros que seja incorporada no programa, como mostrado a seguir.

```c
#include <stdio.h>

void LimpaBuffer(void)
{
    int c; /* Caractere lido */

    do {
        c = getchar();
    } while (c != '\n' && c != EOF);
}

int LeInteiro2(void)
{
    int oInteiro, nValoresLidos;

    /* Tenta ler um valor inteiro */
    nValoresLidos = scanf("%d", &oInteiro);

    /* Enquanto o usuário não digitar um  */
    /* valor esperado, o laço não encerra */
    while (nValoresLidos != 1) {/* Nenhum inteiro foi lido */
        /* Se scanf() retornou EOF não há caracteres  */
        /* a serem removidos. Caso contrário, haverá. */
        if (nValoresLidos != EOF) {
            LimpaBuffer();
        }

        /* Faz mais uma tentativa de leitura */
        printf("\a\nValor incorreto.\nDigite um valor inteiro: ");
        nValoresLidos = scanf("%d", &oInteiro);
    }

    /* Deixa o buffer limpo antes de retornar */
    LimpaBuffer();

    return oInteiro;
}

int main(void)
{
    int  umInt, outroInt;

    /* Lê o primeiro valor */
    printf("\nDigite um valor inteiro: ");
    umInt = LeInteiro2();

    /* Lê o segundo valor */
```

```
   printf("\nDigite outro valor inteiro: ");
   outroInt = LeInteiro2();

   printf( "\n\n\t>>> %d + %d = %d\n",
           umInt, outroInt, umInt + outroInt );

   return 0;
}
```

Veja como o novo programa ficou muito mais conciso e fácil de ser entendido com a introdução da função **LeInteiro2()**. Note ainda que essa função foi denominada *LeInteiro2*, em vez de apenas *LeInteiro*, para não ocorrer conflito de identificadores com o nome da função **LeInteiro()** da biblioteca LEITURAFACIL. Aliás, as funções **LeInteiro2()** e **LeInteiro()** são bem parecidas, mas não são funcionalmente equivalentes (v. Apêndice B).

Agora, observe o seguinte exemplo de execução do último programa apresentado:

```
Digite um valor inteiro: XY123

Valor incorreto.
Digite um valor inteiro: 123XY

Digite outro valor inteiro: 321

        >>> 123 + 321 = 444
```

Nesse exemplo de execução, na primeira tentativa de leitura, o usuário digitou um valor que não pode ser convertido em inteiro na base decimal e o programa reagiu adequadamente, conforme esperado. Na segunda tentativa de leitura, o usuário digitou **123XY**, que também não corresponde a um número inteiro na base decimal. No entanto, nesse último caso, o valor digitado foi aceito pelo programa. Se você entendeu o funcionamento da função **scanf()**, concluirá que esse comportamento do programa também era esperado. Mas, neste ponto, surgem duas questões:

[1] O valor **123XY** deveria ter sido aceito como válido?

[2] Se a resposta à primeira questão for negativa, é possível detectar esse problema e reagir adequadamente?

A resposta para a primeira questão depende do fato de o programador desejar ser rigoroso ou condescendente com o usuário. A função **LeInteiro()** da biblioteca LEITURAFACIL é simpática ao usuário e aceita esse tipo de entrada como válida. Enfim, a resposta para a primeira questão é uma decisão de projeto de programação.

A resposta para a segunda questão é um pouco mais complicada, pois usando apenas **scanf()** não é possível saber se o usuário digitou caracteres (sem incluir **'\n'**) além daqueles que essa função conseguiu converter. Então, uma solução é reimplementar a função **LimpaBuffer()** de tal modo que ela retorne o número de caracteres que ela lê e descarta, sem levar em consideração o onipresente caractere **'\n'**. Em seguida, a função **LeInteiro2()** também precisa ser reimplementada para incluir essa verificação adicional, como mostra o seguinte programa:

```
#include <stdio.h>

int LimpaBuffer2(void)
{
   int carLido, /* Armazena cada caractere lido */
       nCarLidos = 0; /* Conta o número de caracteres lidos */

   /* Lê e descarta cada caractere lido até     */
   /* encontrar '\n' ou getchar() retornar EOF */
   do {
      carLido = getchar(); /* Lê um caractere */
      ++nCarLidos; /* Mais um caractere foi lido */
   } while ((carLido != '\n') && (carLido != EOF));
```

```
        /* O último caractere lido foi '\n' ou EOF e não deve ser considerado sobra */
    return nCarLidos - 1;
}

int LeInteiro3(void)
{
    int oInteiro, nValoresLidos, resto;

inicio: /* Desvia para cá para fazer uma nova tentativa */
        /* Tenta ler um valor inteiro */
    nValoresLidos = scanf("%d", &oInteiro);

        /* Se scanf() retornou EOF não há caracteres  */
        /* a serem removidos. Caso contrário, haverá. */
    if (nValoresLidos != EOF) {
        resto = LimpaBuffer2();
    }

        /* Enquanto o usuário não digitar um valor esperado, o laço não encerra */
    while (nValoresLidos != 1 || resto) {
        /* Faz mais uma tentativa de leitura */
        printf("\a\nValor incorreto.\nDigite um valor inteiro: ");
        goto inicio;
    }

    return oInteiro;
}

int main(void)
{
    int  umInt, outroInt;

        /* Lê o primeiro valor */
    printf("\nDigite um valor inteiro: ");
    umInt = LeInteiro3();

        /* Lê o segundo valor */
    printf("\nDigite outro valor inteiro: ");
    outroInt = LeInteiro3();

    printf( "\n\t>>> %d + %d = %d\n", umInt, outroInt, umInt + outroInt );

    return 0;
}
```

Se algum purista lhe disser que não se deve nunca usar **goto**, desafie-o a implementar a função `LeInteiro3()` de modo mais elegante e eficiente.

A seguir, um exemplo de execução do último programa:

```
Digite um valor inteiro: XY123

Valor incorreto.
Digite um valor inteiro: 123XY

Valor incorreto.
Digite um valor inteiro: 123

Digite outro valor inteiro: 321

        >>> 123 + 321 = 444
```

Compare o exemplo de execução acima com aquele apresentado no penúltimo exemplo e constate a diferença.

### 11.9.6 Leitura de Strings via Teclado: scanf(), gets() e fgets()

Rigorosamente falando, nenhuma função é capaz de ler strings introduzidos por meio de teclado, porque é impossível introduzir por essa via o caractere terminal que faz parte de qualquer string. Assim, do mesmo modo que *ler um número* é uma simplificação linguística para *ler caracteres e convertê-los num número*, *ler um string* é uma simplificação para *ler caracteres e convertê-los num string*.

Podem-se ler strings via teclado utilizando a função **scanf()** em conjunto com o especificador de formato **%s**. O parâmetro correspondente a esse especificador deve ser o endereço de um array de caracteres com espaço suficiente para conter os caracteres introduzidos pelo usuário mais o caractere '\0', pois, após a leitura dos caracteres, **scanf()** acrescenta automaticamente o caractere nulo ao array, de modo que o resultado constitua um string.

Considere o seguinte programa como exemplo de leitura de string:

```
#include <stdio.h>

int main(void)
{
    char nome[30];

    printf("\nDigite seu nome (maximo de 29 letras)\n\t> ");
    scanf("%s", nome);

    printf("\nSeu nome e': %s\n", nome);

    return 0;
}
```

A chamada de **scanf()** nesse programa seria capaz de ler, no máximo, 29 caracteres introduzidos pelo usuário do programa. Isto é, o número máximo de caracteres que podem ser lidos é no máximo o tamanho do array menos um, já que se deve reservar um espaço para o caractere terminal de string acrescentado por **scanf()**.

Note no programa anterior que não é necessário o uso do operador **&** precedendo o parâmetro **nome** na chamada de **scanf()**, pois **nome** já é um endereço (v. Seção 8.7).

Um sério problema que acomete a função **scanf()** quando ela é usada com o especificador **%s** é que, por maior que seja o tamanho do array que se usa como parâmetro, não se pode garantir que ele terá espaço suficiente para conter os caracteres introduzidos pelo usuário. Quer dizer, considerando novamente o exemplo anterior, quem garante que o usuário não introduzirá mais de 29 caracteres? Portanto o programador jamais deve usar apenas **%s** como especificador de formato de strings com a função **scanf()**, pois o uso desse especificador pode causar o mau funcionamento do programa por causa de corrupção de memória (v. Seção 8.9.3). Nesse caso, o problema reside no fato de a função **scanf()**, quando utilizada com o especificador **%s**, poder alterar porções de memória que não estão alocadas para o array utilizado como parâmetro.

Os possíveis problemas causados pelo uso do especificador **%s** com **scanf()** podem ser facilmente resolvidos utilizando-se o especificador de formato:

$$\%ns$$

Nesse especificador de formato, *n* determina o número máximo de caracteres a serem lidos pela função **scanf()**. Assim, o último programa apresentado pode se tornar seguro substituindo-se sua chamada de **scanf()** por:

```
scanf("%29s", nome);
```

Usando-se o especificador **%ns**, resolve-se o problema de corrupção de memória que poderia ocorrer numa chamada de **scanf()**, mas essa função ainda apresenta uma desvantagem para leitura de strings, que é o fato de ela encerrar a leitura quando encontra um espaço em branco no interior de um string. Isso significa que um string contendo caracteres em branco em seu interior não pode ser introduzido usando essa função, como mostra um exemplo de interação com o último programa:

```
Digite seu nome (maximo de 29 letras)
        > Dom Pedro I
Seu nome e': Dom
```

Uma característica interessante de **scanf()** é que ela permite limitar os caracteres que podem fazer parte de um string lido por meio do uso do especificador **%[*caracteres*]**. Esse especificador solicita à função **scanf()** que leia no meio de entrada padrão todos os caracteres entre colchetes e os armazene no endereço representado pelo parâmetro (array) correspondente. A leitura é encerrada quando a função encontra o primeiro caractere que não faz parte do conjunto de caracteres entre colchetes. Esse especificador pode ainda ser usado em conjunto com um inteiro positivo que limita o número de caracteres lidos, como mostra o exemplo a seguir:

```c
#include <stdio.h>

int main(void)
{
    char str[5]; /* 5 é um número tirado da cartola... */

    printf("\nDigite uma palavra contendo vogais: ");

        /* São aceitas apenas vogais minúsculas */
    scanf("%4[aeiou]", str);

    printf("Palavra aceita: \"%s\"\n", str);

    return 0;
}
```

Os seguintes exemplos de execução ilustram o funcionamento desse programa:

Exemplo 1:

```
Digite uma palavra contendo vogais: bao
Palavra aceita: ""
```

**Análise:**  Nesse exemplo de execução, o primeiro caractere encontrado por **scanf()** foi `'b'` e, como ele não é vogal minúscula, nenhum caractere foi lido e o string resultante da leitura é vazio.

Exemplo 2:

```
Digite uma palavra contendo vogais: aob
Palavra aceita: "ao"
```

**Análise:**  Nesse caso, os dois primeiros caracteres encontrados foram `'a'` e `'o'`, que, por serem vogais minúsculas, são aceitos. A leitura encerra quando o caractere `'b'` é encontrado.

Exemplo 3:

```
Digite uma palavra contendo vogais: auiaaaiiiaauuooee
Palavra aceita: "auia"
```

**Análise:**  Nesse último caso, todos os caracteres digitados são vogais minúsculas e, em princípio aceitáveis. Mas, a leitura encerra quando o número máximo de caracteres, especificado por meio de **%4[aeiou]**, é lido.

Quando os caracteres entre colchetes são iniciados com o caractere `'^'`, a função **scanf()** considera todos os caracteres que não se encontram entre colchetes. Nesse caso, a leitura é encerrada quando **scanf()** encontra o primeiro caractere que faz parte do conjunto de caracteres entre colchetes.

Uma forma ilusória (ou melhor, delirante) de superar a incapacidade demonstrada por **scanf()** para ler strings com espaços em branco é utilizar a função **gets()**, que é específica para leitura de strings via teclado. Essa função recebe um único parâmetro, que é o endereço de um array de caracteres, e, quando executada, lê e armazena no array os caracteres introduzidos até encontrar o caractere '\n' (que representa [ENTER]). Então, essa função acrescenta o caractere nulo ao final dos caracteres lidos e armazenados no array citado. O caractere '\n' não é armazenado nesse array.

Como exemplo de uso de **gets()**, considere o seguinte programa:

```c
#include <stdio.h>

int main(void)
{
   char  nome[30];

   printf("\nDigite seu nome (maximo de 29 letras)\n\t> ");
   gets(nome);

   printf("\nSeu nome e': %s\n", nome);

   return 0;
}
```

A seguir, um exemplo de execução desse último programa:

```
Digite seu nome (maximo de 29 letras)
        > Dom Pedro I

Seu nome e': Dom Pedro I
```

Como no caso da função **scanf()**, o array passado como parâmetro para **gets()** deve ter capacidade suficiente para conter os caracteres digitados pelo usuário mais o caractere '\0', que será acrescentado. Entretanto, diferentemente do que ocorre com a função **scanf()**, a função **gets()** não possui nenhum meio para limitar o número de caracteres lidos. Por exemplo, no seguinte caso de execução:

```
Digite seu nome (maximo de 29 letras)
        > Pedro de Alcantara Francisco Antonio Joao Carlos
Xavier de Paula Miguel Rafael Joaquim Jose Gonzaga Pascoal
Cipriano Serafim de Braganca e Bourbon

Seu nome e': Pedro de Alcantara Francisco Antonio Joao
Carlos Xavier de Paula Miguel Rafael Joaquim Jose Gonzaga
Pascoal Cipriano Serafim de Braganca e Bourbon
```

o último programa é abortado, mesmo que ele consiga escrever o nome digitado pelo usuário.

Em resumo, como não é possível corrigir o grave defeito incorporado na função **gets()**, ela não deve *jamais* ser utilizada.

A função **gets()** é tão maligna que, finalmente, o mais recente padrão de C (ISO C11) decidiu expurgá-la da linguagem. No entanto, infelizmente, ela ainda faz parte da maioria das bibliotecas que acompanham compiladores de C e, pior, tem seu uso recomendado por alguns textos sobre programação em C.

A função **fgets()** não padece do grave problema que acomete **gets()** e tem como protótipo:

```c
char *fgets(char *ar, int n, FILE *stream)
```

O primeiro parâmetro dessa função é o endereço do array que armazenará o string lido e o segundo parâmetro é o tamanho desse array. O terceiro parâmetro de **fgets()** especifica o stream associado ao arquivo no qual a leitura será efetuada. No caso de leitura via teclado, esse parâmetro é, naturalmente, **stdin** (v. Seção 11.8).

A função **fgets()** é capaz de ler `n - 1` caracteres, mas a leitura pode encerrar prematuramente se uma quebra de linha (`'\n'`) for encontrada ou o final do arquivo for atingido. Essa função armazena automaticamente um caractere nulo (`'\0'`) após o último caractere armazenado no array `ar[]`. A função **fgets()** retorna o endereço do array recebido como parâmetro quando consegue cumprir sua missão ou **NULL**, quando ocorre erro ou tentativa de leitura além do final do arquivo sem que ela tenha conseguido ler nenhum caractere.

O valor passado como segundo parâmetro pode ser menor do que o tamanho do array (primeiro parâmetro) se o programador não desejar preencher todo o array com o string lido. Mas, se esse valor for maior do que o verdadeiro tamanho do array, poderá haver corrupção de memória (v. Seção 8.9.3). Todavia, nesse último caso, o erro é causado por descuido do programador e não é inerente à função **fgets()** [como ocorre com **gets()**].

As funções **gets()** e **fgets()** compartilham semelhanças e diferenças que são resumidas na Tabela 11–5.

| fgets() | gets() |
|---|---|
| Lê caracteres incluindo espaços em branco até encontrar um caractere `'\n'`. | Idem. |
| Acrescenta o caractere nulo ao final dos caracteres lidos. | Idem. |
| Inclui o caractere `'\n'` no string, se ele for lido. | Não inclui o caractere `'\n'` no string. |
| Permite limitar o número de caracteres lidos. | Não permite limitar o número de caracteres lidos. |
| Permite especificar o meio de entrada. | Permite leitura apenas via teclado. |
| Seu uso é seguro (dependendo, é claro, do programador). | Até a homologação do padrão C11, era o grande satã da biblioteca padrão de C, pois não há uso seguro para essa função. |
| Faz parte de todos os padrões ISO da linguagem C. | Foi excluída da linguagem C pelo padrão C11 (felizmente, ufa!). |

TABELA 11–5: COMPARAÇÃO ENTRE fgets() E gets()

A principal diferença entre **gets()** e **fgets()** é de natureza pragmática:

**Recomendação** *Definitivamente, a função gets() nunca deve ser usada!*

Usando-se **fgets()**, pode-se obter uma versão mais adequada dos programas apresentados anteriormente nesta seção:

```c
#include <stdio.h>

int main(void)
{
   char nome[30], *p;

   printf("\nDigite seu nome (maximo de 29 letras)\n\t> ");
   p = fgets(nome, 30, stdin);

   if (!p) {
      printf("\nErro de leitura\n");
      return 1;
   }

   printf("\nSeu nome e': %s\n", nome);

   return 0;
}
```

Exemplo de execução do último programa:

```
Digite seu nome (maximo de 29 letras)
        > Pedro de Alcantara Francisco Antonio Joao Carlos
Xavier de Paula Miguel Rafael Joaquim Jose Gonzaga Pascoal
Cipriano Serafim de Braganca e Bourbon
Seu nome e': Pedro de Alcantara Francisco
```

Apesar de o último programa não estar preparado para ler sequer a metade do nome completo de Dom Pedro I, ele não foi abortado como o penúltimo programa. Ademais, o ponteiro **p** foi usado para testar se o valor retornado por **fgets**() indica a ocorrência de erro de leitura ou tentativa de leitura além do final do arquivo (v. Seção 11.6).

É interessante ressaltar que, quando a função **fgets**() encontra o caractere '\n' durante uma leitura, ela o inclui no string resultante da leitura e, muitas vezes, isso constitui um incômodo para o programador. Se esse for o caso, para remover esse caractere, o programador deve notar que ele deve ser o último caractere do string antes do caractere terminal, porque, ao encontrar o caractere '\n', **fgets**() encerra a leitura e acrescenta o caractere '\0' ao final dos caracteres armazenados no array recebido como parâmetro. Por exemplo, suponha que essa função seja chamada como no seguinte trecho de programa:

```
char ar[10];
...
fgets(ar, 10, stdin);
```

e o usuário introduz apenas cinco caracteres seguidos de [ENTER]. Então, quando executada, a função **fgets**() encontrará o caractere '\n', antes de ler os nove caracteres que lhe são permitidos. Assim, após o retorno dessa função, a situação no array **ar**[] pode ser esquematizada como na Figura 11–7, na qual **x** representa cada caractere introduzido pelo usuário antes de ele digitar [ENTER].

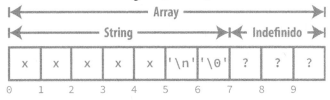

FIGURA 11–7: FUNÇÃO FGETS() LENDO QUEBRA DE LINHA

Como se pode verificar na ilustração, quando lido, o caractere '\n' ocupa a posição do array determinada por:

```
strlen(ar) - 1
```

Assim, o trecho de programa a seguir é capaz de remover do string o caractere '\n':

```
int posicao = strlen(ar) - 1;

if (ar[posicao] == '\n') { /* '\n' foi encontrado */
    ar[posicao] = '\0'; /* Sobrescreve-o com '\0' */
}
```

Uma maneira equivalente e mais sucinta de remover o caractere '\n' é obtida por meio da função **strchr**() (v. Seção 9.5.8), como é mostrado abaixo:

```
char *p = strchr(ar, '\n');

if (p) { /* '\n' foi encontrado */
    *p = '\0'; /* Sobrescreve-o com '\0' */
}
```

# 11.10 Acessos Sequencial e Direto

Uma vez que um arquivo tenha sido aberto conforme foi descrito na Seção 11.4, pode-se usar o ponteiro de stream que o representa para processá-lo. Processar um arquivo significa ler ou escrever dados nele usando o respectivo stream como intermediário. Processamento de arquivos pode ser categorizado conforme exposto adiante:

☐ **Processamento sequencial.** Quando um stream é processado sequencialmente, suas partições são acessadas uma a uma na ordem em que se encontram no stream. Todo stream permite esse tipo de acesso e, de acordo com as partições nas quais o stream é logicamente dividido, esse tipo de processamento pode ainda ser subdividido em:

◆ Por byte (ou por caractere). Nesse tipo de processamento, as funções utilizadas leem ou escrevem um byte por vez. Esse tipo de processamento é apropriado para qualquer tipo de stream e será apresentado na Seção 11.11.1.

◆ Por linha. As funções utilizadas nesse tipo de processamento leem ou escrevem uma linha de cada vez. Esse tipo de processamento é dirigido para streams de texto e será explorado na Seção 11.11.2.

◆ Por bloco. No contexto de processamento de arquivos, um bloco de memória (ou apenas bloco) é um array de bytes. Mas, como será visto adiante, qualquer variável pode ser vista como um array de bytes. Assim, as funções utilizadas nesse tipo de processamento leem ou escrevem uma variável ou um array de variáveis de um determinado tipo de cada vez. Esse tipo de processamento é mais apropriado para streams binários associados a arquivos binários e será descrito em detalhes na Seção 11.11.3.

◆ Formatado. As funções que executam processamento dessa natureza convertem caracteres em valores de tipos de dados primitivos durante uma operação de leitura e realizam o inverso durante uma operação de escrita. As funções **scanf()** e **printf()** constituem exemplos de funções usadas em processamento formatado de arquivos. Esse tipo de processamento, que é conveniente apenas para streams de texto, não é discutido em detalhes neste livro.

☐ **Processamento por acesso direto.** Num processamento dessa natureza, um conjunto de bytes pode ser acessado num determinado local de um arquivo sem que os bytes que o precedem sejam necessariamente acessados, porém nem todo arquivo permite esse tipo de acesso. Esse tipo de processamento é conveniente para arquivos binários que podem ser indexados (i.e., divididos em partições de mesmo tamanho) e que, obviamente, admitem acesso direto. Esse tipo de processamento será apresentado na Seção 11.12.

A Tabela 11–6 e a Tabela 11–7 têm o intuito de servirem como rápida referência para ajudarem o programador a decidir que tipo de processamento é conveniente numa determinada situação.

| PROCESSAMENTO | FUNÇÕES TIPICAMENTE USADAS | CONVENIENTE PARA ARQUIVO... |
|---|---|---|
| Por byte | ☐ **fgetc()** (leitura)<br>☐ **fputc()** (escrita) | Texto ou binário |
| Por linha | ☐ **fgets()** (leitura)<br>☐ **fputs()** (escrita) | Texto |
| Por bloco | ☐ **fread()** (leitura)<br>☐ **fwrite()** (escrita) | Binário |

TABELA 11–6: PROCESSAMENTO SEQUENCIAL (RESUMO)

| Processamento | Funções Tipicamente Usadas | Conveniente para arquivo... |
|---|---|---|
| Formatado | ☐ **fscanf()** (leitura) <br> ☐ **fprintf()** (escrita) | Texto (apenas) |

Tabela 11-6: Processamento Sequencial (Resumo)

| Ação | Funções Usadas | O Que Faz |
|---|---|---|
| Movimentação | **fseek()** | *Move o indicador de posição do arquivo para um local determinado* |
| Localização | **ftell()** | *Informa o local onde se encontra o indicador de posição do arquivo* |
| Processamento | ☐ **fread()** (leitura) <br> ☐ **fwrite()** (escrita) | *Lê ou escreve um bloco no local onde se encontra o indicador de posição do arquivo* |

Tabela 11-7: Processamento com Acesso Direto (Resumo)

# 11.11 Processamento Sequencial de Arquivos

Esta seção descreve em detalhes as categorias de processamento sequencial.

### 11.11.1 Processamento Sequencial por Bytes

Existem duas funções para processamento de um stream byte a byte: **fgetc()**, que lê um byte no stream e **fputc()**, que escreve um byte no stream. Antes de retornarem, essas funções movem o indicador de posição do stream para o próximo caractere a ser lido ou escrito. Os protótipos dessas funções são apresentados na Tabela 11–8.

| Função | Protótipo |
|---|---|
| **fgetc()** | `int fgetc(FILE *stream)` |
| **fputc()** | `int fputc(int byte, FILE *stream)` |

Tabela 11-8: Protótipos de Funções para Processamento de Caracteres (Bytes)

Na Seção 11.15, serão apresentados alguns exemplos de uso prático das funções **fgetc()** e **fputc()**.

### 11.11.2 Processamento Sequencial por Linhas

O processamento de arquivo linha por linha é conveniente apenas para streams de texto. Existem duas funções do módulo stdio que leem e escrevem uma linha num dado stream de texto, respectivamente: **fgets()** e **fputs()**, sendo que a função **fgets()** já foi explorada na Seção 11.9.6. Assim, apenas **fputs()** precisará ser discutida aqui.

A função **fputs()** é usada para escrita de linhas num stream de texto e tem o seguinte protótipo:

```
int fputs(const char *s, FILE *stream)
```

Nesse protótipo, os parâmetros são interpretados como:

- ☐ **s** é o endereço de um string.
- ☐ `stream` representa o stream no qual será feita a escrita.

A função **fputs()** escreve todos os caracteres do string **s** no stream recebido como parâmetro até que o caractere nulo seja encontrado (esse caractere nulo não é escrito no stream). A função **fputs()** retorna um valor não negativo quando a escrita é bem sucedida; caso contrário, ela retorna **EOF**. Essa função não escreve no stream um caractere de quebra de linha após a escrita do último caractere do string, como faz a função **puts()** que escreve no meio de saída padrão (v. Seção 9.5.2).

A Seção 11.15 apresentará exemplos de uso prático das funções **fgets()** e **fputs()**.

### 11.11.3 Processamento Sequencial por Blocos

Conforme foi visto no início deste capítulo, um bloco (de memória) é apenas um array unidimensional de bytes. Esses bytes podem ser agrupados para constituir elementos multibytes de um array. Por exemplo, um array de elementos do tipo **double** pode ser interpretado desse modo ou como um array de bytes, pois não apenas os elementos do tipo **double** são contíguos em memória, como também há contiguidade entre os bytes que compõem cada elemento do tipo **double**. Assim, quando se lê ou escreve um bloco, é necessário especificar o número de elementos do bloco e o tamanho (i.e., o número de bytes) de cada elemento.

As funções do módulo stdio usadas para entrada e saída de blocos são **fread()** e **fwrite()**, respectivamente.

A função **fread()** tem o seguinte protótipo:

```
size_t fread(void *ar, size_t tamanho, size_t n, FILE *stream)
```

As interpretações dos parâmetros nesse protótipo são as seguintes:

- ❑ `ar` é o endereço do array de bytes no qual o bloco lido será armazenado. O tipo **void** * utilizado na declaração desse parâmetro permite que ele seja compatível com ponteiros e endereços de variáveis de quaisquer tipos (v. Seção 12.3).
- ❑ `tamanho` é o tamanho de cada elemento do array.
- ❑ `n` é o número de elementos do tamanho especificado que serão lidos no stream e armazenados no array.
- ❑ `stream` é o stream no qual será feita a leitura.

A função **fread()** retorna o número de elementos que foram realmente lidos. Esse valor deverá ser igual ao valor do terceiro parâmetro da função, a não ser que ocorra um erro ou o final do stream seja atingido antes da leitura de todos os elementos especificados nesse parâmetro.

O protótipo da função **fwrite()** é muito parecido com o protótipo de **fread()**:

```
size_t fwrite(const void *ar, size_t tamanho, size_t n, FILE *stream)
```

Os parâmetros dessa função são interpretados como:

- ❑ `ar` é o endereço do array que armazena os bytes que serão escritos no stream. O tipo **void** * utilizado na declaração desse parâmetro permite que ele seja compatível com ponteiros e endereços de variáveis de quaisquer tipos (v. Seção 12.3).
- ❑ `tamanho` é o tamanho de cada elemento do array.
- ❑ `n` é o número de elementos do array que serão escritos no stream.
- ❑ `stream` representa o stream no qual será feita a escrita.

A função **fwrite()** retorna o número de itens que foram realmente escritos no stream especificado.

Apesar das semelhanças nos protótipos, as funções **fread()** e **fwrite()** diferem bastante em termos de funcionamento, pois **fwrite()** faz o contrário de **fread()**. Isto é, **fwrite()** lê bytes armazenados em memória e escreve-os num stream, enquanto **fread()** lê bytes num stream e armazena-os em memória. Usando qualquer dessas funções, o programador deve tomar cuidado para não especificar um número de itens (terceiro parâmetro) que ultrapasse o número de elementos do array.

Deve-se ressaltar que quando se fala em *array de bytes*, não se está necessariamente considerando um array de elementos de um tipo específico, como aqueles descritos no Capítulo 8. Um array de bytes é um conceito de baixo nível e refere-se a qualquer agrupamento de bytes contíguos em memória. Assim, um simples valor do tipo **int** ou **double**, por exemplo, constitui um array de bytes. Logo, as funções **fread**() e **fwrite**() podem ser utilizadas para processar valores de tipos primitivos, tais como **int** ou **double**, ou mais complexos, e não apenas arrays convencionais, como parece ser sugerido. Por exemplo, para escrever num arquivo um único valor do tipo **double** armazenado em memória, pode-se usar o seguinte fragmento de programa:

```
double  umDouble = 2.54;
FILE   *stream = fopen("MeuArquivo", "wb");
...
fwrite(&umDouble, sizeof(double), 1, stream);
```

Para ler um valor do tipo **double** num arquivo binário e armazená-lo numa variável, pode-se utilizar, de modo semelhante, a função **fread**():

```
double umDouble;
FILE   *stream = fopen("MeuArquivo", "rb");
...
fread(&umDouble, sizeof(double), 1, stream);
```

A seguir, será apresentado um exemplo simples de uso das funções **fread**() e **fwrite**().

```
#include <stdio.h>

int main(void)
{
   FILE *stream;
   int arInt[] = {1, 2, 3, 4, 5},
       arIntLido[sizeof(arInt)/sizeof(arInt[0])],
       i;

       /* Abre arquivo para escrita em modo binário */
   if ( !(stream = fopen("Teste", "wb")) ) {
     fprintf(stderr, "\nArquivo nao pode ser aberto\n");
     return 1;
   }

       /* Escreve o array arInt[] no arquivo */
   fwrite( arInt, sizeof(arInt[0]), sizeof(arInt)/sizeof(arInt[0]), stream );

     /* Verifica se ocorreu erro de escrita */
   if (ferror(stream)) {
     printf("\nOcorreu erro de escrita de arquivo\n");
     return 1;
   }

     /* Tenta fechar arquivo */
   if (fclose(stream)) {
     fprintf(stderr, "\nArquivo nao pode ser fechado\n");
     return 1;
   }
     /* Abre o arquivo para leitura em modo binário */
   if ( !(stream = fopen("Teste", "rb")) ) {
     fprintf(stderr, "\nArquivo nao pode ser reaberto\n");
     return 1;
   }
```

```
    /* Lê array no arquivo e armazena-o em arIntLido[] */
fread( arIntLido, sizeof(arIntLido[0]),
       sizeof(arIntLido)/sizeof(arIntLido[0]), stream );

    /* Verifica se ocorreu erro de leitura */
if (ferror(stream)) {
    printf("\nOcorreu erro de leitura de arquivo\n");
    return 1;
}
printf("\nArray lido no arquivo: { ");

    /* Exibe na tela os elementos do array lido */
for(i = 0; i < sizeof(arIntLido)/sizeof(arIntLido[0]); ++i) {
    printf("%d, ", arIntLido[i]);
}

printf("%d }\n", arIntLido[i]); /* Escreve o último elemento */

fclose(stream);

return 0;
}
```

O que esse programa faz é escrever um array de elementos do tipo **int** num arquivo binário e, em seguida, ler o conteúdo desse arquivo e apresentá-lo na tela.

### 11.11.4 Algoritmo Geral para Leitura Sequencial de Arquivos

Em geral, leitura sequencial num arquivo pode ser realizada seguindo-se o algoritmo delineado na **Figura 11–8**, que foi escrito com uma mistura de linguagem algorítmica (v. Capítulo 2) e português.

---

Algoritmo LeituraSequencialDeArquivo

1. Enquanto (verdadeiro) faça
   1.1 Leia uma partição do arquivo
2. Se houve tentativa de leitura além do final do arquivo
   2.1 Pare
3. Se ocorreu erro de leitura
   3.1 Pare
4. Processe a partição lida
5. Se ocorreu erro de leitura
   5.1 Informe que a leitura foi mal sucedida

---

FIGURA 11–8: ALGORITMO DE LEITURA SEQUENCIAL DE ARQUIVOS

Comentários sobre o algoritmo e sua implementação em C:

- [ ] Na implementação do laço enquanto-faça do algoritmo acima, tipicamente, usa-se um laço **while**, como:

  ```
  while(1) {
      ...
  }
  ```

- [ ] Se a natureza da partição considerada for byte, linha ou bloco, a leitura deve ser efetuada usando, respectivamente, **fgetc()** (v. Seção 11.11.1), **fgets()** (v. Seção 11.11.2) ou **fread()** (v. Seção 11.11.3).

- [ ] Tentativa de leitura além do final do arquivo é checada chamando-se **feof()** (v. Seção 11.6).

❑ Ocorrência erro de leitura deve ser verificada chamando-se **ferror()** (v. Seção 11.6).

❑ *Processar a partição lida* significa efetuar qualquer tipo de operação sobre os dados que, nesse instante, encontram-se armazenados em memória.

❑ Após o encerramento do laço de repetição, o algoritmo informa, se for o caso, a ocorrência de erro de leitura. Essa comunicação pode ser efetuada, por exemplo, por meio de um valor de retorno da função que implementa o algoritmo.

Existem situações particulares nas quais o algoritmo acima não se aplica. Por exemplo, o último programa apresentado na Seção 11.11.3 escreve e lê todo o conteúdo de um arquivo com uma única chamada de **fwrite()** e uma única chamada de **fread()**, respectivamente. Ou seja, nesse caso, não há necessidade de uso de laço de repetição.

# 11.12 Acesso Direto a Arquivos

Nos exemplos de processamento de arquivos apresentados até aqui, os arquivos foram acessados sequencialmente. Isto é, todas as partições de um arquivo (i.e., bytes, linhas ou blocos) foram processadas uma após a outra, do primeiro até o último byte. Existem aplicações, entretanto, em que se deseja processar uma partição particular que se encontra numa determinada posição num arquivo. Esse tipo de processamento de arquivo é denominado processamento com acesso direto.

Uma operação de processamento de arquivo com acesso direto envolve duas etapas:

1. Mover o indicador de posição do arquivo para o local desejado. Funções designadas para essa tarefa são denominadas funções de posicionamento e serão discutidas na Seção 11.12.1.

2. Executar a operação de leitura ou escrita desejada. Leitura e escrita com acesso direto serão discutidas na Seção 11.12.2.

Nem todo arquivo (no sentido genérico) permite acesso direto. Por exemplo, arquivos armazenados em disco permitem acesso direto, mas arquivos associados a um console não o permitem. Além disso, nem toda configuração de arquivo é conveniente para processamento com acesso direto. Um arquivo é adequado para esse tipo de processamento quando faz sentido dividi-lo em partições do mesmo tamanho, de tal modo que essas divisões possam ser indexadas como um array. Essas partições de um arquivo são comumente denominadas registros.

## 11.12.1 Movimentação do Indicador de Posição

Existem três funções no módulo stdio que podem ser utilizadas para posicionamento do indicador de posição de um arquivo. Elas são resumidamente descritas na Tabela 11–9.

| Função | Descrição sumária |
|---|---|
| fseek() | Move o indicador de posição do arquivo para um local especificado por seus parâmetros |
| ftell() | Indica onde se encontra correntemente o indicador de posição do arquivo associado ao stream especificado como parâmetro |
| rewind() | Move o indicador de posição do arquivo para o início do arquivo associado ao stream recebido como único parâmetro |

Tabela 11–9: Funções de Posicionamento Utilizadas em Acesso Direto

A função **fseek()** tem o seguinte protótipo:

```
int fseek(FILE *stream, int distancia, int deOnde)
```

Nesse protótipo, os parâmetros têm os seguintes significados:

- ❏ `stream` representa um stream associado a um arquivo que suporta acesso direto.
- ❏ `distancia` é um deslocamento (positivo ou negativo), medido a partir do terceiro parâmetro, que indica para onde o indicador de posição do arquivo será movido.
- ❏ `deOnde` é o local a partir de onde o deslocamento (segundo parâmetro) será determinado.

Em arquivos binários, o valor do segundo parâmetro (`distancia`) é medido em bytes, enquanto, em arquivos de texto, ele deve ser especificado utilizando um valor retornado pela função **ftell()** (v. adiante). O terceiro parâmetro (`deOnde`) pode assumir um dos valores representados pelas constantes simbólicas definidas em `<stdio.h>` e descritas na Tabela 11–10.

| CONSTANTE | REPRESENTA... |
|-----------|---------------|
| **SEEK_SET** | Início do arquivo |
| **SEEK_CUR** | Posição corrente do indicador de posição do arquivo |
| **SEEK_END** | Final do arquivo |

TABELA 11–10: CONSTANTES SIMBÓLICAS DE POSICIONAMENTO EM ARQUIVOS

Quando a função **fseek()** consegue deslocar o indicador de posição do arquivo para a posição desejada, ela retorna zero; caso contrário, ela retorna um valor diferente de zero. Considere, por exemplo, a chamada de **fseek()** no fragmento de programa a seguir:

```
int    retorno;
...
FILE *stream = fopen("arquivo.bin", "rb");

if (stream) { /* Abertura de arquivo bem sucedida */
   retorno = fseek(stream, 10, SEEK_SET);
   if (!retorno) { /* Movimentação do indicador bem sucedida */
      ... /* Pode-se ler ou escrever na posição desejada */
   } else { /* Não foi possível mover o indicador de posição */
      ... /* Informa o usuário sobre o problema etc. */
   }
} else {/* Arquivo não pode ser aberto */
   ... /* Informa o usuário sobre o problema etc. */
}
```

Se bem sucedida, a chamada de **fseek()** nesse exemplo moveria o indicador de posição associado ao stream para o byte de índice `10` nesse stream. Como os bytes de um arquivo são indexados a partir de zero, o byte de índice `10` é o 11° byte no stream.

Considerando que o stream do exemplo acima foi aberto no modo de leitura apenas, a chamada:

```
fseek(stream, 1, SEEK_END)
```

retornaria um valor diferente de zero indicando que a solicitação não pode ser atendida, pois, quando um arquivo é aberto apenas para leitura, não se pode mover o indicador de posição além do final do arquivo. Portanto, se a constante simbólica **SEEK_END** for utilizada como valor do terceiro parâmetro de **fseek()** e o arquivo tiver sido aberto apenas para leitura, a distância (segundo parâmetro) deve ser negativa. De modo análogo, se a constante simbólica **SEEK_SET** for utilizada, a distância deve ser sempre positiva; nesse último caso, independentemente do modo de abertura do arquivo.

Para streams binários, a distância utilizada com **fseek()** pode ser qualquer valor inteiro que não faça o indicador de posição do arquivo ultrapassar os limites do arquivo. Para streams de texto, o segundo parâmetro de **fseek()**

deve ser **0** ou um valor retornado por **ftell()** (v. adiante), considerando-se o mesmo stream. Mais precisamente, as únicas chamadas portáveis da função **fseek()** para streams de texto são:

- ☐ `fseek(stream, 0, SEEK_CUR);`
- ☐ `fseek(stream, 0, SEEK_END);`
- ☐ `fseek(stream, 0, SEEK_SET);`
- ☐ `fseek(stream, ftell(stream), SEEK_SET);`

A função **ftell()** recebe apenas um parâmetro, que é um ponteiro de stream e retorna a posição corrente do indicador de posição do arquivo associado ao stream ou **-1**, se ocorrer algum erro. O protótipo de **ftell()** é:

```
int ftell(FILE *arquivo)
```

Essa função é frequentemente usada para guardar o valor corrente do indicador de posição de modo que se possa, posteriormente, retornar àquela posição após uma operação de entrada ou saída (v. exemplo na Seção 11.15.7).

A posição retornada por **ftell()** é sempre medida a partir do início do arquivo. Para streams binários, o valor retornado por **ftell()** representa o verdadeiro número de bytes contado a partir do início do arquivo. Para streams de texto, o valor retornado por **ftell()** representa um valor que faz sentido apenas quando utilizado como distância (segundo parâmetro) numa chamada subsequente da função **fseek()**.

É importante salientar que nem todo stream permite acesso direto. Por exemplo, streams associados a um terminal de computador não permitem acesso direto, enquanto aqueles associados a arquivos armazenados em disco o permitem. O programa a seguir mostra como determinar se um arquivo permite ou não acesso direto.

```c
#include <stdio.h>

#define NOME_ARQUIVO "Tudor.txt"

int main(void)
{
   FILE  *stream;

      /* Tenta abrir o arquivo em modo texto apenas para leitura */
   stream = fopen(NOME_ARQUIVO, "r");

      /* Checa se arquivo foi aberto */
   if (!stream) {
      printf("\nImpossivel abrir o arquivo %s\n", NOME_ARQUIVO);
      return 1;
   }

      /* Informa se o arquivo recém aberto suporta acesso direto */
   printf( "\n>>> O stream associado a \"%s\" %spermite "
           "acesso direto", NOME_ARQUIVO,
           fseek(stream, 0, SEEK_CUR) ? "NAO " : "" );

      /* Informa se o meio de entrada */
      /* padrão suporta acesso direto */
   printf("\n>>> O stream stdin %spermite acesso direto\n",
          fseek(stdin, 0, SEEK_CUR) ? "NAO " : "");

   return 0;
}
```

Quando executado, esse programa produz o seguinte resultado:

```
>>> O stream associado a "Tudor.txt" permite acesso direto
>>> O stream stdin NAO permite acesso direto
```

As chamadas de **fseek**() no programa acima especificam um deslocamento de zero em relação à posição corrente do indicador de posição de arquivo. Portanto elas servem apenas para testar o valor retornado pela função **fseek**(). Isto é, quando esse valor é igual a zero, o arquivo permite acesso direto; caso contrário, ele não permite acesso direto.

Funções de posicionamento desempenham um importante papel quando um arquivo é aberto num modo de atualização (v. Seção 11.4.3), que permite leitura e escrita (i.e., um modo de abertura que use o sinal +), pois entre uma operação de leitura e uma operação de escrita (ou vice-versa) deve haver uma chamada de função de posicionamento. Para permitir passagem de escrita para leitura, pode-se ainda usar a função **fflush**(). O seguinte quadro resume esse arrazoado:

| **Recomendação** | *Quando o modo de abertura de um arquivo é "r+", "r+b", "w+", "w+b", "a+" ou "a+b", entre uma operação de leitura e uma operação de escrita no arquivo ou vice-versa, deve haver uma chamada bem sucedida de fseek() ou rewind(), que recebe como parâmetro o stream associado ao arquivo.* |
|---|---|

### 11.12.2 Leitura e Escrita

Em princípio, qualquer função do módulo stdio que é capaz de ler ou escrever num stream pode ser utilizada para realizar a segunda etapa de uma operação de acesso direto descrita no início desta seção, mas, na prática, tipicamente, usam-se **fread**() e **fwrite**() com o arquivo aberto em modo binário.

Uma situação excepcional na qual pode ser conveniente o uso de acesso direto com arquivos de texto ocorre quando as linhas do arquivo são todas do mesmo tamanho. Nesse caso específico, pode-se abrir o arquivo em modo texto e usar as funções **fgets**() e **fputs**() para leitura e escrita, respectivamente.

# 11.13 rewind() ou fseek()?

A função **rewind**() é uma função de posicionamento, mas ela merece destaque especial por ser mais usada em processamento sequencial do que em processamento com acesso direto. Diferentemente da função **fseek**(), essa função move o indicador de posição de arquivo para uma posição específica apenas, a saber, o início do arquivo [mas **fseek**() também faz isso — v. adiante].

Imediatamente após a abertura de um arquivo, o indicador de posição do arquivo aponta para seu início. Portanto, se uma função que abre um arquivo deseja processá-lo sequencialmente do início até certo ponto do arquivo, logo após sua abertura, ela não precisa chamar **rewind**(). Entretanto, se uma função recebe como parâmetro um stream já aberto e deseja garantir que o processamento do arquivo inicia-se no primeiro byte do arquivo, ela deve chamar a função **rewind**() ou **fseek**() (v. adiante) antes de iniciar o processamento.

A função **rewind**() é comumente usada em operações de leitura de arquivos e raramente usada em operações de escrita. Contudo, apesar de essa função ser utilizada com muita frequência, ela não é recomendada quando se deseja ter um programa 100% robusto, pois ela não permite testar se foi bem sucedida. Assim, se robustez completa for um desiderato, deve-se dar preferência ao uso de **fseek**() em substituição a **rewind**(), como mostrado esquematicamente a seguir:

```
if (fseek(stream, 0, SEEK_SET)) {
   /* Indicador de posição não foi movido para o início do arquivo */
   ...
}
```

# 11.14 Condições de Exceção e a Lei de Murphy

Uma condição de exceção é uma situação que impede o funcionamento considerado *normal* de uma função. Por exemplo, quando se chama a função **fgetc()**, espera-se que, sob condições normais, ela seja capaz de ler um byte num arquivo. Entretanto, nesse caso, existem inúmeros fatores que podem impedir essa função de cumprir sua missão (p. ex., o modo de abertura de arquivo não permite leitura, falha de dispositivo, tentativa de leitura além do final do arquivo etc.). Na maioria das vezes, quando encontra uma condição de exceção, uma função não é capaz de sinalizar exatamente qual foi a causa de seu insucesso, mas, a maior parte delas informa, por meio de um valor de retorno, quando fracassa. O arrazoado apresentado neste parágrafo não se refere exclusivamente a funções de entrada e saída ou à linguagem C. Quer dizer, exceção, condição de exceção e tratamento de exceção são conceitos genéricos em programação.

A Lei de Murphy é um adágio popular que afirma que *o que pode dar errado, certamente, dará*. Aplicada a processamento de arquivos pode-se reformular essa afirmação como:

> **Recomendação** *Se uma operação sobre um arquivo que pode ser mal sucedida não for testada, certamente, ela será mal sucedida.*

Mas existe o Corolário 1 que serve de consolo para o programador:

> **Recomendação** *Se uma operação sobre um arquivo for testada, um erro nunca se manifestará nessa operação.*

Ou o Corolário 2, que é ainda mais específico:

> **Recomendação** *Se uma função de processamento de arquivos que pode ser mal sucedida for testada logo após ser chamada, ela nunca será mal sucedida.*

Em processamento de arquivos, quase todas as chamadas de função do módulo stdio podem ser mal sucedidas (i.e., resultar em erro). Portanto, para evitar que seu programa seja mais uma vítima da Lei de Murphy de processamento de arquivos, siga as recomendações preconizadas na Tabela 11–11.

| OPERAÇÃO | FUNÇÃO | COMO TESTAR SE OCORREU ERRO OU PRECAVER-SE |
|---|---|---|
| Abertura de arquivo | **fopen()** | Teste se o retorno da função é **NULL** |
| Fechamento de arquivo | **fclose()** | Use **FechaArquivo()** (v. Seção 11.5), em vez de **fopen()** |
| Leitura | Qualquer função de leitura | Use **ferror()** após cada operação |
| Escrita | Qualquer função de escrita | Use **ferror()** após cada operação |
| Posicionamento | **fseek()** | Cheque se o retorno da função é diferente de zero (ou **EOF**) |
| Posicionamento | **rewind()** | Use **fseek()**, em vez de **rewind()** |
| Posicionamento | **ftell()** | Teste se o retorno da função é negativo |
| Descarga de buffer | **fflush()** | Cheque se o retorno da função é diferente de zero (ou **EOF**) |

TABELA 11–11: PROTEÇÃO CONTRA A LEI DE MURPHY DE PROCESSAMENTO DE ARQUIVOS

Em qualquer operação enumerada na Tabela 11–11, o que pode dar errado é, obviamente, o fato de a respectiva operação não ser bem sucedida. Mas, qualquer que seja a causa do erro (o que nem sempre é óbvio), do ponto de vista pragmático, o importante é verificar se ele ocorreu e, se for o caso, adotar a medida que a situação requer.

# 11.15 Exemplos de Programação

Nesta seção e no próximo capítulo, serão apresentados vários exemplos que irão processar os mesmos dados de maneiras diversas. Os dados constituem uma turma escolar surreal formada pelo rei Henrique VIII e suas seis esposas. O minúsculo banco de dados formado por membros da dinastia Tudor é armazenado num arquivo de texto, denominado `Tudor.txt` e apresenta o seguinte conteúdo exibido na Tabela 11–12.

| | | | |
|---|---|---|---|
| Henrique VIII | 1029 | 9.5 | 9.0 |
| Catarina Aragon | 1014 | 5.5 | 6.5 |
| Ana Bolena | 1012 | 7.8 | 8.0 |
| Joana Seymour | 1017 | 7.7 | 8.7 |
| Ana de Cleves | 1022 | 4.5 | 6.0 |
| Catarina Howard | 1340 | 6.0 | 7.7 |
| Catarina Parr | 1440 | 4.0 | 6.0 |

TABELA 11–12: CONTEÚDO DO ARQUIVO TUDOR.TXT

Para tornar os exemplos mais palpáveis, supõe-se que o conteúdo do arquivo representa informações referentes a uma turma fictícia de uma disciplina imaginária. Cada linha desse arquivo (neste contexto, usualmente, denominada registro) é dividida em quatro partes, tipicamente, denominadas campos, separadas por caracteres de tabulação. Outros tipos de separadores, como vírgula ou ponto e vírgula, podem ser usados. Tabulação foi escolhida como separador de campos porque facilita a visualização do conteúdo do arquivo. Por outro lado, o uso de tabulação pode causar a impressão de que as linhas são do mesmo tamanho. Mas, observando-se atentamente, verifica-se que elas têm tamanhos variados.

Os campos de cada registro são interpretados como mostra a Tabela 11–13.

| NOME DO CAMPO | INTERPRETAÇÃO | TIPO DE DADO |
|---|---|---|
| nome | Nome do aluno | char[21] |
| matr | Matrícula do aluno | char[5] |
| n1 | Primeira nota | double |
| n2 | Segunda nota | double |

TABELA 11–13: CAMPOS DO ARQUIVO TUDOR.BIN

Considerando as interpretações de campos apresentadas na Tabela 11–13, na primeira linha da Tabela 11–12, por exemplo, o nome do aluno é `Henrique VIII`, sua matrícula é `1029`, sua primeira nota é `9.5` e sua segunda nota é `9.0`. O arquivo `Tudor.txt` é facilmente encontrado no site dedicado ao livro na internet (*www.ulysseso.com/ip*).

### 11.15.1 Tamanho de um Texto Digitado via Teclado

**Problema:** Escreva um programa que permita que o usuário digite tantos caracteres quanto ele deseje e, ao final, informe-o sobre quantos caracteres foram digitados. (NB: Os caracteres em si não são armazenados pelo programa; eles são apenas contados.)

**Solução:**

```
#include <stdio.h>
```

```
/****
 *
 * TamanhoTexto(): Lê e conta caracteres introduzidos via teclado
 *
 * Parâmetros: Nenhum
 *
 * Retorno: Número de caracteres digitados
 *
 * Observação: O caractere '\n' não é levado em consideração na contagem, pois um
 *             usuário comum teria dificuldade em entender que [ENTER] é um caractere
 *
 ****/
int TamanhoTexto(void)
{
    int c,          /* Armazena cada caractere lido */
        nCar = 0; /* Armazena o número de caracteres lidos */

    c = getchar(); /* Lê o primeiro caractere */

       /* Enquanto o caractere '\n' não tiver sido lido e   */
       /* getchar() não retornar EOF, lê e conta caracteres */
    while (c != '\n' && c != EOF) {
        ++nCar;
        c = getchar();
    }

          /* Se desejar incluir '\n' na contagem, basta incrementar */
          /* a variável nCar neste ponto antes de retornar          */

    return nCar;
}

/****
 * main(): Determina quantos caracteres o usuário digita
 *
 * Parâmetros: Nenhum
 *
 * Retorno: Zero
 ****/
int main(void)
{
       /* Apresenta o programa */
    printf( "\n\t>>> Este programa permite que o usuario digite"
            "\n\t>>> quantos caracteres desejar e informa o"
            "\n\t>>> numero de caracteres digitados.\n" );

    printf("\nDigite um texto:\n> ");

       /* Chama a função TamanhoTexto() para ler o texto */
       /* e informa quantos caracteres foram digitados   */
    printf( "\n\t>>> O texto digitado possui %d caracteres\n", TamanhoTexto() );

    return 0;
}
```

**Análise:** Esse programa pode não ter muita utilidade prática, mas é fácil de entender. Leia atentamente os comentários que acompanham o programa e, se não conseguir entendê-lo, releia a Seção 11.9.

**Exemplo de execução do programa:**

```
>>> Este programa permite que o usuario digite
>>> quantos caracteres desejar e informa o
>>> numero de caracteres digitados.
```

Digite um texto:
> **Pedro de Alcantara Francisco Antonio Joao Carlos Xavier de Paula Miguel Rafael Joaquim Jose Gonzaga Pascoal Cipriano Serafim de Braganca e Bourbon**

```
>>> O texto digitado possui 146 caracteres
```

### 11.15.2 Filtro de Numeração de Linhas

**Preâmbulo:** No contexto de processamento de arquivos, *filtro* é um programa que executa alguma operação sobre os dados de um arquivo após eles serem lidos ou antes de eles serem escritos no arquivo.

**Problema:** Escreva um filtro que numera as linhas de um arquivo criado via teclado e apresenta-as na tela.

**Solução:**

```c
#include <stdio.h>

/****
 * main(): Implementa um filtro que acrescenta numeração de
 *         linhas para arquivos de texto
 *
 * Parâmetros: Nenhum
 *
 * Retorno: Zero
 ****/
int main(void)
{
   int linha = 0, /* Contadora de linhas */
       c, /* Armazena cada caractere lido */
       novaLinha = 1; /* Indica se o próximo caractere é o início de uma linha nova */

   /* Enquanto o final do arquivo associado a stdin não for atingido, */
   /* lê caracteres e numera cada nova linha encontrada              */
   while ( (c = getchar()) != EOF ) {
      /* Uma linha nova é a primeira ou aquela que começa logo após '\n' */
      if (novaLinha) { /* Início de nova linha */
         printf("%.4d: ", ++linha); /* Escreve numeração */
         novaLinha = 0; /* Desliga indicação de linha nova */
      }

      putchar(c); /* Escreve o caractere lido em stdout */

      /* Se o último caractere lido foi '\n', o  */
      /* próximo caractere inicia uma nova linha */
      if (c == '\n') {
         novaLinha = 1; /* Indica início de nova linha */
      }
   }
   return 0;
}
```

**Análise:** O programa acima requer conhecimento de execução de programas de linha de comando mais profundo do que aquele que usuários comuns costumam possuir. Em particular, para tirar bom proveito desse programa é necessário o conhecimento de canalização (*pipe*) e redirecionamento de entrada e saída. Isto é, supondo que o nome do programa executável seja **numera** e que o nome do arquivo a ser filtrado seja **Arq.txt**, ele deve ser executado como descrito a seguir.

Em sistemas da família DOS/Windows:

```
type Arq.txt | numera | more
```

Em sistemas da família Unix:

```
cat Arq.txt | numera | more
```

Em sistemas de qualquer das famílias mencionadas:

```
numera < Arq.txt > ArqNumerado.txt
```

Nesse último caso, a saída do programa será escrita no arquivo **ArqNumerado.txt**. Mas, se desejar que o resultado seja exibido na tela, basta remover a parte do comando que segue o nome do arquivo de entrada, como mostrado no exemplo de execução a seguir:

```
C:\Programas> numera < AnedotaBulgara.txt
0001: Anedota Bulgara
0002: Carlos Drummond de Andrade
0003:
0004: Era uma vez um czar naturalista
0005: que cacava homens.
0006: Quando lhe disseram que tambem se
0007: cacam borboletas e andorinhas,
0008: ficou muito espantado
0009: e achou uma barbaridade
```

No exemplo de execução, o nome do arquivo usado como entrada, via redirecionamento, é denominado **AnedotaBulgara.txt**. Esse arquivo contém uma poesia irônica do ilustre poeta mineiro Carlos Drummond de Andrade, cuja estátua os cariocas adoram depredar...

### 11.15.3 Alinhando na Tela Valores Inteiros Lidos via Teclado

**Problema:** Escreva um programa que alinha na tela valores inteiros lidos via teclado.

**Solução:**

```c
#include <stdio.h>   /* Entrada e saída           */
#include <string.h>  /* Processamento de strings */
#include "leitura.h" /* LeituraFacil             */

   /* Tamanho do array que armazenará os strings */
#define TAM_ARRAY  50

typedef enum {ESQUERDA, CENTRO, DIREITA} tAlinhamento; /* Tipos de alinhamento */

/****
 * main(): Alinha na tela um valor inteiro lido via teclado
 *
 * Parâmetros: Nenhum
 *
 * Retorno: Zero
 ****/
int main(void)
{
   char       str[TAM_ARRAY], /* Armazenará o string a ser escrito na tela */
              ar[TAM_ARRAY]; /* Armazenará o string antes de ser alinhado */
   int        x, /* Inteiro que será lido e apresentado */
              op, /* Opção escolhida pelo usuário */
              preenche; /* Caractere de preenchimento */
```

```
tAlinhamento alinhamento; /* Opção de alinhamento */

    /* Apresenta o programa */
printf( "\n\t>>> Este programa alinha o numero inteiro"
        "\n\t>>> introduzido de acordo com a sua preferencia.\n" );

    /* Lê o valor inteiro */
printf("\n\t>>> Digite um valor inteiro: " );
x = LeInteiro();

    /* Lê a opção de alinhamento do usuário */
printf( "\n\t>>> Opcoes de alinhamento: Esquerda (E),"
        "\n\t>>> Direita (D) e Centro (C). "
        "\n\t>>> Qual e' a sua opcao? ");
op = LeOpcao("eEdDcC");

if (op == 'e' || op == 'E') {
   alinhamento = ESQUERDA;
} else if (op == 'd' || op == 'D') {
   alinhamento = DIREITA;
} else {
   alinhamento = CENTRO;
}
    /* Lê o caractere de preenchimento de espaços em branco */
printf("\n\t>>> Caractere de preenchimento: ");
preenche = LeCaractere();

    /* Escreve no array o valor inteiro lido */
sprintf(ar, "%d", x);

    /* Alinha o string antes de apresentá-lo na tela */
AlinhaString(str, TAM_ARRAY, preenche, alinhamento, ar);
    /* Apresenta o string alinhado na tela */
printf( "\n%s\n", str );

    return 0;
}
```

**Análise:**

- ❑ O programa usa a função `AlinhaString()`, apresentada na Seção 10.10.3. Essa função alinha o string recebido como parâmetro no array que o armazena, de acordo com o tamanho desse array.

- ❑ O tipo de operação efetuada por esse programa é denominada formatação em memória, porque os dados que serão apresentados na tela são previamente formatados em memória.

**Exemplo de execução do programa:**

```
>>> Este programa alinha o numero inteiro
>>> de acordo com a sua preferencia.

>>> Digite um valor inteiro: 12345

>>> Opcoes de alinhamento: Esquerda (E),
>>> Direita (D) e Centro (C).
>>> Qual e' a sua opcao? c

>>> Caractere de preenchimento: +

++++++++++++++++++12345++++++++++++++++++++
```

## 11.15.4  Abrindo Arquivos Compulsoriamente

**Problema:** (a) Escreva uma função que impele o usuário a introduzir um nome de arquivo que possa ser aberto. (b) Escreva um programa que teste a função descrita no item (a).

**Solução de (a):**

```
/****
 * AbreArquivo(): Lê o nome de um arquivo e abre-o
 *
 * Parâmetros:
 *      prompt (entrada) - prompt que será apresentado ao usuário
 *      modo (entrada) - modo de abertura do arquivo
 *
 * Retorno: Stream associado ao arquivo aberto
 * ****/
FILE *AbreArquivo(const char *prompt, const char *modo)
{
     /* Array que armazenará o nome do arquivo */
  char  nomeArq[FILENAME_MAX];
  FILE *stream; /* Stream associado ao arquivo aberto */

     /* O laço só encerra quando o arquivo indicado pelo usuário for aberto */
  while (1) {
       /* Apresenta o prompt e lê o nome do arquivo */
     printf("%s", prompt);
     LeString(nomeArq, FILENAME_MAX);

       /* Tenta abrir o arquivo */
     stream = fopen(nomeArq, modo);

       /* Se o arquivo foi aberto, o serviço está completo */
     if (stream) {
        break; /* Encerra o laço */
     }


       /* Se o arquivo não foi aberto, apresenta */
       /* mensagem correspondente ao usuário */
     printf( "\a\n\t>>> Nao foi possivel abrir o arquivo \"%s\"\n", nomeArq );
  }

  return stream;
}
```

**Análise:**  A função acima usa a constante **FILENAME_MAX**, discutida na Seção 11.4.1, para dimensionar o tamanho do array que armazenará o nome de arquivo introduzido pelo usuário.

**Solução de (b):**

```
/****
 * main(): Obriga o usuário a introduzir um nome de arquivo que possa ser aberto
 *
 * Parâmetros: Nenhum
 *
 * Retorno: Zero
 ****/
int main(void)
{
   FILE *stream;
```

```
    printf( "\n\t>>> Este programa requer que voce introduza"
            "\n\t>>> um nome de arquivo que possa ser aberto\n" );

    /* Abre o arquivo indicado pelo usuário */
    stream = AbreArquivo( "\n\t>>> Digite o nome do arquivo: ", "rb" );

    /* Informa o usuário que, agora, ele está liberado */
    printf( "\n\t>>> Abertura do arquivo foi bem sucedida\n" );

    /* Fecha o arquivo, já que não há mais nada a fazer com ele */
    fclose(stream);

    return 0;
}
```

Complemento do programa:

```
#include <stdio.h>     /* Entrada e saída */
#include "leitura.h"   /* LeituraFacil    */
```

Exemplo de execução do programa:

```
        >>> Este programa requer que voce introduza
        >>> um nome de arquivo que possa ser aberto

        >>> Digite o nome do arquivo: Inexistente

        >>> Nao foi possivel abrir o arquivo "Inexistente"

        >>> Digite o nome do arquivo: Tudor.txt

        >>> Abertura do arquivo foi bem sucedida
```

### 11.15.5 Número de Linhas de um Arquivo de Texto

**Problema:** Escreva um programa que recebe um nome de arquivo de texto como entrada via linha de comando e informa quantas linhas o arquivo possui.

**Solução:**

```
#include <stdio.h> /* Entrada e saída */

/****
 * NumeroDeLinhas(): Conta o número de linhas de um arquivo de texto
 *
 * Parâmetros: stream (entrada): stream associado ao arquivo
 *
 * Retorno: O número de linhas do arquivo ou  um valor negativo se ocorrer erro
 *
 * Observação: O arquivo deve ter sido aberto em modo de texto que permite leitura
 ****/
int NumeroDeLinhas(FILE *stream)
{
    int    c, /* Armazena temporariamente um caractere */
           linhas = 0; /* Armazena o total de linhas */

    /* Garante leitura a partir do início do arquivo */
    rewind(stream);

    /* Lê cada caractere do stream e conta quantos caracteres */
    /* '\n' são encontrados. O laço while encerra quando o    */
    /* final do arquivo é atingido ou ocorre erro de leitura. */
    while (1) {
        c = fgetc(stream); /* Lê um caractere no stream */
```

```c
            /* Se o final do arquivo foi atingido    */
            /* ou ocorreu algum erro, encerra o laço */
        if ( feof(stream) || ferror(stream) )
            break;

        if (c == '\n') {
            linhas++; /* Mais uma linha encontrada */
        }
    }

        /* Se ocorreu erro retorna -1. Caso contrário, retorna o número de linhas */
    return ferror(stream) ? -1 : linhas;
}

/****
 * main(): Conta o número de linhas de um arquivo de texto
 *
 * Parâmetros:
 *      argc (entrada) - Número de argumentos de linha de comando
 *      argv (entrada) - Array de strings presentes na linha de
 *                       comando quando o programa é executado
 *
 * Retorno: Zero, se não ocorrer nenhum erro.
 *          Um valor diferente de zero em caso contrário.
 ****/
int main(int argc, char* argv[])
{
    int    nLinhas;
    FILE *stream;

        /* Verifica se o programa foi invocado corretamente */
    if (argc != 2) { /* Não foi */
            /* Faltou o usuário informar o nome do arquivo */
        printf( "\n\t>>> Este programa deve ser usado assim:"
                "\n\t\t%s nome-do-arquivo\n", argv[0] );
        return 1;
    }

        /* Tenta abrir o arquivo para leitura em modo texto */
    stream = fopen(argv[1], "r");

        /* Se o arquivo não foi aberto, */
        /* não é possível continuar     */
    if (!stream) {
        printf( "\nNao foi possivel abrir o arquivo %s\n", argv[1] );
        return 1;
    }

        /* Determina o número de linhas do arquivo */
    nLinhas = NumeroDeLinhas(stream);

        /* Verifica se ocorreu erro durante a operação. Se */
        /* for o caso, informa o usuário e aborta programa */
    if (nLinhas < 0) {
        printf( "\n\t>>> Ocorreu erro ao tentar calcular o numero "
                "\n\t>>> de linhas do arquivo \"%s\"\n", argv[1] );
        fclose(stream); /* Fecha arquivo antes de partir */
        return 1;
    }

        /* Apresenta o número e linhas do arquivo */
```

```
   printf( "\n\t>>> Numero de linhas do arquivo \"%s\": %d\n", argv[1], nLinhas );

   fclose(stream); /* Fecha arquivo */

   return 0;
}
```

**Exemplo de execução do programa:** O nome do programa executável é linhas:

```
C:\Programas>linhas Tudor.txt

        >>> Numero de linhas do arquivo "Tudor.txt": 7
```

## 11.15.6 Copiando Arquivos

**Problema:** (a) Escreva uma função que copia, byte a byte, o conteúdo de um arquivo para outro. (b) Escreva um programa que recebe como argumentos de linha de comando o nome do arquivo que será copiado e o nome do arquivo que receberá a cópia e efetua a devida cópia.

**Solução de (a):**

```
/****
 *
 * CopiaArquivo(): Copia conteúdo de um arquivo byte a byte
 *
 * Parâmetros:
 *      streamEntrada (entrada) - stream associado ao arquivo que será copiado
 *      streamSaida (entrada) - stream associado ao arquivo que receberá a cópia
 *
 * Retorno: 0, se não ocorrer erro; 1, em caso contrário
 *
 * Observação: O stream que será lido deve estar aberto em modo que permita leitura e
 *             o stream que será escrito deve estar aberto em modo que permite escrita
 *
 ****/
int CopiaArquivo(FILE *streamEntrada, FILE *streamSaida)
{
   int c; /* Armazenará cada byte lido e escrito  */

      /* Garante que a leitura começa no início do arquivo */
   rewind(streamEntrada);

      /* O laço encerra quando houver tentativa de leitura  */
      /* além do final do arquivo de entrada ou ocorrer erro */
      /* de leitura ou escrita em qualquer dos arquivos      */
   while (1) {
         /* Lê um byte no arquivo de entrada */
      c = fgetc(streamEntrada);

         /* Testa se final do arquivo de entrada foi */
         /* atingido ou ocorreu erro de leitura       */
      if (feof(streamEntrada) || ferror(streamEntrada)) {
         break; /* Processamento encerrado */
      }

      fputc(c, streamSaida);  /* Escreve o byte lido no arquivo de saída */

         /* Verifica se ocorreu erro de escrita */
      if (ferror(streamSaida)) {
         break;
      }
   }
```

```
/**************************************************************/
/* O processamento está terminado, mas a função não deve fechar */
/* os arquivos, já que ela não foi responsável pelas aberturas. */
/**************************************************************/

    /* Se ocorreu erro de escrita ou leitura, o   */
    /* retorno será 1. Caso contrário, será zero. */
   return ferror(streamEntrada) || ferror(streamSaida);
}
```

**Análise:**

- [ ] A função **CopiaArquivo()** funciona quando ambos os streams são abertos em modo binário ou ambos são abertos em modo de texto, uma vez que, dessa maneira, o que é lido no arquivo de entrada corresponde exatamente àquilo que é escrito no arquivo de saída. Entretanto, se os arquivos forem abertos em modo texto, a operação tende a ser menos eficiente em consequência da necessária interpretação de quebra de linha tanto na leitura quanto na escrita.

- [ ] É importante notar que essa função não fecha os arquivos ao encerrar sua tarefa, seguindo a norma preconizada na Seção 11.5.

**Solução de (b):**

```
/****
 * main(): Copia o conteúdo de um arquivo para outro byte a byte
 *
 * Parâmetros:
 *     argc (entrada) - Número de argumentos de linha de comando
 *     argv (entrada) - Array de strings presentes na linha de
 *                      comando quando o programa é executado
 *
 * Retorno: Zero, se não ocorrer nenhum erro.
 *          Um valor diferente de zero em caso contrário.
 *
 * Observações:
 *     1. Os nomes dos arquivos devem acompanhar o nome na linha de comando
 *     2. O nome do arquivo de entrada é o primeiro e o nome do
 *        arquivo de saída é o segundo argumento de linha de comando
 ****/
int main(int argc, char *argv[])
{
   FILE *streamEntrada, /* Stream de entrada */
        *streamSaida;   /* Streams de saída  */
   int   resultado;

    /* Verifica se o usuário informou quais  */
    /* serão os arquivos envolvidos na cópia */
   if (argc != 3) {
     printf( "\n\t>>> Este programa deve ser usado assim:"
             "\n\t> %s arquivo-a-ser-copiado "
             "arquivo-que-recebe-a-copia\n", argv[0] );
     return 1;
   }

    /* Verifica se os arquivos de entrada e de saída são os mesmos */
   if (!strcmp(argv[1], argv[2])) {
     printf("\nOs nomes dos arquivos nao podem ser iguais\n");
     return 1;
   }
```

```
    /* Tenta abrir o arquivo de entrada */
 streamEntrada = fopen(argv[1], "rb");

    /* Verifica se o arquivo de entrada foi aberto */
 if (!streamEntrada) {
    printf( "\nO arquivo \"%s\" nao pode ser aberto\n", argv[1] );
    return 1;
 }

    /* Aqui, o arquivo de entrada foi aberto com sucesso. Se o arquivo de */
    /* saída não for aberto, deve-se fechar o arquivo de entrada antes de */
    /* retornar. Tenta abrir arquivo de saída.                            */
 streamSaida = fopen(argv[2], "wb");

    /* Verifica se o arquivo de saída foi aberto */
 if (!streamSaida) {
    printf("\nO arquivo \"%s\" nao pode ser aberto\n", argv[2]);
    fclose(streamEntrada);
    return 1;
 }

    /* Efetua a cópia */
 resultado = CopiaArquivo(streamEntrada, streamSaida);

    /* Os arquivos não precisam mais estar abertos */
 fclose(streamEntrada);
 fclose(streamSaida);

    /* Comunica ao usuário o resultado da operação */
 if (!resultado) {
    printf( "\n\t>>> O arquivo %s foi copiado em %s\n", argv[1], argv[2] );
 } else {
    printf( "\n\t>>> Nao foi possivel copiar o arquivo %s\n", argv[1] );
    return 1; /* Operação falhou */
 }
 return 0;
}
```

Os seguintes cabeçalhos precisam ser incluídos para completar o programa:

```
#include <stdio.h>  /* Entrada e saída */
#include <string.h> /* Função strcmp() */
```

Exemplos de execução do programa (o nome do programa executável é **copia**):

Exemplo 1:

```
C:\Programas>copia Tudor.txt Tudor.txt
Os nomes dos arquivos nao podem ser iguais
```

Exemplo 2:

```
C:\Programas>copia Tudor.txt TudorBK.txt
        >>> O arquivo Tudor.txt foi copiado em TudorBK.txt
```

### 11.15.7 Calculando o Tamanho de um Arquivo

**Problema:** (a) Escreva uma função que recebe um stream como parâmetro e calcula o tamanho em bytes do arquivo associado ao stream. A posição corrente do indicador de posição do arquivo deve ser preservada. (b) Escreva um programa que recebe um nome de arquivo como argumento de linha de comando e calcula seu tamanho usando a função solicitada no item (a). O tamanho do arquivo deve ser calculado em duas situações: (1) com o arquivo aberto em modo binário e (2) com o arquivo aberto em modo de texto.

## Solução de (a):

```
/****
 * TamanhoDeArquivo(): Calcula o tamanho de um arquivo lendo cada
 *                     byte que o constitui e contando quantos bytes são lidos
 *
 * Parâmetros:
 *     stream (entrada) - stream binário associado ao arquivo cujo
 *                        tamanho será calculado
 *
 * Retorno: -1, se ocorrer algum erro. O tamanho do arquivo, em caso contrário.
 *
 * Observações:
 *     1. O arquivo deve estar aberto em modo binário que permite leitura
 *     2. A posição atual do indicador de posição do arquivo é preservada
 *     3. O arquivo deve permitir acesso direto
 ****/
int TamanhoDeArquivo(FILE *stream)
{
   int posicaoAtual, tamanho = 0;

     /* Guarda a posição atual do indicador de posição */
     /* do arquivo para que ele possa ser restaurado    */
   posicaoAtual = ftell(stream);

     /* Verifica se ftell() foi bem sucedida */
   if (posicaoAtual < 0) {
      return -1; /* A chamada de ftell() falhou */
   }

     /* Assegura leitura a partir do início do arquivo */
   if ( fseek(stream, 0, SEEK_SET) ) {
       /* O movimento do indicador de posição não foi   */
       /* possível. Nesse caso, não precisa restaurá-lo */
      return -1;
   }

     /* O laço encerra quando o final do arquivo for */
     /* atingido ou se ocorrer erro de leitura        */
   while (1){
      fgetc(stream); /* Lê e descarta o próximo byte */

        /* Checa se o arquivo já foi inteiramente lido */
      if (feof(stream)) {
         break; /* Encerra laço */
      }

        /* Verifica se ocorreu erro de leitura */
      if (ferror(stream)) {
          /* Restaura a posição original do indicador */
          /* de posição do arquivo  antes de retornar */
         fseek(stream, posicaoAtual, SEEK_SET);
         return -1; /* Ocorreu erro de leitura */
      }

      ++tamanho; /* Mais um byte foi lido */
   }
```

```
      /* Restaura a posição original do indicador de posição */
   if ( fseek(stream, posicaoAtual, SEEK_SET) ) {
      return -1; /* O movimento não foi possível */
   }

   return tamanho;
}
```

**Análise:**

- ☐ A função `TamanhoDeArquivo()` calcula o tamanho de um arquivo lendo cada byte do arquivo e contando quantos bytes são lidos.

- ☐ Além de calcular o tamanho de um arquivo, essa função preserva o valor do indicador de posição do arquivo no instante em que ela é chamada. Ela realiza essa tarefa guardando a posição atual do indicador de posição chamando a função **ftell()** antes de movê-lo para o início do arquivo. Então, antes de retornar, ela restaura a o valor do indicador de posição por meio de uma chamada de **fseek()**.

- ☐ O problema com a função `TamanhoDeArquivo()` é que ela só funciona se receber como parâmetro um stream binário (v. exemplos de execução apresentados adiante), mas, como a função não tem como determinar se isso realmente ocorre, não há como garantir que o resultado retornado pela função é confiável. Isso ocorre porque uma função que recebe como parâmetro um stream (i.e., uma parâmetro do tipo **FILE** *) não tem como saber, de modo portável, qual é o modo de abertura do arquivo associado ao stream.

**Solução de (b):**

```
/****
 * main(): Determina o tamanho em bytes do arquivo cujo nome é
 *         introduzido via linha de comando
 *
 * Parâmetros:
 *     argc (entrada) - Número de argumentos de linha de comando
 *     argv (entrada) - Array de strings presentes na linha de
 *                      comando quando o programa é executado
 *
 * Retorno: Zero, se não ocorrer nenhum erro.
 *          Um valor diferente de zero em caso contrário.
 ****/
int main(int argc, char *argv[])
{
   FILE   *stream;
   int    tamArquivo;

      /* Verifica se o programa foi invocado corretamente */
   if (argc != 2) { /* Não foi */
      printf( "\n\t>>> Este programa deve ser usado assim:"
              "\n\t>>> %s nome-do-arquivo\n", argv[0] );
      return 1; /* Usuário não sabe usar o programa */
   }

      /* Tenta abrir o arquivo para leitura em modo */
      /* binário e checa se o arquivo foi aberto    */
   if (!(stream = fopen(argv[1], "rb"))) {
      printf("\n\t> Impossivel abrir o arquivo %s\n", argv[1]);
      return 1; /* Erro de abertura de arquivo */
   }

   tamArquivo = TamanhoDeArquivo(stream); /* Calcula o tamanho do arquivo */
```

```
    /* Apresenta o resultado */
if (tamArquivo < 0) {
    printf( "\n\t> Nao foi possivel determinar o tamanho "
            "de \"%s\" em modo binario", argv[1] );
} else {
    printf( "\n\t> Tamanho de \"%s\" em modo binario: "
            "%d bytes\n", argv[1], tamArquivo );
}

FechaArquivo(stream, argv[1]); /* Fecha o arquivo */

    /* Tenta abrir o arquivo para leitura em modo */
    /* de texto e checa se o arquivo foi aberto    */
if (!(stream = fopen(argv[1], "r"))) {
    printf("\n\t> Impossivel abrir o arquivo %s\n", argv[1]);
    return 1; /* Erro de abertura de arquivo */
}

    /* Calcula o tamanho do arquivo */
tamArquivo = TamanhoDeArquivo(stream);

    /* Apresenta o resultado */
if (tamArquivo < 0) {
    printf( "\t> Nao foi possivel determinar o tamanho de"
            " \"%s\" em modo de texto", argv[1] );
} else {
    printf( "\t> Tamanho de \"%s\" em modo de texto: "
            "%d bytes\n", argv[1], tamArquivo );
}
    /* Aqui, não é preciso usar FechaArquivo(),  */
    /* pois o programa será encerrado em seguida */
fclose(stream);

return 0;
}
```

**Análise:**

☐ A função **main**() chama a função `FechaArquivo()`, definida na Seção 11.5, para fechar o arquivo antes de abri-lo novamente em modo de texto. No segundo fechamento desse arquivo, essa função não precisa ser chamada para testar se a operação foi bem sucedida, porque, logo em seguida, o programa será encerrado de qualquer maneira.

☐ O problema com essa função **main**() é que ela não deveria nunca chamar uma função que se propõe a calcular o tamanho de um arquivo abrindo-o em modo texto, como mostram os exemplos de execução abaixo.

**Complemento do programa:**

```
#include <stdio.h>  /* Entrada e saída */
#include <stdlib.h> /* Função exit()   */
```

Exemplos de execução do programa (o nome do programa executável é **tamanho**):

Exemplo 1:

```
C:\Programas> tamanho Tudor.txt

        > Tamanho de "Tudor.txt" em modo binario: 197 bytes
        > Tamanho de "Tudor.txt" em modo de texto: 190 bytes
```

Exemplo 2:

```
C:\Programas> tamanho Tudor.bin
         > Tamanho de "Tudor.bin" em modo binario: 336 bytes
         > Tamanho de "Tudor.bin" em modo de texto: 94 bytes
```

**Análise:** Como mostram os exemplos de execução, a função `TamanhoDeArquivo()` funciona adequadamente apenas quando é chamada tendo como parâmetro um stream binário, quer o arquivo associado ao stream seja binário, quer ele seja de texto.

### 11.15.8 Comparando Dois Arquivos

**Problema:** Escreva um programa que recebe dois nomes de arquivos como argumentos de linha de comando e verifica se eles são iguais ou não. Além disso, se os arquivos forem diferentes, o programa deve informar o índice do byte em que ocorre a primeira diferença entre os arquivos. A indexação dos bytes dos arquivos deve iniciar em **1**.

**Solução:**

```c
#include <stdio.h>    /* Entrada e saída */
#include <stdlib.h>   /* Função exit()   */

/****
 * main(): Compara dois arquivos byte a byte. Os nomes dos
 *         arquivos são argumentos de linha de comando.
 *
 * Parâmetros:
 *     argc (entrada) - Número de argumentos de linha de comando
 *     argv (entrada) - Array de strings presentes na linha de
 *                      comando quando o programa é executado
 *
 * Retorno: Zero, se não ocorrer nenhum erro.
 *          Um valor diferente de zero em caso contrário.
 ****/
int main(int argc, char *argv[])
{
   int   contaBytes = 0, /* Conta os byte comparados em cada arquivo */
         diferentes = 0, /* Assumirá 1, se forem encontrados dois bytes  diferentes */
         erro1 = 0, /* Indicador de erro no arquivo 1 */
         erro2 = 0, /* Indicador de erro no arquivo 2 */
         byte1, /* Byte lido no arquivo 1 */
         byte2; /* Byte lido no arquivo 2 */
   FILE *stream1, /* Stream associado ao arquivo 1 */
        *stream2; /* Stream associado ao arquivo 2 */

     /* O usuário deve informar os nomes dos arquivos */
     /* que serão comparados na linha de comando       */
   if (argc != 3) {
     printf( "\n\t>>> Este programa deve ser usado assim:"
             "\n\t\t> %s nome-de-arquivo1 nome-de-arquivo2\n", argv[0] );
     return 1; /* Usuário não sabe usar o programa */
   }

     /* Tenta abrir o primeiro arquivo em modo binário para leitura */
   stream1 = fopen(argv[1], "rb");

     /* Se o arquivo não pode ser aberto nada mais pode ser feito */
   if (!stream1) {
     printf( "\n\t>>> Nao foi possivel abrir o arquivo \"%s\"\n", argv[1] );
     return 1; /* Primeiro arquivo não foi aberto */
   }
```

```c
    /* Tenta abrir o segundo arquivo em modo binário para leitura */
  stream2 = fopen(argv[2], "rb");

    /* Se o arquivo não pode ser aberto nada mais pode ser feito */
  if (!stream2) {
     printf( "\n\t>>> Nao foi possivel abrir o arquivo \"%s\"\n", argv[2] );

     fclose(stream1); /* Fecha primeiro arquivo antes de retornar */
     return 1; /* Segundo arquivo não foi aberto */
  }

     /*                                                      */
     /* Condições de parada do laço while a seguir:          */
     /*  - A leitura atinge o final de um dos arquivos       */
     /*  - Ocorre erro de leitura em um dos arquivos         */
     /*  - São lidos dois bytes correspondentes que diferem  */
     /*                                                      */
  while ( !feof(stream1) && !feof(stream2) ) {
     byte1 = fgetc(stream1); /* Lê um byte no arquivo 1 */
     byte2 = fgetc(stream2); /* Lê um byte no arquivo 2 */

     contaBytes++; /* Mais um byte lido em cada arquivo */

        /* Se ocorreu erro de leitura no arquivo 1, encerra o laço */
     if (ferror(stream1)) {
        erro1 = 1; /* Se não desejar usar goto nem duplicar código, */
                   /* essa variável é necessária (v. abaixo)        */
        break;
     }

        /* Se ocorreu erro de leitura no arquivo 2, encerra o laço */
     if (ferror(stream2)) {
        erro2 = 1; /* Se não desejar usar goto nem duplicar */
                   /* código, essa variável é necessária    */
        break;
     }

        /* Se a leitura chega ao final num arquivo antes de chegar ao */
        /* final no outro, os  arquivo são obviamente diferentes      */
     diferentes = ( feof(stream1) && !feof(stream2) ) ||
                  ( !feof(stream1) && feof(stream2) );

        /* Se já foi constatado que os arquivos são */
        /* diferentes, encerra-se a comparação      */

     if (diferentes) {
        break;
     }

        /* Se os últimos bytes lidos forem diferentes, os arquivos são diferentes */
     if (byte1 != byte2) {
        diferentes = 1;
        break;
     }
  }
     /* Fecha os arquivos */
  FechaArquivo(stream1, argv[1]);
  FechaArquivo(stream2, argv[2]);

     /* Se ocorreu erro no arquivo 1, informa o usuário. Não é mais */
     /* possível usar ferror() pois os arquivos já foram fechados.  */
     /* Isso justifica o uso da variável erro1.                     */
```

```
    if (erro1) {
      printf( "\n\t>>> Erro de leitura no arquivo \"%s\"\n", argv[1] );
      return 1;
    }
      /* Se ocorreu erro no arquivo 2, informa o usuário. Não é mais */
      /* possível usar ferror() pois os arquivos já foram fechados.  */
      /* Isso justifica o uso da variável erro2.                     */
    if (erro2) {
      printf( "\n\t>>> Erro de leitura no arquivo \"%s\"\n", argv[2] );
      return 1;
    }
      /* Se os arquivos forem diferentes, informa o índice dos respectivos */
      /* bytes em que foi detectada a primeira diferença. Aqui, os bytes   */
      /* são indexados a partir de 1.                                      */
    if (diferentes) {
      printf( "\n\t>>> Os arquivos diferem no byte numero %d\n", contaBytes );
    } else { /* Não foi detectada diferença */
      printf("\n\t>>> Os arquivos sao identicos\n");
    }

    return 0;
}
```

**Análise:**

- ❑ Apesar de ser relativamente longo, esse programa é fácil de entender acompanhando atentamente os comentários distribuídos no mesmo.
- ❑ A indexação de bytes, utilizada pela variável **contaBytes**, começa em **1** (e não em zero).
- ❑ A função **FechaArquivo()** usada pelo programa foi apresentada na Seção 11.5 e sua definição não aparece na listagem acima.

**Exemplos de execução do programa** (o nome do programa executável é **Compara**):

```
C:\Programas>Compara Tudor.txt TudorBK.txt

      >>> Os arquivos diferem no byte numero 38

C:\Programas>Compara Tudor.txt Tudor.txt

      >>> Os arquivos sao identicos
```

### 11.15.9 Atualizando Registros de um Arquivo de Texto

**Problema:** Considere o arquivo de texto **Tudor.txt** descrito na página 601. Escreva um programa que lê o arquivo **Tudor.txt**, acrescenta um ponto à segunda nota de cada aluno e, finalmente, cria um arquivo de texto contendo os dados atualizados.

**Esboço de Solução:**

Para resolver o problema proposto é preciso seguir a seguinte sequência de passos:

1. Ler cada linha do arquivo.
2. Converter cada linha lida numa estrutura do seguinte tipo:

```
typedef  struct {
            char    nome[MAX_NOME + 1];
            char    matr[TAM_MATR + 1];
            double  n1, n2;
         } tAluno;
```

Nessa definição de tipo, **MAX_NOME** e **TAM_MATR** são constantes simbólicas previamente definidas.

3. Acrescentar um ponto à segunda nota (campo **n2**) de cada estrutura obtida no passo 2.

4. Escrever a estrutura modificada num arquivo de texto especificado usando o mesmo formato de linha do arquivo original.

**Solução:**

A função **main()** apresentada a seguir implementa o esboço de solução exposto acima.

```
/****
 * main():
 *    1. Lê cada linha do arquivo cujo nome é especificado pela constante NOME_ARQUIVO
 *    2. Converte cada a linha lida numa estrutura do tipo tAluno.
 *    3. Atualiza a estrutura acrescentando 1.0 ao campo n2.
 *    4. Escreve a estrutura modificada no arquivo especificado pela constante
 *       NOME_ARQUIVO_ATUAL usando o mesmo formato de linha do arquivo original.
 *
 * Parâmetros: Nenhum
 *
 * Retorno: Zero, se não ocorrer nenhum erro.
 *          Um valor diferente de zero em caso contrário.
 ****/
int main(void)
{
    FILE *streamE, /* Associado ao arquivo de entrada */
         *streamS; /* Associado ao arquivo de saída   */

        /* Tenta abrir arquivo de entrada para leitura em modo texto */
    streamE = fopen(NOME_ARQUIVO, "r");
        /* Se o arquivo de entrada não pode ser aberto, nada mais pode ser feito */
    if (!streamE) {
        printf( "\nArquivo \"%s\" nao pode ser aberto\n", NOME_ARQUIVO );
        return 1; /* Arquivo de entrada não foi aberto */
    }

        /* Tenta abrir arquivo de saída para escrita em modo texto   */
    streamS = fopen(NOME_ARQUIVO_ATUAL, "w");

        /* Se o arquivo de saída não pode ser aberto, nada mais pode ser feito */
    if (!streamS) {
            /* Fecha arquivo de entrada antes de partir */
        fclose(streamE);

        printf( "\nArquivo \"%s\" nao pode ser aberto\n", NOME_ARQUIVO_ATUAL );

        return 1; /* Arquivo de saída não foi aberto */
    }

        /* Cria o arquivo atualizado */
    if (AtualizaArquivo(streamS, streamE)) {
        printf( "\n\t>>> Ocorreu um erro na atualizacao do"
                "\n\t>>> arquivo \"%s\"\n", NOME_ARQUIVO_ATUAL );
        return 1; /* Ocorreu algum erro durante atualização */
    }

    printf( "\n\t>>> Atualizacao do arquivo \"%s\" foi"
            "\n\t>>> escrita no arquivo \"%s\"\n",
            NOME_ARQUIVO, NOME_ARQUIVO_ATUAL );

    return 0; /* Tudo ocorreu bem */
}
```

**Análise:** Essa função **main**() abre os arquivos de entrada e saída em questão e, em seguida, chama a função **AtualizaArquivo**() para completar a tarefa de criação do arquivo que conterá a atualização. Essa última função lê cada linha do arquivo de entrada, converte-a numa estrutura do tipo **tAluno**, atualiza a estrutura e escreve-a modificada no arquivo de saída por meio de **fprintf**() usando o mesmo formato do arquivo de entrada. A implementação da função **AtualizaArquivo**() é apresentada abaixo.

```
/****
 * AtualizaArquivo(): Lê cada linha do arquivo de entrada, converte-a numa
 *                    estrutura do tipo tAluno, atualiza a estrutura e escreve
 *                    a estrutura modificada no arquivo de saída usando o
 *                    mesmo formato do arquivo de entrada
 *
 * Parâmetros:
 *     streamSaida (entrada) - stream associado ao arquivo que conterá a atualização
 *     streamEntrada (entrada) - stream associado ao arquivo que será lido
 *
 * Retorno: Zero, se não ocorrer nenhum erro.
 *          Um valor diferente de zero em caso contrário.
 *
 * Observações:
 *     1. O stream de entrada deve estar aberto em modo de texto que permite leitura
 *     2. O stream de saída deve estar aberto em modo "w"
 ****/
int AtualizaArquivo(FILE *streamSaida, FILE *streamEntrada)
{
    tAluno umAluno; /* Armazenará dados de uma estrutura */
    char   linha[MAX_LINHA + 1]; /* Armazena uma linha do arquivo de entrada */

    /* Garante que a leitura começa no primeiro byte */
    rewind(streamEntrada);

    /* Lê cada linha do arquivo de entrada, armazena os dados numa estrutura, */
    /* atualiza a estrutura e escreve-a no arquivo de saída no formato de     */
    /* linha do arquivo original. O laço encerra quando houver tentativa de   */
    /* leitura além do final do arquivo de entrada, ou ocorrer erro de        */
    /* leitura ou escrita.                                                    */
    while (1) {
        /* Lê uma linha no arquivo de entrada */
        fgets(linha, MAX_LINHA + 1, streamEntrada);

        /* Verifica se ocorreu erro ou tentativa */
        /* de leitura além do final do arquivo    */
        if (feof(streamEntrada) || ferror(streamEntrada)) {
            break;
        }
        /* Converte a linha lida numa estrutura do tipo tAluno */
        LinhaEmRegistro(&umAluno, linha);

        umAluno.n2 = umAluno.n2 + 1; /* Atualiza o campo n2 da estrutura */

        /* Escreve a estrutura no arquivo de saída usando fprintf() */
        fprintf(streamSaida, "%s\t%s\t%3.1f\t%3.1f\n", umAluno.nome,
                umAluno.matr, umAluno.n1, umAluno.n2);

        /* Encerra o laço se ocorreu algum erro de escrita */
        if (ferror(streamSaida)) {
            break;
        }
    }
}
```

```
        /* Se ocorreu algum erro de processamento, o valor retornado será 1 */
    return ferror(streamEntrada) || ferror(streamSaida);
}
```

**Análise:**

- ❑ A função `AtualizaArquivo()` usa um laço de repetição para ler cada linha do arquivo de entrada, convertê-la numa estrutura, atualizar o campo **n2** da estrutura e, finalmente, escrever a estrutura atualizada no arquivo de saída no formato de linha do arquivo original.

- ❑ A função `LinhaEmRegistro()` que converte o conteúdo de uma linha do arquivo numa estrutura do tipo **tAluno** é definida como se mostra a seguir.

```
/****
 * LinhaEmRegistro(): Converte uma linha do arquivo numa estrutura do tipo tAluno
 *
 * Parâmetros:
 *     pAluno (saída) - ponteiro para a estrutura resultante da conversão
 *     linha (entrada/saída) - linha que será convertida
 *
 * Retorno: Endereço da estrutura que armazena o resultado
 *
 * Observações:
 *     1. Para simplificar, esta função assume que o parâmetro 'linha' realmente é
 *        um string no formato das linhas do arquivo. Portanto os valores
 *        retornados por strtok() não são testados como deveriam.
 *     2. O parâmetro 'linha' é alterado por strtok().
 ****/
tAluno *LinhaEmRegistro(tAluno *pAluno, char *linha)
{
    char *str; /* Apontará para cada token da linha */

    /* Obtém o nome e acrescenta-o ao respectivo campo da estrutura */
    str = strtok(linha, "\t\n");
    strcpy(pAluno->nome, str);

    /* Obtém a matrícula e acrescenta-a ao respectivo campo da estrutura */
    str = strtok(NULL, "\t\n");
    strcpy(pAluno->matr, str);

    /* Obtém a 1a. nota, converte-a em double e acrescenta o */
    /* valor convertido ao campo respectivo da estrutura      */
    str = strtok(NULL, "\t\n"); /* Obtém a 1a. nota e... */
    pAluno->n1 = strtod(str, NULL); /* converte em double */

    /* Idem para a 2a. nota */
    str = strtok(NULL, "\t\n"); /* Obtém a 2a. nota e... */
    pAluno->n2 = strtod(str, NULL); /* converte em double */

    return pAluno;
}
```

**Análise:**

- ❑ A função `LinhaEmRegistro()` extrai cada token da linha recebida como parâmetro usando a função **strtok()** (v. Seção 9.5.9) e usa-os para preencher os campos da estrutura cujo endereço é recebido como parâmetro.

- ❑ Os campos **nome** e **matr** da referida estrutura são preenchidos copiando-se os respectivos tokens com **strcpy()** (v. Seção 9.5.4).

☐ Os preenchimentos dos campos **n1** e **n2** usam a função **strtod()** (v. Seção 9.9.2), que converte um string num valor do tipo **double**.

**Complemento do programa:**

```
*********************** Includes ***********************/

#include <stdio.h>  /* Entrada e saída           */
#include <string.h> /* Processamento de strings */
#include <stdlib.h> /* Função strtod()           */

/**************** Constantes Simbólicas ****************/

#define MAX_NOME  20 /* Número máximo de caracteres num nome */
#define TAM_MATR   4 /* Número de dígitos numa matrícula */
#define MAX_LINHA 50 /* Tamanho máximo de uma linha no arquivo */
#define NOME_ARQUIVO "Tudor.txt" /* Arquivo original */
   /* Arquivo atualizado */
#define NOME_ARQUIVO_ATUAL "TudorAtual.txt"

/***************** Definições de Tipos *****************/

typedef  struct {
         char    nome[MAX_NOME + 1];
         char    matr[TAM_MATR + 1];
         double  n1, n2;
       } tAluno;
```

### 11.15.10 Convertendo um Arquivo de Registros de Texto para Binário

**Problema:** (a) Escreva uma função que lê cada linha de um arquivo com o mesmo formato do arquivo **Tudor.txt**, descrito na Seção 11.15.9 e converte-a numa estrutura do tipo **tAluno** definido como:

```
typedef  struct {
         char    nome[MAX_NOME + 1];
         char    matr[TAM_MATR + 1];
         double  n1, n2;
       } tAluno;
```

Nessa definição de tipo, **MAX_NOME** e **TAM_MATR** são constantes simbólicas definidas como:

```
#define MAX_NOME 20 /* Número máximo de caracteres num nome */
#define TAM_MATR  4 /* Número de dígitos numa matrícula */
```

Então, a função deve armazenar cada estrutura num arquivo binário especificado como parâmetro. Se não ocorrer nenhum erro, essa função deve retornar o número de registros escritos no arquivo binário; caso contrário, a função deve retornar um valor negativo. (b) Escreva um programa que testa a função solicitada no item (a) com o arquivo **Tudor.txt**.

**Solução de (a):**

```
/****
 * CriaArquivoBin(): Lê cada linha de um arquivo no formato especificado,
 *                   numa converte-a estrutura do tipo tAluno e armazena
 *                   a estrutura num arquivo binário.
 *
 * Parâmetros:
 *    streamTexto (entrada) - stream associado ao arquivo que será lido
 *    streamBin (entrada) - stream associado ao arquivo que será escrito
 *
 * Retorno: Número de estruturas escritas no arquivo
 *          binário ou um valor negativo, se ocorrer erro
```

```
*
* Observações:
*     1. O stream de entrada deve estar aberto em modo de texto que permite leitura
*     2. O stream de saída deve estar aberto em modo "wb"
****/
int CriaArquivoBin(FILE *streamTexto, FILE  *streamBin)
{
   char    linha[MAX_LINHA + 1]; /* Armazenará cada linha lida */
   tAluno  umAluno; /* Dados de uma linha convertida em estrutura */
   int     nRegistros = 0; /* Número de estruturas escritas no arquivo binário */

     /* Garante leitura a partir do início do arquivo */
   rewind(streamTexto);

     /* Lê cada linha do arquivo, cria um registro do tipo tAluno e armazena-o */
     /* no arquivo binário. O laço encerra quando há tentativa de leitura além */
     /* do final do arquivo de entrada, ou ocorre erro de leitura/escrita      */
   while (1) {
        /* Lê uma linha no arquivo de entrada */
      fgets(linha, MAX_LINHA + 1, streamTexto);

        /* Verifica se o final do arquivo foi atingido */
      if (feof(streamTexto)) {
         break;
      }

        /* Verifica se ocorreu erro de leitura */
      if (ferror(streamTexto)) {
         return -1; /* Operação mal sucedida */
      }

      LinhaEmRegistro(&umAluno, linha); /* Converte a linha lida em estrutura */

        /* Escreve a estrutura resultante da conversão no arquivo binário */
      fwrite(&umAluno, sizeof(umAluno), 1, streamBin);

        /* Verifica se ocorreu erro de escrita */
      if (ferror(streamBin)) { /* Ocorreu */
         return -1; /* Operação mal sucedida */
      }

      ++nRegistros; /* Mais um registro lido */
   }
   return nRegistros; /* Não ocorreu nenhum erro */
}
```

**Análise:**

- ❑ A função `CriaArquivoBin()` usa o array `linha[]` definido como:

  ```
  char linha[MAX_LINHA + 1];
  ```

  para armazenar cada linha lida no arquivo de texto. Nessa definição, `MAX_LINHA` é uma constante simbólica, previamente definida, que representa o tamanho máximo estimado de uma linha do arquivo de texto. Isso constitui uma limitação dessa função, pois nem sempre é possível, do ponto de vista prático, estimar seguramente qual é o tamanho da maior linha de um arquivo. Por exemplo, como o programador estimará o tamanho da maior linha num arquivo com milhões de linhas? E se novas linhas puderem ser acrescentadas ao mesmo arquivo depois que o programa estiver pronto? Com o conhecimento acumulado até aqui estudando este livro, o leitor ainda não possui ferramentas para lidar com essa categoria de problemas, uma vez que ela requer noções de alocação dinâmica de memória, que só será discutida no próximo capítulo.

☐ O funcionamento normal (i.e., sem ocorrência de erros de processamento de arquivos) da função `CriaArquivoBin()` é simples e resume-se ao seu laço **while**: uma linha é lida pela função **fgets()**, essa linha é convertida numa estrutura do tipo `tAluno` e essa estrutura é escrita no arquivo binário.

☐ A função `LinhaEmRegistro()` chamada por `CriaArquivoBin()` é aquela definida na Seção 11.15.9 e não será apresentada novamente.

Solução de (b):

```c
/****
 * main(): Converte um arquivo de texto em arquivo binário
 *
 * Parâmetros: Nenhum
 *
 * Retorno: Zero, se não ocorrer nenhum erro.
 *          Um valor diferente de zero em caso contrário.
 ****/
int main(void)
{
    int   nRegistros; /* Número de registros nos arquivos */
    FILE *streamTexto, /* Associado ao arquivo de texto */
         *streamBin;    /* Associado ao arquivo binário */

    /* Tenta abrir arquivo para leitura em modo texto */
    streamTexto = fopen(NOME_ARQUIVO_TEXTO, "r");

    /* Se o arquivo não pode ser aberto, nada mais pode ser feito */
    if (!streamTexto) {
        printf( "O arquivo %s nao pode ser aberto\n", NOME_ARQUIVO_TEXTO );
        return 1; /* Operação mal sucedida */
    }

    /* Tenta criar arquivo binário. Se um arquivo com esse   */
    /* nome existir no diretório corrente ele será destruído */
    streamBin = fopen(NOME_ARQUIVO_BIN, "wb");

    /* Se o arquivo não pode ser aberto, nada mais pode ser feito. */
    if (!streamBin) {
        printf("Arquivo %s nao pode ser aberto\n",NOME_ARQUIVO_BIN);

        fclose(streamTexto); /* Antes de retornar, fecha arquivo aberto */

        return 1; /* Operação mal sucedida */
    }

    /* Lê cada linha do arquivo de texto, converte-a em estrutura */
    /* do tipo tAluno e armazena-a no arquivo binário.            */
    nRegistros = CriaArquivoBin(streamTexto, streamBin);

    /* Verifica se ocorreu erro na criação do arquivo binário. Se for o caso, */
    /* informa o usuário, fecha os arquivos e encerra o programa.             */
    if (nRegistros < 0) {
        printf( "\n\t>>> Ocorreu erro na criacao do arquivo"
                "\n\t>>> \"%s\"\n", NOME_ARQUIVO_BIN );

        /* Fecha os arquivos antes de encerrar */
        fclose(streamTexto);
        fclose(streamBin);

        return 1; /* Ocorreu erro */
    }
```

```
    /* Apresenta o resultado da conversão */
  printf( "\n\t>>> Foram armazenados %d registros no arquivo"
          "\n\t>>> \"%s\"\n", nRegistros, NOME_ARQUIVO_BIN );

    /* Fecha os arquivos */
  fclose(streamTexto);
  fclose(streamBin);

  return 0; /* Tudo ocorreu bem */
}
```

**Análise:** Espera-se que a função **main()** apresentada acima seja suficientemente simples e não requeira comentários além daqueles presentes nela.

## Complemento do programa:

```
/*********************** Includes ***********************/

#include <stdio.h>  /* Funções de Entrada e Saída */
#include <string.h> /* Processamento de strings   */
#include <stdlib.h> /* Função strtod()            */

/**************** Constantes Simbólicas *****************/

#define MAX_NOME   20 /* Número máximo de caracteres num nome */
#define TAM_MATR    4 /* Número de dígitos numa matrícula */
#define MAX_LINHA  50 /* Tamanho máximo de uma linha no arquivo */
#define NOME_ARQUIVO_TEXTO "Tudor.txt" /* Arquivo original */
#define NOME_ARQUIVO_BIN "Tudor.bin" /* Arquivo atualizado */

/****************** Definições de Tipos ******************/

typedef  struct {
            char    nome[MAX_NOME + 1];
            char    matr[TAM_MATR + 1];
            double  n1, n2;
        } tAluno;
```

## 11.15.11 Exibindo Registros de um Arquivo Binário na Tela

**Problema:** (a) Escreva uma função que lê o conteúdo de um arquivo binário que armazena estruturas do tipo **tAluno**, definido nos dois últimos exemplos, e apresenta-o na tela em forma de tabela. (b) Escreva um programa que testa a função solicitada no item (a) com o arquivo **Tudor.bin** criado na Seção 11.15.10.

## Solução de (a):

```
/****
 * ExibeArquivoBin(): Exibe na tela os registros de um arquivo binário contendo
 *                    estruturas do tipo tAluno acessando-os sequencialmente
 *
 * Parâmetros: stream (entrada) - stream associado ao arquivo que será exibido
 *
 * Retorno: Zero, se não houver erro. Um valor diferente de zero, em caso contrário.
 *
 * Observação: O arquivo associado ao stream recebido como
 *             parâmetro deve ter sido aberto em modo binário que permite leitura
 ****/
int ExibeArquivoBin(FILE *stream)
{
    tAluno  registro; /* Armazena cada registro lido */
```

```
    /* Move indicador de posição para o início do arquivo.   */
    /* Se ocorrer erro, retorna um valor indicativo do fato. */
    /* A instrução a seguir é mais segura do que rewind().    */
  if (fseek(stream, 0, SEEK_SET)) {
    return 1; /* Indicador de posição não foi movido */
  }

  /* Antes de apresentar o cabeçalho, deve-se tentar ler o primeiro registro, */
  /* pois se isso não for feito e o arquivo estiver vazio ou ocorrer erro de  */
  /* leitura, o cabeçalho aparecerá sem dados abaixo dele.                     */

    /* Tenta ler o primeiro registro */
  fread(&registro, sizeof(tAluno), 1, stream);

    /* Se o final do arquivo foi atingido ou */
    /* ocorreu erro de leitura, retorna 1     */
  if (feof(stream) || ferror(stream)) {
    return 1; /* Nada foi apresentado */
  }

    /* Escreve o cabeçalho da tabela */
  printf( "\n\tNome\t\tMatricula\tNota 1\tNota 2"
          "\n\t====\t\t=========\t======\t======\n\n" );

    /* Escreve o primeiro registro lido */
  printf( "    %-15s\t%6s\t\t %3.1f\t %3.1f\n",
          registro.nome, registro.matr, registro.n1, registro.n2 );

    /* Acessa cada registro do arquivo na ordem em que ele se encontra. O */
    /* laço encerra quando o final do arquivo for atingido ou ocorrer erro */
  while (1) {
      /* Lê um registro */
    fread(&registro, sizeof(tAluno), 1, stream);

      /* Se o final do arquivo foi atingido ou   */
      /* ocorreu erro de leitura, encerra o laço */
    if (feof(stream) || ferror(stream)) {
      break;
    }

      /* Escreve o registro lido. Não tente entender o embelezamento */
      /* usado com printf(). Ele foi obtido por tentativa e erro, e  */
      /* não se aplica a dados com outros formatos.                  */
    printf( "    %-15s\t%6s\t\t %3.1f\t %3.1f\n",
            registro.nome, registro.matr, registro.n1, registro.n2 );
  }

    /* Se não ocorreu erro de leitura, o retorno é 0; */
    /* caso contrário, o retorno é diferente de 0      */
  return ferror(stream);
}
```

**Análise:**

☐ Conforme recomendado na Seção 11.13, a função `ExibeArquivoBin()` move o indicador de posição do arquivo para seu início por meio de uma chamada de **fseek()**.

☐ Como os dados serão apresentados em forma de tabela, por uma questão de bom senso e estética, antes de apresentar o cabeçalho dessa tabela, a função sob discussão verifica se existe pelo menos um registro no arquivo. Isso previne que o cabeçalho da referida tabela seja exibido sem dados abaixo dele.

❑ Os especificadores de formato usados nas chamadas de **printf()** que apresentam os dados do arquivo tornam a saída do programa esteticamente agradável ao usuário, mas o programador não deve desperdiçar tempo tentando entendê-los a fundo. Esses especificadores foram ajustados por tentativa e erro; i.e., escrevendo-os, reescrevendo-os e verificando o resultado exibido na tela. Conhecer bem todos os especificadores de formato de **printf()** não irá torná-lo um grande programador. Utilize seu tempo em atividades mais produtivas recomendas neste livro.

**Solução de (b):**

```
/****
 *
 * main(): Lê o conteúdo do arquivo binário especificado pela
 *         constante NOME_ARQUIVO_BIN e apresenta-o na tela
 *
 * Parâmetros: Nenhum
 *
 * Retorno: Zero, se não ocorrer nenhum erro.
 *          Um valor diferente de zero em caso contrário.
 *
 ****/
int main(void)
{
    FILE   *stream; /* Stream associado ao arquivo */

      /* Apresenta o programa */
    printf( "\n\t>>> Este programa exibe o conteudo do"
            "\n\t>>> arquivo binario \"%s\" na tela.\n", NOME_ARQUIVO_BIN );

      /* Tenta abrir o arquivo em modo binário para leitura apenas */
    stream = fopen(NOME_ARQUIVO_BIN, "rb");

      /* Se o arquivo não foi aberto, não há mais nada que se possa fazer  */
    if (!stream) {
       printf( "\n\t>>> O arquivo %s nao pode ser aberto\n", NOME_ARQUIVO_BIN );
       return 1; /* Arquivo não foi aberto */
    }

      /* Apresenta o conteúdo do arquivo na tela checando ocorrência de erro */
    if (ExibeArquivoBin(stream)) {
       printf( "\n\t>>> Ocorreu erro de processamento do"
            "\n\t>>> arquivo \"%s\"\n", NOME_ARQUIVO_BIN );

       fclose(stream); /* Fecha arquivo antes de encerrar */

       return 1; /* Erro de processamento */
    }

    fclose(stream); /* Fecha o arquivo */

    return 0; /* Tudo ocorreu bem */
}
```

**Análise:** A função **main()** é suficientemente simples e não requer comentários adicionais.

**Complemento do programa:**

```
/********************* Includes ************************/

#include <stdio.h>   /* Entrada e saída */
#include <stdlib.h>  /* Função exit()   */

/**************** Constantes Simbólicas ****************/
```

```
#define MAX_NOME   20 /* Número máximo de caracteres num nome */
#define TAM_MATR    4 /* Número de dígitos numa matrícula */
#define NOME_ARQUIVO_BIN "Tudor.bin" /* Nome do arquivo binário */

/****************** Definições de Tipos ******************/

typedef struct {
        char    nome[MAX_NOME + 1];
        char    matr[TAM_MATR + 1];
        double  n1, n2;
      } tAluno;
```

**Exemplo de execução do programa:**

```
   >>> Este programa exibe o conteudo do
   >>> arquivo binario "Tudor.bin" na tela.

   Nome              Matricula   Nota 1  Nota 2
   ====              =========   ======  ======

Henrique VIII         1029        9.5     9.0
Catarina Aragon       1014        5.5     6.5
Ana Bolena            1012        7.8     8.0
Joana Seymour         1017        7.7     8.7
Ana de Cleves         1022        4.5     6.0
Catarina Howard       1340        6.0     7.7
Catarina Parr         1440        4.0     6.0
```

**Análise:** A escrita na tela apresentada por esse programa é visualmente agradável e fácil de interpretar e a melhor maneira de obter um resultado assim é por meio de tentativa e erro, como já foi afirmado. Quer dizer, para obter o embelezamento desejado na apresentação de dados, acrescente ou remova espaços em branco ou outros caracteres, recompile o programa e teste até obter um resultado que satisfaça você e, principalmente, o usuário do seu programa.

### 11.15.12 Número de Registros de um Arquivo Binário

**Problema:** (a) Escreva uma função que recebe como parâmetros um stream binário contendo registros de mesmo tamanho e o tamanho de cada registro e retorna o número de registros do arquivo associado ao stream. (b) Escreva um programa que teste a função proposta no item (a) com o arquivo **Tudor.bin** criado na Seção 11.15.10.

**Solução de (a):**

```
/****
 *
 * NumeroDeRegistros(): Calcula o número de registros (i.e.,
 *                      partições de tamanho especificado) de um arquivo binário
 *
 * Parâmetros:
 *    stream (entrada) - stream binário associado ao arquivo cujo
 *                       tamanho será calculado
 *    tamRegistro (entrada) - tamanho de cada partição do arquivo
 *
 * Retorno: O número de partições do arquivo, se não ocorrer
 *          nenhum erro, ou -1, em caso contrário.
 *
 * Observação: O arquivo deve estar aberto em modo binário que permite leitura
 *
 ****/
```

```
int NumeroDeRegistros( FILE *stream, int tamRegistro )
{
   int nBytes = 0; /* Número de bytes do arquivo */

      /* Calcula o número de bytes do arquivo */
   nBytes = TamanhoDeArquivo(stream);

      /* Verifica se ocorreu erro na contagem de bytes */
   if (nBytes < 0) {
      return -1; /* Erro na contagem de bytes */
   }

      /* O número de registros é o número de bytes do arquivo */
      /* dividido pelo número de bytes de cada registro        */
   return nBytes/tamRegistro;
}
```

**Análise:** A função `NumeroDeRegistros()` espera receber como parâmetro um stream binário associado ao arquivo cujo número de registros será calculado. Essa função chama a função `TamanhoDeArquivo()`, definida na Seção 11.15.7, para calcular o número de bytes do arquivo. Então, a função `NumeroDeRegistros()` divide o número de bytes do arquivo pelo número de bytes de uma de suas partições e obtém o resultado desejado.

**Solução de (b):**

```
/****
 *
 * main(): Assume que um arquivo binário é constituído de registros
 *         de um mesmo tipo e calcula o número de registros que compõem o arquivo
 * Parâmetros: Nenhum
 * Retorno: Zero, se não ocorrer nenhum erro.
 *          Um valor diferente de zero em caso contrário.
 *
 ****/
int main(void)
{
   FILE  *stream; /* Stream associado ao arquivo */
   int    nRegistros; /* Número de registros do arquivo */

      /* Apresenta o programa */
   printf( "\n\t>>> Este programa apresenta o numero de registros"
           "\n\t>>> do arquivo \"%s\"\n", NOME_ARQUIVO_BIN );

      /* Tenta abrir arquivo binário */
   stream = fopen(NOME_ARQUIVO_BIN, "rb");

      /* Se o arquivo não pode ser aberto, nada mais pode ser feito */
   if (!stream) {
      printf( "\n\t>>> Arquivo \"%s\" nao pode ser aberto", NOME_ARQUIVO_BIN );
      return 1; /* Operação mal sucedida */
   }

      /* Calcula o número de registros do arquivo */
   nRegistros = NumeroDeRegistros( stream, sizeof(tAluno) );

      /* Verifica se ocorreu erro na operação */
   if (nRegistros < 0) {
      printf( "\n\t>>> Ocorreu um erro no processamento do "
              "\n\t>>> arquivo \"%s\"", NOME_ARQUIVO_BIN );
      return 1;
   }
```

```
       /* Apresenta o resultado */
   printf( "\n\t>>> Numero de registros do arquivo \"%s\":"
           " %d\n", NOME_ARQUIVO_BIN, nRegistros );

   fclose(stream); /* Fecha o arquivo */

   return 0;
}
```

**Complemento do programa:**

```
/*********************** Includes ************************/

#include <stdio.h> /* Entrada e saída */

/*************** Constantes Simbólicas *****************/

#define MAX_NOME 20 /* Número máximo de caracteres num nome */
#define TAM_MATR  4 /* Número de dígitos numa matrícula */
#define NOME_ARQUIVO_BIN "Tudor.bin" /* Arquivo binário */

/*************** Definições de Tipos *****************/

typedef   struct {
             char    nome[MAX_NOME + 1];
             char    matr[TAM_MATR + 1];
             double  n1, n2;
          } tAluno;
```

**Exemplo de execução do programa:**

```
        >>> Este programa apresenta o numero de registros
        >>> do arquivo "Tudor.bin"

        >>> Numero de registros do arquivo "Tudor.bin": 7
```

# 11.16 Exercícios de Revisão

**Introdução (Seção 11.1)**

1. O que é um arquivo armazenado?
2. Qual é o significado de *arquivo* em C (no sentido genérico)?
3. Descreva processamento de arquivos baseado em streams.
4. Os dispositivos teclado e monitor de vídeo são considerados arquivos? Explique.
5. Em linhas gerais, qual é o conteúdo do arquivo de cabeçalho `<stdio.h>`?

**Arquivos de Texto e Arquivos Binários (Seção 11.2)**

6. O que é formato de arquivo?
7. O que é um arquivo de texto?
8. O que é um arquivo binário?
9. Que restrições um sistema operacional pode impor a arquivos de texto?

**Streams (Seção 11.3)**

10. (a) O que é um stream? (b) Que vantagem esse conceito oferece ao processamento de arquivos?
11. Qual é a diferença entre stream e arquivo?
12. Como o conceito de stream é implementado em C?

13. Do ponto de vista prático, faz diferença confundir stream com arquivo?

14. (a) Qual é o significado do identificador **FILE**? (b) Onde o identificador **FILE** é definido?

15. Cite algumas informações que devem estar armazenadas numa estrutura do tipo **FILE**.

### Abrindo um Arquivo (Seção 11.4)

16. (a) O que significa abrir um arquivo? (b) Como isso é realizado em C?

17. (a) Quais são os parâmetros da função **fopen**()? (a) O que essa função retorna?

18. Para que serve a constante simbólica **FILENAME_MAX**?

19. Cite três razões pelas quais um arquivo não pode ser aberto.

20. (a) Como se testa se um arquivo foi realmente aberto? (b) O que pode ocorrer se esse teste não for efetuado?

21. (a) O que é um stream de texto e (b) O que é um stream binário?

22. (a) O que ocorre quando um arquivo de texto é associado a um stream binário? (b) O que ocorre quando um arquivo de texto é associado a um stream de texto?

23. Um arquivo binário pode estar associado a um stream de texto?

24. O que é modo de abertura de arquivo?

25. O que é um modo de atualização?

26. Descreva os seguintes modos de abertura de arquivo:
    (a) `"r"`
    (b) `"w"`
    (c) `"a"`
    (d) `"r+"`
    (e) `"w+"`
    (f) `"a+"`

27. Que formato de arquivo é recomendado para cada modo de abertura do exercício anterior?

28. Qual é a diferença entre modos de abertura para streams de texto e modos de abertura correspondentes para streams binários em termos de sintaxe?

29. Quais são as diferenças entre os seguintes modos de abertura de arquivo:
    (a) `"r"` e `"rb"`
    (b) `"r"` e `"rt"`
    (c) `"rt"` e `"rb"`

30. Quais são as diferenças entre os modos de abertura `"r+"`, `"w+"` e `"a+"`?

31. Que precaução deve ser tomada quando se usam os modos de abertura `"w"`, `"w+"`, `"wb"` e `"w+b"`?

32. (a) Um arquivo de texto pode ser seguramente aberto no modo binário com o objetivo de criar uma cópia dele? (b) Um arquivo binário pode ser seguramente aberto no modo texto com o mesmo objetivo?

33. O que deve ser imediatamente feito após chamar **fopen**() para abrir um arquivo e antes de processá-lo?

34. Como se pode determinar o número máximo de arquivos que podem ser abertos simultaneamente?

35. Como se pode determinar o tamanho máximo de um nome de arquivo no sistema operacional utilizado?

36. Como a constante simbólica **FILENAME_MAX** deve ser usada na prática?

37. O que representa a constante simbólica **FOPEN_MAX**?

38. O programa a seguir não consegue abrir o arquivo introduzido no meio de entrada padrão pelo usuário, mesmo que o arquivo exista no diretório (pasta) corrente. Explique por que isso ocorre e encontre uma maneira de corrigir o problema.

```
#include <stdio.h>

int main(void)
{
    char    nome[FILENAME_MAX]; /* Nome do arquivo */
    FILE    *stream;

    printf("Nome do arquivo: ");
    fgets(nome, sizeof(nome), stdin);

    stream = fopen(nome, "r");

    if (!stream) {
        fprintf(stderr, "Nao foi possivel abrir o arquivo\n");
        return 1;
    }

    printf("Arquivo aberto\n");

    fclose(stream);

    return 0;
}
```

## Fechando um Arquivo (Seção 11.5)

39. (a) O que ocorre quando um arquivo é fechado? (b) Que função é utilizada com esse propósito? (c) Qual é a importância de fechar um arquivo após seu processamento?

40. O que a função **fclose()** retorna?

41. Qual é a facilidade que a função `FechaArquivo()` apresentada na Seção 11.5 oferece?

42. É importante fechar um arquivo mesmo quando ele é aberto apenas para leitura?

43. O que está errado no seguinte fragmento de programa?

```
FILE *p = fopen("teste.bin", "r+b");

... /* Processamento do arquivo */

fclose("teste.bin")
```

## Ocorrências de Erros em Processamento de Arquivos (Seção 11.6)

44. O que representa a constante simbólica **EOF**?

45. É verdade que **EOF** representa um caractere encontrado num arquivo? Explique.

46. Como a constante **EOF** deve ser usada?

47. Por que, muitas vezes, quando uma função do módulo stdio retorna **EOF**, esse valor é ambíguo?

48. (a) Qual é o propósito da função de biblioteca **feof()**? (b) Como ela deve ser usada?

49. Por que o uso de **feof()** é mais recomendável do que o uso de **EOF**?

50. Qual é a importância da função **ferror()**?

51. Que vantagem a função **ferror()** oferece em comparação a **EOF** para testar ocorrência de erro?

52. O que pode acontecer quando um indicativo de erro ou de final de arquivo não é removido?

53. Como um indicativo de erro de processamento de arquivo pode ser removido (a) implicitamente e (b) explicitamente?

54. Como um indicativo de final de arquivo pode ser removido (a) implicitamente e (b) explicitamente?

55. (a) Para que serve a função **clearerr()**? (b) Por que raramente essa função se faz necessária?

## Buffering e a Função fflush() (Seção 11.7)

56. (a) O que é um buffer? (b) O que é buffering? (c) Qual é a vantagem que se obtém com a utilização de buffering em operações de entrada ou saída?

57. (a) O que é buffering de linha? (b) O que é buffering de bloco?

58. O que significa descarregar um buffer?

59. Qual é a relação entre um stream e uma área de buffer associada a ele?

60. Para que serve a função **fflush**()?

61. O que há de errado com a seguinte chamada da função **fflush**()?

```
fflush(stdin);
```

62. Qual é o efeito da seguinte chamada da função **fflush**()?

```
fflush(NULL);
```

## Streams Padrão (Seção 11.8)

63. Descreva os streams padrão de C.

64. Por que os streams padrão são qualificados como *padrão*?

## Leitura de Dados via Teclado (Seção 11.9)

65. Descreva o funcionamento da função **getchar**().

66. Se a função **getchar**() lê apenas caracteres, por que o tipo do valor que ela retorna é **int**, e não **char**?

67. Por que nem sempre a função **getchar**() interrompe a execução do programa e espera que o usuário digite um caractere?

68. Por que leitura de dados via teclado é sempre mais complicada do que escrita de dados na tela?

69. Sabe-se que, via teclado, é possível introduzir apenas caracteres. Então, como é possível um programa receber um número como entrada?

70. Qual deve ser o conteúdo de um string de formatação da função **scanf**()?

71. O que significam os três pontos no protótipo de **scanf**()?

72. Descreva detalhadamente o funcionamento da função **scanf**().

73. (a) O que representa o valor retornado pela função **scanf**()? (b) Como esse valor deve ser utilizado?

74. Como age a função **scanf**() quando lê um número inteiro corretamente digitado pelo usuário?

75. O seguinte programa foi escrito com o propósito de ler e somar dois números inteiros e apresentar o resultado na tela. O que há de errado com esse programa?

```
#include <stdio.h>
int main(void)
{
    int x, y, soma;

    soma = x + y;

    printf("Digite dois numeros inteiros: ");
    scanf("%d %d", &x, &y);
    printf("Resultado: %d + %d = %d", x, y, soma);

    return 0;
}
```

76. O seguinte programa tem o mesmo propósito do programa anterior, mas também é defeituoso. Qual é seu defeito?

```
#include <stdio.h>

int main(void)
{
    int x, y;
    printf("Digite dois numeros inteiros: ");
    scanf("%d %d", x, y);
    printf("Resultado: %d + %d = %d", x, y, x + y);
    return 0;
}
```

77. (a) O que se espera que o usuário introduza com a chamada de **scanf()** no seguinte programa? (b) O que esse mesmo programa exibe na tela quando o usuário digita **5**?

```
#include <stdio.h>

int main(void)
{
    int x;
    scanf("Digite um inteiro: %d", &x);
    printf("x = %d", x);
    return 0;
}
```

78. O que os strings de formatação das funções **printf()** e **scanf()** têm em comum?

79. (a) Existe diferença entre os especificadores **%d** e **%i** quando eles são utilizados com **scanf()**? (b) Existe diferença entre esses mesmos especificadores quando eles são utilizados com **printf()**?

80. O que ocorre quando o número de especificadores de formato numa chamada de **scanf()** é (a) *maior* ou (b) *menor* do que o número de endereços de variáveis que seguem o string de formatação?

81. Suponha que x e y sejam variáveis do tipo **int**. Quantos valores cada uma das chamadas de **scanf()** a seguir espera ler?

(a) `scanf("%d", &x, &y);`

(b) `scanf("%d %d", &x);`

82. Suponha que a função **scanf()** seja chamada como no seguinte trecho de programa:

```
int x, retorno;

retorno = scanf("%d", &x);
```

O que significa quando o valor atribuído à variável `retorno` é:

(a) `0`?

(b) `1`?

(c) **EOF**?

83. Suponha que a função **scanf()** seja chamada como no seguinte fragmento de programa:

```
int x, y, retorno;

retorno = scanf("%d %d", &x, &y);
```

Quais são os possíveis valores que podem ser atribuídos à variável retorno?

84. Por que o seguinte programa será provavelmente abortado quando for executado?

```
#include <stdio.h>
int main(void)
{
    char *p = "otorrinolaringologista";

    printf("\nDigite no maximo 5 caracteres: ");
    scanf("%6s", p);

    printf("String lido: %s", p);

    return 0;
}
```

85. Por que, quando o programa abaixo for executado, ele poderá ser abortado?

```
#include <stdio.h>
int main(void)
{
    int x;

    printf("\nDigite um numero inteiro: ");
    scanf("%d", &x);

    printf("Numero lido: %s", x);

    return 0;
}
```

86. Suponha que x seja uma variável do tipo **int**. (a) O que há de errado com cada uma das seguintes chamadas de **scanf()** a seguir? (b) Supondo que essas instruções fazem parte de um programa, esses erros serão detectados durante a compilação ou execução do programa?

(i) `scanf("%d", x);`

(ii) `scanf("%lf", &x);`

87. Como a função **scanf()** pode ser usada de modo seguro na leitura de strings?

88. Por que às vezes a função **scanf()** é inconveniente para leitura de strings?

89. (a) Qual é o significado do especificador **%[0123456789]** usado com **scanf()**? (b) Qual é o significado do especificador **%[^0123456789]** usado com **scanf()**?

90. Por que a função **gets()** foi removida da biblioteca padrão de C pelo padrão C11?

91. Quais são as diferenças entre **gets()** e **fgets()**?

92. Qual deve ser o terceiro parâmetro da função **fgets()** quando essa função é invocada para ler strings via teclado?

93. (a) Considerando o trecho de programa a seguir, o que a função **scanf()** lê se o usuário digitar **123z**? (b) Que consequência danosa ao programa essa entrada de dados pode infligir?

```
int x;
...
printf("\nDigite um valor inteiro: ");
scanf("%d", &x);
```

94. (a) Por que o seguinte programa sempre informa que o nome do usuário tem um caractere a mais do que seria esperado? (b) Como esse problema pode ser sanado?

```
#include <stdio.h>
#include <string.h>

int main(void)
{
    char linha[200];

    printf("\nDigite seu nome: ");
    fgets(linha, sizeof(linha), stdin);

    printf( "Seu nome tem %d caracteres\n", strlen(linha) );

    return 0;
}
```

95. Considerando o programa abaixo, por que o usuário não consegue digitar o caractere 'B' solicitado?

```
#include <stdio.h>

int main(void)
{
    int c;

    printf("\nDigite o caractere A: ");
    c = getchar();

    printf("\nDigite o caractere B: ");
    c = getchar();

    return 0;
}
```

96. (a) Considerando o mesmo trecho de programa da questão anterior, o que a função **scanf**() lerá se o usuário digitar z123? (b) Qual será o conteúdo do buffer associado ao teclado logo após o usuário ter concluído sua digitação?

97. Considerando o mesmo trecho de programa das duas últimas questões, qual será o conteúdo do buffer associado ao teclado após a atuação de **scanf**() quando o usuário digitar 123?

98. (a) Em que situação a função **scanf**() lê o caractere '\n' encontrado no buffer associado ao teclado? (b) Quando ela o remove do buffer? (c) Quando ela não o remove do buffer?

99. (a) Que caracteres remanescentes no buffer associado ao teclado não afetam uma leitura de valor numérico efetuada por **scanf**()? (b) Em que situação qualquer caractere remanescente no buffer afeta uma leitura efetuada por **scanf**()?

100. Descreva o funcionamento do buffer associado à entrada de dados padrão.

101. Considere o fragmento de programa a seguir. (a) O que ocorreria se a chamada da função `LimpaBuffer()` fosse removida do corpo do laço **while**? (b) Por que, nesse caso, o uso de **goto** é aceitável?

```
    int  umInt, nValoresLidos;

leitura:
    printf("Digite um valor inteiro: ");
    nValoresLidos = scanf("%d", &umInt);

    while (nValoresLidos == 0) { /* Nenhum inteiro foi lido */
        LimpaBuffer();
        printf("Valor incorreto. ");
        goto leitura;
    }
```

102. Reescreva o trecho de programa do exercício 101 sem usar **goto**.

103. Para que serve a função `LimpaBuffer()` apresentada na Seção 11.9.4?

104. (a) Por que uma função como `LimpaBuffer()` se faz necessária? (b) Por que não se deve usar a função **fflush**() da biblioteca padrão de C em substituição a `LimpaBuffer()`?

105. Como laços de repetição são usados em leitura de dados via teclado?

## Acessos Sequencial e Direto (Seção 11.10)

106. Descreva as categorias de processamento sequencial de arquivos.

107. Defina os seguintes conceitos:
    (a) Acesso sequencial a arquivo
    (b) Acesso direto a arquivo
    (c) Processamento formatado

108. Para que tipo de stream cada uma das seguintes categorias de processamento é conveniente?
    (a) Por byte
    (b) Por linha
    (c) Por bloco
    (d) Formatado

109. Que funções são tipicamente usadas para:
    (a) Processamento por byte
    (b) Processamento por linha
    (c) Processamento por bloco

## Processamento Sequencial de Arquivos (Seção 11.11)

110. (a) No contexto de processamento de arquivos, o que são registros? (b) O que é um campo de registro?

111. Descreva as funções **fgetc**() e **fputc**().

112. O funcionamento das funções **fgetc**() e **fputc**() depende do formato do arquivo representado no modo de abertura do arquivo se o sistema utilizado for da família Unix?

113. Qual é o problema como o seguinte laço **while**?

```
while (c = fgetc(stream) != EOF) {
    ...
}
```

114. Suponha que `streamEntrada` e `streamSaida` sejam streams abertos respectivamente nos modos `"rb"` e `"wb"`. O que há de errado com o seguinte laço **while**?

```
while ( !feof(streamEntrada) ) {
    fputc(fgetc(streamEntrada), streamSaida);
}
```

115. Suponha que `streamA` e `streamB` sejam dois streams binários, sendo que o primeiro stream é aberto para leitura e o segundo é aberto para escrita. Escreva um trecho de programa que demonstre como copiar o conteúdo do primeiro stream para o segundo.

116. Descreva as funções a seguir:
    (a) **fgets**()
    (b) **fputs**()

117. (a) Descreva o funcionamento de cada uma das seguintes funções. (b) Em que tipo de processamento cada uma delas é mais adequada?
    (a) **fread**()
    (b) **fwrite**()

118. O que é um bloco de memória em processamento de arquivos?

119. Qual é a diferença entre as funções **fgetc**() e **getchar**()?

120. Em que situações o uso das funções **fscanf**() e **fread**() é mais conveniente?

121. Suponha que `teste` seja o nome de um arquivo de texto residente no mesmo diretório do programa executável correspondente ao programa-fonte a seguir. Descubra o que há de errado com esse programa e encontre uma maneira de corrigi-lo.

```
#include <stdio.h>

int main(void)
{
    FILE *stream = fopen("teste", "r");
    char  linha[100];

    while(!feof(stream)) {
        fgets(linha, sizeof(linha), stream);
        fputs(linha, stdout);
    }

    fclose(stream);

    return 0;
}
```

122. O programa apresentado a seguir é semelhante àquele do exercício anterior. No entanto, quando executado, esse programa é abortado, enquanto aquele, apesar de não estar correto, não é abortado. Assumindo as mesmas suposições referentes ao arquivo `teste` do exercício anterior, explique por que o programa a seguir é abortado.

```
#include <stdio.h>

int main(void)
{
    FILE *stream = fopen("teste", "r");
    char  linha[100], *str;

    while(!feof(stream)) {
        str = fgets(linha, sizeof(linha), stream);
        fputs(str, stdout);
    }

    fclose(stream);

    return 0;
}
```

123. A função `TamanhoDaLinha()` apresentada adiante se propõe a calcular o tamanho da linha corrente do stream de texto recebido como parâmetro. Descubra o que há de errado com essa função e encontre uma maneira de corrigi-la.

```
int TamanhoDaLinha(FILE *stream)
{
    char c;
    int  contador = 0;

    while((c = fgetc(stream)) != EOF && c != '\n') {
        contador++;
    }

    return contador;
}
```

**124.** Um famoso livro de programação ilustra por meio do seguinte fragmento de programa como arquivos devem ser lidos em C:

```
do {
    ch = fgetc(fp);
    /* ... */
} while (!feof(fp));
```

Nesse fragmento de programa, **ch** é uma variável do tipo **char**, **fp** é um stream associado a um arquivo aberto para leitura e o comentário representa a operação a ser efetuada com cada caractere lido no stream. O que há de errado com essa recomendação para leitura de arquivo?

### Acesso Direto a Arquivos (Seção 11.12)

**125.** Explique a diferença entre acesso sequencial e acesso direto a arquivos.

**126.** Como é possível determinar se um arquivo permite acesso direto?

**127.** Apresente exemplo de um stream que não permite acesso direto.

**128.** O que é uma função de posicionamento?

**129.** (a) Para que serve a função **fseek()**? (b) Para que serve a função **ftell()**?

**130.** Como é interpretado o valor retornado pela função **fseek()**?

**131.** Por que o valor retornado por **ftell()** depende do modo de abertura do arquivo associado ao stream que essa função recebe como parâmetro?

**132.** Apresente o significado de cada constante simbólica a seguir:
   (a) **SEEK_SET**
   (b) **SEEK_CUR**
   (c) **SEEK_END**

**133.** (a) O que se deve fazer entre uma operação de leitura e uma operação de escrita subsequente num arquivo aberto para atualização? (b) O que se deve fazer entre uma operação de escrita e uma operação de leitura subsequente num arquivo aberto para atualização?

**134.** O seguinte programa foi escrito com o objetivo de copiar o conteúdo de um arquivo para outro. O que há de errado com esse programa? [Dica: O que acontece quando os dois nomes de arquivo recebidos como argumentos pelo programa são os mesmos?]

```c
#include <stdio.h>

int main(int argc, char *argv[])
{
    FILE *entrada, *saida;
    int   c;

    if (argc != 3) {
        printf( "Uso do programa: %s arquivo-entrada "
                "arquivo-saida\n", argv[0] );
        return 1;
    }

    entrada = fopen(argv[1], "rb");

    if (!entrada) {
        printf("Impossivel abrir %s\n", argv[1]);
        return 1;
    }

    saida = fopen(argv[2], "wb");
```

CONTINUA

```
    if (!saida) {
       printf("Impossivel abrir %s\n", argv[2]);
       fclose(entrada);
       return 1;
    }

    while ((c = getc(entrada)) != EOF) {
       putc(c, saida);
    }

    fclose(entrada);
    fclose(saida);

    return 0;
}
```

CONTINUAÇÃO

### rewind() ou fseek()? (Seção 11.13)

135. Qual é a finalidade da função **rewind()**?

136. Por que, apesar de ser uma função de posicionamento, a função **rewind()** é mais usada em processamento sequencial?

137. Em que situação o uso de **rewind()** é recomendado?

138. (a) Por que se recomenda usar **rewind()** [ou **fseek()**] quando uma função que efetua leitura sequencial recebe como parâmetro um stream? (b) Por que uma função que abre um arquivo com o mesmo propósito não precisa usar **rewind()**?

139. Como **fseek()** pode ser usada em substituição a **rewind()**?

140. Por que o uso de **fseek()** é mais recomendado do que o uso de **rewind()**?

### Condições de Exceção e a Lei de Murphy (Seção 11.14)

141. O que é uma condição de exceção?

142. O que afirma a Lei de Murphy específica para processamento de arquivos?

143. Enuncie os corolários 1 e 2 da Lei de Murphy para processamento de arquivos.

144. Como precaver-se ou testar a ocorrência de erro em chamadas das seguintes funções:
   (a) **fopen()**
   (b) **fclose()**
   (c) Qualquer função de leitura
   (d) Qualquer função de escrita
   (e) **fseek()**
   (f) **rewind()**
   (g) **ftell()**
   (h) **fflush()**

# 11.17 Exercícios de Programação

### 11.17.1 Fácil

EP11.1 Escreva um programa que lê, via teclado, um valor inteiro, um valor real e um string. Então, o programa deve armazenar os valores lidos em linhas separadas de um novo arquivo de texto denominado `Teste.txt`. Em seguida, o programa recupera esses valores do arquivo e os apresenta na tela. [Sugestões: Abra o arquivo no modo "w+" e use as funções **fprintf()** e **fscanf()** para escrever e ler no arquivo, respectivamente. Não esqueça de usar **rewind()** antes de efetuar a leitura.]

**EP11.2** Escreva um programa semelhante àquele proposto no exercício EP11.1 que armazene os dados um narquivo temporário criado usando **tmpfile()**. [Sugestões: Use as mesmas sugestões do exercício EP11.1.]

**EP11.3** Escreva um programa semelhante àquele proposto no exercício EP11.1 que armazene os dados num arquivo temporário criado por meio de **tmpnam()**. O programa deve ainda rebatizar esse arquivo para `Teste.txt`. [Sugestões: Use as mesmas sugestões do exercício EP11.1 e a função **rename()**.]

**EP11.4** Sabendo que a maior linha de um arquivo, denominado `Tudor.txt`, contém 29 caracteres, incluindo o caractere de quebra de linha, escreva um programa que cria uma cópia desse arquivo num arquivo denominado `BK.txt` usando as funções **fgets()** e **fprintf()**. [Sugestões: (1) Abra ambos os arquivos em modo texto e use um laço de repetição no corpo do qual se lê uma linha no arquivo `Tudor.txt`, por meio de **fgets()** e escreve-se a mesma linha no arquivo `BK.txt` usando **fprintf()** em conjunto com o especificador **%s**. (2) Use as funções **feof()** e **ferror()** para encerrar o laço quando houver tentativa de leitura além do final do arquivo ou ocorrer erro de leitura ou escrita.]

**EP11.5** Escreva um programa que lê via teclado um valor inteiro, um valor real e um string. Então, o programa armazena os valores lidos num arquivo binário. Em seguida, o programa recupera esses valores do arquivo e os apresenta na tela. [Sugestão: Use as funções **fread()** e **fwrite()** para ler e escrever no arquivo, que deve ser aberto no modo **"w+b"**.]

**EP11.6** Reescreva o programa apresentado na Seção 11.15.6, de modo que ele possa receber via linha de comando nomes de um número arbitrário de arquivos de texto e informar qual é o número de linhas de cada um deles. Se algum arquivo não puder ser aberto o programa apenas informa o usuário sobre o fato, mas não deve ser abortado. [Sugestões: (1) Escreva uma função **main()** com dois parâmetros, conforme descrito na Seção 9.6. (2) Use um laço **for** para acessar cada nome de arquivo, abra o arquivo correspondente, chame a função `NumeroDeLinhas()` definida Seção 11.15.5 e informe o resultado. (3) Não esqueça de fechar cada arquivo após apresentar seu número de linhas.]

**EP11.7** Reescreva a função `CopiaArquivo()`, apresentada na Seção 11.15.6, de tal modo que ela conte o número de bytes copiados. A nova versão dessa função deve retornar o número de caracteres copiados, se ela for bem sucedida ou um valor negativo, em caso contrário. [Sugestão: Use uma variável inteira local à função que é iniciada com zero e incrementada cada vez que um byte é escrito no arquivo que recebe a cópia.]

**EP11.8** Escreva um programa em C que lê e apresenta na tela o conteúdo de um arquivo de texto cujo nome é especificado em linha de comando. [Sugestões: (1) Abra o arquivo no modo **"r"**. (2) Use as funções **fgetc()** para ler cada caractere do arquivo e **putchar()** para escrevê-lo na tela.]

**EP11.9** Implemente um programa que escreve na tela os conteúdos de todos os arquivos especificados em linha de comando. [Sugestões: (1) Use as sugestões do exercício EP11.8 para implementar uma função que escreve o conteúdo de cada arquivo na tela. (2) Na função **main()** desse programa, escreva um laço de repetição **for** que abre cada arquivo especificado, chama a função proposta na sugestão (1) e fecha o arquivo.]

**EP11.10** Escreva um programa em C que lê e exibe na tela, de dez em dez linhas, o conteúdo de um arquivo de texto cujo nome é especificado na linha de comando. Isto é, o programa apresenta na tela as 10 primeiras linhas e solicita que o usuário digite uma tecla qualquer para que as próximas 10 linhas sejam escritas e assim por diante até que todo arquivo tenha sido exibido. [Sugestões: (1) Utilize uma variável inteira como contadora e inicie-a com zero. (2) Abra o arquivo com o modo **"r"**. (3) Leia cada caractere do arquivo com **fgetc()** e escreva-o na tela com **putchar()**. (4) Incremente a variável de contagem a cada caractere de quebra de linha encontrado. (5) Quando a variável de contagem atingir o valor **10**, reinicie-a com zero, apresente um prompt apropriado para o usuário e use **getchar()** para interromper a execução do programa à espera da resposta do usuário.]

**EP11.11** Escreva um programa em C que copia, no máximo, as **n** primeiras linhas de um arquivo de texto para um novo arquivo. Os nomes dos arquivos e o número de linhas que serão copiadas devem ser solicitados pelo programa ao usuário. [Sugestões: (1) Crie uma função baseada na função **CopiaArquivo()** apresentada na Seção 11.15.6. (2) Utilize nessa nova função um parâmetro adicional que representa o número máximo de linhas que serão copiadas. (3) Utilize uma variável local à função para contar quantas linhas são copiadas (v. sugestões do exercício EP11.10). (4) A função deve encerrar quando o final do arquivo de leitura for atingido ou quando o número de linhas atingir o máximo especificado pelo parâmetro descrito na sugestão (2).]

**EP11.12** Escreva um programa que converte todas as letras de um arquivo em maiúsculas. O nome do arquivo deve ser um argumento de linha de comando. [Sugestões: (1) Abra o arquivo original no modo **"r"**. (2) Crie um arquivo temporário e copie para esse arquivo os caracteres do arquivo original convertidos em maiúsculas usando **toupper()**. (3) Feche o arquivo original e reabra-o no modo **"w"**. (4) Use a função **CopiaArquivo()** apresentada na Seção 11.15.6, para copiar o conteúdo do arquivo temporário para o arquivo original.]

**EP11.13** Escreva um programa que converte o arquivo **Tudor.bin**, criado na Seção 11.15.10, num arquivo de texto no formato descrito no início da Seção 11.15. O resultado deve ser armazenado num arquivo denominado **Tudor2.txt** e seu conteúdo deverá ser exatamente igual ao arquivo **Tudor.txt** usado nos exemplos apresentados na Seção 11.15. [Sugestão: Leia cada estrutura encontrada no arquivo binário **Tudor.bin** e use **fprintf()** para escrevê-la no arquivo de texto no formato apresentado no início da Seção 11.15.]

**EP11.14** Escreva um programa que lê o arquivo **Tudor.bin** e apresenta o nome e a média de cada aluno e, ao final, a média da turma. [Sugestão: Este exercício é bem mais fácil do que o exercício EP11.13.]

**EP11.15** Escreva uma função que determina o tamanho da maior linha de um stream de texto. [Sugestões: (1) Utilize dois laços de repetição **while**. O primeiro laço é executado enquanto houver linhas a serem lidas e o segundo laço é executado enquanto houver caracteres a serem lidos na linha corrente. Os dois laços podem ser encerrados prematuramente se ocorrer erro durante a leitura do arquivo. (2) Defina as variáveis **tamLinhaCorrente**, para armazenar a linha corrente, e **tamMaiorLinha**, para guardar o tamanho da maior linha até então encontrada. O valor de **tamLinhaCorrente** deve ser atualizado no laço **while** interno a cada novo caractere (com exceção de **'\n'**) encontrado na linha ora escrutinada. O valor de **tamMaiorLinha** deve ser atualizado no laço **while** externo cada vez que o tamanho da linha corrente é maior do que o valor corrente dessa variável.] (b) Escreva um programa que apresenta o tamanho da maior linha de um arquivo de texto cujo nome é introduzido via linha de comando.

**EP11.16** Reescreva o programa apresentado na Seção 11.15.9, de maneira que o resultado da atualização seja escrito no próprio arquivo de entrada (que, então, passará a ser de entrada e saída). [Sugestão: Use um arquivo temporário e a função **CopiaArquivo()** apresentada na Seção 11.15.6.]

**EP11.17** Escreva um programa que lê o arquivo **Tudor.txt** e apresenta o nome e a média de cada aluno e, ao final, a média da turma. [Sugestão: Use a função **LinhaEmRegistro()** definida na Seção 11.15.9.]

## 11.17.2 Moderado

**EP11.18** Escreva um programa em C que lê e apresenta na tela, de 10 em 10 linhas, o conteúdo de um arquivo de texto cujo nome é especificado na linha de comando. Isto é, o programa deve escrever na tela as 10 primeiras linhas e solicitar que o usuário digite uma tecla qualquer para que as próximas 10 linhas sejam escritas e assim por diante, até que todo arquivo tenha sido apresentado. Suponha que o número máximo de caracteres numa linha do arquivo é **50**. [Sugestões: (1) Use um laço de repetição que encerra quando ocorre erro de leitura ou tentativa de leitura além do final do arquivo. (2) No corpo desse laço, use **fgets()** para ler as linhas do arquivo e **printf()** para escrevê-las na tela. (3) Use uma variável que conte o número de linhas lidas e escritas. (4) Quando o resto da divisão dessa variável por **10** for igual a zero, dez linhas terão sido escritas. Nesse caso, solicite que o usuário digite um caractere e leia-o usando a função **LeCaractere()** da biblioteca LEITURAFACIL. (5) Depois disso, prossiga com a execução do laço.]

EP11.19 Escreva um programa em C que copia as **n** primeiras linhas de um arquivo de texto para um novo arquivo de texto. O nome dos arquivos e o número **n** de linhas que devem ser copiadas constituem dados solicitados pelo programa ao usuário. Assuma que o número máximo de caracteres numa linha do arquivo é **50**. [Sugestões: (1) Use a função **AbreArquivo()**, definida na Seção 11.15.4, para abrir os dois arquivos. (2) Crie um laço infinito com quatro condições de parada em seu corpo: erro de leitura ou escrita, tentativa de leitura além do final do arquivo ou número de linhas escritas igual a **n**. (3) Use **fgets()** (v. Seção 11.9.6) para ler as linhas do arquivo de entrada e **fputs()** (v. Seção 11.11.2) para escrevê-las no arquivo de saída.]

EP11.20 Implemente uma função, denominada **LeReal2()**, funcionalmente equivalente à função **LeReal()** da biblioteca LEITURAFACIL, e um programa que teste a função implementada. [Sugestão: Use como modelo a função **LeInteiro2()** apresentada na Seção 11.9.5.]

EP11.21 Implemente uma função, denominada **LeCaractere2()**, funcionalmente equivalente à função **LeCaractere()** da biblioteca LEITURAFACIL, e um programa que teste a função implementada. [Sugestão: Como não há restrição sobre que caracteres são permitidos, só há duas coisas que podem dar errado na leitura de um caractere: tentativa de leitura além do final do arquivo e erro de processamento. Em ambos os casos, **getchar()** retorna **EOF**. Portanto use um laço de repetição que encerra quando **getchar()** não retorna **EOF**. Antes de retornar o caractere lido, não esqueça de deixar o buffer limpo.]

EP11.22 Implemente uma função, denominada **LeOpcao2()**, funcionalmente equivalente à função **LeOpcao()** da biblioteca LEITURAFACIL, e um programa que teste a função implementada. [Sugestão: Use a função **LeCaractere2()**, implementada no exercício anterior, para ler um caractere que corresponde à opção do usuário e, então, chame a função **strchr()** para checar se a opção é válida.]

EP11.23 Implemente uma função, denominada **LeString2()**, funcionalmente equivalente à função **LeString()** da biblioteca LEITURAFACIL, e um programa que teste a função implementada. [Sugestões: (1) Use a função **fgets()** para ler os caracteres em **stdin**, conforme foi discutido na Seção 11.9.6. (2) Use a função **LimpaBuffer2()**, implementada na Seção 11.9.5, para limpar o buffer e obter o número de caracteres remanescentes. (3) Use a função **strchr()** para remover qualquer eventual quebra de linha lida, conforme foi visto na Seção 11.9.6.]

EP11.24 Escreva um programa que conta o número de ocorrências de cada letra encontrada num arquivo de texto. O nome do arquivo deve ser um argumento de linha de comando. [Sugestões: (1) Defina um array de elementos do tipo **int** com tamanho igual a **26**, que é o número de letras do alfabeto. Cada elemento desse array será responsável pela contagem de ocorrências de uma letra, de forma que o primeiro elemento conta as ocorrências de **'A'** ou **'a'**, o segundo elemento conta as ocorrências de **'B'** ou **'b'** e assim por diante. (2) Abra o arquivo e leia-o sequencialmente, verificando quais, dentre os caracteres lidos, são letras usando **isalpha()**. (3) Para cada letra encontrada no arquivo, incremente o elemento do array mencionado que é responsável pela contagem da respectiva letra.]

**EP11.25** Considerando o arquivo binário `Tudor.bin` criado pelo programa da Seção 11.15.10, escreva um programa que realize o seguinte:

(i) Leia o conteúdo desse arquivo binário e armazene num array apenas as matrículas de cada registro lido. [Sugestão: Defina o tipo `tMatricula` como: `typedef char tMatricula[TAM_MATR + 1]` e um array de elementos desse tipo para armazenar as matrículas.]

(ii) Obtenha uma matrícula válida do usuário. [Sugestão: Use a função `LeIdentidade()` definida na Seção 9.10.2.]

(iii) Verifique se a matrícula faz parte do array que contém as matrículas. [Sugestão: Faça uma busca sequencial no array usando **strcmp()** para comparar matrículas.]

(iv) Se a matrícula não for encontrada no array, informe o usuário e encerre o programa.

(v) Se a matrícula for encontrada no array, leia o registro que a possui no arquivo.

(vi) Altere para um valor especificado pelo usuário o valor do campo `n2` do registro lido no arquivo.

(vii) Atualize o arquivo escrevendo o registro no devido local.

[Sugestão: Para implementação dos últimos três passos, escreva uma função que atualiza o arquivo binário seguindo os passos a seguir. (1) Use um laço de repetição para ler cada registro do arquivo até que o registro desejado seja encontrado. (2) Quando isso acontecer, use **fseek()** para fazer o apontador de posição de arquivo apontar novamente para o referido registro. (3) Use **fwrite()** para escrever o registro alterado na devida posição.]

**EP11.26** Escreva um programa que conta os números de linhas, palavras e caracteres de um arquivo de texto cujo nome é recebido como argumento de linha de comando. O que deve separar palavras são espaços em branco, de acordo com **isspace()** e símbolos de pontuação, de acordo com **ispunct()** (v. Seção 9.7.1). Esse programa não considera *palavra* no sentido usual; i.e., palavra aqui é apenas uma sequência de caracteres sem espaços em branco ou caracteres de pontuação em seu interior. [Sugestões: (1) Abra o arquivo em modo de texto para leitura. (2) Use três variáveis para contar o número de linhas, palavras e caracteres. Essas variáveis devem ser iniciadas com zero. (3) Use um laço de repetição infinito que encerra quando o final do arquivo for atingido ou se ocorrer algum erro de leitura. (4) Para cada caractere lido, incremente a contagem de caracteres e, para cada caractere `'\n'` lido, incremente o número de linhas. (5) Como entre duas palavras pode haver um ou mais separadores, para obter o número correto de palavras, deve-se usar uma variável (p. ex., chamada `separador`) que indica se o último caractere lido foi um separador. Ou seja, quando um caractere separador for encontrado, a variável `separador` recebe `0`, de modo que, se o próximo caractere não for separador, o número de palavras é incrementado e a variável `separador` recebe `1`. (6) Para complicar um pouco mais, o caractere `'-'`, que une palavras compostas, deve ser testado separadamente pois **ispunct()** o considera símbolo de pontuação.]

**EP11.27** Escreva um programa que remove comentários de um programa-fonte escrito em C. Suponha que o único tipo de comentário seja aquele delimitado por `/*` e `*/` e que o nome do programa-fonte seja recebido pelo programa via linha de comando. [Sugestões: (1) Abra o arquivo-fonte em modo `"r"`. (2) Copie para um arquivo temporário todos os caracteres do arquivo-fonte que não se encontram entre o par de caracteres `'/'` e `'*'` e o par de caracteres `'*'` e `'/'`. (3) Feche o arquivo-fonte e reabra-o para escrita no modo `"w"`. (4) Use a função `CopiaArquivo()` (v. Seção 11.15.6) para copiar o conteúdo do arquivo temporário para o arquivo-fonte.]

# 11.18 Projetos de Programação

Os problemas propostos nesta seção incorporam complexidades que demandam um tempo razoável para serem resolvidos. Também, não são oferecidas sugestões, de sorte que eles são apropriados como projetos de programação que verificam a aprendizagem de boa parte do material apresentado neste livro.

## PP11.1 Removendo Registros de um Arquivo com Desfaz e Refaz

**Problema:** (a) Escreva uma função que remove de um arquivo todos os registros que possuem um campo que casa com um determinado valor (chave). Essa função deve permitir que a operação seja desfeita. (b) Escreva uma função que desfaz e refaz, indefinidas vezes, a operação descrita em (a). (c) Escreva um programa contendo uma função **main**() que ofereça o menu de opções a seguir e executa a respectiva operação escolhida pelo usuário:

```
1. Remove registro
2. Exibe arquivo
3. Desfaz
4. Refaz
5. Encerra o programa
```

O arquivo usado para testar o programa deve ser **Tudor.bin**, criado na Seção 11.15.10.

**Exemplo de execução do programa** que resolve o problema proposto:

```
>>> Este programa permite remover registros de um arquivo
>>> e desfazer e refazer essa operacao.
>>> Este programa requer que o arquivo "Tudor.bin"
>>> esteja presente no mesmo diretorio do programa.

********** Opcoes **********

    1. Remove registro
    2. Exibe arquivo
    3. Desfaz
    4. Refaz
    5. Encerra o programa
Escolha uma das opcoes disponiveis: 2

    Nome              Matricula     Nota 1   Nota 2
    ====              =========     ======   ======

    Henrique VIII     1029          9.5      9.0
    Catarina Aragon   1014          5.5      6.5
    Ana Bolena        1012          7.8      8.0
    Joana Seymour     1017          7.7      8.7
    Ana de Cleves     1022          4.5      6.0
    Catarina Howard   1340          6.0      7.7
    Catarina Parr     1440          4.0      6.0

    ********** Opcoes **********

    1. Remove registro
    2. Exibe arquivo
    3. Desfaz
    4. Refaz
    5. Encerra o programa
Escolha uma das opcoes disponiveis: 1
Digite uma matricula com exatamente 4 digitos:
    > 1012
```

```
      >>> Foi efetuada 1 remocao

      ********** Opcoes *********

      1. Remove registro
      2. Exibe arquivo
      3. Desfaz
      4. Refaz
      5. Encerra o programa
Escolha uma das opcoes disponiveis: 2
      Nome              Matricula     Nota 1  Nota 2
      ====              =========     ======  ======

      Henrique VIII     1029          9.5     9.0
      Catarina Aragon   1014          5.5     6.5
      Joana Seymour     1017          7.7     8.7
      Ana de Cleves     1022          4.5     6.0
      Catarina Howard   1340          6.0     7.7
      Catarina Parr     1440          4.0     6.0

      ********** Opcoes *********

      1. Remove registro
      2. Exibe arquivo
      3. Desfaz
      4. Refaz
      5. Encerra o programa
Escolha uma das opcoes disponiveis: 3
      >>> Operacao bem sucedida

      ********** Opcoes *********

      1. Remove registro
      2. Exibe arquivo
      3. Desfaz
      4. Refaz
      5. Encerra o programa
Escolha uma das opcoes disponiveis: 2
      Nome              Matricula     Nota 1  Nota 2
      ====              =========     ======  ======

      Henrique VIII     1029          9.5     9.0
      Catarina Aragon   1014          5.5     6.5
      Ana Bolena        1012          7.8     8.0
      Joana Seymour     1017          7.7     8.7
      Ana de Cleves     1022          4.5     6.0
      Catarina Howard   1340          6.0     7.7
      Catarina Parr     1440          4.0     6.0

      ********** Opcoes *********

      1. Remove registro
      2. Exibe arquivo
      3. Desfaz
      4. Refaz
      5. Encerra o programa
```

```
Escolha uma das opcoes disponiveis: 4

        >>> Operacao bem sucedida

        ********* Opcoes *********

        1. Remove registro
        2. Exibe arquivo
        3. Desfaz
        4. Refaz
        5. Encerra o programa

Escolha uma das opcoes disponiveis: 2

        Nome            Matricula     Nota 1   Nota 2
        ====            =========     ======   ======

        Henrique VIII      1029          9.5      9.0
        Catarina Aragon    1014          5.5      6.5
        Joana Seymour      1017          7.7      8.7
        Ana de Cleves      1022          4.5      6.0
        Catarina Howard    1340          6.0      7.7
        Catarina Parr      1440          4.0      6.0

        ********* Opcoes *********

        1. Remove registro
        2. Exibe arquivo
        3. Desfaz
        4. Refaz
        5. Encerra o programa

Escolha uma das opcoes disponiveis: 5

        >>> Obrigado por usar este programa. Bye.
```

## PP11.2 Identificando e Convertendo Arquivos de Texto entre Famílias

**Problema:** Escreva um programa que classifica um arquivo de texto de acordo com as convenções de quebra de linha utilizadas pelas famílias de sistemas Windows/DOS, Unix e Macintosh (até Mac OS 9). O nome do arquivo deve ser um argumento de linha de comando. Após classificar o citado arquivo, o programa deve oferecer opções de conversão para uma das duas famílias às quais o arquivo não pertence. Por exemplo, se o arquivo pertencer à família Windows, o programa apresenta sua classificação e oferece o menu de opções:

```
>>> O arquivo é da família Windows.
>>> Deseja convertê-lo para:

1. Unix
2. Macintosh
3. Deixe-o em paz

>>> Escolha sua opcao:
```

## PP11.3 Gerenciamento da Turma Tudor usando Array Estático

**Problema:** Considerando que o arquivo binário **Tudor.bin**, criado pelo programa da Seção 11.15.10, armazena dados de uma turma escolar. Escreva um programa que faça o seguinte:

(a) Lê estruturas do tipo **tAluno** do arquivo **Tudor.bin** e armazena-as num array estático ordenado por um campo de estrutura especificado pelo usuário por:

```
1. Nome
2. Matrícula
3. Primeira nota
4. Segunda nota
5. Média
6. Sem ordenação
```

(d) Apresenta um menu com as seguintes opções para o usuário:

```
A. Acrescenta um aluno
R. Remove um aluno
E. Exibe turma na tela
C. Consulta dados de aluno
L. Altera dados de aluno
T. Altera a ordenação da turma
I. Inverte a ordenação da turma
N. Encerra o programa
```

(e) Enquanto o usuário não escolher a opção de saída do programa, lê a opção escolhida pelo usuário e executa a operação correspondente.

(f) Logo antes de encerrar, se houve alteração de dados durante a execução do programa, o arquivo utilizado deve ser atualizado.

# CAPÍTULO 12

# ALOCAÇÃO DINÂMICA DE MEMÓRIA

Após estudar este capítulo, você deverá ser capaz de:

➤ Definir e usar os seguintes conceitos:

☐ Variável estática ☐ Ponteiro genérico ☐ Alocação estática
☐ Variável dinâmica ☐ Zumbi de heap ☐ Alocação dinâmica
☐ Variável anônima ☐ Array estático ☐ Subdimensionamento de memória
☐ Partição heap ☐ Array dinâmico ☐ Superdimensionamento de memória

➤ Descrever o funcionamento das seguintes funções da biblioteca padrão de C:

☐ **malloc()** ☐ **calloc()** ☐ **realloc()** ☐ **free()**

➤ Exibir situações em programação nas quais alocação dinâmica de memória se faz necessária

➤ Descrever o funcionamento das funções de alocação dinâmica de memória de C

➤ Explicar por que não se deve atribuir o valor retornado por **realloc()** ao mesmo ponteiro passado como primeiro parâmetro numa chamada dessa função

➤ Prevenir-se contra erros comuns de liberação de blocos alocados dinamicamente

➤ Testar o endereço retornado por uma função de alocação dinâmica de memória

➤ Mostrar o papel desempenhado por **realloc()** no processamento de arrays dinâmicos

➤ Implementar uma função capaz de ler linhas de qualquer tamanho num stream de texto

➤ Explicar como tipicamente é dividido o espaço reservado para a execução de um programa

➤ Identificar os sintomas aparentes de um programa com escoamento de memória

**OBJETIVOS**

# 12.1 Introdução

U MA VARIÁVEL DE DURAÇÃO FIXA tem memória reservada para si durante todo o tempo de execução do programa que a utiliza, enquanto uma variável de duração automática é alocada cada vez que o bloco que a contém é executado (v. Seção 5.9). Em ambas as formas de alocação de memória, assume-se que, durante a escrita de um programa, o programador sabe qual é a quantidade de memória necessária para sua execução. Entretanto, existem muitas situações nas quais a quantidade de memória necessária para armazenar os dados de um programa não pode ser determinada precisamente em tempo de programação. Por exemplo, suponha que um programa precisa ler num arquivo de texto uma linha de tamanho arbitrário e armazená-la num array para posterior processamento. Mas, se o tamanho da linha é desconhecido, como o programador deverá proceder para dimensionar o array que armazenará a linha?

Com o conhecimento adquirido até aqui, o melhor que o programador pode fazer é definir uma constante simbólica que representa uma estimativa de tamanho da linha e, então, definir o array que armazenará essa linha utilizando essa constante como mostra o fragmento de programa abaixo:

```
#define MAIOR_LINHA 200
...
char linha[MAIOR_LINHA];
```

Ocorre que, usando essa abordagem de solução, surgem dois novos problemas potenciais:

- ☐ **Subdimensionamento.** Nesse caso, o tamanho estimado para a linha é menor do que o tamanho real da linha e essa linha não poderá ser armazenada no array sem haver corrupção de memória.

- ☐ **Superdimensionamento.** Aqui, o tamanho estimado para a linha é maior do que o tamanho real da linha. Nesse caso, a linha poderá ser armazenada no array com folga, mas, dependendo de quanto é essa *folga*, poderá haver grande desperdício de memória.

Vários programas apresentados como exemplos em capítulos anteriores sofrem com essa falta de capacidade de alocar memória precisamente. Em todos eles ocorre superdimensionamento (se ocorresse subdimensionamento, como eles iriam funcionar?). Por exemplo, o programa apresentado na Seção 11.15.9 usa duas constantes simbólicas: uma para estimar o tamanho máximo de uma linha do arquivo que ele lê e a outra para estimar o número máximo de caracteres num nome. Nesse exemplo, o programa ora pode desperdiçar memória, em virtude de superdimensionamento, ora pode deixar de funcionar adequadamente, por causa de subdimensionamento.

O que deve ter ficado claro nos exemplos mencionados é que os programas em questão precisam ser dotados de capacidade para alocar memória de acordo com a demanda apresentada durante suas execuções.

A melhor solução para problemas nos quais a memória necessária para execução de um programa não pode ser precisamente estimada é a alocação de memória decidida durante a execução do programa e de acordo com a demanda manifestada. Esse tipo de alocação é denominado alocação dinâmica de memória e contrasta com qualquer outro tipo de alocação de memória visto até aqui, denominado alocação estática de memória, cujo espaço a ser alocado é conhecido em tempo de programação. Variáveis alocadas estaticamente são denominadas variáveis estáticas, enquanto variáveis alocadas dinamicamente são denominadas variáveis dinâmicas. Nesse sentido, todas as variáveis vistas até aqui são estáticas. O objetivo central deste capítulo é mostrar como variáveis podem ser alocadas dinamicamente.

# 12.2 Funções de Alocação Dinâmica de Memória

Alocação dinâmica de memória em C é realizada por meio de ponteiros e quatro funções de biblioteca resumidas na Tabela 12–1. Para utilizar essas funções, inclua em seu programa o cabeçalho `<stdlib.h>`.

| Função | Descrição Resumida |
|---|---|
| malloc() | Aloca um número especificado de bytes em memória e retorna o endereço inicial do bloco de memória alocado. O conteúdo do bloco alocado é indefinido. |
| calloc() | Essa função é similar a malloc(), mas adicionalmente, ela inicia todos os bytes alocados com zeros e também permite a alocação de um array de blocos. |
| realloc() | Altera o tamanho de um bloco previamente alocado dinamicamente. |
| free() | Libera o espaço ocupado por um bloco de memória previamente alocado com malloc(), calloc() ou realloc(). |

TABELA 12–1: FUNÇÕES DE ALOCAÇÃO DINÂMICA DE MEMÓRIA

Essas funções serão exploradas em profundidade adiante, mas, antes de prosseguir, é oportuno relembrar o conceito de bloco de memória[1], que é um conjunto de bytes contíguos em memória (v. Seção 11.11.3). O tipo **size_t** (v. Seção 8.5) é utilizado pelas funções de alocação de memória para especificar tamanhos de blocos de memória (v. adiante).

Blocos alocados dinamicamente são às vezes referidos como variáveis anônimas, pois eles têm conteúdo e endereço, como variáveis comuns, mas não têm nome e, por isso, seus conteúdos podem ser acessados apenas indiretamente por meio de ponteiros.

### 12.2.1 malloc()

A função **malloc()**, cujo protótipo é apresentado a seguir, recebe como parâmetro o tamanho, em bytes, do bloco a ser dinamicamente alocado e retorna o endereço inicial desse bloco, se ele for efetivamente alocado.

```
void *malloc(size_t tamanho)
```

Usualmente, o parâmetro real recebido por essa função envolve o uso do operador **sizeof**, que é recomendado, principalmente, por questões de praticidade e portabilidade. Por exemplo, supondo que `ptrAluno` seja um ponteiro para o tipo `tAluno`, definido na Seção 11.15.10, então, a seguinte chamada da função **malloc()**:

```
ptrAluno = malloc(sizeof(tAluno));
```

alocaria (se fosse possível) um bloco capaz de conter uma estrutura do tipo `tAluno` e retornaria o endereço inicial desse bloco.

De acordo com o protótipo acima, o tipo de retorno de **malloc()** é **void** *, que representa um tipo que será discutido na Seção 12.3. Esse tipo permite que o valor retornado por **malloc()** possa ser atribuído a qualquer ponteiro sem que seja necessário o uso de conversão explícita, conforme mostra o último exemplo.

Quando a função **malloc()** não consegue alocar espaço em memória para o bloco requerido, ela retorna **NULL** (v. Seção 12.4).

### 12.2.2 calloc()

A função **calloc()** recebe dois parâmetros: o primeiro é o número de blocos a serem alocados e o segundo é o tamanho de cada bloco. Seu protótipo é:

```
void *calloc(size_t nBlocos, size_t tamanho)
```

Quando possível, a função **calloc()** aloca o espaço necessário para conter os blocos requisitados e retorna o endereço inicial do primeiro bloco alocado. Todos os bytes do espaço alocado são iniciados com zeros.

[1]   Doravante, neste capítulo, *bloco* será utilizado como sinônimo de *bloco de memória*.

Apesar de não ser necessário, é instrutivo examinar como a função **calloc()** poderia ser implementada utilizando **malloc()**. A função `MinhaCalloc()` apresentada a seguir é funcionalmente equivalente a **calloc()**.

```
void *MinhaCalloc(size_t nBlocos, size_t tamanho)
{
   size_t  i, nBytes;
   char    *ptr;

      /* Calcula o número de bytes que serão alocados */
   nBytes = nBlocos*tamanho;

   ptr = malloc(nBytes); /* Tenta alocar o bloco requisitado */

   if (!ptr) { /* Checa se houve alocação */
      return NULL; /* Não foi possível alocar o bloco */
   }

      /* Aqui, o espaço já foi alocado. Resta apenas zerar os bytes. */
   for (i = 0; i < nBytes; ++i) {
      ptr[i] = 0; /* Zera cada byte */
   }

   return ptr; /* Trabalho completo */
}
```

Para entender a implementação da função `MinhaCalloc()`, note que essa função deve alocar um número de blocos determinado pelo parâmetro **nBlocos** e que o tamanho de cada bloco é especificado pelo parâmetro **tamanho**. Ora, mas isso é equivalente a alocar um único bloco cujo tamanho é dado por:

> `nBlocos*tamanho`

uma vez que não apenas os bytes de cada bloco são contíguos em memória como também todos os blocos devem ser contíguos. A variável local **nBytes** é utilizada para conter esse valor e, embora não seja estritamente necessária, ela é utilizada como um fator de otimização da função (v. adiante).

O ponteiro **ptr**, que representa o valor retornado por **malloc()** e que será posteriormente retornado pela função `MinhaCalloc()`, é definido com o tipo **char \***, porque ele também será utilizado com o objetivo de zerar cada byte do bloco alocado. O objetivo do laço **for** da função `MinhaCalloc()` é exatamente realizar a tarefa de zerar cada byte do bloco. Esse laço também justifica o uso da variável **nBytes**; i.e., se essa variável não fosse utilizada, o produto **nBlocos\*tamanho** teria que ser calculado a cada avaliação da expressão condicional desse laço.

### 12.2.3 free()

A função **free()** recebe como único parâmetro um ponteiro que aponta para um bloco de memória alocado utilizando **malloc()**, **calloc()** ou **realloc()** e libera o espaço ocupado pelo bloco, de forma que ele se torna disponível para futuras alocações. Se o ponteiro passado para **free()** for nulo, a função retorna sem executar nada.

O protótipo da função **free()** é:

> `void free(void *ptr)`

Após uma chamada da função **free()**, você não deverá mais utilizar o ponteiro utilizado nessa chamada para acessar o espaço liberado; caso contrário, seu programa poderá apresentar um comportamento indefinido.

É importante salientar que, apesar de um ponteiro ser considerado inválido após ser utilizado numa chamada da função **free()**, não é possível detectar essa situação, pois ele continua apontando para o mesmo endereço do bloco liberado. Portanto sugere-se que sempre se atribua **NULL** a um ponteiro logo após ele ser utilizado numa chamada da função **free()**.

O parâmetro passado numa chamada da função **free()** deve ser **NULL** ou um ponteiro que esteja correntemente apontando para o início de um bloco alocado com alguma das funções de alocação descritas aqui. Esse ponteiro também não deve ter sido previamente liberado ou passado como parâmetro para **realloc()**. Se essas recomendações não forem seguidas numa chamada de **free()**, o resultado da chamada será imprevisível e o programa que a contém poderá ser abortado ou apresentar um comportamento errático.

### 12.2.4 realloc()

A função **realloc()**, tipicamente utilizada para redimensionar blocos previamente alocados dinamicamente, possui dois parâmetros. O primeiro parâmetro deve ser um ponteiro para o início de um bloco de memória alocado utilizando **malloc()**, **calloc()** ou a própria função **realloc()** e o segundo parâmetro especifica um novo tamanho desejado para o bloco. O protótipo de **realloc()** é:

```
void *realloc(void *ptr, size_t tamanho)
```

A Figura 12–1 e a Figura 12–2 ilustram o funcionamento de **realloc()**. Se o novo tamanho, especificado pelo segundo parâmetro de **realloc()**, for menor ou maior do que o tamanho atual do bloco apontado pelo primeiro parâmetro, essa função tentará alocar um bloco com o tamanho especificado. Então, os bytes do bloco atual serão copiados para o novo bloco até o limite do menor dos dois blocos. Quer dizer, se o novo tamanho for menor do que o tamanho do bloco atual, apenas os bytes iniciais do bloco atual que couberem no novo bloco serão copiados (v. Figura 12–1), enquanto, se o novo tamanho for maior do que o tamanho atual do bloco, todo o conteúdo do bloco atual será copiado para o início do novo bloco. Nesse último caso, os bytes restantes terão valores indeterminados (v. Figura 12–2).

FIGURA 12–1: FUNÇÃO REALLOC(): NOVO BLOCO É MENOR DO QUE O BLOCO ORIGINAL

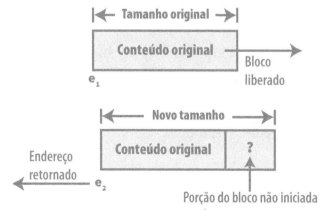

FIGURA 12–2: FUNÇÃO REALLOC(): NOVO BLOCO É MAIOR DO QUE O BLOCO ORIGINAL

Em qualquer chamada de **realloc()**, um dos seguintes valores pode ser retornado:

❑ **NULL**. Nesse caso, o bloco apontado pelo primeiro parâmetro da função permanece intacto, o que significa que nem esse bloco foi realocado em novo endereço nem seu tamanho foi alterado. Em outras palavras, a chamada de **realloc()** foi absolutamente ineficaz. Deve-se ressaltar que, nessa situação, o segundo parâmetro continua apontando para um bloco válido.

❑ Um endereço válido. Nesse caso, o tamanho do bloco foi alterado e ele pode ter sido realocado em nova posição. Assim, o ponteiro usado como primeiro parâmetro deve ser considerado inválido.

O uso recomendado de **realloc()** requer que o retorno dessa função seja atribuído a um ponteiro diferente daquele passado como primeiro parâmetro para ela, como mostra o seguinte fragmento de programa:

```
int *pNovoBloco, *pBloco = malloc(10*sizeof(int));
...
pNovoBloco = realloc(pBloco, 20*sizeof(int));
if (pNovoBloco) {
    pBloco = pNovoBloco;
}
```

Ao final da execução desse trecho de programa, o ponteiro `pBloco` poderia continuar sendo utilizado, quer a solicitação de redimensionamento do bloco fosse atendida ou não. Mas, se o programador não seguir a recomendação acima e escrever:

```
int *pBloco = calloc(10, sizeof(int));
...
pBloco = realloc(pBloco, 20*sizeof(int));
```

Se essa última chamada de **realloc()** retornar **NULL**, o bloco para o qual o ponteiro `pBloco` apontava estará irremediavelmente perdido, pois seu único meio de acesso (i.e., o próprio ponteiro `pBloco`) deixará de apontar para o bloco. Portanto siga sempre o conselho preconizado no quadro a seguir:

| **Recomendação** | *Nunca atribua o retorno de realloc() ao mesmo ponteiro usado como primeiro parâmetro dessa função.* |
|---|---|

Se **NULL** for passado como primeiro parâmetro para a função **realloc()**, ela se comportará como **malloc()** e tentará alocar um bloco com o tamanho especificado pelo segundo parâmetro. Se o segundo parâmetro for igual a zero e o primeiro parâmetro não for **NULL** numa chamada de **realloc()**, essa função se comportará como **free()** (i.e., ela liberará o espaço em memória apontado pelo ponteiro). Contudo, essas duas últimas formas de utilização de **realloc()** são atípicas e não há razão para empregá-las.

A Seção 12.6.1 apresenta um exemplo prático de uso de **realloc()**.

# 12.3 Ponteiros Genéricos e o Tipo void *

Recorde-se que dois ponteiros são compatíveis apenas quando eles são exatamente do mesmo tipo (v. Seção 5.2). Entretanto, existem ponteiros, denominados ponteiros genéricos, que são compatíveis com ponteiros de quaisquer tipos. Sintaticamente, um ponteiro genérico é um ponteiro do tipo **void \***. Por exemplo, o ponteiro `ponteiroGenerico` abaixo é um ponteiro genérico:

```
void *ponteiroGenerico;
```

O tipo **void \*** é normalmente utilizado em duas situações:

❑ Como tipo de retorno de função [p. ex., **malloc()**]
❑ Como tipo de parâmetro de função [p. ex., **free()**]

No primeiro caso, o endereço retornado pela função pode ser implicitamente convertido em qualquer tipo de ponteiro. Por exemplo, as funções de alocação de memória **malloc()**, **calloc()** e **realloc()** têm tipo de retorno **void** * e isso significa que os endereços retornados por essas funções podem ser atribuídos a ponteiros de quaisquer tipos sem a necessidade de conversão explícita, conforme já foi visto.

No segundo caso de uso de **void** *, esse tipo é utilizado para representar parâmetros compatíveis com qualquer tipo de ponteiro. Por exemplo, o parâmetro formal da função **free()** (v. Seção 12.2.3) é do tipo **void** *, o que permite a passagem de parâmetros reais de quaisquer tipos de ponteiros, sem necessidade de conversão explícita.

Quando uma variável ou, mais comumente, um parâmetro é do tipo **void** *, é necessário convertê-lo para um tipo de ponteiro conhecido pelo compilador antes que seja permitida a aplicação do operador de indireção sobre ele. Por exemplo, se você tentar compilar o seguinte programa, obterá duas mensagens de erro relacionadas às duas primeiras chamadas de **printf()**.

```c
#include <stdio.h>

typedef enum {INTEIRO, REAL} tTipoDeDado;

void ImprimeValor(void *valor, tTipoDeDado tipo)
{
    if (tipo == INTEIRO) {
        printf("Valor: %d\n", *valor); /* ILEGAL */
    } else if (tipo == REAL) {
        printf("Valor: %f\n", *valor); /* ILEGAL */
    } else {
        printf("Tipo desconhecido\n");
    }
}

int main(void)
{
    int i = 5;

    ImprimeValor(&i, INTEIRO);

    return 0;
}
```

Os erros nesse programa dizem respeito às duas aplicações do operador de indireção sobre ponteiros genéricos (i.e., `*valor`) nas duas primeiras chamadas de **printf()**. Quer dizer, para que o compilador seja capaz de interpretar o conteúdo para o qual o ponteiro `valor` aponta, ele precisa conhecer o tipo desse conteúdo. Mas, como o referido ponteiro é genérico, o conteúdo para o qual ele aponta pode ser de qualquer tipo. A solução para esse impasse é converter explicitamente os ponteiros para os tipos desejados por meio dos operadores **(int \*)**, no primeiro caso, e **(double \*)**, no segundo caso. Assim, as duas chamadas incorretas de **printf()** no programa acima podem ser corrigidas reescrevendo-as como:

```c
printf("Valor: %d\n", *(int *)valor);
```

e

```c
printf("Valor: %f\n", *(double *)valor);
```

Pela mesma razão exposta acima, não é permita nenhuma operação de aritmética de ponteiros (v. Seção 8.6) sobre um ponteiro genérico que não tenha sido convertido explicitamente para um tipo de ponteiro conhecido.

## 12.4 Espaço de Execução de um Programa

Tipicamente, o espaço reservado em memória para a execução de um programa é dividido em quatro partições como mostra a Figura 12–3.

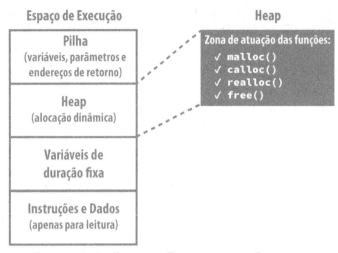

FIGURA 12–3: ESPAÇO DE EXECUÇÃO DE UM PROGRAMA

As partições de memória reservadas para a execução de um programa podem ser descritas de modo bem simplificado como:

- ☐ **Instruções e dados**. A partição na parte inferior da Figura 12–3 é reservada para conter as instruções do programa em linguagem de máquina bem como os dados do programa que não devem ser alterados. Isto é, esse espaço é considerado apenas para leitura e muitos sistemas operacionais encerram um programa se ele tentar alterar o conteúdo dessa área. O espaço alocado para essa partição tem tamanho fixo durante toda a execução do programa.

- ☐ **Variáveis de duração fixa**. A segunda partição de baixo para cima na Figura 12–3 abriga variáveis de duração fixa e o espaço alocado é fixo durante toda a execução do programa.

- ☐ **Heap**. A terceira partição de baixo para cima na Figura 12–3 é reservada para alocação dinâmica de memória e o espaço alocado nessa partição aumenta ou diminui de tamanho de acordo com os blocos alocados e liberados dinamicamente durante a execução do programa. Essa partição será discutida em profundidade mais adiante nesta seção.

- ☐ **Pilha** (*stack*, em inglês). A partição no topo da figura é denominada *pilha* porque seu funcionamento se assemelha ao de uma pilha de objetos. Isto é, os blocos armazenados nesse espaço são liberados na ordem inversa de alocação (como ocorre, por exemplo, com uma pilha de pratos). Alocação na pilha ocorre quando uma função é chamada e liberação ocorre quando uma função retorna. Ou seja, quando uma função é chamada, nesse espaço são alocados os parâmetros da função, suas variáveis de duração automática e o endereço da instrução que será executada quando a função retornar. Mais precisamente, a pilha de execução de um programa é dividida em blocos contíguos em memória denominados *stack frames*. A cada chamada de função, é criado um *stack frame* para essa chamada contendo: o endereço da instrução que fez a chamada, cópias dos parâmetros reais utilizados na chamada e as variáveis locais de duração automática da função. Quando a função retorna, o espaço alocado em memória para o *stack frame* da chamada é liberado. Em qualquer instante, a pilha de execução contém todos os *stack frames* associados a funções correntemente em execução (i.e., que ainda não retornaram).

Às vezes, uma função de alocação dinâmica deixa de alocar um bloco em memória em virtude de **fragmentação de heap**, que ocorre em consequência de várias alocações e liberações de blocos de tamanhos variados durante a execução do programa. Pode-se fazer uma analogia entre fragmentação de *heap* e a fragmentação que frequentemente ocorre em meios de armazenamento não volátil, notadamente em discos rígidos.

De modo análogo à causa de fragmentação de *heap*, a fragmentação de um disco rígido é causada por criação e remoção frequentes de arquivos de tamanhos diferentes. Entretanto, diferentemente do que ocorre em sistemas de arquivos, nos quais as partes que compõem um arquivo não precisam ser contíguas, os bytes que compõem um bloco em memória principal devem ser contíguos. Assim, quando ocorre fragmentação de *heap*, pode ser impossível alocar um bloco de memória contíguo, mesmo que a quantidade total de memória disponível no *heap* seja maior do que o tamanho do bloco requisitado.

O programa apresentado a seguir é usado para medir a capacidade disponível do heap usado pelo próprio programa em megabytes.

```c
#include <stdio.h>
#include <stdlib.h>

#define MEGABYTE 1048576

int main(void)
{
    int MB = 0; /* Conta o número de megabytes alocados */

    while (malloc(MEGABYTE))
        ++MB;

    printf("\nForam alocados %d MB\n", MB);

    return 0;
}
```

Esse programa aloca blocos de um megabyte sucessivamente até esgotar a capacidade do heap. O número de blocos alocados é contado com o objetivo de determinar a capacidade aproximada do heap em megabytes. Contudo, para a medição ser precisa, dever-se-iam alocar blocos de um byte, mas, assim, o programa levaria um tempo considerável para esgotar o heap.

Quando compilado com GCC e executado em Windows XP, o programa apresenta o seguinte resultado na tela:

```
Foram alocados 1919 MB
```

É importante emparelhar cada chamada de **malloc()**, **calloc()** ou **realloc()** com uma correspondente chamada de **free()**. Caso contrário, provavelmente, seu programa apresentará um problema conhecido como escoamento de memória. O último programa apresentado simula escoamento de memória. Nele, a cada chamada de **malloc()**, o endereço do bloco mais recentemente alocado é sobrescrito e jamais poderá ser acessado ou liberado. Infelizmente, na prática, escoamento de memória não é tão evidente assim.

## 12.5 Testando Alocação Dinâmica

Todas as funções de alocação dinâmica de memória retornam **NULL** quando não é possível alocar um bloco requerido em virtude de esgotamento ou fragmentação de *heap*. Portanto é sempre importante testar o valor retornado por essas funções antes de tentar utilizá-lo para acessar um bloco que não se tem certeza se foi realmente alocado. Caso o valor retornado por uma função de alocação seja **NULL**, o programador deve tomar as devidas providências antes de prosseguir. Nesse caso, talvez, o programa precise ser abortado graciosamente (v. Seção 6.10), se o bloco requisitado for crucial para o prosseguimento do programa. Por exemplo, o fragmento de programa a seguir mostra como o programador deve proceder após uma chamada de **malloc()** [ou **calloc()** ou **realloc()**]:

```
ptrAluno = malloc(sizeof(tAluno));

if  (ptrAluno != NULL){ /* Bloco foi alocado */
   /* Aqui, o bloco foi alocado e seu conteúdo pode ser acessado com segurança */
} else { /* Bloco NÃO foi alocado */
   /* Aqui o programador deve tomar as providências cabíveis quando não */
   /* é possível alocar o  espaço desejado. Talvez seja preciso abortar */
   /* o programa, mas pode ser que haja alternativa menos drástica,      */
   /* dependendo da situação.                                            */
}
```

O teste:

```
if (ptrAluno != NULL)
```

pode ser escrito, de forma equivalente, como:

```
if (ptrAluno)
```

Essa última forma é a preferida pela maioria dos programadores de C.

# 12.6 Exemplos de Programação

## 12.6.1 Lendo Linhas (Praticamente) Ilimitadas

**Problema:** (a) Escreva uma função que lê linhas de tamanhos arbitrários num stream de texto (inclusive **stdin**) e converte-as num string que não contenha o caractere de quebra de linha (representado por '\n').
(b) Escreva um programa que leia e apresente cada linha de um arquivo de texto e apresente-a na tela. Esse programa deve ainda ler um string introduzido via teclado e apresentá-lo na tela.

**Solução de (a):**

```
/****
 *
 * LeLinhaIlimitada(): Lê uma linha de tamanho arbitrário num stream de texto e
 *                     armazena os caracteres lidos num array alocado dinamicamente
 *
 * Parâmetros:
 *      tam (saída) - se não for NULL, apontará para uma variável
 *                    que armazenará o tamanho do string
 *                    constituído pelos caracteres da linha
 *      stream (entrada) - stream de texto no qual será feita a leitura
 *
 * Retorno: Endereço do array contendo a linha lida. NULL, se
 *          ocorrer erro ou o final do arquivo for atingido
 *          antes da leitura de qualquer caractere
 *
 * Observações:
 *      1. O stream deve estar associado a um arquivo de texto
 *         aberto em modo de texto que permita leitura
 *      2. O caractere '\n' não é incluído no string resultante da leitura
 *      3. O primeiro parâmetro pode ser NULL. Nesse caso, o
 *         tamanho do string não será armazenado
 *
 ****/
char *LeLinhaIlimitada(int *tam, FILE *stream)
{
   char *ar = NULL,    /* Ponteiro para um array alocado dinamicamente */
                       /* que conterá os caracteres lidos              */
```

```
      *p; /* Usado em chamada de realloc() */
int   tamanho = 0, /* Tamanho do array alocado */
      c,  /* Armazenará cada caractere lido */
      i; /* Índice do próximo caractere a ser inserido no array */

   /* Lê caracteres a partir da posição corrente do indicador de posição */
   /* do arquivo e armazena-os num array. A leitura encerra quando '\n'   */
   /* é encontrado, o final do arquivo é atingido ou ocorre erro.         */
for (i = 0; ; ++i) {
      /* Lê o próximo caractere no arquivo */
   c = fgetc(stream);

      /* Se ocorreu erro de leitura, libera o   */
      /* bloco eventualmente alocado e retorna */
   if (ferror(stream)) {
      free(ar); /* Libera o bloco apontado por 'ar' */
      return NULL; /* Ocorreu erro de leitura */
   }

      /* Verifica se array está completo. O maior valor que i poderia assumir */
      /* deveria ser tamanho - 1. Mas, como ao final, o caractere '\0'         */
      /* deverá ser inserido, limita-se o valor de i a tamanho - 2.            */
   if (i > tamanho - 2) { /* Limite atingido */
         /* Tenta redimensionar o array */
      p = realloc(ar, tamanho + TAMANHO_BLOCO);

         /* Se o redimensionamento não foi possível, libera o bloco e retorna */
      if (!p) {
         free(ar); /* Libera o bloco apontado por 'ar' */
         return NULL; /* Ocorreu erro de alocação */
      }

         /* Redimensionamento foi OK. Então, faz-se */
         /* 'ar' apontar para o novo bloco.        */
      ar = p;

         /* O array aumentou de tamanho */
      tamanho = tamanho + TAMANHO_BLOCO;
   }

      /* Se o final do arquivo for atingido ou o caractere */
      /* '\n' for lido,  encerra-se a leitura              */
   if (feof(stream) || c == '\n') {
      break; /* Leitura encerrada */
   }

   ar[i] = c; /* Acrescenta o último caractere lido ao array */
}

   /* Se nenhum caractere foi lido, libera */
   /* o espaço alocado e retorna NULL      */
if (feof(stream) && !i) {
   free(ar); /* Libera o bloco apontado por 'ar' */
   return NULL; /* Nenhum caractere foi armazenado no array */
}

   /* Insere o caractere terminal de string. Neste   */
   /* instante, deve haver espaço para ele porque o  */
   /* array foi sempre redimensionado deixando um    */
   /* espaço a mais para o onipresente caractere '\0' */
ar[i] = '\0';
```

```
    /* Atualiza o valor apontando pelo parâmetro 'tam', se ele não for NULL */
if (tam) {
    /* i é o índice do caractere terminal do */
    /* string e corresponde ao seu tamanho   */
    *tam = i;
}

        /* >>> NB: O tamanho do string não <<< */
        /* >>>     inclui o caractere '\0' <<< */

    /* Tenta ajustar o tamanho do array para não */
    /* haver desperdício de memória. Como i é o   */
    /* tamanho do string, o tamanho do array que  */
    /* o contém deve ser i + 1.                    */
p = realloc(ar, i + 1);

    /* Se a realocação foi bem sucedida, retorna-se p. */
    /* Caso contrário, 'ar' ainda aponta para um bloco */
    /* válido. Talvez, haja desperdício de memória,    */
    /* mas, aqui, é melhor retornar 'ar' do que NULL.  */
return p ? p : ar;
}
```

**Análise:** Antes de tentar entender o funcionamento da função `LeLinhaIlimitada()`, que é relativamente complexo, é essencial que você assimile bem o que essa função exatamente faz. Com esse propósito, observe na Tabela 12–2 a comparação entre essa função e a função **fgets()**, discutida na Seção 11.9.6.

| fgets() | LeLinhaIlimitada() |
|---|---|
| Lê caracteres num stream de texto a partir do local corrente do indicador de posição de arquivo, até encontrar '\n', o final do arquivo ou ocorrer erro | Idem |
| Armazena os caracteres lidos num array e acrescenta o caractere '\0' ao final dos caracteres lidos | Idem |
| Quando encontra um caractere '\n', ele é armazenado no array | Não armazena caractere '\n' |
| Retorna NULL quando nenhum caractere é lido. | Retorna NULL quando ocorre erro de leitura ou de alocação dinâmica, mesmo que algum caractere tenha sido lido |
| O array no qual os caracteres são armazenados é recebido como parâmetro | O array no qual os caracteres são armazenados é alocado dinamicamente |
| O número de caracteres lidos é limitado por um parâmetro que indica o tamanho do array. | O número de caracteres lidos é limitado pelo espaço disponível no heap, o que, em condições normais, significa que não há limite para o número de caracteres lidos |
| Não informa o tamanho do string resultante de uma leitura | O tamanho do string resultante de uma leitura é armazenado numa variável por meio do primeiro parâmetro da função, se esse parâmetro não for NULL |

TABELA 12–2: COMPARAÇÃO ENTRE fgets() E LeLinhaIlimitada()

É importante salientar que, como `LeLinhaIlimitada()` aloca espaço dinamicamente, cada chamada dessa função deve ser emparelhada com uma chamada de **free**() para liberar o espaço alocado para a linha lida quando essa linha deixa de ser necessária.

Agora que você já conhece bem o que a função `LeLinhaIlimitada()` faz, prepare-se, pois essa função possui muitos detalhes importantes que serão explorados a seguir.

❑ É importante chamar atenção para os importantes papéis desempenhados pelas variáveis locais `ar`, `i` e `tamanho`:

◆ A variável `ar`, que é iniciada com **NULL**, *quase sempre* aponta para o array alocado dinamicamente que armazena os caracteres que irão compor o string. Existe um único instante em que essa variável pode não apontar para esse array, que é logo após uma tentativa de redimensionamento do array.

◆ Em qualquer instante, o valor da variável `i` indica o índice do próximo caractere a ser inserido no array. Essa variável é iniciada com zero no laço **for** da função em discussão.

◆ A variável `tamanho` sempre armazena o tamanho (i.e., número de bytes) do referido array e é iniciada com zero.

As demais variáveis locais, `c` e `p`, têm papéis secundários, que serão facilmente entendidos mais adiante.

❑ A leitura da linha é efetuada no laço **for** da função em discussão. Esse laço, deve-se frisar, não tem condição natural de parada, pois seu encerramento acontecerá no corpo dele. Mais precisamente, o laço **for** termina quando ocorre erro de leitura, tentativa de leitura além do final do arquivo ou quando o caractere `'\n'` é encontrado.

❑ A primeira instrução no corpo do aludido laço **for** lê um caractere no arquivo por meio de **fgetc**():

```
c = fgetc(stream);
```

❑ A próxima instrução do corpo do mesmo laço testa se ocorreu erro de leitura e, se esse for o caso, o array é liberado, por meio de uma chamada de **free**(). Então, a função em discussão retorna **NULL**, indicando que a leitura foi mal sucedida.

```
if (ferror(stream)) {
    free(ar);
    return NULL;
}
```

Se não houve espaço alocado (i.e., se ocorreu erro na primeira tentativa de leitura), não haverá problema com a referida chamada de **free**(), porque o ponteiro usado como parâmetro nessa chamada foi iniciado com **NULL**.

❑ A próxima instrução no corpo do laço **for** é uma instrução **if** que tenta redimensionar o array que armazenará a linha lida quando a seguinte condição for satisfeita:

```
i > tamanho - 2
```

Nessa expressão, `i` é o índice do próximo caractere a ser inserido no array e `tamanho` é o número de elementos desse array. O que justifica essa expressão é o fato de, antes de inserir o último caractere lido no array, ser necessário haver espaço livre no array para, pelo menos, mais dois caracteres: o último caractere lido e o caractere terminal de string (`'\0'`). Ou, dito de outro modo, se o número de caracteres armazenados no array for maior do que o tamanho corrente do array menos dois, será necessário redimensionar o array. Ora, mas como `i` indica o índice do próximo caractere a ser armazenado no array, o valor dessa variável também corresponde ao número de caracteres correntemente armazenados no array. Logo, como o tamanho corrente do array é representado pela variável `tamanho`, pode-se escrever em C a condição para que o redimensionamento do array seja necessário como: `i > tamanho - 2`, que é a expressão da instrução **if** em questão.

❑ No corpo da última instrução **if**, a primeira instrução é responsável pelo redimensionamento mencionado no parágrafo anterior:

```
p = realloc(ar, tamanho + TAMANHO_BLOCO);
```

Nessa instrução, faz-se uma tentativa de redimensionamento do array por meio de uma chamada de **realloc()**. O objetivo dessa chamada é acrescentar um número de bytes igual à constante simbólica **TAMANHO_BLOCO** ao tamanho do array. Também, conforme foi recomendado na Seção 12.2.4, o valor retornado por **realloc()** foi atribuído ao ponteiro local **p** (e não ao ponteiro **ar**) para evitar que o bloco apontado por **ar** seja perdido (v. adiante). Aparentemente, uma boa ideia seria aumentar o tamanho do array a cada caractere lido, pois, assim, não haveria nenhum desperdício de memória. Mas, de fato, essa não é uma boa alternativa por causa do ônus associado a cada chamada de **realloc()** (v. Seção 12.2.4).

A próxima instrução no corpo do laço testa se a alocação foi mal sucedida e, se esse for o caso, libera-se o espaço alocado anteriormente para o array e retorna-se **NULL**, indicando que a função **LeLinhaIlimitada()** não foi bem sucedida.

```
if (!p) {
    free(ar);
    return NULL;
}
```

Ainda nesse caso, se o resultado retornado por **realloc()** tivesse sido atribuído a **ar**, a liberação do array não seria possível.

As duas últimas instruções do corpo da instrução **if** que realiza o redimensionamento são executada apenas quando a realocação do array é bem sucedida:

```
ar = p;
```
```
tamanho = tamanho + TAMANHO_BLOCO;
```

A primeira dessas instruções faz **ar** apontar novamente para o array que conterá o resultado da leitura, enquanto a segunda instrução atualiza o valor da variável **tamanho** para que ela reflita o novo tamanho do array.

❑ Após o eventual redimensionamento do array, verifica-se se a leitura deve ser encerrada por meio da instrução **if**:

```
if (feof(stream) || c == '\n') {
    break;
}
```

Nessa instrução **if**, duas condições encerram a execução do laço **for**: tentativa de leitura além do final do arquivo ou leitura de uma quebra de linha (`'\n'`).

❑ A última instrução no corpo do laço **for** acrescenta o último caractere lido ao array:

```
ar[i] = c;
```

Evidentemente, se o último caractere lido foi `'\n'`, ele não será inserido no array, porque, nesse caso, o laço **for** já terá sido encerrado pela instrução **if** anterior.

❑ A primeira instrução após o laço **for** verifica se nenhum caractere foi lido e, se esse for o caso, o array é liberado e a função em discussão retorna **NULL**.

```
if (feof(stream) && !i) {
    free(ar);
    return NULL;
}
```

Essa instrução **if** inclui uma sutileza que talvez passe desapercebida. Quer dizer, aparentemente, não seria necessário testar se o final do arquivo foi atingido, pois seria suficiente checar se algum caractere foi armazenado no array (i.e., verificar se o valor de i é igual a zero). Mas, lembre-se que, quando o caractere '\n' é lido, ele não é armazenado no array. Concluindo, se a chamada de **feof()** fosse removida da expressão condicional da referida instrução **if**, a função não seria capaz de ler linhas vazias (i.e., linhas contendo apenas '\n').

☐ Se ainda não houve retorno da função, pelo menos um caractere foi lido, mesmo que ele não tenha sido armazenado no array. Então, acrescenta-se o caractere terminal ao array na posição indicada por i para que o array contenha um string:

```
ar[i] = '\0';
```

☐ Como, nesse instante, i é o índice do caractere terminal do string armazenado no array e a indexação de arrays começa com zero, o valor dessa variável corresponde exatamente ao tamanho do string (sem incluir o caractere '\0', como usual). Logo, se o primeiro parâmetro não for **NULL**, o valor de i é atribuído ao conteúdo apontado por esse parâmetro, como faz a instrução **if** a seguir:

```
if (tam) {
    *tam = i;
}
```

☐ Para evitar desperdício de memória, tenta-se ajustar o tamanho do array para que esse tamanho seja exatamente igual ao número de caracteres armazenados no array (incluindo '\0'), que é obtido avaliando-se a expressão i + 1 na chamada de **realloc()**:

```
p = realloc(ar, i + 1);
```

☐ Se a realocação foi bem sucedida, a função retorna o valor retornado por **realloc()** e armazenado em **p**. Caso contrário, é retornado o valor de **ar**, que ainda aponta para um bloco válido.

```
return p ? p : ar;
```

Quando a última chamada de **realloc()** não é bem sucedida, é possível que haja desperdício de memória, mas, nessa situação, é bem mais sensato retornar **ar** do que **NULL**.

**Solução de (b):**

```
/****
 *
 * main(): Lê linhas de tamanho arbitrário num arquivo de texto e
 *         via teclado e apresenta-as na tela
 *
 * Parâmetros: Nenhum
 *
 * Retorno: 0, se não ocorrer nenhum erro; 1, em caso contrário.
 *
 ****/
int main(void)
{
    FILE *stream;
    char *linha; /* Apontará para cada linha lida */
    int   tamanho, /* Tamanho de cada linha lida */
          nLinhas = 0; /* Número de linhas do arquivo */
```

```
    /* Tenta abrir para leitura em modo texto o arquivo */
    /* cujo nome é dado pela constante NOME_ARQ         */
  stream = fopen(NOME_ARQ, "r");

    /* Se o arquivo não foi aberto, encerra o programa */
  if (!stream) {
    printf("\n\t>>> Arquivo nao pode ser aberto\n");
    return 1; /* Arquivo não foi aberto */
  }

          /* Lê o conteúdo do arquivo linha a linha */
          /* informando o tamanho de cada linha     */

  printf("\n\t*** Conteudo do Arquivo %s ***\n", NOME_ARQ);

    /* O laço encerra quando 'linha' assumir NULL, o que acontece */
    /* quando todo o arquivo for lido ou ocorrer algum erro       */
  while ( (linha = LeLinhaIlimitada(&tamanho, stream)) ) {
      /* Escreve o número da linha */
    printf("\n>>> Linha %d: ", nLinhas + 1);
      /* Apresenta a linha seguida por seu tamanho */
    printf("%s (%d caracteres)\n", linha, tamanho);

    free(linha); /* Libera o espaço ocupado pela linha */

    ++nLinhas; /* Mais uma linha foi lida */
  }

    /* Informa quantas linhas foram lidas no arquivo */
  printf("\n\t>>> O arquivo possui %d linhas\n", nLinhas);

    /* Fecha-se o arquivo, pois ele não é mais necessário */
  fclose(stream);

      /* Lê um string de tamanho ilimitado em stdin */

  printf("\n\t>>> Digite um texto de qualquer tamanho:\n\t> ");
  linha = LeLinhaIlimitada(&tamanho, stdin);

  printf("\n\t>>> Texto introduzido:\n\"%s\"\n", linha);
  printf( "\n\t>>> Tamanho do texto digitado: %d caracteres\n", tamanho );

  free(linha); /* Libera espaço ocupado pelo string lido */

  return 0;
}
```

**Análise:** Essa função **main()** é fácil de entender, mas o leitor deve atentar para o fato de cada chamada da função `LeLinhaIlimitada()` ser emparelhada com uma chamada de **free()** para evitar escoamento de memória (v. Seção 12.4).

**Complemento do programa:**

```
#include <stdio.h>    /* Entrada e saída    */
#include <stdlib.h>   /* Alocação dinâmica */

  /* Nome do arquivo usado nos testes do programa */
#define NOME_ARQ     "AnedotaBulgara.txt"

  /* Tamanho do acréscimo do bloco usado para conter */
  /* uma linha a cada chamada de realloc()           */
#define TAMANHO_BLOCO 256
```

**Exemplo de execução do programa:**

```
        *** Conteudo do Arquivo AnedotaBulgara.txt ***

>>> Linha 1: Anedota Bulgara (15 caracteres)

>>> Linha 2: Carlos Drummond de Andrade (26 caracteres)

>>> Linha 3:  (0 caracteres)

>>> Linha 4: Era uma vez um czar naturalista (31 caracteres)

>>> Linha 5: que cacava homens. (18 caracteres)

>>> Linha 6: Quando lhe disseram que tambem se (33 caracteres)

>>> Linha 7: cacam borboletas e andorinhas, (30 caracteres)

>>> Linha 8: ficou muito espantado (21 caracteres)

>>> Linha 9: e achou uma barbaridade (23 caracteres)

        >>> O arquivo possui 9 linhas

        >>> Digite um texto de qualquer tamanho:
        > Pedro de Alcantara Francisco Antonio Joao Carlos
Xavier de Paula Miguel Rafael Joaquim Jose Gonzaga Pascoal
Cipriano Serafim de Braganca e Bourbon

        >>> Texto introduzido:
"Pedro de Alcantara Francisco Antonio Joao Carlos Xavier de
Paula Miguel Rafael Joaquim Jose Gonzaga Pascoal Cipriano
Serafim de Braganca e Bourbon"

        >>> Tamanho do texto digitado: 146 caracteres
```

### 12.6.2 Jogo de Palavras (com Ajuda dos Universitários)

**Problema:** (a) Escreva uma função que embaralha strings, que, supostamente, representam palavras. (b) Escreva um programa que lê uma palavra de um arquivo de texto contendo uma palavra por linha, embaralha a palavra usando a função solicitada no item (a), apresenta a palavra embaralhada para o usuário e desafia-o a adivinhar qual é a palavra. O número de chutes permitidos deve ser previamente especificado por uma constante simbólica e o programa deve ainda oferecer três níveis de ajuda para facilitar a adivinhação: (1) qual é a primeira letra da palavra (2) qual é a última letra da palavra e (3) qual é a segunda letra da palavra. A cada ajuda recebida, o usuário perde direito a um chute.

**Solução de (a):**

```c
/****
 * EmbaralhaPalavra(): Embaralha os caracteres de um string
 *
 * Parâmetros:
 *      embaralho (saída) - o string embaralhado
 *      palavra (entrada) - string que será embaralhado
 *
 * Retorno: Endereço do string embaralhado, se não ocorrer erro. NULL, se ocorrer erro
 *
 * Observação: Esta função não verifica se o string contém apenas
 *             letras. Portanto ela serve para embaralhar qualquer tipo de string.
 ****/
char *EmbaralhaPalavra(char *embaralho, const char *palavra)
{
   int   i, j, tam;
   char *p;
```

```c
    tam = strlen(palavra); /* Calcula o tamanho da palavra */

    /* Aloca um array auxiliar. Acrescenta-se 1 ao tamanho da palavra */
    /* para levar em conta o caractere terminal de string           */
    p = malloc(tam + 1);

    /* Se o array não foi alocado, não é possível continuar */
    if (!p) {
        return NULL; /* Game over! */
    }

    /* Copia o string que será embaralhado para o array auxiliar */
    strcpy(p, palavra);

    /* Embaralha o string trocando os caracteres de posição */
    for (i = 0; i < tam; ++i) {
        while (1) {
            /* Sorteia o caractere do string apontado por p que será   */
            /* armazenado na posição i do array apontado por 'embaralho' */
            j = rand()%tam;

            /***************************************************************/
            /* Caracteres que já foram usados são substituídos por '\0' no array */
            /* p[]. A instrução if verifica se o caractere sorteado já foi usado. */
            /* Se esse não for o caso, armazena-se o caractere no array embaralho[], */
            /* substitui-se o caractere usado no array p[] por '\0' e passa-se para */
            /* o próximo caractere do array embaralho[]. Se o caractere já tiver */
            /* sido usado, volta-se ao início do laço while e faz-se novo sorteio. */
            /***************************************************************/

            if (p[j] != '\0') {
                /* O caractere de índice j do string apontado por */
                /* p ainda não foi usado no embaralho. Então, ele */
                /* é armazenado no array que contém  o embaralho  */
                embaralho[i] = p[j];

                /* Agora, o caractere de índice j já foi usado   */
                /* no  embaralho. Assim, coloca-se um caractere  */
                /* terminal nessa posição para indicar esse fato.*/
                p[j] = '\0';

                break; /* Encerra o laço while */
            }
        } /* while */
    } /* for */

    /* Armazena o caractere terminal no array       */
    /* embaralho[] para que ele contenha um string */
    embaralho[tam] = '\0';

    /* Libera espaço ocupado pelo array auxiliar, pois ele não é mais necessário */
    free(p);

    return embaralho;
}
```

**Análise:** A abordagem de embaralho de string utilizada pela função `EmbaralhaPalavra()` é a seguinte:

1. Um array auxiliar com tamanho suficiente para armazenar a palavra (string) a ser embaralhada é criado dinamicamente.

2. O conteúdo da palavra é copiado para esse array para que o string original não seja alterado por causa da estratégia de embaralho escolhida (v. próximo passo).

3. O índice do caractere na palavra que será armazenado no elemento de índice **i** do array apontado por **embaralho** é sorteado no corpo do laço **for** da função. Se o índice sorteado coincidir com um caractere que já tenha sido sorteado antes, faz-se um novo sorteio. Para indicar que um determinado caractere da palavra já foi sorteado, substitui-se esse caractere por um caractere nulo. Isso justifica o uso do array auxiliar para armazenar a palavra que será embaralhada, pois, caso contrário, ela estaria irremediavelmente perdida ao final do processo.

Evidentemente, existem outras abordagens de embaralho de strings além daquela usada pela função **EmbaralhaPalavra()**. Mas, provavelmente, a abordagem escolhida é a mais fácil de entender (e este é um livro didático...).

**Solução de (b):**

```
/****
 *
 * main(): Lê uma palavra de um arquivo contendo uma palavra por
 *         linha, embaralha a palavra, apresenta a palavra
 *         embaralhada  ao usuário e desafia-o a adivinhar qual é a palavra.
 *
 * Parâmetros: Nenhum
 *
 * Retorno: 0, se não ocorrer nenhum erro; 1, em caso contrário
 *
 ****/
int main(void)
{
   int   i,
         nPalavras, /* Número de palavras no arquivo */
         indicePalavra, /* Índice da palavra sorteada */
         tamanho, /* Tamanho da palavra sorteada no arquivo */
         nAjuda = 0; /* Número de auxílios oferecidos ao usuário */
   char *palavra, /* Aponta para o array contendo a palavra sorteada */
        *embaralho, /* Aponta para o array contendo a palavra embaralhada */
        *chute; /* Ponteiro para o array que conterá cada tentativa do usuário */
   FILE *stream; /* Stream associado ao arquivo que contém o banco de palavras */
      /* Apresenta o programa */
   printf("\n\t>>> Este programa embaralha uma palavra e da' "
          "chances\n\t>>> para voce adivinhar qual e' a palavra "
          "original.\n\t>>> Digite '?' para solicitar ajuda aos "
          "universitarios\n\t>>> (3 vezes apenas), mas "
          "voce perde um chute a cada ajuda\n\n");

      /* Tenta abrir o arquivo contendo as palavras para leitura em modo texto */
   stream = fopen(ARQ_PALAVRAS, "r");

      /* Se o arquivo não foi aberto, o jogo não pode continuar */
   if (!stream) {
      printf( "\nNao foi possivel abrir o arquivo %s\n"
              "e o jogo sera' adiado\n", ARQ_PALAVRAS );
      return 1; /* Game over! */
   }

      /* Determina o número de palavras do arquivo, */
      /* que contém uma palavra por linha           */
   nPalavras = NumeroDeLinhas(stream);

   srand(time(NULL)); /* Inicia o gerador de números aleatórios */
```

```
    /* Sorteia o índice da palavra no arquivo. A indexação começa em 1. */
indicePalavra = rand()%nPalavras + 1;

    /* Assegura que a leitura começa no início do arquivo */
rewind(stream);

    /* Lê e descarta cada palavra até chegar à palavra sorteada */
for (i = 1; i < indicePalavra; ++i) {
    /* A função LeLinhaIlimitada() aloca espaço dinamicamente. Portanto */
    /* é necessário liberar o espaço ocupado por cada linha lida.       */
    free(LeLinhaIlimitada(NULL, stream));
}

    /* Lê no arquivo a palavra sorteada e armazena seu */
    /* número de caracteres na variável 'tamanho'      */
palavra = LeLinhaIlimitada(&tamanho, stream);

    /* O arquivo não é mais necessário */
FechaArquivo(stream, ARQ_PALAVRAS);

    /* Aloca espaço para conter a palavra embaralhada. */
    /* É necessário acrescentar 1 porque o tamanho da  */
    /* palavra não inclui o caractere terminal '\0'.   */
embaralho = malloc(tamanho + 1);

    /* Tenta embaralhar a palavra. Se não for possível, encerra o programa.  */
if ( !EmbaralhaPalavra(embaralho, palavra) ) {
    printf("\nOcorreu um erro no embaralho\n");
    return 1;
}

    /* Desafia usuário apresentando-lhe a palavra embaralhada */
printf( "\nVoce tem %d chances para adivinhar que "
        "palavra e' esta: %s\n", CHANCES, embaralho );

    /* Inicia 'chute' com NULL para não haver problema */
    /* na primeira chamada de free() no corpo do laço   */
chute = NULL;

    /* Lê cada chute do usuário e verifica se ele acertou qual é a palavra certa */
for (i = 1; i <= CHANCES; ++i) {
    /* Libera o espaço ocupado pelo último chute do     */
    /* usuário. Não haverá problema se ainda não houve  */
    /* chute pois a variável 'chute' foi iniciada com NULL */
    free(chute);

    /* Lê um chute do usuário, testando se ocorre erro de leitura */
    printf("\n\t>>> %do. chute: ", i);
    if (!(chute = LeLinhaIlimitada(NULL, stdin))) {
        printf("\nOcorreu um erro de leitura\n");
        return 1; /* Se a função LeLinhaIlimitada() retornou NULL, deve */
                  /* ter ocorrido erro. Talvez o usuário tenha digitado */
                  /* ^D (Unix) ou ^Z (Windows/DOS).                     */
    }

    /* Se o primeiro caractere do chute do usuário */
    /* for '?', interpreta-se que ele deseja ajuda */
    if (*chute == '?') {
        if (!AjudaUniversitarios(palavra, ++nAjuda)) {
            /* Se ocorreu ajuda, o número de chutes é decrementado */
            --i;
        }
```

```
        /* Salta o resto do laço pois não houve chute */
      continue;
   }

      /* Verifica se o chute do usuário foi correto. O chute */
      /* precisa ser convertido em letras maiúsculas porque  */
      /* as palavras do arquivo são assim.                   */
   if (!strcmp(ConverteEmMaiusculas(chute), palavra)) {
      printf("\a\n\t>>> Parabens. Voce acertou. <<<\n");
      return 0; /* Se o usuário acertou, o jogo acaba */
   } else if (i < CHANCES) {
      printf("\nErrou. Tente novamente.\n");
   }
}
   /* Se não houve retorno no corpo do último laço for, o usuário não acertou */
printf( "\n\t>>> Infelizmente, voce nao acertou."
        "\n\t>>> A palavra era: \"%s\"\n", palavra );

   /* Libera os espaços ocupados pela palavra e pelo embaralho. */
   /* Isso não é realmente necessário, já que o programa        */
   /* encerrará em seguida. Mas, preserva o bom hábito.         */
free(palavra);
free(embaralho);

   return 0;
}
```

**Análise:** Após abrir o arquivo contendo as palavras do jogo, a função **main**() chama a função `NumeroDeLinhas()` (v. Seção 11.15.5) para contar o número de linhas desse arquivo, que coincide com o número de palavras, já que cada linha do arquivo contém exatamente uma palavra. Então, após iniciar o gerador de números aleatórios, o índice da linha do arquivo que contém a palavra é sorteado. Em seguida, com auxílio da função `LeLinhaIlimitada()` (v. Seção 12.6.1), a palavra sorteada é lida no arquivo e embaralhada pela função `EmbaralhaPalavra()`, apresentada como solução do item (a) do problema. O restante da função **main**() é dedicado à interação com usuário. Quer dizer, a palavra embaralhada é apresentada e o programa espera que o usuário acerte qual é a palavra correta ou suas chances estejam esgotadas. A função **main**() chama ainda as seguintes funções:

- `ConverteEmMaiusculas()` (v. Seção 9.7.2) para converter os chutes dos usuários em letras maiúsculas, já que as palavras do arquivo do qual as palavras do jogo se originam estão todas em letras maiúsculas[2].
- `FechaArquivo()` (v. Seção 11.5) para fechar o arquivo que contém as palavras quando ele deixa de ser necessário.
- `AjudaUniversitarios()` que oferece os três níveis de ajuda requeridos na definição do problema. A implementação dessa função é apresentada a seguir[3]:

```
/****
 * AjudaUniversitarios(): Oferece ajuda ao jogador
 *
 * Parâmetros: palavra (entrada) - a palavra para a qual será apresentada ajuda
 *             n (entrada) - índice da ajuda
 *
 * Retorno: 1, quando é concedida ajuda. 0, em caso contrário.
 ****/
```

[2]  A lista de palavras utilizada por esse programa e que pode ser encontrada no site do livro, foi criada e gentilmente cedida por Valdir Jorge, que é analista de sistemas e programador na Universidade Concórdia, em Montreal, Canadá. O autor deste livro penhoradamente agradece a gentileza.

[3]  A expressão *ajuda dos universitários* é usada aqui como uma paródia de um chavão derivado do programa *Show do Milhão* da rede de TV SBT.

```
int AjudaUniversitarios(const char *palavra, int n)
{
    switch (n) { /* Seleciona o nível de ajuda */
        case 1: /* Primeiro nível de ajuda */
            printf("\n\t>>> A primeira letra e': %c\n", *palavra);
            return 1; /* Uma ajuda foi concedida */
        case 2: /* Segundo nível de ajuda */
            printf( "\n\t>>> A ultima letra e': %c\n", *(strchr(palavra, '\0') - 1) );
            return 1; /* Outra ajuda foi concedida */
        case 3: /* Terceiro nível de ajuda */
            printf( "\n\t>>> (Ultima ajuda) A segunda letra e': %c\n", palavra[1] );
            return 1; /* Mais outra ajuda foi concedida */
        default: /* Nem em Silvio Santos há mais ajuda */
            printf("\n\t>>> Nao ha mais ajuda dos universitarios\n");
            return 0; /* Não houve ajuda */
    }
}
```

**Análise:**  A função **AjudaUniversitarios()** oferece três níveis de ajuda:

[1] Na primeira chamada dessa função (i.e., quando o parâmetro **n** é igual a **1**), ela informa qual é a primeira letra da palavra que deve ser adivinhada.

[2] Na segunda chamada da função, ela informa qual é a última letra da palavra.

[3] A terceira chamada da função informa qual é segunda letra da palavra.

Em chamadas subsequentes (i.e., quando **n** é maior do que **3**), a função informa que não há mais ajuda disponível.

**Complemento do programa:**  Para completar o programa inclua as seguintes linhas no início do arquivo-fonte:

```
/********************** Includes ************************/

#include <stdio.h>    /* Entrada e saída          */
#include <stdlib.h>   /* Alocação dinâmica        */
#include <time.h>     /* Função time()            */
#include <string.h>   /* Processamento de strings */
#include <ctype.h>    /* Classificação de caracteres */
#include "leitura.h"  /* LeituraFacil             */

/*************** Constantes Simbólicas *****************/

    /* Nome do arquivo que contém as palavras */
#define ARQ_PALAVRAS "ListaDePalavras.txt"

#define MAX_PALAVRA  50 /* Tamanho máximo de uma palavra */
#define CHANCES       5 /* Número máximo de chances que  */
                        /* o usuário terá para adivinhar */
#define TAMANHO_BLOCO 256 /* Tamanho do acréscimo do bloco usado na */
                          /* leitura a cada chamada de realloc()    */

/********************* Alusões *********************/

extern void FechaArquivo(FILE *stream, const char *nomeArq);
extern int NumeroDeLinhas(FILE* stream);
extern char *LeLinhaIlimitada(int *tam, FILE *stream);
extern char* ConverteEmMaiusculas(char *str);
extern char *EmbaralhaPalavra( char *embaralho, const char *palavra );
extern int AjudaUniversitarios(const char *palavra, int n);
```

**Exemplo de execução do programa:**

```
>>> Este programa embaralha uma palavra e da' chances
>>> para voce adivinhar qual e' a palavra original.
>>> Digite '?' para solicitar ajuda aos universitarios
>>> (3 vezes apenas), mas voce perde um chute a cada ajuda
Voce tem 5 chances para adivinhar que palavra e' esta: IEODDTNRSU

>>> 1o. chute: ?

>>> A primeira letra e': D

>>> 2o. chute: ?

>>> A ultima letra e': O

>>> 3o. chute: ?

>>> (Ultima ajuda) A segunda letra e': E

>>> 4o. chute: ?

>>> Nao ha' mais ajuda dos universitarios

>>> 4o. chute: desmentido

Errou. Tente novamente.

>>> 5o. chute: ?

>>> Nao ha' mais ajuda dos universitarios

>>> 5o. chute: desisto

>>> Infelizmente, voce nao acertou.
>>> A palavra era: "DESNUTRIDO"
```

### 12.6.3 A Urupema de Eratóstenes

**Preâmbulo:** A Urupema de Eratóstenes[4] é uma técnica utilizada para determinar os números primos menores do que um determinado valor por meio da exclusão dos números que não são primos no intervalo constituído pelo menor número primo (i.e., 2) e o valor supracitado. Isto é, os números que são múltiplos de algum primo são assinalados como compostos (i.e., não primos), de modo que, ao final do processo, os valores que não forem assinalados são todos primos.

**Problema:** Escreva uma função que encontra todos os números primos menores do que um valor especificado como parâmetro e exibe-os na tela usando a Urupema de Eratóstenes. (b) Escreva um programa que solicita um valor inteiro positivo ao usuário e apresenta os números primos menores do que ou iguais ao valor introduzido usando a função solicitada no item (a).

**Solução de (a):**

```
/****
 * Eratostenes(): Encontra todos os números primos menores do que
 *                o valor especificado como parâmetro e exibe-os
 *                na tela usando a técnica do Crivo de Eratóstenes
 *
 * Parâmetros: n (entrada) - maior valor que se verificará se é primo
 *
 * Retorno: 1, se ocorrer erro. 0, se não ocorrer erro.
 ****/
int Eratostenes(int n)
```

[4]  O nome mais conhecido dessa técnica em português é *Crivo de Eratóstenes*, mas *crivo, peneira, joeira, coador* ou... *urupema* também serve como rótulo inicial dela, pois seu nome é derivado do fato de números primos serem separados (i.e., *peneirados*) daqueles que não são primos.

```
{
   int *ar,      /* Array usado como peneira */
       primo,   /* Armazena um número primo */
       tamanho, /* Tamanho da peneira      */
       i, j;

      /* Verifica se valor recebido como parâmetro é inconveniente */
   if (n <= 0) {
      return 1; /* Valor deveria ser pelo menos igual a 1 */
   }

      /* O menor número primo é 2. Logo, a peneira deverá armazenar os números */
      /* 2, 3, ..., n. Assim, o tamanho da peneira (array) deve ser n - 1.    */
   tamanho = n - 1;

      /* Tenta alocar o array que servirá de coador */
   ar = calloc(tamanho, sizeof(int));

      /* Se não houve alocação, não é possível prosseguir */
   if (!ar) {
      return 1; /* Array não foi alocado */
   }

      /* Inicia os elementos do array com valores entre 2 e n */
   for(i = 0; i < tamanho; i++) {
      ar[i] = i + 2; /* 2 é o menor primo */
   }

      /* Seleciona um número primo a partir do primeiro elemento do array e       */
      /* atribui zero a todos os demais elementos do array que são seus múltiplos */
   for(i = 0; i < tamanho; i++) {
         /* O próximo primo considerado é o elemento  */
         /* imediato do array que é diferente de zero */
      if(ar[i]) {
         primo = ar[i]; /* Se não é zero, é primo */
      } else {
            /* O restante do laço deve ser saltado, pois */
            /* não foi encontrado um novo número primo   */
         continue;
      }

            /* Atribui zero a cada elemento do array que */
            /* é múltiplo do último primo encontrado     */

         /* O primeiro múltiplo de um número primo é seu dobro */
      j = 2*primo;

      while(j <= n) {
            /* Atribui zero ao elemento que é igual ao último múltiplo */
            /* de 'primo'. Note que o elemento cujo valor é j está     */
            /* armazenado no elemento de  índice j - 2.                */
         ar[j - 2] = 0;

         j = j + primo; /* Obtém o próximo múltiplo */
      } /* while */
   } /* for */

      /* Neste ponto, todos os elementos do array que não */
      /* são primos têm valor zero; i.e., os elementos do */
      /* array foram joeirados na Joeira de Eratóstenes   */

   printf("\n\t  *** Primos entre 2 e %d ***\n", n);
```

```
    /* Apresenta na tela os elementos que não  */
    /* são nulos; i.e., aqueles que são primos */
  for(i = 0, j = 0; i < tamanho; ++i) {
     if(ar[i]) { /* Se não é zero, é primo */
          /* Quebra linha quando o número de primos */
          /* exibidos atinge um valor especificado  */
       if (!(j%PRIMOS_POR_LINHA)) {
          printf("\n");
       }

       printf("%4d  ", ar[i]); /* Exibe mais um número primo */

       ++j; /* Mais um primo foi exibido */
     }
  }

  putchar('\n'); /* Embelezamento */
  free(ar); /* Libera espaço ocupado pelo array */

  return 0; /* A urupema funcionou */
}
```

**Análise:** Brincadeiras à parte e sem levar em consideração as instruções que testam condições de exceção, o funcionamento da função `Eratostenes()` é o seguinte:

❑ O tamanho do array que servirá como peneira é calculado como:

```
tamanho = n - 1;
```

Nessa instrução, `n` é o parâmetro único da função e representa o maior número que será testado se é primo ou não. Subtrai-se 1 do tamanho do array porque os valores que serão testados são 2, 3, ..., n; portanto, existem `n - 1` números a serem testados (lembre-se que o primeiro número primo é 2).

❑ Em seguida, a função aloca espaço para o referido array por meio da chamada de **calloc**():

```
ar = calloc(tamanho, sizeof(int));
```

❑ No primeiro laço **for** da função em discussão, os valores que serão testados são armazenados no array:

```
for (i = 0; i < tamanho; i++) {
   ar[i] = i + 2;
}
```

Do modo como os elementos do array são iniciados, o primeiro elemento é 2, o segundo elemento é 3 e assim por diante.

❑ O segundo laço **for** é efetivamente responsável por peneirar os números, separando-os em primos e compostos. Essa separação ocorre atribuindo-se zero aos elementos que não são primos. Esse laço funciona do seguinte modo:

1. Seleciona-se o próximo número primo no array (i.e., o próximo elemento do array que não é igual a zero), sendo que essa seleção começa com o primeiro elemento do array (i.e., 2), que é primo.

2. Atribui-se zero a cada elemento do array que é múltiplo do número primo selecionado no passo anterior. Aqui, leva-se em conta que o primeiro múltiplo de um número primo é o seu dobro e os múltiplos seguintes são obtidos somando-se o múltiplo anterior com o próprio número.

O restante da função em discussão é dedicada à exibição dos números primos que foram obtidos por meio do processo descrito. Esse trecho da função é relativamente trivial e não requer comentários adicionais.

## Solução de (b):

```
/****
 *
 * main(): Solicita um número inteiro positivo ao usuário e
 *         apresenta os números primos menores do que ou iguais
 *         ao valor introduzido usando o Crivo de Eratóstenes
 *
 * Parâmetros: Nenhum
 *
 * Retorno: 0, se não ocorrer nenhum erro; 1, em caso contrário.
 *
 ****/

int main(void)
{
    int numero;

       /* Apresenta o programa */
    printf( "\n\t>>> Este programa encontra os numeros primos que "
            "se\n\t>>> encontram entre 2 e o valor inteiro "
            "positivo que\n\t>>> voce introduzir.\n" );

       /* Lê o número */
    printf("\n\t>>> Digite o numero: ");
    numero = LeInteiro();

       /* Verifica se valor introduzido é válido e, se for */
       /* o caso, apresenta os números primos peneirados   */
    if (numero > 1) {
      if (Eratostenes(numero)) {
          printf("\n\t>>> Impossivel encontrar primos\n");
          return 1; /* Peneira de Eratóstenes está rasgada */
      }
    } else {
      printf("\n\t>>> O numero deve ser maior do que 1\n");
      return 1; /* Usuário não sabe o que é número primo */
    }

    printf( "\n\t>>> Obrigado por usar este programa e visite"
            "\n\t>>> o Nordeste para conhecer uma urupema.\n");

    return 0;
}
```

**Análise:** Com o conhecimento que você adquiriu até aqui, seria ultrajante apresentar uma análise dessa função **main()**...

## Complemento do programa:

```
#include <stdio.h>    /* Entrada e saída    */
#include <stdlib.h>   /* Alocação dinâmica */
#include "leitura.h"  /* LesituraFacil      */

   /* Quantidade de números primos exibidos por linha */
#define PRIMOS_POR_LINHA  8
```

## Exemplo de execução do programa:

```
>>> Este programa encontra os numeros primos que se
>>> encontram entre 2 e o valor inteiro positivo que
>>> voce introduzir.

>>> Digite o numero: 200

    *** Primos entre 2 e 200 ***
   2     3     5     7    11    13    17    19
  23    29    31    37    41    43    47    53
  59    61    67    71    73    79    83    89
  97   101   103   107   109   113   127   131
 137   139   149   151   157   163   167   173
 179   181   191   193   197   199

>>> Obrigado por usar este programa e visite
>>> o Nordeste para conhecer uma urupema.
```

# 12.7 Exercícios de Revisão

### Introdução (Seção 12.1)

1. Cite cinco exemplos de programação apresentados em capítulos anteriores que seriam melhor resolvidos com o uso de alocação dinâmica de memória.

2. Cite três situações em programação nas quais alocação dinâmica de memória se faz necessária (além daquelas apontadas no exercício anterior).

3. Defina (a) variável estática e (b) variável dinâmica.

4. (a) O que é alocação estática de memória? (b) O que é alocação dinâmica de memória?

5. Quais dentre as variáveis no fragmento de programa a seguir são: (a) estáticas e (b) dinâmicas?

```
int            x;
static double  y;
int*           p = malloc(sizeof(int));
```

6. (a) Variáveis definidas com **static** são consideradas variáveis estáticas? (b) E quanto a variáveis definidas sem **static**?

### Funções de Alocação Dinâmica de Memória (Seção 12.2)

7. Descreva o funcionamento de cada uma das funções a seguir:
   (a) **malloc()**
   (b) **calloc()**
   (c) **free()**

8. (a) Quando o valor retornado por **realloc()** é **NULL**, o ponteiro passado como primeiro parâmetro continua válido? (b) Quando o valor retornado por **realloc()** é diferente de **NULL**, o ponteiro passado como primeiro parâmetro continua válido?

9. Como funciona a função **realloc()** quando o primeiro parâmetro é **NULL**?

10. Como funciona a função **realloc()** quando o valor do segundo parâmetro é zero?

11. Por que não é aconselhável atribuir o valor retornado por **realloc()** ao mesmo ponteiro passado como primeiro parâmetro numa chamada dessa função?

12. (a) O que é uma variável anônima? (b) Por que variáveis anônimas aparecem apenas no contexto de alocação dinâmica de memória?

13. Variáveis estáticas são liberadas automaticamente (v. Seção 5.9). Então, por que variáveis dinâmicas precisam ser liberadas explicitamente?

14. Descreva dois erros comuns de liberação de blocos alocados dinamicamente e como o programador pode precaver-se contra eles.

15. Suponha que p seja um ponteiro que correntemente esteja apontando para um bloco alocado dinamicamente e n seja um valor inteiro positivo. O que há de errado com a seguinte chamada de **realloc()**?

```
p = realloc(p, n*sizeof(*p));
```

16. A função `CriaArray()` a seguir foi implementada com a intenção de alocar dinamicamente um array de elementos do tipo **int**. Essa função chama `LeInteiro()` da biblioteca LeituraFacil para ler os valores dos elementos do array. O que há de (muito) errado com a função `CriaArray()`?

```
int CriaArray(int *array, int tamanho)
{
    int i;

    array = malloc(sizeof(int)*tamanho);

    if(!array) {
        return 1; /* Erro de alocação */
    }

    printf("Digite %d inteiros:\n", tamanho);

    for (i = 0; i < tamanho; ++i) {
        array[i] = LeInteiro();
    }

    /* Tudo ocorreu bem */
    return 0;
}
```

## Ponteiros Genéricos e o Tipo void * (Seção 12.3)

17. O que é um ponteiro genérico?

18. Como ponteiros genéricos são definidos?

19. Em quais situações o tipo **void** * é normalmente utilizado?

20. Apresente dois exemplos de uso do tipo **void** *.

21. (a) Por que o programa a seguir não consegue ser compilado? (b) Como corrigir esse programa para que ele possa ser compilado?

```
#include <stdlib.h>
int main(void)
{
    void *p = malloc(sizeof(int));

    *p = 5;

    return 0;
}
```

## Espaço de Execução de um Programa (Seção 12.4)

22. Como tipicamente é dividido o espaço reservado para a execução de um programa?

23. Qual é a importância de *heap* em alocação dinâmica de memória?

24. (a) O que significa fragmentação de *heap*? (b) Qual pode ser a consequência danosa decorrente da ocorrência de fragmentação de *heap*?

25. (a) O que é um zumbi de heap? (b) O que é um zumbi de pilha?

26. (a) O que é escoamento de memória? (b) Quais são os sintomas aparentes de um programa com escoamento de memória?

### Testando Alocação Dinâmica (Seção 12.5)

27. (a) Como deve ser testado um endereço retornado por uma função de alocação dinâmica de memória? (b) Por que é sempre recomendado testar o endereço retornado por uma função de alocação dinâmica de memória?

28. Qual é o problema com o programa a seguir?

```c
#include <stdlib.h>
#include <stdio.h>

#define TAMANHO 10

int main(void)
{
   int *ar, i;

   ar = malloc(TAMANHO*sizeof(int));

   for (i = 0; i < TAMANHO; i++)
      *(ar + i) = i * i;

   for (i = 0; i < TAMANHO; i++)
      printf("%d\n", *ar++);

   free(ar);

   return 0;
}
```

## 12.8 Exercícios de Programação

### 12.8.1 Fácil

EP12.1 Muitas extensões da biblioteca padrão de C oferecem uma função, comumente denominada `strdup()`, que cria, utilizando alocação dinâmica de memória, uma cópia de um string recebido como parâmetro. Implemente essa função, cujo protótipo é dado por:

```c
char *strdup(const char*);
```

[Sugestão: Use **malloc()**, **strlen()** e **strcpy()**.]

EP12.2 Acrescente um pouco mais de dificuldade ao jogo de palavras implementado pelo programa apresentado na Seção 12.6.2 requerendo que a palavra sorteada tenha pelo menos certo tamanho estabelecido por uma constante simbólica denominada `TAM_MIN_PALAVRA`. [Sugestão: Substitua o trecho da função **main()** que realiza o sorteio por uma chamada de uma função, denominada `SorteiaPalavra()`, que sorteia cada palavra usada no jogo. Essa função deve receber como parâmetros o número de palavras no arquivo e o tamanho mínimo que a palavra sorteada deve ter. Essa função deve retornar o endereço do array alocado dinamicamente por `LeLinhaIlimitada()` e que contém a palavra sorteada apenas quando essa palavra tiver o tamanho mínimo especificado.]

EP12.3 Considerando novamente o jogo de palavras apresentado na Seção 12.6.2, seja mais simpático com o usuário, criando um programa que permita que ele decida quais são os tamanhos mínimo e máximo da palavra sorteada. [Sugestões: (1) Modifique a função `SorteiaPalavra()` sugerida no problema

EP12.2, de modo que ela receba mais um parâmetro que represente o tamanho máximo da palavra a ser sorteada. Então, essa função deve retornar apenas quando o tamanho da palavra estiver entre os limites especificados por seus parâmetros. (2) Acrescente um trecho de programa à função **main()** responsável pela leitura dos limites mínimo e máximo de tamanho da palavra usada no jogo.]

EP12.4 Mais uma vez, considerando o jogo de palavras da Seção 12.6.2, criando um programa que permita que o usuário jogue quantas partidas ele desejar para que ele possa treinar para participar de um programa de TV. [Sugestões: (1) Use as sugestões apresentadas para os problemas EP12.2 e EP12.3. (2) Coloque o trecho do programa responsável pela interação com o usuário no corpo de um laço de repetição que encerrará apenas quando o usuário assim decidir. (3) Use a função LeOpcaoSimNao(), definida na Seção 5.8.3, para verificar se o usuário deseja continuar jogando até ficar exaurido.]

EP12.5 A função CriaArquivoBin(), apresentada na Seção 11.15.10, possui uma limitação decorrente da estimativa que ela faz com respeito ao maior tamanho de linha no arquivo de texto processado. Reescreva essa função, de forma a corrigir essa limitação. [Sugestão: Use a função LeLinhaIlimitada(), apresentada na Seção 12.6.1, em substituição a **fgets()**.]

EP12.6 (a) Escreva uma função que cria um array de elementos do tipo **int** limitado apenas pela quantidade de memória alocada para o programa, mas que, ao mesmo tempo, não desperdice memória. Os valores dos elementos do array devem ser lidos via teclado. (b) Escreva um programa que teste a função solicitada no item (a). [Sugestão: Utilize como modelo a implementação da função LeLinhaIlimitada() apresentada na Seção 12.6.1.]

EP12.7 Escreva um programa que exibe na tela seu próprio código-fonte (se o arquivo-fonte for encontrado, obviamente), levando em consideração o fato de o nome principal do programa ser o mesmo nome principal do programa executável. NB: Não há como determinar com certeza o nome do arquivo de texto que deu origem a um determinado programa executável. Portanto o melhor que se pode fazer é tentar adivinhá-lo usando intuição. [Sugestões: (1) A função **main()** desse programa deve possuir parâmetros, pois, assim, ela poderá saber o nome do programa executável. (2) Aloque dinamicamente um array para armazenar o nome do arquivo-fonte, cujo tamanho deve ser estimado com base no tamanho do nome do programa executável, que é recebido como argumento pelo programa. (3) Verifique se o nome do programa executável inclui o caractere '/' (família Unix) ou '\' (família Windows). Se for o caso, copie o nome do arquivo após o último caractere '/' (ou '\') para o array. Caso contrário, copie todo o nome do programa para o array. (4) Se o arquivo executável tiver extensão, substitua-a por 'c'. Caso contrário, acrescente os caracteres '.' e 'c' ao seu nome. (5) Tente abrir o arquivo cujo nome foi armazenado no array para leitura em modo texto. (6) Se o arquivo não foi aberto, informe que o programa não conseguiu encontrar o arquivo-fonte e encerre. Caso contrário, apresente seu conteúdo na tela utilizando os conhecimentos adquiridos no Capítulo 11.]

EP12.8 Escreva uma função que recebe dois strings como entrada e retorna um ponteiro para um array alocado dinamicamente contendo o resultado da concatenação dos dois strings.

EP12.9 Escreva um programa que lê um arquivo de texto e escreve na tela apenas aquelas linhas que contêm um string indicado pelo usuário. [Sugestões: (1) Use LeLinhaIlimitada() (. Seção 12.6.1) para ler o string introduzido pelo usuário e as linhas do arquivo. (2) Use **strstr()** para checar quando o string citado está presente em cada linha lida.]

EP12.10 Reescreva o programa apresentado como exemplo na Seção 8.11.4 de modo que o array que armazena a maior sequência de Fibonacci seja alocado dinamicamente e não ocorra nem desperdício nem carência de memória.

EP12.11 (a) Escreva uma função que concatena um string um número especificado de vezes. [Sugestões: (1) Aloque dinamicamente um array com espaço suficiente para conter o resultado da concatenação.

Não esqueça do espaço adicional para o caractere `'\0'`. (2) Copie o string para esse array usando **strcpy()**. (3) Acrescente, sucessivamente, **n-1** cópias do string ao mesmo array usando **strcat()**.] (b) Escreva um programa para testar a função especificada no item (a). [Sugestão: Use a função **LeLinhaIlimitada()**, apresentada na Seção 12.6.1, para ler o string introduzido pelo usuário.]

### 12.8.2 Moderado

EP12.12 (a) Escreva uma função que remove todas as ocorrências de um string de um stream de texto e armazena o resultado em outro stream de texto. Essa função deve retornar o número de substituições efetuadas. [Sugestões: (1) Utilize a função **LeLinhaIlimitada()**, apresentada na Seção 12.6.1, para ler cada linha do arquivo de entrada. (2) Use **strstr()** para localizar as ocorrências e **strlen()** para determinar o tamanho do string a ser removido em cada linha lida. (3) Escreva no arquivo de saída, usando **fputc()**, os caracteres de cada linha, exceto aqueles que fazem parte do string a ser removido.] (b) Escreva um programa que recebe como argumentos de linha de comando dois nomes de arquivos de texto e um string que deve ser removido do primeiro arquivo, de modo que o resultado seja escrito no segundo arquivo. O programa deve ainda informar o número de substituições efetuadas, como mostra o seguinte exemplo de execução:

```
C:\Programas> RemoveString Tudor.txt TudorBK.txt Ana

        >>> Foram efetuadas 2 remocoes
```

EP12.13 (a) Escreva uma função que substitui todas as ocorrências de um string em um stream de texto por outro string e armazena o resultado em outro stream de texto. Essa função deve retornar o número de substituições efetuadas. [Sugestões: (1) Utilize a função **LeLinhaIlimitada()**, apresentada na Seção 12.6.1, para ler cada linha do arquivo de entrada. (2) Use **strstr()** para localizar as ocorrências e **strlen()** para determinar o tamanho do string a ser removido em cada linha lida. (3) Escreva no arquivo de saída, usando **fputc()**, os caracteres de cada linha, exceto aqueles que fazem parte do string a ser substituído. Em vez desses caracteres, escreva os caracteres do string substituto.] (b) Escreva um programa que substitui todas as ocorrências de um string de um arquivo de texto por outro string e escreve o resultado em outro arquivo de texto. O programa deverá receber como argumentos de linha de comando (nessa ordem): o nome do arquivo de entrada, o nome do arquivo que conterá as possíveis alterações, o string que será substituído e o string que irá substituí-lo.

Exemplo de execução do programa:

```
C:\Programas> SubsString Tudor.txt TudorBK.txt Ana Banana

        >>> Foram efetuadas 2 substituicoes de
        >>> "Ana" por "Banana" no arquivo "Tudor.txt"
```

# 12.9 Projetos de Programação

### PP12.1 Implementação do Programa compila

**Problema:** Escreva um programa que auxilia compilação e ligação de programas via linha de comando usando opções de compilação/ligação armazenadas num arquivo e permite alterar essas opções. Esse programa deve manter um arquivo de configuração, denominado **compila.cfg**, que armazena opções de compilação usadas pelo usuário. O programa deve ainda funcionar em modo interativo e não interativo, como mostram os exemplos de execução a seguir:

**Exemplo de execução do programa:** Versão não interativa

```
Ulysses-iMac:~ ulysses$ ./compila Teste
   >>> Sistema: Mac OS X
   >>> Compilador utilizado: Clang
   >>> Arquivo de configuracao: Unix

   >>> O compilador sera' invocado com o seguinte comando:
      > clang -Wall -std=c99 Teste.c -lleitura -lm -o Teste

   >>> Deseja continuar (s/n)? s

   >>> Deseja que o programa continue solicitando confirmacao (s/n)? n
   --> Compilacao bem sucedida
```

**Exemplo de execução do programa:** Versão interativa

```
         >>> Sistema: Windows
         >>> Compilador utilizado: gcc
         >>> Arquivo de configuracao: Windows

         ********** Opcoes *********
         C. Compila Programa
         A. Acrescenta Opcao de Compilacao/Ligacao
         R. Remove Opcao de Compilacao/Ligacao
         P. Apresenta Opcoes de Compilacao e Ligacao
         Q. Arquivo de Configuracao(Reconstrucao)
         J. Ajuda
         E. Encerra Programa

         >>> Escolha uma opcao: j

         ******** Topicos de Ajuda ********
         A. Acrescenta Opcao de Compilacao/Ligacao
         R. Remove Opcao de Compilacao/Ligacao
         C. Compila Programa
         E. Encerra a Ajuda

         >>> Escolha uma opcao: a

         > Digite a opcao iniciando sempre com '-'. Se desistir de
         > acrescentar uma opcao, digite apenas [ENTER].

         ******** Topicos de Ajuda ********
         A. Acrescenta Opcao de Compilacao/Ligacao
         R. Remove Opcao de Compilacao/Ligacao
         C. Compila Programa
         E. Encerra a Ajuda
         >>> Escolha uma opcao: r
         > Escolha a opcao que deseja remover. Se desistir de remover,
         > escolha a alternativa 'NENHUMA'.

         ******** Topicos de Ajuda ********
         A. Acrescenta Opcao de Compilacao/Ligacao
         R. Remove Opcao de Compilacao/Ligacao
         C. Compila Programa
         E. Encerra a Ajuda
         >>> Escolha uma opcao: c
         > Digite apenas o nome do programa-fonte sem extensao. Assume-se
         > que a extensao do arquivo e' ".c". Se desistir de compilar
         > um arquivo, digite apenas [ENTER].
```

```
******** Topicos de Ajuda ********
A. Acrescenta Opcao de Compilacao/Ligacao
R. Remove Opcao de Compilacao/Ligacao
C. Compila Programa
E. Encerra a Ajuda
>>> Escolha uma opcao: e

********* Opcoes *********
C. Compila Programa
A. Acrescenta Opcao de Compilacao/Ligacao
R. Remove Opcao de Compilacao/Ligacao
P. Apresenta Opcoes de Compilacao e Ligacao
Q. Arquivo de Configuracao(Reconstrucao)
J. Ajuda
E. Encerra Programa

>>> Escolha uma opcao: e
```

**Sugestões:**

[1]  Provavelmente, as seguintes funções definidas neste livro o ajudarão na implementação deste projeto:

| FUNÇÃO | SEÇÃO |
|---|---|
| LeOpcaoSimNao() | 5.8.3 |
| FechaArquivo() | 11.5 |
| NumeroDeLinhas() | 11.15.5 |
| CopiaArquivo() | 11.15.6 |
| LeLinhaIlimitada() | 12.6.1 |

[2]  As funções que aparecem com suas descrições apresentadas na tabela a seguir precisarão ser implementadas.

| FUNÇÃO | DESCRIÇÃO |
|---|---|
| ClassificaArquivo() | Classifica um arquivo de texto de acordo com sua família de quebra de linha |
| WindowsParaUnix() | Converte um arquivo de texto de formato Windows para formato Unix |
| UnixParaWindows() | Converte um arquivo de texto de formato Unix para formato Windows |
| ChecaSistema() | Tenta determina o sistema no qual o programa é executado |
| ChecaConfiguracao() | Determina o tipo de sistema no qual o programa está sendo executado |
| Compilador() | Retorna o nome do compilador utilizado |
| CriaArquivoConfig() | Cria um arquivo de configuração |
| CriaComando() | Cria um comando de compilação |
| CompilaPrograma() | Compila um programa |

| Função | Descrição |
|---|---|
| ApresentaOpcoes() | Apresenta as opções de compilação ou ligação contidas no arquivo de configuração |
| AcrescentaOpcao() | Acrescenta uma opção de compilação ou ligação ao arquivo de configuração |
| RemoveTokenDeString() | Remove de um string o token cujo índice é especificado |
| RemoveOpcao() | Remove uma opção de compilação ou ligação do arquivo de configuração |
| LeOpcaoDeConfirmacao() | Lê no arquivo de configuração a opção utilizada para confirmação de um comando |
| EscreveOpcaoDeConfirmacao() | Escreve no arquivo de configuração a opção utilizada para confirmação de um comando |
| Ajuda() | Oferece assistência ao usuário |
| SaltaLinhas() | Salta um número especificado de linhas de um arquivo de texto |

# PRECEDÊNCIA E ASSOCIATIVIDADE DE OPERADORES

 ESTE APÊNDICE APRESENTA uma tabela contendo os operadores da linguagem C usados neste livro, juntamente com suas respectivas precedências e associatividades. Use essa tabela como referência quando tiver dúvidas com relação a essas propriedades. Na primeira coluna da tabela, comentários de esclarecimentos são acrescentados em itálico e entre colchetes.

| GRUPOS DE OPERADORES | ASSOCIATIVIDADE | PRECEDÊNCIA |
|---|---|---|
| (), [], ->, • | À ESQUERDA | MAIOR |
| (*tipo*) [*conversão explícita*], **sizeof**, & [*endereço*], * [*indireção*], -, ++, --, ! [*Todos os operadores neste grupo são unários*] | À DIREITA | |
| * [*multiplicação*], /, % | À ESQUERDA | |
| +, - [*binários*] | À ESQUERDA | |
| <, <=, >, >= | À ESQUERDA | |
| ==, != | À ESQUERDA | |
| && | À ESQUERDA | |
| \|\| | À ESQUERDA | |
| ? : | À DIREITA | |
| = | À DIREITA | |
| , [*vírgula*] | À ESQUERDA | MENOR |

TABELA A–1: PRECEDÊNCIA E ASSOCIATIVIDADE DE OPERADORES DA LINGUAGEM C

# A BIBLIOTECA LEITURAFACIL

## B.1 Introdução

ESTE APÊNDICE serve como referência para a biblioteca LEITURAFACIL, que foi descrita na Seção 3.13.2 e usada em inúmeros exemplos de programação apresentados neste livro. Aqui, serão apresentadas todas as implementações de funções que essa biblioteca disponibiliza para uso externo (funções globais), bem como daquelas que auxiliam a implementação da própria biblioteca (funções locais). Para entender bem essas implementações, é essencial que você tenha estudado o Capítulo 11, especialmente a Seção 11.9.

Este apêndice apresenta ainda a motivação que deu origem à biblioteca LEITURAFACIL e mostra como compilá-la e integrá-la nos sistemas operacionais e ferramentas de desenvolvimento suportados por este livro.

## B.2 Justificativa

Programação se aprende construindo programas interativos e esses programas, normalmente, requerem leitura de dados via teclado. Infelizmente, é justamente aí que reside a maior fonte de frustração e dificuldade encontrada pelo iniciante em programação em C. Para ilustrar essa afirmação, observe, na Tabela B–1, o conhecimento necessário para um programador escrever uma instrução para leitura de um único número inteiro em base decimal por meio do teclado usando a biblioteca padrão de C.

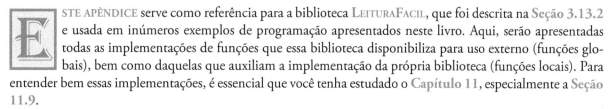

| PARA LER UM NÚMERO INTEIRO VIA TECLADO É PRECISO SABER... | PROBLEMAS POTENCIAIS |
|---|---|
| Que o nome da função a ser chamada para executar essa tarefa é *scanf*. | Convenhamos, *scanf* não é um nome nem um pouco mnemônico para quem fala português. Portanto o aprendiz terá certa dificuldade para memorizar esse nome. |
| O que são strings de formatação e como eles devem ser usados com **scanf()**. | Frequentemente, iniciantes confundem strings de formatação de **scanf()** com aqueles usados com **printf()**. |

TABELA B–1: CONHECIMENTO NECESSÁRIO PARA LEITURA DE UM NÚMERO INTEIRO

| PARA LER UM NÚMERO INTEIRO VIA TECLADO É PRECISO SABER... | PROBLEMAS POTENCIAIS |
|---|---|
| Que o especificador de formato a ser usado é %d. | Novamente, o iniciante precisa contar com a memória para não usar um especificador de formato inadequado. Ainda pior se lhe for ensinado, equivocadamente, que ele pode usar %i em substituição a %d. |
| Que é necessário usar uma variável do tipo int precedida pelo operador de endereço &. | Esquecer-se de preceder com & a variável na qual o valor lido será armazenado é um dos erros mais frequentemente cometidos por iniciantes. Esse erro é sério e traz graves consequências para um programa. |

TABELA B–1: CONHECIMENTO NECESSÁRIO PARA LEITURA DE UM NÚMERO INTEIRO

Será justo com o iniciante em programação requerer que ele domine tanto conhecimento para ler um singelo número inteiro?

Agora, suponha que o aprendiz é dedicado e absorve bem todo o conhecimento mencionado na tabela acima. Infelizmente, ele logo descobrirá que seu esforço foi em vão porque, com todo esse conhecimento adquirido, seus programas não atenderão dois critérios de qualidade: robustez e condescendência com o usuário. Quer dizer, se o usuário cometer algum engano na introdução de dados, ele não terá chance de corrigir seu erro e o programa, incapaz de reconhecer o erro, terá um comportamento indefinido. Assim, o iniciante descobrirá que mais conhecimento é necessário para tornar seus programas robustos e amigáveis. Ou seja, como foi visto no Capítulo 11, ele precisará acrescentar um *pouco* mais de conhecimento a seu repertório. Mais precisamente, ele precisará ainda aprender:

- ❑ Que a função **scanf()** retorna um valor que indica quando uma operação de leitura é bem sucedida.
- ❑ Como usar um laço de repetição em conjunto com o valor retornado por **scanf()** para dar novas chances ao usuário quando ele introduz um valor inesperado pelo programa.
- ❑ Que utilizando o meio de entrada padrão, apenas caracteres são lidos.
- ❑ Que o meio de entrada padrão usa um buffer associado a ele no qual os caracteres digitados são armazenados.
- ❑ Como remover caracteres eventualmente remanescentes nesse buffer.

Como se pode depreender das considerações acima, explicar em detalhes o funcionamento da leitura de dados via teclado consome muito tempo e desvia a atenção daquilo que deve ser o enfoque de um texto introdutório de programação. Por isso, neste livro, o funcionamento da entrada de dados via teclado é discutido em detalhes apenas no Capítulo 11, quando o aprendiz deverá sentir-se mais confortável com o uso da linguagem C. Antes desse capítulo, os detalhes de operações de leitura de dados via teclado são ocultados, enquanto, nesse capítulo, a apresentação desse tópico se torna apropriada, pois o foco desse capítulo é exatamente entrada e saída de dados.

A biblioteca LEITURAFACIL foi a solução encontrada pelo autor deste livro para o ensino de disciplinas introdutórias de programação usando a linguagem C. [A abordagem adotada na criação de LEITURAFACIL foi inspirada numa concepção do professor Eric Roberts da Universidade de Stanford, EUA (v. Bibliografia).]

As funções dessa biblioteca permitem que um iniciante escreva programas robustos e amigáveis que efetuam leitura de dados via teclado de modo tão simples como ocorre numa linguagem algorítmica. Por exemplo, para ler um número inteiro em base decimal e armazená-lo numa variável x do tipo **int** sem ter que defrontar com todo o conhecimento descrito acima, o aprendiz pode chamar a função `LeInteiro()` como:

```
x = LeInteiro();
```

A Tabela B–2 mostra a correspondência entre as funções da biblioteca LEITURAFACIL e funções do módulo stdio da biblioteca padrão de C. Mas, essas correspondências não significam equivalência funcional entre funções das duas bibliotecas.

| Função da Biblioteca Leitura Fácil | Função da Biblioteca Padrão |
|---|---|
| LeCaractere() | **getchar()** |
| LeOpcao() | **getchar()** |
| LeInteiro() | **scanf()** com especificador **%d** |
| LeReal() | **scanf()** com especificador **%lf** |
| LeString() | **fgets()** |

TABELA B–2: CORRESPONDÊNCIAS ENTRE FUNÇÕES DE LEITURAFACIL E STDIO

O uso mais indicado para a biblioteca LEITURAFACIL consiste em instalá-la, conforme será mostrado adiante e chamar suas funções normalmente, como tem sido visto em inúmeros exemplos neste livro. Mas, existem opções menos práticas de uso:

❑ Tornar o arquivo `leitura.c` componente de um programa multiarquivo. Além do incômodo de transformar programas monoarquivos simples em programas multiarquivos, esse uso não é recomendado num curso introdutório, pois, nesse caso, programas multiarquivos não devem constituir um tópico essencial de discussão.

❑ Copiar em seu programa-fonte as definições das funções que ele utiliza. Apesar de essa opção ser melhor do que a opção anterior, ela ainda é um tanto incômoda. Nesse caso, devem ser incluídas no programa não apenas as funções globais que ele precisa usar, como também as funções locais que essas funções globais chamam (v. Seção B.3).

# B.3 Implementação

A biblioteca LEITURAFACIL é constituída por um único módulo dividido em dois arquivos:

❑ **Arquivo de cabeçalho.** Nesse arquivo encontram-se alusões das funções disponibilizadas pela biblioteca LEITURAFACIL para uso em qualquer programa (desde que a biblioteca tenha sido devidamente instalada, obviamente).

❑ **Arquivo de programa.** No contexto de programação multiarquivo, um arquivo de programa usa essa denominação porque ele gera código binário. Essa denominação se contrapõe a *arquivo de cabeçalho*, que não deve gerar código binário. No arquivo de programa da biblioteca LEITURAFACIL, são definidas as funções disponibilizadas para uso irrestrito (funções com escopo global) e outras funções que auxiliam a implementação da biblioteca (funções com escopo de arquivo).

## B.3.1 Cabeçalho

O único arquivo de cabeçalho da biblioteca LEITURAFACIL, `leitura.h`, contém alusões das funções globais disponibilizadas pela biblioteca para uso em qualquer programa. O conteúdo desse arquivo é apresentado a seguir.

```
/****
 * Título: LeituraFacil
 *
 * Autor: Ulysses de Oliveira
 *
 * Data de Criação: 22/07/2012
 * Última modificação: 22/07/2012
 *
 * Descrição: Definição do módulo da biblioteca LeituraFacil
 ****/

#ifndef _Leitura_H_
#define _Leitura_H_

extern int LeCaractere(void);
extern int LeInteiro(void);
extern double LeReal(void);
extern int LeString(char *ar, int nElementos);
extern int LeOpcao(const char *opcoes);

#endif
```

As diretivas de pré-processamento **#ifndef** e **#endif**, que aparecem no arquivo de cabeçalho, não são discutidas neste livro pois não fazem parte de seu escopo, mas elas são indispensáveis em arquivos de cabeçalho para prevenir que eles sejam eventualmente incluídos múltiplas vezes. No caso específico desse arquivo de cabeçalho, que só contém alusões de funções, as chances de ocorrer inclusão múltipla são ínfimas e, se isso acontecer, não causará nenhum dano a um programa. Mas, incluir essas diretivas em arquivos de cabeçalho é sempre uma boa norma de programação.

## B.3.2 Funções Locais

As funções descritas nesta seção auxiliam a implementação das funções globais que efetivamente fazem parte da biblioteca LEITURAFACIL. Isso significa que as funções descritas aqui são locais ao arquivo de programa da biblioteca e não podem ser usadas fora dele. Por exemplo, a função `LimpaBuffer()` é essencial na implementação de todas as funções da biblioteca em discussão, mas ela não é necessária em programas que utilizam as funções disponibilizadas por essa biblioteca. Por isso, decidiu-se não tornar global a função `LimpaBuffer()`.

Todas as funções locais são qualificadas com **static** (v. Seção 5.10.2) em suas definições e é exatamente esse qualificador que as tornam funções locais. Se fosse desejado tornar pública alguma dessas funções seriam necessárias as seguintes alterações:

☐ Remoção de **static** na definição da função.

☐ Inclusão de uma alusão da função no cabeçalho da biblioteca.

### LimpaBuffer()

A função `LimpaBuffer()` remove caracteres remanescentes no buffer associado ao meio de entrada padrão após uma leitura de dados. Todas as funções globais da biblioteca LEITURAFACIL chamam essa função.

```
/****
 * LimpaBuffer(): Limpa o buffer associado ao meio de entrada padrão (stdin)
 *
 * Parâmetros: Nenhum
 *
 * Retorno: O número de caracteres descartados, com exceção do caractere '\n'
 ****/
```

```
static int LimpaBuffer(void)
{
    int carLido, /* Armazena cada caractere lido */
       nCarLidos = 0; /* Conta o número de caracteres lidos */

       /* Lê e descarta cada caractere lido  */
       /* até getchar() retornar '\n' ou EOF */
    do {
       carLido = getchar(); /* Lê um caractere */
       ++nCarLidos; /* Mais um caractere foi lido */
    } while ((carLido != '\n') && (carLido != EOF));

       /* O último caractere lido foi '\n' ou  */
       /* EOF e não deve ser considerado sobra */
    return nCarLidos - 1;
}
```

**Análise:** A função `LimpaBuffer()` é semelhante à função `LimpaBuffer2()` discutida na Seção 11.9.5 e não requer discussão adicional.

*MostraMensagem()*

A função `MostraMensagem()` é utilizada pelas funções globais da biblioteca LEITURAFACIL para apresentação de mensagens seguindo um padrão consistente.

```
/****
 * MostraMensagem(): Apresenta uma mensagem na tela com embelezamento
 *
 * Parâmetros: msg (entrada) - mensagem a ser apresentada
 *
 * Retorno: Nada
 *
 * Observação: O objetivo desta função é uniformizar as mensagens emitidas
 *             pelas funções globais da biblioteca LeituraFacil
 ****/
static void MostraMensagem(const char *msg)
{
    printf("\a\n\t>>> %s", msg);
}
```

**Análise:** A implementação da função `MostraMensagem()` é simples demais e não requer comentários adicionais.

*InformaDescarte()*

A função `InformaDescarte()` é utilizada pelas funções `LeCaractere()`, `LeInteiro()` e `LeReal()` para apresentação de mensagens relativas a caracteres descartados (i.e., caracteres que restaram no buffer associado à entrada de dados padrão após uma leitura de dados nesse meio de entrada).

```
/****
 * InformaDescarte(): Apresenta uma mensagem na tela informando
 *                    quantos caracteres foram descartados
 *
 * Parâmetros: n (entrada) - número de caracteres descartados
 *
 * Retorno: Nada
 *
 * Observação: O objetivo desta função é uniformizar as mensagens emitidas pelas
 *             funções globais da biblioteca LeituraFacil que informam que o
 *             usuário digitou mais do que deveria
 ****/
```

```
static void InformaDescarte(int n)
{
    /* Verifica se há mensagem a ser apresentada */
    if (n <= 0) {
      return; /* Não há */
    }

    /* Apresenta a mensagem adequada para a situação */
    if (n == 1) {
      printf("\t>>> Um caractere foi descartado\n");
    } else {
      printf("\t>>> %d caracteres foram descartados\n", n);
    }
}
```

**Análise:** A implementação da função **InformaDescarte()** é bastante simples e fácil de entender. Assim, não há necessidade de comentários adicionais.

### B.3.3 Funções Globais

A seguir, serão apresentadas as implementações das funções globais (i.e., públicas) da biblioteca LEITURAFACIL.

*LeCaractere()*

A função **LeCaractere()** lê um caractere via teclado e, após a leitura, remove os caracteres remanescentes no buffer. Essa função também alerta o usuário caso ele tenha digitado caracteres além do esperado.

```
/****
 * LeCaractere(): Lê um caractere via teclado e remove os
 *                caracteres remanescentes no buffer
 *
 * Parâmetros: Nenhum
 *
 * Retorno: O caractere lido
 *
 * Observação: Esta função deixa o buffer limpo
 ****/
int LeCaractere(void)
{
    int c, /* Armazenará cada caractere lido */
        nResto = 0; /* Número de caracteres excedentes */

    /* Volta para cá se ocorrer erro de leitura */
inicio:
    c = getchar(); /* Lê o caractere digitado */

    /* Verifica se getchar() retornou EOF */
    if (c == EOF) {
      MostraMensagem( "Erro de leitura. Tente novamente\n\t> " );
      goto inicio; /* Não faz mal algum */
    }

    /* Pelo menos '\n' se encontra no buffer */
    nResto = LimpaBuffer();

    /* Repreende o usuário se ele digitou demais */
    InformaDescarte(nResto);

    return c; /* Retorna o caractere lido */
}
```

**Análise:** A função `LeCaractere()` lê um caractere em **stdin** usando **getchar()**, limpa o buffer associado a esse meio de entrada por meio de uma chamada de `LimpaBuffer()` e, finalmente, informa se algum caractere foi descartado (porque o usuário digitou caracteres além do esperado).

*LeInteiro()*

A função `LeInteiro()` lê um valor do tipo **int** em base decimal via teclado e, após a leitura, deixa o buffer associado a esse meio de entrada limpo.

```
/****
 *
 * LeInteiro(): Lê um número inteiro via teclado e deixa o buffer intacto
 *
 * Parâmetros: Nenhum
 *
 * Retorno: O número inteiro lido
 *
 ****/
int LeInteiro(void)
{
    int num, /* O número lido */
        teste, /* Valor retornado por scanf() */
        nResto = 0; /* Número de caracteres excedentes */

    /* Desvia para cá se o valor for inválido */
inicio:
    /* Tenta ler um valor válido */
    teste = scanf("%d", &num);

        /* Se não ocorreu erro de leitura ou de final de arquivo, há */
        /* caracteres remanescentes que precisam ser removidos        */
    if (teste != EOF) {
        nResto = LimpaBuffer();
    }

        /* Enquanto o valor retornado por scanf() não indicar que um */
        /* valor válido foi lido continua tentando obter esse valor   */
    while(teste != 1) {
        MostraMensagem( "O valor digitado e' invalido. Tente novamente\n\t> " );
        goto inicio; /* Não causa dano algum */
    }

        /* Se for o caso, repreende o usuário por */
        /* ele ter digitado mais do que deveria   */
    InformaDescarte(nResto);

        /* O valor retornado certamente é válido */
    return num;
}
```

**Análise:** Se você entendeu bem o material apresentado na Seção 11.9, não terá dificuldade para entender a implementação da função `LeInteiro()`.

*LeReal()*

A função `LeReal()` lê um valor do tipo **double** via teclado deixando o buffer associado ao teclado zerado.

```
/****
 * LeReal(): Lê um valor do tipo double via teclado deixando o buffer
 *           associado ao teclado sem caracteres remanescentes
 *
 * Parâmetros: Nenhum
 *
 * Retorno: O valor lido e validado
 ****/
double LeReal(void)
{
    int    teste, /* Armazena o retorno de scanf() */
           nResto = 0; /* Número de caracteres excedentes */
    double valorLido; /* O valor digitado pelo usuário */

        /* O laço encerra quando o usuário se comporta bem */
    while (1) {
            /* Tenta ler um valor do tipo double */
        teste = scanf("%lf", &valorLido);

            /* Se não ocorreu erro de leitura ou de final de arquivo, há */
            /* caracteres remanescentes que precisam ser removidos      */
        if (teste != EOF) {
            nResto = LimpaBuffer();
        }

            /* Se o valor retornado por scanf() foi 1, a leitura foi OK */
        if (teste == 1) {
            break; /* Leitura foi nota 10 */
        } else { /* Usuário foi mal comportado */
            MostraMensagem( "O valor digitado e' invalido. Tente novamente\n\t> " );
        }
    }

        /* Se for o caso, repreende o usuário */
    InformaDescarte(nResto);

        /* Retorna um valor válido do tipo double */
    return valorLido;
}
```

**Análise:** Apesar das aparências, a função **LeReal()** é semelhante a **LeInteiro()**, mas a implementação de **LeReal()** não usa **goto** para agradar os rigoristas.

## LeString()

A função **LeString()** lê um string via teclado deixando o buffer associado a esse meio de entrada intacto novamente após a leitura.

```
/****
 * LeString(): Lê um string via teclado deixando o buffer zerado
 *
 * Parâmetros:
 *      ar[] (saída): array que armazenará o string lido
 *      nElementos (entrada): número máximo de elementos que
 *                            serão armazenado no array, incluindo '\0'
 *
 * Retorno: O número de caracteres que o usuário digitou a mais, sem incluir '\n'
 *
 * Observações:
```

```
*       1. "Ler um string" significa ler caracteres,
*          armazená-los num array e acrescentar o
*          caractere '\0' ao final para que o array contenha um string.
*       2. O número máximo de caracteres lidos será nElementos - 1, porque se
*          deve deixar um espaço sobressalente para o caractere '\0'.
*       3. Se o caractere '\n' for lido, ele não fará parte do string resultante
****/
int LeString(char *ar, int nElementos)
{
   char *p; /* Usado para remover '\n' do string */
   int   nCarDeixados = 0; /* Conta o número de caracteres excedentes no buffer */

      /* Lê no máximo nElementos - 1 caracteres ou até encontrar '\n'.    */
      /* Quando fgets() retorna NULL, ocorreu erro ou tentativa de        */
      /* leitura além do final do arquivo. Nesses casos, o laço continua. */
   while ( fgets(ar, nElementos, stdin) == NULL )  {
      printf( "\a\n\t>>> %s", "Erro de leitura. "Tente novamente\n\t> " );
   }

      /* Faz p apontar para o caractere que antecede o caractere terminal do string */
   p = strchr(ar, '\0') - 1;

      /* Se o caractere '\n' foi lido, remove-o do    */
      /* string. Caso contrário, remove-o do buffer. */
   if (*p == '\n') {
         /* Caractere '\n' faz parte do string */
      *p = '\0'; /* Sobrescreve '\n' com '\0' */
   } else { /* Usuário digitou caracteres demais */
      nCarDeixados = LimpaBuffer();
   }

      /* Retorna o número de caracteres que o usuário */
      /* digitou além do esperado, sem incluir '\n'    */
   return nCarDeixados;
}
```

**Análise:** Entender a implementação da função `LeString()` é relativamente fácil desde que você tenha estudado a Seção 11.9 e seguido os comentários que acompanham essa função.

## *LeOpcao()*

A função `LeOpcao()` lê via teclado um caractere que faz parte de um string recebido como parâmetro.

```
/****
* LeOpcao(): Lê, via teclado, um caractere que deve fazer
*            parte de um string para ser considerado válido
*
* Parâmetros:
*     opcoes (entrada) - string contendo os caracteres válidos
*
* Retorno: Um caractere válido
*
* Observações:
*     1. Esta função deixa o buffer virgem novamente
*     2. Esta função é denominada 'LeOpcao' porque o caractere lido e validado
*        é restrito a um conjunto de caracteres (opções) representado pelo
*        string recebido como parâmetro
****/
```

```c
int LeOpcao(const char *opcoes)
{
   int op; /* Opção (caractere) escolhida pelo usuário */

      /* Enquanto o usuário não escolher uma opção */
      /* válida, o laço a seguir não encerra       */
   while (1) {
       /* Lê o caractere digitado */
       op = LeCaractere();

       /* Verifica se o caractere é válido */
      if (strchr(opcoes, op)) {
         break; /* É */
      } else { /* Não é */
         MostraMensagem( "Opcao incorreta. Tente novamente\n\t> " );
      }
   }

      /* Certamente, a opção retornada é válida */
   return op;
}
```

**Análise:** A função `LeOpcao()` lê um caractere usando `LeCaractere()`. Então, ela usa a função **strchr()** (v. Seção 9.5.8) para verificar se o caractere lido faz parte do string recebido como parâmetro. A função `LeOpcao()` é denominada *LeOpcao* porque, tipicamente, ela é usada para ler opções disponíveis em menus (v. Seção 5.8.2).

# B.4 Compilação

**Observação Importante:** Você não precisa compilar a biblioteca LEITURAFACIL para as plataformas suportadas neste apêndice (Windows/DOS, Linux e Mac OS X), pois essa biblioteca pode ser facilmente encontrada no site do livro (*www.ulysseso.com/ip*) pronta para uso. O objetivo desta seção é apenas mostrar como a biblioteca LEITURAFACIL pode ser compilada e preparada para uso nos ambientes de desenvolvimento suportados por este livro.

É bem mais fácil compilar uma biblioteca e deixá-la no formato correto para uso por meio de linha de comando do que usando um IDE. O objetivo aqui é obter um arquivo denominado **libleitura.a**, que corresponde à biblioteca LEITURAFACIL pronta para uso.

Existem duas opções equivalentes para obtenção do arquivo mencionado. Essas opções serão descritas adiante. Mas, antes, é importante salientar que, nos dois casos, você precisará ter uma janela de console (terminal) aberta no diretório em que se encontram os arquivos **leitura.c** e **leitura.h**, que são os arquivos-fonte da biblioteca LEITURAFACIL.

A primeira opção consiste em invocar um compilador para criar um arquivo-objeto a partir do arquivo-fonte **leitura.c**. Esse compilador deverá ser o mesmo que você usará para criar seus programas. Também, deverá haver emparelhamento entre os sistemas operacionais em questão. Quer dizer, por exemplo, você não poderá compilar a biblioteca usando GCC para Linux e usar o arquivo-objeto resultante para desenvolvimento com GCC para MinGW (Windows).

Após compilar o arquivo **leitura.c**, deve-se invocar o comando **ar** para configurar o arquivo-objeto resultante (**leitura.o**) no formato esperado pelos linkers que construirão os programas que usam a biblioteca LEITURAFACIL[1].

---

[1]   O comando **ar** é oriundo do sistema Unix e é responsável por criar arquivos de biblioteca no formato esperado por alguns linkers.

A segunda opção é bem mais simples e consiste em usar o comando **make** e um arquivo *makefile* disponível no site dedicado ao livro (*www.ulysseso.com/ip*). Make é um programa utilitário originário de sistemas operacionais da família Unix e distribuído junto com alguns ambientes de desenvolvimento. O utilitário **make** é particularmente útil quando é utilizado em compilação e ligação de programas grandes (i.e., consistindo de muitos arquivos) ou quando os comandos de compilação e ligação envolvem muitas opções. Em ambos os casos, é penoso digitar no console, várias e várias vezes, os comandos necessários para obter o resultado desejado.

Makefile é um arquivo escrito numa linguagem própria que o programa **make** entende. Quando o utilitário **make** é executado sem informação sobre qual arquivo processar, ele procura um arquivo denominado **makefile** (sem extensão) no diretório corrente. No site dedicado ao livro, há um arquivo *makefile* (denominado exatamente assim) para cada ambiente de desenvolvimento suportado.

Ao usar essa segunda opção, certifique-se que os arquivos **leitura.c**, **leitura.h** e **makefile** correspondentes a um mesmo ambiente de desenvolvimento residem no mesmo diretório no qual o utilitário **make** será invocado.

### B.4.1 GCC (MinGW) — Windows

Se você escolher a primeira opção descrita no início desta seção, invoque o compilador GCC por meio do comando:

```
gcc -c leitura.c -o leitura.o
```

A opção de compilação **-Wall** preconizada no Capítulo 1 não precisa ser aplicada aqui porque a biblioteca LeituraFacil já foi testada inúmeras vezes e não há mensagem de advertência que possa eventualmente ser emitida. Além disso, ela não possui nenhuma construção específica do padrão C99, de modo que a opção **-std=c99** também não é necessária.

Em seguida invoque o programa **ar** como:

```
ar -r -s libleitura.a leitura.o
```

Se você decidir usar a segunda opção descrita no início desta seção, saiba que, no pacote MinGW, o nome do utilitário *make* é **mingw32-make**.

No site dedicado ao livro, há um arquivo denominado **makefile** dirigido para MinGW. Portanto certifique-se que esse arquivo encontra-se no mesmo diretório contendo os arquivos **leitura.c** e **leitura.h** e digite o seguinte comando:

```
mingw32-make
```

Se todos os arquivos citados estiverem em seus devidos lugares, você obterá como resposta:

```
gcc -c leitura.c
ar rs libleitura.a leitura.o
ar: creating libleitura.a
```

Por outro lado, se você obtiver como resposta:

```
mingw32-make: 'libleitura.a' is up to date.
```

o significado dessa mensagem é que o arquivo **libleitura.a** já havia sido criado e não ocorreu nenhuma alteração nos arquivos-fonte que justificasse a reconstrução daquele arquivo.

### B.4.2 GCC — Linux

Use os mesmos comandos vistos na Seção B.4.1 para invocar o compilador GCC e o utilitário **ar**. Alternativamente, use o utilitário **make** do sistema Linux e o arquivo **makefile** específico para esse sistema que se encontra no site do livro. Isto é, nesse último caso, digite apenas:

```
make
```

na linha de comando de uma janela de terminal.

### B.4.3 Clang — Mac OS X

As ferramentas de desenvolvimento Clang, que fazem parte do pacote de desenvolvimento disponível no site da Apple, funcionam de modo semelhante àquelas que fazem parte do pacote GCC (que, a propósito, também fazem parte do mesmo pacote de desenvolvimento da Apple). Ou seja, as opções de compilação e ligação comuns que funcionam com GCC também funcionam do mesmo modo com Clang. Entretanto, Clang constitui um conjunto de ferramentas bem mais moderno, sofisticado e profissional do que GCC. Para um aprendiz de programação, o que Clang oferece de melhor são as mensagens de erro e advertência, que são bem mais fáceis de ser interpretadas do que aquelas emitidas pelo compilador GCC.

Este livro usa GCC porque é o conjunto de ferramentas de desenvolvimento da linguagem C mais popular da atualidade. Enfim, se você deseja usar esse mesmo conjunto de ferramentas no sistema Mac OS X para que possa comparar os resultados que você obtém com aqueles apresentados neste livro, então, troque as referências a *clang* por *gcc* nos procedimentos descritos a seguir.

Se você escolher a primeira opção de compilação descrita no início desta seção, siga o seguinte procedimento:

[1] Copie os arquivos **leitura.c** e **leitura.h**, que se encontram no site do livro, para um diretório de trabalho.

[2] Abra uma janela de terminal.

[3] Navegue até o diretório contendo os arquivos **leitura.c** e **leitura.h**.

[4] Invoque o compilador Clang para criar um arquivo-objeto por meio do comando[2]:

```
clang -c leitura.c -o leitura.o
```

[5] Emita o comando:

```
ar -r -s libleitura.a leitura.o
```

O procedimento alternativo e mais simples consiste no seguinte:

[1] Copie os arquivos **leitura.c**, **leitura.h** e **makefile**, que se encontram no site do livro, para um diretório de trabalho.

[2] Abra uma janela de terminal.

[3] Navegue até o diretório contendo os arquivos mencionados.

[4] Invoque o utilitário **make** digitando apenas[3]:

```
make
```

---

[2]  Se desejar usar GCC, substitua *clang* por *gcc*.

[3]  Se desejar usar GCC, antes de invocar o comando **make**, abra o arquivo **makefile** com um editor de texto comum e substitua *clang* por *gcc*.

# B.5 Integração

**Observação Importante**: Ao contrário da Seção B.4, esta seção também pode interessar ao aprendiz comum. Quer dizer, no Capítulo 1, foi mostrado como integrar (ou instalar) a biblioteca LeituraFacil com CodeBlocks e MinGW em sistemas da família Windows. Portanto usuários desses ambientes de desenvolvimento precisam estudar esta seção apenas se desejarem aprender um pouco mais sobre integração da referida biblioteca. Por outro lado, é exatamente nesta seção que usuários de Linux e Unix (em particular Mac OS X) aprenderão como integrar essa biblioteca.

Integrar a biblioteca LeituraFacil a um ambiente de desenvolvimento significa fazer com que o compilador e o linker utilizados encontrem os arquivos necessários dessa biblioteca nos formatos corretos. Precisamente, o arquivo que interessa ao linker é o arquivo-objeto no formato requerido, que a Seção B.4 mostrou como pode ser obtido. Por outro lado, o arquivo que interessa ao compilador é o arquivo de cabeçalho `leitura.h`, que deve ser copiado para o diretório no qual o compilador costuma procurar arquivos de cabeçalho. Na verdade, arquivos de cabeçalho podem ser colocados em qualquer diretório. Mas, se você não armazenar um arquivo de cabeçalho num local que o compilador não considera padrão, precisará especificar o caminho até o diretório onde ele se encontra.

Os diretórios nos quais os referidos arquivos devem residir dependem das ferramentas de desenvolvimento bem como do sistema operacional utilizados. Assim, se as subseções a seguir não contemplarem seu ambiente de desenvolvimento, consulte a documentação que o acompanha para descobrir onde e como esses arquivos devem ser armazenados.

**Importante**: O processo de integração da biblioteca LeituraFacil também envolve informar o linker que ele deve usar o arquivo-objeto que contém a biblioteca compilada. Em qualquer ambiente de desenvolvimento suportado neste apêndice, a opção que deve ser incluída na invocação do linker é:

```
-lleitura
```

## B.5.1 GCC (MinGW) — Windows

O arquivo de cabeçalho `leitura.h` deve residir no diretório `...\MinGW32\include`, enquanto o arquivo-objeto `libleitura.a` deve ser armazenado no diretório `...\MinGW32\lib`, sendo que `...\` representa o caminho até o diretório onde jaz a instalação do pacote MinGW. Portanto, para copiar os dois arquivos mencionados para os diretórios adequados, encontre o diretório de instalação de MinGW e copie e cole os referidos arquivos para seus respectivos diretórios. (Sugestão: Use a ferramenta de busca do Windows para descobrir onde se encontram os referidos diretórios.)

## B.5.2 GCC — Linux

O modo mais fácil de integrar a biblioteca LeituraFacil para uso com GCC no Linux é executando o arquivo de script `copialib`, que se encontra no site dedicado ao livro. Para obter o resultado desejado, siga o seguinte procedimento:

[1] Abra uma janela de terminal.

[2] Navegue até o diretório contendo os arquivos `leitura.h`, `libleitura.a` e `copialib`.

[3] Na linha de comando, digite[4]:

```
sudo ./copialib
```

[4] Quando instado pelo Linux, digite sua senha de super-usuário.

---

[4]   Se este comando não funcionar em sua distribuição de Linux, tente o seguinte comando alternativo: `su -c ./copialib`.

Como existe um número incontável de distribuições de Linux, não há garantia que o script mencionado acima funcionará com sua distribuição particular de Linux. Neste caso, você deve ser um legítimo usuário dos bons tempos de Linux para saber executar os passos descritos a seguir.

[1] Abra uma janela de terminal (X Windows).

[2] Navegue até o diretório contendo os arquivos `leitura.h` e `libleitura.a`.

[3] Na linha de comando, digite os seguintes comandos:

```
cp leitura.h /usr/local/include/leitura.h
cp libleitura.a /usr/local/lib/libleitura.a
```

Esses comandos devem copiar os arquivos `leitura.h` e `libleitura.a`, respectivamente para os diretórios: `/usr/local/include` e `/usr/local/lib`.

[4] Após copiar os arquivos para seus devidos diretórios, você deverá invocar o utilitário `ranlib` para deixar o arquivo `libleitura.a` pronto para uso da seguinte maneira:

```
ranlib /usr/local/lib/libleitura.a
```

Se você não for capaz de efetuar o procedimento acima, troque sua distribuição de Linux ou deixe de usar Linux definitivamente. Talvez essa não seja sua praia...

### B.5.3 Clang — Mac OS X

A maneira mais simples de integrar a biblioteca LeituraFacil para uso com Clang ou GCC é executando o arquivo de script `copialib.sh` que se encontra no site do livro. Para obter o resultado desejado, siga o seguinte procedimento:

[1] Abra uma janela de terminal.

[2] Navegue até o diretório contendo os arquivos `leitura.h`, `libleitura.a` e `copialib.sh`.

[3] Na linha de comando, digite:

```
sudo ./copialib.sh
```

[4] Quando instado pelo sistema, digite sua senha de super-usuário.

Diferentemente dos pobres usuários de Linux, os nobres usuários de Mac OS X têm a sua disposição um legítimo sistema Unix puro-sangue. Portanto, dificilmente, o procedimento acima não funcionará.

Mas, caso você tenha alterado sua interface de comandos (*shell*) de modo que o script citado deixe de funcionar, siga o seguinte procedimento:

[1] Abra uma janela de terminal.

[2] Navegue até o diretório contendo os arquivos `leitura.h` e `libleitura.a`.

[3] Na linha de comando, digite os seguintes comandos (nesta ordem):

```
cp leitura.h /usr/include/leitura.h
chmod a+r /usr/include/leitura.h
cp libleitura.a /usr/lib/libleitura.a
chmod a+x /usr/lib/libleitura.a
ranlib /usr/lib/libleitura.a
```

[4] Se solicitado pelo sistema, digite sua senha de super-usuário.

Se nenhum dos procedimentos enumerados acima não funcionar, certamente você pressionou o botão errado e detonou sua instalação do sistema.

# RESPOSTAS PARA OS EXERCÍCIOS DE REVISÃO

## Capítulo 1 — Introdução às Linguagens de Programação

1. Consulte a Seção 1.1.

2. Porque uma linguagem de máquina é específica para um processador ou uma família de processadores.

3. Palavras mnemônicas e variáveis simbólicas.

4. É uma linguagem que não favorece legibilidade, manutenibilidade e portabilidade. Ela está mais próxima do computador do que do programador.

5. (a) É o contrário de uma linguagem de baixo nível. (b) C, C++ e Java.

6. Linguagens de alto nível favorecem legibilidade, manutenibilidade e portabilidade de programas. O uso de uma linguagem de baixo nível favorece apenas a eficiência de programas.

7. Ambas são linguagens de baixo nível. Cada processador possui uma linguagem de máquina e uma linguagem assembly que são únicas.

8. (a) Variável é um espaço em memória onde dados que serão processados por um programa são armazenados. (b) É uma variável que possui um identificador associado a ela.

9. Linguagens de alto nível favorecem o bom estilo de programação em termos de legibilidade, manutenibilidade e portabilidade.

10. Devido à eficiência do código executável que pode ser produzido por um bom programador de assembly. Os melhores programadores de linguagens de alto nível não conseguem produzir o código mais eficiente possível porque eles dependem do compilador ou interpretador que irá, em última instância, produzir o código executável.

11. Consulte a Seção 1.2.1.

12. Não. Nem existe, na prática, mais de um tradutor assembler para um mesmo processador (v. Seção 1.2.1).

13. (a) Não. (b) Um compilador ou um interpretador.

14. (a) Consulte a Seção 1.2.2. (b) Consulte a Seção 1.2.3. (c) Consulte essas duas seções.

15. Consulte a Seção 1.2.2.

16. (a) É um programa escrito em assembly ou numa linguagem de alto nível. (b) É um programa-fonte compilado. (c) Programa executável é um programa que já passou pelas fases de compilação e ligação e está pronto para ser executado.

17. (a) Editor de texto ou de programas. (b) Compilador. (c) Linker.

18. Sim. Existem compiladores que produzem código binário mais eficiente para um mesmo programa-fonte do que outros compiladores.

19. Não. Na maioria das vezes, um programa compilado precisa passar pelo posterior processo de ligação.

20. Quase sempre o linker é responsável pela criação de programas executáveis.

21. Consulte a Seção 1.2.3.

22. Consulte a Seção 1.2.3.

23. Consulte a Seção 1.2.3.

24. Consulte a Seção 1.3.

25. Sim, porque linguagens de baixo nível não favorecem a legibilidade de qualquer programa.

26. Não. Legibilidade não depende apenas de linguagem; ela também depende do programador.

27. A portabilidade de um programa depende de linguagem de programação, estilo de programação, plataforma e da natureza do programa.

28. Uma forma de programação que favorece as qualidades descritas na Seção 1.3.

29. Porque, nesse caso, a eficiência não depende apenas do programador. Ela também depende do compilador utilizado.

30. Veja os últimos dois parágrafos da Seção 1.2.3.

31. Quando eles produzem os mesmos resultados usando os mesmos dados de entrada.

32. Porque muitas vezes a escrita de programas eficientes requer muito conhecimento sobre como um programa é compilado, ligado e executado.

33. (a) É um programa que dialoga com o usuário. (b) Editor de texto, navegador de internet, IDE. (c) Controlador de dispositivo e vírus de computador.

34. Consulte a Seção 1.4.

35. É um programa que usa apenas console para entrada e saída de dados.

36. Consulte a Seção 1.5.

37. Consulte a Seção 1.5.

38. (a) Coloração de sintaxe é uma característica de editores de programas que consiste na apresentação de diferentes componentes de programas com cores distintas. (b) Coloração de sintaxe facilita a identificação visual desses componentes.

39. Porque a coloração de sintaxe deixa de ser eficiente.

40. Um carregador (*loader*) prepara um programa para execução.

41. É uma ferramenta de desenvolvimento que auxilia a depuração de programas.

42. Consulte a Seção 1.6.2.

43. IDE possui uma interface que integra um conjunto de ferramentas de desenvolvimento, enquanto *toolchain* é um conjunto de ferramentas de desenvolvimento sem integração.

44. (a) É o mesmo que *loader* (v. acima). (b) Sim, pois CodeBlocks permite executar programas sem abandoná-lo.

45. GDB.

46. Consulte a Seção 1.6.2.

47. Consulte a Seção 1.6.2.

48. `-Wall`.

49. Ele cria programas executáveis.

50. (a) Linker é um programa responsável pela criação de programas executáveis. (b) Compilação cria programas-objeto e ligação cria programas executáveis.

51. (a) É um conjunto de funções para leitura de dados via teclado que facilitam a criação de programas robustos. (b) Essa biblioteca possibilita a criação de programas robustos usando instruções de entrada de dados bastante simples.

52. (a) CodeBlocks é um IDE. (b) É um ótimo ambiente de desenvolvimento, é fácil de usar e é grátis.

53. Consulte a Seção 1.7.3.

54. Consulte a Seção 1.7.4.

55. Consulte o final da Seção 1.7.4.

56. Consulte a Seção 1.8.

57. Provavelmente, porque não sabem qual é o tipo de programas que estão construindo ou desconhecem a relação entre Windows e DOS.

58. Consulte a Seção 1.9.

59. Consulte o Prefácio e a Seção 1.9.

60. Consulte a Seção 1.9.

61. Consulte a Seção 1.9.

62. Consulte a Seção 1.9.

63. Consulte a Seção 1.9.

# Capítulo 2 — Introdução à Construção de Algoritmos

1. Consulte a Seção 2.1.

2. (a) Ambos possuem entrada, saída e processamento. (b) Receitas culinárias não são precisas como devem ser algoritmos.

3. São dados que um algoritmo estão capacitados para processar.

4. Consulte a Seção 2.1.

5. São aqueles que produzem os mesmos resultados quando recebem os mesmos dados como entrada.

6. Reconhecimento facial, escrita de livro, entendimento de linguagem natural.

7. Consulte a Seção 2.2.

8. Depende da experiência do programador que irá converter o algoritmo em programa.

9. Reúso de código é o aproveitamento de trechos de um programa-fonte na criação de outro programa-fonte.

10. Consulte a Seção 2.3. (b) Porque linguagem algorítmica não é nem linguagem natural nem linguagem de programação; ela é uma linguagem artificial.

11. Pseudolinguagem facilita a construção e a tradução de algoritmos. Por outro lado, linguagens naturais são inerentemente ambíguas e dependentes de contexto.

12. Consulte a Seção 2.3.

13. (a) É código (programa-fonte) escrito em pseudolinguagem. (b) Não.

14. Conteúdo, endereço e nome (identificador).

15. É uma instrução que atribui um valor a uma variável.

16. Significa que a x será atribuído seu valor corrente acrescido de **2**.

17. Não, mas o uso de declarações de variáveis num algoritmo facilita sua tradução em programa.

18. Consulte a Seção 2.5.

19. Consulte a Seção 2.5.

20. Consulte a Seção 2.5.

21. Consulte a Seção 2.5.

22. Em grupos de precedência, em cada um dos quais os operadores têm a mesma precedência.

23. (a) Para comparar valores numéricos. (b) Consulte a Seção 2.5.3.

24. verdadeiro ou falso

25. Operadores lógicos são operadores que combinam constantes, variáveis e expressões lógicas para formar expressões também lógicas.

26. Consulte a Seção 2.5.4.

27. É uma tabela que apresenta os resultados da aplicação de um operador lógico em função dos possíveis valores de seus operandos.

28. Basicamente, eles servem para alterar precedência e associatividade de operadores, mas também podem facilitar a leitura de expressões complexas.

29. Na tabela a seguir, suponha que V representa verdadeiro e F representa falso. (Lembre-se que a conjunção e tem precedência maior do que a disjunção ou.)

| A | B | C | B e C | A ou B e C |
|---|---|---|-------|------------|
| V | V | V | V | V |
| F | V | V | V | V |
| V | F | V | F | V |
| V | V | F | F | V |
| F | V | F | F | F |
| F | F | F | F | F |
| V | F | F | F | V |
| F | F | V | F | F |

30. (a) verdadeiro. (b) verdadeiro. (c) verdadeiro. (d) falso. (e) falso. (f) falso.

31. Para ler dados que serão processados por um algoritmo (ou programa).

32. A instrução leia lê dados num meio de entrada e armazena-os em variáveis.

33. Para exibição de informação para o usuário de um algoritmo.

34. Consulte a Seção 2.6.

35. Uma instrução leia deve conter apenas variáveis que indicam os locais nos quais os valores lidos serão armazenados.

36. É uma sequência de caracteres entre aspas.

37. Consulte a Seção 2.7.

38. São instruções capazes de alterar o fluxo natural de execução de um algoritmo.

39. Desvios condicionais, desvios incondicionais e laços de repetição.

40. Consulte a Seção 2.7.1.

41. Na instrução enquanto-faça, a expressão condicional é avaliada antes do corpo do laço; na instrução faça-enquanto, a expressão condicional é avaliada depois do corpo do laço.

42. (a) Bloco é uma sequência de instruções que não apresentam dependências entre si. (b) Endentação é um pequeno espaço em branco horizontal que indica subordinação de uma instrução em relação a outra. (c) Instruções que fazem parte de um mesmo bloco não apresentam endentações entre si.

43. (a) i1 e i5. (b) i3, i4 e i5. (c) i2 e i5. (d) b1 deve ser F e b2 deve ser F. O valor de b3 pode ser V ou F.

44. Na instrução 1, a variável L assume o valor verdadeiro quando X é igual a Y e assume falso em caso contrário. O mesmo ocorre na instrução 2. Portanto essas instruções são funcionalmente equivalentes.

45. Zero.

46. Consulte a Seção 2.8.

47. É um nome que sugere o tipo de informação armazenado na variável.

48. (a) Comentários servem para documentar e esclarecer trechos obscuros de algoritmos. (b) Comentários facilitam a leitura de algoritmos.

49. (a) É endentação que usa sempre o mesmo número de espaços e os mesmos formatos. (b) Porque melhora a legibilidade de algoritmos.

50. Consulte a Seção 2.9.

51. Consulte a Seção 2.9.1.

52. (a) Consulte a Seção 2.9.3. (b) Executando-o com casos de entrada qualitativamente diferentes e também manualmente, como um algoritmo.

53. (a) São casos de entrada que produzem resultados que têm significados distintos. (b) Eles testam todas as saídas possíveis de um programa.

54. Exemplos de execução podem ser usados como casos de entrada durante a fase de testes do algoritmo e do programa resultante.

55. Porque erros podem ser introduzidos durante a implementação do programa.

56. Porque um programa pode estar incorreto e, então, será necessário retornar a alguma etapa do processo de desenvolvimento.

# Capítulo 3 — Introdução à Linguagem C

1. (a) É a especificação oficial da linguagem. (b) Principalmente, por razões de portabilidade.

2. (a) É o padrão da linguagem C definido por um comitê ISO. (b) C11.

3. Significa que ela não é especificado por nenhum padrão aceito de C e, portanto, não é portável.

4. Dennis Ritch.

5. Consulte a Seção 3.2.1.

6. (a) São identificadores que possuem significado especial numa linguagem de programação (b) Não.

7. (a) São identificadores que são ou poderão ser usados pela biblioteca padrão de C. (b) Pode, mas não deve.

8. Na prática não é possível, porque palavras-chave e palavras reservadas usam letras minúsculas.

9. **int**, **double** e **void** são palavras-chave; **$a** e **a$** usam **$**, que não é um caractere permitido em identificadores de C.

10. O conjunto básico de caracteres de C contém letras, dígitos, caracteres gráficos e espaços em branco.

11. (a) É um mapeamento entre caracteres e números inteiros não negativos que os representam. (b) ASCII, EBCDIC e ISO 8859-1.

12. Por meio dos números inteiros que os representam no código de caracteres em uso.

13. (a) `71`. (b) `9`. (c) `57`. (d) `106` (`49 + 57`).

14. Não. `c = 'A'` é portável (e legível) `c = 65` não é portável (nem legível).

15. (a) É um conjunto de valores munido de um conjunto de operações sobre eles (b) É um tipo que faz parte de uma linguagem de programação.

16. (a) Consulte a Seção 3.4.1. (b) Consulte a Seção 3.4.2. (c) Consulte a Seção 3.4.3.

17. Notação convencional e notação científica.

18. (a) É uma forma de representação para alguns caracteres especiais que não possuem representação gráfica. (b) Consulte a Seção 3.5.3. (c) Consulte a Seção 3.5.3.

19. `'\n'` provoca quebra de linha e `'\t'` causa tabulação horizontal.

20. (a) Um string constante consiste em um ou mais caracteres constantes entre aspas. (b) Um string constante pode conter mais de um caractere; os delimitadores de strings (aspas) e caracteres constantes (apóstrofos) também são diferentes.

21. (a) Dividindo o string em substrings separados por espaços em branco. (b) Melhora a legibilidade.

22. Sim. Existem inúmeros exemplos neste livro.

23. (a) Sim. É a soma do valor inteiro associado a `'A'` com o valor inteiro associado a `'B'`. (b) Não, pois ela depende de implementação. (c) Depende do código de caracteres usado.

24. O resultado de `'Z' - 'A'` depende de implementação (i.e., ele depende do código de caracteres usado, o que não é especificado por nenhum padrão de C).

25. (a) `9` (b) `2` (c) `dígito`.

26. (a) Constante inteira em base decimal. (b) Constante real em notação convencional. (c) Constante real em notação científica. (d) Caractere constante representado como sequência de escape. (e) String constante.

27. (a) Os operadores unários. (b) O operador de atribuição.

28. (a) É a alteração de valor produzida pelo operador em um de seus operandos. (b) Atribuição, incremento e decremento.

29. Os operadores de conjunção e disjunção, representados, respectivamente, por **&&** e **||**.

30. Não há como alterar essa propriedade.

31. Porque a expressão à direita da atribuição pode produzir dois valores válidos, dependendo da ordem com que os operandos do operador de multiplicação são avaliados.

32. Operadores aritméticos, relacionais e lógicos, nessa ordem, da maior para a menor precedência.

33. (a) Um operador representa uma operação elementar de uma linguagem de programação. (b) É um valor sobre o qual atua um operador. (c) É uma combinação legal de operadores e operandos.

34. (a) `-6`. (b) `-2`. (c) `6`. (d) `-2`. (e) `-6`. (f) `2`. (Esses resultados estão de acordo com os padrões C99 e C11.)

35. (a) É um operador utilizado para efetuar comparações de valores numéricos. (b) Consulte a Seção 3.7.2.

36. Alguns usam símbolos diferentes; os tipos de operandos são diferentes; os resultados são diferentes; os operadores relacionais da pseudolinguagem fazem parte de um mesmo grupo de precedência, o que não ocorre com os operadores relacionais de C.

37. Em C, `0` ou `1`. Em linguagem algorítmica, verdadeiro ou falso.

38. Não (v. Seção 3.7.2).

39. (a) `10.5`; (b) `2.5`; (c) `6.75`.

40. (a) `a = ((b*c) == 2);` (b) `a = (b && (x != y));` (c) `a = (b = (c + a));`

41. (a) Negação (**!**), conjunção (**&&**) e disjunção (**||**). (b) `0` ou `1`.

42. (a) Praticamente, nenhuma. (b) Operandos, resultados, símbolos e curto-circuito.

43. (a) É o fato de um operador nem sempre avaliar todos os seus operandos. (b) Conjunção (**&&**) e disjunção (||).

44. Não. Na expressão (2) o valor de y é sempre incrementado, o que não ocorre sempre no caso da expressão (1) devido ao curto-circuito do operador de disjunção.

45. Se o valor de x for 0, a avaliação da expressão (1) causa o aborto devido a tentativa de cálculo de resto de divisão por 0. Na expressão (2), o curto-circuito do operador de conjunção impede que a expressão y%x seja avaliada quando x é 0.

46. (a) Porque o valor resultante da avaliação de 1/3 é 0. (b) Zero.

47. (a) x > 2 && x < 10; (b) x%2 == 0 || x%3 == 0; (c) x%2 == 0 && x != 6; (d) x == 2 || x == 3 || x == 5;

48. (a) Sim. (b) Zero, porque o resultado de x = 0 é sempre 0.

49. O valor da expressão 2/3 é 0. Portanto a variável **produto** recebe esse valor convertido em **double**.

50. Uma definição de variável especifica o nome e o tipo de uma variável.

51. Uma definição de variável informa o compilador como ele deve interpretar o conteúdo da variável, a quantidade de espaço que deve ser alocada e o identificador associado à variável.

52. Para facilitar rápida identificação visual das categorias às quais os identificadores pertencem.

53. O símbolo = representa operador de atribuição; o símbolo == representa operador de igualdade.

54. 1.

55. (a) i recebe 2; d recebe 2.0. (a) i recebe 2; d recebe 2.5.

56. (a) É uma conversão de tipos efetuada automaticamente pelo compilador. (b) Para permitir mistura de tipos numa expressão.

57. Em expressões envolvendo tipos diferentes (incluindo atribuição), em passagem de parâmetros, em retorno de função e quando o tipo de uma variável ou parâmetro é **char**.

58. Consulte a Seção 3.10.1.

59. (a) Não. (b) Sim. (c) Real.

60. (a) Para converter 2 em **double**. (b) Não, pois essa conversão ocorreria implicitamente. (c) A conversão explícita melhora a legibilidade da instrução.

61. (a) 2.0; (b) 2.5; (c) 2.5; (d) 2.0.

62. (a) É uma operação que acrescenta 1 a uma variável. (b) É uma operação que subtrai 1 de uma variável. (c) São os operadores representados por ++ e --.

63. Se x é uma variável, o resultado de ++x é x + 1 e o resultado de x++ é x.

64. (a) 2 (b) 1 ou 2.

65. (a) 1 (b) 2.

66. Incremento não pode ter uma expressão como operando.

67. Se a variável j for avaliada primeiro, a expressão j * j++ será igual a 4 * 4, que resulta em 16. Se a expressão j++ for avaliada primeiro, a expressão j * j++ será igual a 5 * 4, que resulta em 20.

68. Não. Essa expressão possui todos os ingredientes para não ser portável (v. Seção 3.9).

69. (a) Por meio de delimitadores de comentários. (b) Como se fossem espaços em branco.

70. Para facilitar seu entendimento assim como prover outras informações úteis sobre ele.

71. Um programa sem comentários pode requerer que o leitor faça inferências para tentar entender o que (e como) o programa faz.

72. Quando se está construindo o programa para evitar esquecimento.

73. Comentários encontrados em livros de ensino de programação são didáticos.

74. Porque comentários redundantes desviam a atenção de quem lê o programa.

75. Consulte a Seção 3.12.

76. Uma biblioteca é uma coleção de componentes prontos para uso em programas.

77. Estritamente falando, sim. Mas, uma linguagem de programação que não possui biblioteca é severamente limitada do ponto de vista pragmático.

78. Usando os componentes providos por uma biblioteca, o programador não precisa programá-los.

79. (a) É a biblioteca que deve acompanhar qualquer compilador que segue o padrão da linguagem C. (b) Nenhum componente de biblioteca têm significado especial para um compilador de C. Portanto não fazem parte dessa linguagem.

80. Porque, apesar de acompanhar obrigatoriamente qualquer compilador padrão, seus componentes não fazem parte da linguagem em si (v. questão anterior).

81. É um arquivo que contém informações úteis para o compilador sobre os componentes de uma biblioteca ou módulo de biblioteca.

82. (a) Para incluir arquivos de cabeçalhos em programas. (b) O conteúdo do arquivo cujo nome acompanha a diretiva é inserido no arquivo que a contém a partir da linha na qual ela se encontra.

83. (a) Quando se deseja processar entrada ou saída usando a biblioteca padrão. (b) Quando se desejam incluir num programa operações matemáticas sobre números reais que não são contempladas por operadores de C. (c) Quando se desejam processar strings. (d) Para leitura robusta de dados via teclado sem uso da biblioteca padrão.

84. Normalmente, os símbolos < e > são usados para cabeçalhos da biblioteca padrão, enquanto aspas são usadas para cabeçalhos de outras bibliotecas.

85. *Interação* refere-se à comunicação entre um programa e um usuário. A palavra *iteração* refere-se a repetição e é mais usada no contexto de estruturas de controle.

86. É um programa resistente a qualquer tipo de entrada de dados.

87. Consulte a Seção 3.14.1.

88. É uma sequência de caracteres que começa com **%** e especifica como um valor deve ser escrito.

89. (a) É um string que contém especificadores de formato. (b) Quaisquer caracteres.

90. Cada especificador de formato deve corresponder um valor a ser escrito por **printf()**.

91. (a) Usando o especificador de formato **%c**. (b) Usando o especificador de formato **%d**.

92. (a) Um valor do tipo **double** com seis casas decimais. (b) Um valor do tipo **double** com duas casas decimais, largura de campo mínima igual a cinco e alinhado à direita. (c) Um valor do tipo **int** com largura de campo mínima igual a cinco alinhado à direita. (d) Um valor do tipo **int** com largura de campo mínima igual a cinco alinhado à esquerda. (e) Um valor do tipo **int**. (f) Um caractere. (f) Um string.

93. (a) Incluindo \n num string de formatação de **printf()**. (b) Incluindo \t num string de formatação de **printf()**.

94. Seis.

95. (a) `2.456900`. (b) Um valor que não faz sentido. (c) `2.46`. (d) `2.46`.

96. `4321`. O valor `43` é obtido da primeira chamada de **printf()**; `2` vem da segunda chamada de **printf()** e `1` vem da terceira chamada dessa função.

97. Porque faltou incluir a variável `resultado` como parâmetro de **printf()**.

98. `i = 8, j = 1`

99. `1/3 = 0.000000`

100. Consulte a Seção 3.14.3.

101. (a) Usuário comum não sabe o que é *string*. (b) Nem ^*C*.
102. Porque o usuário pode ser induzido a introduzir dados incorretos.
103. A função **printf()** usa um especificador de formato indevido (o correto seria **%f**, e não **%d**).
104. (a) É um identificador que representa um valor constante. (b) Usando **#define**, o nome da constante e seu valor.
105. (a) Porque uma definição de constante simbólica é uma diretiva e diretivas terminam com quebra de linha, e não com ponto e vírgula. (b) Porque esse tipo de erro não é apontado pelo compilador no local onde a constante é definida. (c) Consulte a Seção 3.15.
106. Legibilidade, manutenibilidade e portabilidade são favorecidas com o uso de constantes simbólicas.
107. Usando constante, o símbolo =, o nome da constante e seu valor.
108. Consulte a Seção 3.16.
109. Resumidamente, teste procura defeitos num programa e depuração os corrige.
110. Não. Apenas programas executados sob supervisão de um hospedeiro devem incluir uma função **main()**.
111. (a) É um sistema que supervisiona e dá suporte à execução de um programa. (b) É um sistema que não oferece nenhum suporte à execução de um programa.
112. É um programa cuja interface é baseada apenas em texto.
113. Consulte a Seção 3.17.1.
114. (a) É o nome da primeira função a ser executada num programa com hospedeiro. (b) Porque o hospedeiro executa essa função logo após o programa ter sido carregado em memória. (c) Sim, dependendo do sistema usado como hospedeiro. Por exemplo, em sistemas da família Microsoft Windows, o nome da primeira função a ser executada é `WinMain()`.
115. Quando uma função **main()** retorna zero, o significado é que o programa que a contém foi executado sem anormalidades.
116. Mensagem de erro indica que um programa não será compilado e mensagem de advertência indica que um programa poderá apresentar problemas quando for executado.
117. (a) É um erro que transgride as regras de uma linguagem de programação. (b) É um erro que causa aborto de programa. (c) É um erro que causa o mau funcionamento de um programa, mas não provoca aborto. (d) Erro de compilação. (e) Erro lógico.
118. Consulte a Seção 3.18.2.
119. Porque uma mensagem de advertência pode prever a ocorrência de um erro de execução ou erro lógico.
120. Ocorrerá um erro de execução se o valor introduzido pelo usuário for igual a `0`.

# Capítulo 4 — Fluxo de Execução

1. É a sequência e a frequência com que as instruções do programa são executadas.
2. (a) Fluxo natural de execução de um programa é a execução sequencial da primeira à última instrução do programa, sendo cada uma delas executada uma única vez e na ordem em que se encontra no programa. (b) Por meio de estruturas de controle.
3. Esse programa é legal, mas é inútil.
4. (a) Sim. (b) Nenhum.
5. Consulte a Seção 4.2.
6. Consulte a Seção 4.2.
7. Porque uma expressão sem efeito colateral não altera nenhum dado processado pelo programa.
8. Porque uma instrução (como `x++;`) não pode aparecer fora de uma função.

9. Iniciação é permitida fora de qualquer função, pois não é considerada instrução. Essa é uma das diferenças entre iniciação e atribuição.

10. (a) Ponto e vírgula. (b) Não (v. Seção 4.2).

11. (a) Consulte a Seção 4.5.6. (b) Consulte as Seção 4.11.6.

12. Laços de repetição, desvios condicionais e desvios incondicionais.

13. (a) São instruções que alteram a ordem de execução de outras instruções de um programa de acordo com o resultado da avaliação de uma expressão condicional. (b) **if-else** e **switch-case**.

14. (a) São instruções que permitem o desvio do fluxo de execução de um programa independentemente da avaliação de qualquer condição. (b) **break**, **continue** e **goto**.

15. (a) São instruções que alteram a frequência com que outras instruções são executadas. (b) **while**, **do-while** e **for**.

16. (a) Consulte a Seção 4.5.1. (b) Consulte a Seção 4.5.2. (c) Consulte a Seção 4.5.3.

17. (a) Cinco vezes. (b) 5 e 5. (c) Sim, pois os resultados das expressões contendo ++ e -- não são usados.

18. (a) No caso específico em que x e y assumem os valores iniciais que aparecem nas questões, não há diferença. Mas, se inicialmente o valor de x for maior do que ou igual a y, haverá diferença. (b) Cinco vezes. (c) 5 e 5.

19. (a) Cinco vezes. (b) Os valores de x e y serão, respectivamente, 6 e 4. (c) Não, pois os valores das expressões x++ e y-- são usados.

20. Sim, pois o resultado da expressão j++ (ou ++j) não é utilizado.

21. A variável i não é iniciada.

22. A condição de parada do laço **while** é atingida apenas quando ocorre overflow na variável i.

23. Esse programa soma os termos de uma progressão aritmética com razão 2, cujo primeiro termo é 2 e o último termo é 100. Portanto o programa escreve na tela: Soma = 2550, conforme era esperado.

24. (a) Essa questão é uma pegadinha, porque aparentemente o valor de i++ será sempre maior do que zero e, assim, o laço **while** nunca terminará. Acontece, entretanto, que o incremento contínuo da variável i terminará acarretando em overflow e essa variável se tornará negativa, encerrando o laço. (b) Valor final de i: -2147483647. Esse valor corresponde ao maior valor do tipo **int** com sinal invertido na implementação na qual o programa foi compilado.

25. (a) Sim. O laço encerra quando o valor da expressão --i for igual a zero. (b) Valor final de i: 0.

26.

```
int i = 0;
while (i < 10) {
    printf("i = %d\n", i);
    ++i;
}
```

27. Esse laço nunca termina porque a variável i sempre assume 0 como valor.

28. Porque o programador trocou ponto e vírgulas por vírgulas, de modo que a condição de para do laço ficou sendo j = 10, i < j, ++i e o resultado dessa expressão é ++i, que nunca será zero. Assim, o laço nunca termina.

29. É uma expressão que, quando resulta num valor diferente de zero, provoca o encerramento do laço.

30. A condição de parada do laço **do-while** desse programa é valor == 1 && valor == 2. Mas, não existe nenhum valor que satisfaça essa expressão.

31. i <= 0, que é a negação da expressão condicional do laço.

32. (a) Provavelmente, ele pretendia escrever o valor de i em cada execução do corpo do laço. (b) Porque o ponto e vírgula na linha inicial do laço **for** encera prematuramente essa instrução. (c) Removendo o ponto e vírgula indevido. (d) Consulte a Seção 4.5.1.

33. Esse programa escreve y linhas cada uma das quais contém x caracteres iguais àquele escolhido pelo usuário.

34. (a) Consulte a Seção 4.5.3. (b) **for**.

35. O uso de vírgulas em vez de pontos e vírgulas para separar as expressões do laço **for** causa erro de compilação.

36. (a) 10 vezes. (b) 10 vezes. (c) 11 vezes. (d) 11 vezes. (e) 10 vezes. (f) 11 vezes. (g) Esse laço é infinito e encerra quando ocorre overflow. (h) Idem.

37. (a) 100. (b) 10.

38. O ponto e vírgula na linha contendo **for** encera prematuramente essa instrução. A correção consiste em remover esse ponto e vírgula.

39. `Botafogo.`

40. Consulte a Seção 4.5.4.

41. Consulte a Seção 4.5.4.

42. Instruções **break** previnem o efeito cascata de instruções **switch-case**.

43. A expressão 0 < x < 10 resulta sempre em 1, pois 0 < x resulta em 0 ou 1 e, em qualquer caso, esse valor é menor do que 10.

44. (a) O uso do operador de atribuição na expressão condicional da instrução **if**. (b) Escrevendo essa expressão como: 0 = x. Nesse caso, a expressão continuaria errada, mas o compilador indicaria o erro. (c) Qualquer compilador decente emite uma mensagem de advertência em situações como essa.

45. (a) O identificador `defalut` é considerado um rótulo de instrução. (b) Nada.

46. `Valor de x: 6.`

47. `Valor de x: 5.`

48. (a) `Tchau`. (b) Um número de linhas igual ao valor introduzido, cada uma das quais contendo o caractere +. (c) Um número de traços igual ao valor introduzido menos um.

49. Digite o programa, compile-o, execute-o e você conhecerá a resposta.

50. O valor de x (ou qualquer outra variável) ou é zero ou diferente de zero. Portanto a terceira instrução **printf**() jamais será executada.

51. O erro está na expressão `numero =! 0`, que é interpretada como negação seguida de atribuição. Portanto à variável `numero` será sempre atribuído 1, independentemente do valor introduzido pelo usuário.

52. Para que a parte **default** não seja esquecida quando ela for necessária.

53. Esse programa escreve na tela os valores inteiros introduzidos pelo usuário sem repetir nenhum valor.

54. Devido ao uso do operador de atribuição na expressão `debito = 0`.

55. O operador de negação (representado por !) tem maior precedência do que o operador de resto de divisão (representado por %). Portanto a expressão `!numero%2` resulta sempre em 0 quando a variável `numero` é diferente de 0.

56. Consulte as Seções 4.7.1 e 4.7.2.

57. (a) Consulte a Seção 4.7.3. (b) Porque o uso desmesurado de **goto** pode gerar código espaguete.

58. `1`.

59. Será exibido na tela:

```
Final da instrucao for
Final da instrucao while
```

**60.** `2 4 6 8 10.`

**61.** Não. O desvio só é permitido para instruções que façam parte da mesma função na qual se encontra a instrução **goto**.

**62.** Ela pode deixar de ser válida quando o corpo da instrução **for** contém uma instrução **continue**.

**63.**

(a)
```
0        5        15       30
i = 20
```

(b)
```
1        2        3        4
i = 20
```

(c)
```
1        2        3        4
i = 16
```

(d)
```
1     0     3     2     7     6     13    12    21
i = 10
```

(e)
```
1
i = 1
```

(f)
```
i = 1
```

(g)
```
1     2     3     3     4     5     4     5     6     7
i = 5, j = 4
```

(h)
```
1     3     2     1     0     0     0     0     0     0
i = 5, j = 4
```

**64.** (a) Se forem traçadas linhas conectando as instruções **goto** às respectivas instruções para as quais são efetuados os desvios provocados por **goto**, essas linhas se cruzarão e estará pronto o prato de código espaguete. (b) Abaixo.

```c
#include <stdio.h>

int main(void)
{
   int contador;

   for (contador = 1; contador <= 10; contador++)
      printf("%d  ", contador);

   putchar('\n');

   return 0;
}
```

**65.** Instruções **continue** só podem ser usadas em corpos de laços de repetição.

**66.** Consulte a Seção 4.8.

**67.** Consulte a Seção 4.8.

**68.** **2.**

**69.** Se você teve dificuldade para responder a questão anterior, sabe a resposta desta questão.

**70.** `printf("x %se' positivo", x > 0 ? "" : "nao ");`

**71.** É a menor precedência da linguagem C.

72. Consulte a Seção 4.9.

73. (a) **2**. (b) **1**. (c) **1**. (d) **3**.

74. (a) **i** assumirá **-1** e **j** assumirá **0**. (b) **0**. (c) Não. Essa instrução é portável. Usando o operador de soma, ela deixará de sê-lo. (d) Não. Se o operador de conjunção for usado, a expressão **j = i--** não será avaliada, já que a expressão **i = 0** resulta em **0**. (e) Nesse caso especial, a resposta é *sim*.

75. Conjunção, disjunção, vírgula e condicional.

76. Não. Consulte a Seção 3.9.

77. (a) Sim. (b) **3**. (c) **2**.

78. Esse programa escreve d = 2.000000. A vírgula na expressão **d = 2,5** é interpretada como operador, de modo que à variável **d** é atribuído o valor **2.0**, visto que o operador de atribuição tem maior precedência do que o operador vírgula e levando em consideração a conversão implícita.

79. Porque, nesse caso, a vírgula é considerada um separador de declarações. Portanto não deveria haver um número seguindo-a.

80. Porque eles são obtidos por meio de uma fórmula e, portanto, são previsíveis (desde que se conheçam a semente e a fórmula utilizadas).

81. (a) Um valor entre **1** e **10**. (b) Porque o gerador de números aleatórios usa sempre a mesma semente.

82. Para alimentar o gerador de números aleatórios.

83. (a) Para alimentar o gerador de números aleatórios. (b) A semente que alimenta o gerador de números aleatórios é bem mais difícil de ser replicada.

# Capítulo 5 — Subprogramas

1. Consulte a Seção 5.1.

2. Sim. Pelo menos a função **main**() deve fazer parte de um programa de console.

3. Consulte a Seção 5.1.

4. Por meio do operador de endereço.

5. Uma variável do tipo **int**, por exemplo, sempre armazenará um valor desse tipo, quer ela tenha sido iniciada ou não. Por outro lado, o conteúdo de um ponteiro não iniciado pode não corresponder a um endereço válido.

6. Consulte a Seção 5.2.3.

7. (a) Sim. (b) Não.

8. Consulte a Seção 5.2.4.

9. A variável **p2** não é ponteiro e, portanto, não deveria ser iniciada com um endereço.

10. (a) Sim. (b) À variável **x** é atribuído **10** por intermédio do ponteiro **p**.

11. (a) **&x**. (b) **x**.

12. Porque **p** é um ponteiro nulo quando lhe é aplicado o operador de indireção.

13. y = 100.

14. Porque, na iniciação, o endereço de **x** é atribuído a **p**, enquanto, na atribuição o endereço de **x** é atribuído ao conteúdo apontado por **p**.

15. Porque, na iniciação, um valor do tipo **int** é atribuído a **p**, enquanto, na atribuição um valor do tipo **int** é atribuído ao conteúdo apontado por **p**.

16. Consulte a Seção 5.3.

17. Consulte a Seção 5.3.

18. Consulte a Seção 5.3.

19. Consulte a Seção 5.4.

20. (a) Consulte a Seção 5.5.1. (b) Por meio de variáveis globais ou com escopo de arquivo.

21. Não. Mas algumas outras linguagens de programação (p. ex., Pascal) permitem isso.

22. (a) O uso de **void** indica que a função não retorna nenhum valor. (b) Nesse caso, o uso de **void** indica que a função não possui nenhum parâmetro.

23. O tipo do parâmetro y não foi declarado.

24. Consulte a Seção 5.4.3.

25. (a) Sim. (b) Não.

26. (a) Sim. (b) Não.

27. Não. Mas esses tipos devem ser compatíveis.

28. Consulte a Seção 5.4.3.

29.

```
int MinhaFuncao(int x)
{
    return x < 0 ? 0 : 1;
}
```

30. O ponteiro **aux** não foi iniciado.

31. Essa função retorna x quando x é positivo ou zero e retorna -x quando x é positivo. Portanto ela calcula o valor absoluto de um número inteiro.

32. Quando o valor do parâmetro é menor do que ou igual a zero, essa função não retorna nenhum valor.

33. Seguindo a dica do exercício, se você escrever um programa contendo uma chamada da função **Abs()**, tal como: **Abs(INT_MAX)**, verá que o resultado retornado por ela é 1, o que é um absurdo. Isso acontece devido à ocorrência de overflow na chamada da função **sqrt()**.

34. Quando ele é um parâmetro saída ou de entrada e saída (ou um array, como será visto no Capítulo 8).

35. Quando ele é um parâmetro de entrada, mas ocupa muito espaço em memória.

36. O modo de um parâmetro informa se ele é de entrada, saída ou entrada e saída.

37. Consulte a Seção 5.5.1.

38. Nunca.

39. (a) É um parâmetro que aparece numa definição de função. (b) É um parâmetro que aparece numa chamada de função. (c) Eles são ligados durante uma chamada de função.

40. (a) Não. (b) Não.

41. Consulte a Seção 5.5.2.

42. Se os parâmetros forem compatíveis, haverá conversão do tipo do parâmetro real para o tipo do parâmetro formal. Se os parâmetros não forem compatíveis, poderá ocorrer erro de sintaxe.

43. Consulte a Seção 5.5.2.

44. Porque esse é o único tipo de passagem de parâmetros especificado pelo padrão de C.

45. Não.

46. Sim. Nesse caso, o valor retornado é desprezado.

47. Significa que a função retorna um valor, mas ele está sendo desprezado. Mas, o uso de conversão explícita não é estritamente necessário (apenas melhora a legibilidade).

**48.** (a) 1  2  3  4  5 (b) 1  3  6  10  15 (c) 5  9  13  17  21

**49.** Sim. A função `F2()` deve ser definida antes de `F1()`, a não ser que haja uma alusão à função `F2()` antes da definição de `F1()`.

**50.** Consulte a Seção 5.6.

**51.** Incluindo alusões antes das definições de funções, o programador não precisa se preocupar com a ordem com a qual elas são definidas.

**52.** Consulte a Seção 5.6.

**53.** Consulte a Seção 5.6.

**54.** Não. Nomes de parâmetros são ignorados em alusões.

**55.** (a) `void F(int dia, int *mes)` (b) `int *F(int *x, int *y)`

**56.** (a) `void F(double, char *)` (b) `int *F(void)`

**57.** O uso de parênteses vazios numa alusão é interpretado como uma alusão sem protótipo.

**58.** (a) Não. (b) Não. (c) Por uma razão prática: o programador pode criar uma alusão de função copiando e colando o cabeçalho da função.

**59.** (a) A função `ApresentaMenu()` é chamada antes de ser definida. (b) Colocando-se a definição dessa função ou uma alusão a ela antes da função **main()**.

**60.** Pode-se inferir que essa função possui dois parâmetros: o primeiro deles é um ponteiro para **double** e o segundo deles é do tipo **int**. Pode-se ainda concluir que essa função retorna um valor do tipo **int**.

**61.** (a) Para uso em alusões de funções e variáveis globais. (b) Neste livro introdutório, essa palavra-chave é redundante. Mas, às vezes, ela é necessária para resolver possíveis ambiguidades em alusões e definições de variáveis globais.

**62.** Porque o programador não precisa se preocupar com a ordem com que as funções são definidas.

**63.** Consulte a Seção 5.9.

**64.** Consulte a Seção 5.9.

**65.** Consulte as Seções 2.9 e 5.9.

**66.** (a) Consulte a Seção 5.8. (b) Terminais ATM de banco.

**67.** Porque, tipicamente, programas com interação dirigida por menus possuem várias opções que correspondem a desvios múltiplos e instruções **switch-case** são as mais indicadas para implementar esses desvios.

**68.** Existem vários exemplos de interação dirigida por menu neste livro. Consulte o Índice Remissivo.

**69.** Consulte a Seção 5.8.2.

**70.** Consulte a Seção 5.8.3.

**71.** É uma variável que é alocada quando o bloco no qual ela é definida é executado e liberada quando encerra a execução desse bloco. (b) No interior de um bloco sem uso de **static**. (c) Escopo de bloco. (d) Seu conteúdo é indefinido.

**72.** **auto** serve para qualificar variáveis de duração automática. (b) Não. Ela é redundante. (c) Não, porque programas antigos que a usam deixariam de ser compilados.

**73.** (a) Significa que o espaço alocado para a variável ou parâmetro torna-se livre para uso posterior. (b) Quando encerra a execução do bloco no qual ela é definida. (c) Quando o programa encerra.

**74.** (a) O conteúdo da variável é indefinido. (b) A variável é implicitamente iniciada com zero.

**75.** Consulte a Seção 5.9.3.

**76.** (a) Porque uma variável de duração fixa deve ser iniciada antes da execução de qualquer função e uma variável de duração automática só é alocada quando a função que contém sua definição é chamada. (b) Porque isso imporia uma ordem de alocação de variáveis de duração fixa. Por exemplo, suponha que x e y sejam variáveis de duração fixa e que fosse permitido iniciar a variável x com o valor de y. Então, o compilador teria que gerar código para alocar y antes de x. Mas, o padrão de C especifica apenas que essas variáveis devem ser alocadas ao início da execução do programa que as contém.

77.

```
x = 1    y = 1
x = 1    y = 2
x = 1    y = 3
x = 1    y = 4
x = 1    y = 5
```

78. (a) Não. (b) Sim.

79. Sim. Apesar de a variável y ter duração fixa, sua iniciação não usa o valor da variável x. Em outras palavras, a expressão `sizeof(x)` pode ser resolvida em tempo de compilação.

80. Porque a iniciação da variável k é ilegal.

81. 4        11        22

82. (a) A variável **soma** tem escopo de bloco, de modo que ela é iniciada com 0 cada vez que o bloco que contém sua definição é executado. (b) Colocando a definição dessa variável antes do laço **while**.

83. A qualificação da variável **soma** com **static** faz com que ela passe a ter duração fixa e variáveis de duração fixa retêm valores assumidos entre uma chamada de função e outra. Por exemplo, se essa função fosse chamada duas vezes consecutivas como **SomaAteN(5)**, na primeira chamada ela retornaria **15** (valor correto), enquanto na segunda chamada ela retornaria **30** (valor incorreto).

84. (a) Consulte a Seção 5.10.4. (b) Variáveis e parâmetros. (c) Rótulos de instruções.

85. (a) Sim. (b) Não.

86. Consulte a Seção 5.10.4.

87. (a) Sim, desde que tenham escopos diferentes. (b) Sim, desde que elas sejam definidas em blocos diferentes. (c) Não.

88. (a) Sim. (b) A variável deve ser definida num bloco interno ao corpo da função.

89. Sim. O escopo deve ser de bloco.

90. Nada. O escopo pode ser de bloco, de arquivo ou de programa.

91. Consulte a Seção 5.10.4.

92. (a) O escopo de i é global; o escopo de j começa na linha em que ela é definida e termina ao final do arquivo que contém essa definição; o escopo do parâmetro k é todo o bloco que constitui o corpo da função F(); o escopo de m é o bloco que constitui o corpo da função F() a partir da linha que contém a definição dessa variável; o escopo de n é o bloco que constitui o corpo da função F() a partir da linha que contém a definição dessa variável. (b) O escopo de F() é global; o escopo de G() é de arquivo. (c) As variáveis i, j e n têm duração fixa; a duração de m é automática.

93. Porque, em princípio, qualquer instrução de um programa pode modificar uma variável global, dificultando a depuração e a manutenção do programa.

94. x = 9  y = 2

95.

```
i = 0
i = 1
i = 2
```

96. A função **F1()** não será compilada porque o parâmetro x e a variável x têm escopo de bloco e esse bloco é o mesmo.

97. Uma função não pode ter dois rótulos que usam o mesmo identificador.

**98.** Esse programa nunca termina porque a condição de parada do laço **for** no corpo da função **main()** nunca é atingida, pois sempre que a função F() retorna o valor de i é 1.

# Capítulo 6 — Estilo de Programação

1. Consulte a Seção 2.7.6.
2. (a) Não, mas é altamente recomendado. (b) Corpo de estrutura de controle, corpo de função, continuação de instrução ou expressão numa linha subsequente.
3. Porque números reais são representados aproximadamente.
4. O resultado desse programa é apresentado a seguir. Consulte a Seção 7.5 para entender esse resultado.

```
d = 1.000000
d e' diferente de 1.0
```

5. Consulte a Seção 6.2.
6. Consulte a Seção 6.3.
7.

(a)
```
for (int i = 0; i <= 10; ++i) {
    printf("i = %d", i);
}
```

(b)
```
for (int i = 0; i <= 100; ++i)
    printf("i = %d", i);
```

(c)
```
for (int i = 0; i < 15; ++i)
    printf("i = %d", i);
```

(d)
```
while (1) {
    ...
}
```

(e)
```
if (x < 0) {
    return 0;
} else if (y > 0 || x == 25) {
    return -1;
} else if (z >= 0) {
    return -2;
} else {
    return -3;
}
```

(f)
```
for (int i = 0; i < 10; i++) {
    printf("\nDigite o valor de delta: ");
    delta = LeReal();
    x = x + delta;
}
```

(g)
```
return valor != OK ? valor : OK;
```

8. Consulte a Seção 6.4.
9. Para facilitar a identificação visual desses identificadores.

10. Consulte a Seção 6.4.

11. Consulte a Seção 6.5.

12. Quando a constante possui significado próprio que não depende de interpretações subjetivas.

13.

```
while(valor) {
    valor = -1;

    printf("Introduza o proximo numero: ");
    valor = LeInteiro();

    if(!valor == 0) {
        continue;
    }

    if(valor < 0) {
        printf("%d nao e' um valor valido.\n",valor);
        continue;
    } else {
        menor == 0 ? menor = valor : 0;
        n += 1;
        media += valor;
        maior < valor ? maior = valor : 0;
        valor < menor ? menor = valor : 0;
    }
}
```

14. Consulte a Seção 6.7.

15. Consulte a Seção 6.7.

16. Consulte a Seção 6.8.

17. Consulte a Seção 6.8.

18. Consulte a Seção 6.8.

19. Consulte a Seção 6.8.

20. Quando o programa está sendo escrito, para que não ocorra nenhum esquecimento relacionado àquilo que deve ser comentado.

21. Comentários irrelevantes desviam a atenção de comentários que são realmente importantes.

22. Um comentário que não corresponde exatamente ao código que ele tenta explicar é prejudicial à legibilidade de um programa porque suscita dúvidas no leitor do programa. Por exemplo, o leitor do programa pode ter dificuldade para decidir se o correto é o código ou o comentário que não corresponde ao código.

23. Para separar porções de um programa que não são intimamente relacionadas.

24. Consulte a Seção 6.9.

25. No contexto de programação, *interação* diz respeito à comunicação entre um programa e um usuário e *iteração* é execução repetida de instruções.

26. Consulte a Seção 6.10.

27. Teclado.

28. Porque reduz a possibilidade de o usuários introduzir dados inconvenientes.

29. Jargões usados na área de computação e o uso abusivo de sons de alerta.

30. É uma informação apresentada pelo programa para o usuário informando-o que o programa será encerrado em seguida.

# Capítulo 7 — Reúso de Código e Depuração de Programas

1. Consulte a Seção 7.1.

2. Porque programadores experientes possuem um repertório de programas já construídos bem maior do aquele de programadores iniciantes. O repertório mais amplo auxilia programadores experientes a construir novos programas com mais facilidade.

3. Chamadas de funções de biblioteca, copiar trechos de um programa e colar em outro, código default em CodeBlocks.

4. (a) Bibliotecas contêm componentes prontos para serem usados indefinidamente em programas. Assim, o programador não precisa criar tais componentes. (b) Bibliotecas não podem nem devem ser alteradas para satisfazer necessidades específicas.

5. Copiar e colar.

6. Consulte a Seção 7.3.

7. Abreviações permitem acelerar o processo de codificação.

8. Consulte a Seção 7.4.1.

9. Tentativa de divisão inteira por zero e violação de memória.

10. Testes tentam encontrar algum comportamento anormal de um programa, mas não indicam as causas de uma anormalidade se ela for encontrado. Depuração deve encontrar instruções que causam algum mau funcionamento do programa e corrigi-las. Em tempo: a fase de testes de um programa deve preceder sua fase de depuração.

11. Consulte a Seção 7.4.3.

12. Consulte a Seção 7.4.2.

13. O erro no trecho de programa 2 é sintático. O erro no trecho de programa 1 é lógico.

14. Consulte a Seção 7.4.3.

15. Porque erros de sintaxe são apontados pelo compilador e a correção é relativamente rápida (dependendo da experiência do programador). Erros de execução são mais difíceis de corrigir porque é o próprio programador quem deve encontrar as instruções que os causam.

16. Porque erros de execução deixam *pistas* que são relativamente fáceis de ser seguidas usando-se um bom depurador. Erros de lógica nem sempre deixam rastros.

17. Mensagens de advertência não devem ser negligenciadas por duas razões: (1) uma mensagem de advertência pode antecipar um erro que realmente ocorrerá em tempo de execução; (2) o programador pode adquirir o mau hábito de subestimar essas mensagens.

18. (a) Truncamento consiste no desprezo de alguns algarismos de um número. (b) É um erro decorrente do fato de esses algarismos terem sido desprezados.

19. Consulte a Seção 6.5.

20. Número real é um conceito matemático; número de ponto flutuante é uma forma de implementar esse conceito.

21. Seis.

22. (a) Nesse especificador, $n$ indica o número de casas decimais que serão escritas. (b) Quando se deseja controlar o número de casas decimais que serão escritas por meio de **printf**().

23. Consulte a Seção 7.5.

24. Refere-se a representações de ponto flutuante.
25. Consulte a Seção 7.5.

# Capítulo 8 — Arrays

1. Consulte a Seção 8.1.
2. Consulte a Seção 8.1.
3. Consulte a Seção 8.2.
4. Não.
5. Facilidade de manutenção e melhor legibilidade.
6. (a) Consulte a Seção 8.3. (b) Valores entre 0 e n - 1, sendo n o número de elementos do array. (c) Corrupção de memória.
7. Quando j assume 5 como valor, o valor apresentado na tela não faz sentido.
8. (a) Esse programa corrompe memória, pois o índice 5 é inválido para o array ar[]. (b) O problema é gravíssimo, pois ocorre corrupção de memória.
9. Uma sequência de Fibonacci:

```
ar[0] =  1
ar[1] =  1
ar[2] =  2
ar[3] =  3
ar[4] =  5
ar[5] =  8
ar[6] = 13
ar[7] = 21
ar[8] = 34
ar[9] = 55
```

10. (a) Esse programa não é portável porque a expressão ar2[i] = ar1[i++] não é portável. Como o operador de atribuição não possui ordem de avaliação definida, qualquer um dos seus operandos (ar2[i] ou ar1[i++]) pode ser avaliado primeiro. Em cada caso, o resultado da atribuição é diferente. (b) A melhor maneira de corrigir esse problema é substituir i++ na referida expressão por i e acrescentar uma instrução na linha seguinte contendo apenas i++.
11. Ele lê cinco valores introduzidos via teclado e exibe-os em ordem inversa.
12. (a) Consulte a Seção 8.4. (b) Não.
13. (a) Iniciando apenas o primeiro elemento com zero. (b) Não.
14. Consulte a Seção 8.4.
15. Não é ilegal, mas os valores excedentes não serão usados.
16. Não, porque o compilador calcula o tamanho do array.
17. Consulte a Seção 8.5.
18. (a) **size_t**. (b) Derivado.
19. O operador **sizeof** pode ter um tipo de dado como operando.
20. Para saber o tipo do valor resultante de uma expressão não é necessário conhecer o valor da expressão. Se você ainda não sabia disso, retorne ao Capítulo 3.
21. (a) Por meio da expressão sizeof(ar). (b) Por meio da expressão sizeof(ar[0]). (c) Por meio da expressão sizeof(ar)/sizeof(ar[0]).

22. Deve-se ter cuidado para não misturar inteiros com sinal e sem sinal numa mesma expressão que não seja de atribuição.

23. Consulte a Seção 8.5.

24. Não resolve o problema, porque, após a conversão obtida explicitamente por meio do operador (int), ocorreria uma conversão implícita de atribuição para size_t.

25. Porque o parâmetro é interpretado como um ponteiro.

26. `Tamanho = 4        x = 0`

27. Porque o resultado da aplicação do operador sizeof independe da avaliação de seu operando; i.e., só é necessário saber o tamanho do operando.

28.
```
i = 10
sizeof(i++) = 4
i = 10
```

29. `Tamanho = 4 bytes`, que é a largura de um ponteiro na implementação usada para testar o programa. Em outra implementação, o resultado pode ser diferente.

30. Consulte a Seção 8.6.

31. Consulte a Seção 8.6.

32. Consulte a Seção 8.6.

33. Pode-se concluir que o tipo do ponteiro p é **char** ou um tipo derivado de mesmo tamanho.

34. Não, mas pode-se inferir que o tamanho desse tipo é 4 bytes.

35. Subtração entre ponteiros.

36. (a) Quando p1 e p2 são de tipos diferentes. (b) Quando p1 e p2 não apontam para elementos de um array.

37. A diferença p1 - p2 programa que o programa calcula só faria sentido se esses ponteiros apontassem para elementos de um array.

38. (a) Válida. (b) Válida, desde que, nesse instante, p1 e p2 estejam apontando para elementos de um array; caso contrário, é inválida. (c) Idem. (d) Válida. (e) Inválida. (f) Inválida.

39. (a) A expressão *p resulta no conteúdo da variável do tipo **int** para a qual p aponta. (b) A expressão ++p faz p apontar para a próxima variável do **int**. (c) A expressão ++*p incrementa o conteúdo da variável correntemente apontada por p. (d) A expressão *++p representa o conteúdo da variável do tipo **int** que segue aquela para a qual p aponta correntemente. (e) A expressão *p++ representa o conteúdo da variável do tipo **int** para a qual p aponta; p passa a apontar para a variável do tipo **int** seguinte. (f) A expressão p++* é ilegal. (g) A expressão p*++ é ilegal.

40. (a) &ar[i] e ar + i. (b) ar[i] e *(ar + i).

41. (a) É o endereço do primeiro elemento. (b) É o endereço do terceiro elemento. (c) 10. (d) 12. (e) 30.

42. (a) 25. (b) 15. (c) -2. (d) 3. (e) 3.

43. A expressão ++ar não é válida, pois ar é um endereço (constante) e não pode ser modificado.

44.
(a)
```
for (int i = 0; i < sizeof(ar)/sizeof(ar[0]); ++i) {
    printf("%d\t", ar[i]);
}
```

(b)
```
int *p1, *p2 = ar + sizeof(ar)/sizeof(ar[0]);

for (p1 = ar; p2 - p1 > 0; ++p1) {
   printf("%d\t", *p1);
}
```

45. É mais eficiente começar indexação com zero (v. Seção 8.7).

46. Consulte a Seção 8.8.

47. Sim, indiretamente por intermédio de um ponteiro.

48. Na qualificação de parâmetros que apontam para conteúdos que não devem ser modificados.

49. Constantes simbólicas definidas com **#define** não ocupam espaço em memória, como ocorre com variáveis qualificadas com **const**.

50. A variável **p1** é um ponteiro que aponta para um conteúdo que deve ser mantido constante. A variável **p2** é um ponteiro constante.

51. (a) **p** é um ponteiro para conteúdo constante do tipo **int**. (b) Idem. (c) **p** é ponteiro constante para um conteúdo do tipo **int**. (d) **p** é ponteiro constante para conteúdo constante do tipo **int**. (e) Idem.

52. (a) O parâmetro **x** só pode ser de entrada. (b) O parâmetro **x** pode ter qualquer modo. (c) Entrada.

53. Usar **const** com um parâmetro que não é ponteiro é semelhante a usar **const** com uma variável que não é ponteiro, porque passagem de parâmetro em C se dá apenas por valor. (Se você não entendeu a resposta, releia a Seção 5.5.)

54. Consulte a Seção 8.9.

55. Como o endereço do array.

56. (a) Sim. (b) Qualificando o parâmetro com **const**.

57. Rigorosamente falando, não. Mas o retorno de uma função pode ser um endereço de array.

58. (a) Porque o espaço ocupado por ele é liberado quando a função retorna. (b) Porque uma variável zumbi pode ter seu valor alterado pelo simples fato de uma função ser chamada, o que torna difícil a percepção do erro por programadores sem muita experiência. (c) Porque o espaço ocupado por uma variável de duração fixa só é liberado quando o programa encerra.

59. (a) i. (b) ii. [Se fosse legal, a função do item (ii) retornaria um zumbi.]

60. (a) O ponteiro **ptr** não é iniciado e a função **F()** não trata o conteúdo apontado por seu parâmetro como constante. (b) Porque a probabilidade de ocorrer violação de memória aumenta, pois haverá um número maior de bytes que poderão ser acessados indevidamente.

61. Não há nenhum problema. Nesse caso, retorna-se um endereço armazenado num parâmetro, e não o endereço desse parâmetro.

62. Não. Ele pode representar um ponteiro para uma única variável.

63. Sim.

64. Consulte a Seção 8.10.

65. Para não causar danos à legibilidade do programa que contém tal construção.

66. Porque seus elementos não são arrays.

67. Consulte a Seção 8.10.

# Capítulo 9 — Caracteres e Strings

1. Consulte a Seção 9.1.

2.  (a) Não. (b) Sim. Consulte a Seção 9.1 para entender as razões.

3.  (a) É o caractere que termina qualquer string em C. (b) Zero. (c) Para terminar strings em C.

4.  Consulte a Seção 9.1.

5.  Para facilitar a vida do programador. (Ou você prefere a primeira notação?)

6.  Sim, mas o array `ar[]` não armazenará um string.

7.  Consulte a Seção 9.2.

8.  (a) Sim. (b) `ar[0]` armazena `'b'`; `ar[1]` armazena `'o'`; `ar[2]` armazena `'l'`; `ar[3]` armazena `'a'`.

9.  `oite`.

10. (a) `ar[]` é um array de ponteiros do tipo **char** *. (b) `33`. (NB: A questão não solicita o número de bytes alocados apenas para o array. Ela refere-se ao número total de bytes alocados. Assim, deve-se levar em conta o número de bytes alocados para armazenar os strings constantes.)

11. Consulte a Seção 9.3.

12. (a) Porque, caso haja tentativa de alteração do string constante, o compilador indicará o erro; caso contrário, o erro se manifestará em tempo de execução e será mais difícil corrigi-lo. (b) `const char *p = "Bola"`.

13. (a) `"A"` é um string constante e `'A'` é um caractere constante. (b) **char** *. (c) **char**. (d) Dois. (e) Um.

14. (a) `str[]` é um array que armazena um string que pode ser modificado e `ptr` é um ponteiro para um string constante. (b) Porque `str` é o endereço do array `str[]`.

15. (a) O endereço do string constante `"Bola"`. (b) `'B'`. (c) `'a'`. (d) `'a'`.

16. (a) (i) Após uma tentativa de alteração de string constante na expressão `p[1] = 'a'`, o programa é abortado. (ii) O erro é o mesmo do item (i), mas o compilador indica o erro. (iii) Ocorre o mesmo erro do item (i) acrescido de tentativa de alteração do ponteiro `p` que é definido como **const**. O erro que o compilador indica é devido à tentativa de alteração do ponteiro `p` que deve ser mantido constante. (iv) Esse caso é uma combinação dos casos (ii) e (iii) e o compilador aponta dois erros. (b) Nas situações (ii), (iii) e (iv). (c) Nas situação (i).

17. (a) Incompatibilidade de tipos: o lado esquerdo da atribuição é do tipo **char** e o lado direito é do tipo **char** *. (b) Incompatibilidade de tipos: o lado direito da atribuição é do tipo **char** e o lado esquerdo é do tipo **char** *.

18. Porque na iniciação ao ponteiro `p` atribui-se o endereço do string `"Bola"`. Na atribuição, tenta-se atribuir esse endereço ao conteúdo apontado por `p`.

19. (a) Consulte a Seção 9.4. (b) `'l'`.

20. (a) O primeiro programa escreve caracteres correspondentes aos valores inteiros de 1 a 9 no código de caracteres ora utilizado. O segundo programa escreve os dez caracteres (dígitos) que compõem o array. Em seguida ele passa a escrever caracteres correspondentes aos valores indefinidos dos bytes que seguem o array até que um byte de valor nulo seja encontrado. O terceiro programa escreve os dígitos do string, sendo cada dígito escrito numa linha. (b) O segundo programa poderá ser abortado se ele acessar memória que esteja além do limite alocado para o programa.

21. (a) `5`. (b) `4`.

22. `sizeof("Bola") - 1` é equivalente a `strlen("Bola")`.

23. (a) É o endereço do endereço do string `"domingo"`. (b) É o endereço do string `"domingo"`. (c) `'d'`. (d) É o endereço do endereço do string `"quarta"`. (e) É o endereço do string `"quarta"`. (f) `'a'` (que é o caractere de índice `2` do string `"quarta"`). (g) É o endereço do string `"terca"`.

24. Consulte a Seção 9.5.1.

25. (a) `Valor de '0':` **n** [sendo **n** o valor associado ao caractere **'0'** no código de caracteres usado]. (b) `Valor de '` [a sequencia de escape **\0** termina o string de formatação prematuramente]. (c) `Valor de '0':` 0. (d) `Valor de '\0':` [o caractere **'\0'** não possui representação gráfica].

26. **Primeiro erro**: o ponteiro **str** deveria ser incrementado apenas uma vez no laço **while**. **Correção**: usar uma instrução vazia no corpo desse laço. **Segundo erro**: na saída do laço o ponteiro **str** não está apontando para o caractere terminal do string apontado por esse ponteiro. **Correção**: inserir a instrução **--str** entre os dois laços **while**. **Terceiro erro**: a função não retorna um ponteiro para o início do array resultante da concatenação. **Correção**: definir uma variável local do tipo **char** * e iniciá-la com **str**; então, a função deve retornar essa variável local (em vez de **str**).

27. Ele garante que o string recebido como parâmetro não será alterado.

28. O valor retornado por **strlen()** é do tipo **size_t**. Portanto siga as recomendações apresentadas na Seção 8.5.

29. (a) (1) O uso de **void** como tipo de retorno não é portável e (2) o array não tem capacidade para armazenar o resultado da chamada de **strcat()**. (b) O erro (2), pois ele causa corrupção de memória.

30. (a) A expressão do laço **while** deveria ser **\*++destino = \*origem++**. (b) Sim, devido ao uso de **const**.

31. Para permitir que o resultado da cópia possa ser usada em outra operação sobre strings sem que seja necessária uma linha de instrução adicional.

32. Mais ou menos. Se os strings comparados não envolverem caracteres acentuados, a deficiência dessa função pode ser contornada, como foi visto na Seção 9.10.9.

33. Principalmente, para verificar se dois strings são exatamente iguais ou não.

34. A função **strcoll()** permite a especificação de uma forma de colação de caracteres. A função **strcmp()** usa sempre um mesmo tipo de colação de caracteres.

35. Quando não se especifica o tipo de colação de caracteres que a função **strcoll()** deve usar.

36. Consulte a Seção 9.5.6.

37. Consulte a Seção 9.5.6.

38. Consulte a Seção 9.5.7.

39. Consulte a Seção 9.5.8.

40. O modo mais simples é assim: `p = strchr(str, '\0')`. Mas também se pode obter idêntico resultado com **strrchr()** ou **strlen()**.

41. Assim: `strchr(str, '\0') - str`.

42. Consulte a Seção 9.5.9.

43. (a) Porque a função **strtok()** pode alterar seu primeiro parâmetro. (b) Violação de memória com o consequente aborto de programa.

44. O primeiro parâmetro deve apontar para um array com tamanho suficiente para conter o resultado da concatenação.

45. (a) Ele deveria ter sido qualificado com **const**. (b) Só Deus sabe. (Uma instrução vazia seria mais óbvia do que **continue**.) (c) Consulte a Seção 9.5.3.

46. Porque a função **strtok()** recebe um string constante como primeiro parâmetro.

47. O segundo parâmetro na primeira chamada de **strcat()** deveria ser um string, mas, em vez disso, é um caractere.

48. (a) `Token:` um. (b) Porque o primeiro parâmetro da chamada de **strtok()** no corpo do laço deveria ser **NULL**.

49. (a) Concatenação de strings. (b) Comprimento de string. (c) Essa função é equivalente a **strcmp()**.

50. `defabcdef`.

51. Essa função retorna **1** se os strings recebidos como parâmetros são iguais ou **0** em caso contrário.

52. A função **F()** funciona assim: os strings são comparados caractere a caractere na expressão condicional do laço **for**. Quando respectivos caracteres são iguais, o corpo do laço é executado. Nesse corpo, verifica-se se o caractere corrente é igual ao caractere terminal. Se esse é o caso, os dois strings são considerados iguais e a função retorna **0** [assim como faz **strcmp()**]. Se os caracteres ora comparados são diferentes, o laço **for** encerra e a função retorna a diferença **str1[i] - str2[i]**. Esse último valor retornado está de acordo com a especificação de **strcmp()**, pois se o caractere **str1[i]** for menor do que **str2[i]**, o resultado dessa diferença será negativo; caso contrário, esse resultado será positivo

53. Os respectivos caracteres dos strings são comparados na expressão condicional do laço **for**, que possui duas condições de parada: (1) os caracteres são diferentes e (2) os caracteres são iguais, mas o primeiro caractere (e o segundo também, obviamente) é igual a **'\0'**. Se o laço **for** encerrar porque a condição de parada (1) foi atingida, o resultado da diferença retornada será positivo se o caractere do primeiro string for maior do que o caractere do segundo string; caso contrário, o valor retornado será negativo. Se o laço **for** encerrar porque a condição de parada (2) foi atingida, a função retorna zero. Em qualquer caso, essa função retorna o valor que **strcmp()** retornaria.

54. Essa função conta o número de ocorrências do caractere representado pelo segundo parâmetro no string representado pelo primeiro parâmetro.

55. (a) Definitivamente, não! (b) Porque muitas implementações de C adotaram essa bizarrice.

56. (a) Consulte a Seção 9.6. (b) Idem. (c) Não. O programador pode denominá-los **joao** (sem acento) e **maria**, se preferir.

57. Usando **argv[0]** [substitua *argv* por qualquer outro nome com o qual você tenha batizado o segundo parâmetro de **main()**].

58. Ele deve testar se **argc** é maior do que **2** [substitua *argc* por qualquer outro nome que você tenha atribuído ao primeiro parâmetro de **main()**].

59. Consulte a Seção 9.7.

60. (a) **isalnum()**. (b) **isalpha()**. (c) **isdigit()**. (d) **isupper()**.

61. Ela retorna **1** quando o string recebido como parâmetro contém apenas letras e dígitos. Caso contrário, ela retorna **0**.

62. **tolower()**.

63. Depende da localidade usada no programa que contém essa chamada. Na localidade padrão, o retorno dessa função será zero. Numa localidade que considere o caractere **'ã'** como letra, o retorno dessa função será **1**.

64. Consulte a Seção 9.8.

65. Devido ao fato de a ordem de avaliação de parâmetros não ser definida.

66. (a) **F1(ar)** e **F2(ar)**. (b) A chamada **F1(ar)** pode alterar o conteúdo do array.

67. (a) **F1(str)**, **F2(str)** e **F3(&str)**. (b) **F1(str)** e **F3(&str)**. (c) **F3(&str)**.

68. (a) **F2(str2)**. [Mas o compilador GCC não considera erros de compilação quando as funções **F1()** e **F3()** são chamadas. Ele apenas apresenta mensagens de advertência.] (b) Nenhuma. (c) Nenhuma.

69. Sim.

70. Não.

71. (a) Nada. (b) Esse programa é abortado, porque, na primeira chamada da função **EscreveStrSemEspacos()**, há tentativa de modificação de um string constante. (c) Porque a chamada da função **strchr()** no corpo da função **EscreveStrSemEspacos()** retorna o endereço de um string constante e o compilador não tem como saber disso.

72. Consulte a Seção 9.9.1.

73. Quando a função **atoi()** retorna zero, o resultado é ambíguo porque esse valor pode significar o resultado de uma conversão legítima ou ocorrência de erro.

74. Consulte a Seção 9.9.2.

75. Consulte a Seção 9.9.2.

76. Consulte a Seção 9.9.2.

77. Quando o segundo parâmetro de **strtod()** for **NULL** e essa função retornar zero, não será possível saber se o resultado da conversão foi realmente zero ou ocorreu erro de conversão.

# Capítulo 10 — Estruturas, Uniões e Enumerações

1. Consulte a Seção 10.1.

2. Arrays são variáveis estruturadas homogêneas, enquanto estruturas são variáveis estruturadas heterogêneas.

3. Consulte a Seção 10.1.

4. É uma construção da linguagem C que permite definir tipos derivados. (b) * (ponteiro), [] (array), () (função) **struct** (estrutura) e **union** (união).

5. Sim.

6. Porque os elementos (campos) possuem interpretações diferentes, apesar de serem do mesmo tipo.

7. Conceitualmente, a resposta lógica seria **46** (**30 + 12 + 4**). Mas, na prática, a resposta não é tão simples assim e pode ser obtida apenas com o uso de **sizeof** (ou conhecimento mais avançado). Assim, se esse operador for usado, o resultado obtido será **48**. Então, de onde vem essa discrepância? O fato é que, na prática, o tamanho de uma estrutura não pode ser determinado como a soma dos tamanhos de seus campos porque pode ser necessária a inclusão de espaços adicionais de preenchimento. Infelizmente, uma discussão sobre esse tópico está além do escopo de um livro de introdução à programação.

8. (a) Consulte as Seções 10.3.2 e 10.8.(b) Não. Em nenhuma definição de tipo é permitida iniciação.

9. Consulte a Seção 10.3.4.

10. Consulte a Seção 10.3.4.

11. Consulte a Seção 10.3.5.

12. (a) e (b):

```
tEst1  est1 = {"Bola", -2};
tEst2  est2 = {&est1, 2.5},
       *pEst2 = &est2;
```

(c)
```
est2.p->ar[3]
```

(d)
```
pEst2->p->ar[3]
```

13. Consulte a Seção 10.4.

14. O operador de indireção.

15. (a) É a precedência mais elevada da linguagem C. (b) À esquerda.

16. (a) Porque o operador ponto tem maior precedência do que o operador de indireção. Portanto o operando esquerdo do operador ponto é **p**, que não é uma estrutura. (b) Primeira correção: **(*p).b = 2.5**; segunda correção (melhor): **p->b = 2.5**.

17. (a) O operador ponto tem maior precedência do que o operador de indireção e como, nesse caso, o resultado da aplicação do operador ponto é um endereço, pode-se aplicar o operador de indireção sobre ele. (b) Com 100% de certeza, o programa será abortado, pois, como o segundo campo da estrutura não foi explicitamente iniciado, o valor que lhe é atribuído (implicitamente) é `0`, que, nesse caso, significa endereço nulo. Assim, quando for aplicado o operador de indireção sobre esse ponteiro, o programa será abortado.

18. Consulte a Seção 10.5.

19. Quando o parâmetro é de saída ou de entrada e saída ou quando a estrutura é um parâmetro de entrada, mas ocupa relativamente muito espaço em memória.

20. Porque, tipicamente, na prática, um ponteiro ocupa menos espaço em memória do que uma estrutura.

21. Quando a estrutura deve ser considerada como parâmetro de entrada.

22. Sim. Consulte a Seção 10.5.

23. (a) Porque, tipicamente, um ponteiro ocupa menos espaço em memória do que uma estrutura. (b) O programador deve tomar cuidado para não retornar um zumbi.

24. (a) A função do item (ii) não compila. (b) As funções dos itens (i) e (iv) retornam zumbis. (c) As funções dos itens (iii), (v), (vi) e (vii) estão corretamente implementadas. (d) A função do item (iii) é a mais eficiente, pois ela recebe um endereço como primeiro parâmetro e também retorna um endereço. (e) A função do item (vi) é a mais ineficiente, pois ela aloca espaço para uma estrutura e retorna essa estrutura.

25. (a) (i), (ii) e (iv) (b) (iii) Ocorre erro de compilação. (v) O programa é abortado.

26. Consulte a Seção 10.6.

27. Quando uniões oferecem oportunidade para economizar memória.

28. Consulte a Seção 10.6.

29. (a) Resposta compatível com um livro introdutório: 13 bytes. Resposta sênior: o tamanho da variável **registro** depende de implementação. Mas, o uso de **sizeof** para obter esse tamanho é sempre portável. (b) 8 bytes.

30. Consulte a Seção 10.7.

31. Consulte a Seção 10.7.

32. Quando ocorre a atribuição ao campo x da união, o campo y deixa de ser válido e quando ocorre a atribuição ao campo y da união, o campo x deixa de ser válido. Portanto nenhum resultado exibido faz sentido.

33. Consulte a Seção 10.8.

34. Assim: `tEstrutura est = {.b = 5}`.

35. Assim: `tExterna est = {.b.x = 5}`.

36. Assim: `int ar[10] = {[3] = -2}`.

37. Consulte a Seção 10.9.

38. Consulte a Seção 10.9.

39. Consulte a Seção 10.9.

40. Consulte a Seção 10.9.

41. Não.

42. Não. Consulte a Seção 10.9.

43. Infelizmente, sim.

44. Melhora de legibilidade apenas.

45. Porque compiladores de C não respeitam o conceito de enumeração.

46. `C1` recebe `-1` (óbvio), `C2` recebe `0` (`C1 + 1`), `C3` recebe `0` (óbvio), `C4` recebe `1` (`C3 + 1`).

47. (a) A (aparente) semelhança entre estruturas e enumerações encontra-se no modo como seus tipos são definidos. (b) Estruturas são variáveis estruturadas; enumerações não são variáveis estruturadas.

# Capítulo 11 — Processamento de Arquivos

1. Consulte a Seção 11.1.
2. Consulte a Seção 11.1.
3. Consulte a Seção 11.1.
4. Consulte a Seção 11.1.
5. Esse cabeçalho contém componentes que lidam com entrada e saída em geral.
6. Consulte a Seção 11.2.
7. Consulte a Seção 11.2.
8. Consulte a Seção 11.2.
9. Consulte a Seção 11.2.
10. Consulte a Seção 11.3.
11. Consulte a Seção 11.3.
12. Por meio de estruturas do tipo **FILE**.
13. Na maioria das vezes, não.
14. (a) Consulte a Seção 11.2. (b) No cabeçalho `<stdio.h>`.
15. Consulte a Seção 11.3.2.
16. Consulte a Seção 11.4.
17. Consulte a Seção 11.4.
18. Essa constante simbólica representa o tamanho mínimo que deve ter um array que armazena um nome de arquivo numa dada implementação de C. (Essa definição é equivalente àquela apresentada na Seção 11.4.)
19. O arquivo não existe, falha de dispositivo de entrada ou saída, o programa não tem permissão do sistema operacional para acessar o arquivo.
20. (a) Consulte a Seção 11.4. (b) Aborto de programa.
21. Consulte a Seção 11.4.
22. (a) Não há interpretação de caracteres que representam quebras de linha. (b) Ocorre a referida interpretação. (NB: Em sistemas da família Unix não há diferença.)
23. Pode. Mas, normalmente, não deve.
24. Consulte a Seção 11.4.3.
25. São modos de abertura de arquivo que permitem leitura e escrita.
26. Consulte a Seção 11.4.3.
27. Formato de texto.
28. Modos de abertura para streams binários incluem a letra *b*. (Modos de abertura para streams de texto podem incluir a letra *t*, mas, na prática, raramente ela é usada.)
29. (a) `"r"` é usado com streams de texto; `"rb"` é usado com streams binários. (b) Não há diferença; ambos são usados com streams de texto. (c) A diferença é que `"rt"` é usado com streams de texto, enquanto `"rb"` é usado com streams binários.
30. Consulte a Tabela 11–3 na página 561.

31. Modos de abertura que contêm a letra *w* detonam arquivos que tenham o mesmo nome usado como primeiro parâmetro de **fopen**().

32. (a) Sim. (b) Sim, mas se ele for aberto em modo binário será mais eficiente, pois não haverá interpretação de quebra de linha. Em sistemas da família Unix não faz a menor diferença.

33. Testar se a abertura do arquivo foi bem sucedida.

34. Por meio da constante simbólica **FOPEN_MAX**. Consulte também a Seção 11.15.1.

35. Usando a constante simbólica **FILENAME_MAX**, definida em `<stdio.h>`.

36. A constante simbólica **FILENAME_MAX** deve ser usada para dimensionar arrays que armazenam nomes de arquivos.

37. A constante simbólica **FOPEN_MAX** representa o número máximo de arquivos que a implementação de C ora utilizada garante que podem estar abertos simultaneamente.

38. O problema é que, muito provavelmente, o nome do arquivo introduzido pelo usuário inclui o caractere `'\n'` e esse caractere não faz parte de nenhum nome de arquivo. Esse problema só não ocorre se o usuário digitar um nome de arquivo contendo um número de caracteres igual `FILENAME_MAX - 1`, o que é pouco provável porque esse valor é muito grande. A Seção 11.9.6 mostra como remover o caractere `'\n'` de um string lido com **fgets**().

39. Consulte a Seção 11.5.

40. Um valor que indica se operação que ela tenta realizar foi bem sucedida ou não.

41. Consulte a Seção 11.5.

42. Sim, porque libera o espaço ocupado pela estrutura **FILE** associada ao arquivo.

43. A função **fclose**() deveria receber o ponteiro **p** como parâmetro, e não o string `"teste.bin"`.

44. Consulte a Seção 11.6.

45. Pode ser, mas, hoje em dia, é muito pouco provável.

46. Consulte a Seção 11.6.

47. Porque o valor dessa constante pode indicar que o final do arquivo ora processado foi atingido ou a ocorrência de erro de processamento do mesmo arquivo.

48. Consulte a Seção 11.6.

49. Porque o uso de **EOF** pode ser ambíguo. O valor retornado por **feof**() nunca é ambíguo.

50. A função **ferror**() permite verificar se ocorreu erro numa operação de entrada ou saída.

51. O uso de **EOF** pode ser ambíguo enquanto o valor retornado por **ferror**() não é ambíguo.

52. Ele continuará indicando ocorrência de erro em operações subsequentes de entrada ou saída, mesmo que esse não seja o caso.

53. (a) Por meio de uma chamada de **rewind**(). b) Por meio de uma chamada de **clearerr**().

54. (a) Por meio de uma chamada de **fseek**(), **rewind**() ou **ungetc**(). (b) Por meio de uma chamada de **clearerr**().

55. (a) A função **clearerr**() serve para remover indicativo de erro ou final de arquivo. (b) Porque existem funções que efetuam essa tarefa implicitamente.

56. Consulte a Seção 11.7.

57. Consulte a Seção 11.7.

58. Consulte a Seção 11.7.

59. Consulte as Seções 11.3.2 e 11.7.

60. Para descarregar explicitamente streams de saída (apenas).

61. A função **fflush()** não deve ser usada com parâmetros que representam streams de entrada, como é o caso de **stdin**.

62. Todos os streams de saída correntemente abertos no programa que contém essa instrução serão descarregados.

63. Consulte a Seção 11.8.

64. Porque existem funções [p. ex., **scanf()** e **printf()**] que realizam operações de entrada e saída nesses streams sem que eles precisem ser especificados explicitamente.

65. Consulte a Seção 11.9.1.

66. Por duas razões. A principal delas é que a função **getchar()** nem sempre retorna um valor associado a um caractere; i.e., ela também pode retornar **EOF**, que, tipicamente não cabe numa variável do tipo **char**. A segunda razão é mais sutil: devido a conversões implícitas de alargamento (v. Seção 3.10.1), não se costumam definir varáveis, parâmetros ou tipos de retorno com o tipo **char**. Do ponto de vista prático, essa segunda justificativa não faz diferença num programa, mas pode demonstrar falta de conhecimento do programador.

67. Quando encontra caracteres remanescentes no buffer associado a **stdin**, **getchar()** não interrompe a execução de um programa.

68. Porque o programador tem controle total sobre o que é escrito na tela, mas não tem nenhum controle sobre o que um usuário de seu programa pode digitar.

69. Por intermédio de uma função que lê caracteres e os converte, quando possível, em números, como faz a função **scanf()**, por exemplo.

70. Tipicamente, apenas especificadores de formato e espaços em branco.

71. Significam parâmetros que não têm quantidades ou tipos especificados.

72. Consulte a Seção 11.9.2.

73. (a) O número de variáveis que tiveram seus valores modificados pela função **scanf()**. (b) Para testar se algum valor que deveria ter sido lido foi realmente lido.

74. Consulte a Seção 11.9.3.

75. Esse programa não testa se o usuário realmente introduziu dois números inteiros.

76. O segundo e o terceiro parâmetros de **scanf()** deveriam ser endereços de variáveis.

77. (a) Essa chamada de **scanf()** espera que o usuário digite exatamente: *Digite um inteiro:* seguido por um número inteiro em base decimal. (b) x = n, sendo n um valor indeterminado.

78. O fato de ambos usarem especificadores de formato.

79. (a) Sim. (b) Não.

80. Nos itens (a) e (b), no máximo, **scanf()** lerá um número de valores igual ao número de especificadores de formato. No item (b), essa função não atribuirá valor a variáveis que não casarem com respectivos especificadores de formato.

81. (a) Um. (b) Dois.

82. (a) A função **scanf()** não leu o valor que deveria ler. (b) A função **scanf()** leu o valor que deveria ler e o atribuiu à variável x. (c) Ocorreu erro de leitura.

83. **EOF**, 0, 1 ou 2.

84. A função **scanf()** tenta alterar o conteúdo do string constante apontado por p.

85. Porque a segunda chamada de **printf()** interpreta o valor da variável x como o endereço de um string.

86. (a) (i) Faltou preceder a variável x com **&**; (ii) o especificador de formato deveria ser **%d**. (b) O compilador GCC é capaz de apresentar mensagens de advertência nos dois casos. Mas, nem todo compilador o faz nem tem obrigação de fazê-lo.

87. O especificador de formato **%ns**, sendo **n** um inteiro positivo, deve ser usado em vez de **%s** e deve-se usar um array com tamanho pelo menos igual a **n** para prevenir corrupção de memória.

88. Porque ela não é capaz de ler strings com espaços em branco em seu interior.

89. (a) Esse especificador informa que a função **scanf()** deve ler dígitos e armazená-los num array até que seja encontrado um caractere que não é dígito. (b) Esse especificador é o contrário daquele do item (a).

90. Porque ela causa corrupção de memória e não há remédio possível para isso.

91. Consulte a Seção 11.9.6.

92. **stdin**.

93. (a) A função **scanf()** lê os caracteres '1', '2' e '3'. (b) Os caracteres 'z' e '\n' permanecerão armazenados no buffer. O resto da história encontra-se na Seção 11.9.6.

94. (a) Porque o nome do usuário lido provavelmente inclui o caractere '\n'. Note que o array que armazena o nome tem **200** elementos. Portanto o problema só não ocorrerá se o nome do usuário tiver mais de **199** caracteres! (b) A Seção 11.9.6 mostra como remover o caractere '\n' de um string lido com **fgets()**.

95. Porque o caractere '\n' digitado quando o usuário introduz o caractere 'A' permanece no buffer associado ao teclado.

96. (a) Nada será lido. (b) O conteúdo do buffer será: 'z', '1', '2', '3' e '\n'.

97. '\n'.

98. (a) Quando a função **scanf()** é usada com o especificador **%c**. (b) Quando caracteres em branco devem ser saltados no início de uma operação de leitura. (c) Quando esse caractere encerra uma operação de leitura.

99. (a) Espaços em branco (incluindo '\n'). (b) Quando **scanf()** lê caracteres.

100. Consulte a Seção 11.9.3.

101. (a) O laço **while** seria infinito porque se ocorresse uma leitura indevida, a função **scanf()** continuaria encontrando os mesmos caracteres no buffer de entrada. (b) Porque não cria código espaguete e a codificação é eficiente.

102.

```
int  umInt, nValoresLidos;

while (1) {
    printf("Digite um valor inteiro: ");
    nValoresLidos = scanf("%d", &umInt);

    if (nValoresLidos) {
        break;
    }

    LimpaBuffer();
    printf("Valor incorreto. ");
}
```

103. Para remover caracteres remanescentes após uma operação de leitura.

104. (a) Porque a biblioteca padrão de C não provê nenhuma função que remove caracteres remanescentes no buffer associado a **stdin**. (b) Porque a função **fflush()** deve ser usada apenas com buffers associados a streams de saída.

105. Consulte a Seção 11.9.5.

106. Consulte a Seção 11.10.

107. Consulte a Seção 11.10.

108. (a) Streams de texto ou binários. (b) Streams de texto. (c) Streams binários. (d) Streams de texto.

109. (a) **fgetc()** e **fputc()**. (b) **fgets()** e **fputs()**. (c) **fread()** e **fwrite()**.

110. (a) São partições conceituais (ou lógicas) de um arquivo. (b) É uma partição de um registro.

**111.** Consulte a Seção 11.11.1.

**112.** Não.

**113.** Devido ao fato de o operador diferente (representado por !=) ter precedência maior do o operador de atribuição, à variável **c** será sempre atribuído **1** ou **0**.

**114.** Se a função **fgetc()** retornar **EOF**, esse valor será escrito no stream `streamSaida`. Para piorar, a expressão condicional do laço **while** não testa a ocorrência de erro de leitura ou escrita.

**115.** Eis o programa:

```
rewind(streamA);

while (1) {
    c = fgetc(streamA);

    if (feof(streamA) || ferror(streamA)) {
        break;
    }

    fputc(c, streamB);

    if (ferror(streamB)) {
        break;
    }
}
```

**116.** (a) Consulte a Seção 11.9.6. (b) Consulte a Seção 11.11.2.

**117.** (a) Consulte a Seção 11.11.3. (b) Processamento por blocos, sequencial ou via acesso direto.

**118.** Consulte a Seção 11.11.3.

**119.** **getchar()** só efetua leitura em **stdin**; **fgetc()** permite a especificação de um stream de entrada.

**120.** A função **fscanf()** deve ser usada cm leitura formatada (em streams de texto), enquanto **fread()** deve ser usada em processamento de blocos (em streams binários).

**121.** Esse programa escreve a última linha do arquivo duas vezes na tela. Uma maneira de corrigir esse programa é substituindo o laço **while** desse programa por:

```
while(1) {
    fgets(linha, sizeof(linha), stream);

    if (feof(stream)) {
        break;
    }

    fputs(linha, stdout);
}
```

**122.** Esse programa é abortado porque, quando o final do arquivo é atingido, a função **fgets()** retorna **NULL**, de modo que **fputs()** é chamada tendo esse valor como primeiro parâmetro. Como, para um string ser escrito, seus caracteres precisam ser acessados, essa última função aplica o operador de indireção sobre um ponteiro nulo, o que causa o aborto do programa.

**123.** O tipo da variável **c** deveria ser **int**, e não **char**.

**124.** (1) O tipo da variável **ch** deveria ser **int**, e não **char**. (2) A chamada de **feof()** deveria ocorrer antes do processamento do caractere, e não depois.

**125.** Consulte a Seção 11.12.

**126.** Consulte a Seção 11.12.

**127.** **stdin**.

**128.** Consulte a Seção 11.12.1.

**129.** Consulte a Seção 11.12.1.

**130.** Zero indica que a chamada dessa função foi bem sucedida; um valor diferente de zero indica o contrário.

131. Para streams binários, o valor retornado por **ftell()** representa o número de bytes calculado a partir do início do arquivo. Para streams de texto, o valor retornado por **ftell()** é dependente de implementação.

132. Consulte a Seção 11.12.1.

133. (a) Chamar uma função de posicionamento. (b) Chamar uma função de posicionamento ou **fflush()**.

134. Se os dois nomes de arquivo recebidos como argumentos pelo programa forem os mesmos e existir um arquivo com esse nome, seu conteúdo será destruído.

135. Consulte a Seção 11.13.

136. Consulte a Seção 11.13.

137. A função **rewind()** é recomendada quando se deseja garantir que o processamento de um arquivo começa em seu primeiro byte. Mas, o uso de **fseek()** é preferível.

138. (a) Para garantir que a leitura começa no início do stream. (b) Porque, nesse caso, com certeza, o apontador de posição do arquivo aponta para o primeiro byte desse arquivo.

139. Suponha que stream é um stream que permite acesso direto. Então a chamada de **fseek()**: `fseek(stream, 0, SEEK_SET)` pode ser usada em substituição à chamada de **rewind()**: `rewind(stream)`.

140. Porque a função **fseek()** permite verificar quando ela é bem sucedida, o que não é caso de **rewind()**.

141. Consulte a Seção 11.14.

142. Consulte a Seção 11.14.

143. Consulte a Seção 11.14.

144. Consulte a Seção 11.14

# Capítulo 12 — Alocação Dinâmica de Memória

1. Consulte as Seções 8.11.4, 8.11.6, 9.10.1, 9.10.6, e 10.10.1.

2. (1) Gerenciamento de uma turma de alunos que pode aumentar ou diminuir de tamanho. (2) Gerenciamento de uma lista de espera. (3) Leitura de um string cujo tamanho máximo não é previamente especificado.

3. Consulte a Seção 12.1.

4. Consulte a Seção 12.1.

5. (a) Todas as três variáveis que possuem identificadores (i.e., x, y e p) são estáticas, pois o código necessário para suas alocações é gerado quando o programa que as contém é compilado. (b) A única variável dinâmica é a variável anônima alocada por **malloc()**.

6. (a) São. (b) Também são estáticas.

7. Consulte a Seção 12.2.

8. (a) Sim. (b) Talvez, sim, mas é melhor assumir que não.

9. Como **malloc()**.

10. Como **free()**.

11. Porque o bloco para o qual esse ponteiro aponta pode ser liberado por **realloc()**.

12. (a) É uma variável que não possui um identificador associado a ela. (b) Porque qualquer variável alocada dinamicamente é anônima e só pode ser acessada indiretamente via ponteiros.

13. Existem sistemas de execução que liberam automaticamente blocos alocados dinamicamente que não podem mais ser usados. Mas, esses sistemas de coleta de lixo (*garbage collection*, em inglês) são onerosos. Assim, em nome da eficiência, C e muitas outras linguagens deixam a tarefa de liberação de memória alocada dinamicamente a cargo do próprio programador. Esse tópico não é discutido em detalhes neste texto, que é um livro introdutório.

14. (1) Chamar **free()** com um ponteiro que aponta para um bloco que já foi liberado. (2) Esquecer de emparelhar cada chamada de função de alocação com uma chamada de **free()**.

15. Se a função **realloc()** retornar **NULL**, o bloco para o qual **p** apontava antes da chamada dessa função não poderá mais ser acessado.

16. A função `CriaArray()` altera os valores dos elementos do array criado dinamicamente, mas não altera o valor do ponteiro para o início desse array representado pelo parâmetro. Portanto o primeiro parâmetro dessa função deveria ser declarado como: `int **array`. Então, as referências ao parâmetro `array` no corpo da função devem ser convenientemente reescritas.

17. Consulte a Seção 12.3.

18. Consulte a Seção 12.3.

19. Consulte a Seção 12.3.

20. Nas funções **malloc()** e **free()**.

21. (a) Porque o operador de indireção não pode ser aplicado sobre um ponteiro do tipo **void \***. (b) Com conversão explícita: `*(int*) p = 5`.

22. Consulte a Seção 12.4.

23. Consulte a Seção 12.4.

24. Consulte a Seção 12.4.

25. (a) É uma variável anônima alocada dinamicamente que foi liberada por meio de **free()**, mas que continua a ser usada. (b) Consulte a Seção 8.9.4.

26. (a) Escoamento de memória ocorre quando um programa tem memória alocada para si sem que ela seja efetivamente utilizada. (b) Consulte a Seção 12.4.

27. (a) Verificando se o ponteiro ao qual é atribuído o endereço retornado é **NULL**. (b) Porque nem é sempre uma função de alocação dinâmica é bem sucedida.

28. Quando a função **free()** é chamada, o ponteiro `ar` não está mais apontando para o bloco alocado com **malloc()**.

# BIBLIOGRAFIA

Ausubel, D. P., *The use of advance organizers in the learning and retention of meaningful verbal material*. Journal of Educational Psychology, 51, 267–272, 1960.

Bryant, R. E. e O'Hallaron, D. R., *Computer Systems: A Programmer's Perspectives*, Second Edition, Addison-Wesley Publishing, 2010

Clancy, M. J. e Linn, M. C., *Case Studies in the Classroom*, Proceedings of the 23rd SIGCSE Technical Symposium on Computer Science Education, 220–224, New York, 1992.

Dahl, O. J., Dijkstra, E. W. e Hoare, C. A. R., *Structured Programming*, Academic Press, London, 1972.

Darnell, P. A. e Marcolis, P. E., *C: A Software Engineering Approach*, Spring-Verlag, 1991.

Deshpande, P. S. e Kakde, O. G., *C and Data Structures*, Charles River Media, 2004.

Dolenc, A. *et alii*, *Notes On Writing Portable Programs In C (Nov 1990, 8th Revision)*, publicado em *www.literateprogramming.com/portableC.pdf*, acessado em 27/09/2012.

Goldberg, D., *What Every Computer Scientist Should Know About Floating-Point Arithmetic*, ACM Computing Surveys, Association for Computing Machinery, Março, 1991.

Gottfried, B. S. *Programming in C*, Schaum's Outline Series, McGraw-Hill, 1990.

Gough, B., *An Introduction to GCC for the GNU Compilers GCC and g++*, Network Theory Limited, 2004.

Hyde, R., *Write Great Code — Volume 2: Thinking Low-Level, Writing High-Level*, No Starch Press, 2006.

International Organization for Standardization, *ISO/IEC 9899:1999 — Programming Languages — C*, International Organization for Standardization, 1999.

International Organization for Standardization, *ISO/IEC 9899:2011 — Programming Languages — C*, International Organization for Standardization, 2011.

International Organization for Standardization, *Rationale for International Standard — Programming Languages — C*, Revision 5.10, 2003.

Kernighan, B. W. e Pike, R., *The Practice of Programming*, Addison-Wesley, 1999.

Kernighan, B. W. e Ritchie, D. M., *The C Programming Language*, Second Edition, Prentice Hall, 1988.

King, K. N., *C Programming: A Modern Approach*, Second Edition, W. W. Norton & Company, 2008.

Knuth, D., *The Art of Computer Programming Volume 2 — Seminumerical Algorithms*, Third Edition, Addison-Wesley, 1997.

Koenig, A., *C Traps and Pitfalls*, Addison-Wesley, 1989.

Linden, P. van der, *Expert C Programming: Deep C Secrets*, Prentice Hall, 1994.

Linn, M. C. e Clancy, M. J., *The Case for Case Studies of Programming Problems*, Communications of ACM, 35:3, 121–132, 1992.

McConnell, S., *Code Complete: A Practical Handbook of Software Development*, Microsoft Press, 1993.

Moreira, M. A., *Organizadores Prévios e Aprendizagem Significativa*, Revista Chilena de Educación Científica, ISSN 0717–9618, 7(2), pp. 23–30, 2008. Revisado em 2012.

Norvig P., *Teach Yourself Programming in Ten Years*, publicado em *http://norvig.com/21-days.html*, acessado em 23/11/2010.

Oliveira, U. de, *Introdução À Programação*, Editora Universitária/UFPB, 2000.

Oliveira, U. de, *Programando em C: Volume I — Fundamentos*, Editora Ciência Moderna, 2008.

Oliveira, U. de, *Programando em C: Volume II — A Biblioteca Padrão*, Editora Ciência Moderna, 2009.

Oualline S., *Practical C Programming*, Third Edition, O'Reilly Media, 1997.

Pólya, G., *How to Solve It: A New Aspect of Mathematical Method*, Second Edition, Princeton University Press, 1971.

Roberts, E. S., *Using C in CS1: Evaluating the Stanford Experience*, Proceedings of the 24th SIGCSE Technical Symposium on Computer Science Education, 117-121, ACM Press, 1993.

Schildt, H., *C/C++ Programmer's Reference,* Third Edition, McGraw-Hill/Osborne, 2003.

Sedgewick, R., *Algorithms in C*, Addison-Wesley, 1990.

Soloway, E., *Learning to Program = Learning to Construct Mechanisms and Explanations*, Communications of the ACM, 29(9):850-858, 1986.

Spencer, H. et al., *Recommended C Style and Coding Standards* (versão atualizada de *Indian Hill C Style and Coding Standards*), Rev. 6.0, 1990, publicado em *http://www.literateprogramming.com/indhill-cstyle.pdf*, acessado em 05/06/2012.

Tenenbaum, A. M., Langsam, Y. e Augenstein, M. J. *Data Structures Using C*, Pearson Education, 1990.

- Procure um identificador pelo seu nome e não pela categoria à qual ele pertence. Por exemplo, não tente encontrar *função printf()*; em vez disso, procure diretamente *printf()*.
- Número de página em negrito significa que a respectiva informação procurada está em nota de rodapé.

## Símbolo

## A

---

## J

---

## K

---

## L

**N**

## O

**S**

## T

## U